W0405283

Indien

und seine Bundesstaaten

Joachim K. Bautze

Indien

und seine Bundesstaaten

© KOMET Verlag GmbH, Köln
www.komet-verlag.de
© der Karten: Ingenieurbüro für Kartographie J. Zwick, Gießen
Text: Joachim K. Bautze, Berlin
Gesamtherstellung KOMET Verlag GmbH, Köln
ISBN 10: 3-89836-527-1
ISBN 13: 978-3-89836-527-7
Alle Rechte vorbehalten

INHALT

Physische Übersichtskarte
AFGHANISTAN
PAKISTAN
CHINA
NEPAL
BHUTAN
BANGLADESH
MYANMAR (BURMA)
SRI LANKA
MALEDIVEN
INDIEN
Himalaya
Tibet (Xizang)
Golf von Bengalen
Lakkadiven (Indien)
Andamanen (Indien)
Nikobaren (Indien)
Kabul
Peshawar
Islamabad
Rawalpindi
Gujranwala
Faisalabad
Lahore
Multan
Hyderabad
Srinagar
Leh
Jammu
Hanle
Chamba
Dankhar
Amritsar
Jullundur
Ludhiana
Simla
Chandigarh
Patiala
Ambala
Dehradun
Saharanpur
Bhatinda
Karnal
Hardwar
Panipat
Hisar
Meerut
Delhi
New Delhi
Moradabad
Ghaziabad
Rampur
Faridabad
Bareilly
Shahjahanpur
Bikaner
Aligarh
Mathura
Jaisalmer
Nagaur
Jaipur
Firozabad
Agra
Lakhnau (Lucknow)
Gonda
Jodhpur
Farrukhabad
Kanpur
Faizabad
Gwalior
Lashkar
Ajmer
Barmer
Kota
Jhansi
Allahabad
Varanasi (Benares)
Mirzapur
Udaipur
Palanpur
Ratlam
Sagar
Gandhinagar
Kandla
Ahmadabad
Bhopal
Jabalpur
Jamnagar
Rajkot
Vadodara (Baroda)
Indore
Narsimhapur
Hoshangabad
Porbandar
Bhavnagar
Junagadh
Khandwa
Diu
Surat
Daman
Silvassa
Dhule
Malegaon
Nasik
Jalgaon
Amravati (Amraoti)
Nagpur
Akola
Wardha
Mumbai (Bombay)
Kalyan
Aurangabad
Jalna
Parbhani
Nanded
Chandrapur
Pune
Nizamabad
Warangal
Ratnagiri
Sholapur
Sangli
Kolhapur
Gulbarga
Bijapur
Hyderabad
Belgaum
Raichur
Panaji
Marmagao
Bellary
Hubli-Dharwad
Kurnool
Banganapalle
Guntakal
Chitradurga
Anantapur
Shimoga
Bhadravati
Cuddapah
Nellore
Chennai (Madras)
Mangalore
Bangalore
Vellore
Kanchipuram
Mahe
Mysore
Salem
Pondicherry
Cuddalore
Khozhikode (Calicut)
Erode
Coimbatore
Tiruppur
Nagapattinam
Tiruchirapalli (Trichy)
Kavaratti
Anai Mudi 2695
Cochin
Madurai
Jaffna
Kollam (Quilon)
Tirunelveli
Thiruvananthapuram (Trivandrum)
Tuticorin
Kap Comorin
Trincomalee
Negombo
Kandy
Colombo
Badulla
Galle
Matara
Kap Dondra
Palk Straße
Golf von Mannar
Lhasa
Mt. Everest (Qomolangma) 8872
Kathmandu
Thimbu
Gangtok
Darjeeling
Siliguri
Jalpaiguri
Darbhanga
Purnea
Gorakhpur
Muzaffarpur
Patna
Gaya
Bihar Sharif
Bhagalpur
Daltonganj
Ranchi
Bokaro
Dhanbad
Berhampore
Rajshahi
Asansol
Durgapur
Purulia
Jamshedpur
Haora (Howrah)
Kolkata (Calcutta)
Bhatpara
Kulna
Kharagpur
Rourkela
Sambalpur
Balasore
Gangesdelta
Bilaspur
Raipur
Durg
Sonpur
Cuttak
Bhubaneswar
Puri
Brahmapur
Vizianagaram
Visakhapatnam
Rajahmundry
Kakinada
Vijayavada
Guntur
Machilipatnam
Kundil-Bazar
Sadiya
Dibrugarh
Itanagar
Jorhat
Guwahati (Gauhati)
Dispur
Dhubri
Kohima
Rangpur
Cherrapunji
Shillong
Silchar
Imphal
Dhaka
Agartala
Aizawl
Chittagong
Mandalay
Akyab
Rangun (Yangon)
Port Blair
Indus
Chambal
Betwa
Ganges
Ghaghara
Son
Narmada
Mahanadi
Godavari
Indravati
Krishna
Bhima
Brahmaputra
Cauvery
Zeichenerklärung
Höhenangaben in m
0 - 200
200 - 500
500 - 1000
1000 - 2000
über 2000
Wichtige Straßen (Auswahl)
Wichtige Eisenbahnlinien
Internationaler Flughafen
Orte mit
> 1 000 000 Einwohner
> 500 000
< 500 000 (Auswahl)
Detailkarten
Kerala Bundesstaat
Delhi von New Delhi direkt verwaltetes Unionsterritorium
Bhopal Hauptstadt eines Bundesstaates bzw. Unionsterritoriums
0 200 400 600 km

INDIEN
– DIE GRÖSSTE DEMOKRATIE DER WELT

ALLGEMEINER ÜBERBLICK (LAGE, GRÖSSE, SYMBOLE, EINWOHNERZAHL, STRUKTUR, SPRACHEN)

Die Republik Indien (Hindi: bharat ganarajya [wörtlich etwa: Verbund der Reiche Indiens]), abgekürzt Bharat (Indien), ist ein asiatischer, den größten Teil des nach ihm benannten Subkontinentes umfassender Staat. Mit einer Fläche von ursprünglich 3 287 263 Quadratkilometern (Quelle: Census of India) nimmt Indien weltweit den siebten Rang ein.

Die Nord-Süd-Ausdehnung Indiens beträgt 3214 Kilometer. Die weiteste Ausdehnung von Ost nach West misst 2933 Kilometer. Das Land liegt zwischen 8 Grad 4 Minuten und 37 Grad 6 Minuten nördlicher Breite und 68 Grad 7 Minuten und 97 Grad 25 Minuten östlicher Länge. Indien hat gemeinsame Grenzen mit den Ländern Pakistan, der Volksrepublik China, Nepal, Bhutan, Myanmar und Bangladesh. Aus indischer Sicht grenzt das Land auch an Afghanistan, das entsprechende Territorium untersteht momentan aber der Verwaltung Pakistans. Die natürliche Grenze Indiens stellt das Himalaya-Gebirge im Norden; den Süden umspült der Indische Ozean. Die Seegrenze ist über 7516 Kilometer, die Landgrenze (nach indischer Darstellung) 15 200 Kilometer lang.

Die im Westen gebräuchliche Bezeichnung „Indien" rührt von dem in Tibet entspringenden und durch Pakistan fließenden „Indus" her. Indus, im Altindischen „Sindhu", bedeutet „Fluss", wahrscheinlich weil es für die um diesen Fluss herum wohnenden Kulturen der Fluss schlechthin war. In einigen islamischen Ländern steht „Hindustan" für Indien, wobei „-stan bzw. „-sthan", etymologisch verwandt mit dem Deutschen „Stehen", so viel wie „Land" bedeutet. „Hindustan" ist somit das „Land der Hindus" oder Inder.

Die Nationalflagge Indiens wird „Tiranga" (auf Hindi) genannt, was Trikolore (3 Farben) bedeutet. Drei horizontale Streifen gleicher Breite zeigen drei verschiedene Farben. Diese sind, von oben nach unten, Safrangelb, Weiß und indisches Grün. Im Zentrum befindet sich ein marineblaues Rad mit 24 Speichen, das einen Durchmesser aufweist, der nicht größer als die Höhe des weißen Streifens sein sollte. Dieses Rad wurde dem Dharmachakra (Rad der [buddhistischen] Lehre) des unter dem Mauryaherrscher Ashoka errichteten Löwenkapitells von Sarnath, dem Wappen Indiens, entlehnt. Form, Fertigung und Gebrauch der Nationalflagge sind genauen Vorschriften unterworfen. Das zur Herstellung des Fahnentuches verwendete Material muss aus „Khadi", einem von Hand versponnenem Garn, bestehen.
Weniger strikten Regeln scheint die Bedeutung der ab dem Beginn des 20. Jahrhunderts entwickelten Fahne unterworfen zu sein. Safran erinnert sowohl an die Farbe hinduistischer als auch buddhistischer Mönche, Grün an den Islam und Weiß an Frieden und den Willen zur Einheit. Nach offiziellerer Darstellung steht Weiß für das Licht und den Weg zur Wahrheit, Safrangelb oder Orange für Distanziertheit und Entsagung und das indische Grün für die Beziehung zur Erde und Natur. Das Rad vermittelt Bewegung und die Dynamik friedlicher Veränderungen.

FOLGENDE DOPPELSEITE:
Ein nahezu makelloses Weiß zeichnet den in Makrana (Rajasthan) gebrochenen Marmor des Taj Mahal in Agra (Uttar Pradesh) aus.

Das indische Wappen zeigt vier gegenständige, auf einem runden Abakus stehende Löwenprotome mit jeweils geöffnetem Mund. Der Abakus ruht auf einem kannelierten Lotoskapitell mit 16 Blütenblättern in Glockenform. Den Abakus zieren vier reliefierte Räder mit jeweils 24 Speichen, wobei sich jedes Rad genau unter den Tatzen der Löwenprotome befindet. Zwischen den vier Rädern sind vier, von rechts nach links sich bewegende Tiere dargestellt, wobei einem Elefanten ein Löwe, dem Löwen ein Pferd und dem Pferd ein Buckelstier folgt.

Anders als die indische Nationalflagge ist das Wappen kein Konstrukt: es existiert tatsächlich. Es zierte einst die Spitze einer 11,28 Meter hohen, monolithischen, aus hoch poliertem Chunar-Sandstein bestehenden, im 3. Jahrhundert vor unserer Zeit errichteten Ediktsäule des bedeutendsten historischen Herrscher Indiens, Ashoka. Ashoka ließ mit derartigen Säulen wichtige Stationen des Lebens des Buddha markieren, denn in der Nähe von Varanasi, im Garten von Sarnath, predigte der Buddha das erste Mal die buddhistische Lehre vor fünf Zuhörern und setzte damit das „Rad der Lehre“ in Bewegung. Das 2,13 Meter hohe Kapitell wurde bei von Frederick Oscar Oertel geleiteten archäologischen Ausgrabungen im Winter 1904/05 zusammen mit vier großen Bruchstücken der Ediktsäule in der buddhistischen Klosteranlage von Sarnath (Uttar Pradesh) entdeckt. Weitere Funde zeigen, dass die vier lebensgroßen heraldischen Löwen ursprünglich auf ihren Nacken ein im Durchmesser 81 Zentimeter großes Rad mit 32 Speichen getragen haben. Das Rad symbolisiert nicht nur die buddhistische Lehre, es steht auch für die Universalherrschaft. Säulenschaft, Kapitell und das alles bekrönende Rad wurden dabei nur aus drei Blöcken von in Chunar gebrochenen, blassgelben, mit kleinen schwarzen Punkten gesprenkelten Sandstein gemeißelt.

Das Motto des indischen Staates ist auf Sanskrit und lautet: „satyam eva jayate“: Nur Wahrheit siegt!

Neben der Flagge und dem Wappen werden heute noch eine Reihe weiterer Symbole Indiens genannt. Diese sind u.a.:
- als Tier der vom Aussterben bedrohte Bengalische Königstiger (Panthera tigris tigris), der auch das Nationaltier von Bangladesh ist;
- als Vogel der indische Pfau (Pavo cristatus);
- als Blume der indische Lotos (Nelumbo nucifera);
- als Baum der indische Banyan-Baum (Ficus bengalensis);
- als Frucht die Mango (Mangifera indica.);
- als Kalender der Saka-Kalender.

Indien erlangte am 15. August 1947 die Unabhängigkeit von der britischen Kolonialmacht und ist seit 1950 eine parlamentarische Demokratie. Das Land gliedert sich in 28 Bundesstaaten und sieben Unionsterritorien, d.h. Gebiete, die direkt von der Hauptstadt aus verwaltet werden, einschließlich des Territoriums der Hauptstadt, Neu-Delhi. Die Bevölkerungszahl vieler indischer Bundesstaaten liegt höher, als die der Bundesrepublik Deutschland und einige Bundesstaaten sind fast so groß. Jeder Bundesstaat und jedes Unionsterritorium wird in geographische Verwaltungseinheiten unterteilt, die Distrikte (Englisch: districts) genannt werden. Je nach Größe besteht etwa ein Unionsterritorium nur aus einem einzigen Distrikt oder, wie im Falle von Uttar Pradesh, aus 70 Distrikten. In ganz Indien gibt es 603 derartiger Distrikte, meist mit jeweils eigener staatlicher Internetpräsens und einer gedruckten, turnusmäßig erneuerten, amtlichen Selbstdarstellung, dem jeweiligen „District Gazetteer“. Die Distrikte entsprechen ihrer Größe nach ungefähr den 16 „Ländern“ der Bundesrepublik Deutschland. Die Distrikte wiederum werden in lokale Verwaltungseinheiten gegliedert, die in Indien „Tehsils“ oder „Talukas“ genannt werden und den deutschen Landkreisen oder den englischen Grafschaften („counties“) ent-

sprechen. Unter diesen 603 Distrikten ist keiner, der nicht wenigstens ein Ziel böte, das eine Anreise oder nähere Beschäftigung mit dem Distrikt Wert wäre, sei es das letzte Rückzugsgebiet eines vom Aussterben bedrohten Stammes, ein spektakulärer Wasserfall, eine Moschee, ein Grabmal, eine antike Tempelstätte, ein buddhistisches Heiligtum, eine Jahrtausende alte Anlage der Jainas, ein Gurudwara der Sikhs, eine Kathedrale, ein Denkmal für einen indischen Märtyrer, der im Kampf gegen die Kolonialmacht sein Leben ließ, eine einzigartige Orchideenansammlung, ein verwunschener Palast, eine uneinnehmbare Festung, der Ort einer entscheidenden Schlacht oder eine vom Aussterben bedrohte Tier- oder Pflanzenart. Entscheidend für die Aufnahme in diesem Band war, inwieweit das offizielle „Nationale Informationszentrum Indiens" aktuell selbst auf derartige Details hinweist. Da die indische Ästhetik eine eigene Identität hat, und sich dadurch von der europäisch-westlichen unterscheidet, wurden für den gegenwärtigen Zusammenhang bei den von der indischen Regierung propagierten Monumenten vorzugsweise diejenigen ausgewählt, die mehr dem westlichen Kunstverständnis entsprechen.
Kein Land hat ein größeres kulturelles Erbe als Indien, das Land der „arabischen" Ziffern, das Land der Null, ohne die das binäre System eines jeden elektronischen Rechners nicht existieren könnte. Indien ist nicht das „Land der Wunder", Indien ist das Land der Menschen, die Wunderbares geschaffen haben und sich jeden Tag mehr ihres kulturellen Erbes bewusst werden.

Nach offiziellen Angaben zählte Indien am 1. März 2001 insgesamt 1 027 015 247 Einwohner. Mittlerweile wird die Zahl auf etwa 1 112 226 000 Einwohner geschätzt. Das starke Anwachsen ist dabei weniger auf eine gestiegene Geburtenrate als einer erhöhten Lebensdauer zurück zu führen. Die durchschnittliche Le-

UNTEN:

Zwei Pfauen (ind. Nationalvogel) auf den Zinnen der Mauern von Uniara (Rajasthan, Distrikt Tonk).

benserwartung beträgt momentan etwa 64 Jahre, 1971 waren es nur 45 Jahre. Momentan nach der Volksrepublik China der bevölkerungsreichste Staat der Welt schätzt man, dass um das Jahr 2045 in dieser Beziehung Indien China übertroffen haben wird. Die Bevölkerungsdichte liegt bei 338 Einwohnern pro Quadratkilometer (Deutschland: 231 Einwohner pro Quadratkilometer). Diese Daten sind offiziellen Volkszählungen (englisch: Census) zu entnehmen, die seit 1901 unter großem Aufwand alle 10 Jahre durchgeführt, in gedruckter Form veröffentlicht werden und meist zusammen mit den aktuellen Informationen des „Nationalen Informationszentrum Indiens" (National Information Centre, India) die textliche Grundlage dieses Bildbandes bilden. Die letzte derartige Volkszählung in Indien fand 2001 statt.

Kein anderes Land hat mehr Amtssprachen als Indien. Die beiden überregionalen Amtssprachen sind Hindi und Englisch. Daneben gibt es 21 Nationalsprachen, die ebenfalls als Amtssprachen gelten. Diese sind: Asamiya, Bengali, Bodo, Dogri, Gujarati, Kannada, Kashmiri, Konkani, Maithili, Malayalam, Marathi, Meitei, Nepali, Oriya, Punjabi, Santali, Sanskrit, Sindhi, Tamil, Telugu und Urdu. Auf einem Geldschein etwa ist der Nennwert nicht nur in Ziffern, sondern auch in Buchstaben (z.B. „zehn" für 10) wiedergegeben und zwar in 17 unterschiedlichen Schrifttypen, von denen zwei von rechts nach links gelesen werden, die verbleibenden von links nach rechts. Neben den Amtssprachen gibt es einige hundert Schulsprachen. Charakteristikum für alle von links nach rechts geschriebenen indischen Schriften ist, dass es sich jeweils um Alphabete handelt, bei denen jeder Konsonant einen inhärenten Vokal beinhaltet.

Allein die Sprachenvielfalt zeigt, dass es sich bei Indien nicht um eine „Nation" im engeren Sinne handeln kann. Indien ist eher ein Staat vieler Nationen, eben ein Verbund mehrerer [ehemaliger] Reiche. Indien ist daher mehr wie ein Kontinent als ein Land anzusehen.

Von den beiden überregionalen Amtssprachen Indiens ist Englisch zweifelsfrei diejenige, der sich der europäische Interessierte bedient, um etwas über Indien zu erfahren. Dieser Umstand birgt für denjenigen, der von frühester Kindheit nicht Englisch gelernt hat, gewisse Risiken und Schwierigkeiten, die in der Natur der englischen Sprache liegen. Anders als etwa im Deutschen oder Französischen gibt es im Engli-

Tiger auf dem Rücken liegend in Ranthambhore (Rajasthan), so verbringt er die heißen Stunden des Tages im Unterholz.

RECHTE SEITE:

Der obere Teil des Ashoka-Kapitells von Sarnath (die Vorlage des indischen Staatswappens), im „Archaeological Museum“, Sarnath (Uttar Pradesh), dem ältesten Museum der indischen Denkmalspflege (Archaeological Survey of India), Akzessionsnummer A-1, etwa 250 vor unserer Zeit.

schen keine einen Genus unterscheidenden Artikel (der, die, das, le, la), die aber sehr wohl in den wichtigeren indischen Sprachen genauso wie im Deutschen vorhanden sind. So wurde zum Beispiel der heiligste indische Fluss, die Ganga, nach dem Lateinischen beziehungsweise Englischen „the Ganges“ zum Deutschen „der Ganges“, Französich „le Gange“. Und so liegt im deutschen Volksmund Kalkutta (heute: Kolkata) am Ganges (so wie Paris an der Seine liegt), was gleich in zweifacher Hinsicht unrichtig ist, denn der Fluss der Stadt Kolkata heißt „die Hughli“. Für einen Inder, besonders wenn er etwa in Varanasi wohnt, ist es geradezu blasphemisch, seine „Mutter Ganga“ als „Vater Ganges“, etwa in Analogie zu „Vater Rhein“, anzusprechen.
Noch diffiziler ist das Ausspracheproblem, das eng mit der Problematik der lautlichen Umschrift indischer Wörter zusammenhängt. Das englische „jungle“ gibt in englischer Aussprache annähernd korrekt den in weiten Teilen Nordindiens üblichen Begriff für „Wald“ wieder. Auf Deutsch müsste es etwa „Dschangl“ ausgesprochen werden, wird es aber nicht: der Deutsche sagt und schreibt „Dschungel“, weil er die englische Schreibweise nur in teilweiser Beachtung der englischen Aussprache übernahm, beziehungsweise anglich.
Da Englisch eine der indischen Amtssprachen ist, werden hier die jeweils in amtlicher englischer Umschrift angegebenen Ortsnamen zitiert, es sei denn, die Schreibweise wurde offiziell mehr der indischen Umschrift in lateinischen Buchstaben angepasst. So bleibt es sowohl bei Chandigarh (und nicht: Tschandigarh) als auch bei Jaipur (und nicht: Dschaipur).

84 Millionen Einwohner Indiens gehören zu Stammesgesellschaften und Ureinwohnern (Hindi: Adivasis), die heute in der indischen Verfassung einen besonderen Status genießen und in den Volkszählungen genauestens erfasst werden. Mahatma Gandhi nannte sie „Girija“, was soviel wie „Bergbewohner“ heißt und in der Tat leben die meisten Stämme in weniger zugänglichen Bergwäldern. In einigen Staaten machen die Stammesbevölkerungen bis zu 90 % der Einwohner aus. Viele Stammesbevölkerungen haben eigene Sprachen und befolgen eigene religiöse Bräuche.

RELIGIONEN

Vor unserer Zeit entwickelten sich in Südasien drei Religionen: der im Westen als „Hinduismus“ bekannte Brahmanismus, der Buddhismus und der Jainismus, der analog dem Wort „Buddhismus“ eigentlich „Jinismus“ heißen müsste.
Der Hinduismus hat unterschiedliche Wurzeln, die bis in das 2. Jahrtausend vor unserer Zeit zurückreichen. Verehrt wurden in frühester Zeit Naturphänomene neben meteorologischen Phänomenen, Gestirnen, Bergen, Flüssen. Archäologisch gesehen wurden vor etwa zwei Jahrtausenden diese Phänomene personifiziert, etwa durch Göttinnen für bestimmte Flüsse, den Sonnengott, den Gott für das Feuer und dergleichen. Wie in allen Frühkulturen verbreitet gab es Fruchtbarkeitsgöttinnen und -götter, später auch Gottheiten für den materiellen Wohlstand. Daneben wurden (und werden) auch Helden verehrt, die vor Jahrtausenden gelebt haben sollen. Der Hinduismus verbreitete sich auf dem gesamten Subkontinent und Richtung Osten über weite Teile Südost-Asiens. Der Buddhismus sollte hinduistische Gottheiten bis nach Japan bringen.
Der Buddhismus war ursprünglich die Lebensphilosophie des Sohnes eines lokalen Herrschers, dessen Reich im Terail, an der Grenze zum heutigen Nepal gelegen hatte. Sein bürgerlicher Name war Siddhartha Gautama aus dem Geschlechte der Shakyas. Als der Sohn im Vorschulalter war, verließ er seine Vaterstadt Kapilavastu und zog als Wanderasket durch den Norden Indiens. Nach Jahren der Askese offenbarten sich ihm unter einem Feigenbaum in der Nähe der Stadt Gaya im heutigen Bihar die Wahrheiten über das Leben und den Tod. Seither gilt Siddhartha als der „Buddha“, das heißt: der Erwachte, oder „Shakyamuni“, d. h. der Heilige aus dem Geschlecht der Shakyas. Der Ort der Erleuchtung, seitdem „Bodh Gaya“ genannt, ist einer der heiligsten Orte der Buddhisten. In Sarnath (Uttar Pradesh) begann Buddha über die Wahrhei-

ten zu predigen und schuf somit eine Schar Zuhörer, die zu seinen Anhängern und Schülern wurden. Im Alter von 80 Jahren ging er in das Nirvana ein, einen Zustand der allem Leiden, auch dem jenseitigen, für immer ein Ende setzt. Etwas mehr als ein Jahrhundert darauf wurde die Lehre des Buddha über die heutigen indischen Grenzen hinaus von dem Mauryaherrscher Ashoka (etwa 273-232 vor unserer Zeit) propagiert. Der Buddhismus wurde zur Weltreligion.
Als Zeitgenosse Buddhas gilt Mahavira (Großer Held), der letzte einer Reihe von 24 der Welt entsagt habenden Männern, die „Tirthankaras" (Furtbereiter) genannt werden. Die Tirthankaras sind Vermittler zwischen der materiellen und der spirituellen Welt und werden auch „Jinas" (Sieger) genant. Hiervon leitet sich der Name der Religion ab: Jainismus. Wie Buddha zog auch Mahavira predigend im Gebiet des heutigen Bihar und Jharkhand umher; beide Religionsstifter sind sich jedoch nie persönlich begegnet. Auch die Jinas erlangen die endgültige Erlösung im Nirvana und somit den Ausstieg aus dem Kreislauf der Wiedergeburten, der allen drei Religionen zu Grunde liegt. Da alleine auf dem „Parasnathji" oder „Shikarji" genannten, in Jharkhand gelegenen Berg nach lokaler Tradition 21 der 24 Jinas ins Nirvana eingingen, ist dies für die Anhänger der Jaina-Religion der heiligste Ort. Anders als der Buddhismus blieb der Jainismus auf Indien beschränkt und findet erst seit kurzer Zeit Anhänger im Westen.

Nach der Zeitenwende etablierten sich in Indien eine Reihe weiterer Religionsgemeinschaften. Die bedeutendste unter ihnen ist der Islam, deren Vertreter vom materiellen Reichtum Indiens angelockt wurden. Ab dem 13. Jahrhundert standen wesentliche Teile im Norden des Subkontinentes unter islamischer Herrschaft, der erst durch die Briten im 19. Jahrhundert ein Ende bereitet wurde, die zu den letzten Fremdherrschern Indiens avancierten. Indien hat nach Indonesien und Pakistan weltweit die drittgrößte islamische Bevölkerung.

Bauer beim Pflügen und Säen in Rajasthan, Distrikt Sirohi. Die rechte Hand des Bauern greift in die Tasche mit dem Saatgut, das er in den Trichter der Röhre am Pflug fallen lässt.

Die monotheistische Religion der Sikhs wird auf ihren Gründer Guru Nanak (1469-1539) zurückgeführt. Die Sikhs kennen 10 spirituelle Lehrer (Gurus), von denen der letzte Lehrer, Guru Gobind Singh, von 1666-1708 wirkte. Sein Geburtstag gilt heute als einer der Feiertage der Sikhs. Die Heilige Schrift der Sikhs ist das „Guru Granth Sahib", das auch „Adi Granth" (das Uranfängliche Buch) genannt wird und heute als letzter Guru verstanden wird. Das „Adi Granth" wurde vom 5. Lehrer, Guru Arjun Singh (1553-1606) kompiliert und liegt in jedem „Gurudwara" (Tor zu Gott), wie die Gotteshäuser der Sikhs genannt werden, aus.

Die von Europa gekommenen Christen waren wie die Moslems nach dem Erreichen eines gewissen Machtstatus Eroberer, die dann der einheimischen Bevölkerung gegenüber sich sehr oft unchristlich verhielten und in der Regel zum Verfall der alten Sitten und Gebräuche beitrugen.

Die Religionen verteilen sich folgendermaßen: Hindus: 80,5 %; Moslems: 13,4 %; Christen: 2,3 %; Sikhs: 1,9 %; Buddhisten: 0,8 %; Jainas: 0,4 %; andere (Stammesreligionen, Parsen usw.): 0,6 %.

GESCHICHTE

Die Indus-Zivilisation oder Harappa-Kultur (heute in Pakistan) gehört neben den Hochkulturen Ägyptens und Mesopotamiens im dritten Jahrtausend vor unserer Zeit zu den drei frühesten Stadtkulturen der Menschheit. Fundorte dieser Kultur gibt es auch auf indischem Boden (z.B. Kalibangan in Rajasthan). Die wie am Reißbrett angelegten wichtigsten bekannten Orte, Harappa und Mohenjo-Daro, hatten jeweils mehr als 35 000 Einwohner, verfügten über Wasserver- und -entsorgung, groß angelegte Bäder, Wohn- und Handwerksviertel. Ebenso benutzte die Kultur eine Schrift, von der bisher nur ausgesagt werden kann, dass sie wahrscheinlich von rechts nach links geschrieben wurde, in Ermangelung einer Bilingue, von der eine Schrift lesbar ist, bisher aber nicht entziffert werden konnte. Eine der ältesten Schriften der Menschheit hat sich somit bisher dem Verständnis entzogen.
Anders als die Zivilisation des Industals hinterließ die ab etwa 1500 vor unserer Zeit einsetzende Vedische Zivilisation kaum archäologische Zeugnisse. Als die „Aryas", wie die Vertreter dieser Zivilisation sich selber nannten, den nördlichen Teil des Subkontinentes zu besiedeln begannen, war die Harappa-Kultur bereits untergegangen. Die Rekonstruktion dieser Zivilisation basiert auf im vedischen Sanskrit verfassten Texten, die über mehrere Jahrhunderte mündlich tradiert worden waren. Die Sprache des Rig-Veda, des ältesten von insgesamt vier Veden (Wissenssammlungen) ist die altertümlichste Sprachform der meisten europäischen Sprachen.
Ab dem vierten Jahrhundert vor unserer Zeit machte Chandragupta seine Dynastie der Mauryas zur vorherrschenden Kraft im Norden Indiens, und zwar im heutigen Bihar mit Pataliputra (heute Patna) als Hauptstadt. Chandragupta wehrte erfolgreich den Versuch von Seleucus Nicator, einen mazedonischen Offizier Alexanders des Großen (356-323 v.Chr.), ab, Indien zu erobern. Chandraguptas Sohn und Nachfolger, Bindusara (297-272 v.Chr.), erweiterte das Maurya-Reich bis an die Grenzen des heutigen Afghanistan im Westen und Karnataka im Süden. Bindusaras Sohn Ashoka (etwa 272-232 v.Chr.) war der wahrscheinlich bedeutendste Herrscher Indiens, und das nicht nur, weil er über ein Großreich regierte, das im Westen bis an die Grenzen des heutigen Iran reichte. Ashoka erließ Fels- und Säulenedikte, aus deren geographischer Verteilung die Ausdehnung des Maurya-Reiches abgelesen werden kann. Zur Veröffentlichung von Edikten bedarf es einer Schrift, die erstmals unter Ashoka eingeführt wurde. Die „Ashokan Brahmi" genannte Schrift ist somit die älteste lesbare Schrift Indiens. Ein weiteres Verdienst Ashokas ist die Einführung der Stein-Architektur, denn in den Jahrhunderten zuvor wurden alle Bauten aus mehr vergänglichen Materialien (Holz, Schilf, Bambus, Lehm) errichtet. Mit seinen Erlassen propagierte Ashoka den Buddhismus, der sich somit zur am weitesten verbreiteten Religion Asiens entwickeln sollte.

Zwar gab es indische Herrscherfamilien, die sich um Jahrhunderte länger hielten als die Dynastie der Mauryas, aber nie wieder sollte es ein ausgedehnteres, von einem indischen König beherrschtes Reich geben als unter Ashoka. In allen Teilen des Subkontinentes folgten Herrscherdynastien auf Herrscherdynastien, von denen die der Guptas und Vakatakas im 4. und 5. Jahrhundert am erwähnenswertesten ist, da unter ihnen die darstellende Kunst im Norden des Subkontinentes standardisiert wurde und eine Gefälligkeit erlangte, wie sie die indische Malerei und Plastik nur selten wieder verkörpern sollte. Jede, auch außerhalb Indiens geschaffene Darstellung des Buddha, beruht in ihren Grundlagen auf den zu dieser Zeit in Indien geschaffenen Buddha-Bildnissen.

Ab dem Ende des 12. Jahrhunderts hielt Indien den islamischen Militärinvasionen nicht mehr stand. Die letzten im Norden noch verbliebenen buddhistischen Mönche verließen das Land in nördlicher und östlicher Richtung. Mit Stolz berichten islamische Quellen von der Vernichtung der buddhistischen Klosteruniversitäten in Bihar, aber auch für die Hindus und Jainas begann das „dunkle Zeitalter": viele ihrer Tempel wurden landesweit zerstört, um aus den Spolien Moscheen aufzubauen. Erst als die islamischen Eroberer von ihren Brandschatzungen abließen, sesshaft wurden und einen effizienten Verwaltungs- und Staatsapparat aufbauten, entspannte sich die Lage bis ein Punkt erreicht wurde, an dem sich die islamischen Reiche Indiens gegenseitig militärisch zu bekämpfen begannen. Erwartungsgemäß bildete sich gegen die, mittlerweile selbst zu Indern gewordenen, islamischen Herrscher ein mehrheitlich hinduistischer Widerstand, besonders wenn diese sich als religiös besonders intolerant erwiesen.

Kurz vor dem Kollaps des letzten islamischen Großreiches auf indischem Boden, dem Moghul-Reich, erschienen europäische Mächte auf dem Subkontinent. Neben den Dänen, Franzosen, Holländern und Portugiesen, letztere wussten sich bereits im 16. Jahrundert an der indischen Westküste festzusetzen, setzten sich schließlich die Briten durch, die geschickt die einzelnen indischen Staaten gegeneinander ausspielten. 1857 lehnten sich indische Truppenkontingente gegen ihre britischen Vorgesetzten gewaltsam auf. In den Annalen der britischen Geschichte wird dieses Sich-zur-Wehr-Setzen gegen die Kolonialherren als Meuterei oder Aufstand gedeutet. Für das heutige Indien ist es der erste Unabhängigkeitskampf gegen die britische Kolonialherrschaft. Die Briten schlugen den Freiheitskampf blutig nieder und unterstellten Indien direkt der Krone. Das Moghul-Reich war somit sowohl de jure als auch de facto nicht mehr existent. Erst der von Mahatma Gandhi (1869-1948) organisierte gewaltfreie Widerstand gegen die Briten zwang die Kolonialmacht nach fast 90 langen Jahren in die Knie: Am 14.8.1947 erlangte das bis dahin zu Britisch-Indien gehörende Pakistan die Unabhängigkeit, einen Tag drauf auch Indien. Seit dem 26.01.1950 ist Indien eine parlamentarische Demokratie, die größte ihrer Art auf der Welt.

ARCHITEKTUR UND KUNST

Kein anderes Land hat mehr Monumente, d.h. Grabbauten, Tempel, Klöster, Moscheen, Paläste und Festungsanlagen aufzuweisen als Indien. In Indien entstand das Bild des Buddha.

Der indische Beitrag zur Weltkunst besteht aus einer besonderen Form Grabarchitektur: dem Stupa oder Chaitya, wobei letzteres soviel wie „Anhäufung" bedeutet, was wörtlich zu verstehen ist. Die ältesten Chaityas waren zunächst wohl Erdhaufen, die auf den Körper der verstorbenen Person aufgehäuft wurden, um seinen Geist an einer möglichen Wiederkehr zu den Lebenden zu hindern. Gleichzeitig wurde verhindert, dass Tiere sich am Fleisch des Toten zu Schaffen machten. Im Laufe der Zeit entwickelte sich daraus ein Kultbau, in dem die Reliquien kremierter religiöser Führer der Buddhisten und Jainas beigesetzt wurden. Der Chaitya oder Stupa wurde mit einem Ziegelmantel umgeben und im inneren durch radial angeordne-

FOLGENDE DOPPELSEITE:
An die mamornen Fenster des um 1580 erbauten Grabmals des Sufi-Heiligen Shaikh Salim Chisti (starb 1572) in Fatehpur Sikri (Uttar Pradesh), der dem lange kinderlosen Moghulkaiser Akbar (1556-1605) die Geburt eines Sohnes prophezeite, knüpfen Frauen zur Sicherung der Nachkommenschaft noch heute farbige Wollfäden.

te Mauern verstärkt. Die Spitze des Stupas markierte dann ein Schirm, das wichtigste indische Hoheitszeichen der religiösen Führer und Könige. Um den halbkugelförmigen, einem Tambour aufsitzendem Stupakörper führte ein Pfad der Verehrung herum, der durch einen den Stupakörper umgebenden Zaun (Sanskrit: Vedika) mit vier versetzten Zugängen (Sanskrit: Torana) markiert wurde. Bis zum 3. Jahrhundert v.Chr. bestand dieser Zaun aus Holz, wurde aber seitdem mitunter aus Haustein kopiert, der sich aus Pfosten, Decksteinen und im Querschnitt konvex-geformtem Querbalken zusammensetzte. Als Zeichen der Verehrung wurde und wird der Stupa im Uhrzeigersinn umwandelt. Stupas gab oder gibt es nicht nur in Indien, sondern überall dort, wo der Buddhismus zur wegweisenden Religion wurde.

Der klassische betretbare Kultbau der Buddhisten ist der „Chaityagriha" (wörtlich: Chaitya-Haus). Am Ende eines „Schiffes" steht in der Apsis der umwandelbare, von mindestens einem Schirm bekrönte Chaitya oder Stupa. In Analogie zur Freibau-Architektur wurden zu Beginn dieser Bautradition die Gewölbe mit – statisch gesehen überflüssigen – Holzspanten versehen, die in ihrer Gesamtheit dem Rumpf eines aus Holz gezimmerten Schiffes gleichen.

Von Ägypten her dem Betrachter vertraut sind aus dem Felsen geschlagene Tempel. Diese Form der monolithischen Architektur hielt sich in Indien landesweit über ein Jahrtausend und begann im dritten Jahrhundert v.Chr. Dabei wurden nicht nur Höhlen ausgemeißelt, die 30 Meter tief und über zehn Meter hoch sein können, es wurden in engster Anlehnung an die Freibau-Architektur Tempel aus einem einzigen gigantischen Steinblock gemeißelt, die flächenmäßig größer und höher sein konnten als die erhaltenen Freibautempel der Zeit. Der größte Unterschied bei der Fertigung eines monolithischen „Bauwerkes" und eines in der (gängigen) Freibauarchitektur errichteten Gebäudes ist folgender: Der Hauptverantwortliche für den monolithischen Komplex arbeitet von oben nach unten und/oder von außen nach innen. In der Freibauarchitektur ist die Vorgehensweise genau umgekehrt.

Ein für den westlichen Betrachter befremdliches Charakteristikum der darstellenden indischen Kunst ist die ab dem vierten Jahrhundert einsetzende anatomische Anomalie durch Multiplikation von Körperteilen wie Armen, Beinen und Köpfen oder Wahrnehmungsorganen wie den Augen. Hinzu kommen Mischwesen, die zwar auch von der frühen ägyptischen Kunst her bekannt sind, aber dort weder 10 Arme noch 4 Köpfe oder drei Augen haben. Therio-anthropomorphe Wesen und Gestalten, deren Leib sich aus den Gliedmaßen unterschiedlichster Tiere zusammensetzt, sind in der frühen indischen Kunst, d.h. ab dem dritten Jahrhundert v.Chr. keine Seltenheit. Das gleiche gilt später auch für Gottheiten, die sich aus unterschiedlichen Göttern zusammensetzen können oder doppelgeschlechtlich sind.

Ein weiteres Merkmal der darstellenden indischen Kunst ist die Anpassungsfähigkeit. Ein ambivalenter Körperteil des Menschen ist in Indien der Fuß. So ist es erniedrigend, mit einem Schuh oder einer Sandale geschlagen zu werden, ein Sandalen- oder Fußabdruckpaar kann aber den höchsten Gott, König oder religiösen Führer vertreten, und wird dann als genauso heilig erachtet wie der Gott, König oder religiöse Führer selbst. So gibt es in Indien als heilig verehrte Fußabdrücke von Buddha, Vishnu und Mohammed.

Seit der Einführung des Genres des „Phantasie-Romanes" erscheint die im 5. Jahrhundert einsetzende indische Tendenz zur Personifikation und teilweisen Deifizierung von Gegenständen weniger verwunderlich geworden zu sein. Wie lebende Personen dargestellt wurden neben teils mythischen Waffen (Donnerkeil, Dreizack, Bogen, Keule) auch Musikinstrumente (Muschelhorn) oder Blumen (Lotos). Der Verkörperung von Gegenständen im wörtlichen Sinne folgte die physische Darstellung musikalischer Kompositionen und sogar Zeitabschnitten (Stunden, Sekunden). Der Staat Indien wird heute als mütterliche Göttin vor- und dargestellt. Ein Lied vom Status der indischen Nationalhymne beginnt mit: „Ich grüße die Mutter", wobei mit letzterem Indien gemeint ist.

Zur ikonographischen Unterscheidung der zahlreichen Götter, Bodhisattvas, Jinas und selbst islamischen Heiligen wurden „Reittiere" (so genannte „Vahanas", d. h. Säugetiere von der Maus bis zum Elefanten, Reptilien, Amphibien, Fische, sogar Menschen), Fahrzeugteile oder abstrakte Symbole wie „Wappen" (die „Chihnas der Jainas") ab frühester Zeit eingesetzt.

BERGE UND FLÜSSE

Der Himalaya mit dem Hindukusch im Nordwesten und dem an der Grenze zu Myanmar gelegenem Patkai oder Purvanchal Gebirge im Osten bestimmt die natürlichen Nordgrenzen des Landes. Die Schneegrenze liegt im östlichen Himalaya (Sikkim) bei 6000 Metern und sinkt Richtung Westen auf 3000 Meter (Kaschmir) ab. Der höchste Berg auf indischem, nicht von einer anderen Nation beanspruchtem Territorium ist mit 8586 Metern der in Sikkim gelegene Kanchenjunga (in tibetischer Umschrift: Gangs chen mDsod lnga), der dritthöchste Berg der Welt.

Neben dem Himalaya sind sechs Gebirgszüge auf dem Subkontinent zu nennen, deren Gipfel die Höhe von 1000 Metern übertreffen.

Das Patkai-Gebirge bestimmt die Landschaft im Osten des Landes, die durch gerundete Gipfel und tief eingeschnittene Täler bestimmt wird. Die regenreichsten Orte der Welt sind in dieser Gebirgslandschaft anzutreffen.

Die auf einer Länge von etwa 500 Kilometern von Südwest nach Nordost, d.h. von Gujarat im Südwesten durch Rajasthan bis nach Haryana im Nordosten sich erstreckenden Aravallis sind die geologisch älteste Gebirgsformation des Landes. Der höchste Berg ist mit 1722 Metern der Abu Parvat oder Mount Abu, der Gipfel wird „Guru Shikar" genannt.

Die Berge des Vindhya-Gebirges weisen eine durchschnittliche Höhe von 300 Metern auf und teilen geografisch das Land in einen nördlichen und einen südlichen Teil. Die ungefähr von Westen nach Osten verlaufende Vindhya-Kette ist 1050 Kilometer lang, beginnt in Gujarat und durchquert Madhya Pradesh.

Die 900 Kilometer lange Statpura-Kette verläuft ebenfalls von Westen nach Osten, etwa parallel zur nördlicher gelegenen Vindhya-Kette. Wie letztere beginnt sie in Gujarat, durchquert Maharashtra, Madhya Pradesh und endet in Chhattisgarh. Mehrere Berge dieses Gebirgszuges sind über 1000 Meter hoch.

Entlang der Westküste verlaufen auf einer Länge von ungefähr 1600 Kilometern die Western Ghats oder Sahyadri Berge. Der Gebirgszug beginnt im Norden an der Grenze zu Gujarat und durchzieht dann Richtung Süden die Staaten Maharashtra, Goa, Karnataka, Kerala und Tamil Nadu. Die wichtigsten Gipfel der durchschnittlich 1000 Meter hohen Berge sind der in Kerala (Distrikt Idukki) gelegene Anai Mudi mit 2695 Metern, der Kalsubai (Maharashtra) mit 1646 Metern und der ebenfalls in Maharashtra (Distrikt Satara) gelegene Point Wilson bei Mahabaleshvar (1438 Meter).

Die Eastern Ghats bilden wegen der sie durchschneidenden großen Flüsse eine weniger geschlossene Gebirgskette entlang der Ostküste. Im Norden in West Bengal beginnend, durchziehen die Eastern Ghats die Bundesstaaten Orissa, Andhra Pradesh und im Süden Tamil Nadu. Die Eastern Ghats erreichen durchschnittlich eine geringere Höhe als die Western Ghats. Nur einige Gipfel sind über 1000 Meter hoch. Im Süden stoßen die Western Ghats in den Nilgiris auf die Eastern Ghats.

Im Himalaya, den Vindhya- und Satpura-Bergen und in den „Western Ghats" genannten Bergen entspringen alle wichtigen Flüsse Indiens. Diese Flüsse werden in 9 Flusssysteme unterteilt:

1. Die Ganga (deutsch: der Ganges)

Unter allen indischen Flüssen ist die Ganga der längste (2500 Kilometer), heiligste und wichtigste, da er den größten Teil des indischen Nordens entwässert. An der im Staate Uttaranchal gelegenen Quelle heißt er zunächst noch Bhagirathi, nach dem Asketen der die Ganga veranlasste, auf die Erde zu kommen (die „Milchstraße" ist die himmlische Ganga). Erst nachdem die Flüsse Bhagirathi und Alakananda zusammengeflossen sind, heißt der Fluss „Ganga". Die Ganga mündet in einem riesigen Delta, deren Flussarme eigene Namen tragen, in den Golf von Bengalen. In der Kunst ist die Ganga eine auf einem „Makara" stehende Frau. Ein „Makara" ist ein Mischwesen aus zwei Tieren, die in der Ganga ihre Wohnstatt haben: der Ganges-Delphin (Platanista gangetica) und der Gharial (Gavialis gangeticus).

Der zweitwichtigste Fluss ist die 1370 Kilometer lange Yamuna, die ebenfalls in Uttaranchal, bei Yamunotri, entspringt. In Allahabad, dem Prayaga vor der islamischen Invasion, vereinigen sich die Ganga und die Yamuna, der Ort des Zusammenfluss gilt als so heilig, dass sich zu bestimmten Anlässen an der Stelle der Vereinigung beider Flüsse 70 000 000 [!] Pilger zum „Kumbha Mela" genannten Fest treffen. In der Kunst ist die Yamuna eine auf einer Schildkröte stehende Frau. In der Regel stehen sich an Eingängen zu buddhistischen und hinduistischen Heiligtümern Ganga und Yamuna gegenüber.

Die Flüsse Ganga und Yamuna bilden das indische Zweistromland. Weitere wichtige Flüsse dieses Systems sind: die Chambal, Betwa, der Son, die Ghaghara, der Gandak, die Ramganga, Sarda, Kosi und Rapti.

2. Der Indus

Der Indus entspringt aus dem Manasarovar-See in Tibet, einem der heiligsten Seen der indischen Mythologie. Es ist der Strom der so genannten Industal-Kultur. Der längste Teil dieses etwa 3000 Kilometer langen Flusses fließt durch Pakistan, die Nebenflüsse am Oberlauf sind zum überwiegenden Teil durch Indien fließende Flüsse: Jhelum, Chenab (Chandrabhaga), Ravi, Beas und Sutlej. Diese fünf Flüsse gaben dem Bundesstaat Punjab (= 5 Flüsse) den Namen. Der Indus mündet in Pakistan in das Arabische Meer.

Rosa Lotosse (ind. Nationalblume) im „Gaib Sagar" am „Udai Vilas", Rajasthan, (Distrikt Dungarpur). Anders als die heimischen Seerosen ragt der Lotos weit über die Wasseroberfläche empor.

3. Der Brahmaputra

Ebenso wie der Indus entsteht der 2900 Kilometer lange Brahmaputra (in Tibet: Tsang po) im Manasarovar-See Tibets. Er fließt die weiteste Strecke zunächst durch Tibet, bevor er in Arunachal Pradesh Indien erreicht. Der wichtigste Nebenfluss des Brahmaputra in Indien ist der von den Flüssen Rangeet, Lachen und Lachung genährte Fluss Teesta, die Lebensader von Sikkim. Der Brahmaputra mündet in Bangladesh in den Golf von Bengalen.

4. Die Narmada

Die 1289 Kilometer lange, von Osten nach Westen fließende Narmada bildet die traditionelle Grenze zwischen Nord-Indien und Süd-Indien. Sie entspringt im Bundesstaat Chhattisgarh, Amarkantak und mündet im Bundesstaat Gujarat in den Golf von Cambay. Kolar, Barna, Hiren, Tawa und Burhner sind wie wichtigeren Nebenflüsse der Narmada.

5. Die Tapti (auch: Tapi)

Die nach einer Tochter des Sonnengottes benannte Tapti fließt wie die Narmada von Osten nach Westen. Sie entspringt in Madhya Pradesh und mündet nach 724 Kilometern in den Golf von Cambay in Gujarat. Die Nebenflüsse der Tapti heißen Purna, Girna, Panzara, Waghur, Bori und Aner.

6. Die Godavari

Mit einer zurückgelegten Strecke von 1450 Kilometern zwischen der Quelle in Trimbakeshwar (Maharashtra) und der Mündung in den Golf von Bengalen in Andhra Pradesh ist die Godavari der zweitlängste indische Fluss. Zu den Nebenflüssen gehören die Indravati, Pranahita, Wainganga, Wardha, Manjira, Kinnerasani, Sileru und Sabari.

7. Die Krishna

Die 1300 Kilometer lange, in Mahabaleshwar (Maharashtra) entspringende Krishna fließt in südöstlicher Richtung und mündet in Andhra Pradesh in den Golf von Bengalen. Die Krishna erhält Zustrom von der Tungabhadra, Koyna, Bhima, Mallaprabha,Ghataprabha, Zerla, Warna, Dindi, Musi und Dudhganga.

8. Die Kaveri

Die in den „Western Ghats" von Karnataka entspringende Kaveri mündet in Tamil Nadu in den Golf von Bengalen des Indischen Ozeans. Zu den zahlreichen Nebenflüssen gehören: Shimsa, Hemavati, Arkavathy, Kapila, Honnuhole, Lakshmana Tirtha, Kabini, Lokapavani, Bhavani, Noyyal und Amaravati.

9. Die Mahanadi

Die Mahanadi entspringt dem Amarkantak-Plateau in Chhattisgarh und mündet nach 860 Kilometern in Orissa in den Golf von Bengalen. Die Hauptnebenflüsse heißen Seonth, Jonk, Hasdeo, Mand, Ib, Ong und Tel.

Jabalpur
Narsamhapur
Ranchi
Purulia
Jamshedpur
Rourkela
Bhatpara
Haora (Howrah)
Kulna
Kolkata (Calcutta)
BANGLA-DESH
Chittagong
Bilaspur
Gondia
Raipur
Sambalpur
Kharagpur
Balasore
Gangesdelta
Nagpur
Durg
Wardha
Sonpur
Mahanadi
Cuttak
Bhubaneswar
MYANMAR (BURMA)
Akyab
Chandrapur
Puri
Indravati
Brahmapur
Godavari
Warangal
Vizianagaram
Visakhapatnam
Hyderabad
Rajahmundry
Elur
Kakinada
Krishna
Vijayavada
Guntur
Machilipatnam
Golf von Bengalen
Cuddapari
Nellore
Chennai (Madras)
Vellore
Kanchipuram
Andamanen
Port Blair
Pondicherry
Cuddalore
Andamanen und Nikobaren
Cauvery
Nagapattinam
Palk Straße
Jaffna
Nikobaren
Trincomalee
SRI LANKA
Negombo
Kandy
Colombo
Badulla
Galle
Matara
Kap Dondra
0
200
400
600
km

ANDAMANEN UND NIKOBAREN

LAGE, GRÖSSE, EINWOHNERZAHL, SYMBOLE

FOLGENDE DOPPELSEITEN:
Luftaufnahme einiger Inseln der Andamanen.

Die Andamanen und Nikobaren (engl.: Andaman and Nicobar islands) sind das größte indische Unionsterritorium. Die im Indischen Ozean, in den Ausläufern des Golfes von Bengalen gelegenen Inseln erstrecken sich ungefähr entlang des 93. östlichen Längengrades zwischen 6°45' und 13°41' nördlicher Breite. Sie liegen etwa 1255 Kilometer südöstlich von Kolkata, 1190 Kilometer östlich von Chennai und 193 Kilometer vom am nächsten gelegenen Punkt der Küste Myanmars. Die insgesamt 572 Inseln nehmen zusammen eine Fläche von 8249 Quadratkilometern ein, wobei die Andamanen mit insgesamt 6408 Quadratkilometern die flächenmäßig größere Inselgruppe ist. Der 10. Breitengrad mit dem Ten Degree Channel trennt die nördlichen Andamanen von den südlichen Nikobaren. Die Länge der Inselkette der Andamanen beträgt 352 Kilometer, die der Nikobaren 259 Kilometer.
„Andaman" leitet sich wahrscheinlich von „Handuman", dem Malayischen Wort für den affengestaltigen Gott Hanuman ab. „Nikobar" ist Malayisch für „Land der Nackten".
Die auf den Andamanen gelegene Hauptstadt des Unionsterritoriums ist das nach dem Captain Archibald Blair benannte Port Blair mit 100 186 Einwohnern. 2001 betrug die Gesamteinwohnerzahl 356 265, die Bevölkerungsdichte liegt bei 43 Einwohnern pro Quadratkilometer.

Als „Staatstier" wird der Dugong (Dugong dugon) genannt. Die Dugongs sind die einzigen noch lebenden Vertreter der Gabelschwanzseekühe, die in der Regel 2,5 Meter lang werden, zwischen 230 und 360 Kilogramm wiegen und sich hauptsächlich von Seegräsern ernähren, die sie in einer Tiefe von einem bis fünf Metern abweiden. Der „Staatsvogel" soll die Andaman Holztaube (Chancophaps indica augusta) sein, der „Staatsbaum" ist der Birmanische Rosenholz- oder Padauk-Baum (Pterocarpus indicum oder Pterocarpus dalbergiodes).

UNTEN LINKS:
Ein Taggecko, lat. Phelsuma andamanensis, getarnt auf einem Blatt.

UNTEN RECHTS:
Heiliger Baum.

KLIMA UND TOPOGRAPHIE

Das tropische Klima sorgt für eine gleichmäßige Wassertemperatur von 24 Grad, wobei die Lufttemperatur zwischen 18 und 34 Grad schwanken kann. Die Luftfeuchtigkeit beträgt erwartungsgemäß zwischen 66 % und 85 %, wird durch den anhaltenden leichten Wind aber als weniger feucht wahrgenommen. An rund 150 Regentagen im Jahr fallen bis zu 3180 mm Niederschlag. Eine Wetterstation wurde bereits 1868 in Port Blair errichtet.

Die meisten Inseln sind mit Regenwald bewachsen, auf vielen Inseln gibt es an den Küsten Mangrovenwälder. Der Baumbewuchs nimmt fast 92 % der Inseln ein. Die höchste Erhebung ist mit 730 Metern der „Saddle Peak" auf Great Andaman, der „Mount Thullier" auf der großen Nikobar-Insel misst 642 Meter. Die größten Inseln sind mit 1536 Quadratkilometern „Andaman Middle Island" und „Great Nicobar Island" mit 1045 Quadratkilometern. Die kleinste Insel ist mit 0,8 Quadratkilometern „Ross Island". Einige Inseln sind Korallenatolle. Auf North Andaman Island fließt einer der wenigen Flüsse dieses Unionsterritoriums, die Kalpong.

BEVÖLKERUNG, SPRACHEN, GESCHICHTE

Von den 572 Inseln sind etwa nur 38 ständig bewohnt: 26 Inseln der Andamanen und 12 Inseln der 22 Hauptinseln der Nikobaren. Die offiziellen Sprachen in alphabetischer Reihenfolge, sind: Bengali, Englisch, Hindi, Karen, Malayalam, Nicobarese, Punjabi, Tamil und Telugu. Karen ist eine in Myanmar beheimatete Sprache. Daneben werden einige Stammessprachen gesprochen, unter ihnen 6 Nikobaresische Sprachen.

Die vom Aussterben bedrohten Negritos bilden die andamanische Urbevölkerung, von der es noch drei Ethnien gibt, die der Jarawa, Onge und Sentinelesen. Die noch im 19. Jahrhundert lebende Ethnie der Jangils existiert bereits nicht mehr. Daneben gibt es noch die Nikobaren und die Shompen, letztere nur auf „Great Nicobar" beheimatet. Heute gibt es wahrscheinlich nur noch vier oder fünfhundert eingeborene Andamanen, besonders vertreten durch die Jarawa und Sentinelesen, die z.T. durch Reservate geschützt werden sollen. Nicht-Inder haben auf den Nikobaren keinen Zutritt.

Von den Einwohnern bekennen sich 67,25 % zum Hinduismus, 23,94 % zum Christentum, 7,6 % zum Islam und 0,94 % zu anderen Glaubensrichtungen.

Gegen Ende des 17. Jahrhunderts hatte der Maratha Admiral Kanhoji Angre (starb 1729) einen Stützpunkt für seine seeräuberischen Unternehmungen gegen die Schiffe der Briten, Holländer und Portugiesen auf den Andamanen errichtet. Aus dieser Zeit stammt der indische Anspruch auf diese Inselgruppe.Von 1778 –1783 waren die Inseln eine österreichische Kolonie, die einzige Überseekolonie des Landes, an die die nach der österreichischen Kaiserin Maria Teresia benannte Insel der Nikobaren „Teresia" oder „Teressa" noch erinnert. Ab 1789 wurde die Kolonie von den Briten verwaltet.
Die Briten errichteten ab 1858 in Port Blair das „Cellular Jail" ein Gefängnis mit zu der Zeit noch unüblichen Einzelzellen. Die abgelegene Gefangenenkolonie erstickte nur den Gedanken an eine Flucht bereits im Keim. Am 8. Februar 1872 geschah aber hier das Unvorstellbare: Der indische Vizekönig, Richard Southwell Bourke, 6. Earl of Mayo, Gründer der damaligen Prinzenschule, dem heute noch existierenden „Mayo College" bei Ajmer, Rajasthan, wurde nach einer Besichtigung der Haftanstalt trotz strengster Sicherheitsvorkehrungen nach Sonnenuntergang von einem afghanischen Gefangenen, Sher Ali, mit einem Messer von hinten angegriffen und erstochen. Es war dies der einzige Mord an einem indischen Vizekönig. Der 30-jährige Afghane,

LINKE SEITE:

Junges Ehepaar der Jarawa-Ureinwohner.

FOLGENDE DOPPELSEITE:

Nicobaren Taube.

UNTEN:

Sher Ali (1842-1872) ermordete am 8. Februar 1872 auf den Andamanen Lord Mayo.

Das Opfer, Richard Bourke, der 6. Earl of Mayo, in der Robe des „Star of India".

Mitglied des Kookee-Kheyl Clans, saß bereits wegen Mordes ein, wurde aber erst für den Mord an Lord Mayo auf Viper Island durch den Strang exekutiert. Viper Island wurde nach dem Schiff benannt, auf dem Archibald Blair um 1789 hier landete. Bis zur Erlangung der Unabhängigkeit bestand die Strafkolonie vor allem aus für die Unabhängigkeit sich einsetzenden indischen Freiheitskämpfern. 1901 beherbergte die Strafkolonie 11 947 Verurteilte. Heute ist die Haftanstalt ein Museum für den indischen Kampf nach Unabhängigkeit. Die kurzzeitige japanische Besetzung der Inseln im 2. Weltkrieg (vom 21.3.1942–8.10.1945) und die heutige starke Militärpräsens Indiens unterstreichen die strategische Bedeutung der Inselgruppe; Port Blair war ab dem 30.12.1943 bis Ende 1944 Hauptquartier der Indischen Nationalarmee unter Subhas Chandra Bose, der in Port Blair am 29.12.1943 empfangen worden war.

Am 26. Dezember 2004 wurden die Inseln von Tsunamiwellen überrascht, denen einige tausend Bewohner zum Opfer fielen. Wahrscheinlich ist, dass sich seit dieser Naturkatastrophe die Anzahl der Inseln verändert hat.

VERWALTUNG

Das am 1.11.1956 geschaffene Unionsterritorium untersteht einem lokalen Lieutenant Governor und ist in zwei Bezirke aufgeteilt, den Distrikt Andaman und den Distrikt Nikobar. Der erste besteht aus zwei Unterdistrikten: Mayabunder und South Andaman und der zweite wird in die Unterdistrikte von Nancowry und Car Nicobar aufgeteilt. Auch die Unterdistrikte sind jeweils in eine Anzahl so genannter „Tehsils“ (eine einem Landkreis oder einer Grafschaft (in England) entsprechenden Verwaltungseinheit mit eigenem Verwaltungs- und Steuer-Apparat) untergliedert.

LINKE SEITE:

Blick durch ein vergittertes Fenster des Gefängnisses „Cellular Jail“ in Port Blair, der heutigen Hauptstadt der Andamanen.

UNTEN:

Strand.

FOLGENDE DOPPELSEITE LINKS:

Chiriyatapu Beach.

FOLGENDE DOPPELSEITE RECHTS:

Außenaufnahme des Gefängnisses „Cellular Jail“ in Port Blair, einer ehemaligen Strafkolonie der Engländer.

NATIONAL
MEMORIAL

WIRTSCHAFT

Die Inseln produzieren vor allem Nutzholz, das von Arbeitselefanten transportiert wird. Nahe der Hauptstadt befindet sich eines der größten südasiatischen Sägewerke. Obwohl neben Kokospalmen auch Bananen, Reis und Kaffee angebaut werden und Viehzucht betrieben wird, müssen viele Nahrungsmittel vom indischen Mutterland eingeführt werden.

Ein bedeutender Wirtschaftsfaktor ist der auf die Andamanen begrenzte Tourismus, wo sich mehrere malerische Strände und Tauchparadiese befinden. Alleine der Mahatma Gandhi Marine National Park in Wandoor, 29 Kilometer von Port Blair entfernt und im offenen Meer gelegen, lohnt einen Besuch.

BEDEUTENDE ORTE UND IHRE SEHENSWÜRDIGKEITEN

Die heute wichtigste Stadt des Unionsterritoriums ist **Port Blair** (99 984 Einwohner, 2001), das über einen Hafen verfügt, in dem vom indischen Mutterland, besonders aus Chennai und Kolkata, ankommende Fährschiffe anlegen. Der Flughafen der Stadt heißt „Vir Savarkar Airport". Die Stadt Port Blair lockt mit einer ganzen Reihe von Museen, von denen besonders das im ehemaligen „Cellular Jail" untergebrachte Museum des indischen Freiheitskampfes gegen die koloniale Unterdrückung erwähnt werden muss.

Ruinen aus der britischen Besatzungszeit sind vor allem auf Ross Island, eine Port Blair gleichsam schützende Insel, zu besichtigen.

Weitere erwähnenswerte Orte sind das auf den Andamanen gelegene **Bambooflat** (6790 Einwohner) und **Garacharma** (9431 Einwohner), in dem die Gebietskirche von Niedersachsen ein Waisenhaus unterhält.

VORHERIGE DOPPELSEITE:

Havelock, Port Blair.

LINKS OBEN:

Der Strand auf Havelock Island.

LINKS UNTEN:

Ross Island: ein alter Baum ist mit einem baufälligen Gebäude verwachsen.

OBEN:

aus der Luft ...

Jamnagar
Ahmadabad
Rajkot
Porbandar
Bhavnagar
Junagadh
Diu
Vadodara
(Baroda)
Surat
Daman
Silvassa
Ujjain
Indore
Bhopal
Jabalpur
Narsimhapur
Hoshangabad
Narmada
Khandwa
Ranchi
Jamshedpur
Rourkela
Bilaspur
Gondia
Amravati
(Amraoti)
Raipur
Sambalpur
Dhule
Jalgaon
Malegaon
Akola
Wardha
Nagpur
Durg
Sonpur
Mahanadi
Cuttak
Bhubaneswar
Nasik
Jalna
Aurangabad
Chandrapur
Mumbai
(Bombay)
Kalyan
Parbhani
Godavari
Nanded
Indravati
Brahmapur
Ahmadnagar
Nizamabad
Pune
Krishna
Bhima
Warangal
Godavari
Vizianagaram
Sholapur
Andhra
Visakhapatnam
Ratnagiri
Sangli
Gulbarga
Hyderabad
Rajahmundry
Eluru
Kakinada
Kolhapur
Bijapur
Vijayavada
Belgaum
Raichur
Kurnool
Krishna
Guntur
Machilipatnam
Panaji
Marmagao
Hubli-
Dharwad
Bellary
Pradesh
Banganapalle
Guntakal
Chitradurga
Anantapur
Shimoga
Bhadravati
Cuddapari
Nellore
Arabisches
Meer
Chennai
(Madras)
Mangalore
Bangalore
Vellore
Kanchipuram
Mysore
Mahe
Salem
Pondicherry
Kozhikode
(Calicut)
Cuddalore
Erode
Lakkadiven
(Indien)
Kavaratti
Coimbatore
Tiruppur
Cauvery
Nagapattinam
Tiruchirapalli
(Trichy)
Golf von
Bengalen
Anai Mudi
2695
Palk Straße
Cochin
Madurai
Jaffna
Alleppey
Kollam
(Quilon)
Tirunelveli
Tuticorin
Thiruvananthapuram
(Trivandrum)
Nagercoil
Trincomalee
Kap Comorin
Golf von Mannar
SRI LANKA
MALEDIVEN
Negombo
Kandy
Colombo
Badulla
Galle
Matara
Kap Dondra
0
200
400
600
km

ANDHRA PRADESH

LAGE, GRÖSSE, EINWOHNERZAHL, SYMBOL

Mit 275 068 Quadratkilometern ist der im südöstlichen Teil des Subkontinentes gelegene Bundesstaat Andhra Pradesh der viertgrößte Indiens. Er liegt zwischen 12°41' und 22° nördlicher Breite bzw. 77° und 84°40' östlicher Länge. Im Uhrzeigersinn von Süd nach Nord wird Andhra Pradesh von folgenden Bundesstaaten umrahmt: Tamil Nadu, Karnataka, Maharashtra, Chhattisgarh und Orissa. Mit 75 727 541 Einwohnern liegt Andhra Pradesh innerhalb Indiens bevölkerungsmäßig an fünfter Stelle. Die Bevölkerungsdichte wird mit 275 Einwohnern pro Quadratkilometer angegeben.
„Andhra Pradesh" heißt: Land der Andhras. Letztere sind ein Volk der indischen Antike. Die im gleichnamigen Distrikt des Staates gelegene Hauptstadt ist Hyderabad (3 690 000 Einwohner).
Der „Staatsvogel" ist die auch Bengalenracke genannte Hinduracke (Coracias benghalensis).

TOPOGRAPHIE UND KLIMA

Der dicht bewaldete Nordosten steht im krassen Gegensatz zu den felsigen Landstrichen, die sich nicht nur um die Hauptstadt herum erstrecken. Die flachen Küstenebenen werden für den Reisanbau genutzt. Andhra Pradesh ist somit eine der Kornkammern Indiens.

Die beiden wichtigsten Flüsse sind die Godavari und Krishna, die in Maharashtra entspringen und Richtung Osten fließen, bis sie Seite an Seite in den Golf von Bengalen münden. Gebirgsformationen trennen die Küstenzone vom Hinterland.

Der Bundesstaat lässt sich in folgende klimatische Regionen teilen:
1. Die nördlichen „Circars" oder das „Küsten Andhra" mit den Distrikten Srikakulam, Visakhapatnam, East Godavari, West Godavari, Krishna, Guntur, Ongole und Nellore.
2. Rayalaseema mit den Distrikten Kurnool, Cuddapah, Chittoor und Anantapur.
3. Telangana mit den Distrikten Adilabad, Karimnagar, Nizamabad, Medak, Ranga Reddy, Hyderabad, Mahbubnagar, Nalgonda, Warangal and Khammam.

Das Klima der ersten genannten Region ist weitgehend tropisch und regnerisch; die durchschnittliche Jahrestemperatur fällt nicht unter 22 Grad. Während der heißesten Jahreszeit, d. h. von April bis Juni, steigt die durchschnittlich gemessene Temperatur auf 29-32 Grad an, fällt dann aber nach Einsetzen des Süd-West-Monsuns im Juli wieder ab.
Die Durchschnittstemperatur im Januar schwankt zwischen 27-30 Grad, im heißesten Monat, Mai, werden im Durchschnitt 34-41 Grad gemessen. Zum Landesinneren hin kann die Temperatur dann bis auf 47-48 Grad ansteigen.
Während des kältesten Monats beträgt die durchschnittliche Temperatur zwischen 17-20 Grad, wobei die Werte an der Küste von Norden nach Süden zunehmen. An den kühlsten Tagen werden immer noch 10-14 Grad gemessen.
In Rayalaseema ist das Klima heiß und steppenartig trocken. Lediglich der Distrikt von Chittoor gilt als tropisch. Die durchschnittliche Höchsttemperatur schwankt zwischen 30 Grad im Dezember und 40 Grad im Mai, in höheren Lagen bleibt sie darunter. Die durchschnittliche Tiefsttemperatur kann im Dezember und Januar auf 17 Grad fallen, im nördlichsten Teil des Distriktes wurden 7 Grad als tiefste Temperatur gemessen.

FOLGENDE DOPPELSEITE:
Strand bei Visakhapatnam.

RECHTE SEITE:
Alampur war ab dem 7. Jahrhundert ein wichtiger Ort im Chalukya-Reich, von dessen damaliger Bedeutung eine Gruppe von neun Tempeln zeugt. Der Bala Brahma-Tempel mit seinem typischem Aufbau über dem Sanktum und den interessanten Skulpturen ist ein gutes Beispiel für den Stil der frühen westlichen Chalukyas.

Das meist tropisch-regnerische Klima von Telangana lässt die Tagestemperaturen auf durchschnittlich 40-43 Grad im Mai ansteigen, wobei an manchen Orten das Quecksilber auf 47 Grad ansteigen kann. Lediglich in den Distrikten Mahbubnagar, Hyderabad und Nalgonda ist das Klima trocken. Vom Dezember bis Januar fällt die Durchschnittstemperatur auf 13-17 Grad ab. Die tiefste Temperatur ist mit 4,4 Grad am 17.12.1897 in Nizamabad gemessen worden.

BEVÖLKERUNG, SPRACHEN, GESCHICHTE

3 200 000 Einwohner des Bundesstaates werden Stammesbevölkerungen zugeordnet und etwa 5 Millionen nomadisierenden Bevölkerungsgruppen.
Unter den 32 Stammesbevölkerungsgruppen des Bundesstaates nehmen die Khonds, Kolamis, Nayakpods, Koyas, Kondadoras, Valmikis, Bhagatas, Savaras, Jatayus, Gadabas, Yanadis und Chenchus die bedeutendsten Stellungen ein. Zu den nomadisierenden Telugu-Stämmen gehören die Piccukaguntlu, Balasanta, Saradakandru, Viramushtivaru, Bavanilu, Birannalavaru, Gollasuddulu, Dasarulu, Jangamulu und Kommuvaru, um nur einige zu nennen. Zu den so genannten Nicht-Telugu-Nomaden werden die Lambadis oder Sugalis gerechnet, die ursprünglich aus Rajasthan kommen sollen.

Von der Bevölkerung Andhra Pradeshs sind 89,14 % Hindus, 8,91 % Muslims, 1,83 % Christen, 0,04 % Jainas, 0,03 % Sikhs und 0,03 % Buddhisten.

Frauen des Lambadi-Stamms in Hyderabad.

84,86 % der Bevölkerung sprechen Telugu, das als das „Italienisch Indiens“ bezeichnet worden ist. Urdu

wird von 7,86 % gesprochen. 2,65 % sprechen Hindi und 1,27 % Tamil. Von weniger als einem Prozent der Bevölkerung werden folgende Sprachen gesprochen: Kannada (0,94 %), Marathi (0,84 %), Oriya (0,42 %), Malayalam (0,10 %), Gondi (0,21 %), und Koya (0,30 %).

Etwa 232 v.Chr. sagten sich die auch als Andhras bekannten Satavahanas vom Reiche Magadhas, das heißt dem Maurya-Reich, los, als dessen Kaiser Ashoka starb. Die Satavahanas wurden somit unabhängig und begannen bald darauf ihre eigenen Silbermünzen mit den Porträts ihrer Herrscher zu prägen. Die Herrscherfamilie kam ursprünglich aus Junnar in Maharashtra, eroberte aber bald wesentliche Teile des südlichen Subkontinentes und bekannte sich sowohl zum Brahmanismus als auch zum Buddhismus. Hauptstadt des Reiches in den ersten Jahrhunderten unserer Zeit war das an der Krishna bei Guntur gelegene Amaravati. Das wichtigste archäologische Dokument dieser Zeit ist der große buddhistische Stupa von Amaravati, dessen Durchmesser wohl über 50 Meter betrug, und der als das bedeutendste Zeugnis der frühen buddhistischen Kunst angesehen wird. Die Qualität der aus rekristallisiertem Kalkstein gemeißelten Reliefs und freistehenden Figuren, von denen sich etliche in einer eigens für sie errichteten Abteilung des British Museum, London, befinden, ist unübertroffen.
Die Kunst der Satavahanas wurde nach deren Niedergang im dritten Jahrhundert von der Ikshvaku-Dynastie fortgeführt, die sich aber bei der Ausschmückung der unter ihnen errichteten Stupas für einen hochpolierbaren, leicht grünlichen rekristallisiertem Kalkstein entschied. Die Ikshvaku Dynastie konnte sich jedoch nur mehrere Jahrzehnte als stärkste Kraft halten und mussten dem Druck der vorrückenden Pallavas nachgeben, die sich mehrere Jahrhunderte lang hielten und mehrfach die Chalukyas von Badami bekriegten, bis letztere, dann als die Chalukyas von Kalyani, die Oberhand gewannen. Den Chalukyas folgten die Kakatiyas, die wich-

LINKE SEITE:
Weitab von den großen Städten liegen in den Hügeln der Eastern Ghats die im 7. und 8. Jahrhundert geschaffenen Höhlentempel von Bhairavakonda. In den acht mit prächtigen Darstellungen von Türhütern flankiert werdenden Kulträumen wird Shiva verehrt.

Lambadis waren einst Nomaden, die sich heute in der Landwirtschaft oder in den Städten für einfache Arbeiten verdingen. Die Frauen tragen farbenfrohe, oft mit Spiegeln besetzte Kleidung mit dekorativem Silberschmuck.

tigste Telugu-Dynastie des Bundesstaates. Die Kakatiyas etablierten Telugu als Sprache des Bundesstaates.
Zu Beginn des 14. Jahrhunderts wurden mehrere Invasionsversuche der islamischen Armeen des Sultanats von Delhi vereitelt, bis die Kakatiyas 1323 bei Warangal den Armeen Ghiaz-ud-din Tughlaq's unterlagen. Prataparudra, der letzte König der Kakatiyas, wurde als Gefangener nach Delhi gebracht und starb auf dem Weg dorthin. Der berühmte „Koh-i-Nur"–Diamant soll Teil der islamischen Beute gewesen sein.
1347 sagte sich Alla-ud-din Hasan vom Delhi Sultanat los und gründete die Bahmani Dynastie, die im Laufe des 14. Jahrhunderts Teile von Andhra Pradesh unter ihre Gewalt brachte. Gegen Ende des 15. Jahrhunderts zerfiel das Bahmani Reich nach und nach in fünf Shahi Reiche: die Nizamshahis von Ahmadnagar, die Adilshahis von Bijapur, die Imadshahis von Berar, die Qutbshahis von Golconda und die Baridshahis von Bidar. 1527 war das Bahmani-Reich am Ende und die Qutbshahis von Golconda bestimmten die Geschicke des Telugu-Staates.
Ab 1336 entwickelte sich im Süd-Westen des Andhra-Staates ein neues Königreich, das von nun an zum Hauptgegner der Bahmani-Herrscher werden sollte: das Reich von Vijayanagar. In der Tat versetzte Krishnadevaraya, der wohl berühmteste Herrscher des Vijayanagar Imperiums, dem Bahmani-Reich den Todesstoß. Seine Nachfolger aber waren den fünf vereint kämpfenden Shahi-Sultanaten unterlegen.
Vom Beginn des 16. bis zum Ende des 17. Jahrhunderts regierten die Qutb-Shahis über Andhra. Sultan Quli Qutb Shah, im Diensten der Bahmanis und Gründer der nach ihm benannten Dynastie, sagte sich 1518 von seinem Dienstherrn los.

LINKS:
In der ab 1500 erbauten Festung von Chandragiri sind nur noch zwei Paläste erhalten, der „Raja Mahal" (Königspalast) und der „Rani Mahal" (Königinpalast).

FOLGENDE DOPPELSEITE LINKS:
Charminar (4 Minarette) ist das Wahrzeichen von Hyderabad. 1591 über der Kreuzung der Nord-Süd-Achse mit dem Hauptbasar erbaut, markiert es den Mittelpunkt der Hauptstadt von Andhra Pradesh.

FOLGENDE DOPPELSEITE RECHTS:
Warangal war 1110-1326 die glanzvolle Hauptstadt des Kakatiya-Reiches. Innerhalb der Festung zeugen vier Schmucktore und viele Architektur- und Skulpturen-Fragmente aus grünlichem und rosa Granit von vergangener Pracht.

ÜBERNÄCHSTE DOPPELSEITE:
Der Virabhadraswami-Tempel in Lepakshi wurde wohl zur Zeit des Vijayanagar-Herrschers Achyutaraya (1529 – 1542) erbaut. Die Decke der Haupthalle schmücken gut erhaltene Malereien.

FORHIRE
AAT
7714

OBEN LINKS:
Der Ramalingeshvara- oder Ramappa-Tempelkomplex von Palampet entstandim 13. Jahrhundert unter den Kakatiyas. Wie dieser Nebenschrein hat die Anlage besonders stark unter Erdbeben gelitten.

OBEN RECHTS:
Tirupati Tempel.

UNTEN RECHTS:
Das Fort von Golconda war bis 1590 die Hauptstadt der Qutb Shahis. In Sichtweite stehen die prächtigen Grabmonumente der ehemaligen Herrscher-Familie.

Unter einem seiner Nachfolger, Muhammad Quli Shah wurde 1591 die Stadt Hyderbad gegründet, aber 1636 musste die Vorherrschaft der vom Norden kommenden Moghuln anerkannt werden. 1682 kam der Moghulkaiser Aurangzeb selbst in den Dekhan, um die dortigen islamischen Dynastien und die Marathen endgültig zu zerschlagen. Zu der Zeit war Abul Hassan Qutb Shah, genannt Tana Shah, Herrscher der Qutb Shahis. Abul Hassan war ein Aesthet, unter dem die Malerei zu höchster Vollendung geführt wurde, bis 1687 die Festung Golconda durch Verrat von dem Moghuln eingenommen werden konnte. Das Reich der Qutb-Shahis wurde somit zur Provinz des Moghul-Imperiums.
Mir Kamaruddin, der unter dem Titel Nizam-ul-Mulk bekannt wurde, war ein Minister des Moghulkaisers Muhammad Shah, der ihm den Titel „Asaf Jah" verlieh und ihn als Verwalter einer Gegend im Dekhan einsetzte. Asaf Jah ernannte sich 1724 zum (unabhängigen) Herrscher, der von Aurangabad aus über das Reich von Golconda regieren sollte. Unter seinem Nachfolger wurde die Hauptstadt dann nach Hyderabad verlegt. Die Herrscher der Asaf Jahi-Dynastie nannten sich jeweils „Nizam", von denen es bis zur Eingliederung des Staates Hyderabad in die Indische Union nach Erlangung der Unabhängigkeit zehn gab:
(1) Mir Kamaruddin (Nizam-ul-Mulk - Asaf Jah I) (1724-1748), (2) Nasir Jung (1748-1751), (3) Muzaffar Jung (1750-1751), (4) Salabat Jung (1751-1761), (5) Nizam Ali Khan - Asaf Jah II (1762-1803), (6) Nizam III Sikandar Jah (1803-1829), (7) Nizam IV - Nasir-ud-Daula (1829-1857), (8) Nizam V - Afzal-ud-Daula (1857-1869), (9) Nizam VI - Mir Mahaboob Ali Khan (1869-1911), and (10) Nizam VII - Mir Os-

man Ali Khan (1911-1948 September). Ab der Mitte des 18. Jahrhunderts begannen europäische Kolonialmächte, allen voran die Franzosen und Engländer, die Thronanwärter der Asaf-Jahis gegeneinander auszuspielen. Die Vertreter der britischen ostindischen Kompanie erwiesen sich als gerissener und schalteten die Franzosen aus. Als 1777 eine Hungersnot den Staat an den Rande des Bankrotts brachte, wurde der Nizam von der ostindischen Kompanie finanziell unterstützt, was die Nizams in der Folge niemals vergaßen und sich stets auf die Seite der Briten schlugen.
Nach Erlangung der Unabhängigkeit 1947 war es noch ein weiter Weg bis zur

Gründung des Staates. Erst als sich ein Anhänger Mahatma Gandhis 1952 zu Tode hungerte und das Land im Aufruhr war, lenkte Delhi ein und stellte am 1.10.1953 die Weichen zur Gründung des Bundesstaates Andhra Pradesh, der dann aber erst als solcher am 1.11.1956 mit Hyderabad als Hauptstadt und 20 Distrikten von Jawaharlal Nehru feierlich eingeweiht wurde. Dem Bundesstaat wurden jeweils 1970, 1978 und 1979 weitere Gebiete zugeteilt.

VERWALTUNG

Der ranghöchste Politiker des Bundesstaates ist der „Chief Minister“. Der Bundesstaat ist im indischen Parlament mit 60 Mitgliedern vertreten. Andhra Pradesh ist in 23 Distrikte unterteilt; diese sind in alphabetischer Folge: Adilabad, Anantapur, Chittoor, Cuddapah (seit dem 19.8.2005: Kadapa), East Godavari, Guntur, Hyderabad, Karimnagar, Khammam, Krishna, Kurnool, Mahbubnagar, Medak, Nalgonda, Nellore, Nizamabad, Prakasam, Rangareddy, Srikakulam, Visakhapatnam, Vizianagaram, Warangal und West Godavari.

WIRTSCHAFT

Die Landwirtschaft bestimmt einen großen Teil des Einkommens. Angebaut werden vor allem Reis, Zuckerrohr, Baumwolle, Pfeffer und Tabak. Verstärkt wird seit Kurzem in die Biotechnologie und Informationstechnologie investiert. Besonders Hyderabad ist ein Standort der Hochtechnologie, an dem mehrere internationale Firmen, wie z. B. Microsoft, beteiligt sind, es gilt sogar schon als das zweite „Silicon Valley“ Indiens

Srisailam ist ein viel besuchtes Pilgerzentrum in den waldreichen Nallamala-Bergen. Eine Attraktion stellt die Außenseite der sechs Meter hohen, aus Granitquadern zusammen gesetzten Umfassungsmauer des Malikarjuna-Tempels mit ihren einzigartigen Flachreliefs dar.

(nach Bangalore in Karnataka). Darüberhinaus ist Hyderabad die Hauptstadt der indischen Pharma-Industrie. Einer der Hauptproduktionsorte für Kunstdünger ist Kakinada (East Godavari). Am südlichen Teil der Küste befindet sich Sriharikota (Nellore Distrikt), das indische Weltraumzentrum „Satish Dhawan Space Research Station" mit zwei Startanlagen zum Starten von Satellitenraketen.

BEDEUTENDE ORTE UND IHRE SEHENSWÜRDIGKEITEN

Die sehr hohe Anzahl an archäologisch wichtigen Plätzen (alleine 137 antike Tempelstätten) lässt hier nur die Nennung einer stark begrenzten Anzahl zu.

Amaravati (Guntur Distrikt) war die Hauptstadt der Satavahana-Dynastie. Wesentliche Teile des großen Stupas von Amaravati befinden sich in verschiedensten Museen der Welt, besonders in Chennai und London.
In **Alampur** (Kurnool Distrikt) stehen auf dem linken Ufer der Tungabhadra 9 Tempel der Chalukyas von Badami, die dieses Gebiet um 620 erobert haben. Die Tempel wurden zwischen dem 7.-8. Jahrhundert erbaut.
In **Bhairavakonda** (Prakasam Distrikt) wurden im 7. und 8. Jahrhundert hinduistische Felshöhlen unter der Herrschaft der Kondavidu ausgemeißelt, die eine Ähnlichkeit mit den bekannteren Felsentempel der Pallavas in Tamil Nadu aufweisen.
Unter den Herrschern von Vijayanagar entstanden um 1500 die ausgedehnten Verteidigungsanlagen der Festung von **Chandragiri** (Chittoor Distrikt), die sich auf einem etwa 200 Meter hohen Granitmassiv erhebt. Erhalten sind innerhalb der Anlage nur 2 Paläste, die „Raja Mahal" (Königspalast) und „Rani Mahal" (Königinnen Palast) genannt werden.
Hanamkonda (Warangal Distrikt) war die Hauptstadt der Kakatiyas, bis sie von König Ganapatideva (1199-1262) in das 12 Kilometer entfernte Warangal verlegt wurde. Der 1163 unter Rudra Deva erbaute „1000 Säulen Tempel" mit sternenförmigen Grundriss ist ein Höhepunkt der Architektur unter den Kakatiyas.
Hyderabad (Distrikt Hyderabad) kann als fünftgrößte indische Stadt erwartungsgemäß mit einer Reihe von Sehenswürdigkeiten aufwarten, zu denen auch Stadien und ein Planetarium gehören. Das Wahrzeichen der Stadt ist ein eindrucksvoller Torbau mit vier Minaretten, der deswegen „Charminar" (4 Minarette) genannt wird. In unmittelbarer Nähe zur Stadt befindet sich das Fort von Golconda mit zahlreichen Grabbauten der Qutb-Shahis. Der Falaknuma Palast war die Residenz der Nizams von Hyderabad, deren Reichtum sprichwörtlich war: Einer der letzten Nizams vor der Unabhängigkeit benutzte den wohl größten Rohdiamanten der Welt als Briefbeschwerer.
Das Dorf **Kuchipudi** (Krishna Distrikt) gilt als Hauptort für den gleichnamigen Tanz, der für die Bewohner von Andhra Pradesh so etwas wie der lokale Nationaltanz ist. Abul Hassan Qutb Shah, genannt Tana Shah, Herrscher der Qutb Shahis und Connaisseur, soll den Brahmanen von Kuchipudi aus Freude über eine entsprechende Tanzvorführung 2,4 Quadratkilometer Land geschenkt haben.
Kurnool (Kurnool Distrikt) war 1953 die Hauptstadt des Staates Andhra, bevor letzterer seinen heutigen Namen erhielt und Hyderabad zur Hauptstadt ernannt wurde. Die Attraktion der Stadt Kurnool ist das Konda Reddy Fort.
Weit über die Grenzen des Bundesstaates hinaus bekannt wurde der im 16. Jahrhundert errichtete Virabhadrasvami geweihte Tempel von **Lepakshi** (Anantapur Distrikt) wegen seiner gut erhaltenen Deckenmalereien.
Machilipatnam (Krishna Distrikt), im Westen bekannt als Masulipatan oder Masulipatnam, war im 17. Jahrhundert für die Briten, Franzosen und Dänen eine bedeuten-

Eine indische Rakete trägt einen südkoreanischen, einen deutschen und einen indischen Satelliten ins Weltall.

Die Stadt und der Hafen von Visakhapatnam.

de Hafen- und Handelsstadt, die für ihre bedruckten und bemalten, heute noch hergestellten Textilien (Kalamkaris) bekannt wurde. Da die Stadt nur 3 Meter über dem Meeresspiegel liegt und häufig von zerstörerischen Zyklonen heimgesucht wird, wurde im Dezember 2004 ein in Deutschland hergestelltes Radar aufgestellt, das helfen soll, rechtzeitig vor sich nähernden Wirbelstürmen zu warnen.

Etwa 50 Kilometer nördlich von Srikakulam (Srikakulam Distrikt) entfernt liegen die Tempel von **Mukhalingam**. Die unter den östlichen Gangas von Orissa im 10. Jahrhundert errichteten Tempel sind in ihrer Ausarbeitung und Dekor von unerreichter Qualität und gehören künstlerisch zu den anspruchsvollsten Bauten in Andhra Pradesh. Mukhalingam ist das alte Kalinganagara, Hauptstadt des Reiches der Gangas. Erhalten sind drei Tempel: der Mukhalingeshvara, der Someshvara und der Bhimeshvara.

Der aus schwarzem Basalt gebaute Ramalingeshvara („Ramappa"-) Tempel von **Palampet** (Warangal Distrikt) wurde laut Inschrift im Jahre 1213 errichtet und ist seitdem in Betrieb.

Tirupati (Chittoor Distrikt) beherbergt mit dem vishnuitischen Tempel des Venkateshvara oder Tirumala eine heilige Stätte, die durchschnittlich von 50 000 Gläubigen täglich (!) besucht wird. Um diese hohe Anzahl von Gläubigen täglich passieren zu lassen, entwickelte die Tempelverwaltung eine spezielle Warteschlangen-Logistik mit einem einen Bar-Code enthaltendem Armband und Fingerabdrücken, um den Verkauf von Eintrittskarten auf dem Schwarzmarkt zu verhindern. Da Tirupati bei den landesweiten Plünderungen von den Moslems verschont wurde, hat der Tempel den wohl wertvollsten Tempelschatz der Welt aufzuweisen und rangiert als zweitreichste religiöse Stätte nach dem Vatikan. Da sich die meisten Gläubigen nach dem Besuch des Tem-

Schiffswerft in Visakhapatnam.

pels den Kopf rasieren lassen, wurde Indien zum weltweit größten Exporteur von Menschenhaar. Der Tradition nach existiert der eigentliche Schrein seit Jahrtausenden. Historisch belegt scheint seine Existenz seit dem 5. Jahrhundert.

Im Malikarjuna Tempel von **Srisailam** (Kurnool Distrikt) steht eines der 12 Flammen- oder Jyotir-Lingas. Er ist deswegen einer der wichtigsten shivaitischen Tempel des Bundesstaates. Die mit Flachreliefs übersäte, 6 Meter hohe Umfassungsmauer stammt aus der Zeit der Herrscher von Vijayanagar (etwa 16. Jahrhundert).

Die teilweise mehrstöckigen hinduistischen Kultanlagen in **Undavalli** (Guntur Distrikt) entstanden wie die Anlagen von Bhairavakonda wahrscheinlich zwischen dem 7. und 8. Jahrhundert unter der Herrschaft der Kondavidu.

Warangal, Hauptstadt des gleichnamigen Distriktes, war vom 12. bis zum 14. Jahrhundert die Hauptstadt der Kakatiya-Dynastie. Die Nahe der Stadt gelegene Festung stammt aus dieser Zeit. In ihr befindet sich das Kirti Torana, ein aus einem Block gemeißelter Torbau, der als Symbol des Staates gilt.

CHINA
Tibet (Xizang)
Himalaya
Lhasa
NEPAL
Mt. Everest (Qomolangma) 8872
Kathmandu
Thimbu
BHUTAN
Arunachal Pradesh
Kundil-Bazar
Sadiya
Itanagar
Dibrugarh
Jorhat
Gonda
Lakhnau (Lucknow)
Faizabad
Gorakhpur
Ghaghara
Muzaffarpur
Darbhanga
Darjeeling
Gangtok
Siliguri
Jalpaiguri
Guwahati (Gauhati)
Dispur
Brahmaputra
Dhubri
Kohima
Shillong
Cherrapunji
Rangpur
Purnea
Ganges
Varanasi (Benares)
Chapra
Patna
Allahabad
Mirzapur
Bihar Sharif
Bhagalpur
Imphal
Silchar
Satna
Gaya
BANGLA-DESH
Berhampore
Rajshahi
Son
Daltonganj
Bokaro
Dhanbad
Dhaka
Agartala
Aizawl
Ranchi
Asansol
Durgapur
Purulia
Bhatpara
Haora (Howrah)
Kulna
Jamshedpur
Chittagong
Kolkata (Calcutta)
Rourkela
Kharagpur
Bilaspur
Mandalay
Sambalpur
Raipur
Balasore
Gangesdelta
MYANMAR (BURMA)
Durg
Sonpur
Mahanadi
Cuttak
Bhubaneswar
Akyab
Puri
Indravati
Brahmapur
Golf von Bengalen
Godavari
Vizianagaram
Visakhapatnam
Rajahmundry
Elur
Kakinada
Rangun (Yangon)
Vijayavada
Machilipatnam
0 200 400 600 km

ARUNACHAL PRADESH

LAGE, GRÖSSE, EINWOHNERZAHL, SYMBOLE

Mit 83 743 Quadratkilometern belegt auf der Liste der indischen Bundesstaaten Arunachal Pradesh den 14. Platz. Arunachal Pradesh (wörtlich: Land der Morgenröte auf den „Unbeweglichen", d.h. Bergen) liegt zwischen 25°30' und 29°30' nördlicher Breite bzw. 91°30' und 97°30' östlicher Länge. Im Uhrzeigersinn von Süd nach Nord wird Arunachal Pradesh von folgenden indischen Bundesstaaten bzw. internationalen Staaten umrahmt: Assam, auf einer Länge von 160 Kilometern Bhutan, auf einer Länge von 1080 Kilometern die Volksrepublik China (Tibet), auf einer Länge von 440 Kilometern Myanmar und Nagaland. Mit 1 097 986 Einwohnern liegt Arunachal Pradesh in dieser Hinsicht innerhalb Indiens an 26ster Stelle. Die Bevölkerungsdichte liegt bei 13 Einwohnern pro Quadratkilometer.

Arunachal Pradesh ist der nördlichste der „Sieben Schwestern" genannten indischen Bundesstaaten, die östlich von West Bengal liegen und von dem Rest des Landes beinahe abgeschnitten sind. Die im Papum Pare Distrikt gelegene Hauptstadt ist Itanagar (34 970 Einwohner).

Das „Staatstier" ist der Mithun (Bos Gaurus frontalis, deutsch: Gayal), eine Art Kuh. „Staatsvogel" ist der Doppelhornvogel (Buceros bicornis, eine Art Nashornvogel), die „Staatsblume" ist die „Fuchsschwanz-Orchidee" (Rhynchostylis Retusa).

KLIMA UND TOPOGRAPHIE

Das Klima in Arunachal Pradesh wird durch die jeweilige Höhe und Topographie bestimmt. In den höheren Lagen – der Kangtö im West Kameng Distrikt ist mit 7090 Metern die höchste Erhebung des Bundesstaates – herrscht alpines Klima. Die mittleren Lagen werden von einem gemäßigten Klima beherrscht, wohingegen die mitunter nur 50 Meter über dem Meeresspiegel gelegenen Täler subtropisch-feucht sein können mit heißem Sommer und mildem Winter. Während der Regenzeit fallen jährlich zwischen 2000

Der Doppelhornvogel ist der Staatsvogel Arunachal Pradeshs.

und 4000, stellenweise bis zu 5750 Millimeter Niederschlag. Je nach Höhenlage können die Temperaturen zwischen Juni und August, wenn es bereits zu regnen begonnen hat, auf 40-42 Grad ansteigen. Während der folgenden Hauptregenzeit sinkt die Temperatur auf Werte zwischen 22 und 30 Grad, wobei in den trockenen Wintermonaten nur 15-20 Grad erreicht werden. Die vier Vegetationszonen des Staates können mit fünf Waldzonen veranschaulicht werden. Diese sind: tropischer Wald, subtropischer Wald, Nadelwald, Wald der gemäßigten Zone und alpiner Wald.

BEVÖLKERUNG, SPRACHEN, GESCHICHTE

Die wichtigsten Populationen von Arunachal Pradesh sind die Adi und die Mishmi (einschließlich der Idu, Taroan und Kamman). Daneben existieren die folgenden Hauptstämme: Aka, Apa Tani, Ashing, Chikum-Dui, Bori, Bugun (Khowa), Gallong, Hill Miri, Hrusso, Khamba, Konyak, Koro, Lisu (Yobin), Memba, Meyor, Miji (Sajolang/Damai), Minyong, Monpa, Nidu-Mora, Nishi (Nishi/Nishing/Dafla/Bangni), Nocte, Palibo, Ran, Rishi-Mashi, Sajolang, Sartang, Sherdukpen, Sulung, Tagin, Tai Khamti, Tangsa oder Tangshang (einschließlich der Muklom, Lonchang, Tikhak, Hawoi, Longri, Mungrey, Mushaung, Lungphi, Joglai, Ngaimong, Ponthai, Khalak, Lunghai, Halley, Chellim, Shechu, Shiangwal, Rera, Shiangtee, Dohe, Moital, Hatseng, Gajee, Gaja, Kochong, Lowchang, Laki, Gallon, Chamchang, Ringkhu, Shohra, Bowngtal und Rongran), Tutsa, Yobin und Wancho.
Die in Arunachal Pradesh gesprochenen Sprachen sind tibeto-birmanischen Ursprungs. Die wichtigsten Sprachen sind, in alphabetischer Rei-

Frau des Monpa-Stamms.

henfolge mit Angabe der Anzahl der Sprecher in Klammern: Adi (158 409), Apatani (21 453), Bangni (35 339), Galong (45 616), Lalung (33 746), Mishmi (29 000), Monpa (43 226), Nissi/Dafla (68 176), Nishang (16 976), Nocte (30 441), Tagin (31 845), Tangsa (28 121) und Wancho (39 600). Daneben existieren Sprachen, die von weniger als 10 000 Sprechern gesprochen werden, aber im „Census of India" nicht aufgeführt werden.

Mit 40 % bekennt sich der größte Teil der Einwohner von Arunachal Pradesh zur animistischen Religion, die als „Donyi-Polo" oder „Danyi Pillo" bekannt ist. Sie gilt u.a. als die Religion der Adi, einem Sammelbegriff von Volksgruppen, die zu den Ur-Einwohnern des Bundesstaates gerechnet werden und in etwa 50 Ortschaften ansässig sind. Die Namen der Stämme der Adi in alphabetischer Reihenfolge sind die Aieng, Ashing, Bomo-Jambo, Boris, Bokar, Gallong, Galo, Karko, Milang, Mimat, Minyong, Padum, Pangi, Pasi, Ramo, Shimong und Tangma. Ebenso wird die Religion befolgt von den in East und West Kameng beheimateten Aka, den Apa-Tani im Lower Subansiri Distrikt, um nur einige zu nennen.
Etwa 30 % der Bevölkerung bekennen sich zu einem Hinduismus, der Elemente der Donyi-Polo-Religion enthält. Die diesem Hinduismus anhängende Populationen sind die etwa 33 000 in den Paktai-Bergen des Tirap Distriktes lebenden Nocte, die indischen Miri und die Mikir, die Deori und die Mishing neben Zuwanderern aus anderen Teilen Indiens.
Von den 15 % der Buddhisten praktizieren die im Grenzgebiet zu Tibet wohnenden Einwohner eine tibetische Form des Buddhismus, die Stämme von Thai-Birmanischer Abstammung sind meist Theravada-Buddhisten.
Den tibetischen Buddhismus befolgen die in den Distrikten Tawang und West Kameng ansässigen Monpa und Sherdukpen. Von den etwa 78 000 Monpas leben alleine 50 000 in Arunachal Pradesh, davon 20 000 im Bezirk Tawang, die anderen in West Kameng. Die in Arunachal Pradesh ansässigen Monpas sind zum überwiegenden Teil Gelugpas, einige gehen den Weg der Bon-Religion. Die verbleibenden 28 000 Monpa leben im benachbarten Tibet.
Die meisten der etwa 4200 Sherdukpen wohnen in Siedlungen von West Kameng, die alle auf Höhen von über 1500 Meter liegen. Auch die Sherdukpen sind in erster Libnie Gelugpas. Die Chugpa im West Kareng

LINKE SEITE OBEN:

ApaTani Dorf in Bela.

LINKE SEITE MITTE:

ApaTani-Frau mit Nasenscheiben und Tätowierungen im Dorf Hong im Subansiri-Distrikt.

LINKE SEITE UNTEN:

Maskensammlung im Gön-khang (die Monpa sind bekannt für ihre kunstfertigen Masken).

OBEN LINKS:
Frau des Miji-Stamms in traditioneller Kleidung.

OBEN RECHTS:
Mann des Miji-Stamms in traditioneller Kleidung, mit einem Messer bewaffnet.

RECHTE SEITE:
Abenteuerliche Brücke über den Siang / Lower Siang.

FOLGENDE DOPPELSEITE:
Wohnhäuser des Mompas-Stammes.

Distrikt sind Lamaisten. Ebenso zum tibetischen Buddhismus bekennen sich die Khamba Lhoba (Idu, Yidu, Midu, Kera-ah) Lishipa, Memba, Nga-Fagin, Takpa und Tshangla.
Den Theravada Buddhismus befolgen Populationen, die vorwiegend Thai-Tibetischer Herkunft sind, nämlich die Khampti, Singpho, Zekhring und die in den Distrikten Lohit, Changlang und Tirap lebenden Flüchtlinge der Chakma. Die Khampti und Zekhring leben vornehmlich im Lohit Distrikt, die Singpho in den Distrikten Lohit und Changlang. Der größte Teil der Chakma lebt in Bangladesh. Die Chakma sind Tibeto-Birmanischen Ursprungs.
Ebenfalls Anhänger des Theravada Buddhismus sind die Aiton, Khamyang, Phake, Nara, Shyam und Turung. Von den etwa 45 000 Baptisten verteilen sich die meisten auf die Stadt Khonsa (Distrikt Tirap) und den Distrikt von West Siang. Die Zählung der Christen ist problematisch, da viele der Befragten sich gleichzeitig zum Christentum und zur Donyi Polo Religion bekennen. Die Mehrzahl der Christen kommt wohl vom benachbarten Bundesstaat Nagaland.

Die Ursprünge der meisten Stämme sind in Tibet und im heutigen Myanmar zu suchen. In Ermangelung schriftlicher Dokumente liegt die frühe Geschichte der Bevölkerung Arunachal Pradeshs aber im Dunkeln. Lediglich die Chroniken der Ahoms, die über Teile von Assam regierten, bieten Informationen für den Zeitraum von 1228–1826 an, betreffen aber kaum das Gebiet von Arunachal Pradesh. Auch die Monpa und Sherduken hinterließen Chroniken, die aber für eine genauere Datierung weniger hilfreich sind.
Von tibetisch-buddhistischer Präsenz im 17. Jahrhundert zeugt das 1681 von einem Zeitgenossen des 5. Dalai Lama (Nagwang Lobsang Gyatso, 1617-82), Merak Lama Lodre Gyatso erbaute Kloster von Tawang (Distrikt Tawang). Zwei Jahre später sollte im in der Nähe gelegenen Urgelling Kloster der 6. Dalai Lama (Tsangyang Gyatso, 1683-1706) geboren werden, dessen Schriften und Statuensammlung 1714 in das Kloster von Tawang gebracht wurden.
Der seit der Simla-Konferenz von 1914 existierende Grenzverlauf zwischen Arunachal Pradesh, damals ein Teil von Britisch Indien, und der Volksrepublik China wird von letzterem Staat nicht anerkannt. Nach der

Der 6. Dalai Lama wurde angeblich in diesem Haus in Tawang geboren.

Unabhängigkeit Indiens war Arunachal Pradesh seit 1954 die „North East Frontier Agency". Am 8. September 1962 begann die Volksrepublik China einen Grenzkrieg gegen Indien, den China für sich entscheiden konnte. Während des chinesischen Überfalls wurden auch große Teile der „North East Frontier Agency" von chinesischen Truppen besetzt, die am 18. November die Vororte von Tezpur in Assam erreichten. Am 21. November wurde ein Waffenstillstand vereinbart, und die chinesischen Truppen zogen sich wieder hinter die von ihnen offiziell nicht akzeptierte Grenzlinie zurück.
Am 20. Februar 1972 wurde die „North East Frontier Agency" in Arunachal Pradesh umbenannt und erhielt den Status eines Unionsterritoriums. Am 20. Februar 1987 wurde Arunachal Pradesh zu einem Bundesstaat erklärt.

VERWALTUNG

Der ranghöchste Politiker von Arunachal Pradesh ist der „Lt. Governor". Der Bundesstaat ist momentan durch drei Mitglieder im Parlament von Delhi vertreten. Er wird in 16 Distrikte unterteilt: Anjaw, Changlang, Dibang Valley, East Kameng, East Siang, Kurung Kumey, Lohit, Lower Dibang Valley, Lower Subansiri, Papum Pare, Tawang, Tirap, Upper Subansiri, Upper Siang, West Kameng und West Siang.

WIRTSCHAFT

VORHERIGE DOPPELSEITE:
Der Ganga-See, 5 km entfernt von Itanagar.

Der wichtigste Wirtschaftsfaktor in Arunachal Pradesh ist die Landwirtschaft. Angebaut werden Reis, Mais, Hirse, Weizen, Hülsenfrüchte, Zuckerrohr, Ingwer und Ölsaaten. Der Bundesstaat verfügt über mehrere Obstgärten. Hergestellt werden handgewebte Textilien.

Der Sella-Pass.

BEDEUTENDE ORTE UND IHRE SEHENSWÜRDIGKEITEN

Wie in den meisten Bundesstaaten im Osten des Landes ist die Anzahl der archäologischen Stätten im Vergleich eher gering.

Das 3300 Meter hoch gelegene Kloster von **Tawang** (Tawang Gompa oder Galden Namgyal Lhatse), zwei Kilometer vom Stadtzentrum gelegen, gehört zu den größten tibetisch-buddhistischen Klöstern der Gelugpas auf indischem Boden. Es ist dreistöckig, nimmt eine Fläche von 140 Quadratmetern ein, enthält eine Sammlung tibetischer Bildrollen und kann 500 Mönche beherbergen.
Eine weitere Klosteranlage kann in **Morshing** (West Kameng Distrikt) besichtigt werden. Das **Lhagzala** Gompa soll 400 Jahre alt sein und rangiert als das zweitwichtigste Kloster des Bundesstaates.
Die buddhistischen Klosteranlagen und Pagoden des Distriktes von Lohit werden „Chong" genannt und sind im birmanischen Stil errichtet. Reliquien des historischen Buddha werden im Chong des Khamti Königs in **Guna Nagar** bei Chongkham aufbewahrt.

Die bedeutendste hinduistische Anlage des Bundesstaates wurde teilweise in Malinithan, (West Siang Distrikt) freigelegt. Ein Tempel mit Skulpturen des Gottes Indra auf dem Elefanten, eines Nandi-Stieres und eines Sonnengottes auf seinem von Pferden gezogenen Wagen sind neben einer Durga Funde, die in das 14. Jahrhundert datiert werden.
Der östlichste Naturschutzpark für Tiger in Indien ist das im Changlang Distrikt gelegene **Namdapha** Tiger Reservat. Es liegt auf einer Höhe zwischen 200 und 4500 Metern. Ein weiterer Naturschutzpark ist das **Pakhui** Wildlife Sanctuary im Distrikt East Kameng.

FOLGENDE DOPPELSEITE:
Das Kloster von Tawang.

CHINA
Tibet
(Xizang)
Himalaya
Lhasa
NEPAL
Mt. Everest (Qomolangma) 8872
Kathmandu
Thimbu
BHUTAN
Gangtok
Darjeeling
Siliguri
Jalpaiguri
Itanagar
Kundil-Bazar
Sadiya
Dibrugarh
Jorhat
Dispur
Assam
Guwahati (Gauhati)
Dhubri
Shillong
Kohima
Cherrapunji
Imphal
Silchar
Gonda
Lakhnau (Lucknow)
Faizabad
Gorakhpur
Ghaghara
Muzaffarpur
Darbhanga
Purnea
Chapra
Ganges
Allahabad
Varanasi (Benares)
Mirzapur
Patna
Bhagalpur
Rangpur
Bihar Sharif
Gaya
Satna
Son
Daltonganj
Berhampore
Rajshahi
BANGLA-DESH
Dhaka
Agartala
Aizawl
Bokaro
Dhanbad
Asansol
Durgapur
Ranchi
Purulia
Bhatpara
Jamshedpur
Haora (Howrah)
Kolkata (Calcutta)
Kulna
Chittagong
Rourkela
Kharagpur
Bilaspur
Sambalpur
Balasore
Gangesdelta
Mandalay
Raipur
Durg
Sonpur
Mahanadi
Cuttak
Bhubaneswar
Puri
MYANMAR (BURMA)
Akyab
Indravati
Brahmapur
Golf von Bengalen
Godavari
Vizianagaram
Visakhapatnam
Rajahmundry
Elur
Kakinada
Vijayavada
Machilipatnam
Rangun (Yangon)
0
200
400
600
km

ASSAM

LAGE, GRÖSSE, EINWOHNERZAHL, SYMBOL

FOLGENDE DOPPELSEITE:
Der Fluss Brahmaputra bei Tezpur.

Der am östlichen Abhang des Himalaya gelegene Bundesstaat Assam steht mit 78 483 Quadratkilometern flächenmäßig innerhalb Indiens an 16. Stelle. Assam liegt zwischen 24°50' und 28°00' nördlicher Breite und zwischen 89°42' und 96°00' östlicher Länge. Im Uhrzeigersinn von Süd nach Nord umsäumen Assam die folgenden indischen Bundes- bzw. internationalen Staaten: Tripura, Bangladesh, Meghalaya, West Bengalen, Bhutan, Arunachal Pradesh, Nagaland, Manipur und Mizoram. Bevölkerungsmäßig nimmt Assam mit 26 655 528 Einwohnern die 14. Stelle innerhalb Indiens ein. Die Bevölkerungsdichte liegt bei 340 Einwohnern pro Quadratkilometer.

Die Hauptstadt ist Dispur (7600 Einwohner), ein Vorort von Guwahati im Distrikt Sonitpur. Assam gehört zu den so genannten „Sieben Schwestern", den nur über eine schmale Passage auf dem indischen Landwege zugänglichen Staaten im Osten Indiens.

Die Bezeichnung Assam für den Bundesstaat ist mehrdeutig. Wahrscheinlich geht sie auf den Namen der Tais zurück, die „Ahoms" genannt wurden und das Gebiet über sechs Jahrhunderte bis 1826 beherrschten. Der Name Assam ist seit dem 17. Jahrhundert mehrfach belegt. Das nichtoffizielle Tier des Bundesstaates ist das Panzernashorn.

Eine Panzernashornmutter mit ihrem neugeborenen Kalb im Kaziranga Nationalpark.

KLIMA UND TOPOGRAPHIE

Assam wird bestimmt durch das Tal des den Staat auf einer Länge von 742 Kilometern durchquerenden Brahmaputra und den Bergketten zu beiden Seiten des Flusses. Das Land ist zu 27,41 % mit Wäldern bedeckt.

Das subtropische Klima des Bundesstaates zeichnet sich durch starken Niederschlag und hoher Luftfeuchtigkeit aus. Es gibt drei Jahreszeiten: den von November bis Februar dauernden Winter, den Sommer von März bis Mai und die Regenzeit von Juni bis Oktober, die Zeit des Süd-West-Monsuns.

Das Tal des Brahmaputra wird in drei klimatische Zonen eingeteilt: eine östliche, westliche und mittlere. Die durchschnittliche jährliche Niederschlagsmenge beträgt in der östlichen Zone 245,2 Millimeter, in der westlichen 1982,5 Millimeter und in der mittleren Zone 1527,4 Millimeter. Die durchschnittliche Jahrestemperatur der östlichen Zone wird mit 23,5 Grad gemessen, die der westlichen mit 24,5 und die der mittleren Zone mit 24,0 Grad.

Die Jahresniederschlagsmenge des Barak-Tales beträgt 4103 Millimeter bei einer durchschnittlichen Jahrestemperatur von 24,9 Grad.

BEVÖLKERUNG, SPRACHEN, GESCHICHTE

Assam ist ein Schmelztiegel von Ethnien unterschiedlichster Herkunft. Zu den wichtigsten Stämmen sind die Boros, Boro-Kacharis, Chakma, Deori, Dimasa, Garo, Hajai, Hajong, Hmar, Kachari, Karbi, Khasi (Jaintia, Synteng, Pnar, War, Bhoi, Lyngngam), Kuki, Lakher, Lalung, Man, Mech, Mikir, Miri, Misings, Mizo (Lushai), Nagas, Pawi, Rabha, Santhals und Syntheng zu rechnen.

Pilgerinnen steigen zum Tempel von Hajo hinauf.

Von den 45 in Assam gebräuchlichen Sprachen sind 24 Tibeto-Birmanischer Herkunft, 12 sind Indo-Europäischen und fünf Austro-Asiatischen Ursprungs. Als Amtssprachen gelten Ahkhomiya oder Assamesisch (Assamese, Asamiya), Bodo und Karbi, weit verbreitet ist Bengali. Assamesisch (Asamiya) gehört zur Indo-Europäischen Sprachfamilie und entwickelte sich aus den östlichen Sanskrit-Dialekten wie dem Apabhramsa. Assamesisch zerfällt in vier Dialektgruppen, und zwar in die des östlichen Assamesich, die des zentralen Assamesisch, der Kamrupi-Form des Assamesisch und der Goalparia-Form des Assamesischen.
Khasi, eine Austro-Asiatische Sprache, hatte in den Distrikten Nagaon und Kamrup 1991 noch 29 304 Spre-

cher. Das ebenfalls in Assam gesprochene Khamti ist birmanischer Herkunft. Daneben gibt es die Garo-, Kachari-, Tai-, Turung-, Singpho-, Aiton- und Phake oder Phakaes-Sprachen, um nur einige zu erwähnen. Im Barak-Tal ist Sylheti, eine Art Bengali, verbreitet.

Ein Haus im Kaziranga Nationalpark.

Assam wird in einem Bericht des chinesischen Pilgers Hsuen-Tsang (Xuanzang) im 7. Jahrhundert als „Kamarupa" erwähnt. Zu der Zeit unterstand Assam Bhaskarvarman, einem Herrscher der Bhauma-Dynastie, die die Geschicke des Landes über drei Jahrhunderte regelte. Kamarupa ist der alte Name Assams, bzw. der Gegend des Brahmaputratales, die heute mit jenem Bundesstaat in Verbindung gebracht wird. Die älteste epigraphische Erwähnung Kamarupas stammt von einer Säuleninschrift des Harishena, Dichter am Hof des Gupta-Herrschers Samudragupta in Allahabad aus der Mitte des vierten Jahrhunderts. Zeitgenosse Samudraguptas war der Bhauma-Herrscher Pushyavarman (350-374). Bhaskarvarman und andere Herrscher Kamarupas hinterließen ihrerseits mehre Inschriften, die Aufschluss über die Größe des Staates in jener Zeit geben.

Der Fluss Brahmaputra in Guwahati.

UNTEN:
Teepflückerin bei der Arbeit.

GANZ UNTEN:
Teepflückerinnen tragen ihre Ernte auf dem Kopf. Bis zu 100 kg Teeblätter erntet eine Pflückerin in der Woche.

Da Bhaskaravarman keinen Erben hinterließ, fiel das Reich nach seinem Tode den Mlechchhas zu, einer Dynastie, die, wie der Name vermuten lässt, aus Ureinwohnern bestand. Der erste Herrscher dieser Dynastie war Salastambha (655-670). Nach dem Tod des letzten Herrschers dieser Dynastie, Tyagasimha (890-900), ließ sich aufgrund eines nicht vorhandenen Thronfolgers Brahmapala (900-920), ein Vertreter der Bhaumas, zum König wählen.

Gegen Ende des 11. Jahrhunderts wurde Kamarupa von dem Pala-König Ramapala erobert. Der östliche Teil Assams unterstand ab 1228 bis 1826 den Tai Ahoms, die sich gegen Ende des 15. Jahrhunderts gegen die Kacharis von Hidimbapur, dem heutigen Dimapur, durchsetzen mussten. In der Schlacht von Saraighat besiegten die Tai Ahoms unter ihrem General Lachit Borphukan 1671 die kaiserliche Armee der Moghuln und verhinderten somit die Islamisierung dieses Teils des Subkontinentes. Der alles entscheidende Kampf fand auf dem Brahmaputra in der Nähe von Guwahati statt, bei dem die trägen Kriegsschiffe der Moghuln wenig gegen die wendigen Boote der Tai Ahoms ausrichten konnten.

Der Westen Assams wurde von Bishwa Singh (1515-1540) einem Herrscher der Koch, kontrolliert. Sein Sohn, Malladeva oder Naranarayana (1540-1584) schlug die Tai Ahoms im Jahre 1562. 1615 wurde das Reich der Koch von den Moghuln annektiert.

1821 wurde Assam von den Birmanen des Reiches von Ava überrannt und ein Marionettenkönig der Ahom, Jogeshwar Singh (r.1821-1824) eingesetzt. Die expandierende East India Company konnte daraufhin den zwischen 1823 und 1826 geführten „ersten Englisch-Birmanischen Krieg“ (First Anglo-Burmese War) für sich entscheiden, womit Assam dann ab 1828 unter die Kontrolle dieser Company geriet. 1858 wurden die Besitztümer der East India Company, und somit auch Assam, der britischen Krone unterstellt. Während des Unabhängigkeitskampfes hat es zu keiner Zeit an aus Assam kommenden Märtyrern gefehlt.

Aus dem Gebiet des ehemaligen Assam gingen in den sechziger und siebziger Jahren im Prinzip vier Bundesstaaten hervor: Arunachal Pradesh (1972),

Meghalaya (1971), Mizoram (1971) und Nagaland (1963). Dispur ist Hauptstadt seit 1972. Die vorherige Hauptstadt, Shillong, war durch die Schaffung Meghalayas nicht mehr Teil des Bundesstaates Assam.

Passagier- und Frachtschiffe auf dem Brahmaputra bei Guwahati.

VERWALTUNG

Als ranghöchster Politiker gilt ein „Chief Minister", dem 11 „Cabinet Ministers" unterstellt sind. Der Bundesstaat wird in 23 Distrikte unterteilt: Barpeta, Bongaigaon, Cachar, Darrang, Dhemaji, Dhubri, Dibrugarh, Goalpara, Golaghat, Hailakandi, Jorhat, Kamrup, Karbi Anglong, Karimganj, Kokrajhar, Lakhimpur, Morigaon, Nagaon, Nalbari, North Cachar Hills, Sibsagar, Sonitpur, und Tinsukia.

WIRTSCHAFT

Der im Westen bekannteste Exportartikel Assams ist der Tee. Der Teestrauch in Assam (Camellia assamica) wurde 1823 von Robert Bruce entdeckt.
Über die Hälfte des in Indien produzierten Tees kommt aus Assam, d. h. 1/6 der Tee-Produktion welt-

weit. Die meisten Teegärten sind in Dibrugarh, Golaghat, Jorhat, Nagaon, Sibsagar, Sonitpur und Tinsukia anzutreffen. Das Zentrum der Tee-Auktionen ist seit 1970 Guwahati, wo jährlich über 150 Millionen Kilogramm Tee versteigert werden. 17 % der arbeitenden Bevölkerung sind in der Tee-Industrie beschäftigt. Das Klima fördert auch den Anbau von Reis, der dreimal jährlich geerntet werden kann. Im Distrikt Karimganj werden z. B. jährlich folgende Mengen eingefahren: 122 859 Tonnen Winterreis, 13 411 Tonnen Herbstreis und 8960 Tonnen Sommerreis.

Bereits 1889 wurden in Assam (Digboi, Distrikt Tinsukia) Erdölvorkommen entdeckt. Assam hat daher eine der ältesten Ölraffinerien der Welt, wo seit 1901 die kommerzielle Förderung einsetzte. Zwei weitere Raffinerien wurden 1962 in Noonmati (bei Guwahati) und Dhaligoan (Bongaigaon Distrikt) errichtet, eine vierte 1999 in Numaligarh (Golaghat Distrikt).

Erdgas wird besonders im Tal des Brahmaputra gefördert und dient u.a. zur Herstellung von Dünger.

OBEN:

Blick auf den Kamakhya-Tempel auf dem Nilachal („blauen Berg") in Guwahati. Der Tempel ist eines der ältesten und bedeutendsten Zentren der tantrischen Hindu-Kultur.

RECHTS:

Blick auf den steinernen Türrahmen des Gupta-Tempels Da Parbatiya mit den Figuren der Gottheiten Ganga und Yamuna in Tezpur.

RECHTE SEITE:

Eine Kuh grast vor dem Shiva-Tempel in Sibsagar, das 369 km entfernt von Guwahati liegt und die Hauptstadt der Ahom-Dynastie war. Der Tempel liegt an einem künstlichen See.

Kohle bildet neben dem Erdöl und Erdgas eine der wichtigsten Ressourcen des Bundesstaates und wird in verschiedenen Distrikten, vor allem Tinsukia, abgebaut.
10% der in Indien produzierten Rohseide kommt aus Assam, das für seine Textilien berühmt ist. Noch heute gibt es einige 100 000 von Hand betriebener Webstühle. Besonders entwickelt ist die Industrie für die Herstellung von metallenen Haushaltsgegenständen (Teller, Kannen, Schüsseln, Tassen, Töpfen, Musikinstrumenten und dgl.) aus z. B. Messing.
Bereits 2001 zog Assam über eine Million inländischer Touristen an. Der Anteil ausländischer Touristen ist wegen der Reisebeschränkungen vergleichsweise gering.

BEDEUTENDE ORTE UND IHRE SEHENSWÜRDIGKEITEN

Das kulturell sehr reichhaltige Assam entwickelte eigene Formen der Malerei, Buch- und Handwerkskunst, wobei letztere ihren Ausdruck in aus Bambus und Rohr hergestellten Gegenständen, in Textilien, Goldschmuck und Töpfer- und Terrakottakunst fand. Die Skulpturen wurden stilistisch stark von der Kunst der Palas im ungeteilten Bengalen beeinflusst. Zur Darstellung gelangten in erster Linie hinduistische und buddhistische Gottheiten, die ab dem 6. Jahrhundert erhalten sind.

1964 wurde eine Liste von 264 Monumenten aus der Zeit vom Megalithikum bis zum 19. Jahrhundert vorgelegt, die in den damaligen Grenzen des Staates bekannt waren.

Kulturelle Hauptstadt des Bundesstaates ist **Guwahati** (Distrikt Metropolitan Kamrup) mit 915 002 Einwohnern auch die größte Stadt des Staates. Das dortige „Assam State Museum“ gibt einen repräsentativen Überblick über die Entwicklung der darstellenden Kunst, wobei die katalogisierte Sammlung an Bronzen besonders hervorzuheben ist. Der auf dem 160 Meter hohen Nilachal gelegene Tempel der Göttin Kamakhya ist das alte Wahrzeichen der Stadt und Indiens Nummer 1 der insgesamt 51 „Shaktipith“ genannten Orte der Verehrung der „Shakti“ oder als Göttin personifizierten Energie. Jeder der 51 „Shaktipithas“ bezeichnet einen Ort, an dem eines der 51 Körperteile der Shakti während ihrer Zerstückelung durch Vishnu auf die Erde fiel. In Kamarup oder Kamrup landete ihre Vulva an

Im Kaziranga Nationalpark, der seit 1985 Weltnaturerbe der UNESCO ist.

jenem Ort, der bereits in der erwähnten Säuleninschrift von Samudragupta in Allahabad in der Mitte des vierten Jahrhunderts genannt wurde. Einige Figuren an der Wand des Tempels können in das 12. Jahrhundert datiert werden. Wann die heutige Form des Tempels entstand, ist nicht gesichert.

Die aus archäologischer Sicht ältesten und ansprechendsten Zeugnisse der darstellenden Kunst Assams befinden sich in der Nähe von **Tezpur,** Distrikt Sonitpur, wo ein Tempel stand der „Da-Parvatiya" genannt wird. Von diesem Tempel ist heute lediglich der reich skulpierte Türrahmen vorhanden, der in die Zeit des 6. Jahrhunderts datiert wird. Der Rahmen wird von den beiden Flussgöttinnen Ganga (Ganges) und Yamuna flankiert, die Mitte des Türsturzes nimmt Garuda ein, über dem ein Lakulisha, ein im Yogasitz ruhender Shiva mit Keule, positioniert ist. Weitere, noch im Betrieb befindliche Tempel umgeben Tejpur, wie z.B. der Rudrapada Tempel von 1730 oder der Haleswar von 1705.

Ebenfalls im Distrikt Sonitpur liegen die „Bamuni Hills" mit Tempelfundamenten und Skulpturen des 10. Jahrhunderts.

In **Kachasila** (Distrikt Morigaon) wurden Statuen von Shiva und Parvati und mehrere Statuen von Ganesha gefunden, die in das 11. Jahrhundert datiert werden.

Auf dem **Chitrachal** in Guwahati befindet sich der „Nabagraha" oder Neun-Planeten-Tempel, der formal dem Tempel der Kamakhya angepasst ist. Im alten Indien gibt es statt sieben insgesamt neun Planeten.

In **Belsor,** Distrikt Nalbari, steht ein um 1500 geweihter Shiva–Tempel, der Billeswar geweiht ist.

Ein Elefant hilft einem in Not geratenen Geländewagen im Kaziranga Nationalpark.

Sibsagar (Distrikt Sibsagar) war über einen längeren Zeitraum Hauptstadt der Ahom-Dynastie. Etwa 16 Kilometer von Sibsagar entfernt liegt das als „Kareng Ghar“ bekannte, unter Rudra Singh (1696-1714) erbaute Palastgebäude. Das oberirdisch vierstöckige Gebäude soll über drei unterirdische Stockwerke verfügen, die an ein Fluchttunnelsystem angeschlossen sein sollen. 13 Kilometer östlich von Sibsagar steht der ursprünglich im 16. Jahrhundert erbaute „Gargaon Palace“, von dessen angeblichen sieben Stockwerken zumindest nur vier oberirdisch sichtbar sind. Der Palast verdankt seine heutige Form Raja Rajeswar Singh, der ihn 1762 wieder aufbauen ließ. Das unter Pramatta Singh (1744-1754) erbaute „Rang Ghar“ steht unweit vom „Kareng Ghar“ ist zweistöckig und von ovalem Grundriss. Von diesem Gebäude aus sollen Elefantenkämpfe beobachtet worden sein.

In **Rangpur** (Distrikt Sibsagar) ließ der Ahom-Herrscher Rudra Singha (1696-1714) 1697 im Gedächtnis an seine Mutter Joymoti einen künstlichen See anlegen, den Joy Sagar (wörtlich: „Sieges Ozean“).

Die beiden jeweils Sukreshwar und Janardan geweihten Tempel wurden unter Swargadev Pramatta Sinha (1744-51) errichtet und sind in **Panbazar** (Distrikt Kamrup) zu sehen.

Ein alter, dem Siddheshwar (Shiva) geweihter Tempel steht an der Barak bei Badarpurghat, Distrikt Cachar.

Der zwischen den Distrikten Nagaon und Golaghat gelegene Nationalpark von **Kaziranga** gehört seit 1985 zum Weltnaturerbe der UNESCO. In dem seit 100 Jahren existierendem, 430 Quadratkilometer großen Gelände leben die letzten Panzernashörner (Rhinoceros unicornis) auf indischem Boden, die zweitgrößten

Mönche stehen betend vor einem Gebäude eines Vaishanava Klosters auf der Flussinsel Majuli.

Landsäugetiere nach dem Elefanten, die ebenfalls in diesem Nationalpark anzutreffen sind. Vor den Erlassen des Kaisers Ashoka wurden Panzernashörner den Manen geopfert. Zu Beginn des 18. Jahrhunderts waren sie sogar noch in den humiden Zonen Rajasthans verbreitet, wurden aber mit Einführung der Jagdgewehre beinahe vollständig ausgerottet. In der indischen Kunst sind Panzernashörner besonders von den Münzen der Guptas und von frühen buddhistischen Monumenten her bekannt. Die Bezeichnungen für Schwert und das einhornige Nashorn sind im Sanskrit identisch. Für die Buddhisten symbolisierten Panzernashörner den Weg der so genannten Pracheka-Buddhas. Weitere Nashörner schützt das am 16.7.1987 gegründete „Pabitora Wildlife Sanctuary" im Distrikt Morigaon.

Die größte südasiatische Flussinsel ist mit 577 Quadratkilometern **Majuli** im Brahmaputra, Distrikt Jorhat. Sie hat 140 000 Bewohner und war über mehrere Jahrhunderte die Wiege der Kultur Assams. Auf ihr be-

Golden Langur.

finden sich seit dem 15. Jahrhundert mehrere vishnuitische, ursprünglich von Srimanta Sankaradeva gegründete Klöster, die „Satra" genannt werden. Die ältesten und wichtigsten sind: Dakhinpat Satra, Garamurh Satra, Auniata Satra, Kamalabari Satra, Benegenaati Satra und Shamaguri Satra. Hier werden noch viele der für Assam typischen Tanzformen gelehrt.
Eine Reihe seltener Tier- und Pflanzenarten ist im 45,5 Quadratkilometer großen „**Chakrasila** Wildlife Sanctuary" (Dhubri Distrikt) zu sehen, das am 14.7.1994 gegründet wurde und somit zu den jüngsten derartigen Einrichtungen im Nordosten des Landes gehört.

Ein traditionelles Haus auf Majuli Island, der größten südasiatischen Flussinsel.

CHINA
Tibet
(Xizang)
Himalaya
NEPAL
BHUTAN
BANGLA-
DESH
MYANMAR
(BURMA)
Golf von
Bengalen
Gangesdelta
Mt. Everest
(Qomolangma)
8872
Indus
Ghaghara
Ganges
Betwa
Son
Brahmaputra
Mahanadi
Indravati
Godavari
Krishna
Hanle
Dankhar
Dehra Dun
Hardwar
Meerut
Moradabad
Rampur
Bareilly
Aligarh
Shahjahanpur
Firozabad
Agra
Farrukhabad
Lakhnau
(Lucknow)
Gonda
Kanpur
Gwalior
Lashkar
Jhansi
Faizabad
Gorakhpur
Muzaffarpur
Darbhanga
Varanasi
(Benares)
Chapra
Bihar
Patna
Allahabad
Mirzapur
Satna
Bihar Sharif
Gaya
Bhagalpur
Purnea
Sagar
Daltonganj
Bokaro
Dhanbad
Asansol
Durgapur
Berhampore
Jabalpur
Narsimhapur
Ranchi
Purulia
Jamshedpur
Haora
(Howrah)
Kolkata
(Calcutta)
Bhatpara
Kulna
Kharagpur
Rourkela
Bilaspur
Gondia
Raipur
Sambalpur
Balasore
Nagpur
Wardha
Durg
Sonpur
Cuttak
Bhubaneswar
Puri
Chandrapur
Brahmapur
Nizamabad
Warangal
Vizianagaram
Visakhapatnam
Hyderabad
Rajahmundry
Elur
Kakinada
Vijayavada
Guntur
Kurnool
Machilipatnam
Kathmandu
Thimbu
Gangtok
Darjeeling
Siliguri
Jalpaiguri
Lhasa
Dhubri
Guwahati
(Gauhati)
Dispur
Rangpur
Shillong
Cherrapunji
Rajshahi
Dhaka
Agartala
Aizawl
Silchar
Imphal
Kohima
Itanagar
Jorhat
Dibrugarh
Kundil-
Bazar
Chittagong
Akyab
0
200
400
600
km

BIHAR

LAGE, GRÖSSE, EINWOHNERZAHL, SYMBOL

Der Bundesstaat Bihar nimmt flächenmäßig mit 94 163 Quadratkilometern zwar nur den 12. Platz ein, liegt bevölkerungsmäßig aber mit 82 878 796 Einwohnern innerhalb Indiens an dritter Stelle. Der nach dem buddhistischen Kloster (Sanskrit: vihara) benannte Bundesstaat liegt zwischen 21°58' und 27°31' nördlicher Breite bzw. 82°19' und 88°17' östlicher Länge. Er misst 483 Kilometer in der Ost-West-Ausdehnung. Den Bundesstaat umgeben, von Süd nach Nord im Uhrzeigersinn: Jharkhand, Uttar Pradesh, das Königreich Nepal und West Bengal. Die Bevölkerungsdichte liegt bei 880 Einwohnern pro Quadratkilometer.
Die im Distrikt Patna gelegene Hauptstadt ist Patna (1 376 950 Einwohner).
Der „Staatsvogel" ist wie in Andhra Pradesh die auch Bengalenracke genannte Hinduracke (Coracias benghalensis).

FOLGENDE DOPPELSEITE:
Vom Tourismus unberührt sind die zu Beginn des 9. Jahrhunderts gemeißelten hinduistischen Felsreliefs von Kauva Dol (Distrikt Gaya).

KLIMA UND TOPOGRAPHIE

Bihar ist eine fruchtbare Ebene mit nur wenigen felsigen Erhebungen, wie den „Barabar Hills" oder die Gegend um Rajgir im Süden des Bundesstaates. Neben der Ganga (Ganges), die mit ihrem Schwemmland für den fruchtbaren Boden sorgt, durchziehen weitere Flüsse den Bundesstaat. Zu den Hauptzuflüssen der Ganga gehören von Norden kommend und von Westen nach Osten: die Ghaghra, Gandak, Burhi Gandak, Kosi und Mahananda. Von Süden kommen: die Sone, Punpun, Phalgu, Sakri und Kiul, um nur die wichtigsten zu nennen.
Die Ganga sorgt für eine naturgegebene Einteilung des Bundesstaates: Die nördliche Gangesebene und die südliche Gangesebene.
Das Klima ist tropisch bis subtropisch und weist vier Jahreszeiten auf: eine kalte von Dezember bis Februar, eine heiße von März bis Mai, die durch den Südwest-Monsun hervorgerufene Regenzeit von Juni bis September und die Zeit des abdriftenden Südwest-Monsuns von Oktober bis November. Die durchschnittliche Niederschlagsmenge beträgt 1205 Millimeter, anzumerken aber ist, dass diese Menge sehr unterschiedlich verteilt wird, was in Bihar zu fast jährlich wiederkehrenden Dürren führte, denn ein Drittel des Bundesstaates erhält weniger als 750 Millimeter Niederschlag. Die regenreichen Gegenden leiden unter der Überflutung, während die niederschlagsarmen Landstriche Dürreperioden ausgesetzt sind. Heiße Sandstürme durchziehen den Staat in den Monaten April bis Mai.
Die im Jahresdurchschnitt gemessene Höchsttemperatur beträgt 39 Grad, die Tiefsttemperatur 11 Grad. In der kühlen Jahreszeit kann die Temperatur bis auf 4-6 Grad sinken und in der heißen bis auf 45 Grad ansteigen.

Am Ufer der Gandak liegt Sonpur (Distrikt Saran), wo jährlich der landesweit größte Viehmarkt abgehalten wird.

BEVÖLKERUNG, SPRACHEN, GESCHICHTE

Im Süden des Staates überwiegen mehrere Ethnien wie die Santhals, Mundas, Oraons. Die im Norden des Landes ansässigen „Biharis" sind vielfach zur Zeit der britischen Verwaltung aus anderen Teilen Indiens

dorthin gebracht worden. 82,42 % der „Biharis“ bekennen sich zum Hinduismus, 14,81 % sind Moslems, 0,98 % Christen, 0,09 % Sikhs, 0,03 % Jains und 1,67 % sind anderen Religionen zugehörig.

Hindi ist über den gesamten Staat verbreitet und die von den meisten Einwohnern des Bundesstaates verstandene Sprache. An zweiter Stelle rangiert Bengali. Ein großer Teil der in Städten ansässigen islamischen Bevölkerung spricht Urdu. Weitere verbreitete Sprachen bzw. Dialekte sind das in den Distrikten Champaran, Saran und Shahabad gesprochene Bhojpuri, das im Patna, Gaya und Bihar Distrikt gesprochene Magadhi (Magahi) und das in den Distrikten von Vaishali, Darbhanga, Samastipur, Saharsa, Purnia und Bhagalpur gesprochene Maithili. Maithili ist eine alte Literatursprache, derer sich vor allem der im Norden des Subkontinentes berühmte Dichter Vidyapati bediente. Die wichtigsten Munda-Sprachen sind Kberwari und Mundari.

Bihar ist die Wiege zweier Religionen, von denen die eine, der Buddhismus, zur Weltreligion werden sollte während die andere, der Jainismus, zunächst auf Indien begrenzt blieb. In Bihar schlägt das Herz der Geschichte wie nirgendwo in Indien.
Eine genaue zeitliche Einordnung der frühen historischen Ereignisse wird erschwert durch die nicht gesicherte Datierung der Lebenszeit des Buddha, der einigen Quellen zufolge im fünften, einigen anderen Quellen zufolge im vierten Jahrhundert vor unserer Zeit gelebt haben soll. Ein relativ gesichertes Datum ist die Regierungsszeit Kaiser Ashokas, die von 272 bis 232 vor unserer Zeit angesetzt wird.
Das heutige Bihar war vor Ashoka das Zentrum des Reiches der Magadha. Magadha wurde gewissermaßen zum Synonym für Bihar. Nach sowohl buddhistischen als auch jinistischen Quellen war König Bimbisara der bedeutendste Herrscher dieses Reiches. Nach einem buddhistischen Text, dem Mahaparinibbana Suttam des Digha Nikaya, bestand zur Lebenszeit Buddhas bei Vaishali (Distrikt Vaishali) die älteste Republik Asiens, eine der ältesten belegten derartigen Staatsformen der Welt. Vardhamana Mahavira, der als Zeitgenosse Buddhas gilt, wurde in Kundapura, einem Vorort von Vaishali, geboren. Vaishali war die Hauptstadt der Licchavis.
Bimbisara vergrößerte nicht nur militärisch Magadha weit über die Grenzen des heutigen Bihars hinaus, durch eine geschickte Diplomatie, die mehrere Hochzeiten einschloss, unterhielt er politische Beziehungen, die bis nach Taxila, Gandhara (heutiges Pakistan) reichten. In den Texten der Jainas war Bimbisara ein Laienanhänger des Jainismus, in den buddhistischen Texten ist er Buddhist. Seine Hauptstadt war das heutige Rajgir.

Ajatashatru, ältester Sohn Bimbisaras und seiner Frau Chellana aus dem Geschlechte der Licchavis, entledigte sich durch Mord seines Vaters und wurde zum Herrscher des Magadha-Reiches. Als Folge dieser Tat kam es zum Krieg zwischen den Licchavis und den Magadhas. In Patali, das unweit des Zentrums der späteren Hauptstadt des Maurya-Reiches gelegen ist, ließ Ajatashatru seine Verteidigungsanlagen errichten. Der Krieg, aus dem Ajatashatru siegreich hervorgehen sollte, dauerte über 16 Jahre, vernichtete die Licchavis und ihre Verbündeten aber nicht. Zur Regierungszeit Ajatashatrus gingen sowohl Buddha als auch Mahavira in das Nirvana ein.

Über die Nachfolger Ajatashatrus ist wenig Historisches bekannt. Einer von ihnen ließ den Ort Pataligrama in der Nähe der Hauptverteidigungsanlagen bauen. Nach buddhistischen Quellen soll innerhalb dieser Dynastie der Vatermord beinahe zur Regel geworden sein, was zum raschen Niedergang der Magadhas beitrug.

Der Dynastie der Magadhas folgte die der Nandas. Nach annähernd zeitgenössischen griechischen Quellen war Mahapadma Nanda, der Gründer der Dynastie, ein Frisör, der das Vertrauen der Königin genoss, und unter dem Vorwand auf die königlichen Nachkommen aufzupassen, letztere beseitigte und sich daraufhin selbst zum Herrscher machte. Ansonsten sind keine Details vom Leben Mahapadma Nandas bekannt, außer dass er ein riesiges Reich erobert haben muss, und somit zu den frühesten historischen indischen Herrschern eines Großreiches gehört haben muss, dessen Ausdehung in der Zeit nur vom Reich der Mauryas übertroffen wurde. Unter den Nandas wurde Pataliputra, das heutige Patna, zur Hauptstadt.

Alexander der Große, der 326 vor unserer Zeit bis zur Beas mit seinen Armeen vorgedrungen war, soll von der Stärke der Armeen gehört haben, die ihn auf der anderen Seite des Flusses erwarteten. Es kann sich dabei nur um die Nandas, wahrscheinlich Dhana Nanda, gehandelt haben, deren militärische Stärke u. a. mit 6000 Kampfelefanten neben 8000 Streitwagen angegeben worden war. Der von mehreren Pferden gezogene indische Streitwagen war eine Besonderheit, die die Aufmerksamkeit der griechischen Zeitgenossen auf sich lenkte. In der Tat scheinen die hellenistischen Beschreibungen der indischen Armee und ihrer Teile genaueren Beobachtungen zu unterliegen, als indische Beschreibungen. Auf dem indischen Kriegswagen standen fünf Männer, von denen zwei sich ausschließlich mit dem Verschießen von Pfeilen beschäftigen konnten, während zwei weitere Mitfahrer „nachluden“ und der fünfte schließlich den Wagen lenkte. Ob Alexander der Große deswegen seinen Marsch auf Indien abbrach, wie einige wenige Quellen behaupten, scheint nicht sicher. Hingegen gesichert ist, dass Alexander der Große an dieser Stelle umkehrte.

Chandragupta, Gründer der folgenden Maurya-Dynastie, soll als junger Mann Alexander den Großen gesehen haben. Plutarch erwähnt ihn als „Andrakottas“ (Chandragupta). Zunächst vertrieb Chandragupta die noch in Indien verbliebenen Griechen, um sich dann in mehreren Kriegen gegen die Nandas zu wenden, bis letztere völlig besiegt waren. Als Folge dehnte sich das Reich Chandraguptas vom Indus bis zum Golf von Bengalen aus; Hauptstadt des Reiches war Pataliputra, das heutige Patna. Der diplomatische Berater Chandraguptas war Kautilya. Nach 24 Jahren der Regierung soll 300 vor unserer Zeit Chandragupta abgedankt haben. Er hinterließ die Regierungsgeschäfte seinem Sohn, Bindusara, der diplomatischen Kontakt mit Syrien und Ägypten pflegte. Bindusaras Sohn Ashoka trat ungefähr 272 vor unserer Zeit die Nachfolge an, wurde aber erst 269 vor unserer Zeit zum Herrscher der Mauryas gekrönt.

Anhaltende Folgen der Expansion des Maurya-Reiches brachte die militärische Niederwerfung der Kalingas im heutigen Orissa mit. Ashoka selbst sagt in einem seiner Felsedikte, dass während dieses Eroberungskrieges 100 000 Soldaten auf Seiten der Kalingas im Kampf gefallen seien. Zu dieser Zeit gebot Ashoka über das größte jemals von einem indischen Herrscher in seinen Machtbereich gebrachte Territorium, das, von der Südspitze Indiens abgesehen, beinahe den gesamten Subkontinent umfasste.

Die Niederwerfung der Kalingas aber brachte den Wendepunkt im Leben Ashokas im engeren und der Regierung Indiens im weiteren Sinne. Der Regent über den Subkontinent wurde zum bedeutendsten historisch belegten Herrscher Indiens nicht, weil er alle sich ihm widersetzenden Nationen militärisch in die

LINKE SEITE:

Blick auf die Ashokasäule in Kolhua bei Vaishali. Sie wurde von Kaiser Ashoka an der Stelle errichtet, an der Buddha die letzte Predigt vor seinem Eingehen in das Nirvana gehalten haben soll.

Knie gezwungen hatte, sondern weil er sich an dem grausamen Schicksal, das er über Völker brachte, die ihn nicht angegriffen haben, aufrichtig schuldig fühlte. Es wäre vielleicht keine Übertreibung zu behaupten, dass dieser Umstand Ashoka zum bedeutendsten Herrscher überhaupt machen könnte.

Ashoka verstand, dass Krieg die sozialen und religiösen Gebräuche eines Volkes durcheinander bringt und er, Ashoka, beschloss nie wieder einen solchen zu führen. Er vertrat von nun an die Unverletzlichkeit allen Lebens und sandte diese Botschaft in die gesamte ihm bekannte Welt. Er wurde zum Förderer des „Dharma", der buddhistischen Lehre. Er führte in seinem Reich eine Schrift ein, mit der er Edikte in den unterschiedlichsten Sprachen seines immensen Reiches in Stein meißeln ließ. Die Säulen- und Felsedikte Ashokas, in denen er auch das Schlachten von Tieren eindämmte, sind die frühesten lesbaren schriftlichen Zeugnisse Indiens. Seine Botschafter wurden bis an das Mittelmeer im Westen und Ceylon (Sri Lanka) im Süden gesandt.

Wie durch die Inschriften der frühesten, in den Barabar-Bergen gelegenen monolithischen Räumlichkeiten belegt wird, förderten die Söhne Ashokas auch die Religion der Jainas, die in Hinsicht der Unverletzlichkeit jeden Lebens viel gemeinsam hat. Ashoka selbst hatte dort schon im 12. Jahr seiner Regierung der Sekte der Ajivikas zwei Felshöhlen gestiftet.

Das Ende der Maurya-Dynastie brachte die Ermordung des letzten Maurya-Herrschers, Brihadratha, durch den General der Armee, Pushyamitra.

Pushyamitra war der Begründer der Shunga-Dynastie (185-75 v.Chr.). Pushyamitra soll zwei vedische „Pferde-Opfer" (Sanskrit: Ashvamedha) vollführt haben, ein im hinduistischen Ritual wichtige Zeremonie, die einen territorialen Machtanspruch sichern soll. Obwohl die Shungas somit offensichtlich Anhänger der brahmanischen Religion waren, fällt die Erbauung des buddhistischen Stupas von Barhut in ihre Regierungszeit. Der Stupa von Barhut (Madhya Pradesh, Distrikt Satna) ist zwar shungazeitlich, wurde aber nicht mit Unterstützung der Shungas errichtet.

Bodh Gaya: Auf dem Gelände des Mahant, eines religiösen hinduistischen Führers unweit des Tempels der Erleuchtung, steht ein Priester neben der Stele einer buddhistischen Tara aus dem 10. Jahrhundert.

Den letzten Shunga-Herrscher, Devabhuti, ermordete sein brahmanischer Minister, Vasudeva Kanva, zwischen 75 und 72 vor unserer Zeit.

Die Kanvas stellten somit die nächste Herrscherdynastie (etwa 75-30 v.Chr.). Vasudeva regierte 9 Jahre, wurde aber wohl schon gegen Ende seiner Regierungszeit vom Kalinga-Herrscher Kharavela angegriffen, der zweimal in Magadha einfiel und die Kanvas in die Knie zwang. Die Dynastie der Kanvas erlosch etwa im Jahre 30 v.Chr.

Wahrscheinlich erst zu Beginn des 2. Jahrhunderts geriet die Gegend von Magadha in den Herrschaftsbereich der Kushanas, einer Herrscherdynastie, die ihre Wurzeln in einem aus dem Tarim-Becken kommenden Stammesverbund hatte. Der fünfte Herrscher dieser Dynastie, Kanishka I., führte mit seinem ersten Regierungsjahr eine Zeitrechnung ein, auf die sich seitdem die Inschriften der Kushanas berufen. Leider ist bis jetzt umstritten, welches Jahr der heute gebräuchlichen Zeitrechnung im Westen dem Jahr 1 des Kanishka entspricht. Kanishka dürfte im ersten Viertel des 2. Jahrhunderts regiert haben, wenn nicht früher. Dass der Herrschaftsbereich der Kushanas sich bis nach Magadha ausgedehnt haben kann, belegen in Buxar (Disrikt Buxar) gemachte Münzfunde. Die Kushanas dürften sich auf dem Gebiet des ehemaligen Zentrums des Magadha-Reiches nicht lange gehalten haben; ungeklärt aber ist, wer sie verdrängte und von wem das Gebiet bis zum Beginn des 4. Jahrhunderts regiert worden war.

Mit Unterstützung der Licchavis von Vaishali gelang es Chandragupta I. (nicht mit dem gleichnamigen Herrscher der Mauryas zu verwechseln), der wahrscheinlich aus Bihar stammenden Guptas, Magadha unter seine Kontrolle zu bringen. Chandragupta I. heiratete nämlich Kumaradevi, eine Licchavi-Prinzessin. Nach seiner Kröung, die im Jahre 320 in Patalipuha (Patna) statt gefunden hat, ernannte er sich zum „König der Könige" (Maharajadhiraja) und führte eine neue Zeitrechnung ein, die Gupta-Ära. Unter seinem Sohn und Nachfolger, Samudragupta, wurde das Reich auf die gesamte Gangesebene ausgedehnt und reichte im Süden bis nach Malwa, in Zentral-Indien. Tributpflichtig wurden die Herrscher von Kamarupa (Assam) und mehreren anderen Staaten, die Vakatakas im Deccan und Madhya Pradesh aber bewahrten ihre Selbstständigkeit. Pataliputra war wieder die Hauptstadt eines ausgedehnten Reiches.

Chandragupta II. folgte 375-376 Samudragupta auf den Thron. Wohl um sich mit den Vakatakas zu verbünden, verheiratete Chandragupta II. seine Tochter Prabhavatigupta mit Rudrasena II., dem Sohn des Vakataka-Herrschers Prithivisena I. Chandragupta II. konnte sein Reich bis nach Gujarat im Westen ausweiten und besiegte so die letzten noch verbliebenen Herrscher der Kushanas.

Als Konsequenz der Eroberungen im Westen gewann die Stadt Ujjain (Madhya Pradesh) an Bedeutung, Hauptstadt jedoch blieb Pataliputra. Chandragupta II. tolerierte alle Religionen in seinem Reich, er selbst war ein Verehrer Vishnus.

Kumaragupta I., Sohn von Chandragupta II., folgte 412-413 auf den Thron. Unter ihm behielt das Gupta-Reich im Wesentlichen seine Ausdehnung. Er starb 455. Sein Sohn Skandagupta (456-470) vernichtete die Hunas (Hunnen), die aus dem Nord-Westen weit auf indischen Boden vorgedrungen waren. Kumaragupta (470-475) folgte Skandagupta, Skandagupta folgte Buddhagupta (475-496), der in Nalanda ein buddhistisches Kloster erbauen ließ. Sein Nachfolger aber, Narasimhagupta, konnte den Ansturm der Hunas unter Toramana und dessen Sohn Mihirakula nicht mehr Stand halten. Die Hunas verwüsteten weite Teile des Gupta-Reiches, einschließlich Magadha, sodass etwa 515 Narasimhagupta gegenüber Mihirakula zur weiteren Vermeidung von Verwüstungen tributpflichtig wurde. Als aber Mihirakula die Verfolgung der Buddhisten anordnete, lud er endgültig den Zorn Narasimhagupta Baladityas, selbst Buddhist, auf sich. Pataliputra wurde von den Hunas belagert, während Narasimhagupta Baladitya Mihirakula in die Sümpfe des Gangesdeltas lockte und durch einen Überraschungsangriff Mihirakula im Jahre 520 gefangen nahm. Das Joch der Hunas war somit noch rechtzeitig abgeschüttelt worden. Narasimhagupta Baladitya wurde zum buddhistischen Mönch und verbrachte seine letzten Tage in der von ihm geförderten buddhistischen Universitätsstadt Nalanda, wo er 522 verstarb.

Kumaragupta III. folgte Narasimhagupta auf den Thron. Ersterem folgte sein Sohn Vishnugupta Chandraditya in der Regentschaft des Gupta-Reiches. Vishnugupta war der letzte Herrscher seiner Dynastie. Er starb wahrscheinlich um 550.

Nachdem Ende der Gupta-Herrschaft geriet Magadha unter den Einfluss der Maukharis, deren Hauptstadt nicht länger Pataliputra sondern das westlich gelegene Kannauj (Uttar Pradesh) war. 585 bestieg Avantivarman, Sohn seines Vorgängers Sarvavarman, den Thron der Maukharis. Etwa 15 Jahre später wurde nach dem Tod Avantivarmans das Reich von Kannauj gespalten. Der östliche Teil des Reiches, Magadha, wurde dadurch empfindlich geschwächt. Diese Schwäche machten sich die Gaudas zu Nutze, die in der Folge Magadha unter ihrem General Shashanka eroberten. Im Jahre 602 wurde Shashanka (602-625) König, seine Hauptstadt war das mit Rangmati im Murshidabad Distrikt von West Bengal identifizierte Karnasuvarna.

Der Maukhari-Herrscher Grahavarman verbündete sich mit Prabhakaravardhana, dem Herrscher von Thaneshvar (Madhya Pradesh) gegen Shashanka Gauda und Devagupta von Malwa mittels einer Hochzeit. Als Prabhakaravardhana starb, war sein ältester Sohn Rajyavardhana im Norden mit der Abwehr der Hunas beschäftigt. Diese Gelegenheit ließ sich Devagupta nicht entgehen. Er stürzte sich auf das Reich der Mau-

Bodh Gaya: der Vajrasana (deutsch: Diamantsitz), Ort der Erleuchtung des Buddha, seit dem 3. Jahrhundert vor unserer Zeit der wichtigste buddhistische Pilgerort. In das Bild ragen Blätter vom „Baum der Erleuchtung", der Pappel-Feige (ficus religiosa).

FOLGENDE DOPPELSEITE:

Barabar Hills: am Ende der wie eine Londoner „tube" gestalteten Halle steht eine ebenso monolithische, lebensgroße Kopie einer Rundhütte mit einem Reed gedeckten Dach als ältester monolithischer Sakralbau Indiens.

OBEN:
Der Jalamandir (Wassertempel) in Pawapuri, wo die sterbliche Hülle des Tirthankara Mahavira, der Gründer des Jainismus kremiert wurde.

RECHTE SEITE:
Golghar, das „runde Haus", ist das bemerkenswerteste Gebäude in Patna. Der 29 m hohe Reisspeicher wurde 1786 auf Anordnung von Gouverneur Warren Hastings errichtet, um einer Hungersnot wie der von 1770 begegnen zu können.

kharis, tötete Grahavarman von Kannauj und ließ dessen Gattin Rajyashri, eine Schwester von Rajyavardhana, gefangen nehmen. Daraufhin eilte Rajyavardhana nach Malwa, rächte seinen Schwager und machte sich auf, seine Schwester zu befreien. Da nahm der herbeigeeilte Shashanka die Stadt Kannauj ein und es kam zum unvermeidlichen Konflikt zwischen Shashanka Gauda und Rajyavardhana Gauda. Letzterer unterlag und Harshavardhana, Bruder von Rajyavardhana wurde zum König von Kannauj ausgerufen. Eine mittelerweile von Bhaskaravarman von Kamarupa (Assam) angebotene Allianz nahm Harshavardhana gerne an.

Shashanka Gauda sah naturgemäß sofort die Bedrohung, der sein Reich ausgesetzt war, denn es befand sich plötzlich in der Zange seiner Feinde. Um Harshavardhanas Aufmerkasamkeit abzulenken, entließ er dessen Schwester aus der Gefangenschaft, zog sich von Kannauj zurück, um sich der Verteidigung des östlichen Teils seines Reiches zu widmen. Shashanka starb 625 und sein Reich begann zu zerfallen. Die Bewohner Magadhas befreiten sich von den Gaudas und riefen Purnavarman, dessen genaue Herkunft ungeklärt ist, zu ihrem Herrscher aus.

Purnavarman, gläubiger Buddhist, reanimierte den Bodhi-Baum am Tempel des Ortes der Erleuchtung des Buddha, denn dem Shiva-Anhänger Shashanka wird nachgesagt, er habe versucht, den Baum abzuholzen. Purnavarman ging 637 den Weg alles Irdischen und Magadha wurde der Verwaltung Harshvardhanas unterstellt, der ebenfalls den Buddhismus in Magadha unterstützte. Nach chinesischen Quellen wurde 641 Harshavardhana zum Herrscher von Magadha ernannt, worauf Harshavardhana seinen Freund Madhavagupta, ein Abkömmling der Gupta-Dynastie, zum Vaishali-König von Magadha ernannte. Madhavaguptas Nachfolger war sein Sohn, Adityasena, der 650 den Thron von Magadha bestieg. Seine Tochter verheiratete Adityasena mit dem Maukhari Prinzen Bhogavarman und den Sohn seiner Schwester mit Amshuvarman, dem König von Nepal.

Auf Adityasena folgte sein Sohn, Devagupta. Devaguptas Sohn Vishnugupta wurde der nächstfolgende Herrscher, auf den Jivitagupta II., ebenfalls Sohn von Devagupta, folgen sollte.

Jivitagupta II. war der tatsächlich letzte Vertreter der Gupta-Dynastie; er unterlag etwa 725 den Erobe-

rungsarmeen von Yashovarman von Kannauj. Die Folge war, dass Magadha im Chaos versank, denn Yashovarman unterlag Lalitaditya Mukhapida von Kashmir ...
Ein Ende der Anarchie in Magadha brachte Gopala, der ungefähr 755 die Dynastie der Palas gründete. Gopala I., ein gebürtiger Bengale, wurde gewählt, bekannt ist jedoch nicht wie und von wem. Wie dem auch sei, Gopala I. eroberte Bihar und gründete das buddhistische Kloster von Odantpura im heutigen Bihar Sharif. Sein Sohn Dharmapala regierte 32 Jahre und eroberte in zahlreichen Feldzügen ausgedehnte Territorien im Norden des Subkontinentes. Sein Sohn Devapala, gläubiger Buddhist, regierte entweder 35 oder 39 Jahre lang und brachte Orissa und Assam in seinen Machtbereich.

Da die Palas zu der Dynastie Indiens gehören, die am längsten regiert haben, folgt hier eine Liste ihrer Könige und die epigraphisch gesicherte Dauer ihrer Regierungszeit:
1. Gopala I. (Regierungsdauer nicht gesichert)
2. Dharmapala, Sohn des Gopala I. (32 Jahre)
3. Devapala, Sohn des Dharmapala (35 oder 39 Jahre)
4. Mahendrapala, Sohn des Devapala (15 Jahre)
5. Shurapala I., Sohn des Devapala, Bruder von Mahendrapala (Dauer nicht gesichert)
6. Gopala II., Sohn des Shurapala (4 Jahre)
7. Vigrahapala I., Sohn des Jayapala, Enkel von Vakpala und Urenkel von Gopala I. (Dauer nicht gesichert)
8. Narayanapala, Sohn des Vigrahapala (54 Jahre)
9. Rajyapala, Sohn des Narayanapala (37 Jahre)
10. Gopala III., Sohn des Rajyapala (11 oder 17 Jahre)
11. Vigrahapala II., Sohn des Gopala III. (Regierungsdauer nicht gesichert)
12. Mahipala I., Sohn des Vigrahapala II. (48 Jahre)
13. Nayapala, Sohn des Mahipala (15 Jahre)
14. Vigrahapala III., Sohn des Nayapala (26 Jahre)
15. Mahipala II., Sohn des Vigrahapala (Dauer nicht gesichert)
16. Shurapala II., Sohn des Vigrahaspala, Bruder von Mahipala II. (Dauer nicht gesichert)
17. Ramapala, Sohn des Vigrahapala, Bruder von Shurapala II. (53 Jahre)
18. Kumarapala, Sohn des Ramapala (Dauer nicht gesichert)
19. Gopala IV., Sohn des Kumarapala (15 Jahre)
20. Madanapala, Sohn des Ramapala, Bruder von Kumarapala (regierte von 1143-1165)

Der Regierung des letzten Pala-Monarchen wurde durch Vallalasena (1159-1179) der Sena-Dynastie ein Ende bereitet, über den Westen des ehemaligen Magadha-Reiches regierte Vijayachandra der Gahadvalas. Die Gahadvalas wurden von Lakshmanasena, der 1179 den Thron der Senas bestieg, besiegt.
Eine islamische Armee begann unter Muhammad–bin-Bakhtiyar Khalji um 1200 den südlichen Teil Bihars zu erobern. Als Folge wurde die buddhistische Universität von Vikramashila vom Heer Khaljis dem Erdboden gleichgemacht. Der tibetische Mönch Dharmasvami beschreibt bei seinem Besuch Magadhas in den Jahren 1234-1236, dass Buddhasena der Chhinda Dynastie Herrscher über die Region war. Ebenso beschreibt er, wie islamische Armeen von Odantpuri aus die Gegend terrorisierten und plündernd Kultbilder zerstörten. Buddhasena folgte sein Sohn, Jayasena. Bis etwa 1285 war die Region von Gaya in der Hand hinduistischer Herrscher, die den Buddhismus förderten.
Im 13. Jahrhundert kämpften mehrere islamische Herrscher, die meisten von ihnen ehemalige Sklaven vom zu der Zeit bedeutendsten islamischen Herrscher über Nord-Indien, Iltutmish, um die Vorherrschaft von Lakhnauti (Gaur). Einer von ihnen war Malik Izz-ud-din Abdul Fatah Tughril Tugan (1232-1244), der in Orissa 1244 vernichtend geschlagen wurde. In diesem Moment der Schwäche bemächtigte sich ein ande-

rer islamischer Führer der Vorherrschaft über Bengalen. Dieses Kommen und Gehen beutegieriger islamischer Befehlshaber wurde durch die Balbani Dynastie von Bengalen unterbunden. 1282 wurde Nasir-ud-Din Bughra Khan zum Herrscher über Bengalen ausgerufen. Mit ihm wurde Bengalen quasi von Delhi unabhängig. Sein Sohn, Rukn-ud-din Kaika-us (1291-1301) regierte auch über Bihar, das ebenfalls den Status einer Quasi-Unabhängigkeit einnahm. Sultan Shamsud-din Firuz (1301-1322) übernahm den Thron von Rukn-ud-din Kaika-us und machte seinen fünften von 6 Söhnen, Hatim Khan, zum Herrscher über Bihar. Es sollte nicht lange dauern, bis Bihar von einer weiteren islamischen Armee überrannt wurde. Sultan Ghiyas-ud-din Tughluq, Gründer der nach ihm benannten Tughluq-Dynastie, durchquerte von Delhi kommend zwischen 1324 und 1325 Bihar, um Bengalen zu erobern. Auf seinem Rückweg zog er wieder durch Bihar und zerstörte nicht-islamische Städte wie Simraon. Inschriften aus Bihar Sharif informieren darüber, dass 1332 Bihar von Muhammad Shah Tughluq regiert wurde. Nach ihm regierte Sultan Firuz Tughluq, dann Muhammad Shah und nach ihm Mahmud Shah, Sohn und Enkel von Sultan Firuz Tughluq.

Zum Ende des 14. Jahrhunderts gab es in Bihar einen erneuten Wechsel der Herrscher-Dynastie. Diesmal geriet Bihar unter die Kontrolle der Sharqis von Jaunpur. Diese mussten aber die Vorherrschaft über Bihar nach einigen Jahren den Lodis aus Delhi überlassen. Schließlich wurde die Provinz Bihar 1495 von Delhi annektiert.

Als mit der Schlacht von Panipat 1526 die Moghuln unter Babur zu den neuen islamischen Herrschern Indiens wurden, hatte das noch keinen direkten Einfluss auf Bihar, aber bereits 3 Jahre später, 1529, klärte Babur mit der Schlacht von Ghagra die Situation zu seinen Gunsten: Bihar wurde dem Moghul-Reich einverleibt. Doch auch diese Lage währte nicht lang: Am 26. Juni 1539 vernichtete Sher Khan Afghan in Bihar die imperiale Armee der Moghuln unter Baburs Sohn und Nachfolger, Humayun, der nach einer weiteren verlorenen Schlacht gegen Sher Khan 1540 Indien verlassen musste, um ins persische Exil zu gehen. Sher Khan nannte sich nun Sher Shah. Er war ein genialer Verwalter, starb aber 1545 in Kalinjar, worauf sein Sohn, Islam Shah, die Nachfolge antrat. Islam Shah sollte nur 8 Jahre regieren, er starb 1553. Vater und Sohn wurden in Sasaram (Rohtas Distrikt) beigesetzt.

Islam Shahs Sohn, Firuz, war zu dem Zeitpunkt erst 12 Jahre alt. Er wurde durch die Hand seines Onkels Adil Shah ermordet, womit erwartungsgemäß ein Chaos ausbrach, in dem viele Interessenten gegeneinander antraten. Zur Durchsetzung von Herrschaftsansprüchen war Meuchelmord nun kein selten angewandtes Mittel mehr.

Auch als zumindest im Nord-Westen Indiens durch den Regierungsantritt Akbars (1556-1605) eine gewisse politische Stabilität hergestellt worden war, blieb die Lage in Bihar desolat. Zwar wurde 1575 Bihar Teil des Moghul-Imperiums, es bekämpften sich aber immer noch Militärs verschiedener Splittergruppen. 1579 entsandte Akbar daraufhin zwei Verwalter nach Bihar, die für Ordnung sorgen sollten; stattdessen kam es zu weiteren Rebellionen, die auch von in der Folge eingesetzten Verwaltern kaum unter Kontrolle gebracht werden konnten. Erst als Akbar 1589 seinen Generalissimo, Man Singh von Amer (Amber-Rajasthan) in Bihar einsetzte, entspannte sich die Lage. 1594 wurde Man Singh von Sayeed Khan abgelöst; Man Singh wurde nach Bengalen beordert.

Auch unter dem Moghulkaiser Jahangir (1605-1627) blieb Bihar eine eigenständige Verwaltungseinheit. Wie sein Vater Akbar musste Jahangir einen Verwaltungsbeamten nach dem anderen nach Bihar entsenden. 1621 beauftragte er sogar einen seiner Söhne, Prinz Parvez, nach Bihar zu gehen. Unter den Moghulkaisern Shah Jahan (1628-1658) und Aurangzeb (1658-1707) änderte sich an der Verwaltung Bihars wenig, Verwalter kamen und gingen und hinterließen ihre Spuren in Form von zahlreichen Monumenten. Unter Aurangzebs Nachfolgern bestimmten Palastintrigen das politische Geschehen in Delhi und ab der Mitte des 18. Jahrhunderts waren in Bihar britische Armeen unter den Befehlshabern Robert Clive und Captain Knox mitbestimmend. Nachdem die Briten mit dem Sieg in der Schlacht von Plassey (West Bengal, Murshidabad Distrikt, 23. Juni 1757) die politische Kontrolle über Bengalen gewannen, hatten die bis dahin sich in

FOLGENDE DOPPELSEITE:

Gaya-Distrikt:
Der „Akshayavat"-Tempel (Tempel des Unvergänglichen) war schon im 18. Jahrhundert das Ziel englischer Maler. Die Unvergänglichkeit des Tempels beruht auf dem Baum, der sich durch Luftwurzeln am Leben erhält und daher nicht stirbt, selbst wenn der Hauptstamm verdorren sollte.

Patna niedergelassenen Faktoreien der Holländer und besonders der Franzosen das Nachsehen, zumal sich England und Frankreich im Krieg befanden (der so genannte Siebenjährige Krieg, 1756-1763).
Das kolonialistische Auftreten der Briten, die den lokalen Herrscher über Bihar, Mir Jafar, zu demütigen suchten, endete für die britischen Geiseln in Patna mit deren Hinrichtung, an der „Samru" (Sumroo, Sombre), ein angeblich aus deutschen Landen kommender Zigeuner, der mit bürgerlichem Namen wohl Walter Reinhardt hieß, beteiligt gewesen sein soll.
Auch die Briten wurden in Bihar nicht Herr der Lage, es kam zu Hungersnöten und Aufständen gegen ihre Fremdherrschaft, besonders auf Seiten der Stammesbevölkerung.
Der Unmut gegen die britischen Kolonialherren entlud sich in der so genannten „Meuterei" (Mutiny) von 1857, die heute als erster indischer Unabhängigkeitskampf gegen die britische Unterdrückung verstanden wird. Ein Teil der britischen Bevölkerung Bihars wurde in einem Haus in Arrah (Bhojpur Distrikt) eingeschlossen und wochenlang belagert, bis der herbeigeeilte Major Eyre die Armee des Anführer der Freiheitskämpfer, Kunwar Singh, am 3. August 1857 besiegen konnte. Aus Rache zerstörten die Briten neben der Munition der „Rebellen" auch mehrere Tempel. 1858 ließen die Briten in Bihar die „Aufständischen" reihenweise hängen, die Dörfer, aus denen sie kamen, ließen sie vernichten.
Was die Waffen der Freiheitskämpfer in Bihar nicht erreichten, schaffte Mahatma Gandhi ab 1919 in Bihar mit gewaltfreier „Nicht-Zusammenarbeit" und zivilem Ungehorsam. Einen tragischen Höhepunkt erreichte die „Verlass Indien"-Bewegung (quit India movement) am 11. August 1942, als von der Hochburg der britischen Verwaltung, dem „Patna Secretariat" in Patna auf Befehl des Distriktverwalters auf die friedlich demonstrierende Menge mit scharfer Munition geschossen wurde. Sieben Studenten waren auf der Stelle tot, mindestens 25 weitere wurden verletzt. Der Zorn des indischen Volkes war entfacht und wandte sich nun auch gewaltsam gegen alle nur erdenklichen Einrichtungen britischer Verwaltung, wie Eisenbahnschienen, Telegraphenleitungen usw. Die britische Gewaltherrschaft über Bihar – und über Indien – kam am 15. August 1947 zum Ende. Am selben Tag legte der erste Verwalter Bihars, Shri Jairamdas Daulatram, den Grundstein zum Märtyrermonument an dem Ort, wo die Studenten ermordet wurden.
Am 15.11.2000 erhielt Bihar durch die Abtrennung des südlichen Teils, Jharkhand, seine heutige Form.

LINKE SEITE:
In der Mitte eines künstlichen Sees ließ Sher Shah Sur (1540-1545) sein über 45 Meter hohes Grabmal in Sasaram errichten.

VERWALTUNG

Der ranghöchste Politiker des Bundesstaates ist nominell der vom indischen Präsidenten ernannte „Governor". Höchste politische Macht jedoch übt der „Chief Minister" aus.
Bihar ist in 37 Distrikte unterteilt: Araria, Arwal, Aurangabad, Banka, Begusarai, Bhagalpur, Bhojpur, Darbhanga, East Champaran, Gaya, Gopalganj, Jamui, Jehanabad, Kaimur, Katihar, Khagaria, Kishanganj, Lakhisarai, Madhepura, Madhubani, Munger, Muzaffarpur, Nalanda, Nawada, Patna, Purnia, Rohtas, Saharsa, Samastipur, Saran, Sheikhpura, Sheohar, Sitamarhi, Siwan, Supaul, Vaishali und West Champaran.
Diese 37 Distrikte verteilen sich auf 9 Verwaltungsbereiche (Englisch: Division):
Bhagalpur: Banka, Bhagalpur.
Darbhanga: Begusarai, Darbhanga, Madhubani, Samastipur
Kosi: Madhepura, Saharsa, Supaul.
Magadh: Arwal, Aurangabad, Gaya, Jehanabad, Nawada.
Munger: Jamui, Khagaria, Munger.
Patna: Bhojpur, Kaimur, Patna, Rohtas, Nalanda.
Purnia: Araria, Katihar, Kishanganj, Lakhisarai, Purnia, Sheikhpura.
Saran: Gopalganj, Saran, Siwan.
Tirhut: East Champaran, Muzaffarpur, Sheohar, Sitamarhi, Vaishali, West Champaran.

WIRTSCHAFT

Der wichtigste Wirtschaftszweig des Bundesstaates ist immer noch die Landwirtschaft. Angebaut werden vor allem Reis, Weizen, Jute, Mais und Ölsamen. Daneben gibt es Ölraffinerien für Kunstdünger, Baumwollspinnereien, Zuckerraffinerien und Jutemühlen.

BEDEUTENDE ORTE UND IHRE SEHENSWÜRDIGKEITEN

Erwartungsgemäß kann der historisch bedeutendste Bundesstaat Indiens eine lange Reihe von archäologisch wichtigen Stätten aufweisen. In einer 1963 in Patna veröffentlichten Liste werden auf 665 Seiten 448 Ortschaften (!) mit Monumenten aufgeführt, in der z. B. Patna nur eine, mehrseitige, Position einnimmt. Über mehrere Ortschaften, wie z. B. Bodh Gaya, erschienen bereits im 19. Jahrhundert mit Fotos illustrierte Bücher. Etwas erschwert werden die Besichtigungen für den westlichen Komfort gewohnten Reisenden durch vernachlässigte Straßenbeläge und sehr einfache Quartiere.

Da unter Kaiser Ashoka die Architektur in Stein eingeführt wurde, ist der Kernpunkt seines Reiches gleichsam als Entstehungsort der indischen monumentalen Steinplastik zu betrachten.

In **Kumrahar,** Patna wurden neben den alten hölzernen Palisaden aus der Zeit der Mauryas auch die Fundamente des Palastes Ashokas gefunden. Die noch vorhandenen steinernen Basen der über 80, ursprünglich fast 10 Meter hohen Pfeiler vermögen die Ausmaße der einstigen Anlage erkennen lassen.

In **Lauriya Nandangarh** (Distrikt Champaran) steht eine der wenigen vollständig erhaltenen Ediktsäulen Ashokas am Ort der ursprünglichen Aufstellung. Die hochpolierte Säule bekrönt ein annähernd vollständig erhaltener, sitzender Löwe auf einem gepressten Lotoskapitell. Eine zweite Säule Ashokas steht in **Vaishali** (Distrikt Vaishali, Basarh in der älteren Literatur), dem Ort der wohl ältesten asiatischen Republik. Auch auf ihr sitzt ein vollplastisch dargestellter Löwe, das Symbol des Buddha und das uralte Symbol königlicher Macht. Hier entschied der Buddha, in das Nirvana einzugehen und hielt seine letzte Predigt. Da der 24. Tirthankara Mahavira in Vaishali geboren wurde, ist der Ort auch den Jainas heilig.

Den Beginn der monolithischen Architektur Indiens veranschaulichen die im 3. Jahrhundert vor unserer Zeit aus dem gewachsenen Fels gemeißelten Höhlen in den so genannten **Barabar Hills** (Gaya Distrikt). Diese Anlagen sind die Vorläufer der „Chaityagrihas" und bestehen aus einer länglichen, rund gewölbten Halle mit einer Apsis am Ende. In der Apsis steht in der so genannten „Lomas Rishi Cave" eine aus demselben Fels gemeißelte, wie mit Reed gedeckte, betretbare Rundhütte. Nur wenige Jahrzehnte später erscheint anstelle der Rundhütte der Stupa oder Chaitya. Auffällig sind die spiegelglatt polierten Wände einiger Räumlichkeiten. Diese hochglänzende Politur, die auch den Kapitellen der Ashoka-Säulen eigen ist, wird oft mit der Kunst der Mauryas in Verbindung gebracht.

In **Bodh Gaya** (Gaya Distrikt) wird seit Ashoka der Ort der Erleuchtung Siddhartha Gautamas durch einen „Vajrasana" (Diamantsitz) unter dem Bodhi-Baum (Ficus religiosa) markiert. Der heutige „Vajrasana" mag eine Kopie aus dem 1. Jahrhundert vor unserer Zeit sein, hält sich stilistisch aber eng an das nicht mehr vorhandene Original der Maurya-Zeit. Ursprünglich ließ Ashoka um den Baum der Erleuchtung eine Art Tempel erbauen, dessen Form von mehreren Reliefs aus den Jahrhunderten vor unserer Zeit erhalten ist. Seit etwa dem 4. Jahrhundert steht anstelle des um den Baum herum gebauten „Bodhigharas" (etwa: Erleuchtungshaus) ein Tempel in ungefähr der Form, in der er uns heute entgegen tritt. Der ursprüngliche Tempel war, wie Fotos aus dem Beginn der 60er Jahre des 19. Jahrhunderts entnommen werden kann, aus Ziegeln erbaut und mit Stuckfiguren aus der Zeit der Guptas verziert. Gegen Ende des 19. Jahrhunderts wurde der Tempel von den Engländern „restauriert" und erhielt somit seine heutige Form. Bodh Gaya ist

der heiligste Ort der Buddhisten und viele Länder, in der der Buddhismus zur Staatsreligion gehört (Bhutan, Japan, Myanmar, Nepal, Sikkim, Sri Lanka, Thailand, Tibet, Vietnam) haben in Bodh Gaya buddhistische Klöster errichtet. Von den Feinden der buddhistischen Religion wurde der Bodhi-Baum einst zerstört. Da Ashoka aber Schösslinge des Bodhi-Baumes nach Ceylon (Sri Lanka) gesandt hatte, wo diese eingepflanzt und gepflegt wurden, konnte durch einen re-importierten Schössling aus Ceylon der Bodhi-Baum wieder auferstehen.

Patna: Das 1917 eröffnete archäologische Museum.

Der wichtigste Ort buddhistischen Wissens war **Nalanda** (Distrikt Nalanda). Die ab dem 5. Jahrhundert florierende Universität bestand aus einer Vielzahl von Viharas oder Klosteranlagen, die den buddhistischen Studenten aus der damals bekannten Welt Quartier boten. 10 000 Studenten konnte die weiträumige Anlage beherbergen. Daneben gab es zahlreiche, mit Stuck verzierte Stupas und Tempel. 1193 fiel Nalanda der islamischen Invasion zum Opfer. Wer von den Mönchen es noch schaffte, floh nach Tibet oder Richtung Osten. Wer blieb, wurde von der Macht des Islam zur Strecke gebracht.

Eine weitere buddhistische Universitätsstadt war **Vikramashila** (heute: Antichak, Distrikt Bhagalpur). Vikramashila wurde erst im 8. Jahrhundert unter Dharampal der Pala-Dynastie gegründet. Dipankara Atisha dürfte der berühmteste buddhistische Gelehrte dieser Universität gewesen sein. Auch Vikramashila entging dem Schicksal Nalandas nicht und wurde um 1200 von islamischen Armeen vernichtet.

Sowohl die Jainas als auch die Buddhisten beanspruchen **Rajgir** (Patna Distrikt), die alte Hauptstadt des Magadha-Reiches vor Pataliputra (Patna), wenn es um die Förderung ihrer Religion geht, für sich. Hier wandelten der Tirthankara Mahavira und Gautama Buddha, allerdings ohne sich offiziell jemals begegnet zu sein. Buddha predigte auf dem „Gridhrakuta", dem Geierberg. Beeindruckend sind die alten, um 5 Meter starken Zyklopenmauern der Stadt mit ihren rechteckigen Bastionen und die beiden aus dem Fels gemeißelten, jinistischen „Sonbhandar"-Höhlen.

Sultanganj (Distrikt Bhagalpur) ist heute bekannt für seine in der Ganga stehende, malerische Felseninsel, die mit alten hinduistischen Reliefs versehen ist. Auf einen weiteren Felsen wurde eine Moschee gebaut und wird daher „der Felsen des Fakirs" genannt. Die andere Bezeichnung „Jahangir" dürfte eher auf

FOLGENDE DOPPELSEITE:

Nalanda: der große Stupa, Ansicht von Nordwesten mit den Stuckfiguren des 8. Jahrhunderts.

„Jahnu-Griha" (etwa: das Haus des Jahnu; Jahnu ist ein Asket, der mit der Ganga im engsten Zusammenhang steht, die deswegen auch „Jahnuvati" genannt wird) als auf den gleichnamigen Moghulkaiser zurückzuführen sein. Sultanganj war aber vor allem ein buddhistischer Ort. 1862 wurde bei der Konstruktion einer Eisenbahnlinie die wohl größte indische, im Verfahren der „verlorenen Wachsform" gegossene Bronze eines Buddhas gefunden. Die wohl im 7. Jahrhundert gegossene Statue ist über 2,30 Meter hoch und wiegt etwa 500 Kilogramm. Dank des Einsatzes eines gewissen Samuel Thornton, der die Bronze vor ihrem Einschmelzen bewahrte und sie für die damals stattliche Summe von 200 Pfund Sterling nach Birmingham transportieren ließ, steht die Figur seit 1867 im Birmingham Museum and Art Gallery des Vereinigten Königreiches von Großbritannien.

In **Pawapuri** (Distrikt Patna) entsagte der letzte der jinistischen Tirthankaras, Mahavira, dem irdischen Leben. Seine sterbliche Hülle wurde an einem Ort kremiert, der sich heute in der Mitte eines künstlichen Sees befindet. Die darauf befindlichen Tempelanlagen weisen kein hohes Alter auf, sind aber für die Jainas deswegen nicht weniger bedeutend.

Das mithin wichtigste hinduistische Heiligtum ist der Vishnupad-Tempel in **Gaya** (Distrikt Gaya), zu dem Nicht-Hindus der Zutritt untersagt ist. Im Inneren der großen Tempelanlage befindet sich ein Fußabdruck Vishnus im Gestein. Zahlreiche hinduistische Reliefs innerhalb des Gaya Distriktes sind vor allem an den Felsen von **Kauva Dol** zu sehen. In der Masse der Hindugötter gehen darin die wenigen ebenso vorhandenen buddhistischen Reliefs unter.

In **Lakhisarai** (Distrikt Lakhisarai) steht das 1297 datierte Grab des Makhdum Shah. Von den hinduistischen Ursprüngen des Ortes zeugen aber zahlreiche, heute noch in den Feldern liegende, hochqualitative Reliefs. Wie Lakhisarai unter den Palas hieß, ist nicht bekannt. Auf jeden Fall hatte der Ort gegen Ende der Pala-Dynastie die Position einer Hauptstadt. Ein weiterer Ort mit frühen islamischen Monumenten ist **Maner** (auch: Manar, Distrikt Patna). In einem 1291 datierten Dargah liegt Shaikh Yahya Maneri begraben, der 110 Jahre alt geworden ein soll. Ein weiterer Dargah entstand inschriftlich 1613 und gehört zu den ästhetisch anspruchsvollsten Grabbauten Bihars.

Eine Fundgrube von Relikten aus der Zeit Ashokas bis zu Monumenten des 16. Jahrhunderts birgt **Sasaram** (Rohtas Distrikt). Am bekanntesten sind die Grabanlagen der Suri-Dynastie, besonders das großartige, mitten in einem künstlichen See gelegene, um 1545 gebaute Kuppelgrab des Sher Shah, das den Wasserspiegel um über 45 Meter überragt.

Eine der herausragendsten Sammlungen islamischer Manuskripte befindet sich in der „Khuda Baksh Library" in Bankipur, **Patna.** Ebenfalls in Patna steht ein Kuriosum, der 1786 vollendete „Golghar", ein etwa 29 Meter hoher, kegelförmig-globaler Reisspeicher, der über eine äußere Treppe bestiegen werden kann und das mithin berühmteste Wahrzeichen Patnas ist. Das 1917 eröffnete Patna Museum verfügt über eine breit angelegte Sammlung indischer Kunst in Form von frühen Terrakotten, Skulpturen der Maurya-Zeit und tibetischen Malereien. Prunkstück der Sammlung ist die nach ihrem Fundort Didarganj bei Patna benannte „Didarganj-Yakshi", eine aus hochpoliertem Gestein gemeißelte, rundplastische, lebensgroße Figur einer mit üppigen Formen dargestellten Dame, die einen Yakschweifwedel mit ihrer rechten Hand schultert. Obwohl die Politur des Steins auf eine Entstehung unter den Mauryas schließen lassen könnte, wird das Alter der Skulptur auf lediglich 2000 Jahre geschätzt.

Kopf der vergoldeten Statue des wie schlafend aussehenden Buddhas in der World-Peace-Pagode (Vishwa Shanti Stupa) in Vaishali.

RECHTE SEITE:
Bodh Gaya: Der Tempel der Erleuchtung des Buddha war ursprünglich ein um den Baum der Erleuchtung gebautes Haus. Die Vorlage des heutigen Erscheinungsbildes entstand erst im 3. oder 4. Jahrhundert.

0
200
400
600
km
AFGHANISTAN
CHINA
PAKISTAN
NEPAL
T i b e t
(X i z a n g)
Kabul
Peshawar
Islamabad
Srinagar
Leh
Indus
Jammu
Hanle
Chamba
Gijranwala
Amritsar
Dankhar
Faisalabad
Lahore
Jullundur
Quetta
Simla
Chandigarh
Ludhiana
Chandigarh
Multan
Patiala
Dehra Dun
Bhatinda
Ambala
Saharanpur
Karnal
Hardwar
Hisar
Panipat
Indus
Meerut
Moradabad
Delhi
Rampur
New Delhi
Ghaziabad
Bareilly
Bikaner
Faridabad
Aligarh
Shahjahanpur
Kathmandu
Jaisalmer
Nagaur
Mathura
Jaipur
Firozabad
Lakhnau
(Lucknow)
Agra
Farrukhabad
Gonda
Jodhpur
Kanpur
Ghaghara
Gorakhpur
Chambal
Gwalior
Faizabad
Muzaffarpur
Ajmer
Lashkar
Hyderabad
Barmer
Ganges
Chapra
Kota
Jhansi
Betwa
Allahabad
Varanasi
(Benares)
Patna
Udaipur
Satna
Mirzapur
Palanpur
Gaya
Son
Gandhinagar
Sagar
Daltonganj
Kandla
Ratlan
Ujjain
Bhopal
Jabalpur
Ranchi
Jamnagar
Ahmadabad
Rajkot
Indore
Narsimhapur
Vadodara
(Baroda)
Hoshangabad
Porbandar
Narmada
Khandwa
Bilaspur
Rourkela
Bhavnagar
Junagadh
Gondia
Amravati
(Amraoti)
Surat
Raipur
Sambalpur
Diu
Dhule
Jalgaon
Akola
Daman
Nagpur
Malegaon
Durg
Sonpur
Silvassa
Wardha

CHANDIGARH

LAGE, GRÖSSE, EINWOHNERZAHL, SYMBOL

Das im Norden des Landes gelegene Unionsterritorium Chandigarh hat eine Größe von 114,59 Quadratkilometern und liegt auf 30°44' nördlicher Breite und 76°45' östlicher Länge. Flächenmäßig belegt Chandigarh damit auf der Liste der Bundesstaaten und Unionsterritorien Platz 33. Das Unionsterritorium umgeben der Bundesstaat Haryana im Süden und Osten und Punjab im Norden und Westen.
2001 wurden 900 914 Einwohner gezählt. Einwohnermäßig liegt Chandigarh hinter Pondicherry auf Rang 29. Die Bevölkerungsdichte beträgt etwa 7903 Einwohner pro Quadratkilometer.
Chandi ist eine von mehreren Bezeichnungen der Göttin Durga; Garh heißt Festung oder Fort, womit sich Chandigarh etwa als „Fort der Chandi" übersetzen ließe.
Das Symbol der Stadt ist das Monument der „offenen Hand" mit dem Motto „open to give – open to receive". Chandigarh ist die Hauptstadt zweier Bundesstaaten: Punjab und Haryana.

TOPOGRAPHIE UND KLIMA

Das zu Füßen der bis zu einer Höhe von 1524 Metern aufragenden „Shivalik"-Gebirskette liegende Territorium ist beinahe waldlos. 2542 Hektar Wald wurden daher von den Bundesstaaten Punjab und Haryana gepachtet. Nur zur Regenzeit wird das Gelände von zwei Flüssen durchzogen: der Patiali ki Rao im Westen und der Sukhna Choe im Osten. Das Gefälle des zwischen 305 und 366 Meter hohen Baugrundes beträgt 1 %, was ideal für die Entwässerung ist.

Die 1998 gemessenen monatlichen Temperaturen in Grad Celsius und ungefähren Niederschlagsmengen sind folgender Übersicht zu entnehmen:

	Höchsttemperatur	Tiefsttemperatur	Niederschlagsmenge in mm
Januar	24	4	5
Februar	27	7	50
März	30	9	50
April	40	16	50
Mai	44	17	5
Juni	44	20	200
Juli	37	23	420
August	38	24	340
September	37	21	190
Oktober	36	14	100
November	32	7	5
Dezember	28	2	1

FOLGENDE DOPPELSEITE:
Chandigarh: Das Parlaments-Gebäude, „Vidhan Sabha", im Capital Complex.

DARAUFFOLGENDE SEITE LINKS OBEN:
Die beiden futuristischen Gebilde auf dem Parlaments-Gebäude sind die „Kuppeln" über den Sitzungssälen von Punjab und Haryana. Die Tür des Parlaments-Gebäudes ist ein Werk von Le Corbusier.

BEVÖLKERUNG, SPRACHEN, GESCHICHTE

Hindus stellen 78,6 % der Bevölkerung, 16,1 % sind Sikhs und 3,9 % sind Moslems, 0,8 % sind Christen und 0,1 % sind Buddhisten. Die wichtigsten Sprachen sind Hindi, Punjabi und Englisch.

Als Indien am 15.8.1947 von britischer Vorherrschaft befreit wurde, brachte dies eine Teilung des ehemaligen „Britisch-Indien" mit sich. Pakistan wurde zusammen mit Ost-Pakistan, dem späteren Bangladesh, aus Indien ausgegliedert und zu selbstständigen Staaten. Mit dieser Abtrennung wurde nicht nur Indien als solches geteilt, auch der Punjab wurde in einen pakistanischen und einen indischen Teil gespalten. Die alte Hauptstadt des Punjab, Lahore, liegt seitdem in Pakistan, während der in Indien verbleibende Teil des Punjab hauptstadtlos zurückblieb. Auch als Folge der vom Punjab in Pakistan nach dem Punjab in Indien drängenden Flüchtlingsströme wurde im März 1948 von der Regierung des (indischen) Punjab und Delhi beschlossen, im Distrikt Ropar 114,59 Quadratkilometer für die Errichtung einer neuen Hauptstadt des Punjab zur Verfügung zu stellen.

Premierminister Jawaharlal Nehru erklärte dazu am 2. April 1952, dass er eine Stadt sehen wollte, die frei von den vergangenen Traditionen Indiens ist und die Freiheit Indiens symbolisiert. Nehru nannte die noch zu erbauende Stadt „Chandigarh", nach einem der 24 auf dem Gelände der geplanten Stadt zwischen Mangohainen und Feldern liegenden Dörfer.

Da Indien noch nicht über eigene erfahrene Städteplaner und -bauer verfügte, wurde der Amerikaner Albert Mayer, Absolvent am Massachusetts Institute of Technology und Gründer der New Yorker Architekturfirma Mayer, Whittlesey and Glass mit dem Projekt betraut. Für den bescheidenen Betrag von 30 000 US $ willigte Mayer ein, einen Produktionsplan für das gesamte Projekt einschließlich der Anlage der Hauptstraßen, Regierungsgebäude, Industriebezirke, Betriebe, Wohn-, Erholungsviertel und dgl. für etwa 500 000 Einwohner zu erarbeiten. Zu seiner Unterstützung holte Mayer weitere Amerikanerinnen und Amerikaner wie James Buckley, Ralph Eberl, H.E. Landsberg, Clara Coffey und später auch Matthew Nowicki in sein Team.

Mayer und Nowicki planten eine fächerförmige Verteilung der Anlage zwischen den beiden saisonbedingten Flüssen. Darin sollten „Superblöcke" entstehen, nach Einkommen der Einwohner gestaffelte Wohnanlagen für 10, 30 oder 40 Bewohner pro Hektar. Am 31. August 1950 aber kam Nowicki bei einem Flugzeugabsturz ums Leben. Mayer fühlte sich den Anforderungen des enormen Projektes ohne Nowicki nicht mehr gewachsen und zog sich zurück und die indische Regierung musste sich nach einem neuen Architekten umsehen.

RECHTE SEITE:
Das 11-geschossige „Secretariat" ist neben „Legislative Assembly" und dem „High Court" das dritte Gebäude innerhalb des „Capital Complex". Es beherbergt Einrichtungen und Büros der „Executive".

RECHTE SEITE:
Der „Rock Garden" in Chandigarh ist das Lebenswerk des pensionierten Straßeninspekteurs Nek Chand Saini. Er fertigt seine Figuren aus städtischen und industriellen Abfällen und Müll – wie z. B. aus zerbrochenen Armreifen.

Die Wahl fiel auf den gebürtigen Schweizer Le Corbusier (eigentlich: Charles Jeanneret, 1887-1965), der, anders als Mayer, bis dahin noch nie in Indien gewesen war. Im Februar 1951 reiste Le Corbusier zusammen mit seinem Vetter, Pierre Jeanneret, Maxwell Fry und Jane Dew nach Indien. Zu den indischen Mitarbeitern gehörten U.E. Chowdhury, N.S. Lamba, A.R. Prabhawalkar, Jeet Malhotra, B.P. Mathur und Aditya Prakash.

Vier Tage arbeitete Le Corbusier fieberhaft vor Ort an einem neuen Produktionsplan, wobei er einige Ideen von Mayer und Nowicki übernahm. Anders als Mayer favorisierte Le Corbusier keine der Natur angepassten, kurvigen Straßen: für Le Corbusier mussten sie schnurgerade sein. Mathematisch und entsprechend unorganisch plante Le Corbusier die Stadt. Umso erstaunlicher ist, dass Le Corbusier die Stadt wie eine biologische Einheit verstanden wissen wollte, mit dem Regierungsbezirk als Kopf, dem Stadtzentrum als Herz und den Arbeits- , Universitäts- und Verwaltungsvierteln als Gliedmaßen.

Der „Periphery Control Act" von 1952 regelte, dass Chandigarh stets von einem 16 Kilometer breiten Grüngürtel umgeben sein soll, in dem jede kommerzielle oder industrielle Nutzung untersagt ist.

Etliche Gebäude Chandigarhs wurden erst drei Jahre nach dem Ableben Le Corbusiers fertig gestellt. Wer heute die fußgängerfeindlichen Entfernungen Chandigarhs zurücklegen muss, und dabei an dem bröckelnden Beton der mittlerweile brüchigen Fassaden der Gebäude vorbeiläuft, mag an dem städtebaulichen Konzept Le Corbusiers zweifeln. Zumindest bei der Wahl des Baumaterials war Le Corbusier ein wichtiger Faktor unbekannt: das indische Klima, denn weder kann Beton wie Lehm oder Backstein atmen, noch ist er problemlos reparier- bzw. ersetzbar.

Das 1968 eröffnete „Government Museum and Art Gallery", Chandigarh, wurde so konzipiert, dass ein großer Teil der Ausstellungsfläche durch Tageslicht erhellt wird.

Zu den herausragenden Bauten im Regierungsviertel Chandigarhs gehören:

1. Das im Grundriss 254 x 42 Meter messende Sekretariat, in dem 4000 Personen arbeiten können.
2. Das Gebäude der Zusammenkünfte (Assembly), für dessen äußere Form sich Le Corbusier von der Gestirnsbeobachtungsanlage „Jantar Mantar" in Delhi und den Kühltürmen eines Kraftwerkes in Ahmedabad beeinflussen ließ. Die Adaption des „Kühlturmes" ist ein hyperbolischer Zylinder von 39 Metern Höhe.
3. Das Zivilgericht (High Court), ein länglicher Monumentalbau mit integriertem Sonnendach.
4. Die „offene Hand", eine 26 Meter hohe Konstruktion einer in den Himmel reckenden, metallenen Hand, die um eine Stabaufhängung im Wind rotieren kann und an die moghulisch-islamische Standarte erinnert, die ebenfalls auf der Spitze einer Stange getragen wurde. Die Hand alleine ist 14 Meter hoch und wiegt 50 Tonnen.

VERWALTUNG

In diesem Unionsterritorium werden 5 Städte und 25 Dörfer gezählt. Die eigentliche Stadt Chandigarh ist in 47 nummerierte Sektoren unterteilt. Da Chandigarh Unionsterritorium ist, gehört es weder zum Punjab noch zu Haryana und wird von der indischen Hauptstadt Delhi aus direkt verwaltet.

Diese Figuren Nek Chands sind modisch in Industriekeramik-Scherben gekleidet.

RECHTE SEITE OBEN: Im „Zakir Rose Garden" findet alljährlich das Rosenfestival statt, das dann besonders am Wochenende zu den großen Attraktionen der Stadt gehört.

RECHTE SEITE UNTEN: Schon die warme Kleidung der Besucher des Rosenfestivals deutet auf die für indische Verhältnisse kühlen Temperaturen im Monat Februar.

WIRTSCHAFT

Die Bauern in Chandigarh bauen Weizen, Mais, Hülsenreis und Gemüse an. Die Feldbewässerung erfolgt meist über Tiefbrunnen. Auch die Viehzucht (Rindvieh, Büffel, Ziegen, Schafe, Schweine) versorgt das Territorium mit Nahrungsprodukten. Industriell treten Zulieferbetriebe für Webereien, Elektronik, landwirtschaftliche Geräte und militärische Erzeugnisse (Artillerie) in Erscheinung.

BEDEUTENDE ORTE UND IHRE SEHENSWÜRDIGKEITEN

Abgesehen von den spektakulären Bauten des Regierungsviertels verfügt Chandigarh als Hauptstadt zweier Bundesstaaten naturgemäß über eine Vielzahl kultureller Einrichtungen, zu denen an vorderster Stelle das **„Government Museum and Art Gallery"** gerechnet werden muss. Das ebenfalls von Le Corbusier geplante Gebäude öffnete am 6. Mai 1968 dem Publikum seine Pforten.

Nach der Teilung des Punjab 1947 in einen indischen und einen pakistanischen Teil, wurden primär buddhistische Kunstgegenstände an Indien übergeben. Diese Stücke finden sich heute in Chandigarh. Erwähnenswert sind alleine 619 katalogisiert und publiziert vorliegende Skulpturen der Gandhara-Region (in Pakistan). Mittlerweile besitzt das Museum mehr als 10 000 Objekte, vor allem neben den Skulpturen besonders Miniaturmalereien.

Das am 14. August 1973 eröffnete „Museum of the Evolution of Life“, die „Child Art Gallery“, die „National Gallery of Portraits“, das „International Dolls Museum“ und das „Punjab Kala Kendra“ (Haus der schönen Künste des Punjab) sind weitere öffentliche kulturelle Einrichtungen der Stadt.
Als Gegenpol zur am Reißbrett geplanten Stadt zu werten ist der 1976 eröffnete, so genannte „Rock Garden“ des indischen Künstlers Nek Chand. Die Figuren des 258 998 Quadratmeter großen Geländes bestehen aber nicht, wie der Name der Anlage vermuten lässt, aus Felsen, sondern aus Trümmern, Geröll, Schrott und Industrieabfällen.
Unter den beiden großen Parkanlagen ragt der „Zakir Rose Garden“ heraus. Der nach dem indischen Präsidenten Zakir Hussein benannte und 1967 eröffnete, 109 265 Quadratmeter große Park ist mit über 1600 Rosenarten bepflanzt. Einmal jährlich, im Februar, findet das Rosenfestival statt, bei dem neben Rosen aber auch alle nur erdenklichen anderen Blumen den sich durch die Anlagen strömenden Menschenmassen präsentiert werden. Die weniger an den Blumen interessierten Kinder können bei dieser Gelegenheit auf Elefanten und Kamelen reiten.
Neben der „Rose Show“ hat Chandigarh auch eine im Dezember stattfindende „Chrysanthemum Show“ im „Terrace Garden“ und eine jährliche „Bougainvillea Show“ im „Bougainvillea Garden“ anzubieten.
Der 3 Quadratkilometer große, künstlich angelegte „Suhkna Lake“ im Norden der Stadt gehört mit seinen zu mietenden Ruderbooten zu den Naherholungszentren Chandigarhs.

Gijranwala
Faisalabad
Lahore
Amritsar
Jullundur
PAKISTAN
Ludhiana
Multan
Dankhar
Simla
Chandigarh
Patiala
Ambala
Dehradun
Saharanpur
Hardwar
Bhatinda
Karnal
Panipat
Hisar
Meerut
Moradabad
Delhi
New Delhi
Ghaziabad
Rampur
Faridabad
Bareilly
Bikaner
Aligarh
Shahjahanpur
Nagaur
Mathura
Jaipur
Firozabad
Lakhnau (Lucknow)
Gonda
Agra
Farrukhabad
Jodhpur
Kanpur
Faizabad
Ajmer
Chambal
Gwalior
Lashkar
Barmer
Kota
Jhansi
Betwa
Allahabad
Ganges
Ghaghara
Udaipur
Satna
Mirzapur
Palanpur
Son
Sagar
Gandhinagar
Ratlam
Ujjain
Ahmadabad
Bhopal
Jabalpur
Vadodara (Baroda)
Indore
Narsimhapur
Hoshangabad
Bhavnagar
Narmada
Khandwa
Gondia
Amravati (Amraoti)
Surat
Dhule
Jalgaon
Nagpur
Daman
Malegaon
Akola
Wardha
Silvassa
Nasik
Jalna
Aurangabad
Chandrapur
Parbhani
Nanded
Godavari
Kalyan
Mumbai (Bombay)
Ahmadnagar
Nizamabad
Pune
Krishna
Bhima
Warangal
Sholapur
Ratnagiri
Sangli
Hyderabad
Kolhapur
Gulbarga
Bijapur
Belgaum
Raichur
Kurnool
Panaji
Marmagao
Hubli-Dharwad
Bellary
Banganapalle
Guntakal
Tibet (Xizang)
Himalaya
NEPAL
Mt. Everest (Qomolangma) 8872
Kathmandu
Darjeeling
Siliguri
Gorakhpur
Muzaffarpur
Darbhanga
Purnea
Chapra
Varanasi (Benares)
Patna
Bhagalpur
Bihar Sharif
Gaya
Berhampore
Daltonganj
Bokaro
Dhanbad
Durgapur
Asansol
Ranchi
Purulia
Haora (Howrah)
Jamshedpur
Bilaspur
Rourkela
Kharagpur
Chhattisgarh
Raipur
Sambalpur
Balasore
Durg
Sonpur
Mahanadi
Cuttack
Bhubaneswar
Puri
Indravati
Brahmapur
Vizianagaram
Visakhapatnam
Rajahmundry
Elur
Kakinada
Golf von Bengalen
Vijayavada
Guntur
Machilipatnam
0
200
400
600
km

CHHATTISGARH

LAGE, GRÖSSE, EINWOHNERZAHL, SYMBOL

Der Bundesstaat Chhatisgarh liegt im westlichen zentralen Indien, und zwar zwischen 17°46' und 24°5' Grad nördlicher Breite bzw. 80°15' und 84°20' Grad östlicher Länge. Im Uhrzeigersinn von Süd nach Nord umringen den Bundesstaat Andhra Pradesh, Maharashtra, Madhya Pradesh, Uttar Pradesh, Jharkhand und Orissa. Mit einer Ausdehnung von 135 194 Quadratkilometern liegt Chhattisgarh innerhalb Indiens auf Rang 10, bevölkerungsmäßig mit 20 833 803 Einwohnern auf Platz 17. Die Bevölkerungsdichte beträgt somit etwa 154 Einwohner pro Quadratkilometer.

Chhattisgarh bedeutet „36 (= Chhattis) Festungen" oder „Forts" (garh). Die Hauptstadt ist Raipur (Distrikt Raipur, 605 131 Einwohner).

Der „Staatsvogel" ist der Beo (Gracula religiosa).

FOLGENDE DOPPELSEITE:

Amarkantak, wo die Flüsse Narmada und Son entspringen, ist den Hindus besonders heilig. Ein Bad im Quellteich ist für die zahlreichen Pilger unverzichtbar.

Auf dem Weg zum Markt durchqueren Bauern das Flussbett der Mahanadi.

VORHERIGE DOPPELSEITE LINKS:

Ansprechende Skulpturen ragen aus den Resten des Devarani- und Jithani-Tempels in Talagram. Beide Tempel entstanden etwa um 500.

VORHERIGE DOPPELSEITE RECHTS:

Am Devarani-Tempel ist der Türrahmen besonders kunstvoll gestaltet.

RECHTE SEITE:

Der große Bhoramdeo-Tempel, zu Beginn des 11. Jahrhunderts von den Ratanpur-Königen erbaut, steht einsam in einem abgelegenen Waldgebiet.

Figurenfriese bedecken die Wände des Bhoramdeo-Tempels. Neben Darstellungen der Götter sind auch lebensfrohe Gruppen in teilweise akrobatischen erotischen Posen zu sehen.

TOPOGRAPHIE UND KLIMA

Chhattisgarh ist ein Binnenland an den östlichen Ausläufern des Vindhya-Gebirges. Die wichtigsten Flüsse des Bundesstaates sind die Narmada, Godavari und Mahanadi. Die Narmada entspringt in Amarkantak, das in Chhattisgarh liegt. 59 000 Quadratkilometer der Fläche sind mit Wald bedeckt, was beinahe 45 % der Fläche des Bundesstaates ausmacht, das entspricht etwa 12 % des gesamtindischen Waldbestandes.

Das tropische Klima des Bundesstaates sorgt für einen heißen Mai mit Temperaturen um 45°. Die kühlsten Monate sind Dezember und Januar mit Temperaturen unter 10° Celsius. In den Jahren 1999 und 2000 wurde ein Jahresniederschlag von 1292,1 Millimeter gemessen. Chhattisgarh hatte dabei 61 Regentage.

BEVÖLKERUNG, SPRACHEN, GESCHICHTE

94,7 % der Bevölkerung bekennen sich nach amtlichen Quellen zum Hinduismus, auf Moslems entfallen 2,0 %, auf Christen 1,9 %, auf Sikhs 0,3 %. 0,3 % sind Buddhisten, ebenfalls 0,3 % sind Jainas; auf Stammesreligionen entfallen 0,5 % der Bevölkerung.

26,76 % der Einwohner von Chhattisgarh sind so genannten Stammesbevölkerungen zugehörig. Die Gonds, die sich selber „Koytoria“ nennen, stellen den größten Anteil der Stammesbevölkerung des Bundesstaates. Sie verteilen sich auch auf die an Chhatisgarh grenzenden Bundesstaaten. Sie sprechen eine dem Telugu verwandte, dravidische Sprache, die von etwa 4 Millionen Einwohnern gesprochen wird. Die drei Hauptgruppen der Gonds sind die Maria, Muria und Dorla.
Der Distrikt mit dem größten Stammesbevölkerungsanteil ist Bastar. Dort leben mitunter den Gonds zugeordnete Bevölkerungsgruppen wie die Abhuj Maria, Bison Horn Maria, Baiga, Korba, Halbaa, Bhatra und Dhurvaa.
Die Abhuj Maria, eine Untergruppe der Gonds, die isoliert in den dichten Wäldern lebt, sprechen Abujmaria, eine dravidische Sprache. Die Bison Horn Maria sind ebenfalls eine Untergruppe der Gonds, die den Kontakt mit der Außenwelt meiden. Wie die Abhuj Maria pflügen sie den Boden nicht, da dies der Erde Schmerz bereiten würde. Die Muria, ebenfalls eine Untergruppe der Gonds, leben nicht nur in den Wäldern, sondern auch in der Ebene und sind kontaktfreudiger.
Die Halbaas stellen eine eigene Stammesbevölkerung dar, die, wie die Gonds, auch in den umliegenden Bundesstaaten zu finden ist, aber sich von letzteren in ihren Sitten, Gebräuchen und ihrer Sprache unterscheiden. Sie werden in drei Gruppen unterteilt: die Chhattisgarhia, Marathia und Bastaria. Ihre Sprache ist ein auf Marathi, Oriya und Chhatisgarhi beruhender Dialekt.

LINKE SEITE:
Darstellung des dynamisch ausschreitenden Vishnu im Rajivalochana-Tempel, Rajim.

RECHTE SEITE:
Im Zentrum des Türsturzes des westlichen Tores des Rajivalochana-Tempels von Rajim liegt der Gott Vishnu auf seiner Schlange „Ananta".

Die Bhatra bilden eine weitere Stammesbevölkerungsgruppe, zu der drei Untergruppen gehören: die Pit, Amnet und Sebhatra. Eine weitere eigenständige Stammesgruppe sind die Dhurvaa.
Die am meisten verbreitete Sprache ist Chhattisgarhi, das dem Bagheli und Avadhi ähnlich ist. Offiziell ist es ein östlicher Dialekt des Hindi. Chhattisgarhi wird wie Hindi in der „Nagari"-Schrift geschrieben und wird von etwa 11 Millionen Menschen gesprochen. Die Hauptdialekte des Chhattisgarhi sind Baighani, Bhulia, Binjhwari, Kalanga, Kavardi, Khairagarhi, Sadri Korwa und Surgujia.
Die neben dem Chhattisgarhi gebräuchlichste Sprache des Bundesstaates ist Hindi.

Rama, der Held des indischen Nationalepos, dem Ramayana, soll bereits im Gebiet des heutigen Chhattisgarh mit seinem Halbbruder Lakshmana und seiner Frau Sita in den Wäldern des heutigen Bundesstaates gelebt haben. Ein alter Name des Gebietes, vor allem um den Distrikt Raipur herum, ist „Dakshina Koshala", das zum Reich der Mauryas von Magadha (heute etwa: Bihar) gehört haben soll. Die wichtigsten historischen Zeugnisse und Monumente befinden sich in den Distrikten Mahasamund, Raipur und Kawardha. Im 4. Jahrhundert eroberte Samudragupta vom lokalen Herrscher Mahendra das Gelände, das dann bis zum

Vor dem Rajivalochana-Tempel in Rajim kaufen die Besucher Opfergaben und Devotionalien.

5. Jahrhundert Teil des Reiches der Guptas bleiben sollte. Danach breiteten sich die Nala-Herrscher über das Gebiet aus, bis sie von den Vakatakas unter Prithvisena besiegt wurden.
Im 7. Jahrhundert stand das Gebiet unter der Herrschaft der Pandavas, eine Herrscherfamilie, die mit den Mukharis von Magadha verwandt war. Der bedeutendste Herrscher dieser Dynastie war Mahasivagupta Balarjuna, der im 8. Jahrhundert 57 Jahre lang regierte und seine Hauptstadt Sripura, das heutige Sirpur (Raipur Distrikt) und Rajim (Distrikt Raipur) ausbaute.
Die Kalachuris regierten über Chhattisgarh von 980 bis 1745, hinterließen aber nur wenige Monumente. Hauptstadt der Kalachuris war Ratanpur. 1745 wurde Chhattisgarh von den Marathen (Bhonsle) erobert, die das Land plünderten. Lediglich die Gonds leisteten erbitterten Widerstand, ihr Land wurde unter der Bezeichnung „Gondwana" bekannt. Ab 1818 kam das Land allmählich unter britische Kontrolle. Chhattisgarh stand somit niemals unter islamischer Herrschaft.
Den Widerstand gegen die britische Kolonialherrschaft leitete ab 1856 Vir Narain Singh, der dafür von den Briten am 10. Dezember 1857 gehängt wurde. Im Krieg um die Unabhängigkeit Indiens ist Vir Narain Singh der an erster Stelle genannte Märtyrer von Chhattisgarh.
Sowohl das Bundesparlament als auch das Parlament von Madhya Pradesh, dem Chhattisgarh bis dahin einverleibt war, stimmte einer Herauslösung von 16 Distrikten aus Madhya Pradesh zur Schaffung des 26. Bundesstaates am 1.10.2000 zu.

VERWALTUNG

Chhattisgarh besteht aus 16 Verwaltungsdistrikten: Bastar, Bilaspur, Dantewada (South Bastar), Dhamtari, Durg, Janjgir-Champa, Jashpur, Kanker (North Bastar), Kawardha, Korba, Koriya (Korea), Mahasamund, Raigarh, Raipur, Rajnandgaon und Surguja. Die ranghöchsten Politiker sind der „Governor" und der „Chief Minister".

WIRTSCHAFT

Mehr als 80 % der Bevölkerung leben von der Landwirtschaft. Chhattisgarh war als die „Reisschüssel" Zentral-Indiens bekannt. Neben Reis werden Mais, Hirsearten, Hülsenfrüchte und Ölsaaten wie Erdnüsse, Sojabohnen und Sonnenblumen angebaut.
Chhattisgarh verfügt über große Kohlevorkommen, hochwertige Eisenerze, Kalkstein, Dolomit, Bauxit, Kupfer- und Zinnerz. Daneben gibt es mehrere Edelsteinvorkommen wie z. B. Alexandrite oder Diamanten. Die wenigsten dieser Bodenschätze wurden bisher erschlossen und industriell nutzbar gemacht, die Anzahl der vorhandenen Stahlwerke ist in Anbetracht der vorhandenen Erzvorkommen relativ gering. Die

Kraftwerke des Bundesstaates produzieren so viel Energie, dass sie damit viele andere Teile des Landes versorgen können. Von ebenso nationaler Bedeutung ist die reiche Zementproduktion Chhattisgarhs.

BEDEUTENDE ORTE UND IHRE SEHENSWÜRDIGKEITEN

Hauptanziehungspunkte sind neben archäologischen Stätten vor allem Naturschauspiele wie Wasserfälle, Felshöhlen und Nationalparks.

Spektakulär sind die 30 Meter tief stürzenden **Chitrakot**-Wasserfälle im Distrikt Bastar, 38 Kilometer westlich Jagdalpur. Die oft mit den Niagara-Fällen verglichenen Katarakte führen von Juli bis Oktober am meisten Wasser.

In Sirpur folgt das tägliche Leben noch den tradierten Mustern. Die schönen alten Messinggefäße werden am Brunnen auf Hochglanz gebracht.

Nur 35 Kilometer von Jagdalpur entfernt sind die 91 Meter tief stürzenden **Tiratgarh** Fälle innerhalb des Kanger Valley Nationalparks. Weitere Wasserfälle des Distriktes sind die **Mandawa** Fälle, die **Chitradhara** Fälle und der **Thamada Ghumar** Fall.

Die mit Sicherheit eigenartigste antike rundplastische Skulptur von Chhattisgarh steht in **Talagram** (Bilaspur Distrikt). Die mit mehreren Köpfen auf ihrem Körper versehene, wohl zur Zeit der Vakatakas entstandene Plastik ist ein ikonographisches Unikat. **Ratanpur** (Bilaspur Distritkt) war die alte Hauptstadt, von der noch Reste des Forts zeugen sowie etliche Skulpturen und einige Tempel aus dem 11. Jahrhundert.

Im groß angelegten, 1955 gegründeten Stahlwerk von **Bhillai** (Distrikt Durg) wird ein Heer von 53 000 Arbeitern beschäftigt.

Das älteste Monument des Distrikts Janjgir-Champa ist der im 12. Jahrhundert unter den Hayhayas erbaute Vishnutempel von **Janjgir**. Das unvollendet gebliebene Bauwerk wird vor Ort „Nakata Mandir" genannt. Im Distrikt gibt es eine Menge weiterer Tempel, die allerdings jüngeren Datums sind.

Der Jashpur Distrikt wartet mit mehreren Wasserfällen auf. Diese sind: der **Rajpuri**-Fall, der **Danpuri**-Fall, der **Rani Dah**-Fall und der **Bhringraj**-Fall. Im Kanker Distrikt sind ebenfalls Wasserfälle erwähnenswert. Diese sind der Malanjhkudum- und der **Charre-Marre**-Fall.

Das eindrucksvollste Monument des Distrikts Kawardha (Kabirdham) ist der um 1100 erbaute Bhoramdeo-Tempel. Wegen der erotischen Skulpturen wird der Tempel gerne mit den Tempeln von Khajuraho (Madhya Pradesh) verglichen. Der unter dem König Ramchandra der Naga-Dynastie errichtete Kultbau ist Gott Shiva geweiht.

Die Festung von **Chaiturgarh** (Distrikt Korba) kommt aufgrund der hervorragenden Lage beinahe ohne Verteidigungsmauern aus. Auf dem geschützten Gelände konnten sich mehrere Tempel erhalten, von denen der Mahishasura Mardini-Tempel am bekanntesten ist. Im selben Distrikt steht der Shiva geweihte Tempel von **Pali.** Der unter dem Kalachuri-Herrscher Mahamandaleswar Maldeo gebaute Tempel wurde im 12. Jahrhundert repariert und ist an den Außenseiten von zahlreichen Skulpturen bedeckt. Ein weiterer unter den Kalachuris erbauter Shiva-Tempel im Korba-Distrikt steht in **Tuman.** Der Turmaufbau über der Cella wur-

LINKE SEITE:

An diesem Gebäude in Sirpur wurden Fundstücke als reizvolle Gruppe in die Außenwand integriert.

Das Detail vom Turmaufbau über dem Sanktum des Lakshmana-Tempels zeigt die inspirierte und sorgfältige Arbeit der Werkleute.

de entweder nie vollendet oder stürzte ein, da die entsprechenden Steine um den Tempelbau herum liegen.

Einer der anspruchsvollsten indischen Backsteintempel wurde in **Sirpur** (Distrikt Mahasamund), dem Sripur unter Mahasivagupta Balarjuna der Pandava-Dynastie, erbaut. Der dem Gott Vishnu geweihte Lakshmana-Tempel wurde von Vasata, der Königinmutter von Mahasivagupta gegen Ende des 7. Jahrhunderts in Auftrag gegeben. Der aus Stein gemeißelte Türrahmen des Tempels ist alleine einen Besuch Wert. Neben dem hinduistischen Tempel gab es in Sirpur auch buddhistische Klosteranlagen, von denen besonders hervorragende Bronzen und Steinskulpturen beredtes Zeugnis ablegen, die zum Teil ihren Weg in U.S.-amerikanische Sammlungen gefunden haben.

Ein weiterer hoch qualitativer Tempel steht am rechten Ufer der Mahanadi in **Rajim** (Distrikt Raipur). Es ist der ebenfalls dem Gott Vishnu geweihte Rajivalochana-Tempel, der in der Nähe eines weiteren vishnuitischen Schreines, dem Ramachandra-Tempel steht. Auch hier verdient der reich skulpierte Türrahmen besonders Augenmerk. Als Teil der um 700 errichteten Anlage ragt besonders der dynamisch ausschreitende Vishnu in Form des „Trivikrama" hervor.

Weitere Monumente des 7. oder 8. Jahrhunderts hat **Deepadih,** ein Dorf im Samri Tehsil des nördlich gelegenen Surguja Distriktes aufzuweisen. Von den Tempeln stehen mitunter zwar nur noch einige Pfeiler und Türrahmen, die aber durchaus eine Besichtigung lohnenswert machen.

UNTEN:
In Sirpur wurden niveauvolle Skulpturen von älteren Tempeln gefunden, wie dieser sitzende Buddha und eine elegante Flussgöttin von einem Türrahmen.

RECHTE SEITE:
Der aus Ziegeln errichtete Lakshmana-Tempel in Sirpur wurde gegen Ende des 7. Jahrhunderts unter Vasata, der Königinmutter von Mahasivagupta der Pandava-Dynastie erbaut.

PAKISTAN
NEPAL
Indus
Karnal
Hardwar
Panipat
Meerut
Hisar
Delhi
Moradabad
New Delhi
Ghaziabad
Rampur
Faridabad
Aligarh
Bareilly
Shahjahanpur
Bikaner
Kathmandu
Jaisalmer
Nagaur
Mathura
Jaipur
Firozabad
Lakhnau (Lucknow)
Gonda
Agra
Farrukhabad
Jodhpur
Ghaghara
Gorakhpur
Kanpur
Chambal
Gwalior
Faizabad
Muzaffarpur
Ajmer
Lashkar
Ganges
Hyderabad
Barmer
Chapra
Betwa
Kota
Jhansi
Allahabad
Varanasi (Benares)
Patna
Udaipur
Satna
Mirzapur
Palanpur
Gaya
Son
Sagar
Daltonganj
Gandhinagar
Ratlam
Kandla
Ujjain
Bhopal
Jabalpur
Ranchi
Jamnagar
Ahmadabad
Rajkot
Indore
Narsimhapur
Vadodara (Baroda)
Hoshangabad
Porbandar
Narmada
Khandwa
Bilaspur
Rourkela
Bhavnagar
Junagadh
Gondia
Amravati (Amraoti)
Surat
Raipur
Sambalpur
Diu
Dhule
Jalgaon
Akola
Daman
Nagpur
Durg
Sonpur
Dadra und Nagar Haveli
Malegaon
Mahanadi
Wardha
Silvassa
Nasik
Aurangabad
Jalna
Chandrapur
Parbhani
Brahmapur
Mumbai (Bombay)
Kalyan
Godavari
Nanded
Indravati
Ahmadnagar
Pune
Nizamabad
Godavari
Warangal
Vizianagaram
Krishna
Bhima
Sholapur
Visakhapatnam
Ratnagiri
Sangli
Hyderabad
Rajahmundry
Kolhapur
Gulbarga
Bijapur
Eluru
Kakinada
Krishna
Vijayavada
Belgaum
Raichur
Kurnool
Guntur
Panaji
Machilipatnam
Marmagao
Hubli-Dharwad
Bellary
Banganapalle
Arabisches Meer
Guntakal
Golf von Bengalen
Chitradurga
Anantapur
Shimoga
Bhadravati
Cuddapari
Nellore
Chennai (Madras)
Mangalore
Bangalore
Vellore
Kanchipuram
Mysore
0
200
400
600
km

DADRA UND NAGAR HAVELI

LAGE, GRÖSSE, EINWOHNERZAHL

Das Unionsterritorium Dadra und Nagar Haveli, bei dem es sich eigentlich um zwei voneinander getrennte Gebiete handelt, liegt ohne Zugang zum Arabischen Meer an der indischen Westküste, zwischen 20° und 20°25' nördlicher Breite und 72°50' und 73°15' östlicher Länge. Dadra ist eine etwa 3 Kilometer nördlich von Nagar Haveli liegende Enklave im Bundesstaat Gujarat; Nagar Haveli wird von Maharashtra im Süden und Gujarat im Norden umgeben. Mit einer Fläche von 491 Quadratkilometern liegt dieses Territorium auf Platz 32 aller indischen Bundesstaaten und Unionsterritorien. Nach der Einwohnerzahl (220 451) nimmt Dadra und Nagar Haveli Rang 33 ein, im ländlichen Dadra leben sogar nur 9175 Einwohner. Die Bevölkerungsdichte wird mit 449 Einwohnern pro Quadratkilometer angegeben. Die Hauptstadt ist Silvassa (21 890 Einwohner).

TOPOGRAPHIE UND KLIMA

Die Hügel im Nordosten des ansonsten sehr ebenen Territoriums sind Teil der Sahyadri-Kette der „Western Ghats". Silvassa, die Hauptstadt, liegt nur 31 Meter hoch. Zusammen mit den drei Zuflüssen Varna, Pipri und Sakartond ist die Daman-Ganga der wichtigste Fluss, der dann im Arabischen Meer mündet. 40 % des Unionsterritoriums sind bewaldet.
Aufgrund der Nähe zum Arabischen Meer sind die Temperaturen gemäßigt. Während des von Juni bis September dauernden Süd-West-Monsuns fallen jährlich etwa 250 bis 300 Zentimeter Niederschlag.

BEVÖLKERUNG, SPRACHEN, GESCHICHTE

Der Anteil der Stammesbevölkerung macht etwa 75 % aus. Die zahlenmäßig stärksten Ethnien sind die Dhodia, Kokna und Varli, wobei letztere alleine 63 % des Anteils der Stammesbevölkerung konstituieren. Die vor allem im nördlichen Teil des Territoriums lebenden Dhodias stellen 17 % der Stammesbevölkerung, die an ihren Tätowierungen erkennbaren Koknas ebenfalls 17 %. Weitere Ethnien sind die Kathodis, die Dublas, Kolghas und Nayakas.
93,5 % der Bevölkerung sind Hindus, 3,0 % Muslims, 2,7 % Christen, 0,1 % Sikhs, 0,2 % Buddhisten und 0,4 % Jainas.
Die wichtigsten Sprachen sind Bhili, Bilodi, Gujarati, Marathi und Hindi.

Das Gebiet des heutigen Unionsterritoriums wurde im 16. Jahrhundert von den Portugiesen vereinnahmt, so dass es 1779 zu einer Seeschlacht zwischen den Portugiesen und den Marathen kam, in der letztere unterlagen. Am 17. Dezember 1779 mussten daraufhin die Marathen 72 Dörfer, die flächenmäßig dem heutigen Unionsterritorium entsprechen, den Portugiesen vertraglich überlassen. Nach der Erlangung der Unabhängigkeit (1947) weigerte sich der von 1932 bis 1968 ranghöchste Politiker Portugals, António de Oliveira Salazar, Dadra und Nagar Haveli an Indien zurückzugeben. Das führte schließlich dazu, dass am 22. Juli 1954 mit der Unterstützung der Stammesbevölkerung Dadra von den Portugiesen gewaltfrei befreit wurde. Am 2. August folgte der Rest des Territoriums. Am 11. August 1961 wurde Dadra und Nagar Haveli offiziell Unionsterritorium der Indischen Nation.

FOLGENDE DOPPELSEITE:
Einheimische aus Dadra und Nagar Haveli.

RECHTE SEITE:
Abendstimmung.

VERWALTUNG

Dadra und Nagar Haveli bilden einen einzigen Distrikt mit insgesamt 72 Dörfern. Ranghöchster Politiker des direkt von Delhi verwalteten Territoriums ist der „Administrator".

WIRTSCHAFT

Das Territorium lebt in erster Linie von der Forst- und Landwirtschaft, wobei Reis auf einer Fläche von über 10 000 Hektar am meisten angebaut wird. Ebenso angebaut werden Hirsearten, Hülsenfrüchte, Getreide, Zuckerrohr, Ölsaaten und Gemüse wie Auberginen, Tomaten, Kohlarten und Blumen. Der Viehbestand setzt sich aus Rindern, Büffeln, Ziegen und Schafen zusammen.
Industrielle Einheiten produzieren Bodenfliesen, Reinigungsmittel wie Scheuersand, Chemikalien und Medikamente, Manufakturen stellen Textilien her. 43 100 Personen sind in der Industrie angestellt. Durch geringe Steuerabgaben wird versucht, in dem Territorium mehr Industrie anzusiedeln.

BEDEUTENDE ORTE UND IHRE SEHENSWÜRDIGKEITEN

Silvassa, der Name der Hauptstadt, ist ein portugiesisches Wort, was „Wald" bedeutet. Zentrum der Sehenswürdigkeiten der Stadt ist das **Museum der Stammeskulturen** (Tribal Cultural Museum), in dem unter anderem lokale Masken, Jagdutensilien, Fischfanggeräte, Musikinstrumente neben Haushalts- und Küchengeräten ausgestellt sind.
Der 5 Kilometer von Silvassa entfernt gelegene „Vanganga Lake Garden" gehört neben dem „Hirwa Van Garden" zu den sehenswertesten Parkanlagen des Territoriums.
In der geschützten, 20 Hektar großen Anlage von Vasona werden einige Exemplare des Asiatischen Löwen gehalten. Die Löwen wurden aus dem Zoo von Junagarh gebracht und dort ausgesetzt.

PAKISTAN
NEPAL
Indus
Karnal
Hardwar
Panipat
Meerut
Hisar
Delhi
Moradabad
Rampur
New Delhi
Ghaziabad
Faridabad
Bareilly
Aligarh
Shahjahanpur
Bikaner
Kathmandu
Jaisalmer
Nagaur
Mathura
Jaipur
Lakhnau
(Lucknow)
Firozabad
Gonda
Agra
Farrukhabad
Jodhpur
Kanpur
Gorakhpur
Ghaghara
Faizabad
Muzaffarpur
Chambal
Gwalior
Ajmer
Lashkar
Chapra
Hyderabad
Barmer
Ganges
Patna
Kota
Jhansi
Betwa
Allahabad
Varanasi
(Benares)
Mirzapur
Udaipur
Satna
Palanpur
Gaya
Son
Daltonganj
Sagar
Gandhinagar
Ratlam
Kandla
Ranchi
Ujjain
Bhopal
Jabalpur
Ahmadabad
Jamnagar
Indore
Narsimhapur
Rajkot
Vadodara
(Baroda)
Hoshangabad
Porbandar
Narmada
Khandwa
Bilaspur
Rourkela
Bhavnagar
Junagadh
Gondia
Amravati
(Amraoti)
Sambalpur
Raipur
Surat
Dhule
Diu
Akola
Jalgaon
Daman
Daman u. Diu
Malegaon
Durg
Sonpur
Nagpur
Wardha
Mahanadi
Silvassa
Nasik
Chandrapur
Jalna
Aurangabad
Parbhani
Brahmapur
Mumbai
(Bombay)
Kalyan
Godavari
Nanded
Indravati
Ahmadnagar
Nizamabad
Pune
Godavari
Bhima
Warangal
Vizianagaram
Krishna
Sholapur
Visakhapatnam
Ratnagiri
Sangli
Hyderabad
Gulbarga
Rajahmundry
Kolhapur
Bijapur
Kakinada
Elur
Vijayavada
Belgaum
Raichur
Kurnool
Krishna
Guntur
Panaji
Machilipatnam
Marmagao
Hubli-
Dharwad
Bellary
Banganapalle
Guntakal
Golf von
Bengalen
Arabisches
Meer
Chitradurga
Anantapur
Shimoga
Nellore
Bhadravati
Cuddapah
Chennai
(Madras)
Mangalore
Bangalore
Vellore
Kanchipuram
Mysore
0
200
400
600
km

DAMAN UND DIU

LAGE, GRÖSSE, EINWOHNERZAHL

Wie bei Dadra und Nagar Haveli handelt es sich auch bei diesem im westlichen Indien gelegenen Unionsterritorium um zwei voneinander in einigem Abstand getrennte Gebiete auf dem indischen Festland. Daman liegt am Arabischen Meer zwischen 20°22'00" und 20°27'25" nördlicher Breite und 72°49'43" und 72°54'43" östlicher Länge. Daman grenzt an Gujarat. Diu ist eine durch zwei Brücken mit dem Festland verbundene Insel am Südzipfel der Halbinsel Kathiawar von Gujarat, zwischen 20°44'34" und 20°42'00" nördlicher Breite bzw. 71°00'24" und 70°52'26" östlicher Länge. Die Insel ist in der Ost-West-Ausdehnung 11,2 Kilometer lang und 3,2 Kilometer breit. Zum Territorium von Diu gehört auch ein Zipfel auf dem indischen Festland.

Daman hat eine Fläche von 72 und Diu eine Fläche von 40 Quadratkilometern. Damit nimmt das gesamte Unionsterritorium größenmäßig den vorletzten Platz innerhalb Indiens ein. Die Nord-Süd-Ausdehnung von Daman beträgt 11 Kilometer, die Ausdehnung von Ost nach West 8 Kilometer. Auch einwohnermäßig belegt das Unionsterritorium mit insgesamt 158 204 Bewohnern den vorletzten Rang, wobei Daman 113 989 und Diu 44 215 Einwohner hat.

Die gemeinsame Hauptstadt beider Gebiete des Territoriums ist Daman (25 743 Einwohner). Diu lässt sich von „Dvipa" herleiten, was „Insel" bedeutet.

FOLGENDE DREI DOPPELSEITEN:

Das Rampa-Tor in Diu.

Sonnenuntergang bei Moti (Daman).

Ein traditionelles Haus in Daman.

Der Chakratirth Strand ist bekannt für seine eindrucksvollen Felsformationen und den in der Nähe liegenden Chandrika Tempel.

OBEN LINKS:
Ein Junge erkundet die Ruine einer Kapelle in der Festung Praca de Diu. Das historische Fort wurde 1535 von portugiesischen Eroberern errichtet.

OBEN RECHTS:
Dieses mit Holzschnitzereien verzierte Haus mit dem Namen „Nagar Set Ki Haveli" wurde von einem reichen Kaufmann gebaut.

RECHTE SEITE:
Das Fort auf Nani in Daman.

TOPOGRAPHIE UND KLIMA

Daman wird von der Damanganga in zwei Teile geteilt. An der nördlichen Grenze fließt die Bhagwan, an der Südgrenze die Kalem. Daman liegt durchschnittlich 12 Meter über dem Meeresspiegel. Das Gelände ist verhältnismäßig waldarm.

Die höchste durchschnittliche Temperatur in Daman beträgt 39 Grad Celsius, die niedrigste 11 Grad. Durchschnittlich fallen 1687 mm Niederschlag pro Jahr.

Diu ist eine ebene Insel, bei der die höchsten Erhebungen kaum 30 Meter überragen. Die südliche Küste ist felsig, die nördliche flach und mit Salzpfannen übersät. Das Klima kann, je nach Jahreszeit, trocken oder drückend sein, bei durchschnittlichen Höchsttemperaturen von 30 Grad und Tiefsttemperaturen von 22 Grad. Pro Jahr fallen 540 Millimeter Niederschlag.

BEVÖLKERUNG, SPRACHEN, GESCHICHTE

Die Bevölkerung setzt sich zu 89,7 % aus Hindus, 7,8 % Moslems, 2,1 % Christen, 0,2 % Jainas, 0,1 % Sikhs und 0,1 % Buddhisten zusammen. Ebenfalls 0,1 % bekennen sich zu anderen Religionen.

Hauptverkehrssprache ist Gujarati, in Daman sollen noch etwa 10 % der Bevölkerung Portugiesisch sprechen. Die auf dem Portugiesischen basierenden kreolischen Sprachen in Daman (Lingua da Casa, „Haus-

DIU
MUSEUM

MYSORE
MYSORE

VORHERIGE DOPPELSEITE LINKS:
Museumsplatz in Diu.

VORHERIGE DOPPELSEITE RECHTS:
St. Paul's Kirche in Diu.

oder Heimatsprache") und Diu (Lingua dos Velhos, die „Sprache der Alten") hielten dem Druck des Gujarati nicht Stand. Weitere Sprachen sind Marathi, Hindi und Englisch.

Inschriftlich existiert der Name „Dhamana" für das heutige Daman seit den ersten Jahrhunderten unserer Zeit. Es sind aus der Frühzeit aus Daman und Diu aber nur sehr wenige archäologische Zeugnisse erhalten. Angenommen wird, dass die historischen Ereignisse des Hinterlandes, also in Gujarat, auch für das heutige Unionsterritorium von Bedeutung waren. Im 3. Jahrhundert unterstand das Gebiet den Kshatrapas, ein Jahrhundert später den Traikutakas. Die Rashtrakutas von Malhed waren im 8. Jahrhundert die Herren des Landes, die Chalukyas von Kalyani etablierten sich im 10. Jahrhundert, unter rajputischer Herrschaft stand das Gebiet im 13. Jahrhundert bis die Muslims um 1330 sich die Vormachtstellung sicherten, die sie bis etwa 1510 unumschränkt ausüben konnten. Ab 1510 betreten die Portugiesen unter Afonso de Albuquerque (1462-1515) die historische Bühne, nachdem bereits am 3. Februar 1509 die portugiesische Flotte unter Francisco de Almeida (1450-1510) die vereinigte Flotte der Ägypter, Ottomanen und islamischen Inder vor Diu geschlagen hatte.

Als der Sultan von Gujarat, Bahadur Shah, vom Moghulherrscher Humayun militärisch bedrängt wurde, schloss er mit den Portugiesen 1535 ein Verteidigungsbündnis und erlaubte letzteren den Bau einer Festung auf Diu. Vergeblich wurde in den folgenden Jahrzehnten versucht, die Portugiesen wieder zu vertreiben, bis schließlich 1543 Diu vertraglich an die Portugiesen abgetreten wurde. Daman wurde bereits 1539 vom Sultan Gujarats vertraglich den Portugiesen zugesprochen. Die Verteidigungsanlagen von Diu wurden 1545 von Dom Joao de Castro (1500-1548) überholt. Diu und Daman waren von nun an in enger Allianz mit Goa, der portugiesischen Hauptniederlassung auf dem indischen Festland.

Am 19. Dezember 1961 wurde Daman und Diu, das bis dahin von den Portugiesen regiert wurde, von indischen Truppen besetzt, von Indien annektiert und die Portugiesen zum Abzug gezwungen. Am 30. Mai 1987 entstand offiziell das Unionsterritorium Daman und Diu durch Abtrennung von Goa.

VERWALTUNG

Der ranghöchste Politiker in Daman ist der „Collector", in Diu der „Civil Administrator". Das Territorium besteht aus den beiden gleichnamigen Distrikten.

WIRTSCHAFT

1121 Hektar werden künstlich für die Landwirtschaft bewässert, insgesamt stehen 3727 Hektar Land zum Anbau von Reis, Hirse, Erdnüsse, Hülsenfrüchte, Bohnen, Weizen, Zuckerrohr, Kokosnüsse und Bananen zur Verfügung. Eine wichtige Einkommensquelle ist die Fischerei.

Die Industrie ist noch im Aufbau und wird durch Steuererleichterungen gefördert. Produziert werden vor allem Kosmetikartikel, Klima-Anlagen und Textilien. Ähnlich wie in Goa wird der Tourismus stark unterstützt.

Fischer bringen ihren spärlichen Fang aus dem Chassi Fluss an Land. Die gefangenen Fische werden von den Einheimischen „Tarli" genannt.

BEDEUTENDE ORTE UND IHRE SEHENSWÜRDIGKEITEN

Die Festung von **Moti Daman** in der Nähe der Mündung der Daman Ganga gehört zu den monumentalen Hauptanziehungspunkten in Daman. Die 1559 erbaute, polygonale Anlage umschließt eine Fläche von 30 000 Quadratmetern. Die dem Festland zugewandte Seite schützt ein Wassergraben. Es gibt zehn Bastionen und zwei Tore. Die

Der Eingang zum historischen Fort Praca de Diu.

zinnenlosen Mauern haben Schießscharten. Die Moti Daman nördlich gegenüber gelegene Festung von **Nani Daman** ist mit einer Fläche von 12 250 Quadratmetern kleiner und hat auch nur drei Bastionen neben zwei Toren. Das dem Fluss gegenüber gelegene Tor hat über der Durchfahrt eine Statue des Heiligen Hieronymus, weshalb die Anlage auch „Fort of St. Jerome" genannt wird. Das am meisten beeindruckende Gebäude an der 1614-1617 erbauten Anlage ist die 1966 renovierte Kirche „Our Lady of the Sea". Weitere bedeutende Kirchen sind die massive, von 1603-1606 erbaute Kirche von Bom Jesus, die im Zentrum des vergoldeten Altars eine Statue der „Our Lady of the Rosary" hat. Die 1607 vollendete Kirche „Our Lady of Remedies" hat fünf Altäre.

Die mithin wichtigste hinduistische Kultstätte ist der 1972-73 wieder erbaute Somnath Mahadev Tempel im Dorf **Dabhel.** Die ab 1535 erbaute Festung von **Diu** (Praca de Diu) ist die Hauptattraktion des Territoriums und befindet sich am östlichen Ende der Insel. Im Westen der Verteidigungsanlage liegt die Stadt Diu mit der St. Thomas-Kirche, deren Räumlichkeiten das Diu-Museum beinhalten. Die 1610 gegründete St. Paul's Kirche ist das einzige noch im Gebrauch befindliche christliche Gotteshaus vor Ort. Sie ist „Our Lady of Immaculate Conception" (Maria der Unbefleckten Empfängnis) geweiht. Die gotische Fassade der Kirche wurde 1807 erneuert.

Der Festung von Diu gegenüber liegt auf einer kleineren Insel die Festung von **Panikhot** mit einem Leuchtturm und einer Kapelle, die „Our Lady of the Sea" geweiht ist. Sowohl Daman als auch Diu verfügen über eine Reihe malerischer Strände.

FOLGENDE DOPPELSEITE:
Das Fort auf Diu bei Nacht.

30-5-922

0
200
400
600
km
AFGHANISTAN
PAKISTAN
CHINA
NEPAL
Tibet
(Xizang)
Kabul
Peshawar
Islamabad
Srinagar
Leh
Indus
Jammu
Hanle
Chamba
Gijranwala
Amritsar
Dankhar
Faisalabad
Lahore
Jullundur
Ludhiana
Simla
Quetta
Multan
Chandigarh
Patiala
Dehra Dun
Bhatinda
Ambala
Saharanpur
Karnal
Hardwar
Hisar
Panipat
Meerut
Delhi
Moradabad
Rampur
Ghaziabad
New Delhi
Faridabad
Bareilly
Bikaner
Shahjahanpur
Aligarh
Kathmandu
Jaisalmer
Nagaur
Mathura
Firozabad
Jaipur
Lakhnau
(Lucknow)
Gonda
Agra
Farrukhabad
Gorakhpur
Jodhpur
Ghaghara
Kanpur
Chambal
Faizabad
Muzaffarpur
Gwalior
Ajmer
Lashkar
Hyderabad
Barmer
Chapra
Ganges
Betwa
Patna
Jhansi
Kota
Allahabad
Varanasi
(Benares)
Mirzapur
Udaipur
Palanpur
Satna
Gaya
Son
Sagar
Gandhinagar
Daltonganj
Kandla
Ratlam
Ranchi
Jabalpur
Ujjain
Bhopal
Jamnagar
Ahmadabad
Narsimhapur
Indore
Rajkot
Hoshangabad
Vadodara
(Baroda)
Porbandar
Bilaspur
Rourkela
Narmada
Khandwa
Bhavnagar
Junagadh
Gondia
Amravati
(Amraoti)
Raipur
Sambalpur
Surat
Dhule
Diu
Akola
Jalgaon
Daman
Nagpur
Malegaon
Durg
Sonpur
Silvassa
Wardha

DELHI

LAGE, GRÖSSE, EINWOHNERZAHL

Die nordindische Metropolis Delhi ist gleichzeitig das Nationale Hauptstadtterritorium Indiens (National Capital Territory of Delhi) und Unionsterritorium, das hier als „Nationale Hauptstadtregion" (National Capital Region) verstanden wird. Die Stadt liegt etwa bei 28°38' nördlicher Breite und 77°13' östlicher Länge und grenzt im Westen an den Bundesstaat Haryana, im Osten an Uttar Pradesh. Das 48 Kilometer breite und 53 Kilometer lange Territorium hat eine Größe von 1483 Quadratkilometern und eine Bevölkerung von 13 782 976 Einwohnern (2004), nach weniger amtlichen Angaben 15 333 741 Einwohner (2005) und somit eine Bevölkerungsdichte von 10 340 Einwohnern pro Quadratkilometer. Der Bevölkerungsanzahl nach belegt Delhi innerhalb Indiens Rang 18, flächenmäßig Rang 30. Die Hauptstadt Delhis ist Neu Delhi (New Delhi, 294 783 Einwohner, 2001).

Keine der zahlreichen Namenserklärungen der Stadt erscheint eindeutig. Gerne nennt die Stadt sich die „Stadt von Herzen" (nach Urdu „Dil", Herz), in halbamtlichen Quellen aber wird auch vom inschriftlich belegten „Dhillika", gesprochen, was dann als Name einer Göttin verstanden wird.

TOPOGRAPHIE UND KLIMA

Delhi wird in drei landschaftliche Regionen geteilt: die „Ridge", das sind mitunter felsige Hügel als östliche Ausläufer der Aravalli-Kette, die schwemmlandreiche und fruchtbare Yamuna-Ebene und schließlich all das Land, das weder zur „Ridge" noch zur Yamuna-Ebene gehört und eine weitere fruchtbare Ebene darstellt. Die höchste Erhebung der durchschnittlich sich 293 Meter über dem Meeresspiegel erhebenden „Ridge" misst in Delhi 318,52 Meter. Das Territorium selbst liegt durchschnittlich 216 Meter über dem Meeresspiegel, der mithin einzige Fluss ist die Yamuna.

Das halb-trockene Klima Delhis zeichnet sich durch verhältnismäßig kühle Winter und heiße Sommer aus. Im Januar wurden schon Minusgrade gemessen, die durchschnittliche Temperatur in diesem Monat beträgt 14,2 Grad. Im Juni kann das Quecksilber auf 47 Grad ansteigen, bei einer Durchschnittstemperatur von 33,4 Grad. Über das Jahr gemessen fallen 808 Millimeter Niederschlag, davon alleine im August während des Monsuns etwa 255 Millimeter. Als niederschlagsarm gilt der November mit durchschnittlich etwa 7 Millimeter.

LINKS:
Der Connaught Place wurde von Robert Tor Russell als kommerzielles Zentrum des neuen Delhi geplant. Von dem weiten zentralen Platz gehen strahlenförmig 8 Straßen ab. Die prächtigen Gebäude an der inneren Ringstraße mit ihren schattigen Arkadengängen beherbergen noble Geschäfte und Restaurants.

RECHTS:
Das Pachisi Spiel (nach der Zahl 25, dem höchst möglichen Wurf) in der Begumpuri Masjid (14. Jahrhundert) entspricht dem deutschen „Mensch-ärgere-Dich-nicht", wird aber anstatt eines Würfels mit 7 Kauri-Muscheln gespielt.

RECHTE SEITE:
Delhis moderner Baha'i-Tempel hat die Form einer sich öffnenden Lotosblüte. Die 27 Blütenblätter aus weißem Makrana-Marmor symbolisieren die Baha'i-Glaubensphilosophie mit ihren 9 vereinigenden spirituellen Pfaden. Die zentrale Meditationshalle hat eine Höhe von 34 Metern.

BEVÖLKERUNG, SPRACHEN, GESCHICHTE

Die ethnischen Gemeinschaften, die sich in dieser kosmopolitischen Stadt noch bestimmen ließen, wären die Jats und die Punjabis. In den Außenbezirken sollen Kashmiris ansässig sein. Als indische Hauptstadt wurde Delhi naturgemäß zum Schmelztiegel von Menschen und Völkern unterschiedlichster Herkunft.

2001 bekannten sich 82 % der Einwohner Delhis zum Hinduismus, 11,7 % zum Islam, 0,9 % zum Christentum, 4,0 % waren Sikhs, 1,1 % Jainas und 0,2 % Buddhisten.

Die gebräuchlichste Verkehrssprache ist Hindi, danach rangieren Urdu, Englisch und Punjabi. Der Tradition nach wird Delhi mit Indraprastha, Hauptstadt der Pandavas im indischen Epos Mahabharata assoziiert. Ausgrabungen haben aber nur Funde aus der Zeit des ersten Jahrtausends vor unserer Zeit erbracht.

Zu den ältesten datierbaren archäologischen Zeugnissen gehört eine erst 1966 bei Srinivaspuri entdeckte, zehnzeilige Felsinschrift des Kaisers Ashoka aus dem 3. Jahrhundert vor unserer Zeit. Im Süden des Territoriums entdeckte Steinmetzarbeiten aus Sandstein sind mit Sicherheit hinduistischen bzw. jinistischen Ursprungs und in das 7. oder 8. Jahrhundert datierbar. Bis zum 12. Jahrhundert wurde Delhi von den rajputischen Tomars bzw. Chauhans regiert.

Mit der Invasion Indiens durch Muhammad bin Sam Ghur sind historisch verlässliche Daten verfügbar. Zunächst wurde im Jahre 1191 der Vormarsch von Muhammad bin Sam Ghur durch eine Rajputenkonföderation unter Prithviraja Chauhan zum Stehen gebracht. Im folgenden Jahr aber wurde das Heer der Rajputen von der islamischen Invasionsarmee besiegt, Prithviraja Chauhan getötet. Muhammad kehrte daraufhin in seine Heimat zurück und setzte in Indien seinen Sklaven, Qutbu'd-Din Aibak als indischen Vizekönig ein. 1193 eroberte Qutbu'd-Din Aibak Delhi, das bis dahin noch von den Rajputen gehalten wurde. Nachdem Tod seines Herren, Muhammad Ghuri, krönte sich Qutbu'd-Din Aibak in Lahore zum ersten Sultan von Delhi, was somit Hauptstadt der so genannten Sklavendynastie wurde, der ersten islamischen über den Norden Indiens regierenden Dynastie.

Bis zur Ankunft der Moghuln in Indien regierten von Delhi aus fünf islamische Dynastien:

1. die Sklaven- oder Mamluken Dynastie,	1206-1290
2. die Khalji Dynastie,	1290-1312
3. die Tughluq Dynastie	1321-1414
4. die Sayyid Dynastie	1414-1444
5. die Lodi Dynastie	1451-1526

Babur, der zum ersten Moghulkaiser Indiens werden sollte, eroberte ab 1526, nach der Schlacht von Panipat, Teile des nördlichen Subkontinentes. Babur starb 1530 in Agra, sein Sohn Humayun hatte in der Folge einen schweren Stand gegen Sher Shah, einem Afghanen aus Sur, der unter Babur gedient hatte. 1540 wurde Humayun von Sher Shah aus Indien vertrieben, um bei Shah Tahmasp von Persien ins Exil zu gehen. Sher Shah starb 1545, seine Dynastie regierte bis zum Juli 1555, als Humayun aus dem Exil siegreich nach Indien zurückkehrte. Humyun aber konnte sich an der Rückeroberung Indiens

UNTEN LINKS:
Fahrgäste warten auf die neue U-Bahn, die am 25.12.2002 eröffnet wurde. Sie Stadtväter erhoffen sich durch die neue Bahn eine Verbesserung der Luftqualität.

UNTEN RECHTS:
Die neue U-Bahn in der Nähe von Teez-Hazari.

Das „Secretariat-Gebäude", der Sitz des Innen- und Finanzministeriums, sowie des Außen- und Verteidigungsministeriums.

nicht lange erfreuen, er starb im Januar 1556, als er die Treppe eines unter Sher Shah Sur erbauten Gebäudes im Purana Qila herunterfiel.
Der Sohn und Nachfolger Humayuns, Akbar, war zu der Zeit erst 13 Jahre alt, nahm aber mit Elan die Staatsgeschäfte in die Hand und wurde zu einem der herausragenden Herrscher Indiens. Seine Hauptstadt aber war nicht länger Delhi, sondern Agra bzw. Fatehpur Sikri. Als Akbar 1605 starb, wurde Salim, sein von einer rajputischen Prinzessin geborener Sohn, Moghulkaiser unter dem Namen „Jahangir" (Weltergreifer). Auch unter Jahangir war Delhi nicht Hauptstadt des Moghulreiches.
Als Jahangir 1627 „die Reise zur Nicht-Existenz" antrat, wurde erst nach einigen Thronfolgerangeleien sein Sohn Khurram zum Moghulkaiser unter dem Namen „Shah Jahan" (König der Welt) im Jahre 1628 ernannt. Unter Shah Jahan wurde 1638 Delhi durch die Gründung von „Shahjahanabad" (Wohnstatt des Shah Jahan), dem damaligen „Neu Delhi", wieder zur Hauptstadt des Moghul-Imperiums.
1658 setzte Aurangzeb, der drittälteste Sohn Shah Jahans, seinen Vater in Agra gefangen, krönte sich selbst in Delhi als „Alamgir" zum Moghulkaiser und ließ seine älteren Brüder umbringen. Durch die Intolleranz des Aurangzeb anderen Religionen gegenüber begann sich der Widerstand gegen die Moghuln zu verstärken. Mit dem Ableben Aurangzebs 1707 begann der Untergang der Moghuldynastie, der bis 1857 anhalten sollte, als der letzte Moghulherrscher, Bahadur Shah II., von den Briten nach Rangoon in Burma deportiert und Britisch-Indien offiziell unter die britische Krone gestellt wurde. Die Briten waren seit 1803 Herren der Stadt, die Hauptstadt von Britisch Indien aber war Calcutta, das heutige Kolkata. Gegen ihre Herrschaft wurde 1857 von indischer Seite der Versuch unternommen, selbige abzuschütteln. Dieser Versuch wird in den englischen Geschichtsbüchern „Meuterei" (Mutiny) genannt, in den indischen ist es der erste Freiheitskampf zur Erlangung der Unabhängigkeit. Delhi wurde neben Lucknow (Uttar Pradesh) zum Brennpunkt des anti-imperialistischen Krieges; Bahadur Shah II. zum Führer der Unabhängigkeitsbewegung erkoren. Nach Niederschlagung des „Aufstandes" wurde Bahadur Shah II. nicht nur nach Burma (Myanmar) deportiert, seine Nachkommen wurden von einem Briten kaltblütig am Grab des Humayun erschossen.
Durch die Übernahme moghulischer Gebräuche demonstrierten die Briten ihren Machtanspruch. Besonders offensichtlich wird das britische Imperialgehabe in den Jahren 1877, 1902/03 und 1911, als so genannte „Darbars" (etwa: Hofhaltung, im englischen Sprachgebrauch „Durbar") in Delhi abgehalten wurden. Während eines solchen „Darbars" mussten alle unabhängigen bzw. halb-unabhängigen Herrscher

vom heutigen Pakistan bis zum heutigen Myanmar dem Oberhaupt der britischen Krone ihre Huldigung erweisen, nur die stolzesten indischen Herrscher blieben dieser Zeremonie unter Ausflüchten fern.
Der grandioseste dieser Darbars war der anlässlich der Krönung von Edward VII. gefeierte Krönungsdarbar von 1902/03. Edward VII. erschien aber nicht persönlich; er schickte den dritten Sohn von Königin Victoria, Arthur, Duke of Connaught mit seiner Gattin, Prinzessin Louise von Preußen, die „Duchess of Connaught". Das von der Preußenprinzessin auf Englisch in Blei geschriebene Tagebuch des 1. Krönungsdarbars von Delhi offenbart wie kein zweites Dokument die von Luxus geprägten Aktivitäten englischen Adels in Indien. Geleitet und organisiert wurden die zahlreichen Zeremonien von Lord Curzon of Keddleston, dem mächtigsten und einflussreichsten Vizekönig Indiens.
Der zweite Krönungsdarbar, 1911, feierte die Krönung von König Georg V. (lebte 1865-1936), der diesmal persönlich bei den Feierlichkeiten erschien, die übrigens von den Indern selbst bezahlt werden mussten. Es war das erste Mal, dass vor der Unabhängigkeit ein britischer Monarch offiziell in die Kronkolonie reiste. Dieser Darbar hatte zwei Höhepunkte. Der erste ist die Tatsache, dass das englische Königspaar sich fast genau an dem Ort innerhalb der von Shah Jahan erbauten Palastfestung dem indischen Volk zeigte, an dem sich vorher nur der Moghulkaiser präsentieren durfte. Der zweite Höhepunkt war die Ankündigung des Hauptstadtumzuges von Calcutta nach Delhi. Mit dem Bau der Regierungsviertel des zweiten „Neu Delhis" wurden die britischen Architekten Edwin Lutyens und Herbert Baker beauftragt. Als die Bauarbeiten 1931 annähernd abgeschlossen waren, wurde (Britisch-) Indien de facto wieder von Delhi aus verwaltet.
1956 wurde Delhi zum Unionsterritorium erklärt, den besonderen Status erhielt Delhi 1991 durch den „National Capital Territory Act".

FOLGENDE DOPPELSEITE:
Qutb Minar: die erste Etage des im Jahre 1193 begonnenen Minaretts markiert den Übergang von der abwechselnd runden und eckigen zur ausschließlich runden Kannelierung.

Dieses Bild aus dem Jahre 1902 zeigt alle Staatselefanten der Anglo-Indischen Regierung während des ersten grandiosen Krönungsdarbars. Auf dem 4. von links wird Lord Curzon, der berühmte englische Vizekönig, mit seiner Frau, auf dem 5. Elefanten der Earl of Connaught und seine Gemahlin, Prinzessin Louise von Preußen Platz nehmen.

Die nach einer Bohnenart (Moth) benannte Moth ki Masjid (Beginn des 16. Jahrhunderts), hier eine Südwest-Ansicht, wurde angeblich durch die Aussaat eben jener Bohnensorte finanziert.

VERWALTUNG

Aufgrund des besonderen Status dieses Unionsterritoriums wird Delhi gemeinsam von der Zentralregierung, der gewählten Regierung des „National Capital Territory" und den drei Stadtgemeinden Delhi, Delhi Cantonment und Neu Delhi (New Delhi) verwaltet. Die für Delhi zuständige, ranghöchste Person ist der „Chief Minister".

Das Territorium ist in folgende neun Distrikte unterteilt, mit den Namen der jeweiligen Stadtbezirke in runden Klammern dahinter: Central Delhi (Darya Ganj, Pahar Ganj, Karol Bagh), North Delhi (Sadar Bazar, Kotwali, Sabzi Mandi), South Delhi (Kalkaji, Defence Colony, Hauz Khas), East Delhi (Gandhi Nagar, Preet Vihar, Vivek Vihar), North East Delhi (Seelampur, Shahdara, Seema Puri), South West Delhi (Vasant Vihar, Najafgarh, Delhi Cantonment), New Delhi (Connaught Place, Parliament Street, Chanakya Puri), North West Delhi (Saraswati Vihar, Narela, Model Town) und West Delhi (Patel Nagar, Rajouri Garden, Punjabi Bagh).

Neben der verwaltungstechnischen Einteilung in neun Distrikte existiert eine weitere Einteilung in zwölf Zonen für die Kommunale Körperschaft Delhis (Municipal Corporation of Delhi). Diese sind: 1. City, 2. Central, 3. South, 4. Karol Bagh, 5. Sadar Paharganj, 6. West, 7. Civil Lines, 8. Shahdara (Süd), 9. Shahdara (Nord), 10. Rohini, 11.Narela und 12. Najafgarh. Jede dieser Zonen ist in eine Anzahl Bezirke (wards) unterteilt.

WIRTSCHAFT

In der Landwirtschaft werden Weizen, Mais und Hirsearten, verstärkt für den städtischen Bedarf auch Obst und Gemüse neben Zierpflanzen, angebaut. Milch wird in erster Linie von Büffeln geliefert. An Geflügel werden Hühner und Enten, an Schlachtvieh Schweine und Ziegen gehalten.

Einen großen Anteil an der Industrie Delhis hat die Bekleidungsindustrie. Produziert werden auch Fern-

sehgeräte, Autoteile, Sportartikel, Fahrräder, Schuhwerk, Dünger, pharmazeutische Produkte und Lederwaren. Delhi ist der Umschlagplatz für Obst und Gemüse, Futtermittel, Trockenfrüchte, Fahrräder und Strumpfwaren. Staatlich gefördert werden emissionsarme Produktionen der Informationstechnologie, Software, Telekommunikation, Medien, Bankwesen und Biowissenschaften.
Für den internationalen Tourismus ist in der Regel Delhi erster Anlaufspunkt einer Indienrundfahrt, ein Tatbestand, der sich in zahlreichen Luxushotels der Stadt niederschlägt.

Blick vom südlichen Minarett der 1656 vollendeten Freitagsmoschee auf die 61 m lange Gebetshalle mit Alt-Delhi im Hintergrund.

BEDEUTENDE ORTE UND IHRE SEHENSWÜRDIGKEITEN

In kaum einem anderen Bundesstaat oder Territorium Indiens sind im Verhältnis zur Fläche so viele Altertümer vorhanden wie in Delhi, die Zahl der erfassten Monumente ist vierstellig. Delhi wird daher oft das „Rom Asiens“ genannt. Das Gros der Monumente, von denen einige zum Weltkulturerbe gehören, ist islamischen Ursprungs.
Im Südwesten der Stadt sind die ältesten Baudenkmäler erhalten. Zu ihnen gehört der über 72 Meter hohe **Qutb Minar**, ein Mittelding aus Siegessäule und Minarett der angrenzenden, aus Spolien hinduistischer und jinistischer Tempel erbauten Quwwatu'l-Islam Masjid (Moschee der Macht des Islam). Dem aufmerksamen Betrachter werden die erotischen Darstellungen der Hindu-Tempel nicht entgehen; dem islamischen Bauabnehmer dürften sie 1198 entgangen sein, da sie nicht bis zur Unkenntlichkeit abgeschliffen worden waren. Eine 7,20 Meter hohe, nichtrostende, eiserne Säule des ausgehenden 4. Jahrhunderts wurde zu einem späteren Zeitpunkt im Hof der Moschee aufgestellt. Auf dem Gelände der Quwwatu'l-Islam Masjid soll vorher, wohl als Teil der Ansammlung hinduistischer Tempel deren Spolien zum Bau der Moschee herhalten mussten, Qila Raipithora, die erste Stadt Delhis gestanden haben.
Ebenfalls zum Gelände gehört das Grab des Sultan Iltutmish (1211-1236), dem Schwiegersohn und Nachfolger von Qutbu'd-Din Aibak. Iltutmish hat das jetzt kuppellose, quaderförmige Gebäude 1235 selbst erbauen lassen.
Unter 'Alau'd-Din Khalji erfuhr die Quwwatu'l-Islam Masjid eine Erweiterung, von der das 1311 errichtete Tor 'Ala-i-Darwaza am sehenswertesten ist. 'Alau'd-Din Khalji begann auch ein weiters Minarett hinzuzufügen, das bei Vollendung etwa 140 Meter hoch geworden wäre. Bei einer Höhe von 24 Metern wurden die Arbeiten allerdings abgegbrochen.
Etwa acht Kilometer südwestlich von der Anlage des Qutb Minar steht das mithin älteste islamische Monumentalgrab Indiens, das 1231 unter Iltutmish für seinen ältesten Sohn und Thronfolger Nasiru'd-Din Mahmud gebaut wurde. Das Monument wir heute **„Grab des Sultan Ghari“** genannt und ähnelt von außen einer Festung. Auch hier wurden Spolien älterer Tempel in den Bau integriert.
Das spektakulärste Monument im Südwesten der Stadt ist die acht Kilometer westlich vom Qutb Minarkomplex

liegende Festungsanlage **Tughluqabad**, die so genannte dritte Stadt Delhis. Die Mauern der 6500 Meter im Umfang messenden Anlage sind zehn bis 15 Meter hoch. Ebenfalls wie eine polygonale Festung wirkt das Gelände, auf dem das aus rotem Sandstein erbaute, pyramidenstumpfförmige Grab des Ghiyathu'd-Din Tughluq (1321-1325) steht. Die einem polygonalem Tambour aufsitzende Kuppel des Mausoleums ist mit weißem Marmor verkleidet. Die gesamte Anlage stand einst in einem künstlichen See und ist heute noch über eine Brükke zugänglich.

Die nordöstlich vom Qutb Minar gelegene **Begampuri Masjid** wurde unter Khan-i-Jahan Junan Shah, dem Premierminister von Firuz Shah Tughluq (1351-1388) erbaut. Der 94 x 88 Meter messende, auf einem hohen Unterbau ruhende Hof der Moschee wird von überwölbten Kolonnaden umgeben.

Eine weitere unter Khan-i-Jahan Junan Shah erbaute Moschee ist die östlich der Begampuri Masjid liegende Khirki Masjid. Der aus zwei Stockwerken bestehende Bau ähnelt in seiner geschlossenen Bauweise mit seinen Eckbastionen von außen einer Festung. Von vier Lichthöfen abgesehen ist der gesamte Hof der Moschee von zahlreichen Kuppeln überdeckt.

Nördlich von letzterer Moschee steht die unter Miyan Bhuwa errichtete Moth Masjid. Miyan Bhuwa amtierte sowohl unter Sikandar Lodi (1488-1517) als auch unter Ibrahim Lodi (1517-26) als Minister, bis er bei letzterem in Ungnade fiel und ermordet wurde. Das Markante dieser Moschee sind die doppelstöckigen Türme zu beiden Seiten der von drei Kuppeln überwölbten Gebetshalle.

Wenige Kilometer nördlich vom Qutb Minar befindet sich inmitten eines an Edelantiquitätenläden reichen Villenviertels **Hauz Khas**. Das Wort „Hauz“ bezieht sich auf das große, im Auftrag von 'Alau'd-Din Khalji (1296-1316) ausgegrabene Wasserreservoir, das den Bewohnern von Siri, der 2. Stadt Delhis, zur Trinkwasserversorgung gereichen sollte. Firuz Shah Tughluq (1351-1388) befestigte die Anlage und ließ verschiedene Gebäude am befestigten Ufer des heute meist trockenen künstlichen Sees errichten. Zu ihnen gehört neben einer Madrasa oder Koranschule sein eigenes Grab, das inschriftlich im Jahre 1507 unter Sikandar Lodi repariert wurde.

Als 6. Stadt Delhis wird die **„Alte Festung“ (Purana Qila)** bezeichnet, die vor Verlagerung des Flussbettes an der Yamuna lag. Die unter Sher Shah Sur (1538-1545) auf dem Gelände der von Humayun begonnenen Stadt Dinpanah errichteten Festung hat Bollwerke, die einen Umfang von etwa zwei Kilometern einschließen. Von den drei doppelstöckigen Toren dient heute nur noch das westliche als Zugang. Purana Qila wird aufgrund von archäologischen Ausgrabungsfunden heute gerne mit der im Epos Mahabharata genannten Stadt Indraprastha identifiziert. Innerhalb der Festung steht die 1541 gebaute Qala'a-i-Kuhna Masjid (Moschee der alten Festung). Die 51,20 x 14,90 Meter messende Gebetshalle weist fünf bogenförmige Öffnungen auf. Die inneren Gebetsnischen markieren konzentrische Bögen. Besonders erwähnenswert sind die Erkerfenster und die äußeren Ecktürme, Weiterentwicklungen der Moth Masjid. Der Sinn und Zweck des oktogonalen, zweistöckigen „Sher Mandal“ genannten Bauwerkes ist unklar. Von der steilen, nach oben führenden Treppe fiel Humayun, der als Folge des Sturzes starb.

Humayuns Grabmal steht in Sichtweite südlich vom Purana Qila. Sein mitten innerhalb eines klassischen moghulischen Garten befindliches Grab ließ seine Witwe, Haji Begam, 1565 erbauen. Es ist das erste ausgereifte Beispiel eines groß angelegten moghulischen Gartengrabes, einer Architekturform, die ihren Höhepunkt mit dem Taj Mahal von Agra erreichen sollte. Als wegweisend sollte sich auch die 42 Meter hohe, mit weißem Marmor verkleidete Doppelkuppel über der oktogonalen Grabkammer erweisen. Neben Humayun liegen hier weitere Personen höchsten Ranges in seitlichen Gewölben begraben, u. a. Humayuns Frauen Hamida Banu Begam und die als Haji Begam bekannte Bega Begam. Ferner Darah Shikoh und die späteren Moghulkaiser Jahandar Shah, Farrukh Siyar, Rafi'u'd-Darjat, Rafi'u'd-Daula und Alamgir II.

Dem Eingang des Grabkomplexes von Humayun, zu dem noch weitere, frühere Grabbauten und Moscheen gehören, gegenüber steht innerhalb eines weiteren Grabkomplexes das Mausoleum des Chisti-

LINKE SEITE:

Das Grab des Humayun (16. Jahrhundert) ist das erste bedeutende Bauwerk der Architektur der Moghuln. Mit rotem Sandstein und weißem Marmor verkleidet, liegt es inmitten eines von Kanälen durchzogenen Gartens.

DIE BEIDEN FOLGENDEN DOPPELSEITEN:

'Abdu'r Rahim Khan, genannt Khan-i-Khanan (1556-1626) war ein Kenner und Gönner indischer Poesie und Malerei. Sein Grabbau beeinflusste die Gestaltung des Taj Mahal in Agra.

Westansicht des zwischen 1753 und 1754 erbauten Mausoleums von Mirza Muqim Abu'l Mansur Khan mit der Grabmoschee im Hintergrund.

Heiligen Sultanu-l Mashaikh Shaikh Nizamu-d Din Auliya. Der in Badaun am 9. Oktober 1238 geborene Shaikh starb im hohen Alter am 3. April 1325. Die Ansammlung von Mausoleen an diesem Ort wird daher nach ihm **„Nizamu-d Din“** genannt. Nizamu-d Din pflegte den Umgang mit den frühen Herrschern Delhis. Sein Grab ist bis heute das mithin bekannteste eines islamischen Heiligen in Indien. Neben Nizamu-d Din sind in der stark von Gläubigen frequentierten Anlage auch noch weitere Persönlichkeiten in eigenen Gräbern beigesetzt wie Jahanara, Amir Khusrau, Muhammad Shah, Mirza Jahangir, Atgah Khan und andere.

Wenige Kilometer westlich von Nizamu-d Din steht das letzte großformatige Gartengrab Delhis, das 1753-1754 erbaute **Mausoleum des Mirza Muqim Abu'l Mansur Khan** (1739-1754), der unter seinem Titel Safdar-Jang (im englischen Sprachgebrauch: Safdur Jung) bekannte Premierminister unter dem Moghulherrscher Muhammad Shah (1719-1748), der zum Vizekönig von Avadh avancierte und dort schließlich, in Fyzabad, ein eigenes islamisches Reich gründete. Der Garten misst etwa 300 Meter im Geviert, in seinem Zentrum erhebt sich das zweistöckige Grabgebäude auf einem hohen Unterbau mit einer wohl proportionierten, geschnürten Kuppel. Unweit nordöstlich vom Grab des Safdar Jang befinden sich die **„Lodi Gärten“**, eine Ansammlung islamischer Monumente innerhalb einer gepflegten Parkanlage. Erwähnt werden muss das oktogonale Grab des Muhammad Shah Sayyid (1434-1444), dessen Kuppel von Kiosken (Hindi: Chhattris) umgeben ist. Ein weiteres bedeutendes Monument ist die 300 Meter nordöstlich gelegene Bara Gumbad Masjid mit einem anonymen, würfelförmigen Grabbau, dem Bara Gumbad (etwa: große Kuppel, oder: großes Grab). 50 Meter nördlich der Bara Gumbad Moschee erhebt sich der Shish Gumbad (Spiegelkuppel oder Spiegelgrab) mit einer doppelstöckigen Fassade. Dieses anonyme Grab steht etwa 250 Meter nördlich vom oktogonalen Grabbau des Sikandar Lodi, östlich davon dann die Athphula, dem Namen nach eine Brücke mit acht Bögen, obwohl nur sieben vorhanden sind. Diese Brücke ist das zeitlich jüngste Monument der „Lodi Gardens" und soll während der Regierungszeit Akbars (1556-1605) gebaut worden sein.

Einige Kilometer im Norden von Purana Qila, entlang dem rechten Ufer der Yamuna, erstreckt sich die so genannte 5. Stadt Delhis, **Firuzabad oder Kotla Firoz Shah**. Die unter Firuz Shah Tughluq (1351-1388) erbaute Anlage enthielt den Palast des letzteren. Innerhalb der Zitadelle stehen noch Reste der Jami Masjid. Am auffälligsten ist ein dreistöckiges, abgestuftes, pyramidales Bauwerk, auf dessen oberster Plattform der Schaft einer Ediktsäule des Mauryaherrschers Ashoka (3. Jahrhundert vor unserer Zeit) aufgestellt ist. Die Inschrift auf dieser Säule ist insofern für die Erforschung der indischen Epigraphie und Paläographie von großer Bedeutung, als es an Hand dieser Inschrift 1837 dem Gelehrten James Prinsep gelang, die seit Jahrhunderten in Vergessenheit geratene, so genannte „Ashokan Brahmi"-Schrift zu entziffern.

Nördlich von Kotla Firoz Shah erstreckt sich die siebte Stadt Delhis, **Shahjahanabad** (die Wohnstatt Shah Jahans) mit der Palastfestung „Qila-i-Mubarak", bei westlichen Touristen unter der Bezeichnung „Rotes Fort" (Red Fort) bekannt. Die großzügig angelegte, 1638 begonnene und 1649 vollendete Stadt war das damalige Neu Delhi. Dieselbe Stadt heißt heute, in Anbetracht der ab dem ersten Viertel des 20. Jahrhunderts errichteten Regierungsgebäude, Alt Delhi. Hauptstraße der polygonalen, von einer Mauer und Wassergraben umgebenen Stadt ist die von Osten nach Westen verlaufende und einst von einem zentralen Kanal durchzogene „Chandni Chowk" (Silberstraße, dem Namen nach vergleichbar mit der „Ginza" in Tokyo). Von den ehemals 14 Toren konnten sich nur vier erhalten, historisch am berühmtesten ist das nördliche Kaschmirtor (Kashmiri Darwaza) mit zwei Durchfahrten. Hier gelang den britischen Truppen und ihren Verbündeten durch ein waghalsiges Kommando 1857 die Rückeroberung Delhis von den „Aufständischen", woran heute noch eine mehrfach erneuerte Inschrift auf der Außenseite erinnert.

Die Anzahl der Moscheen, Tempel und sonstigen historisch bedeutenden Monumente innerhalb der Altstadt füllt Bände. Erwähnt werden muss die 1650 begonnene und 1656 vollendete **Jama Masjid** (Freitagsmoschee) mit ihrem fast 100 Meter im Geviert messenden Hof auf der höchsten, großflächigen Erhebung der Stadt. Sie gilt als die größte Moschee Indiens und dürfte auch innerhalb der islamischen Kunstgeschichte als eine der prächtigsten Moscheen zu bezeichnen sein.

Zwischen der heutigen Altstadt und der Yamuna ließ Shah Jahan am 16. April 1639 den Grundstein für seine heute **„Lal Qila"** genannte Zitadelle legen. Den heutigen Namen verdankt die 2410 Meter im Umfang messende Zitadelle dem roten Sandstein, mit dem die 33,50 Meter hohen Mauern auf der Stadtseite und 18 Meter hohen Mauern auf der Flussseite verkleidet worden waren. Nach genau neun Jahren Bauzeit war die anspruchsvollste Palastanlage Delhis fertig gestellt. Auf der etwa 900 x 500 Meter messenden, umwallten Fläche stand eine Vielzahl von Räumlichkeiten, die z. T. nach dem misslungenen „Aufstand" gegen die koloniale Vorherrschaft der Engländer von 1857 von letzteren aus Rache vernichtet worden waren. Ursprünglich war sogar geplant, die größte Moschee Indiens, die nahe gelegene Jama Masjid, zu zerstören.

Von den beiden Haupttoren, dem Lahori Darwaza und dem Delhi Darwaza kann die Anlage nur durch ersteres heute betreten werden. Die noch stehenden Gebäude sind das Naqqar-Khana oder Trommelhaus, in dem die Moghulkaiser Jahandar Shah (1712-1713) und Farrukh Siyar (1713-1719) ermordet wurden. Heute beherbergt der Bau das „War Memorial Museum" im oberen Stock.

Das „Diwan-i-Am" war die Ehrfurcht gebietende Halle der öffentlichen Audienzen. Auf der Flussseite stehen noch, von Süden nach Norden, der Mumtaz Mahal, in dem ein Teil des imperialen Harems untergebracht war und der Rang Mahal. Im Rang Mahal, durch den der „Nahr-i-Bihisht" (Paradieskanal) bis zum nördlichen Shah Burj fließt, wohnte ebenfalls ein Teil des kaiserlichen Harems. Der Khas-Mahal (Privatpalast) enthält die Tasbih Khana (etwa: Raum des Gebetskranzes) für die private Andacht des Kaisers, die „Tosh Khana" (eine Art Ankleidezimmer) und den „Khwabgah" genannten Raum, der als Schlafzimmer gedient haben soll.

Nach dem Khas Mahal kommt der Muthamman Burj (oktogonaler Turm), in dem sich der Moghulkaiser in ei-

LINKE SEITE OBEN:

Der oktogonale Grabbau des Isa Khan, eines Edelmannes während der Suri-Dynastie, entstand zwischen 1547 und 1548 innerhalb einer ebenso achteckigen Anlage.

LINKE SEITE UNTEN:

Das „Rote Fort", die Festung von Shahjahanabad, wurde 1639-1648 unter Moghulkaiser Shah Jahan erbaut, wird von einer gewaltigen Mauer aus rotem Sandstein geschützt. Der Palastbereich kann heute nur durch das dreistöckige Lahore-Tor in der Westmauer betreten werden.

FOLGENDE DOPPELSEITE:

Blick auf das beleuchtete India-Gate, Ehrenmal für die Gefallenen des Ersten Weltkriegs.

ner besonderen Zeremonie morgens dem Volk zeigte. Der alte Name des Bauwerks war „Sunari Burj“ oder „Sunehri Burj“, goldener Turm, weil er einst von einer vergoldeten Zwiebelkuppel anstatt der heutigen, unpassenden Zementkuppel bekrönt war. Die goldene Kuppel ließen die Briten abreißen, um das Gold einzuschmelzen. Dem Muthamman Burj folgt der Diwan-i-Khas, die Halle der Privataudienzen, ein in weißem Marmor errichteter Bau, der zu den vollendeten Meisterleistungen moghulischer Architektur gerechnet werden muss. An vier Wänden ist die von Amir Khusrau verfasste Inschrift zu lesen: „Gibt es auf Erden ein Paradies, so ist es dies, so ist es dies, so ist es dies“. Gelegentlich, besonders aus Anlass der „Darbars“ oder Staatsempfänge, benutzten die britischen Kolonialherren diese auf eleganten, mit Halbedelsteinen inkrustierten Pfeiler ruhende Halle als Ballsaal. Bis 1739 stand hier der berühmte, mit Edelsteinen übersäte Pfauenthron, der in dem Jahr von Nadir Shah, der fast die gesamte Bevölkerung Delhis exekutieren ließ, zusammen mit endlosen anderen Kunstschätzen als Kriegsbeute Richtung Persien verschleppt wurde.

Nördlich vom Diwan-i-Khas steht das aus drei Räumlichkeiten bestehende, heute für den Besucher geschlossene Badehaus, Hammam.

Westlich vom Hammam ließ der Moghulkaiser Aurangzeb die **Moti Masjid** (Perlmoschee) zu seinem Privatgebrauch errichten. Die Moschee wurde dann ebenso von den Bewohnern des Harems benutzt.

Der Paradieskanal hat seinen Ursprung im Shah Burj (Königsturm) am nordöstlichen Ende der Anlage. Zwischen dem Badehaus und dem Königsturm ließ Bahadur Shah II. den **Hira Mahal** (Diamantpalast) als Gegenstück zum Moti Mahal (Perlenpalast) errichten. Der Moti Mahal wurde im Anschluss an den „Aufstand“ von 1857 entfernt.

Südlich vom Shah Burj und dem Diwan-i-Khas erstreckt sich der Hayat Baksh Garten (der Leben spendende Garten), dessen westlicher Teil von der Kolonialmacht vernichtet wurde, um auf dem Gelände Kasernen zu bauen. Im Zentrum des Gartens erhebt sich der aus rotem Sandstein erbaute **Zafar Mahal** aus einem quadratischem Wasserbecken. Die marmornen Pavillons auf der Nord- bzw. Südseite des Gartens werden nach den beiden Monaten der Regenzeit „Sawan“ und „Bhadon“ genannt.

Auch im Norden des Territoriums mangelt es nicht an Monumenten aus der Sultanats- bzw. Moghulzeit. Zu ihnen gehört der Garten der Raushanara, mitsamt ihrem intimen Grabbau. Raushanara war die jüngere Tochter Shah Jahans, die 1671 das Zeitliche segnete.

Das wohl nördlichste Monument des Territoriums ist die unter Firuz Shah Tughluq (1351-1388) erbaute Moschee von Wazirabad, zu der das Grab von Shah ’Alam, einem Heiligen zu Zeit von Firuz Shah Tughluq, gehört. Die nicht weit von der Anlage entfernt liegende, zeitgenössische Brücke ruht auf neun gespannten Bögen und wird heute noch vom Verkehr genutzt.

Aus der Zeit der britischen Kolonialherrschaft konnten sich zahlreiche Monumente hervorragend erhalten, da diese bis 1947 von den Briten als Teil ihres Kolonialbesitzes gepflegt worden waren. Unter den nennenswerten Monumenten ragt **St. James** hervor, eine Kirche in der Nähe des Kaschmirtores, die unter und für James Skinner (1778-1841), dem Sohn von Hercules Skinner und einer Rajputin erbaut worden war. James Skinner und andere Persönlichkeiten anglo-indischen Lebens liegen in dieser Kirche begraben. Nördlich von Shahjahanabad ließen die Briten ein im Stil gotisches Monument 1863 errichten, auf dem die Namen der während des indischen Freiheitskampfes von 1857-58 gefallenen Soldaten eingraviert sind, die auf Seiten der Engländer gekämpft haben. Bis zum 15. August 1972 war dieses Monument als „Mutiny Memorial“ bekannt, seit dem heißt es Ajitgarh und ist durch neu angebrachte Inschriften den Märtyrern gewidmet, die ihren Einsatz für die Freiheit Indiens während der „Mutiny“ mit ihrem Leben bezahlen mussten.

Als Hauptstadt verfügt Delhi erwartungsgemäß über eine Vielzahl, das heißt über 22 verschiedene Museen, von denen das am Janpath erbaute **„National Museum of India“** zuerst genannt werden muss, da es über die repräsentativste Sammlung indischer Plastik, Malerei, Bronze- und Schriftkunst auf indischem Boden verfügt. Unmittelbar neben dem Nationalmuseum Indiens hat die Hauptniederlassung der indischen Denkmalspflege (Archaeological Survey of India) ihren Sitz.

LINKE SEITE OBEN:

St. James’s („Skinner’s church“) wurde auch nach dem Erbauer, dem „Haudegen“ James Skinner (1778-1841) benannt, der in dieser Kirche seine letzte Ruhe fand.

LINKE SEITE UNTEN:

Im Garten des Qila-i-Mubarak („Red Fort“): ein Blick auf den 1842 erbauten Zafar Mahal im Zentrum des älteren Hayat-Baksh-Bagh (Leben spendender Garten).

Jamnagar
Ahmadabad
Rajkot
Porbandar
Bhavnagar
Junagadh
Diu
Surat
Daman
Silvassa
Vadodara
(Baroda)
Ujjain
Indore
Bhopal
Jabalpur
Narsimhapur
Hoshangabad
Ranchi
Jamshedpur
Rourkela
Narmada
Khandwa
Bilaspur
Sambalpur
Amravati
(Amraoti)
Gondia
Raipur
Dhule
Jalgaon
Malegaon
Akola
Wardha
Nagpur
Durg
Sonpur
Mahanadi
Cuttak
Bhubaneswar
Nasik
Jalna
Aurangabad
Chandrapur
Mumbai
(Bombay)
Kalyan
Ahmadnagar
Godavari
Parbhani
Nanded
Indravati
Brahmapur
Nizamabad
Pune
Bhima
Krishna
Warangal
Vizianagaram
Visakhapatnam
Ratnagiri
Sholapur
Sangli
Gulbarga
Hyderabad
Rajahmundry
Eluru
Kakinada
Kolhapur
Bijapur
Vijayavada
Guntur
Machilipatnam
Belgaum
Raichur
Kurnool
Panaji
Marmagao
Goa
Hubli-
Dharwad
Bellary
Banganapalle
Guntakal
Chitradurga
Anantapur
Shimoga
Bhadravati
Cuddapari
Nellore
Arabisches
Meer
Mangalore
Bangalore
Chennai
(Madras)
Vellore
Kanchipuram
Mysore
Mahe
Kozhikode
(Calicut)
Salem
Pondicherry
Cuddalore
Erode
Lakkadiven
(Indien)
Kavaratti
Coimbatore
Tiruppur
Cauvery
Nagapattinam
Tiruchirapalli
(Trichy)
Golf von
Bengalen
Palk Straße
Anai Mudi
2695
Cochin
Madurai
Jaffna
Alleppey
Kollam
(Quilon)
Tirunelveli
Thiruvananthapuram
(Trivandrum)
Tuticorin
Nagercoil
Kap Comorin
Trincomalee
Golf von Mannar
SRI LANKA
MALEDIVEN
Negombo
Kandy
Colombo
Badulla
Galle
Matara
Kap Dondra
0
200
400
600
km

GOA

LAGE, GRÖSSE, EINWOHNERZAHL, SYMBOL

FOLGENDE DOPPELSEITE:
Im Norden Goas mündet der Chapora-Fluss in eine weite, palmengesäumte Bucht, wo Boote gebaut und Fische angelandet werden. Das Kreuz erinnert an den Missionseifer der Portugiesen.

Der kleinste Bundesstaat Indiens liegt an der Westküste, zwischen 14°53'54" und 15°40'00" nördlicher Breite und 73°40'33" und 74°20'13" östlicher Länge. Mit 3702 Qaudratkilometern ist Goa sogar kleiner als das Unionsterritorium der Andamanen und Nikobaren. An den Westen des Bundesstaates brandet auf einer Länge von 105 Kilometern das Arabische Meer, an den Süden und Südwesten grenzt Karnataka, an den Norden der Bundesstaat Maharashtra. Die größte Weite des Bundesstaates beträgt 60 Kilometer. Zu dem Bundesstaat gehören auch die Inseln Angediva, Morcegos und Saint George's.
Mit 1 347 668 Bewohnern aber liegt Goa einwohnermäßig innerhalb Indiens auf Platz 25. Die Bevölkerungsdichte schwankt von Verwaltungsbezirk zu Verwaltungsbezirk erheblich und beträgt in Sanguem (Distrikt South Goa) zum Beispiel nur 77 Einwohner pro Quadratkilometer, wohingegen in Mormugao (Distrikt South Goa) 1328 Einwohner pro Quadratkilometer gezählt werden. Im Durchschnitt leben in Goa 364 Personen pro Quadratkilometer.

Goa ist die Kurzform von Gomantaka, einer Bezeichnung für die Gegend, die auf epische Quellen (Mahabharata, Harivansha und Skanda Purana) zurückgeht. Gomantaka könnte mit „Eigentümer einer Kuhherde" aus dem Sanskrit übersetzt werden. Heute wird Gomantaka als „fruchtbares Land" verstanden.

Die Hauptstadt von Goa ist das im Distrikt North Goa gelegene Panaji (Panjim, Portugiesisch: Pangim, 65 586 Einwohner (2005)).

Der „Staatsvogel" ist der Schwarzkopfbülbül (Pycnonotus melanicterus).

Die Basilika Bom Jesus wurde 1594-1605 von den Jesuiten errichtet, deren Ordenswappen auch die dreistöckige Renaissance-Fassade der Kirche ziert. In ihr steht der gläserne Sarg des hl. Franziskus Xavier als Teil eines prunkvollen Grabmals.

TOPOGRAPHIE UND KLIMA

Der Küstenstreifen Goa ist Teil des so genannten Konkan, ein Geländeabbruch der West Ghats. Die höchste Erhebung ist mit 1167 Metern in der durchschnittlich 800 Meter hohen Sahyadri-Kette Sonsogor (Distrikt North Goa). Zu Goa gehören acht Meeresinseln. Daneben existieren etwa 40 Mündungsinseln und etwa 90 Flussinseln.

Die wichtigsten Flüsse Goas sind die Mandovi, Zuari, Tere Khol, Chapora und Betul. Die ersten beiden Flüsse alleine entwässern 69 % des geographischen Geländes.

1424 Quadratkilometer, also fast ein Drittel der geographischen Fläche, sind mit aus Kokospalmen, Akojanuss- und Mangobäumen bestehenden Wäldern bedeckt.

Der Boden des Bundesstaates besteht zum größten Teil aus Lateriten mit vielen Eisen-Aluminiumoxiden, die die rötliche Farbe der Erde erklären. Entlang der Flüsse besteht der Boden aus Schwemmland.

Das generell warme und feuchte Klima Goas kennt nur eine kurze, weniger heiße Jahreszeit. Dies sind die Monate ab Mitte Dezember bis Februar. Während dieser Zeit beträgt die durchschnittliche Tiefstemperatur etwa 20 Grad, die durchschnittliche Höchsttemperatur beträgt um 29 Grad. Im Landesinneren werden einige Grad weniger gemessen.

Der Mai ist feucht und heiß, mit durchschnittlichen Mittagswerten um 35 Grad. Die zum Beginn des Monats Juni einsetzende Regenzeit des Südwest-Monsuns sorgt für spürbare Abkühlung. Sie dauert in der Regel bis Ende September an, in der Zeit fallen etwa 320 Zentimeter Niederschlag.

LINKE SEITE:
Eines der viel besuchten Hinduheiligtümer nahe Ponda ist der dem Shiva geweihte Shri Nagesh-Tempel in Bandora aus dem 18. Jahrhundert.

BEVÖLKERUNG, SPRACHEN, GESCHICHTE

Von der Bevölkerung Goas bekennen sich 65,8 % zum Hinduismus, 26,7 % zum Christentum, 6,8 % zum Islam, 0,1 % sind Sikhs und weitere 0,1 % sind Jainas.

Zu den Verkehrssprachen gehören neben den Amtssprachen Konkani und Marathi vereinzelt noch Portugiesisch, Hindi und Englisch. Nach amtlichen Angaben werden auch Kannada und Urdu gesprochen.

Im 3. Jahrhundert vor unserer Zeit war Goa Teil des Maurya-Reiches, bevor es von den Satavahanas von Kolhapur regiert wurde. Im 4. Jahrhundert unterstand Goa der Bhoja-Dynastie von Chandrapur (heute: Chandor), im 6. Jahrhundert dann König Anirjitavarman von Kumaradvipa (heute: Kumbarjuva). Von 580 bis 750 geriet Goa unter den Einfluss der Chalukyas von Badami. Den Chalukyas von Badami folgten die Silaharas bzw. die Kadambas deren Lehnsherren die Rashtrakutas bzw. die Chalukyas von Kalyani waren.

Zu Beginn des 11. Jahrhunderts wurden die Silaharas von den Kadambas unter Shashtadeva (1005-1050) besiegt, womit die Hauptstadt der Kadambas um 1052 von Chandor nach Goapuri (Goa Velha) verlegt wurde. Die Kadambas förderten die Religion der Jainas und der Hindus.

Zu Beginn des 13. Jahrhunderts wurde Goa zwar noch von den Kadambas verwaltet, diese aber verloren ihre Selbstständigkeit an die Yadavas. Malik Kafur, General

Die Sé- oder Kathedrale der heiligen Katharina, die größte Kirche in Alt-Goa, wurde in den Jahren 1562 bis 1619 für den Dominikanerorden errichtet. Der Nordturm neben der Renaissancefassade brach 1776 zusammen.

श्री शांतादुर्गा कुंकळ्ळीकरीण संस्थान
फातर्पा गोवा

VORHERIGE DOPPELSEITE:
Dieser der „Shanta Durga" (friedlichen Göttin Durga) geweihte Tempel des 18. Jahrhunderts steht in Fatorpa, Taluka Quepem.

Der Innenraum von St. Cajetan ist ganz in weiß und gold gehalten. Neben anderen Heiligen wurde auch der Gründer des Theatiner-Ordens Cajetano da Thieme an einem Seitenaltar dargestellt.

RECHTE SEITE:
Der Palolem Beach liegt weitab der berühmten und erschlossenen Strände im Süden Goas und bleibt wohl bis zur Kommerzialisierung der Anlage ein Refugium für Individualtouristen.

von Alau'd-Din Khalji, verwüstete das Konkan-Gebiet, sodass Kamadeva, der letzte Herrscher der Kadambas, in die einstige Hauptstadt Chandor zurückkehrte und sich dort in einer Festung auf einen weiteren islamischen Angriff vorbereitete. Dieser folgte mit der Armee von Muhammad bin Tughlaq, der Chandor dem Erdboden gleich machte und somit der Dynastie der Kadambas ein für alle Mal ein Ende setzte.

Ab 1370 gehörte Goa zum Reich von Vijayanagar, das über die goanesischen Häfen Araberhengste zur Verstärkung der Kavallerie importierte. Als das Konkan-Gebiet 1469 von Mahmud Gawan, einem General von Muhammad III. (1463-1482) erobert wurde, stand es unter der Herrschaft der Bahmanis von Gulbarga. Mit dem Auseinanderfallen des Bahmani-Reiches wurde 1488 Goa Teil des Königreiches der von Bijapur aus regierenden Adil Shahis. In dieser Zeit wurde Velha Goa quasi zur zweiten Hauptstadt der Sultane von Bijapur.

Nach der Landung Vasco da Gamas in Kozhikode (Calicut), 1498, suchten die Portugiesen nach einem sicheren Hafen an der indischen Westküste. Um 1510 gelang es Afonso de Albuquerque (1453-1515) Goa durch Vertreibung der Truppen unter Isma'il Adil Shah (1510-1534) in seinen Besitz zu bringen. Die Portugiesen konnten ihre Kolonie vergrößern und sich im Laufe der Zeit gegen die Moghuln, Marathen, Holländer und Engländer behaupten. Die Portugiesen brachten 1556 die erste Druckerpresse mit beweglichen Lettern nach Indien. Gedruckt wurde damit ein Buch von Francis Xavier, der 1542 nach Indien gekommen war.

Die Einführung der von 1560-1812 währenden Inquisition war mit zahlreichen Zwangschristianisierungen verbunden, ein düsteres Kapitel in der Geschichte jenes Bundesstaates. Die Portugiesen ermunterten ihre Landsleute, in Goa Ehen mit Eingeborenen zu schließen, was von den eingeborenen Indern selbst mit Verachtung betrachtet worden war. Die Abkömmlinge derartiger Ehen, die „Mestizo" (Gemischten) wurden von den Herrschern Goas bevorzugt behandelt. 1843 wurde die Hauptstadt Goas von Velha Goa nach Panaji (Panjim) verlegt. Nach Erlangung der Unabhängigkeit Indiens von den Briten (1947) weigerte sich Portugal, seine Kontrolle über Goa an Indien abzutreten. Mit Unterstützung der in Goa ansässigen Inder mar-

schierte am 12. Dezember 1961 die indische Armee in Goa ein und hatte innerhalb von 24 Stunden das gesamte Gebiet unter Kontrolle. Goa, Daman und Diu wurden ein Unionsterritorium Indiens. Erst 1974 wurde diese Tatsache von Portugal anerkannt. Am 30. Mai 1987 wurde Goa in den Status eines Bundesstaates erhoben.

Die Kirche des hl. Franz von Assisi wurde 1661 an der Stelle einer ersten Kirche von 1521 erbaut, von der nur das Eingangsportal im manuelinischen Stil in der Renaissancefassade erhalten blieb.

VERWALTUNG

Die politisch ranghöchsten Personen dieses Bundesstaates sind der „Governor" und der „Chief Minister". Goa ist in zwei Distrikte unterteilt: North Goa und South Goa. Jeder Distrikt wird von einem „District Collector" verwaltet.

WIRTSCHAFT

Die wichtigsten jährlichen Ernten sind Reis, der zweimal jährlich reifen kann (etwa 128 065 Tonnen), Ölsaaten wie Erdnüsse (1923 Tonnen), „Ragi" (2573 Tonnen) und andere Getreidearten (5877 Tonnen), Zuckerrohr (58 000 Tonnen), Akojanüsse (13 000 Tonnen) und Kokosnüsse (119 000 Tonnen). Daneben werden auch Jackfrüchte und Mangos geerntet. Zu den angebauten Gemüsesorten gehören Auberginen, Okras, Radieschen, Gurken, Kürbisse und Brotbaumfrüchte.
In der Fischerei sind 40 000 Personen angestellt. Gefischt werden vor allem Garnelen, Makrelen und Sardinen. Die mithin bedeutendste Einnahmequelle des Bundesstaates ist der Tourismus, der sich besonders auf die traumhaften Strände der Küstenregionen konzentriert.

LINKE SEITE:

Colva Beach liegt im Süden auf der Höhe von Margao (Distrikt South Goa). Hier teilen sich die Touristen den Strand noch mit den Fischern.

Die Bergbauindustrie gehört zu den gewinnträchtigsten Industrien des Bundesstaates. Abgebaut werden Eisenerze, Bauxit, manganhaltige Tonerde, Kalkstein und Kieselerde. Von eminenter Bedeutung ist auch die Handelsschiffsabfertigung, d. h. das Löschen der Ladungen und das Beladen neben der Verfrachtung der Ladungen. Der wichtigste Hafen ist Mormugao (Marmugao).

Mittelständische Industrien produzieren Schädlingsbekämpfungsmittel, Dünger, Autoreifen, Rohre, Schuhwaren, Obst- und Fischkonserven und Medikamente.

LINKE SEITE:
Zwischen 1650 und 1661 erbauten italienische Mönche des Theatiner-Ordens die Kirche „Nossa Senhora da Divina Providencia", die gemeinhin nach dem Ordensgründer St. Cajetan genannt wird. Als Vorbild diente der Petersdom in Rom.

BEDEUTENDE ORTE UND IHRE SEHENSWÜRDIGKEITEN

In Goa gibt es ebenso viele Strände unter Palmen wie Orte mit archäologischen Monumenten. Da die Strände naturgemäß alle an der Küste liegen, sich einander sehr ähneln und weitgehend frei von Altertümern oder Monumenten sind, werden hier in Kurzform einige der architektonischen Sehenswürdigkeiten des Bundesstaates aufgelistet.

Reich an Denkmälern aus portugiesischer Zeit ist **Alt-Goa** (Velha Goa, Distrikt North Goa), das heute einer großflächigen Palmenoase mit Kathedralen gleicht. Der größte Kirchenbau vor Ort ist die Sé-Kathedrale, auch Kathedrale der heiligen Katharina genannt. Die 76,20 Meter lange, 55,16 Meter breite und an der Fassade 35,36 Meter hohe Kathedrale wurde zwischen 1562 und 1619 für den Dominikanerorden errichtet. Außer dem Hauptaltar verfügt die Kirche noch über acht Kapellen entlang dem Mittelgang und sechs Altären im Querschiff. Während das Mittelschiff von einem Tonnengewölbe überspannt wird, wird das Querschiff von Spanten bedeckt. Der Glockenturm ist an der Südseite angebracht, der entsprechende Glockenturm der Nordseite stürzte 1776 ein. Den Haupteingang flankieren korinthische Säulen zwischen denen die lateinische Inschrift mit dem Gründungsdatum (1562) angebracht ist. Unter dem Chorgestühl hängt ein großformatiges Gemälde mit dem heiligen Christopherus.

Westlich der Sé-Kathedrale steht der ehemalige Palast des Erzbischoffs, der die Sé-Kathedrale mit dem Kloster und der Kirche des heiligen Assisi verbindet. Das im Manuelinischen Stil gefertigte Portal der nach Westen geöffnete Kirche fügt sich in die Renaissancefassade ein, der Hauptaltar wurde im Barockstil errichtet. Bereits 1517 hatten Franziskanermönche an dieser Stelle eine Kapelle erbaut. Das Kloster beherbergt heute die Räumlichkeiten des archäologischen Museums mit Skulpturen aus der Zeit der Kadambas bis zur Vijayanagar-Zeit. Westlich anbei steht die 1952 wiedererbaute Kapelle der heiligen Katharina.

Östlich der Sé-Kathedrale lädt die Kirche St. Cajetan zu einem Besuch ein. Das Innere ist in Form eines Griechischen Kreuzes arrangiert, neben dem Hauptaltar gibt es sechs weitere Altäre. Der der Kirche angeschlossene Klosterbau wurde als Priesterseminar genutzt. Da die Portugiesen alle hinduistischen und islamischen Anlagen zerstörten, derer sie habhaft werden konnten, blieb von dem Palast der Adil Shahis westlich der Kirche nur ein Portal übrig.

Die Basilika Bom Jesus gilt als die berühmteste Kirche von Goa. Sie birgt die sterblichen Überreste des heiligen Franziskus Xavier. Die im Grundriss kreuzförmige Kirche hat eine dreistöckige, nach Westen geöffnete Fassade. Innerhalb des Gebäudes befinden sich neben dem Hauptaltar auch zwei Kapellen und eine Sakristei. Das 55,77 Meter lange, 16,76 Meter breite und 18,59 hohe Gotteshaus ist, abgesehen von den verschwenderisch gestalteten Altären im Barockstil, einfach gehalten. Mit dem Bau der Kirche wurde am 24. November 1594 begonnen, die Weihe fand am 15. Mai 1605 statt.

Weitere christliche Gotteshäuser in Alt Goa sind: die 1544-1549 erbaute Kirche der Jungfrau mit dem Rosenkranz, die 1961 von Portugal restaurierte königliche Kapelle des heiligen Antonius, des Nationalheiligen von Portugal, Kirche und Kloster der heiligen Monika aus dem 17. Jahrhundert und die Klosteranlage der Augustiner von 1602.

Panaji (Distrikt North Goa), die drittgrößte Stadt des Bundesstaates, ist das wirtschaftliche und kulturelle

FOLGENDE DOPPELSEITE LINKS:
Der in Gold gehaltene barocke Hauptaltar von Bom Jesus zeigt übereinander das Jesus-Kind, Ignatius von Loyola, den Gründer des Jesuiten-Ordens, ein strahlendes Medaillon mit dem Ordenswappen IHS und ganz oben die heilige Dreifaltigkeit.

FOLGENDE DOPPELSEITE RECHTS:
In der Basilika Bom Jesus steht gleich links vom Eingang diese barocke Holzskulptur des heiligen Franziskus Xavier.

HI MHOJI KUDD

YOUR
CAIXA-DAS-OBLATAS
DE
S.FRANCISCO-XAVIER
OFFERINGS

LINKE SEITE:
Die „Kirche Unserer Lieben Frau der Unbefleckten Empfängnis", die Hauptkirche von Panaji, steht oberhalb des Zentralplatzes der Stadt. Das 1619 in der heutigen Form errichtete Gotteshaus kann über eine 1870 hinzugefügte Treppenanlage betreten werden.

Die Safa- oder Shahouri Masjid in Ponda wurde 1560 unter Ibrahim Adil Shah errichtet.

Zentrum Goas. Zu den Sehenswürdigkeiten der Stadt gehören die ab 1541 errichtete Kirche der Unbefleckten Empfängnis in der Altstadt und der nahe dem Meer gelegene Palast der Sultane von Bijapur aus der Zeit von Yusuf Adil Shah, in dem heute die Ministerien untergebracht sind. Von den einstigen Verteidigungsanlagen an der Küste, dem Fort Aguada und dem Reis Magos-Fort sind nur wenig mehr als Ruinen erhalten. Zu besichtigen ist lediglich noch die Caspar, Balthasar und Melchior gewidmete Kirche von Reis Magos, die 1550 von den Franziskanern auf dem Gelände eines Hindu-Tempels gebaut wurde. Das Goa State Museum von Panaji schließt während der Mittagspause.

Die älteste erhaltene Moschee Goas ist die 1560 unter Ibrahim Adil Shah erbaute Shahouri oder Safa Masjid in **Ponda** (Distrikt North Goa).

Da die portugiesischen Christen die Tempel systematisch zerstören ließen, sind kaum ältere Anlagen vorhanden. Lediglich im Bhagwan Mahavir-Wildschutzgebiet steht 13 Kilometer nördlich von **Molem** noch der Tambdi-Surla-Tempel aus dem 13. Jahrhundert. Im Bezirk **Ponda** (Distrikt North Goa) entstanden an vor den Portugiesen geheim gehaltenen Orten im 16. und 17. Jahrhundert neu erbaute Tempel, die stilistisch sowohl von den zeitgenössischen Tempeln der Marathen als auch von den Kirchen der Portugiesen beeinflusst worden waren.

NEPAL
Indus
Karnal
Hardwar
Panipat
Meerut
Hisar
Delhi
Moradabad
Rampur
New Delhi
Ghaziabad
Faridabad
Bareilly
Aligarh
Shahjahanpur
Bikaner
Kathmandu
Jaisalmer
Nagaur
Mathura
Jaipur
Firozabad
Lakhnau
(Lucknow)
Gonda
Agra
Farrukhabad
Jodhpur
Ghaghara
Gorakhpur
Kanpur
Faizabad
Chambal
Muzaffarpur
Gwalior
Ajmer
Lashkar
Hyderabad
Barmer
Ganges
Chapra
Betwa
Patna
Kota
Jhansi
Allahabad
Varanasi
(Benares)
Mirzapur
Udaipur
Satna
Palanpur
Gaya
Son
Gandhinagar
Sagar
Daltonganj
Kandla
Ratlam
Gujarat
Ahmadabad
Ujjain
Bhopal
Jabalpur
Ranchi
Jamnagar
Narsimhapur
Rajkot
Vadodara
(Baroda)
Indore
Hoshangabad
Porbandar
Narmada
Khandwa
Bilaspur
Rourkela
Bhavnagar
Junagadh
Gondia
Amravati
(Amraoti)
Raipur
Sambalpur
Surat
Dhule
Diu
Jalgaon
Akola
Daman
Nagpur
Durg
Sonpur
Malegaon
Wardha
Mahanadi
Silvassa
Nasik
Aurangabad
Jalna
Chandrapur
Parbhani
Brahmapur
Godavari
Mumbai
(Bombay)
Kalyan
Nanded
Indravati
Ahmadnagar
Nizamabad
Pune
Godavari
Warangal
Vizianagaram
Krishna
Bhima
Sholapur
Vishakhapatnam
Ratnagiri
Sangli
Hyderabad
Rajahmundry
Kolhapur
Bijapur
Gulbarga
Elur
Kakinada
Vijayavada
Krishna
Guntur
Belgaum
Raichur
Kurnool
Machilipatnam
Panaji
Marmagao
Hubli-
Dharwad
Bellary
Banganapalle
Guntakal
Arabisches
Meer
Golf von
Bengalen
Chitradurga
Anantapur
Shimoga
Bhadravati
Cuddapari
Nellore
Chennai
(Madras)
Mangalore
Bangalore
Vellore
Kanchipuram
Mysore
0
200
400
600
km

GUJARAT

LAGE, GRÖSSE, EINWOHNERZAHL, SYMBOL

Den an der Westküste Indiens gelegenen Bundesstaat Gujarat umgeben (von Süden nach Norden im Uhrzeigersinn) das Unionsterritorium Nagar Haveli, der Bundesstaat Maharashtra, das Arabische Meer, das Unionsterritorium Diu, Pakistan, der Bundesstaat Rajasthan und Madhya Pradesh. Das Unionsterritorium Dadra von Dadra und Nagar Haveli ist völlig von Gujarat umgeben, ebenso Daman als Teil des Unionsterritoriums Daman und Diu. Die geographischen Angaben sind: zwischen 20°1' und 24°7' nördlicher Breite und 68°4' und 74°4' östlicher Länge. Die Angaben der Küstenlänge variieren zwischen 1290 und 1600 Kilometern. Mit einer Fläche von 196 024 Quadratkilometern liegt Gujarat in dieser Hinsicht innerhalb Indiens auf Platz 7. Einwohnermäßig belegt der Bundesstaat mit 50 596 992 Einwohnern (2001) Platz 10, die mittlere Bevölkerungsdichte beträgt 258 Personen pro Quadratkilometer.
Gujarat ist die Kurzform von Gujjaratta, was vom Altindischen „Gurjar Rashtra" abgeleitet werden kann und „Reich der Gujjars" oder „Land der Gujjars" bedeutet.
Die Hauptstadt von Gujarat ist Gandhinagar (Distrikt Gandhinagar, 50 000 Einwohner). Der „Staatsvogel" des Bundesstaates ist der Rosaflamingo (Phoenicopterus roseus).

TOPOGRAPHIE UND KLIMA

Einige der nördlichen Distrikte sind so trocken, dass Flüsse wie die Banas oder Saraswati einfach in der Wüste versickern. Die in den Aravallis entspringende Sabarmati ist einer der größten Flüsse des Bundesstaates; er wird von den Zuflüssen Hathmati, Vatrak, Mazam, Meshvo, Shedhi und Khari gespeist und mündet in den Golf von Cambay. Von weiter her kommen die Mahi und Narmada. Weitere bedeutende Flüsse sind die Tapti aus der Satpura-Kette und die in der Sahyadri-Kette entspringenden Mindhola, Purna, Ambika, Vanki, Auranga, Vapi, Par, Kolak und Damanganga. Die dem Berg Girnar entspringenden Flüsse sind die Ojhat, Kamb, Surekh, Somal, Sangwada, Hirani und Kapila. Viele dieser Flüsse sind während der heißen Jahreszeit völlig ausgetrocknet.
Die Erhebungen Gujarats sind Ausläufer verschiedener Gebirgsketten, wie der Aravallis, Vindhyas, Satpuras oder Sahyadris. Der höchste Berg ist mit 1145 Metern der Girnar.
Laubwälder, die während der heißen Jahreszeit ihr Laub verlieren, gibt es vor allem in der Gegend um Surat. Die anderen Wälder sind trockene Laubwälder und Dornenwälder (thorny forests). Ein erheblicher Teil des Bundesstaates wie der „Rann of Kutch" besteht aus einer vegetationsarmen Salzwüste.

Das feuchte Klima der südlichen Distrikte kontrastiert das trockene Klima im nördlichen Teil des Bundesstaates. Der „Winter" dauert von November bis Februar, die heiße Jahreszeit von März bis Mai, die Zeit des Südwest Monsuns von Juni bis September, der freundliche Ok-

In den Werften von Veraval werden noch heute – weitgehend von Hand – hochseetüchtige (indische) Daus (auch: Dhau, Dhow) gebaut.

LINKE SEITE:
Frühbuddhistischer Höhlentempel unterhalb der Festung Uparkot in Junagadh. In der sorgfältig gestalteten Halle von 12 x 9 Metern Grundfläche und 3 Metern Höhe im Untergeschoss der Anlage gliedern sechs reich mit Pflanzenornamenten und Tänzerinnen geschmückte Pfeiler den Raum.

In diesem Haus, dem „Kirti Mandir" in Porbandar, wurde am 2. Oktober 1869 Mohandas Karamchand Gandhi geboren, der hier seine ersten 12 Lebensjahre verbrachte, bevor er 1947 Indien zur Unabhängigkeit führte.

tober bildet eine eigene Jahreszeit. Als durchschnittliche Tiefsttemperatur werden in der heißen Jahreszeit 27 Grad gemessen, mit einer durchschnittlichen Höchsttemperatur von 42 Grad, bei Spitzenwerten um 48 Grad(!). Die niedrigste durchschnittliche Temperatur der „kühlen" Jahreszeit beträgt 14 Grad, die Höchsttemperatur 29 Grad.
Die durchschnittliche Niederschlagsmenge schwankt zwischen 33 und 152 Zentimetern. Die südlichen Distrikte erhalten zwischen 76 und 152 Zentimeter Niederschlag, die nördlichen zwischen 51 und 102 Zentimeter. In der Gegend der Halbwüste von Kutch fällt der wenigste Regen, jährlich weniger als 50 Zentimeter, im Durchschnitt nur 36 Zentimeter Niederschlag.

BEVÖLKERUNG, SPRACHEN, GESCHICHTE

Die Gujars oder Gurjars machen den Hauptanteil der Bevölkerung des Bundesstaates aus und sind überall in Gujarat zu finden. Angeblich sollen sie mit den Hunnen nach Indien gekommen sein.
Die ursprünglich nomadisierenden Kathis kamen im 14. Jahrhundert in die nach ihnen benannte Gegend Kathiawar.
Die heute noch nomadisierenden Rabaris sind Viehzüchter aus Marwar, Rajasthan und von rajputischer Abstammung. In Gujarat werden drei Gruppen unterschieden: die Dhabaria, Vagadia und die Kachhi.
Die Kutchis stellen die einheimische Bevölkerung von Kutch. Sie sprechen einen eigenen Dialekt und sind sowohl Hindus als auch Moslems. Ebenfalls in Kutch hat sich die Stammesbevölkerung der Meghwal niedergelassen.
Der Ursprung der Siddis ist Somalia, Afrika, von wo ihre Vorfahren im 17. Jahrhundert, wahrscheinlich als Sklaven, gebracht worden waren.

LINKS:
Der dem Dwarkadhish geweihte Tempel – der Legende nach von Vajranabh, dem Enkel Krishnas, in einer Nacht erbaut – stammt vermutlich aus dem 13. Jahrhundert. Der schlanke Tempelturm ist 52 Meter, der fünfgeschossige Hauptteil des Tempels ist 30 Meter hoch.

Der ruhige Hof der Sidi Sayyid Moschee in Ahmedabad (1572) lenkt vom Lärm der Großstadt ab.

Die Lohans sind nomadisierende Schmiede (Lohan = Eisen, vergleiche deutsch „Lohe"), die deswegen auch in anderen Bundesstaaten anzutreffen sind, vor allem in Rajasthan.

Nach der Volkszählung von 2001 sind 89,1 % der Einwohner Gujarats Hindus, 9,1 % Moslems, 1,0 % Jainas, 0,6 % Christen, 0,1 % Sikhs und 0,1 % Angehörige anderer Religionen.

Die Amtssprache ist Gujarati. Zu den Verkehrssprachen gehören Hindi, Sindhi und Marathi, in Kachchh (Kutch) auch Kachchhi.

Gujarat gehört frühgeschichtlich zur Industal- bzw. Harappakultur ab dem 3. Jahrtausend v.Chr., bisher wurden mehr als 50 archäologische Stätten dieser Kultur gefunden. Zu ihnen gehören Lothal, Rangpur, Amri, Lakhabaval und andere.
Die ashokischen Felsedikte von Girnar bezeugen die Zugehörigkeit Gujarats zum Maurya-Reich im 3. Jahrhundert vor unserer Zeit. Bis zum Beginn des 4. Jahrhunderts stand das Gebiet unter Fremdherrschaft: auf die Baktrischen Griechen folgten die Skythen, bis Gujarat in den Herrschaftsbereich der Guptas im 4. Jahrhundert gelangte. Die Herrschaft der von den Guptas abstammenden Maitrakas machte Gujarat vom 6.–8. Jahrhundert zu einem quasi unabhängigem Königreich, dessen Herrschaft im 7. Jahrhundert nur kurzzeitig durch Harshavardhana (606-648) unterbrochen wurde. Hauptstadt der Maitrakas war Vallabhi.
Die aus Sind (Pakistan) stammenden Araber eroberten 770 Vallabhi und beendeten so die Herrschaft der Maitrakas. Danach herrschten die Gurjara-Pratiharas, die sich selbst als ein Agnikula (aus dem Feuer entstandener Clan) der Rajputen verstanden, über Gujarat. Unter ihrem Herrscher Nagabhata (730-756) wurde Bharuch (Distrikt Bharuch) erobert, der die marodierenden Araber unter Kontrolle hatte.

Den Gurjara-Pratiharas folgten die Solankis, die in Gujarat von etwa 960 bis 1243 die Staatsgeschäfte innehatten. Hauptstadt der Solankis war Anhilwara, das heutige Patan. Der sagenumwobene Tempel von Somnath, der schon von den Arabern 725 zerstört wurde, unter den Solankis aber wieder zu alter Größe aufgebaut worden war, fiel 1026 dem Afghanen Mahmud von Ghazni (regierte 971-1030) zum Opfer. 1243 verloren die Solankis die Macht, die neuen Machthaber wurden die Vaghelas von Dholka, die 1292 den Yadavas von Devagiri tributpflichtig wurden.

1297 wurde der Tempel von Somnath abermals ein Opfer des islamischen Bildersturms, diesmal war es der Herrscher der Sklavendynastie, 'Alau'd-Din Khalji, der den Tempel dem Erdboden gleichmachte. Gujarat wurde Teil des Sultanates von Delhi.

Der islamische Verwalter Gujarats machte sich von Delhi unabhängig, und sein Sohn, Sultan Ahmad Shah (regierte 1411-1442) machte Ahmedabad zur Hauptstadt und Khambhat (Cambay) zum wichtigsten Handelshafen des Landes. Das Sultanat von Gujarat konnte seine Unabhängigkeit bis 1576 wahren, als der Moghulkaiser Akbar es eroberte und in sein Reich integrierte. Auf Befehl des Moghulkaisers Aurangzeb wurde der Tempel von Somnath abermals 1706 zerstört. Bis zur Eroberung Gujarats durch die Marathen im 18. Jahrhundert blieb der Staat eine moghulische Provinz.

Ab dem 16. Jahrhundert gewannen die Portugiesen Einfluss in Indien und errichteten mehrere Enklaven an der Küste. Die britische Ostindienkompanie (East India Company) setzte sich 1614 in Surat fest, womit die stufenweise Eroberung dieses Teils von Indien durch die britische Ostindienkompanie begann und viele Herrscher der Marathen, wie der Gaekwad von Vadodara (Baroda) die Vorherrschaft der Briten vertraglich anerkannte. Gujarat bestand zu der Zeit aus einer Anzahl islamischer und hinduistischer Staaten bzw. Kleinstaaten, die nach dem Motto „divide et impera!" (teile und herrsche!) von den Briten gegeneinander ausgespielt wurden. Einige dieser Staaten unterstanden der britischen Herrschaft sogar direkt.

Die 2,10 x 3,05 m messenden, steinernen Fenster der Sidi Sayyid Moschee in Ahmedabad wirken, wenn von Innen nach Außen gesehen, wie filigrane Scherenschnitte.

FOLGENDE DOPPELSEITE:

Der 591 Meter hohe Shatrunjaya ist einer der fünf heiligen Berge der Jainas. Auf seinen zwei Gipfeln und in der Schlucht dazwischen drängen sich 863 Tempel. Eine starke Mauer umgibt das aus neun tuks (Bezirken) bestehende Heiligtum, die ebenso von Mauern und verschließbaren Toren geschützt werden.

Unterhalb des Gipfels des 1100 Meter hohen Berges von Girnar steht auf einem Plateau eine Gruppe malerischer, zwischen 1128 und 1500 erbauter Jaina-Tempel.

RECHTE SEITE:
Der „Adalaj Vav" von Adalaj ist einer der sehenswertesten Stufenbrunnen Gujarats. Er wurde um 1498 von der Ehefrau eines Stammesfürsten gestiftet. Über fünf Etagen führen Treppenfluchten hinunter zum Brunnenschacht. Wände, Säulen und Gesimse sind mit feinsten Reliefs verziert.

Gujarat war der Motor des gegen die Briten gerichteten Widerstandes und damit der indischen Unabhängigkeitsbewegung. Die Liste der Freiheitskämpfer ist lang und schließt Mahatma Gandhi, Sardar Vallabhai Patel, Morarji Desai, Kanhaiyalal Maneklal Munshi, Narhari Parikh, Mohanlal Pandya, Ravi Shankar Vyas und Mahadev Desai mit ein. Am 12. März 1930 führte Gandhi den berühmt gewordenen „Salzmarsch" nach Dandi (Distrikt Surat) in Gujarat an. Das Salz wurde von den Briten versteuert und Gandhi wies seine Landsleute an, selber Salz zu gewinnen, womit das britische Salzmonopol unterwandert wurde. Zu Beginn des Marsches wurde Gandhi nur von 78 Männern begleitet, als nach einer Reise von 23 Tagen Gandhi das an der Küste gelegene Dandi erreichte, war der Strom derer, die sich ihm unterwegs angeschlossen hatten, auf eine Länge von mehreren Kilometern angewachsen. Als Reaktion darauf warfen die Briten 60 000 Menschen ins Gefängnis.

Mit Erlangung der Unabhängigkeit – und Teilung – Indiens 1947 bestand Gujarat aus drei Teilen: Saurashtra, Kutch und dem damaligen Staat von Bombay. 1956 wurde der Staat Bombay um Kutch, Saurashtra, Teile des ehemaligen Staates von Hyderabad und Maharashtra vergrößert. Die Hauptsprachen dieses Gebietes waren Marathi und Gujarati. Nach Anstrengungen der Maratha-Nationalisten wurde der Staat am 1. Mai 1960 nach linguistischen Gesichtspunkten in die Bundesstaaten Gujarat und Maharashtra geteilt. Zu der Zeit war die Hauptstadt Gujarats Ahmedabad. 1970 wurde Gandhinagar zur Hauptstadt des Bundesstaates erklärt. Sie wurde nach dem in Porbandar (Distrikt Porbandar) geborenen Nationalisten Mahatma Gandhi (Mohandas Karamchand Gandhi, 1869-1948) benannt und ist, ähnlich Chandigarh, eine am Reißbrett geplante Stadtanlage mit vielen Grünflächen.

FOLGENDE DOPPELSEITE:
Im Maqbara (Grabbereich) der Nawabs von Junagadh stehen in einer Art „Schnörkelstil" ausgeführte Grabbauten. Neben der filigran-bunten Grabmoschee (l.) überrascht das phantasievolle Mausoleum des Wesirs Sahib Bahar-ud-Din Bhar von 1896.

Die Jami Masjid (Freitagsmoschee) von Champaner liegt außerhalb der Stadtmauer. Den Haupteingang flankieren zwei hohe Minarette. 200 Pfeiler gliedern die Gebetshallen und tragen das mit Kuppeln gekrönte Dach.

VERWALTUNG

Der „Governor" und der „Chief Minister" sind die ranghöchsten Politiker des Bundesstaates, der in 25 Verwaltungsdistrikte geteilt ist: Ahmedabad, Amreli, Anand, Banaskantha, Bharuch, Bhavnagar, Dahod, Dang, Gandhinagar, Jamnagar, Junagadh (Junagarh), Kheda, Kutch (in Indien meist „Kachchh" geschrieben), Mehsana, Narmada, Navsari, Panchmahal, Patan, Porbandar, Rajkot, Sabarkantha, Surat, Surendranagar, Vadodara (Baroda) und Valsad.

WIRTSCHAFT

Die wichtigsten Produkte der Agrarwirtschaft sind Baumwolle, Tabak und Erdnüsse. Geerntet werden auch Reis, Weizen, Hirse, Zuckerrohr und Hülsenfrüchte, an Obst vor allem Mangos vereinzelt auch Guaven. Die Milchwirtschaft des Staates ist innerhalb Indiens führend.

Ein wichtiger Industriezweig ist erwartungsgemäß die Baumwollindustrie, gleich daneben rangiert die Petrochemie; in beiden Industriezweigen arbeiten etwa 30 % der in der Industrie beschäftigten Arbeiter. Weitere 30 % der Industriearbeiter sind in der Herstellung von Maschinen und Werkzeugen beschäftigt.

Aufgrund der vorhandenen Bodenschätze (Fluorkalzium, Braunkohle, Kalkstein, Bauxit, Gips, Erdöl und Erdgas) sind auch einige Erdölraffinerien und Erdgasförderanlagen neben Salzgewinnungsanlagen von wirtschaftlicher Bedeutung.

Surat wurde zum Zentrum des weltweiten Diamantenhandels.

BEDEUTENDE ORTE UND IHRE SEHENSWÜRDIGKEITEN

Im Vergleich zu anderen indischen Bundesstaaten soll kein Staat über mehr Museen verfügen als Gujarat. Abgesehen von den Museen verfügt der Staat über einige der bedeutendsten Nationalparks (4) und Wildschutzgebiete (21). Kaum zu übersehen ist die Anzahl der Monumente und archäologischen Stätten.

Die mithin ältesten und bekanntesten erhaltenen monumentalen Anlagen sind die monolithischen buddhistischen Klosterbauten von Uparkot bei **Junagarh.** Einige in den Beginn des 4. Jahrhunderts datierten Kulthöhlen haben 2-3 Etagen. Vergleichbare Anlagen (Chaityas und Viharas) sind aus Dhank (Distrikt Junagarh; jinistisch), Sana beim Dorf Vankia, Talaja (Distrikt Junagarh), Zinzurizar, Kadia, Dungri und Khambalida belegt.

Der vollständigste unter den frühen Tempeln Gujarats steht in **Gop** (Distrikt Jamnagar) und wird in das ausgehende sechste Jahrhundert datiert.

In **Roda** (Distrikt Sabarkantha) überdauerte eine Gruppe von sieben zum Teil gut erhaltenen Tempeln aus dem 8. Jahrhundert die Zeiten.

Die exquisiteste Anlage aus der Zeit der Solankis ist der im 11. Jahrhundert gebaute Sonnentempel von **Modhera** (Distrikt Mehsana), zu dem ein groß angelegter Stufenbrunnen gehört. Abgesehen von nicht mehr vorhandenen Turmaufbauten gehört der Tempel zu den eindrucksvollsten Sehenswürdigkeiten Gujarats. Im Distrikt Mehsana existiert daneben noch eine Reihe anderer, wenn auch weniger spektakulärer, Tempel aus der Zeit der Solankis, wie der Someshwara-Tempel von **Gorad,** der Shiva-Tempel von **Sander,** der Mata-Tempel von **Dhinoj** oder der Limboji-Mata-Tempel von **Dilmal.** In **Vadnagar** (Distrikt Mehsana) sind von den Tempeln nur zwei Toranas (Torbauten) aus dem 12. Jahrhundert erhalten, von denen eines den Besuch lohnt. Ebenfalls im 12. Jahrhundert gebaut wurde der shivaitische Navalakha-Tempel von **Sejak-**

Zunächst gab es hier nur das Grab eines Heiligen, bevor Sultan Muhammad Beghada den See anlegen, Paläste bauen und später sein eigenes Mausoleum bauen ließ. Sarkhej wurde zum Lieblingsplatz vieler Herrscher von Gujarat, die hier weitere Paläste, Gärten, Pavillons und Grabbauten errichten ließen.

pur (Distrikt Surendranagar) mit einem quadratischem, inneren Schrein und einer vertikal abgestuften, äußeren Fassade, die den Eindruck eines runden Grundplanes erweckt. Von allen Tempeln Gujarats am prächtigsten dürfte der an der Küste gelegene und mehrfach von islamischen Eroberern zerstörte, aber immer wieder aufgebaute Tempel von **Somnath** (oder: Somnath-Patan, Distrikt Junagarh) gewesen sein. Ein Wiederaufbau dieses grandiosen Tempels wurde im 20. Jahrhundert im Stil der Solankis begonnen. Von der Lage her vergleichbar ist der Dwarkadhish-Tempel von Dwarka (Distrikt Jamnagar), der heiligen Stadt Krishnas. Den wahrscheinlich vom 12. bis 16. Jahrhundert errichteten Tempel zeichnen fünf Stockwerke aus.

Neben diesen hinduistischen Tempeln entstanden ab dem 11. Jahrhundert auch eine Reihe Aufsehen erregender jinistischer Tempel, wie z. B. in **Kumbharia** (Distrikt Banaskantha). Der überaus reich skulpierte Mahavira-Tempel entstand im Jahre 1062, der Shantinatha-Tempel 1082, drei weitere Tempel am Ort stammen aus vergleichbarer Zeit. Der Ajitanatha-Tempel in **Taranga** (Distrikt Mehsana) wurde 1166 erbaut. Einen unvergesslichen Eindruck hinterlässt ein Besuch der jinistischen Tempelstadt **Shatrunjaya** (Distrikt Bhavnagar) mit dem auf das Jahr 1155 zurückgehenden Adishvara-Tempel, dem dreistöckigen Vimala Sah-Tempel von 1320 und dem Motisah-Tempel von 1836, um nur einige der insgesamt 863 Tempel zu erwähnen. Eine weitere jinistische Tempelansammlung bildete sich auf dem Berg von **Girnar** (Distrikt Junagarh). Die hervorzuhebenden Tempel dieser Anlage schließen den Neminatha-Tempel von 1128, den Parshvanatha-Tempel von 1231 und den Samprati Raja-Tempel von 1453 mit ein. Der Lakhena-Tempel von **Abhapur** (Distrikt Sabarkantha) wird in das 16. Jahrhundert datiert.

Neben diesen Tempelanlagen ist Gujarat für seine unübertroffenen Brunnenanlagen, meist in Form der so genannten Stufenbrunnen, berühmt. Das vielleicht am meisten beeindruckende Beispiel ist der „Königinnenbrunnen“ (Rani Vav) von **Patan** (Distrikt Mehsana), der trotz seiner Zerstörung durch Mahmud von Ghazni im Jahre 1042 die einstige Größe und Pracht dem Betrachter noch vor Augen führen kann. Der Vikia Vav von **Ghumli** (Distrikt Jamnagar) wird in das 12. Jahrhundert datiert. Dieser Stufenbrunnen misst bei einer Breite von nur 4,50 Metern 60 Meter in der Länge. 1294 wurden die Stufenbrunnen „Ganga Vav“ und „Madha Vav“ von **Wadhwan** (Distrikt Surendranagar) erbaut. Aus der Zeit um 1485 stammt der Stufenbrunnen von **Sevasi** (Distrikt Vadodara). Ein weiterer Stufenbrunnen von großen Ausmaßen ist der Ruda Baoli von **Adalaj** (Distrikt Gandhinagar) aus dem Jahre 1502.

Die unübertroffene Hochburg islamischer Architektur in Gujarat ist **Ahmedabad** (Distrikt Ahmedabad), das 1411 unter Sultan Ahmed Shah (1411-1442) der Muzaffarid

LINKE SEITE:
Jamnagar. Blick über den Ranmal-See auf das von Wasser umgebene Lakhota-Fort und die Kotha-Bastion.

LINKS:
Außenfassade des Stadtpalastes von Bhuj mit ansprechend gearbeiteten Erkerfenstern.

FOLGENDE DOPPELSEITE:
Der Lakshmi Vilas-Palast in Vadodara wurde 1880 von Maharaja Sayajirao Gaekwad in Auftrag gegeben. Entworfen und gebaut hat ihn Major Mant. Die Bauzeit betrug 12 Jahre und gekostet hat der Bau 18 Millionen Pfund Sterling.

Löwin im Reservat von Sasan Gir, dem Zufluchtsort der einzig noch existierenden Asiatischen Löwen.

Dynastie Hauptstadt von Gujarat wurde und 162 Jahre lang Hauptstadt des unabhängigen Sultanats von Gujarat blieb. Die Monumente aus dieser Zeit wurden als so wichtig erachtet, dass bereits 1866 ein mit 120 montierten Originalfotos illustrierter, verschwenderisch produzierter Band über die Baudenkmäler der Stadt erschien. Zu den Monumenten der umwallten Altstadt gehören die Jami Masjid von 1424, die Moschee von Ahmed Shah selbst, die Moschee und das Grab der Rani Sipri, Frau von Ahmed Shah, von 1431, das Grab des Ahmed Shah, die vom Sklaven Ahmed Shahs, Sidi Sayyid, errichtete Moschee gleichen Namens mit ihren unerreichten, filigranen Steinfenstern, die Sayyid Alam-Moschee aus der Zeit von Ahmed Shah, die Moschee von Haibat Khan aus der Zeit von Ahmed Shah, das so genannte „Tin-Darwaza“ (dreifache Tor), usw. usw. Nicht weniger bedeutend und zahlreich sind die Monumente außerhalb der alten Mauern, wie z. B. die Moschee von Malik Alam von 1422, das Grab von Darya Khan von 1453, um nur einige zu nennen.

Der mit einer Vielzahl von Pfeilern und Kuppeln gestützte Grabbau des Mubarak Sayyid von **Mehmedabad** (Distrikt Kheda) entstand 1484 und gilt als der ansprechendste islamische Grabbau außerhalb von Ahmedabad.

Der im 15. und 16. Jahrhundert entstandene Gebäudekomplex von **Sarkhej** (Distrikt Ahmedabad) schließt neben der Palastanlage eine Moschee, zwei Grabmale und eine ausgedehnte künstliche, 200 x 250 Meter messende Teichanlage ein. Auch zu den Hochburgen islamischer Architektur muss **Champaner** (Distrikt Panchmahal) gerechnet werden. Die Jami Masjid (Freitagsmoschee) wurde 1523 errichtet und besticht mit ihrem dreistöckigen zentralen Kuppelbau. Die Borah Masjid oder Sahar ki Masjid mit ihrem hohen Minarettpaar entstand ebenso wie die Nagina Masjid im 16. Jahrhundert. Ein Kuriosum und zugleich Endpunkt der islamischen Architektur Gujarats stellen die im ausgehenden 19. Jahrhundert errichteten Grabbauten von **Junagadh** (Distrikt Junagadh) dar. Die Gräber von Mahabat Khan (1892) und Bahar-ud-Din Bhar (1896) sind wahrscheinlich von venezianisch-gotischen Stilelementen beeinflusst worden.

Ein weiteres architektonisches Charakteristikum des Bundesstaates sind die aus Holz errichteten Havelis (etwa: Bürgerhäuser). Aufgrund des vergänglichen Baumaterials haben sich fast nur Beispiele aus dem 19. und 20. Jahrhundert erhalten können. Die aussagekräftigsten Havelis mit ihren an Holzschnitzereien reichen Fassaden sind in **Vaso** (Distrikt Kheda) zu bewundern, weitere Havelis gibt es noch in **Vadodara** (Distrikt Vadodara).

Da Gujarat ab dem 18. Jahrhundert aus einer Vielzahl von Königreichen und Fürstentümern bestand, ist eine lange Reihe von Palastanlagen aus dieser Zeit erhalten. Erwähnt werden sollen hier nur der Palast von **Morvi** (Distrikt Rajkot), der 1914 gebaute Ranjit Vilas Palast von **Wankaner** (Distrikt Rajkot), der Palast von **Bhuj** (Distrikt Kutch; Kachchh), der Palast und das Fort von **Jamnagar** (Distrikt Jamnagar) und der Lakshmi Vilas-Palast des Gaekwad von **Vadodara** (Baroda, Distrikt Vadodara).

Erwartungsgemäß hat ein kulturell so reicher Staat wie Gujarat etliche Museen anzubieten. Als ausstel-

lungstechnisch besonders gelungen kann das „Textile Museum“ in **Ahmedabad** bezeichnet werden. Eine bedeutende archäologische Sammlung beherbergt das staatliche archäologische Museum in **Vadodara,** das 1887 von Maharaja Sayajirao gegründete „Baroda Museum and Picture Gallery“.
Das mit Abstand wichtigste Naturreservat Gujarats ist der **Gir**-Nationalpark im Distrikt Junagadh. Das einstige Jagdrevier des Nawab von Junagadh ist mit einer Fläche von über 1153 Quadratkilometern der letzte Zufluchtsort des Asiatischen Löwen.
Ebenfalls bietet Gujarat im **„Rann of Kachchh“** (Kutch, Distrikt Kachchh) den letzten indischen Lebensraum für den einst zahlreich vorhandenen, heute vom Aussterben bedrohten Wildesel (Equus heminous onager).

Asiatischer Löwe im Gir Forest.

Löwenfamilie im Reservat von Sasan Gir.

0
200
400
600
km
AFGHANISTAN
PAKISTAN
CHINA
NEPAL
Tibet
(Xizang)
Kabul
Peshawar
Islamabad
Srinagar
Leh
Indus
Jammu
Hanle
Chamba
Gijranwala
Amritsar
Dankhar
Faisalabad
Lahore
Jullundur
Quetta
Simla
Ludhiana
Chandigarh
Multan
Patiala
Dehradun
Bhatinda
Ambala
Saharanpur
Karnal
Hardwar
Haryana
Panipat
Hisar
Delhi
Meerut
Moradabad
Rampur
New Delhi
Ghaziabad
Bareilly
Bikaner
Faridabad
Aligarh
Shahjahanpur
Jaisalmer
Nagaur
Mathura
Kathmandu
Firozabad
Jaipur
Lakhnau
(Lucknow)
Gonda
Agra
Farrukhabad
Jodhpur
Ghaghara
Gorakhpur
Kanpur
Chambal
Ajmer
Gwalior
Faizabad
Muzaffarpur
Hyderabad
Barmer
Lashkar
Chapra
Ganges
Betwa
Kota
Jhansi
Patna
Allahabad
Varanasi
(Benares)
Mirzapur
Udaipur
Palanpur
Satna
Gaya
Son
Gandhinagar
Sagar
Daltonganj
Kandla
Ratlam
Ujjain
Jabalpur
Ranchi
Jamnagar
Ahmadabad
Bhopal
Narsimhapur
Rajkot
Vadodara
(Baroda)
Indore
Hoshangabad
Porbandar
Narmada
Khandwa
Bilaspur
Rourkela
Bhavnagar
Junagadh
Amravati
(Amraoti)
Gondia
Raipur
Sambalpur
Diu
Surat
Dhule
Daman
Jalgaon
Akola
Malegaon
Nagpur
Durg
Sonpur
Silvassa
Wardha

HARYANA

LAGE, GRÖSSE, EINWOHNERZAHL, SYMBOL

Der flächenmäßig 20. Bundesstaat Indiens (44 212 Quadratkilometer) liegt zwischen 27°37' bis 30°35' nördlicher Breite und 74°28' bis 77°36' östlicher Länge. Haryana wird eingegrenzt (im Uhrzeigersinn, von Süden nach Norden) von den Bundesstaaten Rajasthan, Punjab, dem Unionsterritorium Chandigarh, Himachal Pradesh, Uttaranchal, Uttar Pradesh und dem Unionsterritorium Delhi, das von Haryana fast völlig umschlossen wird. In Haryana leben 21 082 989 Personen, was dem Bundesstaat Rang 16 innerhalb Indiens beschert. Einen Quadratkilometer teilen sich im Durchschnitt 477 Einwohner des Bundesstaates. Die Hauptstadt ist das Unionsterritorium Chandigarh (900 914 Einwohner im gesamten Territorium) das ebenso die Hauptstadt für den Punjab ist.

Haryana wird abgeleitet von „Hari" (eine der Bezeichnungen für den Gott Vishnu) und „Ayana", was eigentlich „Laufen" bedeutet, hier im übertragenen Sinne als Ort oder Zuflucht verstanden wird, denn dort, wo Hari läuft oder geht, ist auch der Ort, wo er weilt. Haryana ist somit die Wohnstatt Haris.

Der „Staatsvogel" Haryanas ist der Halsbandfrankolin (Francolinus francolinus).

Der Vishnu-Tempel aus dem 20. Jahrhundert in Kurukshetra.

Innenaufnahme aus dem Vishnu-Tempel.

TOPOGRAPHIE UND KLIMA

Die vier vorherrschenden geographischen Zonen des Bundesstaates sind die Ausläufer der Shivalik-Kette im Norden, die der Aravallis im Südosten, die Ebene der Flüsse Yamuna im Osten und Ghaggar im Westen und die ebene, sandige Halbwüste im Südwesten. Das Gebiet liegt durchschnittlich zwischen 213 und 274 Metern über dem Meeresspiegel.

Haryana hat keine eigenen, das ganze Jahr hindurch Wasser führende Flüsse. Die wichtigsten das Gebiet durchfließenden Ströme sind die Yamuna, Saraswati und Ghaggar, kleinere Flüsse sind die Markanda, Sahibi, Tangri, Indori, Dohan und Kasavati.

Das kontinentale, trockene Klima sorgt für kühle Winter, in denen Tiefsttemperaturen von 5 bis 9 Grad gemessen werden, gelegentlich fällt das Quecksilber unter 0 Grad. Die Sommer sind heiß und Höchsttemperaturen von 47 Grad keine Seltenheit, gelegentlich wurden über 50 Grad gemessen. Die von etwa Mitte Juni bis Ende September währende Monsunzeit bringt oft zu wenig Niederschlag. Die unregelmäßigen Winterregen fallen in den Monaten Dezember bis Februar. Aus diesem Grunde wird Haryana von mehreren Kanälen zur Trinkwasserversorgung und Bewässerung durchzogen. 1553 Quadratkilometer sind von Wäldern bedeckt.

BEVÖLKERUNG, SPRACHEN, GESCHICHTE

Die einflussreichste Bevölkerungsgruppe ist die der in allen Teilen des Bundesstaates anzutreffenden Jats, die auch im östlichen Rajasthan, im westlichen Uttar Pradesh, in Delhi und im Punjab zu finden sind.

Eine weitere Gruppe sind die auch in anderen Bundesstaaten vertretenen Ahirs, die in geografische Zonen nach ihrem angenommenen Ursprungsort aufgeteilt werden. 10 % der Bevölkerung Haryanas sind Ahirs.

Die Gujars von Haryana sind überwiegend Moslems, die in zwei Gruppen geteilt werden, die Bhatariye und die Bhanariye. Die Hindu-Gujars teilen sich in drei Gruppen: die Gujar, Dodhi Gujar und Bakarwal.

Die Sainis leben vor allem in den Distrikten Kurukshetra, Ambala und Yamunanagar und sind Ackerbauern.

Die Meos sind sowohl Hindus als auch Moslems und behaupten, von alten, bereits im Epos Mahabharata genannten Clans abzustammen. Es leben etwa noch 1 Million Meos in Indien, viele davon in Haryana. Als weitere Ethnie zu nennen ist die im Distrikt Karnal lebenden Rors.

Hindi ist die Amtssprache von Haryana. Ebenfalls verbreitet sind das in Indien auch als Bangru oder Jutu bekannte Haryanavi, Punjabi, Urdu und Englisch.

Hindus sind 88,2 %, Moslems 5,8 %, Sikhs 5,5 %, Jainas 0,3 % und Christen 0,1 % der Bevölkerung dieses Bundesstaates.

Haryana gilt zwar als die Wiege der Zivilisation der vedischen Völker und der Hindus, dies findet aber kaum Niederschlag in vorzeigbaren archäologischen Monumenten oder Funden. Haryana gilt als der Staat, in dem einige der entscheidendsten Schlachten in der Geschichte Indiens geschlagen wurden, teilweise am selben Ort in gewissen zeitlichen Abständen. In dem Distrikt Kurukshetra von Haryana soll die berühmte,

RECHTE SEITE:
Ausstellerin auf dem Surajkund-Fest in Faridabad.

FOLGENDE DOPPELSEITE:
Das Surajkund-Fest in Faridabad.

Die Budhiawala Brücke (Mitte 16. Jahrhundert) verdankt ihren Namen einer alten Frau (Budhia), die hier mit ihren Söhnen Reisenden aufgelauert haben soll, um diese auszurauben.

im Mahabharata in epischer Breite geschilderte Schlacht zwischen den Pandavas und den Kauravas stattgefunden haben. Anläßlich dieser Schlacht verkündete Krishna die „Bhagavadgita“, ein Text der für den Hindu die Bedeutung der christlichen Bibel hat und neben selbiger in den Nachtschränken gehobener Hotels zu finden ist.

Das an der Ghaggar gelegene Thanesar (Distrikt Kurukshetra) wurde im ausgehenden 5. Jahrhundert Hauptstadt der Vardhana-Dynastie. Prabhakar Vardhan starb 606, ihm folgte sein Sohn Rajya Vardhan, der in einer Schlacht gegen Devagupta fiel, obwohl er siegreich aus ihr hervorging. Devagupta musste sterben, da er Grahavarman, den Ehemann von Rajya Vardhans Schwester auf dem Gewissen hatte. Harsha Vardhana, Rajya Vardhana's Nachfolger, war erst 16 Jahre alt, als er seine Schwester vom Selbstmord (Sati) auf dem Scheiterhaufen ihres Mannes abhielt. Auf Geheiß seiner Schwester vereinigte Harsha Vardhana die Reiche von Thanesar und Kannauj (Uttar Pradesh, Distrikt Kannauj) und verlegte die Hauptstadt in letzteren Ort. Thanesar geriet allmählich in Vergessenheit und erhielt schließlich den Todesstoß von Mahmud von Ghazni (971-1030), der es 1012 vernichtete.

Die Bekanntheit von Panipat (Distrikt Panipat) beruht auf drei dort geschlagenen Schlachten. In der ersten Schlacht kämpfte am 15. Dezember 1526 Sultan Ibrahim Lodi von Delhi gegen den Moghulherrscher Babur. Babur gewann die Schlacht aufgrund seiner überlegenen Artillerie, über die die Lodis nicht verfügten und der Norden Indiens wurde zum Reich der Moghuln. Ibrahim Lodi fiel in der Schlacht, sein Grab steht in Panipat. In der zweiten Schlacht von Panipat, die am 5. November 1556 stattfand, kämpfte der junge Moghulkaiser

Akbar gegen Hemachandra, genannt Hemu. Hemu hatte fast gewonnen, als ihn ein Pfeil ins Auge traf und er das Bewusstsein verlor. Der augenscheinliche Verlust des Anführers schwächte die Kampfmoral seiner Armee und Akbar siegte. Am Ende schlug Akbar dem immer noch ohnmächtigen Hemu den Kopf ab.

Die dritte Schlacht von Panipat geschah am 14. Januar 1761. Die Marathen, die fast den gesamten Nordwesten Indiens unter ihre Herrschaft gebracht hatten, kämpften gegen den einfallenden Afghanen Ahmed Shah Abdali (1722-1773) und verloren u. a. dadurch, weil ihre islamischen Artilleristen zum (islamischen) Feind übergelaufen waren.

Ein weiterer Schlachtort ist Karnal (Distrikt Karnal). Hier kämpfte die Armee des Nadir Shah, der Shah des Iran (regierte 1736-1747) gegen die Armee des Moghulkaisers Muhammad Shah am 24. Februar 1739. Letzterer unterlag und Nadir Shah plünderte nicht nur Delhi, er ließ 30 000 Zivilisten ebendort ermorden.

Ab September 1803 wurde Delhi und das Gebiet des heutigen Haryana der Britischen Ostindien Kompanie (East India Company) unterstellt. Die Briten setzten sich in Karnal fest, was sie aber 1841 wegen einer dort ausgebrochenen Malaria verließen, um eine neue Niederlassung in Ambala (Distrikt Ambala) zu eröffnen. Am 10. Mai 1857 begann der indische Kampf gegen die britische, koloniale Unterdrückung, die so genannte „Meuterei" der englischen Geschichtsbücher, in Ambala und breitete sich rasch über Haryana aus, so dass sich für eine Weile Haryana von der britischen Vorherrschaft lossagen konnte. Die waffentechnisch überlegenen Briten brannten Hunderte von Dörfern nieder und vernichteten damit die Nahrungsvorräte der einheimischen Bevölkerung, die somit in die Knie gezwungen wurde. Danach (1858) wurde Haryana ein Teil des Punjab.

Am Suraj Kund (Sonnenteich) stand ab dem 10. Jahrhundert ein Sonnentempel, bevor die Anlage im 14. Jahrhundert ihre heutige Form erhielt.

FOLGENDE DOPPELSEITE:

Eine der wichtigsten indischen Ausgrabungsstätten bei Rakhigarhi erkundet das Leben der Harappa-Zivilisation.

Haryana blieb seitdem Teil des Punjab, wurde aber nach jahrelangen Protesten am 1. November 1966 nach sprachlichen Gesichtspunkten vom Punjab losgelöst und zum Bundesstaat der Indischen Union. Neue Distrikte wurden innerhalb des Bundesstaatsgebietes bis 1997 geschaffen.

VERWALTUNG

Die politischen Verantwortlichen sind der „Governor" und der „Chief Minister". Haryana besteht aus 19 Distrikten: Ambala, Bhiwani, Faridabad, Fatehabad, Gurgaon, Hisar, Jhajjar, Jind, Kaithal, Karnal, Kurukshetra, Mahendragarh, Panchkula, Panipat, Rewari, Rohtak, Sirsa, Sonipat und Yamuna Nagar.

WIRTSCHAFT

70 % der Bevölkerung von Haryana arbeiten direkt oder indirekt in der Landwirtschaft. Von etwa 86 % der kultivierbaren Fläche werden fast 95 % landwirtschaftlich genutzt. 75 % der landwirtschaftlich genutzten Fläche werden künstlich bewässert.

Zwischen 2000 und 2001 wurden folgende Mengen eingefahren: Weizen: 7 554 000 Tonnen, Reis: 2 545 000 Tonnen, Baumwolle: 1 129 000 Tonnen, Hirse: 673 000 Tonnen, Kichererbsen: 310 000 Tonnen.

Ebenso angebaut werden Ölsaaten, Mais, Jute, Zuckerrohr, Sesam, Tabak, Leinsaaten und Senf. In der Milchwirtschaft werden neben Milch auch Butterschmalz, Butter, Joghurt und „Paneer" (eine Art Frischkäse) erzeugt. Folgende Mengen wurden produziert: Büffelmilch: 3 219 000 Tonnen, Kuhmilch: 761 000 Tonnen und Ziegenmilch: 82 000 Tonnen.

Durch ausländische, vor allem japanische, Investitionen und die Abnehmernähe der Metropolis Delhi ist die Industrie des Bundesstaates führend in der Herstellung von Autos, Motorrädern, Traktoren, Gasöfen, sanitären Anlagen und wissenschaftlichen Instrumenten. Besonderer Förderung unterliegt die Informationstechnologie. Der Vater von Kalpana Chawla, der 1961 in Karnal geborenen Astronautin, die am 1. Februar 2003 im Space Shuttle Columbia beim Wiedereintritt in die Erdatmosphäre zusammen mit sechs weiteren Besatzungsmitgliedern ums Leben kam, war Besitzer einer Reifenfabrik in Haryana.

Detail vom Torana mit dem Streitwagen.

Torana in Kurukshetra mit der Darstellung Krishnas, der als Wagenlenker Arjunas den „Gesang des Erhabenen“ (Bhagavadgita) verkündet.

BEDEUTENDE ORTE UND IHRE SEHENSWÜRDIGKEITEN

Die zumeist wenig spektakulären Ausgrabungsorte der Kulturen des 5. bis 2. Jahrtausends vor unserer Zeit sind **Agroha** und **Rakhigarhi** (Distrikt Hissar), **Banawali** und **Kunal** (Distrikt Fatehabad) **Mittathal** und **Naurangabad** (Distrikt Bhiwani).

Zu den mehr sehenswerten Monumenten gehören **Surajkund** (Distrikt Faridabad), ein groß angelegtes, halbkreisförmiges Wasserreservoir mit den Resten eines Sonnentempels, das bereits von Surajpal Tomar im 10. Jahrhundert angelegt wurde, bevor es von Firuz Shah Tughluq (1351-1388) in den heutigen Zustand versetzt wurde. Ebenfalls im Distrikt Faridabad befindet sich die nach einer alten Frau (Budhia) benannte Budhiawala Brücke, die unter Sher Shah Sur errichtet wurde. Die steinerne, an der Brüstung mit Minaretten versehene Brücke weist drei Bögen auf.

An weiteren Monumenten müssen erwähnt werden: Die Moschee des Moghulkaisers Humayun in **Fatehabad** (Distrikt Fatehabad), der Kirchturm der Kirche des britischen Militärquartiers (Cantonments) von **Karnal** (Distrikt Karnal), der Patsahi Gurudwara in **Kurukshetra** (Distrikt Kurukshetra), das Fort von **Mahendragarh** (Distrikt Mahendragarh), das Grab des Ibrahim Lodi (1526) und die Kabuli Shah Masjid von Babur (1526) in **Panipat** (Distrikt Panipat) und Rohtasgarh, die Festung und Stadt von **Rohtak** (Distrikt Rohtak).

Einen guten Überblick über die Archäologie und frühe Kunstgeschichte des Bundesstaates vermittelt das Archäologische Museum der Universität von Kurukshetra mit einer 1983 katalogisierten Sammlung von Terrakotten und Steinskulpturen.

Haryana verfügt über einige nennenswerte Vogelbeobachtungswarten. Eine ist das an einem See gelegene „Bhindawas Bird Sanctuary“ im Distrikt Jhajjar, ein anderes ist das „Sultanpur Bird Sanctuary“ im Distrikt Gurgaon, das 1991 den Status eines Nationalparks erhielt.

0
200
400
600
km
AFGHANISTAN
CHINA
PAKISTAN
NEPAL
Tibet
(Xizang)
Himachal Pradesh
Kabul
Peshawar
Islamabad
Srinagar
Leh
Indus
Jammu
Hanle
Chamba
Dankhar
Gijranwala
Amritsar
Faisalabad
Lahore
Jullundur
Quetta
Simla
Ludhiana
Chandigarh
Multan
Patiala
Dehradun
Ambala
Bhatinda
Saharanpur
Karnal
Hardwar
Panipat
Hisar
Meerut
Moradabad
Delhi
Rampur
New Delhi
Ghaziabad
Bareilly
Faridabad
Aligarh
Bikaner
Shahjahanpur
Kathmandu
Jaisalmer
Nagaur
Mathura
Firozabad
Lakhnau (Lucknow)
Jaipur
Agra
Gonda
Farrukhabad
Gorakhpur
Jodhpur
Kanpur
Ghaghara
Faizabad
Muzaffarpur
Chambal
Gwalior
Ajmer
Lashkar
Hyderabad
Barmer
Chapra
Ganges
Betwa
Patna
Kota
Jhansi
Allahabad
Varanasi (Benares)
Mirzapur
Udaipur
Satna
Gaya
Palanpur
Son
Sagar
Daltonganj
Gandhinagar
Kandla
Ratlam
Ujjain
Bhopal
Jabalpur
Ranchi
Jamnagar
Ahmadabad
Narsimhapur
Indore
Rajkot
Vadodara (Baroda)
Hoshangabad
Porbandar
Narmada
Khandwa
Bilaspur
Rourkela
Bhavnagar
Junagadh
Amravati (Amraoti)
Gondia
Sambalpur
Raipur
Diu
Surat
Dhule
Daman
Jalgaon
Akola
Nagpur
Durg
Sonpur
Malegaon
Wardha
Silvassa
Mahanadi

HIMACHAL PRADESH

LAGE, GRÖSSE, EINWOHNERZAHL

Der „Land der Schnee-Berge" genannte Bundesstaat, Himachal Pradesh, liegt im Norden Indiens und wird eingekreist (im Uhrzeigersinn, von Süden nach Norden) von den Bundesstaaten Uttar Pradesh, Haryana, Punjab, Jammu und Kashmir, Tibet (als Teil der Volksrepublik China) und Uttaranchal. Die geographischen Daten sind: zwischen 32°22'40" und 33°12'40" nördlicher Breite und zwischen 75°45'55" und 79°04'20" östlicher Länge. Flächenmäßig liegt Himachal Pradesh mit 55 673 Quadratkilometern innerhalb Indiens auf Rang 17. In der Anzahl der Einwohner, 6 077 900, belegt der Bundesstaat Platz 20. Die Bevölkerungsdichte liegt bei 109 Personen pro Quadratkilometer.

Die Hauptstadt ist Shimla (Distrikt Shimla, 379 695 Einwohner, die eigentliche Stadt zählt nach neusten amtlichen Angaben knapp unter 160 000 Einwohner).

Das so genannte „Staatstier" ist das Moschustier, „Staatsvogel" ist der Gelbschwänzige Glanzfasan, der auch Königs-Glanzfasan oder Himalaya Glanzfasan genannt wird (Lophophorus impeyanus).

TOPOGRAPHIE UND KLIMA

Da die Höhe des Bundesstaates zwischen 350 und 7000 Meter über dem Meeresspiegel schwankt, sind die für den Jahresdurchschnitt angegebenen Temperaturen und Niederschlagsmengen relativ.

Das Gebiet des Bundesstaates wird in drei geographische Höhenzonen geteilt: die Ausläufer des Himalaya (der „niedere Himalaya") oder Shivaliks, der mittlere oder zentrale Himalaya und der höhere Himalaya.

Die Höhe des niederen Himalaya schwankt zwischen 350 und 1500 Metern, die im Jahresdurchschnitt gemessene Niederschlagsmenge beträgt zwischen 150 und 175 Zentimeter. Zu dieser Region gehören die Distrikte Hamirpur, Kangra, Una, Bilaspur und die unteren Regionen von Solan, Sirmaur und Mandi.

Zur Region des mittleren oder zentralen Himalaya werden Teile des Distriktes von Sirmaur und Kangra neben den Distrikten von Mandi, Shimla und Chamba gerechnet. Hier fallen durchschnittlich 75 bis 100 Zentimeter Niederschlag, fast 6 Monate lang liegt in der Region Schnee.

Der höhere Himalaya liegt in einer Höhe von 4500 Metern und darüber. Zu dieser Region gehören die Verwaltungsbezirke von Kinnaur und Pangi im Distrikt Chamba und Teile von Lahaul und Spiti.

Durch die Höhenunterschiede ist das Klima, je nach Lage, halb tropisch oder halb arktisch. In der Hauptstadt Shimla zum Beispiel werden fümf Jahreszeiten unterschieden: der von März bis April währende Frühling mit Temperaturen von 10 bis 20 Grad, der Sommer (Mai–Juni) mit Temperaturen von 16 bis 28 Grad, die Regenzeit (Juli–September) mit

Blick über den Ort Keylong. Aufgrund der heftigen Schneefälle in einer Höhe von 3350 m ist der Ort in den Monaten November bis Juni von der Außenwelt abgeschnitten.

RECHTE SEITE:
In den engen Tälern am oberen Ravi-Fluss ziehen sich Dörfer und schmale Terrassen weit die steilen Hänge hoch.

Wegen der Schneemassen bleibt das reizvoll gelegene Dorf Devi-Kothi monatelang von der Außenwelt auf dem Landwege abgeschnitten.

durchschnittlichen Temperaturten von 13 bis 20 Grad, der Herbst (Oktober–November), in dem zwischen 10 und 23 Grad gemessen werden und schließlich der Winter (Dezember–Februar) mit Temperaturen von -7 bis 10 Grad. Shimla erhält jährlich im Durchschnitt 1252,6 Millimeter Niederschlag.

Auf die Fläche des gesamten Bundesstaates bezogen fallen durchschnittlich 180 Zentimeter Niederschlag pro Jahr, die mittlere Höchsttemperatur beträgt 30 Grad und die mittlere Tiefsttemperatur beträgt 2 Grad. 63,9 % der gesamten Region sind mit Wald bedeckt.

Zu den höchsten Erhebungen gehören der Shilla (7026 Meter), Gaya (6794, Distrikt Spiti), Riwo Phargyal oder Leo-Pargial (6791 Meter, Distrikt Kinnaur), Shipki (6608 Meter), Manirang (6554 Meter, Distrikt Kinnaur), Mulkila (6517 Meter, Distrikt Lahaul), Indrasan (6220 Meter, Distrikt Lahaul), Sikarvah (6200 Meter, Distrikt Lahaul), Mukarbeh (6060 Meter, Distrikt Kullu), Kinnar Kailash (6050 Meter, Distrikt Kinnaur), Deo Tibba (6001 Meter, Distrikt Kullu), usw.

Die wichtigsten Flüsse sind die durch das Tal von Kullu und Manali fließende, von den Nebenflüssen Parbati, Hurla, Sainj, Uhl, Suheti, Luni und Banganga gespeiste Beas, die am Zusammenfluss von Chandra und Bhaga in Tundi entstehende Chenab oder Chandrabhaga in Lahaul und Spiti, die Spiti, die in die Sutlej in Kinnaur mündet, ferner die Ravi, Pabbar und schließlich die Yamuna mit der Tons, Giri und Bata.

FOLGENDE DOPPELSEITE:
Die mit Felsen übersäten Flussläufe sind typisch für die Region von Kulu und Kangra.

Rumtsu, Ende September: tragende Apfelbäume und ein typisches Holzhaus mit trocknenden Maiskolben auf dem Dach

BEVÖLKERUNG, SPRACHEN, GESCHICHTE

Die Stammesbevölkerungen des Bundesstaates sind die Kinners oder Kinnaure, die Lahules oder Lahaules, die Spitians, Pangwallas, Piral, Gaddis, und Gujjars. Die Mehrzahl der Kinners lebt im Distrikt Kinnaur während die Lahules im Distrikt Lahaul zu Hause sind. Die nomadisierenden Piral bewegen sich je nach Jahreszeit zwischen Kangra und Lahaul. Die meisten Gaddis kommen aus den Distrikten Chamba und Sirmaur und sind traditionell Schafhirten.

Die Religionszugehörigkeiten teilen sich folgendermaßen auf: Hindus 95,4 %, Moslems 2,0 %, Buddhisten 1,2 % Sikhs 1,2 % und Christen 0,1 %.

Amtssprachen sind Pahari und Hindi. Als Verkehrssprachen gelten Kangri und Punjabi neben den Pahari-Dialekten Mandiali, Kulavi, Kehluri, Hinduri, Chameali, Sirmauri, Miahasvi, und Pangwali.

Zu den frühen, durch Münzfunde historisch belegbaren Staaten der Gegend des heutigen Himachal Pradesh gehört das Land der Audumbaras, das sich zwischen Pathankot und Jwalamukhi ab dem 2. Jahrhundert vor unserer Zeit befand. Weitere Dynastien der Zeit waren die Trigarta, die Kuluta im Kullu-Tal, deren Hauptstadt Naggar war und die Kulindas von Shimla und Sirmur.

Der politische Einfluss der Dynastie der Guptas auf die Gegend des heutigen Himachal Pradesh war vergleichsweise gering. Nach dem Tode Harshavardhanas (647) bildeten sich mehrere rajputische Staaten, die sich untereinander bekämpften. Am stärksten war der Staat von Kangra, weshalb Kangra denn auch von Mahmud von Ghazni 1009 geplündert wurde. Später sollten sich die Armeen der Moghulkaiser an Kangra die Zähne ausbeißen.

Im 18. Jahrhundert musste sich der Katoch-Staat von Kangra, der die Staaten von Chamba, Suket, Mandi, Guler, Jaswan, Siwan und Datarpur unter seine Gewalt gebracht hatte, gegen Ranjit Singh (1780-1839) von Lahore und die Gurkhas von Nepal behaupten. Aus diesem Konflikt ging Ranjit Singh 1804 siegreich hervor.

RECHTE SEITE:

Im oberen Kulu-Tal findet man noch viele Häuser in der traditionellen Holzbauweise mit gedeckten Veranden und Dächern, die mit schweren Steinplatten gedeckt sind.

Ein Chorten
des buddhistischen
Klosters Kye.

Im Kampf gegen die Gurkhas (1815-1816) und Sikhs (1846) siegten letztlich die Briten der Ostindischen Kompanie, so dass ab der Mitte des 19. Jahrhunderts Himachal Pradesh britischer Kontrolle unterlag. Shimla wurde ab 1864 Sommersitz der anglo-indischen Regierung, die somit zwischen Kolkata (Calcutta) und Shimla jährlich einmal hin- und herziehen musste, um dem unerträglichen Klima der Hauptstadt während der heiß-feuchten Jahreszeit zu entgehen.
Nach Erlangung der Unabhängigkeit (1947) wurde Himachal Pradesh am 15. April 1948 eine so genannte „Chief Commissioner's Province", die aus 31 ehemaligen Fürstenstaaten bestand. Erst am 1. Juli 1954 trat Bilaspur diesem Kleinstaatenkonsortium bei. Am 1. November 1956 wurde Himachal Pradesh zum Unionsterritorium erklärt. Am 15. November 1966 wurde auch Kangra zusammen mit anderen so genannten „Hügelstaaten" des Punjab (Shimla, Kullu, Lahul, Spiti und Una) Teil des Unionsterritoriums von Himachal Pradesh. Am 25. Januar 1971 schließlich wurde Himachal Pradesh in den Rang eines indischen Bundesstaates erhoben.

VERWALTUNG

Himachal Pradesh ist in 12 Distrikte unterteilt: Bilaspur, Chamba, Hamirpur, Kangra, Kinnaur, Kullu, Lahaul und Spiti, Mandi, Shimla, Sirmaur, Solan und Una. Die ranghöchsten Politiker sind der „Governor" und der „Chief Minister".

WIRTSCHAFT

Von der Bevölkerung Himachal Pradeshs sind 71 % direkt in der Landwirtschaft beschäftigt, 45 % des Einkommens von Himachal Pradesh wird durch Ackerbau und Viehzucht erwirtschaftet. Angebaut wird an meist terrassierten Hängen Weizen, Mais, Reis und Geste. In kleinerem Maße werden angebaut: Saatkartoffeln, Ingwer, Pilze, Hopfen, Oliven und Feigen, neuerdings auch Pistazien und Saffrankrokosse. In den

Blick auf das Eingangstor des buddhistischen Kosters Tabo im ehemaligen Fürstentum Spiti.

Distrikten Kangra und Mandi wird großflächig Tee angebaut, der „Kangra Green Gold".
Eine wichtige Stütze der Landwirtschaft ist der Obstanbau. Das am häufigsten angebaute Obst ist der Apfel, weshalb Himachal Pradesh innerhalb Indiens oft der „Apfel-Staat" genannt wird.
Zu weiteren angebauten Obstsorten zählen Birnen, Pfirsiche, Pflaumen, Aprikosen, Nüsse, Zitrusfrüchte, Mangos, Lichies, Guaven und Erdbeeren.
Die Viehzucht in den Distrikten von Mandi und Kangra wurde in Zusammenarbeit mit der deutschen Regierung aufgebaut und modernisiert.
Da Himachal Pradesh kaum über nennenswerte Bodenschätze verfügt, baut die Industrie vor allem die Informationstechnologie und die Bio-Technologie aus, denn der Staat achtet jetzt auf hohe ökologische Verträglichkeit der Produktions- und Entwicklungsstätten. Hergestellt werden Uhren, Thermometer, Mikroskope, elektronische Feinmessgeräte, Fernsehgeräte, elektronisches Spielzeug und Laborausrüstungen. Ältere Fabriken produzieren Zement und belasten die Umwelt erheblich.
Ebenso gefördert werden die Seidenraupenzucht und die Handwebstuhlproduktion.

Das Kloster Kye, das auf einem Berg über dem Spiti-Tal thront.

FOLGENDE DOPPELSEITE:
Die Klosteranlage Kye im Spiti-Tal.

RECHTE SEITE:
Brahmaur – vor der Kulisse von Fünf- und Sechstausendern – war die alte Hauptstadt des ehemaligen Staates von Chamba und Standort bemerkenswerter Tempel (7. Jahrhundert und später).

FOLGENDE DOPPELSEITE:
Chamba: der an seiner Schnabelnase und Flügeln erkennbare „Sonnenadler" (Garuda) ist die Standarte des dem Gott Vishnu geweihten Lakshmi-Narayan-Tempels.

BEDEUTENDE ORTE UND IHRE SEHENSWÜRDIGKEITEN

Von den zahlreichen Naturschutzparks und landschaftlichen Schönheiten abgesehen, überrascht Himachal Pradesh den Besucher mit drei verschiedenen Arten von Monumenten:
1. den buddhistischen Anlagen tibetischen Stils in den östlichen Distrikten von Lahaul und Spiti und Kinnaur,
2. den meist außerhalb von Lahaul und Spiti vorhandenen hinduistischen Tempeln aus dem 8. bis 19. Jahrhundert,
3. den Palästen und Monumenten der ehemaligen Rajas, Maharajas, Nawabs und britischen Vizekönige vom 17. bis 20. Jahrhundert.

Der an der Spiti gelegene buddhistische Klosterkomplex von **Tabo** liegt etwa 3050 Meter über dem Meeresspiegel und beherbergt neben Klostergebäuden neun Tempel und 23 „Chorten" oder tibetische Votivstupas. Den 6300 Quadratmeter großen Komplex umgibt eine Lehmmauer. Der Kern des Klosters mit seinen aus bemaltem Stuck gefertigten buddhistischen Figuren und den größtenteils exzellent erhaltenen Wandmalereien wurde vor über 1010 Jahren gegründet.

Am linken Ufer der Spiti liegt die von Weiten wie eine Festung aussehende Klosteransammlung **Kye,** die größte Anlage dieser Art in Spiti, deren älteste Gebäude in das 11. Jahrhundert zurückreichen können.

Der dem Gott Shiva geweihte Bishveshvar Mahadev-Tempel von Bajaura (8. Jahrhundert) sieht von allen Seiten gleich aus, ist aber nur nach Osten geöffnet.

Weitere bedeutende Klosteranlagen in Lahaul und Spiti sind die von **Dhankar** (Spiti), das Kloster von **Tashigang,** das Kloster von **Tilasangh,** das **Khardang**-Kloster der ehemaligen Hauptstadt von Lahaul, das Kloster von **Pooh** im Tal der Sutlej (11. Jahrhundert), das Kloster von **Than Yug** (Spiti), das Kloster von **Ghemur** (Lahaul), das Kloster von **Kibber** (Distrikt Spiti, mit einer Höhe von 4205 Metern über dem Meeresspiegel eines der höchsten buddhistischen Köster überhaupt), **Kungri** Gompa (Spiti), das Kloster von **Guru Ghantal** (Lahaul), das auf eine Gründung von Padmasambhava zurückgehen soll und das Kloster von **Tayul** (Spiti) um nur einige zu nennen.

Die Klosteranlage von **Kanam** (Distrikt Kinnaur) besteht aus mehreren Klostergebäuden, die Kopien der Lamaistischen Texte des Kanjur enthalten.

Die Bronzen auf dem Altar des dem Shiva geweihten Chandrashekhara-Tempels von Saho (Ende des 9. Jahrhunderts) werden regelmäßig mit Asche geputzt.

Zu den kunsthistorisch bedeutenden hinduistischen Anlagen des Bundesstaates gehören die 15 monolithischen, das heißt aus dem Fels geschlagenen Tempel von **Masrur** (Distrikt Kangra) aus dem 8. Jahrhundert. Der ästhetisch vielleicht ausgewogenste und am besten erhaltene hinduistische Kultbau des Bundesstaates ist der Bishveshvar Mahadev von **Bajaura** (Distrikt Kullu), der in die Mitte des 8. Jahrhunderts datiert wird. Kaum jünger dürfte der viel größere Vaidyanatha Tempel von Palampur bzw. **Baijnath** (Distrikt Kangra) sein, der als der älteste shivaitische Tempel des Bundesstaates gilt.

Die altertümlichsten Tempel des Bundesstaates sind in **Bharmaur** oder **Brahmaur** (Distrikt Chamba), der alten Hauptstadt von Chamba, zu sehen. Der der Göttin Durga (als „Lakshna Devi") geweihte Tempel ähnelt von außen frappant einem Wohnhaus mit Giebeldach und enthält innen einige der frühesten erhaltenen Holzschnitzereien Indiens neben einem Kultbild aus Bronze, das die vierarmige Göttin zeigt. Derselbe Künstler, sein Name war Gugga, schuf auch noch andere Bronzen in Brahmaur, wie einen Ganesha und einen lebensgroßen Stier vor dem Mani-Mahesh, dem Shiva geweihten Tempel.

Der Shakti-Devi-Tempel von **Chhatrarhi** (Distrikt Chamba) hat im Türrahmen des Sanktums hochqualitative Holzschnitzereien, die an den Tempel der Lakshna Devi von Brahmaur erinnern, aber weniger alt sein

dürften. Die in kräftigen Farben ausgeführten Wandmalereien des Tempels dürften erst im 19. Jahrhundert ausgeführt worden sein.

Die Skulpturen des Türrahmens des Chandrashekhara-Tempels von **Saho** (Distrikt Chamba) werden zusammen mit dem lebensgroßen, aus Bronze gegossenen Stier in das ausgehende 9. Jahrhundert datiert. Die auf dem Altar plazierten Bronzen sind späteren Datums.

Die Tempel der Stadt **Chamba** (Distrikt Chamba) dürften ab dem 10. Jahrhundert entstanden sein. Als einer der Haupttempel gilt der unter Sahil Varman erbaute Lakshmi-Narayan-Tempel, um den herum im Laufe der Zeit weitere Tempel desselben Stils, wie der Gauri-Shankar, errichtet wurden. Hauptanziehungspunkt der Anlage ist der außerhalb des heutigen Tempelkomplexes auf einer Säule stehende, bronzene Garuda, das Reittier des Gottes Vishnu, dem der Haupttempel geweiht ist. Der Hari-Rai-Tempel in der Nähe der Niederlassung der Feuerwehr ist im 11. Jahrhundert erbaut worden. Weitere ältere Tempel sind der Vajreshvari-Tempel und der Champavati-Tempel. Der Hidimba-Tempel von **Dhoongri** (Distrikt Kullu) wurde 1553 unter Maharaja Bahadur Singh erbaut.

Auf ein weniger hohes Alter zurückblicken können die Holz- und Steintempel von **Naggar** (Distrikt Kullu), einem am rechten Ufer der Beas gelegenen, malerischen Ort. Etwas abseits liegt in landschaftlich er-

Mandi liegt 760 m hoch in den Siwalik-Bergen. Auf einer Felsinsel im Fluss Beas steht der altertümliche Panchvaktra-Tempel.

Simla: Der Palast des Vizekönigs (Viceregal Lodge) mit seinem Ballsaal und inneren Tennishof war eines der ersten nordindischen Gebäude mit elektrischem Licht.

baulicher Lage der mit Wandmalereien und Holzschnitzarbeiten ausgestattete Tempel der Chamunda Devi in **Devi-Kothi** (Distrikt Chamba) aus der Mitte des 18. Jahrhunderts (1754), der äußerlich dem Mindhal Devi-Tempel in **Pangi** (Distrikt Chamba) ähnelt. An steinernen Tempeln reich ist die Stadt **Mandi** (Distrikt Mandi) mit dem Triloknath-Tempel von 1520, dem Bhutnath-Tempel von 1527 und dem Panchvaktra-Tempel am Zusammenfluss der Beas und Suketi. Wie eine hölzerne Festung erscheint die Anlage des der Durga gewidmeten Bhimakali-Tempels in **Sarahan** (Distrikt Shimla).

Nach dem verheerenden Erdbeben von 1905 neu aufgebaut werden musste der Vajreshwari-Devi-Tempel von **Kangra** (Distrikt Kangra), dessen Dachaufbau noch aus einer Entfernung von 20 Kilometern nicht zu übersehen ist. 30 Kilometer von Kangra entfernt liegt der Tempel der „Jwalamukhi", das heißt „Flammengesicht". Anstelle eines Kultbildes fungiert eine von natürlichem Erdgas gespeiste Flamme, die die „Große Göttin" symbolisiert. Ein Tempel, der seinen hohen Bekanntheitsgrad eher den vielen Besuchern als seiner architektonischen Schönheit verdankt, ist der stets von Affen umlagerte Hanuman-Tempel von Jakhu (Jakhoo), oberhalb von **Shimla.**

Die zahlreichen Paläste und Residenzen des Bundesstaates zeichnen sich häufig durch Wandmalereien aus. So sind viele Räumlichkeiten des Palastes von **Nurpur** (Distrikt Kangra) oder des Havelis (Bürgerhaus) von Miyan Bagh Singh in Mandi (Distrikt Mandi) mit niveauvollen Wandmalereien ausgemalt. Mit Malereien übersät sind einige Räumlichkeiten des Palastes von **Arki** (Distrikt Solan), wo Kopien europäischer Stiche und Holzschnitte den Betrachter verwundern. Ebenso sehenswert sind die Paläste und Forts von

Sujanpur Tira (Distrikt Hamirpur), **Lambagraon** (Distrikt Kangra) und das Fort von **Kuthar** (Distrikt Solan). Für ganz Indien von historischer Bedeutung ist der Palast („Lodge") des indischen Vizekönigs Lord Dufferin in **Shimla** (Distrikt Shimla), da in ihm mehrere politische Verträge unterzeichnet worden sind, wie z. B. die „Shimla Vereinbarung" zwischen Indien und Pakistan, am 2. Juli 1972.

Einige dieser Paläste oder Teile derselben wurden in den letzten Jahren zu Hotels umgebaut. Zu ihnen gehören das Fort von **Kuthar** (Distrikt Solan), das alte Fort von **Naggar** (Kullu Distrikt), der Rajmahal von **Mandi** (Distrikt Mandi), das Taragarh Palace Hotel in **Palampur** (Distrikt Kangra) und das Chapslee in **Shimla** (Distrikt Shimla), ein 1835 erbautes englisches Landhaus.

Die drei bedeutenden archäologischen und volkskundlichen Museen des Bundesstaates sind das „Himachal State Museum" in **Shimla** (Distrikt Shimla), das von dem Holländer J.Ph. Vogel zu Beginn des 20. Jahrhunderts gegründete „Bhuri Sinh Museum" in **Chamba** (Distrikt Chamba) und das „Museum of Kangra Art" in **Dharamshala** (Distrikt Kangra).

LINKS OBEN:

Die Wände eines der Paläste in der Festung von Nurpur sind lebendig mit Geschichten aus der Krishna-Legende bemalt. Diese Szene zeigt den Kampf Krishnas und seines Bruders gegen die Verbündeten des bösen Königs Kamsa.

LINKS UNTEN:

Wehrhafte Bastionen flankieren das Tor der Festung Nurpur.

Naggar: Straße am alten Holztempel, dessen kunstvolle Schnitzereien hinter einer Mauer aus Stein versteckt werden.

0
200
400
600
km
AFGHANISTAN
Kabul
Peshawar
Islamabad
Srinagar
Jammu
und
Kashmir
Leh
Indus
CHINA
Jammu
Hanle
Chamba
Gijranwala
Dankhar
Amritsar
Faisalabad
Lahore
Jullundur
T i b e t
(X i z a n g)
Quetta
Simla
Ludhiana
Chandigarh
PAKISTAN
Multan
Patiala
Dehradun
Ambala
Saharanpur
Bhatinda
Karnal
Hardwar
Panipat
Indus
Hisar
Meerut
Moradabad
Delhi
Rampur
New Delhi
Ghaziabad
NEPAL
Faridabad
Bareilly
Bikaner
Aligarh
Shahjahanpur
Kathmandu
Jaisalmer
Nagaur
Mathura
Lakhnau
(Lucknow)
Jaipur
Firozabad
Gonda
Agra
Farrukhabad
Ghaghara
Gorakhpur
Jodhpur
Kanpur
Faizabad
Chambal
Muzaffarpur
Ajmer
Gwalior
Lashkar
Chapra
Hyderabad
Barmer
Ganges
Patna
Kota
Jhansi
Betwa
Allahabad
Varanasi
(Benares)
Mirzapur
Udaipur
Satna
Gaya
Palanpur
Son
Daltonganj
Sagar
Gandhinagar
Kandla
Ratlam
Ujjain
Ranchi
Jamnagar
Ahmadabad
Bhopal
Jabalpur
Rajkot
Indore
Narsimhapur
Vadodara
(Baroda)
Hoshangabad
Porbandar
Narmada
Bhavnagar
Khandwa
Bilaspur
Rourkela
Junagadh
Amravati
(Amraoti)
Gondia
Surat
Raipur
Sambalpur
Diu
Dhule
Daman
Jalgaon
Akola
Malegaon
Nagpur
Durg
Sonpur
Silvassa
Wardha
Mahanadi

JAMMU UND KASHMIR

LAGE, GRÖSSE, EINWOHNERZAHL, SYMBOL

Der nördlichste indische Bundesstaat liegt zwischen 32°17' und 36°58' nördlicher Breite und 73°26' und 80°30' östlicher Länge. In der heutigen politischen Lage wird Jammu und Kashmir umgeben (von Süden nach Norden, im Uhrzeigersinn) von dem indischen Bundesstaat Punjab, den Ländern Pakistan, Tibet (Volksrepublik China) und dem indischen Bundesstaat Himachal Pradesh. Die räumliche Ausdehnung von Jammu und Kashmir beträgt amtlichen indischen Angaben zufolge 222 236 Quadratkilometer „einschließlich 78 114 Quadratkilometer unter unrechtmäßiger Besetzung durch Pakistan und 42 685 Quadratkilometer unter unrechtmäßiger Besetzung durch [die Volksrepublik] China, von denen Pakistan an [die Volksrepublik] China 5130 Quadratkilometer unrechtmäßigerweise aushändigte." Indischen Ansprüchen zufolge grenzt der Bundesstaat Jammu und Kashmir auch an Afghanistan. Nach indischen Angaben misst der Bundesstaat 640 Kilometer von Nord nach Süd und 480 Kilometer von Ost nach West.

Gemäß der Anzahl der Einwohner, 10 069 917 (2004) belegt Jammu und Kashmir innerhalb Indiens Platz 19, größenmäßig unter Vorbehalt Rang 6.

Die Hauptstadt von Jammu und Kashmir ist zunächst Srinagar (894 940 Einwohner, 2001). Srinagar ist gleichzeitig die „Sommerhauptstadt" (von Mai bis Oktober) und Jammu die „Winterhauptstadt" (von November bis April).

Kashmir wird u. a. von „Kashyapamara", dem Land von Kashyapa (Name eines alten Weisen), abgeleitet. Einer anderen Volksetymologie zufolge bedeutet Kashmir „vom Wasser getrocknetes Land" angeblich nach Sanskrit „Ka"= Wasser und „shimira" = austrocknen. Etymologisch aus dem Sanskrit zu vertreten wäre auch „Kashyapa" + „mira" = Ozean des Kashyapa oder „Ozean der Schildkröte".

„Staatsvogel" von Jammu und Kashmir ist der Schwarzhalskranich (Grus nigricollis).

Shikara Boote warten auf Passagiere am Ufer des Dal-Sees.

TOPOGRAPHIE UND KLIMA

Vier geographische Zonen werden in diesem Bundesstaat unterschieden:
1. die halb gebirgige, als „Kandi" oder „Trockengürtel" (dry belt) bekannte Ebene,
2. die Shivalik-Kette,
3. die Hochgebirgszone um das Tal von Kashmir, d. h. die Pir Panchal-Gebirgskette und ihre Ausläufer einschließlich der Distrikte von Doda, Poonch und Rajouri neben Teilen der Distrikte Kathua und Udhampur und
4. der mittlere Lauf des Indus einschließlich Leh und Kargil.

Zur raschen Orientierung wird der Bundesstaat in drei Bereiche geteilt: Jammu, das Tal von Kashmir und das Hochland von Leh.

Die topographischen Merkmale des Staates sind die niedrig gelegenen, aber von hohen Bergen umgebenen Täler. Das Tal von Kashmir zum Beispiel liegt etwa 1524 Meter über dem Meeresspiegel, ist vom Nordosten zum Südwesten über 135 Kilometer lang und zwischen 32 und 40 Kilometer breit. Weitere Täler sind das Tawi-Tal, das Chenab-Tal, das Poonch-Tal und das Sind-Tal.

Das Klima schwankt zwischen tropisch in den Ebenen von Jammu und halb-arktisch in Ladakh und den Hochlagen. So werden im Jahresdurchschnitt Temperaturen von 41 bis -20 Grad gemessen.
Ebenso schwankt die durchschnittliche, jährliche Niederschlagsmenge: In Leh fallen 92,6 Millimeter, in Srinagar 650,5 Millimeter und in Jammu 1115,9 Millimeter Niederschlag.
Die zahlreichen Berge des Bundesstaates bedingen eine Anzahl von Flüssen und Seen. Der Wular-See ist mit einer Ausdehnung von 24 x 10 Kilometern der größte Süßwassersee Indiens. Der Dal-See bei Srinagar ist 17 Kilometer lang und 6 Kilometer breit. Der am Ufer mit Lotossen bewachsene Manasbal See im Distrikt Baramulla ist 5 Kilometer lang und 1,2 Kilometer breit. Der landschaftlich prägendste Fluss ist neben dem Indus und Chenab der Jhelum-Fluss.
14,50 % der geographischen Fläche des Bundesstaates sind von Wäldern bedeckt. Die „niedrigste" Erhebung der 76 für den Alpinismus von Jammu und Kashmir freigegeben Berge misst 5148 Meter, die höchste Erhebung, der „Kun" ist 7877 Meter hoch.

LINKE SEITE:
Blick aus der Vogelperspektive auf das Kashmir-Tal.

LINKS:
Seerose auf dem Dal-See.

RECHTS:
Am Ufer des Flusses Jhelum wartet ein Boot-Taxi.

BEVÖLKERUNG, SPRACHEN, GESCHICHTE

Den größten Anteil an der Bevölkerung der ehemaligen Provinz Jammu haben die Dogras oder Dogra-Rajputen, ihre Sprache ist Dogri, ein Amalgam aus Sanskrit, Persisch und Punjabi. Die islamischen Rajputen sind die Chibbalis und die Sudans, beides staatliche Minderheiten.

Die Kishtwaris, deren Aussehen Erinnerungen an dravidische Völker wachruft, sprechen Kishtwari, ein Dialekt in einer Mischung aus Dogri und Kashmiri.

Das Volk der Kashmiris ist von unterschiedlicher Herkunft. 90 % der Kashmiris bekennen sich zum Islam. Die Ladakhis sollen turanischen Ursprungs sein, 1971 gab es von ihnen nur noch etwa 105 000. 55 % der Ladakhis sind Buddhisten, die verbleibenden 45 % bekennen sich zum Islam. Ihre in tibetischer Schrift geschriebene Sprache gilt als ein tibetischer Dialekt. Sie bauen Gerste, Weizen, Buchweizen, Erbsen, Rübsamen und Bohnen an.

Die in den Bergen wohnenden Gujjars sind Hirten die behaupten, aus Rajasthan zu stammen. Ihre Sprache, Gujari, gehört zum Rajasthani.

Während die Gegend von Jammu über eine hinduistische Mehrheit verfügt, ist Kashmir überwiegend islamisch und Leh vorwiegend buddhistisch. Auf die indische Gesamtfläche des Bundesstaates bezogen, sieht die Religionsverteilung folgendermaßen aus:

Moslems: 67,0 %, Hindus: 29,6 %, Sikhs: 2,0 %, Buddhisten: 1,1 % und Christen: 0,2 %. Die Amtssprachen des Bundesstaastes sind Kashmiri und Urdu, zu den Verkehrssprachen gehören Hindi, Dogri, Pahari, Ladakhi, Balti, Gojri, Dadri und verschiedene Dialekte.

Die wichtigste Quelle zur Geschichte Kashmirs, Rajatarangini, schrieb Kalhana, Sohn des Champaka, zwischen 1147-1149. Kalhana gilt als einer der ersten indischen Historiker, der mit den indischen Königen wie dem Mauryaherrscher Ashoka, Kanishka und Huvishka der Kushanas, den Invasoren der Weißen Hunnen, Toramana und Mihirakula im 5. Jahrhundert, vertraut war.

Der früheste historisch greifbare Herrscher von Kashmir ist Pravarasena II. der in der 2. Hälfte des 6. Jahrhunderts gelebt haben muss. Pravarasena gründete die nach ihm benannte Stadt Pravarapura, die heute als Srinagar bekannt ist. Unweit von Pravarapura lag Puranadhishthana, das heutige Pandrethan, das auf eine Gründung Ashokas zurückgehen soll.

Ab der Beschreibung der Karkota-Dynastie in der Mitte des siebten Jahrhunderts, wird Kalhanas Ge-

Grimmige Maske im heftigen Tanz beim Tempelfest im Kloster Lamayuru.

LINKE SEITE OBEN:

Seerosen auf dem Dal-See.

LINKE SEITE UNTEN:

Blick von der Straße zum Khardung-La zurück über das Indus-Tal und die Oasen entlang der Nebenflüsse auf die Zanskar-Kette mit ihren Sechstausendern.

schichtsbuch für Kashmir authentisch und nachvollziehbar. Über das Reich des ersten Herrschers, Durlabhvardhan, berichtet der chinesische Pilger Hsuen-Tsang, der sich zwei Jahre in Kashmir aufhielt. Der bedeutendste Herrscher der Karkota-Dynastie war Lalitaditya Muktapida (724-761), der weite Teile des indischen Nordens unter seine Gewalt brachte. Unter ihm entstand der Sonnentempel von Martand. Mit seinem Nachfolger und Sohn Jayatida aber begann der Niedergang der größten Herrscherdynastie Kashmirs, in der Mitte des 9. Jahrhunderts war die Dynastie praktisch erloschen.

Die Utpal-Dynastie löste um 855 endgültig die Vorgängerdynastie der Karkotas ab. Ihr bedeutendster Herrscher war Avantivarman (855-883), der Gründer von Avantipur, seiner Hauptstadt, von der noch beeindruckende Tempelreste vor Ort zu sehen sind. Avantivarmans genialer Techniker war „Suya“, der die Bewässerung des Landes möglich machte. Mit Avantivarmans Sohn Shankarvarman wurde die Herrschaft über Kashmir fortgesetzt.

Im Jahre 950 wurde Khemgupta zum König gesalbt. Khemgupta heiratete Didda, die Tochter des Herrschers von Lohara (Distrikt Poonch) und Enkelin des Shahi-Herrschers von Kabul. 980 starb Khemgupta und Didda wurde die Herrscherin Kashmirs bis 1003, dem Jahr, in dem sie starb. Kashmir unterstand nun der Dynastie von Lohara mit Udairaj als König.

Holzhäuser und Hausboote am Ufer des Jhelum-Flusses.

Hausboote auf dem Dal-See bei Srinagar.

Von 1089-1101 regierte König Harsha über Kashmir. Er wurde zusammen mit seinem Sohn Bhoja aufgrund staatlicher Missstände umgebracht. Als Kalhana sein Geschichtsbuch 1149 vollendete, war König Jaisimha an der Macht. Innere Querelen sorgten für einen Machtschwund der Lohara, so dass sich einige Gebiete wie Ladakh, Pajapuri, Poonch, Kangra, Jammu und Kisthwar von Kashmir von den Lohara lossagten.

Zu Beginn des 14. Jahrhunderts wurde das Tal von Kashmir von dem Mongolenherrscher Dulucha überrannt und verwüstet, die Hinduherrschaft unter Sahadev über Kashmir kam zu einem absehbaren Ende.

Der zeitlich letzte hinduistische Herrscher Kashmirs war Udyan Dev, der das Land von seiner energischen Königin, Kota Rani, regieren ließ. Um einer Entehrung durch Shah Mir, einem Moslem, zu entgehen, nahm sich Kota Rani 1339 das Leben und ebnete damit den Weg für eine islamische Herrschaft Kashmirs.

Shah Mir bemächtigte sich des Thrones unter seinem neuen Namen, Sultan Shamas-ud-Din und die von ihm begründete Dynastie sollte für 222 Jahre die Geschicke Kashmirs bestimmen. Die Dynastie der Shah-Miris brachte aber nur einen Herrscher hervor, der der ausführlicheren Erwähnung Wert ist. Es handelt sich um Sultan Shihab-ud-Din, der von 1354 bis 1373 regierte. Unter seiner Herrschaft waren auch mehrere Hindus mit hohen Ämtern wie General- und Ministerposten bekleidet worden. Sultan Shihab-ud-Din eroberte Kabul, Ghazni, Kandahar, Swat und Multan im Westen. Er unterwarf Dardistan und Gilgit im Norden und mar-

schierte gegen Baloochistan und Ladakh, wo er die zahlenmäßig überlegene Armee von Kashgar schlug und Ladakh annektierte. Sein Herrschaftsbereich soll sich bis nach Kangra in Himachal Pradesh ausgedehnt haben.

Sultan Qutb-ud-Din folgte Sultan Shihab-ud-Din auf den Thron und starb 1389. Sein ältester Sohn, Sultan Sikander, wurde sein Nachfolger. Anders als seine Vorfahren erwies sich Sultan Sikander als intoleranter Herrscher, der die Hindus unterdrückte, verfolgte, zwangsweise zum Islam bekehrte und ihre Tempel, einschließlich des Tempels von Martand zerstören ließ. Ein Exodus der Hindus begann.

Die Zeiten änderten sich erst wieder unter Sultan Zain-ul-Abidin alias Shahi Khan, der von 1420 bis 1470 über Kashmir regierte und von der Intoleranz seines Vaters und Vorgängers abkehrte. Sultan Zain-ul-Abidin konnte all diejenigen Gegenden zurückerobern, die sich zwischenzeitlich unter der Regierung seines Vorgängers unabhängiger gemacht hatten und nahm auch wieder Nicht-Moslems in seinen Dienst.

1533 wurde Kashmir abermals gebrandschatzt und geplündert, diesmal von Mirza Haidar Dughlat, gegen den der derzeitige Sultan, Nazuk Shah, nichts ausrichten konnte. Der letzte Herrscher der Shah Miri-Dynastie, Sultan Habib Shah, wurde von Gazi Chak, einem General, abgesetzt. Gazi Chak machte sich 1561 zum Sultan von Kashmir.

1587 gelang dem Moghulkaiser Akbar die Eroberung Kash-

LINKS:

Vor den Bergen der Ladakh-Kette erhebt sich seit dem 17. Jahrhundert am Rande einer ausgedehnten Flussoase die stolze Königsburg von Leh über der Hauptstadt von Ladakh.

FOLGENDE DOPPELSEITE:

In einer Prozession beim Kloster Shey werden heilige Bücher mitgeführt.

Ein mit Blumen beladenes Boot auf dem Dal-See.

mirs. Sein Sohn Jahangir (1605-1627) unternahm 13-mal die Reise nach Kashmir, wo er mehrere Gärten anlegen ließ. Auch sein Nachfolger, Shah Jahan (1628-1658) ließ sich häufiger in Kashmir sehen. Aurangzeb reiste nur einmal, 1665, in das bei seinen Vorgängern so beliebte Tal von Kashmir. Aurangzebs Konzentration auf den Deccan stürzte Kashmir in eine Art Anarchie. Als Ahmed Shah Abdali (1724-1773) 1752 in Lahore war, wurde er von zwei Kashmirischen Edelleuten gebeten, die Kontrolle in Kashmir zu übernehmen. Ahmad Shah nahm dieses Angebot gerne an und sandte eine Armee in das Tal von Kashmir, die das dort stationierte Heer der Moghuln besiegten. Von nun an sollte Kashmir bis 1819 den Herrschern von Kabul unterstehen.

Die Regierungszeit der afghanischen Pathanen über Kashmir gehört zum düstersten Kapitel dieses Landes. Innerhalb von 67 Jahren wurde das Land von 28 verschiedenen Statthaltern ausgesaugt und der Reichtum Kashmirs von den Pathanen sinnlos vergeudet, die zwischen dem Pflücken von Blumen und dem Abschneiden von Köpfen keinen Unterschied gesehen haben sollen.

Die Pathanen Kashmirs wurden 1819 von einer 30 000 Mann starken Armee Ranjit Singhs angegriffen und besiegt. Obwohl die Sikhs auch wie Unterdrücker geherrscht haben sollen, wurde ihre Regierung im Vergleich zu der der Pathanen geradezu als Erleichterung empfunden. Hungersnöte und Seuchen taten ein Übriges und die Bevölkerung von Kashmir sank von 800 000 auf 200 000 Einwohner.

Die Anglo-Sikh-Kriege beendeten die Herrschaft der Sikhs, und die Briten setzten Maharaja Gulab Singh zum Herrscher ein, der dafür den Briten 7 500 000 Rupien schuldig war. Der Dogra-Herrscher schuf die Voraussetzungen für den heutigen Bundesstaat Kashmir, indem er nacheinander die damaligen Staaten Jammu, Poonch, Ram Nagar, Basohli, Kishtwar, Bhimbar, Rajauri, Chitral, Hunza, Nagar usw. eroberte und Kashmir angliederte. Gulab Singh starb 1857, sein Nachfolger wurde Maharaja Ranbir Singh, der bis 1885 regierte. Ranbir Singh folgte 1885 Maharaja Sir Pratap Singh auf den Thron, der bis 1925 an der Macht war. In dieser Zeit soll Pratap Singh den Briten verwehrt haben, in Kashmir zum Hausbau Grund zu erwerben, was dann zur Konstruktion von zahlreichen Hausbooten geführt hatte. Maharaja Hari Singh, Neffe von Pratap Singh, bestieg den Thron 1925 und übergab am 26. Oktober 1947 sein Land dem unabhängig gewordenem Staat Indien, nachdem er zunächst versucht hatte, seine Unabhängigkeit zu wahren und nachdem Stammesverbände und reguläre Truppen von Pakistan am 22. Oktober in Kashmir einmarschiert waren. Es kam zum ersten Indo-Pakistanischen Krieg, der erst am 1. Januar 1949 mit einem Waffenstillstand und der Teilung Kashmirs entlang einer Waffenstillstandslinie endete. Artikel 370 der am 26. Januar 1950 in Kraft getretenen indischen Verfassung weist Jammu und Kashmir als Teil Indiens mit gewissen Sonderrechten aus. Der Beitritt von Jammu und Kashmir zur Republik Indien wurde am 6. Februar 1954 ratifiziert.

Zwischen dem 8. September und 21. November 1962 kam es zwischen China und Indien zum Krieg, dem vor allem in der Gegend von Ladakh einige Tausend Menschen zum Opfer fielen. Kein internationaler bewaffneter Konflikt wurde jemals in einer solchen Höhe ausgetragen.

Die pakistanische Aggression löste im August 1965 einen weiteren Krieg zwischen beiden Ländern aus. Die anschließende Friedenskonferenz im Januar 1966 in Tashkent sorgte nur für einen jeweiligen Truppenrückzug hinter die Waffenstillstandslinie von 1949.

Der dritte der Indo-Pakistanischen Kriege dauerte vom 3. Dezember bis zum 16. Dezember 1971 und endete mit einer Niederlage Pakistans. Das ehemalige „Ost-Pakistan" erlangte die Unabhängigkeit von Paskistan unter den Namen „Bangladesh". In anschließenden Verhandlungen akzeptierte die Pakistanische Regierung die Waffenstillstandslinie in Kashmir als zwischenstaatliche Grenze.

LINKE SEITE:
Hinter der Ortschaft Mulbekh steht nahe der Straße nach Leh ein mächtiger Solitärfels mit der berühmten, über 9 Meter hohen Felsskulptur des Bodhisattva Maitreya.

VERWALTUNG

Jammu und Kashmir genießt innerhalb der Republik Indiens durch Artikel 370 der Verfassung vom 26. Januar 1950 einen besonderen Autonomiestatus. Die ranghöchsten Politiker sind der „Governor" und der

„Chief Minister". Zur Verwaltung wird der Bundesstaat in 14 Distrikte unterteilt: Anantnag, Badgam, Baramula, Doda, Jammu, Kargil, Kathua, Kupwara, Leh, Pulwama, Poonch, Rajouri, Srinagar und Udhampur.

WIRTSCHAFT

Die Einnahmequellen des Bundesstaates sind Ackerbau, Viehzucht und der auf 224 000 Hektar, das sind 20 % der gesamten Anbaufläche, betriebene Obstanbau. In diesen Bereichen arbeiten 80 % der Bevölkerung. Die Haupternten sind Reis, Mais, Weizen und Ölsaaten neben Kümmel. Gerste wird nur in einigen Regionen angebaut.

Der Apfelanbau macht 45 % des Obstanbaus aus und kennt sechs Sorten: Amri (Ambri Kashmiri), American trel (American Apirogue), Delicious (Red Delicious), Maharaji (White Dotted Red), Hazaratbali (Benoni) und Kesri (Cox's Orange Pippin). Die Hauptbirnensorten sind: Nakh Kashmiri (Chinese Sandy Pear) und Williams. Bei den Kirschen gibt es drei Hauptsorten: Gilas Double (Bigarreau Napoleon), Gilas Awal Number (Guigne Pourpera Pecoce) und Gilas Misri (Bigarreau Noir Grossa). Als weiteres Obst werden Pfirsiche (Sorte: Quetta), Aprikosen (Sorte: Gilgati Sweet), Pflaumen (Sorte: Santa Rosa) und Erdbeeren angebaut, ebenso wie Mandeln, Walnüsse und Safrankrokusse, die außer in Spanien nur hier kultiviert werden. Jährlich werden zwischen 10 und 12 Tonnen Safran geerntet. Walnüsse werden in die U.S.A., Australien, Frankreich und Deutschland exportiert. In den wärmeren Distrikten werden auch Mangos und Zitrusfrüchte angebaut.

Die wichtigsten Exportartikel von Jammu und Kashmir sind Plastikprodukte, Textilien, besonders Strumpfwaren, Kricketschläger und andere Sportartikel, Chemikaliengrundstoffe und Nähmaschinen neben Produkten des Kunsthandwerks (Teppiche, Holzschnitzereien, Schals, Stickereien) und Seide.

Bodenschätze wie Kohle, Eisen, Bauxit, Blei, Nickel und Mangan werden bisher nur in geringen Mengen abgebaut.

Für den eigenen Bedarf werden Lebensmittelkonserven, Lederwaren, Elektroartikel und Seide hergestellt.

Bis 1989 spielte der Tourismus in der Wirtschaft des Staates eine wesentliche Rolle.

BEDEUTENDE ORTE UND IHRE SEHENSWÜRDIGKEITEN

Abgesehen von den weltberühmten landschaftlichen Schönheiten hat Jammu und Kashmir, das „Paradies auf Erden" vier Hauptarten von Monumenten anzubieten:

1. Hinduistische Tempel aus der Frühzeit und dem ausgehenden Mittelalter
2. Buddhistische Klöster und Tempel, vor allem im Distrikt Leh
3. Islamische Monumente wie Moscheen, Gärten und Grabmäler
4. Paläste und Herrscherresidenzen des 17. bis 20. Jahrhunderts

1. Der Shankaracharya-Tempel auf dem Takht-i-Sulaiman bei **Srinagar** (Distrikt Srinagar) ist ein massiver Bau und gilt traditionell als der älteste Tempel Kashmirs; der eigentliche Bau ist sicher späteren Datums.

Martand (Distrikt Anantnag) ist für die eindrucksvollen Ruinen des unter Lalitaditya Muktapid (724-761) erbauten Sonnentempels berühmt. Es handelt sich hier um das größte dem Sonnengott gewidmete Heiligtum nach Konarak (Orissa). Der Shiva-Tempel von **Pandrethan** (Distrikt Srinagar) hingegen ist zwar kleiner, aber dafür sehr gut erhalten. Der dem Gott Vishnu geweihte Avantisvami-Tempel in **Avantipur** (Distrikt Anantnag) ist wiederum sehr viel größer, aber weitgehend im ruinösen Zustand. Er wurde unter Avantivarman (855-883) erbaut.

Die Höhle von **Amarnath** (Distrikt Anantnag) enthält ein Shivalingam aus Eis und kann somit auf ein Alter von einigen Jahrtausenden zurückblicken.

LINKE SEITE OBEN:

Blick auf den Tempel von Avantipur bei Srinagar.

LINKE SEITE UNTEN:

Auch ein Priester des Raghunathji-Tempels von Purani Mandi in der Stadt Jammu ist heutzutage über ein mobiles Telefon erreichbar.

Der Raghunath Tempel in Purani Mandi in **Jammu** (Distrikt Jammu) vereint 17 Tempel und gehört mit seinen Wandmalereien zu den größten Tempelkomplexen des Bundesstaates.

2. Die buddhistischen Anlagen von **Harwan** (Distrikt Srinagar) sind für ihre zahlreichen Terrakottatafeln berühmt, die in das 3. und 4. Jahrhundert datiert werden.
Der Maitreya von **Mulbek** (Mulbekh, Distrikt Leh) ist eine über neun Meter hohe, aus dem Felsen geschlagene Skulptur aus dem 9. Jahrhundert und somit die größte und älteste Monumentalplastik des Bundesstaates.
Das atemberaubend gelegene Kloster von **Lamayuru** (Distrikt Leh) wurde zwar im 10. Jahrhundert gegründet, die heute erhaltenen Bauten aber datieren aus späterer Zeit.
Das an den Ufern des Indus gelegene Kloster von **Alchi** (Distrikt Leh) blickt auf ein Jahrtausend zurück. Von größter Bedeutung sind die zum Teil außerordentlich gut erhaltenen Wandmalereien des 13. Jahrhunderts.
Das Kloster von **Spituk** (Distrikt Leh) geht auf eine Gründung im 15. Jahrhundert zurück. Das Kloster von **Phzang** (Distrikt Leh) wurde in der zweiten Hälfte des 16. Jahrhunderts gegründet. Dem Kloster von **Shey** (Distrikt Leh) wird ein hohes Alter nachgesagt. Das von der Lage her spektakulärste Kloster ist das von **Thikse** (Distrikt Leh).
Die buddhistische Klosteranlage von **Hemis** (Distrikt Leh) wurde ab 1630 errichtet und gehört zu den bekanntesten Anlagen dieser Art in Indien.
Mehrere buddhistische Monumente birgt **Leh,** die Hauptstadt des Distriktes Leh, wie zum Beispiel einen siebenstöckigen Palast.

LINKE SEITE:
Das Gelugpa-Kloster von Thikse wurde Mitte des 15. Jahrhunderts gegründet. Seine Lage ist Aufsehen erregend.

Bei den großen Tempelfesten, wie hier im Kloster Hemis, wird das Geschehen bei den Mysterien-Spielen dramatisch mit Musik unterstützt und kommentiert.

Das Kloster Lamayuru ist eines der ältesten in Ladakh. Es liegt abseits der Straße Srinagar – Leh in einer bizarren Berglandschaft.

3. Der Schrein am Grab des Sheikh Nur-ud-Din-Nurani in **Chrar-e-Sharif** (Distrikt Budgam) wurde zwischen 1420-70 errichtet. Er brannte 1995 nieder und soll wieder aufgebaut werden. Das Grab der Mutter von Sultan Zain-ul-Abidin (1420-1470) steht am rechten Ufer des Jhelum-Flusses in der Nähe von **Zaina Kadal** und ist einer der wenigen erhaltenen Ziegelbauten der Zeit.

Zu den ältesten erhaltenen islamischen Schreinen in Kashmir gehört der „Khanqah-i-Molla“ in der Altstadt von **Srinagar** (Distrikt Srinagar). Ebenfalls in der Altstadt von Srinagar zu finden ist die Jama Masjid von 1398.

Der Ishrat Mahal am Schrein des Hazratbal am Dal-See (Distrikt Srinagar) wurde 1623 konstruiert. Der Marmorpavillon wurde 1979 fertig gestellt.

Der Nishat Bagh (Garten der Freude) am Rande des Dal-Sees in **Srinagar** (Distrikt Srinagar) wurde von Asaf Khan 1632/33 in Auftrag gegeben. Asaf Khan war der Bruder von Nur Jahan, die Gattin des Moghulkaisers Jahangir.

Den 4 Kilometer vom Dal-See entfernten **Shalimar Bagh** ließ Jahangir für seine Frau Nur Jahan errichten. Er besteht aus einer Reihe von Terrassen, die mit einem Kanal verbunden sind und misst 539 x 182 Meter. Von den drei Pavillons besteht einer aus schwarz poliertem Gestein. Im 19. Jahrhundert traten in diesem Pavillon professionelle Tänzerinnen auf.

Blick auf den Nishat Bagh, den „Garten der Freude“ in Srinagar.

Den Garten „Bagh-i-Begum Abad“ erbaute Nur Jahan 1620 in **Acchabal** (Distrikt Anantnag). In **Verinag** (Vernag, Distrikt Anantnag) ließ der Moghulkaiser Jahangir einen oktogonalen, kunstvollen See an der vermuteten Quelle des Jhelum-Flusses anlegen.
Der **Chashmashahi** Garten (Distrikt Srinagar) wurde im Auftrag von Shah Jahan 1632 errichtet. Die Jama Masjid von **Leh** (Distrikt Leh) entstand nach einem Abkommen zwischen dem Moghulkaiser Aurangzeb und dem örtlichen Herrscher zwischen 1666 und 1667.

4. Der ab dem 17. Jahrhundert erbaute Palast von **Basohli** (Distrikt Kathua) wurde 1905 durch ein Erdbeben schwer beschädigt und liegt in malerisch gelegenen Ruinen. Basohli ist die Heimat der nach diesem Ort benannten Schule indischer Miniaturmalerei, die Teile von schimmernden Käferflügeln zur Darstellung von Juwelen in Teilen der in glühenden Farben gemalten, hochexpressiven Bilder anbrachte. Das Fort von **Bahu** (Distrikt Jammu), das Fort von **Kargil** (Distrikt Kargil), die Festung von **Surankote** (Distrikt Poonch), das ab 1713 gebaute Fort von **Poonch** (Distrikt Poonch), das Fort von **Dhandidhar** (Distrikt Rajouri), das zu Beginn des 19. Jahrhunderts konstruierte Fort von **Hari Parbat** bei Srinagar (Distrikt Srinagar) und das Fort von **Ramnagar** (Distrikt Udhampur) sind nur einige Beispiele der überragenden Festungs- und Palastarchitektur dieses Bundesstaates.
Das Amar Mahal Museum in **Jammu** (Distrikt Jammu) stellt eine hochqualitative Bildfolge indischer Miniaturen zur Geschichte von Nala und Damayanti aus. Das im Mubarak Mandi untergebrachte Dogra Art Museum in **Jammu** (Distrikt Jammu) ist für seine umfangreiche Sammlung indischer Miniaturen lokaler Studios bekannt. Zu den archäologisch bedeutenden Museen gehört das Sri Pratap Singh Museum in **Srinagar** (Distrikt Srinagar), in dem Skulpturen, Bonzen und Terrakotten der wichtigsten Kunstschulen Kashmirs vertreten sind.

Das Kloster Deskit (Distrikt Leh) aus dem 15. Jahrhundert liegt jenseits des Khardung-La (5602 Meter) auf einem Felsrücken oberhalb des Flusses Shyok und beherbergt 80 Mönche.

FOLGENDE DOPPELSEITE:

Von dem Palast der kunsthistorisch einst bedeutenden Stadt Basohli zeugen nach dem verheerenden Erdbeben von 1905 heute nur noch malerische Ruinen.

CHINA
Tibet
(Xizang)
Himalaya
NEPAL
BHUTAN
BANGLA-DESH
MYANMAR (BURMA)
Jharkhand
Mt. Everest (Qomolangma) 8872
Hanle
Dankhar
Dehra Dun
Hardwar
Meerut
Moradabad
Rampur
Bareilly
Aligarh
Shahjahanpur
Lakhnau (Lucknow)
Firozabad
Agra
Farrukhabad
Kanpur
Gonda
Gwalior
Lashkar
Jhansi
Faizabad
Gorakhpur
Kathmandu
Lhasa
Thimbu
Gangtok
Darjeeling
Siliguri
Jalpaiguri
Muzaffarpur
Darbhanga
Purnea
Chapra
Patna
Varanasi (Benares)
Allahabad
Mirzapur
Satna
Bhagalpur
Bihar Sharif
Gaya
Daltonganj
Bokaro
Dhanbad
Asansol
Durgapur
Ranchi
Purulia
Jamshedpur
Rourkela
Kharagpur
Haora (Howrah)
Kolkata (Calcutta)
Bhatpara
Kulna
Berhampore
Rajshahi
Rangpur
Dhubri
Guwahati (Gauhati)
Dispur
Shillong
Cherrapunji
Kohima
Imphal
Silchar
Agartala
Aizawl
Dhaka
Chittagong
Itanagar
Dibrugarh
Jorhat
Kundil-Bazar
Akyab
Sagar
Jabalpur
Narsimhapur
Bilaspur
Gondia
Raipur
Sambalpur
Nagpur
Wardha
Durg
Sonpur
Balasore
Cuttak
Bhubaneswar
Puri
Brahmapur
Chandrapur
Nizamabad
Warangal
Vizianagaram
Visakhapatnam
Hyderabad
Rajahmundry
Elur
Kakinada
Vijayavada
Guntur
Machilipatnam
Kurnool
Ghaghara
Ganges
Betwa
Son
Brahmaputra
Mahanadi
Indravati
Godavari
Krishna
Gangesdelta
Golf von Bengalen
0
200
400
600
km

JHARKHAND

LAGE, GRÖSSE, EINWOHNERZAHL, SYMBOL

Der Bundesstaat Jharkhand liegt zwischen 21,98° und 25,20° nördlicher Breite bzw. 83,39° und 87, 82° östlicher Länge und wird von vier weiteren Bundesstaaten umringt, und zwar (im Uhrzeigersinn, von Süden nach Norden): Orissa, Chhattisgarh, Bihar und West Bengal. Mit 79 714 Quadratkilometern Fläche belegt Jharkhand innerhalb Indiens Platz 15, Einwohnermäßig Rang 13 (26 945 829 Einwohner, 2005), Die Bevölkerungsdichte betrug 2001 nach amtlichen Quellen 274 Einwohner pro Quadratkilometer. Die Hauptstadt ist Ranchi (Distrikt Ranchi, 2 783 000 Einwohner, 2001).
Jharkhand ist in Indien als „Vananchal" bekannt, was „Waldland" bedeutet. Der „Staatsvogel" von Jharkhand ist der Indische Koel (Eudynamis scolopacea).

TOPOGRAPHIE UND KLIMA

Ein Großteil der Fläche des insgesamt hügeligen Bundesstaates bildet das Chhotanagpur Plateau. 29 % der geographischen Fläche sind bewaldet, im Koderma Distrikt sind sogar 41 % der Fläche bewaldet und zum Teil zum Wildschutzgebiet ernannt worden, in dem neben Elefanten eine Vielzahl von Wölfen, Hyänen, Schakale und verschiedene Antilopenarten wohnen.
Die höchste Erhebung ist mit 1350 Metern Höhe der „Sammed Shikar Jee" oder Sameta Shikhara genannte Berg Parasnath im Distrikt Giridih.
Die zweithöchste Erhebung ist der 1164 Meter hohe Gulgulpath im Distrikt Garhwa. Die wichtigsten Flüsse des Bundesstaates sind die Auranga, Bansloi, Barakar, Batane, Damodar, Ganga, Gumani, Karo, Kharkai, Koyal, Mayurakshi, More, Sankh, Son, Swarna (oder: Subarna) und Rekha.

FOLGENDE DOPPELSEITE:
Die Ruine eines Forts aus dem 16. Jahrhundert im Palamau-Tiger-Reservat, erbaut von Chero Rajas.

Der Indische Koel (Eudynamis scolopacea), eine Kuckucksart, ist der Staatsvogel Jharkhands.

Der Koel-Fluss mit Sal-Bäumen entlang des Ufers im Palamau-Tiger-Reservat.

Der Distrikt von Bokaro zum Beispiel hat ein Niederschlagsminimum von 157 Zentimeter, bei einem Niederschlagsmaximum von 195 Zentimeter. Die Höchsttemperatur beträgt 45 Grad, die Tiefsttemperatur kann auf -2 Grad absinken. Im Distrikt Garhwa sind schon Höchsttemperaturen von 47 Grad gemessen worden, die durchschnittlichen jährlichen Wintertemperaturen bewegen sich zwischen 10,3 und 22,9 Grad, die Sommertemperaturen zwischen 20,6 und 37,2 Grad Celsius. Die durchschnittliche jährliche Niederschlagsmenge beträgt je nach Distrikt zwischen 1300 und 1530 Millimeter.

BEVÖLKERUNG, SPRACHEN, GESCHICHTE

Jharkhand ist die Heimat mehrerer Stammesbevölkerungen, wie den Asur, Baiga, Banjara, Bathudi, Bedia, Bhumij, Binjhia, Birhor, Birjia, Chero, Chick-Baraik, Gond, Gorait, Ho, Karmali, Kharwar, Khond, Kisan, Kol, Kora, Korwa (oder: Korba), Lohra (oder: Lohar), Mahli, Mal-Paharia, Munda, Oraon, Parhaiya, Santhal, Sauria-Paharia und Savar. Diese Stämme bilden 28 % der Bevölkerung des Bundesstaates. Zahlenmäßig am stärksten sind die Santhals und Oraons, die mit den Mundas und Hos jeweils eigene religiöse Vorstellungen entwickelt haben.

Auf die Gesamtbevölkerung bezogen entfallen auf die Hindus 68,6 %, Moslems 13,8 %, auf verschiedene Stammesreligionen (Sarna, usw.) 13,0 %, Christen 4,1 %, Sikhs 0,3 % und Jainas 0,1 %.

Außer der Amtssprache Hindi werden folgende weitere Sprachen und Dialekte gesprochen: Bangla (Bengali), Urdu, Santhali, Mundari, Kurukh, Khortha, Nagpuria, Sadri, Khariya, Panchpargania, Ho, Malto und Karmali.

Die frühe Geschichte Jharkhands ist eher legendär zu nennen und beruft sich auf die Epen Ramayana und Mahabharata. Nach letzterem Epos heiratete Arjuna im Distrikt Palamu eine Naga-Prinzessin, die durch ihren daraus resultierenden Sohn, Babhruvahana, bekannt wurde. Ebenfalls noch legendär zu sein scheint Raja Jai Singh Deo von Orissa, der im 13. Jahrhundert über Jharkhand geherrscht haben soll.
Der bekannteste, und historisch belegbare, Herrscher in Jharkhand ist Medini Ray (1662-1674) aus dem heutigen Palamu-Distrikt. Er soll über weite Teile von Jharkhand geherrscht haben. Maharaja Jagannath Singh gründete 1620 den Staat von Seraikela, der erst 1947 Bihar angegliedert wurde.
Als das Gebiet ab 1765 unter britische Kontrolle geriet, soll der heute gebräuchliche Name für die Gegend, Jharkhand, endgültig aufgekommen sein. Ab 1772 besteht die Geschichte von Jharkhand aus einer Folge von Stammesaufständen gegen die britische Kolonialregierung. Die sich auflehnenden Stämme waren die Paharias (1772-1780), mehrfach die Mundas (1795-1800, 1800-1802, 1819-1820), die Bhumij (1833-1834), die Santhals (1855) und andere.
1857, das Jahr des ersten indischen Unabhängigkeitskampfes gegen koloniale Unterdrückung, kennt Märtyrer wie Sahid Lal, Vishvanath Shahdeo, Sheikh Bhikhari, Ganpatrai und Budhu Vir.
Dennoch ist die englische Herrschaft auch an Jharkhand nicht spurlos vorübergegangen. Daltonganj, die Hauptstadt des Distriktes von Palamu zum Beispiel, wurde nach Colonel Dalton, dem Regierungsbevollmächtigten von Chhotanagpur in 1861, benannt.
Bereits am 28. Dezember 1947, das heißt nur wenige Monate nach Erlangung der Unabhängigkeit am

Dorfbewohner transportieren Holz und Körbe mit Mahua Früchten zum Brauen von Alkohol aus dem Wald über den Fluss Koel.

FOLGENDE DOPPELSEITE:

Gaur (Bos gaurus), das größte Wildrind der Erde.

15.8.1947, wurde die „All India Jharkhand Party“ gegründet und ab 1971 arbeitete die Regierung des heutigen Jharkhand auf eine Abtrennung vom Bundesstaat Bihar hin. Ein „autonomes Konzil von Jharkhand“ wurde 1995 für die ehemaligen 18 „Santhal Parganas“ und „Chhota Nagpur“ ins Leben gerufen, Wahlen fanden 1997 statt. Am 15. November 2000 schließlich wurde Jharkhand zum 28. Bundesstaat Indiens ernannt.

VERWALTUNG

Bokaro, Chatra, Deoghar, Dhanbad, Dumka, East (Purba) Singhbhum, Garhwa, Giridih, Godda, Gumla, Hazaribagh, Jamtara, Koderma, Latehar, Lohardaga, Pakur, Palamu (Palamau), Ranchi, Sahibganj, Seraikela Kharsawan, Simdega und West (Paschim) Singhbhum sind die Namen der 22 Distrikte von Jharkhand. Der „Governor“ und der „Chief Minister“ sind die ranghöchsten Politiker dieses Bundesstaates.

WIRTSCHAFT

80 % der Bevölkerung arbeiten in der Landwirtschaft. Angebaut werden vor allem Reis, Mais, Hirse, Hülsenfrüchte und Ölsaaten neben Maulbeersträuchern für die Seidenraupenzucht. Die angebauten Gemüsesorten umfassen Kartoffeln, Zwiebeln, Erbsen, Auberginen, Tomaten, Blumenkohl, Kürbis, Okra und Blattgemüse. Die angebauten Obstsorten schließen Mangos, Guaven, Litchies und nur relativ wenig Bananen ein. Knoblauch, Chili, Ingwer und Koriander sind die am häufigsten angebauten Gewürzkräuter.
Bei der Förderung von Eisen- und Kupfererzen, Glimmer, Kainit und Uran ist das mit Bodenschätzen gesegnete Land innerhalb Indiens führend. Zusätzlich werden in 183 Minen 59 919 000 Kohle gefördert, in sechs Minen 1 029 000 Tonnen Bauxit, dazu Kalkstein (1 242 000 Tonnen), Mangan (18 718 Tonnen), Glimmer (1082 Tonnen), Kainit (4922 Tonnen), Kaolin (23 256 Tonnen), Leichtschamotte (49 970 Tonnen), Graphit (7276 Tonnen), Silber (13 648 Kilogramm), Gold (254 Kilogramm) und Thorium.
Zu den Zentren der Stahlproduktion gehören Bokaro (Distrikt Bokaro) und Jamshedpur (Distrikt East Singhbhum). Produziert werden neben Rohstoffen und Stahlprodukten (Ersatzteile für Autos, Maschinenteile) Schmiermittel, Backsteine und Zementprodukte.

BEDEUTENDE ORTE UND IHRE SEHENSWÜRDIGKEITEN

Im Vergleich zum Mutterstaat Bihar ist Jharkhand mehr das Land der Naturschönheiten und Landschaften mit Wäldern und Wasserfällen als der antiken historischen Monumente.
Im 250 Quadratkilometer großen **Betla** Nationalpark (Distrikt Palamu) leben noch Tiger, Elefanten, Gaurs, bis zu 6 Meter lange Pythons, Stachelschweine usw. Ein weiterer Nationalpark in Jharkhand ist der mit 183 Quadratkilometern etwas kleinere Nationalpark von **Hazaribagh** (Distrikt Hazaribagh), in dem vor wenigen Jahren noch 14 Tiger, 25 Panther und 400 Sambharhirsche gezählt wurden.
Die spektakulärsten Wasserfälle sind im Distrikt Ranchi zu sehen. Es sind dies die Wasserfälle von **Dassam, Hundru, Jonha, Panch Gagh und Hirni.**
Die mithin ältesten Relikte birgt **Itkhouri** (Distrikt Chatra bzw. Hazaribagh) mit über das Gelände verteilten, steinernen Resten hinduistischer, jinistischer und buddhistischer Anlagen, wie zum Beispiel einem Votivstupa und mehreren, zum Teil lebensgroßen buddhistischen Skulpturen.
Einer der wichtigsten jinistischen Pilgerorte ist der Berg **Parasnath** im Distrikt Giridih, auf dem nach lokaler Tradition 20 (statt 9) der 24 Jinas order Tirthankaras in das Nirvana eingingen. Obwohl der Ort an sich als sehr heilig erachtet wird, ist der älteste Jaina-Tempel vor Ort kaum vor 1775 erbaut worden. Eine

der größten jinistischen Tempelanlagen des Bundesstaates ist in **Madhuban** (Distrikt Giridih) zu bewundern. In **Jagannathpur** (Ranchi Distrikt) steht der 1691 errichtete, dem Gott Jagannath (Vishnu) gewidmete Tempel, der dem größeren und älteren Vorbild in Puri (Orissa) abgeschaut worden war. Der Sonnentempel bei **Bundu** (Distrikt Ranchi) mit seinen sieben überdimensionalen Pferden und 18 Rädern ist augenscheinlich späteren Datums.

Der heute vielleicht bedeutendste hinduistische Tempelkomplex des Bundesstaates ist der von Baba **Baidyanath** (Distrikt Deoghar). Er wird auf den letzten Herrscher der Guptas, Adityasena im 8. Jahrhundert zurückgeführt. Man Singh von Amer (Rajasthan) ließ hier zur Regierungszeit Akbars (1556-1605) einen künstlichen See ausheben, der heute „Manasarovar" genannt wird.

Die Ruinen des Forts von **Birkitti** (18. Jahrhundert, Distrikt Pakur) und **Teliagarhi** (Distrikt Sahibganj) zeugen von militärischen Auseinandersetzungen in der Vergangenheit.

Als eines der wichtigsten Industriezentren Indiens lohnt schließlich auch **Dhanbad** (Distrikt Dhanbad), das sich als „Kohlehauptstadt" einen Namen machte, einen Besuch.

Weit über die Grenzen Jharkhands hinaus bekannt wurde der „Chhau-Tanz" von **Seraikela** (Distrikt Seraikela Kharsawan), ein sehr ausdrucksstarker und doch visuell leiser Maskentanz, der seit 1961 staatlich unterrichtet wird und Studenten aus Irland, Dänemark, Frankreich, Japan und Neuseeland angelockt hat.

Der fast 1000 Jahre alte buddhistische Votivstupa in Itkhouri wird heute von hinduistischen Asketen verehrt, die sich in seiner unmittelbaren Nähe angesiedelt haben.

FOLGENDE DOPPELSEITE:

Der Kawaldah-See im Palamau-Tiger-Reservat.

Ahmadabad
Jamnagar
Rajkot
Porbandar
Junagadh
Bhavnagar
Diu
Surat
Daman
Silvassa
Vadodara (Baroda)
Ujjain
Indore
Bhopal
Jabalpur
Narsimhapur
Hoshangabad
Narmada
Khandwa
Ranchi
Jamshedpur
Rourkela
Bilaspur
Gondia
Sambalpur
Amravati (Amraoti)
Raipur
Dhule
Jalgaon
Malegaon
Akola
Nagpur
Durg
Sonpur
Wardha
Mahanadi
Cuttak
Nasik
Jalna
Aurangabad
Chandrapur
Bhubaneswar
Mumbai (Bombay)
Kalyan
Parbhani
Godavari
Nanded
Indravati
Brahmapur
Ahmadnagar
Nizamabad
Pune
Bhima
Krishna
Warangal
Vizianagaram
Sholapur
Visakhapatnam
Ratnagiri
Sangli
Hyderabad
Rajahmundry
Kolhapur
Gulbarga
Elur
Kakinada
Bijapur
Vijayavada
Belgaum
Raichur
Kurnool
Guntur
Panaji
Marmagao
Hubli-Dharwad
Machilipatnam
Bellary
Banganapalle
Guntakal
Karnataka
Chitradurga
Anantapur
Shimoga
Bhadravati
Cuddapari
Nellore
Arabisches Meer
Chennai (Madras)
Mangalore
Bangalore
Vellore
Kanchipuram
Mysore
Mahe
Pondicherry
Kozhikode (Calicut)
Salem
Cuddalore
Lakkadiven (Indien)
Erode
Coimbatore
Tiruppur
Cauvery
Nagapattinam
Kavaratti
Tiruchirapalli (Trichy)
Golf von Bengalen
Anai Mudi 2695
Palk Straße
Cochin
Madurai
Jaffna
Alleppey
Kollam (Quilon)
Tirunelveli
Tuticorin
Trincomalee
Thiruvananthapuram (Trivandrum)
Nagercoil
Kap Comorin
Golf von Mannar
SRI LANKA
MALEDIVEN
Negombo
Kandy
Colombo
Badulla
Galle
Matara
Kap Dondra
0
200
400
600
km

KARNATAKA

LAGE, GRÖSSE, EINWOHNERZAHL, SYMBOL

Der südindische Bundesstaat Karnataka liegt zwischen 11°12' und 18°12' nördlicher Breite und 73°48' und 78°18' östlicher Länge. Von Süden nach Norden umgeben ihn (im Uhrzeigersinn) der Bundesstaat Kerala, das Arabische Meer, die Bundesstaaten Goa, Maharashtra, Andhra Pradesh und Tamil Nadu. Die Nord-Süd-Ausdehnung beträgt 760 Kilometer, die Weite, von Osten nach Westen, misst 420 Kilometer. Karnataka umfasst eine Fläche von 191 791 Quadratkilometern und ist damit der achtgrößte Bundesstaat Indiens. Mit 52 850 562 Einwohnern belegt Karnataka innerhalb Indiens den neunten Platz.
Die Hauptstadt von Karnataka ist Bangalore (Distrikt Bangalore, 6 158 677 Einwohner, 2006). Für Karnataka werden verschiedene Worterklärungen angeboten. Am plausibelsten erscheint „karu" und „nadu", was „erhöhtes Land" (Hochland) bedeutet.
Der „Staatsvogel" ist auch hier die als Bengalenracke bekannte Hinduracke (Coracias benghalensis).

TOPOGRAPHIE UND KLIMA

Karnataka besteht im Prinzip aus drei meteorologischen Zonen:
1. Der aus einer Niederung bestehende Küstenstreifen zwischen dem Arabischen Meer und den „Western Ghats", wo mittlere bis hohe Niederschlagsmengen gemessen werden. Dieser Küstenstreifen heißt in Karnataka „Pas-chima Karavali"; er ist ungefähr 320 Kilometer lang und zwischen 48 und 64 Kilometer breit.
2. Den „Western Ghats" oder „Sahyadris", einer durchschnittlich 900 Meter hohen Gebirgskette des Binnenlandes parallel zur Küste des Arabischen Meeres mit mittleren bis hohen Niederschlagsmengen.
3. Das „Deccan-Plateau", das die größte innere Landfläche des Bundesstaates einnimmt. Dieses in Karnataka „Maidan" genannte „Deccan-Plateau" ist beinahe halbtrocken zu nennen. Die Luftfeuchtigkeit steigt hier selten über 50 %.
Karnataka liegt durchschnittlich 457 Meter, der „Maidan" liegt durchschnittlich 610 Meter über dem Meeresspiegel. Das „Deccan Plateau" wird hauptsächlich von zwei Flüssen entwässert: der Krishna und der Kaveri. Zum Krishna-System gehören neben der Krishna auch die Tungabhadra, Vedavati, Hagari, Malaprabha, Ghataprabha, Doni und Bhima. Zum Flusssystem der Kaveri gehören die Kaveri, Hemavati, Harangi, Kapila, Shimsha. Nach Westen fließende Flüsse sind die Kalinadi, Gagavali, Aghanashini, Sharavati, Varahi und Netravati. Weitere bedeutende Flüsse schließen die Manjra, Karanja, Palar, Pennar und Poonaiyar mit ein. 20 % der geographischen Fläche Karnatakas unterstehen der Forstabteilung.
Das halbtropische Klima kennt vier Jahreszeiten, den von März bis Mai dauernden Sommer mit durchschnittlichen Temperaturen von 18-40 Grad, den von Oktober bis Dezember währenden Winter mit Temperaturen von 14 bis 32 Grad, den von Juni bis August dauernden Süd-West-Monsun und den von Oktober bis Dezember anhaltenden Nord-Ost-Monsun.
In den Ghats fallen durchschnittlich 254 Zentimeter Niederschlag pro Jahr, an der Küste etwa 762 Zentimeter, im in den Sahyadris gelegenen Agumbe (oder: Audumbe, Shimoga Distrikt) fallen bis zu 8280 Millimeter jährlich. Weitere Orte Karnatakas mit hohen Niederschlagsmengen sind Bhagamandala (603 Zentimeter), Pullingoth (594 Zentimeter) und Makut (505 Zentimeter) im Kodagu Distrikt.
Den wenigsten Niederschlag erhalten die Distrikte Bijapur, Raichur, Bellary und die Südhälfte von Gulbarga; hier fallen im Durchschnitt jährlich nur 50-60 Zentimeter Niederschlag. Richtung Westen erhöht sich die Niederschlagsmenge. Während des Süd-West-Monsuns erhält der Bundesstaat 80 % des jährlichen Niederschlags. Gelegentliche Regenfälle im Winter bringen nur 1 % der jährlichen Niederschlagsmenge, im Sommer

FOLGENDE DOPPELSEITE:
Die Felsformationen, die die Tungabhadra bei Vijayanagar durchfließt, bestehen aus Granitblöcken, die durch Erosion aufgespalten und rundgeschliffen wurden.

RECHTE SEITE:
In Pattadakal, ihrer dritten Hauptstadt, setzten die Chalukya-Könige ihr ehrgeiziges Tempelbau-Programm fort. Der Galaganatha-Tempel folgt den nordindischen Stilvorgaben. Der Sangameshvara-Tempel dahinter ist ein Beispiel für die südindische Bauart.

können 7 % des jährlichen Niederschlages fallen und in der Nach-Monsunzeit 12 %. Der Süd-West-Monsun setzt etwa ab dem 1. Juni in den südlichsten Distrikten ein und hat um den 10. Juni den gesamten Bundesstaat erfasst. Die Regenmonate Juli und August bringen um 30 % bzw. 18 % des jährlichen Niederschlags.
Der Nord-Ost-Monsun (Oktober-Dezember) berieselt die östlichen Teile des südlichen Bundesstaatsinneren und sorgt dort etwa für 30 % des jährlichen Niederschlags.
Die Tages- und Nachttemperaturen sind mit Ausnahme des Küstenstreifens und des Hochplateaus im gesamten Bundesstaat ähnlich gelagert. In höheren Lagen sind die Temperaturen niedriger. Die heißesten Monate sind April und Mai. Im Mai können die Temperaturen im nordöstlichen Teil des Bundesstaates bis auf durchschnittlich 40 Grad steigen, Richtung Südwesten nehmen die Temperaturen graduell ab.
Die höchste bisher gemessene Temperatur betrug 45,6 Grad (in Raichur, am 23. Mai 1928), die niedrigste Temperatur 2,8 Grad (in Bidar, am 16. Dezember 1918).

BEVÖLKERUNG, SPRACHEN, GESCHICHTE

Zu den Ethnien, die in Karnataka eine gewisse Eigenständigkeit bewahrt haben, gehören die Okkaligas. Aus Südindien kamen die Sankethi sprechenden Sanketis. Die in Karnataka lebenden Stammesbevölkerungen schließen die in den Wäldern wohnenden, nomadisierenden Kurubas, die kein Vieh halten, mit ein. Bei den Kurubas werden zwei Gruppen unterschieden, die Jenu Kurubas und die Bewtadda Kurubas. Die Kodavas leben vor allem im Distrikt Kodagu.
Insgesamt werden 49 Stammesgesellschaften aufgelistet, hier mit Untergruppen: Adiyan; Barda; Bavacha, Bamcha; Bhil, Bhil Garasia, Dholi Bhil, Dungri Bhil, Dungri Garasia, Mewasi Bhil, Rawal Bhil, Tadvi Bhil, Bhagalia, Bhilala, Pawra, Vasava, Vasave; Chenchu, Chenchwar; Chodhara; Dubla, Talavia, Halpati; Gamit, Gamta, Gavit, Mavchi, Padvi, Valvi; Gond, Naikpod, Rajgond; Gowdalu; Hakkipikki; Hasalaru; Irular; Iruliga; Jenu Kuruba; Kadu Kuruba; Kammara (im South Kanara Distrikt und Kollegal Taluk des Mysore Distrikts); Kanivan, Kanyan (im Kollegal Taluk des Mysore Distrikts); Kathodi, Katkari, Dhor Kathodi, Dhor Katkari, Son Kathodi, Son Katkari; Kattunayakan; Kokna, Kokni, Kukna; Koli Dhor, Tokre Koli, Kolcha, Kolgha; Konda Kapus; Koraga; Kota; Koya, Bhine Koya, Rajkova; Kudiya, Melakudi; Kuruba (im Coorg Distrikt); Kurumanas; Maha Malasar; Malaikudi; Malasar; Malayekandi; Maleru; Maratha (im Coorg Distrikt); Marati (im South Kanara Distrikt); Meda; Naikda, Nayaka, Chollivala Nayaka, Kapadia Nayaka, Mota Nayaka, Nana Nayaka, 1[Naik, Nayak, Beda Bedar and Valmiki]; Palliyan; Paniyan; Pardhi, Advichincher, Phanse Pardhi; Petelia; Rathawa; Sholaga; Soligaru; Toda; Varli; Vitolia, Kotwalia, Barodia und Yerava.

Die Amtssprache von Karnataka ist Kannada. Verkehrssprachen sind Marathi, Konkani, Tamil, Malayalam und Hindi neben Kodava Takk, Tulu und Sankethi.

Von der Gesamtbevölkerung entfallen auf die Hindus 83,9 %, die Moslems 12,2 %, Christen 1,9 %, Jainas 0,8 %, Buddhisten 0,7 % und Stammesreligionen 0,2 %.

FOLGENDE DOPPELSEITE:
In Karnataka setzen sich die Traumstrände Goas fort, wie hier bei Gokarn (Distrikt Uttara Kannada). Sie werden fast ausschließlich von Fischern genutzt.

In der frühen schriftlich gesicherten Geschichte gehörte Karnataka zu den alten, von Indiens Norden her verwalteten Reichen der Nandas und der Mauryas. Zwischen 20 vor unserer Zeit und 230 regierten die Shatavahanas von Paithan über weite Teile Nord-Karnatakas.

Etwa um 345 gründete Mayurasharman die Dynastie der Kadambas, indem er sich selbst in Banavasi im nördlichen Karnataka zum Herrscher krönte, um sich gegen die vom heutigen Tamil Nadu aus regierenden Pallavas aufzulehnen. Einer seiner Nachfolger, Kakustha Varman (etwa 435-455), war so bedeutend, dass selbst die mächtigen Guptas und Vakatakas seine militärische Hilfe suchten.

Eine andere einflussreiche Dynastie war die der Gangas, die etwa ab 350 von Kolara aus regierten und später ihre Hauptstadt nach Talakadu (Distrikt Mysore) verlegten. Bis zum Aufkommen der Chalukyas von Badami waren die Gangas die beherrschende Macht Karnatakas. Als Tributpflichtige der Chalukyas von Badami und der Rashtrakutas regierten sie bis zum 10. Jahrhundert über den größten Teil Süd-Karnatakas.

Ab Pulakeshin I. (etwa 540-566) wurden die Chalukyas von Vatapi (heute: Badami, Distrikt Bagalkot) zur tragenden politischen Macht Karnatakas. Die Tempel und Felsmonumente dieser Dynastie sind heute noch in ihrer Hsauptstadt Badami, sowie in Aihole, Pattadakal, Mahakut usw. zu sehen. Pulakeshin II. (609-642) war der Enkel von Pulakeshin I., der ein Großreich von der Narmada im Norden bis zur Kaveri im Süden erschuf. Unter Vikramaditya II. (693-734) umfasste das Reich neben Karnataka auch Maharashtra und große Teile des heutigen Gujarat, Madhya Pradesh, Andhra Pradesh und sogar Orissa und Tamil Nadu, wo Kanchipuram, die Hauptstadt der Pallavas eingenommen wurde. Die dauernden Kriege gegen die Pallavas aber schwächten die Chalukyas schließlich bis sie von einem ihrer Vasallen, den Rashtrakutas, überwältigt wurden.

LINKE SEITE:
Der Gangadhareshwara-Tempel in Bangalore stammt aus dem 16. Jahrhundert. Überdimensional in Granit nachgebildet stehen hier ein Dreizack, eine Stundenglastrommel, der Mond und die abgebildete Sonne.

Der Hoyshaleshvara-Tempel in Halebid ist ein Meisterwerk der Hoyshala-Kunst. Das Bild zeigt an einem kleinen Teil der Außenwand die Könnerschaft der Steinbildhauer im 12. Jahrhundert.

FOLGENDE DOPPELSEITE:
In der Nähe der sog. Thronplattform wurde in Vijayanagar dieser reizvolle Stufenbrunnen ausgegraben.

Kaffee-Ernte in den Bergen von Kodagu (vormals Coorg).

753 gelang es Dantidurga der Rashtrakutas den Chalukyaherrscher Kirtivarman zu stürzen um somit das Erbe der Chalukyas anzutreten. Dhruva (780-793), Sohn des Krishna I. (756-774), besiegte schließlich die Gurjara Pratiharas, König Dharmapala von Bengalen und machte sich sogar den Herrscher von Kannauj tributpflichtig. Für Karnataka gehören die Chalukyas und die Rashtrakutas zum Zeitalter des „Imperialen Karnataka".

Im Jahre 973 wurden die Rashtrakutas von den Chalukyas von Kalyana (auch: Kalyani), die mit den Chalukyas von Badami verwandt sind, besiegt. Someshvara I. (1043-1068) verlegte die Hauptstadt von Manyakheta nach Kalyani (Kalpana) und bekriegte den Chola-König Rajadhiraja, den er in der Schlacht von Koppal 1054 tötete. Dafür wurde dann Someshvara I. 10 Jahre später von Virarajendra Chola in der Schlacht von Kudala Sangama geschlagen.

Als bedeutendster Herrscher der Chalukyas von Kalyani gilt Vikramaditya VI. (1076-1127). Als Prinz mit einer Chola-Prinzessin verheiratet, eroberte er 1085 Kanchi von den Cholas, 3 Jahre danach zog er gegen das Königreich von Vengi, das er schließlich 1118 in die Knie zwang. Dieser Sieg schwächte die Cholas nachhaltig.

Die Sevunas oder Yadavas, die unter den Rashtrakutas und Chalukyas von Kalyani Lehnsmänner waren, wurden unter Bhillama V. (1173-1192) zur vorherrschenden Macht. Hauptstadt der Dynastie wurde Devagiri (heute: Daulatabad, Maharashtra). Bhillama eroberte 1186 Kalyani und kämpfte 4 Jahre später gegen Ballala II. der Hoyshalas in Sorarturu, dem er unterlegen war. Sein Sohn und Jaitugi (1192-1199) zog gegen die Paramaras und Kakatiyas. Unter Singhana (1199-1247) erfuhr das Reich der Sevunas bis zur Tungabhadra seine größte Ausdehnung, bis sie mehrfach dem Heer des Sultans von Delhi (1296, 1307 und schließlich 1318) unterlagen.

Die Hoyshalas setzten die Tradition ihrer ehemaligen Oberherren, den Chalukyas von Kalyani, fort, und bauten Tempel in Beluru (Belur), Halebidu (Halebid), Somnathpur, usw. Vishnuvardhana (1108-1252) versuchte sich nicht nur von der Vorherrschaft der Chalukyas von Kalyani zu befreien, er befreite auch das seit 999 von den Cholas besetzte Gangavadi. Als Erinnerung an den Sieg ließ er den Vijayanarayana Tempel (heute: Chennakeshava-) in Belur bauen, während sein General Katamalla den Hoyshaleshvara-Tempel in Halebidu errichten ließ. Unter Vira Ballala II. (1173-1220), dem Enkel des Vishnuvardhana, wurde die Unabhängigkeit von den Chalukyas von Kalyani schließlich durch deren Niederlage im Jahre 1187 besiegelt. Vira Ballala II. besiegte auch Sevuna Bhillana V. in Soratoru 1190. Unter Narasimha II. (1220-1235) umfasste das Hoyshala-Reich auch Teile von Tamil Nadu.

Vira Ballala III. (1292-1342) war der letzte König der Hoyshalas; er hatte einen schweren Stand gegen die Invasionsarmee des Sultans von Delhi. Seine beiden Generäle, Harihara und Bukka, sollten das Königreich von Vijayanagar gründen.

Als die Armeen des Sultanats von Delhi nacheinander die vier großen Königreiche Südindiens (das Reich der

Sevunas, das Reich der Kakatiyas von Warangal, das Hoyshala-Reich und das Reich der Pandyas von Madurai) zerstört hatten, sah es zunächst so aus, als ob eine politische Macht den Süden Indiens beherrschen sollte, deren Religion eher feindlich der Religion der eroberten Reiche gegenüberstand. Als daher die Sangama Brüder 1336 das Reich gründeten, erhielten sie sehr viel Unterstützung. Nach dem Tod des Hoyshala-Königs Vira Ballala und seines Sohnes Virupaksha Ballala sicherten sich Harihara und Bukka das Reich der Hoyshalas. Bukka (1356-1377) gelang es, das zwischenzeitlich gegründete Sultanat von Madurai zu besiegen.
Einer der bedeutendsten Herrscher des Reiches von Vijayanagar (Distrikt Bellari) war Krishnadevaraya (1509-1529). Ihm gelang es, sich gegen die islamischen Herrscher von Bidar (1512) und Bijapur (1523) zu behaupten. 1565 aber rückten die vereinten Armeen der islamischen Reiche Südindiens (Bijapur, Golconda, Ahmednagar, Bidar und Berar) gegen Vijayanagar vor. In der Schlacht von Talikota wurde die Armee von Vijayanagar besiegt und die Hauptstadt von den Moslems weitgehend zerstört und entvölkert. Die Ruinen der nie wieder aufgebauten Stadt gehören heute zum Weltkulturerbe der UNESCO.

Angestellte von Infosys arbeiten an ihren Computern. Die Firma liefert Software-Dienstleistungen und -produkte an Kunden in der ganzen Welt und hat einen Marktwert von ca. 1,9 Milliarden US-Dollar. Die Firma wurde 1981 gegründet und war die erste, die das Konzept der über die Grenzen hinausgehenden, kollaborativen Softwareentwicklung auf einer technisch hochentwickelten Computer- und Kommunikationsbasis vertrat.

Die islamischen Reiche Karnatakas haben ihre eigene Geschichte. Diese begann, als der Gouverneur der südlichen Provinzen des Delhi Sultanats Ala-ud-Din Hassan Bahman Shah, gegen Muhammad bin Tughluq revoltierte und sich 1347 von letzterem erfolgreich lossagte. Bis 1425 war die erste Hauptstadt des Bahmani-Reiches Ahsanabad (Gulbarga), als die Hauptstadt nach Muhammadabad (Bidar) verlegt wurde. Nach 1518 zerfiel das Reich in fünf Reiche, die so genannten Deccani Sultanate: Ahmednagar (Maharashtra), Berar (Maharashtra), Bidar (Karnataka, Distrikt Bidar), Bijapur (Karnataka, Distrikt Bijapur) und Golconda (Andhra Pradesh).
Das Sultanat von Bidar hielt sich bis 1619, als es dem Sultanat von Bijapur einverleibt wurde. Das Sultanat von Bijapur hingegen unterlag 1686 den Moghuln unter Aurangzeb und wurde moghulische Provinz. 1764 wurde das Gebiet von Bidar von dem Nizam von Hyderabad annektiert, der aber 1760 das Gebiet den Marathen, der zu der Zeit mächtigsten Dynastie, überlassen musste.

Nach dem Niedergang der Dynastie von Vijayanagar, hervorgerufen durch die Schlacht von Talikota 1565, wurde ein Teil Karnatakas von Mysore aus von Raja Wodeyar (1578-1617) kontrolliert. 1610 wurde Srirangapatnan (oder: Seringapatan), eine Flussinsel in der Kaveri, seine Hauptstadt. Nach dem Tode des sohnlos gebliebenen Chamaraja Wodeyar VI. im Jahre 1734 konnte Hyder (Haidar) Ali, ein gemeiner Soldat, durch viel Einfluss die Oberhand im Staate gewinnen, erklärte sich jedoch offiziell nie zum Herrscher des Staates. Dies tat dann sein Sohn, Tipu Sultan, der sich 1782 krönen ließ. Tipu Sultan war ein Stratege, der die expandierenden Briten eine Weile in Schach halten konnte, aber im 4. so genannten Mysore-Krieg letzteren militärisch unterlag und 1799 starb. Auf den frei gewordenen Thron setzten die Briten

Der „International Tech Park“ außerhalb von Bangalore ist das indische „Silicon Valley“.

wieder ein Mitglied der Wodeyar-Familie, den vierjährigen Krishnaraja Wodeyar III. (1799-1868) und verlegten die Hauptstadt wieder nach Mysore. Mysore wurde ab 1831 de facto von den Briten regiert. Chamaraja Wodeyar IX. (1868-1894) erhielt sein Reich 1881 von den Briten zurück. Der letzte offizielle Herrscher der Dynastie war Jayachamaraja Wodeyar (1940-1950). Er blieb Maharaja bis zu dem Zeitpunkt, an dem Indien eine Republik wurde (1950), wurde von der indischen Verfassung aber immer noch als Maharaja anerkannt, bis die Ministerpräsidentin Indira Gandhi ab 1971 alle Maharajas aberkannte, was nicht im Sinne der ab 1947 mit den Herrschern der ehemaligen Feudalstaaten geschlossenen Verträge war. Jayachamaraja Wodeyar starb 1974. Der Bundesstaat Mysore entstand am 1. November 1956 mit Teilen der ehemaligen Staaten bzw. Provinzen von Coorg, Madras, Hyderabad und Bombay. Die Umbenennung in „Karnataka“ erfolgte am 1. November 1973.

VERWALTUNG

Die 27 Distrikte Karnatakas werden auf vier Verwaltungsbereiche (englisch: divisions) verteilt. Diese sind:
Bangalore Division: Distrikte: Bangalore, Bangalore rural (=„ländlich“), Chitradurga, Davanagere, Kolar, Shimoga und Tumkur.
Belgaum Division: Distrikte: Bagalkot, Belgaum, Bijapur, Dharwad, Gadag, Haveri und Uttara Kannada.
Gulbarga Division: Distrikte: Bellary, Bidar, Gulbarga, Koppal und Raichur.
Mysore Division: Distrikte: Chamarajanagar, Chikmagalur, Dakshina Kannada, Hassan, Kodagu, Mandya, Mysore und Udupi.
Die politisch ranghöchsten Personen sind der „Governor“ und der „Chief Minister“.

WIRTSCHAFT

In der Landwirtschaft werden neben Reis vor allem zwei Hirsearten, Ragi und Jowar, produziert. Ebenso angebaut werden Zuckerrohr, Kokosnüsse, Erdnüsse, Baumwolle, Kaffee und Maulbeeren für die Seidenraupenzucht. Karnataka ist das größte Gebiet für den Anbau indischen Kaffees.

In Minen abgebaut werden Eisenerze und Mangan. 90 % des gesamten in Indien geförderten Goldes kommt aus Karnataka, besonders aus Kolar, Distrikt Kolar. Weitere Bodenschätze sind Bauxit, Chromeisenerz, Dolomit, Kaolin, Kalkstein, Ocker, Quarz und Kieselerde.

Weit über die Grenzen Indiens hinaus ist Karnataka für den technischen Fortschritt im Hinblick auf die Produktion von elektronischen Rechnern, Feinmechanik und Flugtechnik bekannt. Investitionsgelder fließen seit 1993 aus Deutschland, Japan, den Vereinigten Staaten von Nord-Amerika, dem Vereinigten Königreich, der Schweiz und Schweden. Karnataka verfügt über 64 multinationale Firmen, von Cisco, Hewlett Packard India, Honeywell India, Infineon Technologies und Kyocera Wireless über Siemens India bis Sun Microsystems. Die Stadt Bangalore gilt als das „Silicon Valley“ Indiens.

Gegen die in Karnataka produzierte Hochtechnologie nimmt sich die ebenfalls vorhandene Stahl-, Textil- und Zuckerindustrie (Karnataka hat 18 produktionsstarke Zuckerraffinerien) fast bescheiden aus.

Der indische Software-Gigant Infosys Technologies Ltd. unterhält bei Bangalore ein 1 Quadratkilometer großes Ausbildungszentrum für über 4500 Software-Spezialisten.

FOLGENDE DOPPELSEITE:
In einem gepflegten Garten steht in Seringapatna der Sommerpalast Tipu Sultans von 1784. Eine der bemalten Außenwände zeigt eine endlose Abfolge von Audienzen.

BEDEUTENDE ORTE UND IHRE SEHENSWÜRDIGKEITEN

Ein kurzer Blick auf die facettenreiche Geschichte des Bundesstaates genügt um anzunehmen, dass die Monumente Karnatakas zumindest sehr zahlreich sein dürften. Der Blick trügt nicht, Karnataka gehört zu den an Denkmälern reichsten Bundesstaaten Indiens, bei denen schon der Versuch einige aufzuzählen, vermessen erscheint. Die wesentlichen Monumente sind die hinduistischen Freibautempel und monolithischen Anlagen der Chalukyas von Badami und Kalyani, die Freibautempel der Hoyshalas, die Tempel und Palastanlagen des Reiches von Vijayanagar, die jinistischen Anlagen unterschiedlicher Epochen und die islamischen Städte mit ihren Mausoleen, Festungen und Moscheen.

Badami (Distrikt Bagalkot) bietet neben einer Reihe von hinduistischen Freibautempeln der Chalukyas von ebendort drei monolithische Tempelanlagen der Hindus, eine buddhistische und eine jinistische Felskulthöhle an. Der größte Höhlentempel ist inschriftlich in das Jahr 578 datiert. Ein weiteres hinduistisches Felsheiligtum ist in **Aihole** (Distrikt Bagalkot), wo auch monolithische Anlagen jinistischen Ursprungs zu sehen sind. Daneben gibt es in Aihole eine erhebliche Anzahl an Tempeln aus dem 6.-11. Jahrhundert. Erwähnenswert ist der so genannte Durga-Tempel, der, ähnlich den buddhistischen Chaitya-Hallen, mit einer Apsis ausgestattet ist. Weitere Tempelstädte der Chalukyas von Badami sind **Pattadakal** und **Mahakut** (beide im Distrikt Bagalkot) neben **Nagaral** (Distrikt Bagalkot) und **Alampur**

Der Dargah des Hazrat Gesu Daraz in Gulbarga ist ein heiliges Zentrum des Islam auf dem Deccan.

(Andhra Pradesh). Von den Chalukyas von Kalyani verdient der Trikuteshvara-Tempel in **Gadag** (Distrikt Gadag) erwähnt zu werden.

In **Belur** (Distrikt Hassan) gibt es den unter Vishnuvardhana (1108-1252) erbauten, dem Gott Vishnu geweihten Chennakeshava-Tempel, mit kreuzförmigem Grundriss und sternenförmigen Zacken. Namen der Künstler finden sich inschriftlich an einigen Skulpturen. **Halebid** (Distrikt Hassan) ist bekannt für den Shiva geweihten Hoyshaleshvara-Tempel, ab 1120 im Bau. Nahe anbei der Kedareshvara-Tempel von 1219 mit sternenförmigem Grundriss. Nicht weit davon befinden sich Jaina Bastis aus späterer Zeit.

Lakkundi (Distrikt Gadag) war ab 1191 die nördliche Hauptstadt des Hoyshala-Reiches und birgt mehrere Jaina-Tempel aus der Zeit, daneben auch hinduistische Anlagen wie der Kashivishveshvara-Tempel von 1087 oder der etwa gleichzeitige Nanneshvara-Tempel. Insgesamt sind vor Ort 50 Tempel und über 100 Stufenbrunnen vorhanden.

In **Harihar** (Distrikt Dharwar) findet sich der Harihara-Tempel, 1224 von einem Minister des Hoyshala-Königs Narasimha II. errichtet.

Der Keshava-Tempel von **Somnathpur** (Distrikt Mysore) ist ein um 1258 von Somanatha, einem Minister des Hoyshala-Königs Narasimha III. (1254-1292), sternenförmig angelegter Tempel mit drei Heiligtümern.

Von den über 32 Tempeln von **Udupi** (Distrikt Udupi) ragt ein Krishna-Tempel mit einem Kultbild heraus, das dem eintretenden Betrachter den Rücken zuwendet.

Sringeri (Distrikt Chikmagalur) birgt den Vidyashankara-Tempel, ein dem Shiva geweihter Kultbau mit im Grundriss zwei Apsiden, der unter den beiden Gründern des Reiches von Vijayanagar zwischen 1350 und 1360 erbaut worden war.

Hampi bzw. **Vijayanagar** (die „Siegesstadt", Distrikt Bellary) ist die Hauptstadt des Königreiches von Vijayanagar mit landschaftlich unheimlich reizvoll gelegenen Ruinen von Tempeln, Palästen, Elefantenstal-

LINKE SEITE:

Bei Shravanabelgola steht auf einem Granithügel die 17,50 Meter hohe Skulptur des Bahubali, eines von den Jainas hochverehrten Heiligen.
Sie wurde 980 aus einem Granitblock gehauen und gilt bis heute als die größte antike freistehende Statue der Welt.

Zu Füßen des Bahubali zelebriert ein Priester eine Verehrungszeremonie (Puja). Der textilfreie Mann ist ein Mönch der Digambaras („Luftgekleideten").

lungen und dgl. Die zahlreichen, verstreuten Bauten des 15. und 16. Jahrhunderts beeindrucken selbst nach anhaltender islamischer Zerstörung um 1565 den Betrachter auch heute noch. Bemerkenswert ist der steinerne Tempelwagen vor dem Vitthalasvami-Tempel.

In **Shravanabelgola** (Distrikt Hassan) liegt das zwischen zwei Granithügeln gelegene Zentrum der Digambara-Jainas („Luftgekleideten") mit einer um etwa 980 ausgemeißelten, 17,50 Meter hohen, freistehenden Kolossalstatue des Bahubali oder Gommateshvara, die größte jinistische monolithische Kultfigur der Welt. Anbei weitere Jaina-Heilgtümer oder „Bastis", wie die im Stil der Hoyshalas gebaute Chandragupta-Basti aus dem 12. Jahrhundert neben der Parshvanatha-Basti aus dem 11. Jahrhundert. In der Nähe das Dorf **Jinanathapura** mit der Shantishvara Basti, einem um 1200 erbauten Tempel der Hoyshalas.

Mudabidri (Distrikt Dakshina Kannada) ist wegen der 18 Tempel aus dem 12.-15. Jahrhundert, besonders der 1000-Säulen-Basadi von 1429, weit bekannt.

Der 1789 fertig gestellte, hölzerne Sommerpalast des Tipu Sultan steht unweit des Lalbagh, einem Garten von Tipu Sultan und Hyder Ali, der heute als Botanischer Garten in **Bangalore** (Distrikt Bangalore) genutzt wird. Tipu Sultans Sommerpalast in **Seringapatna** (Seringapatam; Srirangapatna, Distrikt Mandya) wurde bereits 1784 fertig gestellt, genauso wie die Jama Masjid mit ihren zwei hohen, die Landschaft prägenden, Minaretten. Aus demselben Jahr stammt auch der Lalbagh von Seringapatna mit dem „Gumbaz" (Dom) genannten Mausoleum, in dem sowohl Hyder Ali als auch sein Sohn, Tipu Sultan, und dessen Mutter beigesetzt sind.

Der großflächig angelegte Palast der Wodeyars von Mysore in **Mysore** (Distrikt Mysore) entstand in der heutigen Form erst zu Beginn des 20. Jahrhunderts.

Zu den Monumenten der heute noch vollständig umwallten Stadt **Bijapur** (Distrikt Bijapur) gehört eine auf der so genannten Löwenbastion liegende, 4 Meter lange und etwa 5,5 Tonnen schwere Kanone, genannt „Malik-i-Maidan" („der Herr des [Schlacht-] Feldes"). Innerhalb der Stadtmauern liegt das Mausoleum des Sultan Muhammad Adil Shah, der „Gol Gumbaz", ein würfelförmiger Bau mit 60 Metern Seitenlänge, der von einer der größten Kuppeln der Welt überwölbt wird (innerer Durchmesser: 37 Meter). Von den etwa 20 weiteren Monumenten Bijapurs sind die meisten von ähnlich monumentalen Ausmaßen. Fast zierlich im Vergleich zum Gol Gumbaz wirkt die außerhalb der alten Stadtmauern errichtete, 137 x 137 Meter messende Grabanlage des Sultan Ibrahim II. (1580-1627), genannt „Ibrahim Rauza", in der dem Grabbau des Sultans gegenüber das Mausoleum seiner Frau Taj Sultana steht. Nach ihr wurde auch die sowohl monumentalste als auch eindrucksvollste Brunnenanlage der Stadt, Taj Baoli, benannt.

Der Ananteshwara-Tempel in Udupi verrät mit seiner Apsis, dem 2. Stockwerk über dem Sanktum und den mit Steinplatten bedeckten Schrägdächern seine Herkunft von der Holzarchitektur im benachbarten Kerala.

Gulbarga (Distrikt Gulbarga) war 1350 unter dem Namen Hasanabad Hauptstadt des Bahmani-Reiches. Die meisten erhaltenen Monumente der Stadt entstanden in der 2. Hälfte des 14. Jahrhunderts. Noch heute zeugt die Zitadelle mit ihren 16 Meter dicken Mauern von der wehrhaften Vergangenheit des Ortes. Als religiöses Monument ragt die im Grundriss 70 x 60 Meter messende Jama Masjid, die Freitagsmoschee, mit ihren fast 80 Kuppeln heraus. Es ist die einzige alte, vollständig überdachte Moschee Indiens. Sie bietet Raum für 5000 Gläubige. Ab dem Beginn des 15. Jahrhunderts wurde der Dargah des Hazrat Gesu Daraz zu einem der islamischen Zentren des Deccan. Das Mausoleum des Gründers entstand 1422.

Bidar (Distrikt Bidar) war seit 1424 Hauptstadt des Bahmani-Reiches und ist erwartungsgemäß eine stark befestigte Anlage. Die bereits 1327 datierte Solah Khamba-Moschee ist das älteste religiöse Bauwerk der an Mausoleen und Palastruinen reichen Stadt.

Ebenso reich ist der Bundesstaat an imposanten Naturphänomenen, wie z. B. den „Jog Falls", den neunthöchsten Wasserfällen der Welt (Distrikt Shimoga) oder den Kallathigiri oder Kalahasti und den Hebbe Fällen (beide im Distrikt Chikmagalur).

Spektakulär gelegene und/oder historische bedeutende Festungsanlagen schließen die von **Kanoor** (Shimoga Distrikt), **Chitradurga** (Chitradurga Distrikt), **Belgaum** und **Kittur** (Distrikt Belgaum), **Dharwad** (Distrikt Dharwad), **Kalyan** (Distrikt Bidar), und **Raichur** (erbaut 1294, Distrikt Raichur) mit ein.

Eine landschaftliche Idylle mit Stränden bietet **Gokarn** (Distrikt Uttara Kannada). Der 700 Quadratkilometer große **Bandipur** (Distrikt Chamarajanagar) Nationalpark gehört zusammen mit dem **Nagarhole** Rajiv Gandhi Nationalpark (Distrikt Kodagu [Coorg] und Mysore) mit einer Größe von 643 Quadratkilometer zu den artenreichsten geschützten Gebieten dieser Art in Indien.

FOLGENDE DOPPELSEITE:

Drei befestigte Brücken und Tore verbanden die Festung von Bidar mit der Stadt.

Ahmadabad
Jamnagar
Rajkot
Porbandar
Bhavnagar
Junagadh
Diu
Surat
Vadodara (Baroda)
Ujjain
Indore
Bhopal
Jabalpur
Narsimhapur
Hoshangabad
Ranchi
Jamshedpur
Rourkela
Narmada
Khandwa
Bilaspur
Gondia
Amravati (Amraoti)
Raipur
Sambalpur
Dhule
Jalgaon
Daman
Malegaon
Akola
Nagpur
Durg
Sonpur
Mahanadi
Cuttak
Silvassa
Wardha
Nasik
Jalna
Aurangabad
Chandrapur
Bhubaneswar
Mumbai (Bombay)
Kalyan
Parbhani
Godavari
Nanded
Indravati
Brahmapur
Ahmadnagar
Nizamabad
Pune
Krishna
Bhima
Warangal
Godavari
Vizianagaram
Sholapur
Visakhapatnam
Ratnagiri
Sangli
Gulbarga
Hyderabad
Rajahmundry
Kolhapur
Bijapur
Eluru
Kakinada
Vijayavada
Belgaum
Raichur
Kurnool
Krishna
Guntur
Panaji
Marmagao
Machilipatnam
Hubli-Dharwad
Bellary
Banganapalle
Guntakal
Chitradurga
Anantapur
Shimoga
Bhadravati
Cuddapari
Nellore
Arabisches Meer
Chennai (Madras)
Mangalore
Bangalore
Vellore
Kanchipuram
Mysore
Mahe
Pondicherry
Kozhikode (Calicut)
Salem
Cuddalore
Erode
Lakkadiven (Indien)
Coimbatore
Tiruppur
Cauvery
Kavaratti
Nagapattinam
Kerala
Tiruchirapalli (Trichy)
Golf von Bengalen
Anai Mudi 2695
Palk Straße
Cochin
Madurai
Jaffna
Alleppey
Kollam (Quilon)
Tirunelveli
Thiruvananthapuram (Trivandrum)
Tuticorin
Trincomalee
Nagercoil
Kap Comorin
Golf von Mannar
SRI LANKA
MALEDIVEN
Negombo
Kandy
Colombo
Badulla
Galle
Matara
Kap Dondra
0
200
400
600
km

KERALA

LAGE, GRÖSSE, EINWOHNERZAHL, SYMBOL

An der westlichen Südspitze Indiens liegt der Bundesstaat Kerala, zwischen 8°18' und 12°48' nördlicher Breite und 74°52' und 72°22' östlicher Länge. Kerala wird umgeben (von Süden nach Norden, im Uhrzeigersinn) vom Indischen Ozean, Mahé, einer an der Küste gelegenen Exklave des Unionsterritoriums von Pondicherry, den Bundesstaaten Karnataka und Andhra Pradesh. Die Küste Keralas erstreckt sich über 580 Kilometer, die Weite des Bundesstaates variiert zwischen 35 und 120 Kilometer. Mit einer Fläche von 38 863 Quadratkilometern rangiert Kerala in dieser Hinsicht innerhalb Indiens auf Rang 21. Der Bevölkerungszahl nach mit 31 838 619 Einwohnern auf Platz 12 (819 Einwohner pro Quadratkilometer).

Die Hauptstadt von Kerala ist Thiruvananthapuram (vormals: Trivandrum, 889 191 Einwohner (2001)). Bei der Etymologie des Wortes „Kerala" gehen die Meinungen auseinander. Es könnte „Land der Kokospalme" oder „Land der Cheras" heißen. Die Cheras waren eine antike Dynastie.

Der „Staatsvogel" ist wie in Arunachal Pradesh der Doppelhornvogel (Buceros bicornis).

TOPOGRAPHIE UND KLIMA

Kerala kann in drei klimatische Landschaften unterteilt werden: 1. das östliche Hochland mit gebirgigem Gelände, 2. das zentrale Binnenland mit sanft geschwungenen Hügeln und 3. die westlichen Niederungen an der Küste.

Das östliche Hochland liegt unmittelbar im Regenschatten der „Western Ghats", die aus vergleichsweise hohen Bergen und tief geschnittenen Tälern bestehen. Hier entspringen 41 der nach Westen fließenden Flüsse Keralas und drei der in östliche Richtungen fließenden. Die durchschnittliche Höhe der „Western Ghats" beträgt 1500 Meter mit Gipfeln, die 2500 Meter Höhe erreichen können.

Das zentrale Binnenland schließt sich den „Western Ghats" unmittelbar im Westen an. Die mittlere Höhe über dem Meeresspiegel dieser von Hügeln durchzogenen Landschaft beträgt 250–1000 Meter.

Den Küstenstreifen durchqueren Brackwasserkanäle, Seen und Meeresarme, die als die „Backwaters" von Kerala bekannt sind. Das größte dieser Gewässer, der Vemband- oder Vembanad-See (Distrikt Kottayam), ist über 200 Quadratkilometer groß.

Die Namen der wichtigsten Flüsse Keralas sind: Periyar, Bharathapuzha, Pamba, Chaliyar, Kadalundipuzha, Achankovil, Meenachil und Moovattupuzha. Diese Flüsse tragen u. a. zur Vernässung westlicher Regionen wie Kuttanad bei, von dem 500 Quadratkilometer unterhalb des Meerwasserspiegels liegen.

28,90 % des Bundesstaates sind bewaldet, davon sind 37,02 % tropischer immergrüner Feuchtwald und 43,62 % tropischer feuchter Laubwald. Der höchste Berg des Bundesstaates ist mit 2695 Metern der Anai Mudi (Distrikt Idukki).

Das Klima des Bundesstaates ist besonders in den Niederungen Meeresluft-tropisch feucht und unterliegt vor allem dem Süd-West-Monsun im Sommer. Zum Landesinneren nimmt die Luftfeuchtigkeit ab. Kerala erhält jährlich im Durchschnitt etwa 3107 Millimeter Niederschlag. Diese Niederschlagsmenge ist innerhalb des Bundesstaates unterschiedlich verteilt. So können die Küstenregionen „nur" 1250 Millimeter erhalten, während im östlichen Hochland 5000 Millimeter Niederschlag gemessen werden können. Kerala hat somit durchschnittlich zwischen 120 und 140 Regentage im Jahr. Im Sommer können regenreiche Wirbelstürme und Sturmfluten auftreten.

Unterschieden werden drei Jahreszeiten: Der von Februar bis Mai dauernde Sommer, der Monsun von Juni bis Oktober/November und die „Schönwetterzeit" von Dezember bis Januar.

In den „Backwaters“ ersetzen Lagunen und Kanäle die Straßen als Verkehrswege.

Keralas jährliche höchste Durchschnittstemperatur beträgt 36,7 Grad, die Tiefsttemperatur 19,8 Grad. In den Küstenregionen schwanken die jährlichen Durchschnittstemperaturen zwischen 25,0 und 27,5, im östlichen Hochland zwischen 20,0 und 22,5 Grad.

BEVÖLKERUNG, SPRACHEN, GESCHICHTE

Zur einheimischen Urbevölkerung Keralas, denen ein Negrito-Ursprung nachgesagt wird, gehören die Stämme der Kadars, Muduvans, Malayans, Ullatans und Paniyans. Insgesamt werden von offizieller Seite für Kerala 35 verschiedene Stammesbevölkerungen aufgeführt:
Adiyan; Arandan; Eravallan; Hill Pulaya; Irular, Irulan; Kadar; Kammara (in bestimmten Gegenden des Malabar Distrikts); Kanikaran, Kanikkar; Kattunayakan; Kochu Velan; Konda kapus; Kondareddis; Koraga; Kota; Kudiya, Melakudi; Kurichchan; Kurumans; Kurumbas; Maha Malasar; Malai Arayan; Malai Pandaram; Malai Vedan; Malakkuravan; Malasar; Malayan (ausschließlich bestimmter Gegenden des Malabar Distrikts); Malayarayar; Mannan; Marati (in den Taluks von Hosdrug und Kasaragod des Distrikts von Cannanore); Muthuvan, Mudugar, Muduvan; Palleyan; Palliyan; Palliyar; Paniyan; Ulladan und Uraly.

Die Amtssprache ist Malayalam. Als weitere Verkehrssprachen werden neben Tamil Englisch und Hindi angegeben. Ein geringer Prozentsatz der Bevölkerung spricht noch die Sprachen der Ureinwohner.

65,2 % der Bevölkerung Keralas sind Hindus, 24,7 % Moslems und 19,0 % Christen.

Die historischen Ursprünge Keralas sind rein mythischer Natur, die Gründung des Landes wird Parashu-Rama, dem „Rama mit der Axt“, einem Avatara Vishnus, angelastet.

Die Cheras, die von ihrer Hauptstadt Vanchi im Landesinneren regiert haben, besaßen Häfen an der Westküste, die von römischen Schiffen angelaufen wurden, was durch Münzfunde in Kottayam und Eyyal belegt wird. Die Römer der Antike dürften sich für den indischen Pfeffer interessiert haben, den sie mit goldenen Sesterzen bezahlen mussten. Die Häfen befanden sich in Naura bei Kannur, Tyndis bei Quilandy, Muziris bei Kodungallor und Bacare bei Alappuzha. Die St. Thomas-Christen sollen schon sehr frühzeitig nach Kerala gelangt sein.

Der Untergang des weströmischen Reiches im 4. und 5. Jahrhundert brachte auch den Niedergang der meisten Hafenstädte. Im 5. Jahrhundert unterstand Kerala oder ein Teil davon den Kadambas.

Im 9. Jahrhundert sorgte der große Reformer und Philosoph, Shankaracharya, für die kulturelle Abspaltung von Tamil Nadu und die kulturelle Eigenständigkeit Keralas, die Sprache Malayalam entwickelte sich aus der Tamil-Sprache. Vanchi, die alte Hauptstadt, wurde von den Pandyas erobert und die Cheras mussten ihre Hauptstadt in die Nähe der Hafenstadt Muziri bei Kodungallur verlegen. Sie nannten sie Makotai oder Mahodayapura. Als zweite Hauptstadt wurde 825 die Hafenstadt Kollam gegründet.

Den vereinten Angriffen der Cholas und Pandyas konnten die Cheras ab dem 12. Jahrhundert nichts mehr entgegen setzen: Kerala zerfiel in mehrere Staaten der Cheras, die in einer matrilinearen Abfolge einen gewissen Wohlstand erhielten.

Die Zamorins von Kozhikkod jedoch gewannen an Macht und bekämpften die Herrscher von Kochi. Der Kampf dauerte Jahrhunderte: Arabischer Reichtum war auf Seiten der Zamorins von Kozhikkod, den Raja von Kochi unterstützten später die Holländer und die Portugiesen. Derweil konnte sich im südlichen Kerala das Königreich von Vanad entwickeln, so dass sich Kerala-Brahmanen in Thiruvananthapuram niederließen.

Ab dem 16. Jahrhundert begann der Niedergang der Cheras und es entwickelten sich soziale Missstände, die zu Auseinandersetzungen führten. Kerala blieb jedoch von den islamischen Brandschatzungen, die weite Teile Indiens lahm legten und entvölkerten, weitgehend verschont. Am 21. Mai 1498 landete der Portugiese Vasco da Gama bei Kozhikkod.

Der Mahadeva-Tempel in Ettumanur (Distrikt Kottayam) ist ein markantes Beispiel für einen Kerala-Tempel in der typischen Holzbauweise und mit erlesenen Schnitzarbeiten.

FOLGENDE DOPPELSEITE:
Der Teestrauch wird in Höhenlagen von ca. 1000 bis 1400 m in Großplantagen kultiviert. In den Kardamom-Bergen, wie hier bei Pirmed (Distrikt Idukki), beherrscht er das Landschaftsbild.

Kerala verfügt nach amtlichen Angaben über 3 396 000 Stück Rindvieh, 165 000 Büffel, 1 861 000 Ziegen, 1 430 000 Schweine, 1 187 000 Enten und 25 646 000 Stück Geflügel, dennoch ist die Eierproduktion nicht ausreichend.

Keralas Reichtum an Mineralien gründet sich auf starke Vorkommen von Kaolin (Porzellanerde), Quarzsand, Bauxit, Graphit, Kalkstein, bestimmten Mineralien (Rutil, Zirkon, usw.) und Quartz.

Über eine Million Menschen arbeiten in traditionellen Betrieben bei der Herstellung von Produkten aus Kokosfaser, Akajonüssen, Bambus und Handwebstühlen. Zum Export gelangen vor allem Tee, Akajonüsse, Kokosfaserprodukte, Pfeffer, Kaffee und Curry-Pulver. Von wachsender Bedeutung ist der Tourismus, der von den Stränden Keralas angelockt wird.

Die Ökonomie Keralas wird offiziell „demokratisch sozialistische Wohlfahrts-Ökonomie" (democratic socialist welfare economy) genannt.

BEDEUTENDE ORTE UND IHRE SEHENSWÜRDIGKEITEN

Kerala offeriert eine Unmenge an Naturparadiesen in Form von Stränden, Haffs („Backwaters") und Naturschutzparks. Nicht-Hindus ist der Zutritt zu Tempeln in der Regel untersagt. Die attraktivsten Sehenswürdigkeiten werden wegen ihrer heterogenen Art in der alphabetischen Reihenfolge der Distrikte, in denen sie sich befinden, aufgeführt.

Als „Venedig Indiens" wird **Alappuzha** (ehemals Alleppey, Distrikt Alappuzha) bezeichnet, das neben einem Strand mit einem 140 Jahre altem Pier über „Backwaters" verfügt, die zu Kreuzfahrten einladen. In Alappuzha finden jährlich mehrere Ruderbootregatten statt, für die Kerala berühmt ist. In der Nähe liegt **Karumadikuttan,** wo am Ufer des Kanals in einem (neueren) Stupa die Statue eines aus schwarzem Granit gemeißelten Buddha aus dem 11. Jahrhundert zu sehen ist. Es wird sogar vermutet, dass viele der Tempel in Kerala auf Grundmauern ursprünglich buddhistischer Anlagen stehen. Weitere Buddha-Statuen sind aus Kottayam (Kilirur Tempel), Bharanikavu, Mavelikkara und Paruvasseri bekannt.

Der mithin älteste Felstempel der Cheras stammt aus dem 8. oder 9. Jahrhundert und kann in **Kaviyur** (Distrikt Alappuzha) besichtigt werden. Mit einem Porträt des Stifters zählt die ausgearbeitete Anlage zu den besten Beispielen Keralas im Hinblick auf die frühe Felsarchitektur.

In **Sherthalai** (Distrikt Alappuzha) überdauerte eine portugiesische, St. Andreas geweihte Kirche die Zeiten. Der Palast von Krishnapuram in **Kayamkulam** (Distrikt Alappuzha) wird wegen seiner für Kerala typischen Architektur und die größte Wandmalerei von Kerala gelobt. Der im 18. Jahrhundert erbaute Palast wurde von Marthanda Varma in Auftrag gegeben. Dem Palast ist ein Museum angeschlossen.

Das Fort von **Kochi** (Distrikt Ernakulam) war einst (um 1503) das Fort Manuel der Portugiesen und zusammen mit dem Fort des etwas nördlicher gelegenen **Pallipuram** eines der ältesten europäischen Monumente auf indischem Boden. Der „Fort **Kochi** Beach" (Distrikt Ernakulam) ist für seine langen Rei-

In Kerala ist die Kokospalme ein wichtiger Rohstofflieferant. So werden z. B. Kokosfasern zu Seilen verarbeitet.

Das Fischen mit den riesigen Senknetzen am Nordufer des Kochi Fort soll auf Reisende vom Hof des Kublai Khan zurückzuführen sein.

RECHTE SEITE:
Während die Juden entlang der Küste nach Ankunft der Portugiesen vertrieben wurden, stellte der Maharaja von Cochin sie unter seinen Schutz. 1568 wurde die Synagoge in Mattancherry gegründet, 1664 der jetzige Bau geweiht.

hen chinesischer Fischernetze berühmt. Die St. Francis-Kirche im Fort Kochi ist die erste europäische Kirche in Indien. Zunächst aus Holz gebaut war es die Kirche von Santo Antonio. Hier liegt Vasco da Gama begraben, der 1524 ein drittes und letztes Mal in Cochin einlief, um drei Monate nach seiner Ankunft zu sterben. Unweit der St. Francis-Kirche steht die Basilika von Santa Cruz, die ab 1503 erbaut wurde. Die jüdische Synagoge im Fort Kochi wurde bereits 1568 errichtet, 1662 teilweise zerstört, aber danach von den Holländern wieder aufgebaut. Der holländische Palast in **Mattancherry** (Distrikt Ernakulam) wurde eigentlich unter Raja Vira Kerala Varma (1537-1565) um 1555 erbaut, bevor er 1663 von den Holländern repariert und ausgebaut wurde. 13 Kilometer von Cochin (Distrikt Ernakulam) entfernt, überrascht das größte archäologische Museum Keralas im „Hill Palace“.
Die atemberaubenden Wasserfälle von **Nyayamakad** (Distrikt Idukki) stürzen in mehreren Kaskaden 1600 Meter herab. Der 97 Quadratkilometer große **Eravikulam** Nationalpark (Distrikt Idukki) ist die letzte Zuflucht der vom Aussterben akut bedrohten „Nilgiri Tahr“, einer Bergziegenart (Hemitragas bylocres). Hier befindet sich auch die höchste Erhebung von Kerala, der Anai Mudi. Das eigentliche **„Idukki** Wildlife Sanctuary“ ist nur 77 Quadratkilometer groß, dafür ist das **„Periyar** Wildlife Sanctuary“ (Distrikt Idukki) mit einer Größe von 777 Quadratkilometern, von denen 360 Quadratkilometer mit dichtem Dschungel bedeckt sind, eines der artenreichsten Wildschutzgebiete Indiens, in dem Tiger und Elefanten leben. **Marayoor** ist weniger wegen der steinzeitlichen Dolmen als wegen der Sandelwälder bekannt. Die seit 1918 produzierte, berühmteste Sandelholzseife Indiens, die „Mysore Sandal Soap“ hieß eigentlich „Kerala Sandal Soap“ und wurde in Kerala produziert.
Das Fort St. Angelos liegt westlich der Stadt **Kannur** (vormals: Cannanore, Distrikt Kannur) und wurde 1505 unter Don Francisco De Almeida erbaut. Es wurde 1663 von den Holländern erobert, die es 1772 dem Raja von Kannur verkauften. 1790 gelangte es in die Hände der Engländer. Im selben Distrikt liegt die Festung von

Das Interieur der Synagoge von Kochi: Handbemalte Fliesen aus Kanton, kristallgläserne Öllampen aus Belgien, die Kronen auf den Thora-Behältern sind Geschenke der Maharajas von Travancore und Cochin.

Thalassery, die von den Engländern um 1700 erbaut wurde.
Die an der See gelegene, noch gut erhaltene Festung von **Bekal** (Distrikt Kasargod) ist eine ausgedehnte, stark befestigte indische Verteidigungsanlage des 17. Jahrhunderts. Unweit der Distriktshauptstadt Kasargod liegt die Festung von **Chandragiri**, die im 17. Jahrhundert unter Sivappa Nayak von Bednore errichtet wurde. Die mithin größte Tempelanlage des Distriktes ist der dem Gott Shiva gewidmete Srimad Anantheswara Vinayaka-Tempel in **Madhur** (Distrikt Kasargod). Der mehrstöckige Tempel beherbergt neben einem Sivalinga eine große Statue des Gottes Ganesha, die bei bestimmten Festen mit Butterschmalz und Reis bedeckt wird. Ein weiterer außergewöhnlicher Tempel liegt 5 Kilometer von **Kumbla** (Distrikt Kasargod) entfernt. Es ist der inmitten eines künstlichen Teiches stehende Sri Padmanabha Swami-Tempel. Der Distrikt Kasargod ist wegen seiner Tanzaufführungen „Yakshagana" in ganz Kerala bekannt. Die Yakshagana-Aufführungen werden vor allem im Mallikarjuna-Tempel in der Distriktshauptstadt **Kasargod** veranstaltet.
5 Kilometer vor Kollam (vormals Quilon, Distrikt Kollam) liegt **Thangassery,** eine Festung, die einst eine Enklave der Portugiesen, Holländer und dann der Engländer war. Hauptattraktion ist heute lediglich der 1902 erbaute, fast 44 Meter hohe Leuchtturm.
Kumarakom (Distrikt Kottayam) ist wegen des 83,72 Kilometer langen und 14,48 Kilometer breiten Vembanad-Sees Austragungsort der jährlichen, meist im September-Oktober statt findenden Schlangenbootrennen mit wenigstens 100 aus voller Kehle singenden Ruderern pro Boot.
Das mehrstöckige, stilvoll gebaute Museum von **Kirtads** (Distrikt Kozhikode) vermittelt dem Besucher einen Eindruck der alten Stammesgesellschaften von Kerala. Die Kuttichira Moschee von **Kozhikode** besteht mit ihren abgestuften Dächern wie die meisten religiösen Bauwerke Keralas aus Holz.
In **Malappuram** (Distrikt Malappuram) steht die Valiya Juma Masjid, ein islamisches Pilgerzentrum von Kerala. Wie die Kuttichira Masjid ist auch diese Freitagsmoschee ganz aus Holz mit Ziegeldächern gebaut. Ein weiteres islamisches Pilgerzentrum ist **Mumburam** (Distrikt Malappuram).
Das Fort von **Palakkad** (Distrikt Palakkad) wurde 1766 von Hyder Ali gebaut. Nicht weit von Palakkad

entfernt steht der Shiva-Tempel von **Tirunillai,** dessen Besonderheit ein früher runder Grundriss ist. Das 285 Quadratkilometer große **„Parambikulam** Wildlife Sanctuary" (Distrikt Palakkad) wird weniger wegen der Tiere, als wegen der Pflanzen besucht. Hier stehen einige der ältesten Teakbäume. Auch der nur 89,52 Quadratkilometer große „Silent Valley National Park" (Distrikt Palakkad) wird wegen seiner Bäume aufgesucht, da das Gelände zu den wenigen unberührten, immergrünen Wäldern Indiens gehört. Auch in **Aranmula** (Distrikt Pathanamthitta) werden anlässlich des Onam-Festes Schlangenbootregatten veranstaltet. Jedes Boot ist dabei mit 25 Sängern, 100 Ruderern und 4 Rudergängern bemannt.

Der Shri Padmanabhaswami-Tempel von **Thiruvananthapuram** (ehemals: Trivandrum, Distrikt Thiruvananthapuram) ist am 7-stöckigem, 17 Meter hohem und fast ebenso breitem Gopuram (Torturm) zu erkennen. Der ebenfalls in der Stadt Thiruvananthapuram gelegene Kanakakunnu-Palastkomplex beherbergt mehrere Museen, wie das Napier-Museum mit den Kathakali-Kostümen, die „Shri Chitra Art Gallery", in der Bilder des Malers Ravi Varma zu sehen sind. Ravi Varma (1848-1906) wurde nur 40 Kilometer von Thiruvananthapuram entfernt geboren und wurde vom Maharaja von Travancore gefördert. Zusammen mit einem Berliner Drucker und Lithographen gründete er in Bombay die erste indische Druckerei zur Vervielfältigung farbiger Bilder („Oleographs"), die bis heute die gesamte indische Kalenderkunst beeinflussen. Ein weiterer früher Chera-Tempel ist in **Vizhinjam** (ehemals Vilinjam, Distrikt Thiruvananthapuram) zu sehen.

Der 12 Kilometer südlich von Thiruvananthapuram sich erstreckende **„Kovalam** Beach" ist der wahrscheinlich berühmteste Sandstrand Indiens.

FOLGENDE DOPPELSEITE:
Kannur (vormals: Cannanore) war der Sitz des Ali Raja, Oberhaupt der Moplas, und ist auch heute noch das Zentrum der Moslems im Norden Keralas.

Der Padmanabhapuram-Palast war bis zum Ende des 18. Jahrhunderts die Residenz der Herrscher von Travancore. Er ist ein klassisches Beispiel für die traditionell aus Holz erstellten Profanbauten Keralas.

Vor dem Vadakkumnathan-Tempel in **Thrissur** (ehemals: Trichur, Distrikt Thrissur) findet jährlich das Thrissur Pooram-Festival statt, bei dem auf zahlreichen, festlich geschmückten Elefanten Kultbilder aus verschiedenen Teilen des Landes gebracht werden. Mit dem Bau des mit vier Gopurams ausgestatteten Tempelkomplexes, der einen Apsis-Tempel des Gottes Ayyappan einschließt, könnte im 12. Jahrhundert begonnen worden sein. Ein sehr ähnliches Festival ist das Arattupuzha Pooram im Ayyappa-Tempel von **Aratthupuzha** (Distrikt Thrissur), bei dem Kultbilder aus 41 Tempeln versammelt werden. Am 6. Tag des siebentägigen Festivals versammeln sich 61 festlich geschmückte Elefanten in einer Reihe.

Das **Muthanga** Wild Life Sanctuary (Distrikt Wayanad) hat eine Fläche von 345 Quadratkilometern und dient Elefanten, Tigern und Bären als Zuflucht. Die jinistischen Anlagen von **Sulthan Bathery** (Distrikt Wayanad) entstanden im 13. Jahrhundert und dienten Tipu Sultan im 18. Jahrhundert als Munitionsdepot. Weitere Jaina-Tempel sind aus **Punchavayal** und **Puthenangadi** (beide im Distrikt Wayanad) bekannt.

Kerala brachte zwei Traditionen klassischen Tanzes hervor: der nur von Männern aufgeführte Kathakali und der Mohini Attam, dessen Vorführung Frauen vorbehalten ist. Innerhalb Indiens vertreten beide Tanzformen gleichermaßen den Bundesstaat Kerala.

Am Kovalam Beach nahe Thiruvananthapuram reichen die Palmenhaine – und Restaurants – direkt bis an den Strand.

LINKE SEITE:

Das Gebäude des Government Museums (auch: Napier Museum) in Thiruvananthapuram ist ein früher Versuch im anglo-indischen Stil mit starker, keralischer Note. Robert Fellowes Chisolm vollendete den Kunst-Palast 1880.

LINKS:

Kathakali ist die für Kerala typische Form des Tanzdramas. Der Darsteller mit dem grünen Gesicht ist ein „Guter" und seine Frau – ist ein Mann.

Jamnagar
Ahmadabad
Rajkot
Porbandar
Bhavnagar
Junagadh
Diu
Surat
Vadodara (Baroda)
Daman
Silvassa
Ujjain
Indore
Bhopal
Jabalpur
Narsimhapur
Hoshangabad
Narmada
Khandwa
Ranchi
Jamshedpur
Rourkela
Bilaspur
Gondia
Amravati (Amraoti)
Raipur
Sambalpur
Dhule
Jalgaon
Malegaon
Akola
Nagpur
Wardha
Durg
Sonpur
Mahanadi
Cuttak
Bhubaneswar
Nasik
Jalna
Aurangabad
Parbhani
Chandrapur
Mumbai (Bombay)
Kalyan
Godavari
Nanded
Ahmadnagar
Indravati
Brahmapur
Pune
Nizamabad
Krishna
Bhima
Warangal
Godavari
Vizianagaram
Sholapur
Visakhapatnam
Ratnagiri
Sangli
Gulbarga
Hyderabad
Rajahmundry
Kolhapur
Bijapur
Elur
Kakinada
Vijayavada
Krishna
Belgaum
Raichur
Kurnool
Guntur
Panaji
Hubli-Dharwad
Machilipatnam
Marmagao
Bellary
Banganapalle
Guntakal
Chitradurga
Anantapur
Shimoga
Bhadravati
Cuddapari
Nellore
Arabisches Meer
Chennai (Madras)
Mangalore
Bangalore
Vellore
Kanchipuram
Lakshadweep
Mysore
Mahe
Pondicherry
Kozhikode (Calicut)
Salem
Cuddalore
Erode
Lakkadiven
Kavaratti
Coimbatore
Tiruppur
Cauvery
Nagapattinam
Tiruchirapalli (Trichy)
Golf von Bengalen
Anai Mudi 2695
Palk Straße
Cochin
Madurai
Jaffna
Alleppey
Kollam (Quilon)
Tirunelveli
Tuticorin
Trincomalee
Thiruvananthapuram (Trivandrum)
Nagercoil
Kap Comorin
Golf von Mannar
SRI LANKA
MALEDIVEN
Negombo
Kandy
Colombo
Badulla
Galle
Matara
Kap Dondra
0 200 400 600 km

LAKSHADWEEP (LAKSHADVIP)

LAGE, GRÖSSE, EINWOHNERZAHL, SYMBOLE

Das im Indischen Ozean der Küste von Kerala vorgelagerte Unionsterritorium Lakshadweep besteht aus zwei Inselgruppen, den Lakkadiven und den Amindiven, sowie der Insel Minicoy. Die Angaben der Gesamtzahl der Inseln, aus denen das Unionsterritorium besteht, schwanken zwischen 27 und 36. Entsprechend schwanken die Angaben der geographischen Lage, nach denen die Inseln zwischen 8° oder 10° und 12°20' oder 12°30' nördlicher Breite und 71° oder 71°40' und 74° östlicher Länge liegen. Das Unionsterritorium liegt zwischen 280 und 480 Kilometer von Kerala entfernt. Die Gesamtfläche aller Inseln überschreitet nicht 32 Quadratkilometer; Lakshadweep ist somit flächenmäßig das Schlusslicht aller indischen Bundesstaaten und Unionsterritorien. Dasselbe gilt für die Einwohnerzahl: 60 650.

Die 11 bewohnten Lakkadiveninseln sind, ihrer Fläche nach: Andrott (Lage: 10°49' nördlicher Breite und 73°41' östlicher Länge; Größe: 4,84 Quadratkilometer), Minicoy (Lage: 8°17' nördlicher Breite und 73°04' östlicher Länge; Größe: 4,39 Quadratkilometer), Kavaratti (Lage: 10°33' nördlicher Breite und 72°38' östlicher Länge; Größe: 4,22 Quadratkilometer), Agatti (Lage: 10°51' nördlicher Breite und 72°11' östlicher Länge; Größe: 3,84 Quadratkilometer), Kadmat (Lage: 11°13' nördlicher Breite und 72°48' östlicher Länge; Größe: 3,12 Quadratkilometer), Kalpeni (Lage: 10°05' nördlicher Breite und 73°39'östlicher Länge; Größe: 2,79 Quadratkilometer), Amini (Lage: 11°7' nördlicher Breite und 72°44' östlicher Länge; Größe: 2,59 Quadratkilometer), Kiltan (Lage: 11°29' nördlicher Breite und 73°00' östlicher Länge; Größe: 1,63 Quadratkilo-

LINKS UND FOLGENDE SEITE:

Strandparadies Kadmat.

meter), Chetlat (Lage: 11°41' nördlicher Breite und 72°43' östlicher Länge; Größe: 1,14 Quadratkilometer), Bitra (Lage: 11°35' nördlicher Breite und 72°10' östlicher Länge; Größe: 0,11 Quadratkilometer) und seit neuerer Zeit Bangaram (10°56' nördlicher Breite und 72°17' östlicher Länge; 61 Einwohner).
Das Unionsterritorium hat offiziell drei Symbole, die als „Staatssymbole" (state symbols) deklariert werden. Das „Staatstier" ist der örtlich als „Fakkikadia" bekannte Korallenfisch (Chaetodon auriga). Der „Staatsvogel" ist die vor Ort als „Karifettu" bekannte rußbraune Seeschwalbe oder Rußseeschwalbe (Sterna fuscata). Der „Staatsbaum" ist der „Chakka", der Brotfruchtbaum (Artocarpus incise bzw. altilis).
Lakshadvip bedeutet „100 000 Inseln" (laksha = 100 000; dvip = Insel). Die Hauptstadt ist Kavaratti auf der gleichnamigen Insel, 10 800 Einwohner.

TOPOGRAPHIE UND KLIMA

Die Inseln bestehen im Wesentlichen aus 12 Korallenatollen, 3 Korallenriffen und 5 Sandbänken und erheben sich entsprechend nur wenige Meter über dem Meeresspiegel. Es handelt sich hier um die einzigen Koralleninseln Indiens. Die zentral gelegenen Inseln haben rundherum Strände aus weißem Sand, die östlichen Strände der exponierten Inseln bestehen aus angespülten Korallen. Unterhalb der Sandschicht beginnt eine Korallen-Kalksteinschicht. Der Kalkstein wird zum Hausbau verwendet. Brunnen sammeln in einer Tiefe von nur 2 oder 3 Metern ausreichend Trinkwasser.

Das tropische, feuchtwarme Klima kennt, vom Monsun abgesehen, keine unterscheidbaren Jahreszeiten. Als durchschnittliche jährliche Niederschlagsmenge werden zwischen 1700 und 2000 Millimeter gemessen.

80 % der gesamten Niederschlagsmenge bringt der von Ende Mai bis Anfang Oktober währende Südwest-Monsun, wobei die nördlicheren Inseln mehr Regentage haben als die südlichen.

Die wärmsten Monate sind April und Mai, das Quecksilber kann auf 35 Grad ansteigen. Ansonsten liegt die durchschnittliche Jahrestemperatur zwischen 27,3 und 27,9 Grad Celsius.

Von Oktober bis März wehen leichte Winde. Ab Mai werden die Winde heftiger. Vor den unberechenbaren Zyklonen sind die Inseln ungeschützt, mehrfach wurden nicht nur die Plantagen der Kokospalmen verwüstet, auch sämtliche Häuser einiger Inseln wurden davon gefegt oder weggespült.

FOLGENDE DOPPELSEITEN:

Sonnenuntergang auf Kadmat.

Kadmat Island.

BEVÖLKERUNG, SPRACHEN, GESCHICHTE

Die Bevölkerung dieses Unionsterritoriums wird nicht in Ethnien oder Stämme unterteilt, sondern in „Klassen" (classes), die in etwa den „Kasten" des indischen Festlandes entsprechen. Von der Regel, die „Kasten", d. h. herkunftsbedingte Zünfte, im gegenwärtigen Zusammenhang nicht aufzuführen soll hier einmal abgewichen werden.

Auf den Lakkadiven wird zwischen Koyas, Malmis und Malacheris unterschieden. Die Koyas waren die einstigen Grundbesitzer, die Malmis waren die Seefahrer und die Malacheris stellten die Arbeiterklasse.

Auf Minicoy unterscheidet man Manikfans, Thakrufans und Raveries. Die Manikfans stehen sozial am höchsten, sie stellten die Landbesitzer. Die Thakrufans waren die Seeleute und die Raveries die Arbeiter.

Auf Amini gab es die Tarwad, Tanakampranaver, Kudiyatis und Melacheris. Das Muster wiederholt sich hier: Die Tarwad waren die Grundbesitzer, die ihr Land verpachten konnten, die Tanakampranaver hatten Land, aber keine Pächter. Die Kudiyatis waren die Pächter und die Melacheries mussten für alle arbeiten.

Segelausflug über das türkisfarbene Wasser bei der Insel Bangaram.

Fischer auf der Insel Kalpeni.

Im Jahre 2001 bekannten sich von den 60 650 Einwohnern des Unionsterritoriums 57 903 zum Islam, das sind 95 % der Gesamtbevölkerung des Territoriums. 2221 Einwohner bekannten sich zum Hinduismus = 4 %. 509 Einwohner gaben an, Christen zu sein = 1 %. Ferner wurden im Jahre 2001 sechs Personen erfasst, die angaben, Sikhs zu sein. Eine einzige Person bekannte sich zum Buddhismus.

Malayalam ist die Amtssprache. Daneben, besonders auf der Insel Minicoy, wird das in Thaana-akuru geschriebene Mahl oder Mahal gesprochen, das eigentlich „Divehi Bas" heißt. „Mahal" war ein britischer Hörfehler für „Mahaldeebu", die Malediven, wo Divehi Bas die Amtssprache ist. Divehi Bas bzw. Thaanas-akuru wird von rechts nach links geschrieben und hat 24 Buchstaben. Eine weitere Sprache ist Jeseri („Dweep Bhasha", Inselsprache). Die Sprachen der Zuwanderer sind Bengali, Gujarati, Hindi, Kannada, Tamil, Oriya, Telugu, Konkani, Urdu und Englisch.

Archäologische Funde belegen, dass die ersten nachweisbaren Bewohner der Inseln im 6. oder 7. Jahrhundert Buddhisten waren. Datierte, auf Agatti ausgegrabene Grabsteine beweisen, dass die folgenden Be-

wohner islamischen Glaubens waren. Diese Funde könnten die traditionelle Annahme belegen, dass der arabische Heilige „Ubaidulla“ („Ubaidullah“ oder „Ubadidullah“) die Inseln, d. h. Amini, im Jahre 41 der islamischen Zeitrechnung (etwa 661 n. Chr.) aufgrund eines Schiffbruchs aufsuchen musste und die angetroffene Bevölkerung im Laufe von Jahren zum Islam bekehrte. Er starb in Andrott.
Bis zum 16. Jahrhundert waren die Inseln weitgehend unabhängig. Danach wurde der Raja von Chirakal um Hilfe gegen die portugiesische Vorherrschaft ersucht, denn die Portugiesen erpressten Schutzgelder in Form von Kokosbast, der von Vasco da Gama beim Besuch der Amini-Insel während seiner zweiten Indienreise sehr gelobt worden war und metzelten die Bevölkerung nieder. Daraufhin wurden die Inseln zu einer Art Lehen („jagir“) von Ali Raja, dem Kopf der Moplas in Kannur (Cannanore), der sich später sogar selbstständig machte. 1764 wurde sowohl auf den Export von Kokosbast als auch auf den Import von Reis eine Steuer erhoben. Dagegen revoltierte 1783 die Bevölkerung der Amindivi-Inselgruppe (Amini, Kadmat, Kiltan, Chetlat und Bitra) und Tipu Sultan wurde um Hilfe ersucht. Diesem Ersuchen kam Tipu Sultan 1787 nach und die nördlichen Inseln wurden von ihm annektiert.
Nachdem die Engländer 1799 Tipu Sultan besiegt hatten, wurden die nördlichen Inseln von den Englän-

Boote an einem Palmenstrand auf der Insel Kadmat.

dern kontrolliert. Die anderen Inseln wurden immer noch von der Chirakal-Familie von Kannur (Cananore) im Austausch jährlichen Tributs verwaltet. Nach einer Weile übernahmen die Briten diejenigen Inseln, die mit der Zahlung des jährlichen Tributs im Verzug waren und unterstellten die Inseln dem ehemaligen Malabar-Distrikt der „Madras Presidency".
Am 1. November 1956 wurden die Inseln zur Verwaltungseinheit, d. h. zum Unionsterritorium, erklärt und 1973 „Lakshadweep" genannt.

VERWALTUNG

Das Unionsterritorium ist mit einem Distrikt identisch. Die politisch ranghöchste Person ist der „Administrator". Lakshadweep untersteht der Rechtssprechung des Hohen Gerichts in Ernakulam, Kerala.

WIRTSCHAFT

Der wichtigste und mithin einzige Wirtschaftszweig ist der Anbau von Kokospalmen auf einer Fläche von 27,50 Quadratkilometern. Es werden 27,7 Millionen Kokosnüsse pro Jahr geerntet, eine einzige Kokospalme bringt es auf 97 Kokosnüsse im Jahr. Zum Eigenverbrauch werden auch Bananen angebaut und sieben Hühnerfarmen unterhalten; es gibt zwei Meiereien.
Der zweitwichtigste Wirtschaftszweig ist die Fischerei; pro Person wird nirgendwo in Indien mehr Fisch gefangen als hier. Der am häufigsten von den 375 Fischerbooten des Unionsterritoriums gefangene Fisch ist der Tunfisch, gefolgt vom Hai. Der Tunfisch wird eingedost, geräuchert oder getrocknet.
Auf den Inseln sind sieben Kokosfaserverarbeitende Fabriken ansässig, die vor allem Kokosmatten produzieren. Weitere Fabriken sorgen für das Eindosen des Tunfisches.
Ein Problem der Inseln ist die Energieversorgung, die bisher mit Hilfe von Diesel-Generatoren hergestellt werden musste. Verstärkt werden jetzt Solar-Anlagen in Betrieb genommen, die bereits einen Teil des Energiebedarfs decken.
Der Tourismus konnte sich wegen der wenigen Flugverbindungen zum Festland kaum entwickeln. Dem internationalen Tourismus sind Beschränkungen auferlegt, da Ausländern lediglich die Insel Banagram uneingeschränkt zugänglich ist. Der einzige Flughafen des Unionsterritoriums liegt auf Agatti. Weitere Inseln, die Ausländern zugänglich gemacht werden sollen sind Suheli Cheriyakara (Lage: 10°22' nördlicher Breite und 72°15' östlicher Länge), Cheriyam und Tinnakara.

Der Leuchtturm auf der Insel Minicoy wurde 1885 von den Briten erbaut.

BEDEUTENDE ORTE UND IHRE SEHENSWÜRDIGKEITEN

Lakshadweep verfügt mehr über traumhafte, von Kokospalmen gesäumte weiße Sandstrände und Tauchgelegenheiten als Monumente.

Unter den 52 Moscheen in **Kavaratti** ragt die „Urja-Moschee" wegen ihres Deckenschmuckes heraus, der aus einem einzigen Stück Treibholz geschaffen wurde. Ebenso sehenswert ist das Aquarium von Kavaratti neben dem „Lakshadweep Museum", ebenfalls in der Hauptstadt, in dem die lokale Handwerkskunst in Augenschein genommen werden kann.

Sowohl die archäologischen Funde aus buddhistischer Zeit als auch das Grab des Hazrat Ubaidullah befinden sich auf **Andrott,** der längsten Insel des Unionsterritoriums.

Minicoy lohnt nicht nur einen Besuch wegen der Tunfischkonservenfabrik, sondern wegen des 1885 erbauten Leuchtturms, der bereits Briefmarkenmotiv war. Wer dazu Gelegenheit hat, sollte auf keinen Fall eine Aufführung des Volkstanzes von Minicoy, den „Lava Dance" versäumen.

Die Insel **Pitti** oder **Pakshi Pitti** (Pakshi = Vogel; Lage: 10°47' nördlicher Breite und 72°32' östlicher Länge) ist seit 1962 ein Vogelschutzgebiet.

Ein Hobbytaucher übt den Tauchgang im flachen Gewässer der Insel Bangaram.

Gijranwala
Faisalabad
Lahore
Amritsar
Jullundur
Ludhiana
Multan
Dankhar
Simla
Chandigarh
Dehradun
Patiala
Ambala
Bhatinda
Saharanpur
Hardwar
Karnal
Panipat
Hisar
Meerut
Delhi
New Delhi
Ghaziabad
Moradabad
Rampur
Faridabad
Aligarh
Bareilly
Shahjahanpur
Bikaner
Nagaur
Mathura
Jaipur
Firozabad
Agra
Lakhnau
(Lucknow)
Gonda
Farrukhabad
Jodhpur
Kanpur
Faizabad
Gorakhpur
Ajmer
Gwalior
Lashkar
Barmer
Chambal
Betwa
Ganges
Ghaghara
Kota
Jhansi
Allahabad
Varanasi
(Benares)
Mirzapur
Chapra
Patna
Muzaffarpur
Darbhanga
Purnea
Bhagalpur
Udaipur
Satna
Gaya
Bihar Sharif
Palanpur
Son
Daltonganj
Dhanbad
Bokaro
Berhampore
Gandhinagar
Sagar
Ratlam
Ujjain
Madhya Pradesh
Bhopal
Jabalpur
Ahmadabad
Indore
Narsimhapur
Hoshangabad
Ranchi
Asansol
Durgapur
Purulia
Jamshedpur
Haora
(Howrah)
Vadodara
(Baroda)
Bhavnagar
Narmada
Khandwa
Bilaspur
Rourkela
Kharagpur
Amravati
(Amraoti)
Gondia
Raipur
Sambalpur
Balasore
Surat
Dhule
Jalgaon
Daman
Akola
Nagpur
Durg
Sonpur
Malegaon
Wardha
Silvassa
Nasik
Jalna
Aurangabad
Chandrapur
Mahanadi
Cuttak
Bhubaneswar
Puri
Parbhani
Nanded
Godavari
Indravati
Kalyan
Mumbai
(Bombay)
Ahmadnagar
Brahmapur
Pune
Nizamabad
Warangal
Krishna
Bhima
Vizianagaram
Sholapur
Visakhapatnam
Ratnagiri
Sangli
Gulbarga
Hyderabad
Rajahmundry
Elur
Kakinada
Kolhapur
Bijapur
Golf von
Bengalen
Vijayavada
Belgaum
Raichur
Kurnool
Guntur
Panaji
Marmagao
Hubli-
Dharwad
Bellary
Banganapalle
Machilipatnam
Guntakal
Himalaya
Tibet
(Xizang)
NEPAL
Kathmandu
Mt. Everest
(Qomolangma)
8872
Darjeeling
Siliguri
N
0
200
400
600
km

MADHYA PRADESH

LAGE, GRÖSSE, EINWOHNERZAHL, SYMBOL

Der zentralindische Bundesstaat Madhya Pradesh liegt ungefähr zwischen 21°19' und 26°47' nördlicher Breite und 82°48' und 74°30' östlicher Länge. Er wird umgeben von den Bundesstaaten (von Süden nach Norden, im Uhrzeigersinn) Maharashtra, Gujarat, Rajasthan, Uttar Pradesh und Chhattisgarh. Mit einer Fläche von 308 144 bzw. 308 252 Quadratkilometern belegt er innerhalb Indiens nach Rajasthan den 2. Platz. Bezogen auf die Anzahl der in ihm lebenden Menschen belegt er mit 60 385 118 Einwohnern Platz 7. Pro Quadratkilometer leben somit statistisch gesehen 196 Personen.
Das „Staatstier“ von Madhya Pradesh ist der vom Aussterben bedrohte Barasingha (Cervus duvaceli branderi), der Zackenhirsch. Der „Staatsvogel“ ist der Indien-Paradiesschnäpper, der auch Hainparadiesschnäpper (Terpsiphone paradisi) genannt wird.
Die Hauptstadt von Madhya Pradesh ist Bhopal (1 433 875 Einwohner).
Madhya Pradesh heißt „Zentrales Land“ oder „Land der Mitte“.

TOPOGRAPHIE UND KLIMA

Madhya Pradesh kann in 10 agro-klimatische Zonen geteilt werden:
1. Das Kaimur Plateau und das Satpura-Gebirge,
2. die Vindhya-Berge bzw. das Vindhya-Plateau,
3. das Tal der Narmada,
4. das Tal der Wainganga,
5. Gird, d.h. die Gwalior-Region,
6. die Gegend von Bundelkhand,
7. das Satpura-Plateau,
8. das Malwa-Plateau,
9. das Nimar Plateau,
10. die Jhabua-Hügel.

Die Hochebenen liegen durchschnittlich etwa 487 Meter über dem Meeresspiegel. Zu den höheren Erhebungen gehört der „Sad-Bhawna-Shikhar“ im Distrikt Damoh (752 Meter). Die „Hill Station“ Pachmarhi (Distrikt Hoshangabad) liegt 1067 Meter über dem Meeresspiegel.
In den Vindhya-Bergen entspringen eine Reihe Richtung Norden, das heißt in die Ganga, fließende Flüsse, und zwar die Chambal, Sipra, Kali Sindh, Parbati, Kuno, Sind, Betwa, Dhasan und Ken.
In den Maikal-Bergen in der Gegend von Amarkantak entspringen drei wichtige Flüsse: die Narmada, Mahanadi und Son. Die Mahanadi zusammen mit ihren Nebenflüssen Hasdeo, Mand und Kharun fließt nach Südosten und sorgt für den fruchtbaren Boden Orissas. Die Nebenflüsse der Narmada sind die Banjar, Tawa, Machna, Denwa und Sonbhadra. Zusammen mit der Tapti entwässert die Narmada etwa ein Viertel des Bundesstaates.
In das Godavari-Flusssystem fließen Richtung Süden die Indrawati, Wainganga, Wardha, Pench, Kanhan und Penganga. In Madhya Pradesh liegt somit die Wasserscheide Indiens.

Madhya Pradesh hat ein für die Tropen typisches Klima. Die Sommermonate sind heiß und die so genannten Wintermonate erträglich. Der gegen Ende Juni einsetzende Monsun dauert etwa bis Anfang Sep-

Indore: Immer weniger einachsige Pferdewagen (Tongas) machen den „3-wheelers", einer Art Rikshataxi mit Zweitaktmotor, Konkurrenz.

tember und bringt dem westlichen Teil des Bundesstaates etwa 50-62,5 Zentimeter und dem östlichen Teil etwa 112 Zentimeter Niederschlag im Jahr. Die westlichen Distrikte erhalten den Regen über das Arabische Meer, während die östlichen Distrikte ihren Regen vom Golf von Bengalen bekommen. Die zentral gelegenen Distrikte sind in der Regel trocken, die östlichen Distrikte weisen eine höhere Luftfeuchtigkeit auf.

Im Mai kann die Temperatur bis auf 42 Grad steigen, die mittlere Höchsttemperatur liegt in Gwalior etwa bei 42,5 Grad, in anderen Gegenden zwischen 35 und 40 Grad, die sommerlichen Tiefsttemperaturen liegen zwischen 19 und 30 Grad Celsius.

Im Dezember oder Januar kann im nördlichen Teil des Bundesstaates die mittlere Durchschnittstemperatur auf 4 Grad und darunter absinken. Extreme Temperaturschwankungen wurden im „Kuno Wildlife Sanctuary" (Distrikt Sheopur) mit Tiefstwerten um 2 Grad und Höchstwerten von 49 Grad gemessen.

BEVÖLKERUNG, SPRACHEN, GESCHICHTE

Nach offizieller Darstellung leben in Madhya Pradesh 46 verschiedene Stammesgesellschaften (in alphabetischer Reihenfolge der Hauptnamen, hier ohne Nennung der Untergruppen und lokalen Varianten): 1. Agariya 2. Andh 3. Baiga 4. Bhaina 5. Bharia 6. Bhattra 7. Bhil 8. Bhil Mina 9. Bhunjia 10. Biar 11. Binjhwar 12. Birhul 13. Damor 14. Dhanwar 15. Gadaba 16. Gond 17. Halba 18. Kamar 19. Karku 20. Kawar 21. Keer 22. Khairwar 23. Kharia 24. Kondh 25. Kol 26. Kolam 27. Korku 28. Korwa 29. Majhi 30. Majhwar 31. Mawasi 32. Mina (in der Unterabteilung von Sironj im Vidisha Distrikt) 33. Munda 34. Nagesia 35. Oraon 36. Panika 37. Pao 38. Pardhan 39. Pardhi (in den Distrikten von Bhopal, Raisen und Sehore) 40. Pardhi (in anderen Distrikten) 41. Parja 42. Sahariya 43. Saonta 44. Saur 45. Sawar und 46. Sonr.

Mit 91,1 % sich zum Hinduismus bekennender Einwohner sind Andersgläubige in Madhya Pradesh in der Minderzahl. 6,4 % der Bevölkerung bekennen sich zum Islam, 0,9 % sind Jainas, 0,7 % folgen Stammesreligionen, 0,3 % sind Buddhisten, weitere 0,3 % Christen und auf die Sikhs entfallen 0,2 %.

Neben der Amtssprache Hindi werden eine Reihe weiterer Sprachen gesprochen, die sowohl als Hindi-Dialekte als auch als eigenständige, mit dem Hindi verwandte Sprachen angesehen werden. Zu ihnen gehören das in Malwa gesprochene Malvi, das in Nimar gesprochene Nimadi, Bundeli in Bundelkhand, Bagheli in Baghelkhand neben Stammessprachen wie Bhilodi oder Bhili, Gondi, Kalto oder Nahali. In einigen Gegenden gehört auch Marathi zur Umgangssprache.

In Madhya Pradesh wurden altsteinzeitliche, mittelsteinzeitliche, jungsteinzeitliche, kupfersteinzeitliche und eisenzeitliche Siedlungen nachgewiesen. Alleine in Bhimbhetika wurden 600 Felsschutzhöhlen entdeckt.
Allen Anschein nach war die Stadt Ujjain bereits im 6. Jahrhundert vor unserer Zeit Hauptstadt des Reiches von Malwa, während sich etwas weiter östlich das Reich der Chedis auf dem Gebiet des heutigen Bundelkhand ausdehnte. Als unter Chandragupta Maurya der nordindische Teil des Subkontinentes geeint wurde, war auch die gesamte Fläche des heutigen Bundesstaates Teil des Maurya-Reiches.
Als nach dem Tode Ashokas das Reich der Mauryas zu zerbröckeln begann, bekämpften sich die Shakas, die Kushanas und lokale Dynastien vom dritten Jahrhundert vor unserer Zeit bis zum ersten Jahrhundert unserer Zeit. Ujjain blieb stets das Handelszentrum des westlichen Indien, lag es doch auf den Handelsstraßen von der Gangesebene bis zu den arabischen Seehäfen Indiens.
Die Shatavahanas des nördlichen Deccan hatten wesentliche Teile von Madhya Pradesh zwischen dem ersten Jahrhundert vor und dem zweiten Jahrhundert nach unserer Zeitrechnung unter ihren Herrschaftsbereich gebracht und behaupteten sich gegen die westlichen Kshatrapas. Seit Chandragupta I. (375-413) unterstand Madhya Pradesh und darin vor allem Malwa den Guptas, weiter im Süden den Vakatakas. Diese Zeit wird gerne das „Klassische Zeitalter" Indiens genannt, ein Zeitalter, dem die Hephthaliten oder „Weißen Hunnen" ein Ende bereiten sollten: Das Gupta-Reich brach zusammen, aber um 500 konnte sich Malwa als eigener Staat etablieren. Yashovarman von Malwa schlug die Weißen Hunnen 528.
Harshavardhana, (606-647) der Sohn des König von Thanesar, eines Lehnsmannes der Guptas, brachte große Teile von Madhya Pradesh unter seine Herrschaft, die hier von dem Chalukya-Herrscher Pulakeshin I. von Badami angefochten wurde.
786 bemächtigten sich die Rashtrakutas aus dem Deccan großer Teile des heutigen Madhya Pradesh, deren Gebiet von den Pratiharas von Kannauj streitig gemacht wurde.
Ab dem 9. Jahrhundert unterstand das Gebiet des heutigen Madhya Pradesh mehreren bedeutenden Dynastien. So herrschten in Malwa ab dem 9. Jahrhundert die Paramaras, Bundelkhand unterstand ab dem 10. Jahrhundert dem Rajputen-Clan der Chandelas, die für ihre Tempel von Khajuraho bekannt sind, und in Gondwana regierten die Gonds.

FOLGENDE DOPPELSEITE:
Beim Sortieren der Baumwollkapseln in der Nähe von Indore sieht es so aus, als ob die Arbeiterinnen von Schnee umgeben seien.

Im 13. Jahrhundert unterlagen auch die Staaten vom Madhya Pradesh den verheerenden Heeren des Sultanats von Delhi. Mit dem Beginn des 15. Jahrhundert gelang es dem rajputischen Clan der Tomars sich wieder zu etablieren, diesmal in Gwalior. In Malwa konnte sich 1401 ein islamisches Sultanat entwickeln, die Hauptstadt dieses Sultanats war Mandu (Distrikt Dhar), wo heute noch grandiose Monumente aus der Zeit von Hoshang Shah (1405-1435) zu bewundern sind. Das Sultanat von Gujarat eroberte Mandu 1518 und 1531.

Malwa, Gwalior und andere Teile von Madhya Pradesh wurden um 1562 von dem Moghulkaiser Akbar (1556-1605) erobert und zur moghulischen Provinz erklärt. Gondwana, das von der berühmten Königin Durgavati eigenhändig gegen die Moghuln verteidigt wurde, erkannte die moghulische Oberhoheit an, blieb aber quasi unabhängig.

Nach dem Tode des Moghulkaisers Aurangzeb, 1707, eroberten die Marathen schrittweise Madhya Pradesh. Verschiedene Zweige der Marathen kontrollierten ab etwa 1760 die gesamte Fläche des heutigen Bundesstaates. Die Holkars regierten von Indore aus über Malwa, die Bhonsles von Nagpur aus über Gondwana, Mahakoshal und Vidarbha. Von Bhopal aus regierte eine islamische Dynastie, die von dem Afghanen Dost Muhammad Khan (1793-1863) abstammte.

Zwischen 1775 und 1818 bekämpften die expandierenden Briten die Marathen in mehreren Kriegen. Nach dem 3. Anglo-Marathen-Krieg waren die Engländer Herren des heutigen Madhya Pradesh. Viele Fürstenstaaten („princely states“) schlossen mit den Engländern „Freundschaftsverträge“. Der Staat von Nagpur wurde 1853 von den Briten annektiert. Zum Märtyrer im Kampf gegen die Briten wurde Rani Avantibai von Ramgarh. Da ihr Gatte, Vikramaditya Singh, starb, ohne einen Sohn zu hinterlassen, annektierten die Briten kurzerhand den Staat. Avantibai scharte 4000 Kämpfer um sich und führte sie gegen die waffentechnisch überlegenen Briten, um ihr Land vor dem fremden Zugriff zu schützen. Als sie während der Schlacht sah, dass sie den Kampf nicht gewinnen konnte, nahm sie sich am 20. März 1858 mit ihrem eigenen Schwert das Leben.

Raja Bakhtawar Singh bekämpfte 1857 die Briten von seinem Fort in Amjhera (Distrikt Dhar) aus und wurde dafür in Indore gehängt, sein Staat von den Briten konfisziert.

Am 22. April 1948 kam es zur Gründung des „United State of Gwalior, Indore and Malwa“, ein Verbund aus insgesamt 22 ehemaligen Staaten und Kleinstaaten, der wenig später in „Madhya Bharat“ umgetauft wurde. Gwalior war zu der Zeit die Hauptstadt von September bis April. Die „Sommerhauptstadt“ der übrigen Zeit war Indore, die heute wirtschaftlich wichtigste Stadt von Madhya Pradesh (1 835 915 Einwohner) und 1929 Geburtsort der berühmtesten indischen Sängerin aller Zeiten, Lata Mangeshkar,

Ein Priester macht dem Gott Vishnu in seiner Erscheinungsform als Eber seine Aufwartung. Diese großformatige Skulptur in Eran gehört zu den eindrucksvollen Werken der Gupta-Kunst (5. Jahrhundert).

die nach dem „Guiness Buch der Rekorde“ von 1991 mit über 30 000[!] Aufnahmen die am häufigsten aufgenommene Sängerin der Welt ist, die heute noch in 20 indischen Sprachen singt.
Der umfassendere Bundesstaat Madhya Pradesh wurde am 1. November 1956 gegründet. Die heutige Form erhielt der Bundesstaat am 1. November 2000, als aus ihm heraus ein neuer Bundesstaat geschält wurde: Chhattisgarh.

VERWALTUNG

Die 48 Distrikte von Madhya Pradesh sind auf 8 Verwaltungszonen (englisch: Divisions) verteilt:

1. Bhopal Division: Distrikte: Betul, Bhopal, Harda, Hoshangabad, Raisen, Rajgarh, Sehore und Vidisha.
2. Gwalior Division: Distrikte: Ashoknagar, Shivpuri, Datia, Guna und Gwalior.
3. Chambal Division: Distrikte: Morena, Sheopur und Bhind.
4. Indore Division: Distrikte: Barwani, Burhanpur, Dhar, Indore, Jhabua, Khandwa (East Nimar) und Khargone (West Nimar).
5. Jabalpur Division: Distrikte: Balaghat, Chhindwara, Dindori, Jabalpur, Katni, Mandla, Narsinghpur und Seoni.
6. Rewa Division: Distrikte: Anuppur, Rewa, Satna, Shahdol, Sidhi und Umaria.
7. Sagar Division: Distrikte: Chhatarpur, Damoh, Panna, Sagar und Tikamgarh.
8. Ujjain Division: Distrikte: Dewas, Mandsaur, Neemuch, Ratlam, Shajapur und Ujjain.

Die ranghöchsten politischen Persönlichkeiten sind der „Governor“ und der „Chief Minister“.

WIRTSCHAFT

In der Landwirtschaft arbeiten ungefähr 74,73 % der Bevölkerung von Madhya Pradesh. Etwa 75 % der in Indien angebauten Soyabohnen, 25,3 % der in Indien angebauten Ölsaaten und 24,3 % der in Indien angebauten Hülsenfrüchte kommen aus Madhya Pradesh. Daneben werden Reis, Weizen, Hirse, Raps, Ackersenf und Baumwolle, in den Distrikten Mandsaur und Neemuch auch Mohn angebaut. Das Opium wird unter Aufsicht der Zentralregierung geerntet und produziert.
Von großer Bedeutung ist auch die Forstwirtschaft, da etwa 1,7 Millionen Hektar bewaldet sind.
Die Bodenschätze umfassen neben Kohle und Eisenerzen auch Mangan, das für die Herstellung von Aluminium wichtige Bauxit, Kalkstein für die Zementproduktion und Marmor. Da in der Gegend von Panna (Distrikt Panna) Diamanten gefunden wurden, wurde Panna zur einzigen „Diamantenstadt“ Indiens. Alleine die „Majhagawan“-Mine förderte zwischen 1971 und 1990 11 Diamanten im Gewicht von 15,40 bis 29,25 Karat.
Die im Bundesstaat ansässigen Betriebe fertigen elektronische Artikel, Produkte der Datenfernübertragung und Automobile. Die Textilindustrie des Bundesstaates blickt auf eine lange Tradition zurück.

Prähistorische Felskunst bei Bhimbetka. Die Darstellung eines Bullen, der eine menschliche Figur verfolgt, sind wahrscheinlich mittelsteinzeitlich (8000 – 5000 vor unserer Zeit).

BEDEUTENDE ORTE UND IHRE SEHENSWÜRDIGKEITEN

Als der zweitgrößte indische Bundesstaat hat Madhya Pradesh erwartungsgemäß alles, was das indische Binnenland an Naturschönheiten und Monumenten von der Stein- bis zur Kolonialzeit anbieten kann.

Die mithin größte Stätte prähistorischer Höhlenmalerei Indiens, **Bhimbetka** (auch: Bhimbethika, Distrikt Raisen), liegt mit fast 500 Höhlen 46 Kilometer südlich der Hauptstadt des Bundesstaates. Weit weniger Berühmtheit erlangten die prähistorischen Felsmalereien von **Jhinjhari** (Distrikt Katni), **Pahargarh** (Distrikt Morena) und **Abchand** (Distrikt Sagar).

Schon zur Zeit des Mauryaherrschers Ashoka, d. h. im dritten Jahrhundert vor unserer Zeit, existierte eine buddhistische Gemeinde an einem Ort, der heute **Sanchi** (Distrikt Raisen) genannt wird. Kunsthistorisch gesehen ist Sanchi einer der wichtigsten Orte der buddhistischen Kunst überhaupt. Die Toranas oder Zugangstore zum Umwandlungspfad des großen Stupas sind so wichtig, dass im 19. Jahrhundert drei Abgüsse vom Osttor hergestellt wurden, die jeweils nach London, Paris und Berlin gelangten. Das nach den Originalabgüssen gestaltete Torana von Sanchi steht heute im Hof vor dem Museum für Indische Kunst in Berlin. Die in der ersten Hälfte des ersten Jahrhunderts gefertigten Toranas enthalten meisterhafte Reliefs, die mit ihrer lebendigen Darstellung zu den Großleistungen der frühindischen Kunst gehören. Von den zahlreichen Stupas des 3. Jahrhunderts vor bis zum 5. Jahrhundert nach unserer Zeit sind nur drei komplett restauriert worden. Der etwas abseits gelegene Stupa Nr.2 ist von der frühesten Vedika oder Umzäunung umgeben, Stupa Nr. 1 ist der älteste und größte erhaltene Stupa von Sanchi. Das noch erhaltene Kapitell einer Ashokasäule steht heute im lokalen Museum. Aus der Zeit der Dynastie der Guptas existiert ein kleiner, fast vollständig erhaltener Tempel und mehrere Klosterbauten oder Viharas.
Von dem Stupa von **Bharhut** (auch: Barhut, Distrikt Satna) wurde ein Teil der im 2. Jahrhundert vor unserer Zeit gefertigten Vedika, d. h. den um den Stupakörper herum errichteten, monumentalen Steinzaun mitsamt eines Toranas, im 19. Jahrhundert gefunden. Ein Großteil der Funde wurde aber in die damalige Hauptstadt Britsch-Indiens, Calcutta (heute: Kolkata, West Bengal) gebracht, wo ein großer Teil von ihnen heute im Indian Museum zu sehen ist.
Die bemerkenswertesten buddhistischen Felsbauten von Madhya Pradesh sind die so genannten „Höhlen" von **Bagh** (Distrikt Dhar). Die wahrscheinlich im 5. Jahrhundert entstandenen Anlagen erlangten mit ihren oft mit Ajanta verglichenen Wandmalereien große Berühmtheit. Die fünf Felshöhlen von **Pachmarhi** (Distrikt Hoshangabad) gaben dem Höhenort ihren Namen (von „panch" = 5 + „mathi" = Hütten) und sind wahrscheinlich auch buddhistischen Ursprungs.

Manifeste Spuren des ältesten hinduistischen Tempels des Bundesstaates befinden sich in der Nähe von **Besnagar** (Distrikt Vidisha), wo die Existenz einer noch stehenden, einst von einem Sonnenadler (Garuda) bekrönten Säule auf einen Tempel des Vasudeva, einer Vorform des heute überall verehrten Vishnu, hinweist. Eine gegen Ende des zweiten Jahrhunderts vor unserer Zeit gemeißelte Inschrift auf der Säule informiert, dass der Tempel von einem Griechen, Heliodorus, errichtet wurde. Eine, wenn auch spätere, Säule mit dem dazu gehörigen Garuda steht heute noch in Chamba (Himachal Pradesh). Heliodorus war zur Zeit des Antialkidas von Taxila, ein durch Münzfunde gut belegter griechischer Herrscher im heutigen Pakistan, Botschafter am Hofe des Shunga-Herrschers Bhagabhadra.
Der mithin älteste erhaltene hinduistische Freibautempel von Madhya Pradesh wurde in der Mitte des 5. Jahrhunderts konstruiert und steht mit einem Flachdach und Vorhalle in **Tigavan** (auch: Tigawa, Distrikt Katni). Ebenso standen hinduistische Freibautempel der Gupta-Zeit in **Mandsaur** (auch: Mandasor, Distrikt

Ein großes Relief aus dem 4./5. Jahrhundert in Höhle 5 in Udayagiri zeigt die Eberinkarnation Vishnus. Der Gott rettet die Erdgöttin aus den Wassern des Weltmeeres.

Mandsaur). Nur noch Bruchstücke von Tempeln, aber dafür umso besser erhaltene, monumentale Kultbilder vom Ende des 5. Jahrhunderts sind in **Eran** (Distrikt Sagar) erhalten und ebenso sehenswert sind die Reste des Shiva-Tempels von **Bhumara** im Tehsil Nagod, Distrikt Satna.

Die unter den Guptas in **Udayagiri** (Distrikt Vidisha) entstandenen, zum Teil monumentalen monolithischen Anlagen wurden inschriftlich gegen Ende des 4. Jahrhunderts aus dem Sandsteinfelsen gemeißelt. Die Höhlen sind ein Bilderbuch früher brahmanistischer Ikonographie.

Die wegen ihrer üppigen Skulpturenfülle und erotischen Darstellungen weit über die Grenzen Indiens hinaus bekannten Tempel von **Khajuraho** (Distrikt Chhatarpur) entstanden unter der Chandela-Dynastie zwischen 950 und 1050. Die westliche Gruppe besteht aus neun Tempeln, von denen der 31 Meter hohe Kandariya Mahadeo-Tempel der sowohl typischste als auch bekannteste Vertreter seiner Art ist. Die südliche Gruppe besteht aus zwei Tempeln. Zwei der neun Haupttempel der westlichen Gruppe sind jinistisch.

Die genaue Datierung der Tempel von **Badoh-Pathari** (Distrikt Vidisha) gestaltet sich wegen der späteren Zubauten schwierig. Das Sanktum des Gadarmal-Tempels zum Beispiel, entstand im 9. Jahrhundert, der Tempelaufbau besteht zwar aus alten Skulpturen und Steinen, diese wurden jedoch von verschiedenen Tempeln zu einem späteren Zeitpunkt aufgesetzt.

Weniger spektakulär, aber ungefähr zur selben Zeit entstanden einige der größeren Tempel in der ausgedehnten Festungsanlage von **Gwalior** (Distrikt Gwalior). Zu ihnen gehören der im 9. Jahrhundert erbaute, monumentale, so genannte „Teli-ka-Mandir" (Tempel der Ölhändler) mit einem Dach, das äußerlich einem Tonnengewölbe gleicht. Auf demselben Festungsberg stehen die beiden „Sas-Bahu" (Schwiegermutter und Schwiegertochter) genannten Tempel, die im Jahr 1093 fertig gestellt wurden.

Der gut erhaltene, gegen Ende des 10. Jahrhunderts erbaute Nohleshwar-Tempel von **Nohta** (Distrikt Da-

Der nach dem Gott Vishnu als Zwerg benannte Vamana-Tempel in Khajuraho.

moh) ist ein hervorragendes Beispiel der Baukunst der Kalachuris, deren verfeinerter Kunstsinn auch im Chaunsat Yogini-Tempel (Tempel der 64 „Yoginis") von **Bedaghat** (auch: Bheraghat, Distrikt Jabalpur) zum Ausdruck kommt. Ebenso unter der Herrschaft der Kalaschuris entstand der über 21 Meter hohe Virateshwar-Tempel in **Sohagpur** (Distrikt Shahdol). Der an Skulpturen reiche Tempel ist dem Gott Shiva geweiht. In **Kadwaya,** einem Dorf im Distrikt Ashoknagar stehen mehrere, zum Teil wohl erhaltene Tempel aus dem 10. und 11. Jahrhundert.

Zur Zeit des Paramara-Herrschers Udayaditya (c.1060-1087) entstand der gewaltige Udayeshwara-Tempel in **Udaipur** (Distrikt Vidisha).

Der nie zu Ende gebaute Bhojeshwar-Tempel von **Bhojpur** (Distrikt Raisen) enthält das größte, aus einem einzigen Stein gemeißelte Linga Indiens (und somit der ganzen Welt). Es ist 2,43 Meter hoch und steht auf einem 6,70 Meter hohen Sockel. Die gesamte Anlage entstand im 11.-12. Jahrhundert. Ein weiteres berühmtes Linga in Madhya Pradesh befindet sich im Pashupatinath-Tempel von **Mandsaur** (Distrikt Mandsaur). Es hat acht Köpfe in zwei übereinander liegenden horizontalen Reihen zu je vier Köpfen.

Die Heiligkeit von **Amarkantak** (Distrikt Anuppur) ist mit der Quelle zweier wichtiger Flüsse verbunden, der Narmada und der Son. Aus diesem Grunde stehen an dem Ort zwölf Tempel. Über der Quelle der Narmada steht der Narmada-Tempel. Die Son entspringt in dem nahe gelegenen Ort Sonmuda. Mehrere shivaitische Tempel des 10.-12. Jahrhunderts konnten die Zeit in **Nemawar** (Distrikt Dewas) überdauern.

Eine malerische Tempelstadt mit einem Palast ist das am Ufer der Narmada gelegene **Omkareshwar Mandhata** (Distrikt Khandwa) mit sowohl hinduistischen als auch jinistischen Tempeln mehrerer Jahrhunderte.

Abgelegen und daher weniger bekannt ist die Tempelstadt von **Nareshwar-Norar** (Distrikt Morena) mit zahlreichen Tempeln des 8.-12. Jahrhunderts. Nareshwar-Norar ist der Ort Jaleshwar im 8.-12. Jahrhundert.

In der Nähe von Gwalior liegt **Naresar,** mit Tempeln, die mitunter halb aus dem Fels geschlagen und halb wie Freibautempel gebaut wurden. Um den Shiva-Tempel von **Jhar** (Distrikt Ratlam) herum liegen noch die dazugehörigen Skulpturen. Der Tempel wurde im 11. Jahrhundert unter den Paramaras erbaut.

Der Shiva-Tempel von **Karnavad** (Distrikt Dewas), der „Karmeshwar Mahadev", ist inschriftlich in das Jahr 1218 datiert. Zwar weniger alt, aber dafür umso berühmter ist der Tempel der Neun Planeten (Navagraha Mandir) von **Khargone** im gleichnamigen Distrikt.

Das an der Shipra gelegene **Ujjain** (Distrikt Ujjain) ist alle drei Jahre Schauplatz des „Kumbha Mela", eines hinduistischen Pilgerfestes, das mehrere Millionen Pilger innerhalb von Tagen anlocken kann. Eine weitere Sehenswürdigkeit ist das Gestirnsobservatorium „Ved Shala", das unter Sawai Jai Singh von Jaipur (Rajasthan) gebaut wurde und den vergleichbaren Anlagen in Jaipur, Delhi und Varanasi ähnelt.

Von den Jaina-Tempeln in **Bijwad** und **Gandhawal** (beide im Distrikt Dewas) blieben nur Ruinen des 11. und 12. Jahrhunderts, ebenso sind von den Jaina-Tempeln von **Sihonia** (Distrikt Morena) nur Ruinen übrig. Jinistische Tempel und Skulpturen dieser Epoche sind noch in **Hinglajgarh** (Distrikt Mandsaur) zu sehen. Eine über 2 Meter hohe Statue des 8. Tirthankaras, Chandranath, wurde in **Sironj** (Distrikt Vidisha) gefunden. Die Statue ist in das Jahr 1055 datiert. Die beiden Jaina-Tempel von **Maksi** (Distrikt Shajapur) sollen zwischen 1094 und 1133 unter dem Patronat der Paramaras entstanden sein.

Der heute von den Jainas benutzte, unter dem Patronat der Pratiharas im 10. Jahrhundert erbaute Maladevi-Tempel von **Gyaraspur** (Distrikt Vidisha) war ursprünglich ein der hinduistischen Devi geweihter Tempel. Der heute von den Jainas gebrauchte Bajramath-Tempel von Gyaraspur war ebenfalls einst ein hinduistisches Heiligtum, das wahrscheinlich dem Sonnengott (Surya), Vishnu und Shiva geweiht war.

Wegen der elf jinistischen Tempel des 15. Jahrhunderts auf dem „Chool Giri" genannten Berg wurde **Bawangaja** (Distrikt Barwani) mit seiner überdimensionalen Felsskulptur eines Tirthankara zu einem Zen-

Am Ufer der Narmada liegt das für seine zahlreichen Tempel bekannte Omkareshwar.

Blick über den „Munja Talao“ (Munja-See) im nördlichen Teil der Festung von Mandu auf den Palastbereich.

trum der Jains in Madhya Pradesh. Ebenfalls im 15. Jahrhundert entstanden die überdimensionalen Felsskulpturen im Urwahi-Tal der Festung von **Gwalior** (Distrikt Gwalior). Ein weiteres jinistisches Pilgerzentrum des Bundesstaates ist **Sonagiri** (Distrikt Datia) mit 100 weiß getünchten Tempeln auf einem „goldenen“ (sona = golden) Hügel. Weitere Jain-Tempel, aus der Zeit der Paramaras, bietet das 14 Kilometer von Khargone entfernt gelegene **Oon** (Distrikt Khargone).

Der bedeutendste Gurudwara (wörtlich: Tor zum Guru, das Heiligtum der Sikhs) von Madhya Pradesh ist etwa 400 Jahre alt und steht in Rajghat, **Burhanpur** (Distrikt Burhanpur). Der Gurudwara wurde sowohl von Guru Nanak Devji als auch von Guru Gobind Singhji besucht.

Die „Lat Masjid“ (Säulenmoschee) von **Dhar** (Distrikt Dhar) wurde 1405 aus den Spolien jinistischer Tempel konstruiert und verdankt ihren Namen einer eisernen, einst über 13 Meter hohen, Säule. Für eine weitere Moschee in Dhar, die so genannte Schule von Raja Bhoj, wurden Spolien von hinduistischen Tempeln benutzt, deren Fußboden unter anderem mit den Inschriftentafeln einer Sanskrit-Grammatik ausgelegt worden war.
In der einschlägigen Literatur kaum aufgeführt sind die islamischen Monumente (Dargahs und Moscheen) von **Gandhawal** und **Nagda** (beide im Distrikt Dewas).
Sheikh Muhammad Ghaus wurde in einem Grabmal der frühen Moghulzeit in **Gwalior** (Distrikt Gwalior) beigesetzt. Besonders hervorzuheben sind die großformatigen, kunstvoll durchbrochenen Steinfenster, die das eigentliche Grab umgeben.
Auf eine Gründung des Moghulkaisers Jahangir (1605-1627) geht **Nurabad,** die „Stätte des Lichts“ im Distrikt Morena zurück, die meisten der sehenswerten Monumente aber entstanden während der Regierungszeit des Moghulkaisers Aurangzebs (1658-1707).
Im Inneren der umwallten Stadt von **Khimlasa** (Distrikt Sagar) steht ein aus rotem Sandstein gefertigter Dargah mit sehenswerten, kunstvoll durchbrochenen Steinfenstern.
Der Bau der Taj-ul-Masjid von **Bhopal** (Distrikt Bhopal) wurde unter Shah Jahan Begum (r.1868-1901) begonnen, aber erst 1971 fertig gestellt. Sie zählt zu den größten Moscheen Indiens. Weitere Moscheen der Stadt sind die Jama Masjid und die Moti Masjid, beide aus dem 19. Jahrhundert.

RECHTE SEITE:
Blick durch den „Da'i ka Mahal“ (Palast der Amme, eigentlich ein Grabmal) auf den „Da'i ki Chhoti Baihan ka Mahal“ (Palast der kleinen Schwester der Amme, ebenfalls ein Grabmal) östlich vom „Sagar Talao“ (Ozean-See) in Mandu.

Das Fort von **Lanji** (Distrikt Balaghat) enthält einen Tempel, der stilistisch denen von Khajuraho ähneln soll. Die schwer zugängliche Bergfestung von **Asirgarh** (Distrikt Burhanpur) rangiert als eine der ältesten erhaltenen Festungen Indiens und enthält sowohl hinduistische als auch islamische Monumente.

Die mit Abstand großartigste Festungsanlage von Madhya Pradesh ist im Hinblick ihrer Monumente zweifelsfrei **Mandu,** (Distrikt Dhar) das „Mandapadurga" der jinistischen Handschriften. Einst war Mandu die Hauptstadt der Dynastie der Paramaras, kam aber zu Beginn des 14. Jahrhunderts unter die Herrschaft des Sultanats von Malwa, die den Ort „Shadiabad" (Wohnstatt der Freude) nannten. Die beinahe acht Kilometer lange und zwischen fünf und sechs Kilometer breite, auf einem 633 Meter hohen Tafelberg gelegene Festungsanlage birgt zahlreiche Monumente, von denen die spektakulärsten zwischen 1401 und 1526 entstanden. Glanzlichter sind neben den Festungstoren der 120 Meter lange, mehrstöckige Jahaz Mahal („Schiffspalast"), der Hindola Mahal („Schaukelpalast"), das mit weißem Marmor verkleidete Grab des Hoshang Shah (r.1405-1435) und die Jami Masjid.

Das stark befestigte Fort von **Raisen** (Distrikt Raisen) wurde, wie Mandu, von den Sultanen Malwas ausgebaut und diente allen nachfolgenden Dynastien als wichtiger Stützpunkt.

Einer Festung gleich ist auch heute noch die 1400 gegründete Stadt **Burhanpur** (Distrikt Burhanpur) mit ihren Moscheen, Grabbauten und Verteidigungsanlagen. Im Ahukhana von Burhanpur wurde der Leichnam der Mumtaz Mahal, für die ihr Gatte, der Moghulkaiser Shah Jahan (1628-1658) den Taj Mahal in Agra bauen ließ, sechs Monate lang aufgebahrt, bevor er feierlich nach Agra überführt wurde.

Die Festung von **Chanderi** (Distrikt Ashoknagar), einst die nördliche Hauptstadt Malwas, liegt 71 Meter oberhalb der Stadt. Zutritt gewährt das „Kuni Darwaza" oder Bluttor, so genannt, weil Delinquenten hier zwecks Exekution herunter geworfen wurden. Das „Badal Mahal Darwaza" (Wolkenpalasttor) von etwa 1460 und die Jami Masjid von etwa 1450 sind die großen Attraktionen des an Monumenten reichen Ortes.

Die ausgedehnte Befestigungsanlage mit den Palästen von Raja Man Singh Tomar (1486-1516) in **Gwalior** (Distrikt Gwalior) nannte der erste Moghulkaiser Babur „eine Perle unter den Festungen Indiens". Der um 1500 gebaute Gujri Mahal beherbergt heute ein archäologisches Museum. Der zum Teil mit farbig glasierten Kacheln verkleidete, zwischen 1486 und 1517 erbaute Palast des Man Singh ist mit seinen Höfen und Erkern einmalig. Der Moghulkaiser Aurangzeb (1658-1707) benutzte ihn als Gefängnis für seinen Bruder Murad, bevor er ihn hinrichten ließ.

Die sechs Kilometer von Sigrampur entfernt liegende Festung von **Singaurgarh** (Distrikt Damoh) ist die Heimat der Rani Dugravati, einer Gond-Königin, die nach dem Tode ihres Mannes Dalpat Shah eigenhändig ihr Reich gegen die vorrückende Moghularmee verteidigte.

Die im 16. Jahrhundert gebaute, teilweise verfallene Festung von **Gohad** (Distrikt Bhind) enthält immer noch mehrere Palastgebäude, die heute von der Regierung genutzt werden.

Das Fort von **Ater** (Distrikt Bhind) wurde unter den Bhadauria-Königen Basdan Singh, Maha Singh und Bakhat Singh zwischen 1664 und 1668 erbaut und steht noch mit mehreren Toren und Palästen.

Das **Madan Mahal** Fort (Distrikt Jabalpur) wurde von dem Gond-Herrscher Raja Madan Shah um 1116 auf der Spitze eines Felsens gebaut.

Eine weitere Festungsanlage der Gond ist das auf einem Hügel platzierte Fort von **Devgarh** (Distrikt Chhindwara). Devgarh war bis zum 18. Jahrhundert die Hauptstadt des Reiches der Gond.

LINKE SEITE:

Der Palast von Man Singh auf dem Festungsberg von Gwalior wurde zwischen 1486-1517 erbaut und gilt als einer der prächtigsten Hindu-Paläste seiner Art.

FOLGENDE DOPPELSEITE:

Der äußerlich fünfstöckige Palast in Datia wurde um 1610 von Raja Bir Singh Deo von Orchha erbaut.

Die „Ghats" an der Shipra in Ujjain, eine der sieben heiligsten Städte der Hindus.

Vom Lakshmi-Narayan-Tempel geht der Blick weit über die bewaldete Ebene um Orchha, aus der die Paläste und der Chaturbhuj-Tempel herausragen.

RECHTE SEITE:
Die so genannten „Marmorfelsen" bezeichnen einen Flussabschnitt, in dem sich die Narmada ihren Weg durch bis zu 30 m hohe, marmorgleiche Felsen gegraben hat.

Die Festung der historisch einst bedeutenden Stadt **Narsingarh** (Distrikt Damoh) ist verfallen. Die heutige Bedeutung der Stadt wird durch ein riesiges Zementwerk, „Diamond Cements", begründet. Eine zweite Festung mit dem Namen **Narsinghgarh** (Distrikt Rajgarh) wurde 1681 gegründet und enthält dem Gott Shiva geweihte Tempel.

Bajrangarh (Distrikt Guna) ist eine beachtliche Maratha-Festung des 18. Jahrhunderts, deren Bauten allerdings im Verfall begriffen sind. Die Festung von **Sabalgarh** (Distrikt Morena) verdankt ihr äußeres Erscheinungsbild vor allem Raja Gopal Singh von Karauli (1724-1760, Rajasthan). Die Palastfestung von **Sheopur** (Distrikt Sheopur) ist heute das Wahrzeichen dieser Distrikthauptstadt.

Unter den zahlreichen Monumenten von **Datia** (Distrikt Datia) ragt der um 1610 erbaute, fünfstöckige Palast des Bir Singh Deo (1605-1627) heraus. Der im Grundplan quadratische Bau hat vier Ecktürme und einen zentralen, ebenfalls fünfstöckigen Mittelbau. Wohl wegen der unterirdischen Geschosse wird er vor Ort als „Satkhanda-Mahal", das heißt als siebenstöckiger Palast, ausgewiesen. Dem Palast des Bir Singh Deo von Datia nicht unähnlich ist der ebenfalls unter Bir Singh Deo erbaute Jahangir Mahal von **Orchha** (Distrikt Tikamgarh). Orchha war die 1531 gegründete Hauptstadt des Bundela-Reiches unter Rudra Pratap Sinh (1501-1531). Neben dem Jahangir Mahal vom Beginn des 17. Jahrhunderts und dem mit Wandmalereien ausgestatteten, unter Madhukar Shah (1554-1592) errichteten Raj Mahal sind der Chaturbhuj- und der Lakshmi-Narayan-Tempel sehenswert. An die Herrscher von Orchha erinnern

14, äußerlich Tempel gleichenden, Chhattris (wörtlich: Schirm; ein Grabmal ohne Grab) an der Betwa. Zwischen 1872 und 1874 wurde von einem englischen Architekten der „Jai Vilas", ein pompöser Palast für die Sindhias (Scindhias) von Gwalior gebaut. Zusammen mit dem „Moti Mahal" (Perlenpalast) und dem „Usha Kiran"-Palast steht er südlich des Festungsberges von **Gwalior** (Distrikt Gwalior).

Ähnlich wie in Rajasthan gibt es in Madhya Pradesh auch Chhattris, äußerlich tempelartige Monumente, die oft als „Gräber" missverstanden werden. Da die Hindus ihre Toten kremieren, sind naturgemäß Hindu-Gräber nicht zu erwarten, aber es existieren Chhattris, eine Art Kenotaph oder Ehrenmal zur Erinnerung an eine Person. In **Krishnapuri** (Distrikt Indore) stehen die Chhattris von Maharani Krishnabai Holkar, Tukojirao I. und Shivaji Rao Holkar, in **Shivpuri** (Distrikt Shivpuri) die Chhattris von Madhav Rao Sindhia und der Königinwitwe Maharani Sakhya Raje Scindia (Sindhia).

Im 940 Quadratkilometer großen „**Kanha**-Nationalpark" oder „**Kanha** Tiger Reserve" (Distrikt Balaghat und Mandla) (über)lebt das „Staatstier" von Madhya Pradesh, der Barasingha, zusammen mit Tigern und Leoparden. 1970 wurden nur noch 70 Exemplare dieser seltenen Hirschart gezählt, die sich mittlerweile auf 330 Stück vermehren konnten.

Die ebenso vom Aussterben bedrohten, blinden Süßwasser- oder Ganges-Delphine (Platanista Gangetica) werden im „National Chambal Sanctuary" im Distrikt Morena geschützt. Der Flusslandschaftspark beherbergt auch 1600 der immer seltener werdenden Ghariale (Gavialus Gangeticus) und 200 Krokodile, sowie Flussschildkröten und Fischotter.

Ein weiteres Tigerreservat ist der 542 Quadratkilometer große **„Panna** National Park" im Distrikt Panna. In der durch das Schutzgebiet fließenden Ken leben Krokodile und Ghariale. Die Gesamtfläche des **„Pench** Tiger Reserve" im Distrikt Seoni beträgt 757 Quadratkilometer. Die Wälder dieses Tigerreservats sollen Rudyard Kiplings „Dschungelbuch" inspiriert haben.

Im 344 Quadratkilometer messenden **„Kuno** Wildlife Sanctuary" (Distrikt Sheopur) sind neben Tigern auch Panther zu sehen. Keine frei lebenden Tiger hingegen gibt es im 157 Quadratkilometer großen „Madhav National Park" (Distrikt Shivpuri), der dafür mehrere Hirscharten beherbergt. Zahlreiche Tiger leben im **„Bandhavgarh** National Park" (Distrikt Umaria), in dem neben verschiedensten Tierarten auch großformatige, hinduistische Felsreliefs und monolithische Anlagen zu sehen sind.

LINKE SEITE:
Am Ende einer Schlucht nahe Bedaghat stürzt die Narmada in einem „Rauchkaskade" (Dhaundhar) genannten Wasserfall herab.

Landschaftlich geradezu aufregend ist **Bedaghat** (auch: Bheraghat, Distrikt Jabalpur), wo sich die Narmada ihren Weg durch die steilen, bis zu 36 Meter aufsteigenden, so genannten „Marmorfelsen" gräbt, die in Wirklichkeit aus Kalkstein-Magnesiumoxid bestehen. Am Ende der „Marmorfelsenpassage" fällt die Narmada vor Gischt dampfend in einer „Rauchkaskade" tosend herab.

Die malerischsten Wasserfälle sind der „Kukdi Khapa" und der „Lilahi"-Wassserfall, beide im Distrikt Chhindwara.

Zu den bedeutenden Museen des Bundesstaates gehört das 1954 gegründete „Shri Badal Bhoi State Tribal Museum" in **Chhindwara** (Distrikt Chhindwara), neben vielen anderen, zumeist staatlichen archäologischen und anthropologischen Museen in Satna, Sanchi, Vidisha, Gwalior, Indore, Mandsaur, Ujjain, Rajgarh, Bhopal, Jabalpur, Sagar, Damoh, Dhubela, Rewa, Shahdol, Shivpuri, Panna und Khajuraho.

UNTEN:
Der von einer steinernen Einfriedung des Umwandlungspfades umgebene Stupa Nr. 2 in Sanchi ist der mithin archäologisch älteste erhaltene monumentale Beleg der außerhalb Indiens als Pagode oder Chorten bekannten Grabarchitektur im Freibau.

Ahmadabad
Jamnagar
Rajkot
Porbandar
Bhavnagar
Junagadh
Diu
Surat
Daman
Silvassa
Vadodara (Baroda)
Ujjain
Indore
Bhopal
Jabalpur
Narsimhapur
Hoshangabad
Ranchi
Jamshedpur
Rourkela
Bilaspur
Sambalpur
Narmada
Khandwa
Gondia
Raipur
Amravati (Amraoti)
Akola
Jalgaon
Dhule
Malegaon
Nasik
Maharashtra
Nagpur
Wardha
Durg
Sonpur
Mahanadi
Cuttack
Bhubaneswar
Aurangabad
Jalna
Parbhani
Chandrapur
Mumbai (Bombay)
Kalyan
Ahmadnagar
Godavari
Nanded
Indravati
Brahmapur
Pune
Nizamabad
Warangal
Bhima
Krishna
Sholapur
Vizianagaram
Visakhapatnam
Ratnagiri
Sangli
Kolhapur
Bijapur
Gulbarga
Hyderabad
Rajahmundry
Elur
Kakinada
Vijayavada
Guntur
Machilipatnam
Belgaum
Raichur
Kurnool
Panaji
Marmagao
Hubli-Dharwad
Bellary
Banganapalle
Guntakal
Chitradurga
Anantapur
Shimoga
Bhadravati
Cuddapari
Nellore
Arabisches Meer
Mangalore
Bangalore
Chennai (Madras)
Vellore
Kanchipuram
Mysore
Mahe
Kozhikode (Calicut)
Salem
Pondicherry
Cuddalore
Lakkadiven (Indien)
Kavaratti
Coimbatore
Tiruppur
Erode
Cauvery
Nagapattinam
Tiruchirapalli (Trichy)
Golf von Bengalen
Anai Mudi 2695
Palk Straße
Cochin
Madurai
Jaffna
Alleppey
Kollam (Quilon)
Tirunelveli
Tuticorin
Thiruvananthapuram (Trivandrum)
Nagercoil
Kap Comorin
Golf von Mannar
Trincomalee
SRI LANKA
MALEDIVEN
Negombo
Kandy
Colombo
Badulla
Galle
Matara
Kap Dondra
0
200
400
600
km

MAHARASHTRA

LAGE, GRÖSSE, EINWOHNERZAHL, SYMBOL

Der innerhalb Indiens zentralwestliche Bundesstaat Maharashtra liegt zwischen 15°27' und 21°50' nördlicher Breite und etwa 72°10' und 80°32' östlicher Länge. Es umgeben ihn (von Süden nach Norden im Uhrzeigersinn) der Bundesstaat Goa, das Arabische Meer, das Unionsterritorium Nagar Haveli von dem aus zwei geographischen Gebieten bestehenden Unionsterritorium Dadra und Nagar Haveli und die Bundesstaaten Gujarat, Madhya Pradesh, Chhattisgarh, Andhra Pradesh und Karnataka. Mit einer Größe von 307 713 Quadratkilometern belegt Maharashtra innerhalb Indiens flächenmäßig Platz 3, einwohnermäßig Rang 2 (96 752 247, März 2001). Die Bevölkerungsdichte beträgt somit 314 Personen pro Quadratkilometer.
Maharashtra bedeutet, wenn es aus dem altindischen Sanskrit abgeleitet wird, „Großreich" oder „großes Reich" (von „maha" = groß und „rashtra" = Reich). Es gibt aber auch andere Erklärungen, die von „Maha Kantara", „großer Wald" ausgehen, denn in der Tat gibt es noch Teak-Wälder wie in Allapalli (Distrikt Gadchiroli), wo die Bäume mit einem Umfang von 9 Metern 50 Meter hoch werden können. Eine andere Erklärung wertet den Bundesstaatsnamen als Bezeichnung einer altindischen Sprache.
Die Hauptstadt von Maharashtra ist Mumbai (bis 1995: Bombay), die indische Metropolis mit den meisten Einwohnern (11 914 398 [2005]). Mumbai hat die höchste Anzahl an von der indischen Regierung erlaubten Partnerstädte (englisch: sister cities). Diese sind: Berlin, London, Los Angeles, Sankt Petersburg, Stuttgart und Yokohama.
Der „Staatsvogel" von Maharashtra ist die Bronzefruchttaube (Ducula aenea).

TOPOGRAPHIE UND KLIMA

Bei der Größe des Bundesstaates wäre eine höchst unterschiedliche Topographie bzw. Erdoberflächenmorphologie zu erwarten. Das Gebiet besteht aber im Wesentlichen tatsächlich nur aus zwei Geländekonturen, dem etwa 720 Kilometer langen und maximal 80 Kilometer breiten, durchschnittlich unter 200 Meter hoch gelegenen Küstenstreifen, genannt Konkan und einer von Flüssen durchschnittenen Hochebene, die im Osten des Konkan parallel zur Küste mit den „West Ghats" oder „Sahyadris" beginnt. Die durchschnittliche Höhe der „West Ghats" beträgt 1000 Meter. Die schwarzen Lavagürtel der Hochebene fördern die eingeschnittenen Flusstäler zu Tage. Die nördliche natürliche Grenze des Bundesstaates markiert das „Satpura"-Gebirge. Einer der Höhenkurorte, Mahabaleshwar (Distrikt Satara), liegt 1371 Meter hoch.
Die in Maharashtra entspringenden Flüsse fließen sowohl nach Westen und münden dann in das Arabische Meer, als auch nach Osten, wo sie in den Golf von Bengalen münden, nachdem sie Teile von Karnataka und Andhra Pradesh entwässert haben. Die Godavari ist der wichtigste Fluss des Bundesstaates, weitere bedeutende Flüsse sind die Tapi oder Tapti, Purna, Bhima, Krishna, Wardha und Wainganga mit ihren Nebenflüssen Bagh, Chulbandh, Gadhavi und Bavanthadi.
Nur 17 % der Fläche des Bundesstaates sind bewaldet. Das tropische Monsunklima des Bundesstaates sorgt für flimmernde Hitze

In Mahabaleshwar ergießt sich der Legende nach das Quellwasser des heiligen Flusses Krishna durch das Maul einer steinernen Kuh in ein gestuftes Becken. Ein Bad darin verspricht göttliche Zuwendung.

Junnar: Das heute als „Ganesh-Lena" (Höhle des hinduistischen Gottes Ganesh) benutzte buddhistische Vihara (Kloster) der ersten Hälfte des 3. Jahrhunderts mit einem daneben befindlichen buddhistischen Kultbau, einem Chaityagriha („Chaitya-" oder „Stupa-Haus").

im Sommer und einen niederschlagsreichen Monsun in der Regenzeit. Die trockene und heiße Wetterperiode dauert von März bis Mai und wird im April und Mai oft von Gewitterstürmen begleitet. Die Höchsttemperatur kann selbst in dem an der Küste gelegenen Mumbai 43 Grad übersteigen, im Distrikt Gadchiroli betrug sie 1998 sogar 47,7 Grad. Der Südwest-Monsun setzt in der Regel Anfang Juni ein, im September lassen die Regenfälle nach. Östlich der Sahyadris nimmt die Niederschlagsmenge schrittweise ab. Die durchschnittliche jährliche Niederschlagsmenge in Mumbai beträgt 2200 Millimeter, 1954 wurden in Mumbai 3452 Millimeter Niederschlag gemessen, an einem Tag, den 26. Juli 2005, sogar 944 Millimeter. Den mithin meisten Niederschlag im jährlichen Durchschnitt erhält mit 2576 Millimetern der Distrikt Thane. Im Distrikt Ahmednagar hingegen werden nur 501,8 Millimeter Niederschlag im jährlichen Durchschnitt gemessen und fast ebenso gering ist die durchschnittliche Niederschlagsmenge im Distrikt Solapur mit 545 Millimetern pro Jahr.

Die trockenere Jahreszeit zwischen November und Februar zeichnet sich durch kühlere, nördliche Winde aus, die Temperatur kann in Mumbai auf einen Durchschnittswert von elf Grad sinken, in Chikhaldara, Distrikt Amravati (Amraoti), im Distrikt Gadchiroli (am 5.1.1992) und im Distrikt Yavatmal sogar auf unter fünf Grad.

BEVÖLKERUNG, SPRACHEN, GESCHICHTE

Ajanta-Lena: Im Türsturz des Zugangs zur Höhle 17 überraschen den Betrachter acht Malereien mit Liebespaaren aus dem 4. Jahrhundert (Ausschnitt).

Maharashtras reichhaltige Stammesbevölkerung spiegelt sich in 47 Ethnien wider (Angabe in alphabetischer Folge, ohne Nennung der Untergruppen und Varianten): 1. Andh, 2. Baiga, 3. Barda, 4. Bavacha, 5. Bhaina, 6. Bharia Bhumia, 7. Bhattra, 8. Bhil, 9. Bhunjia, 10. Binjhwar, 11. Birhul, 12. Chodhara, 13. Dhanka, 14. Dhanwar, 15. Dhodia, 16. Dubla, 17. Gamit, 18. Gond, 19. Halba, 20. Kamar, 21. Kathodi, 22. Kawar, 23. Khairwar, 24. Kharia, 25. Kokna, 26. Kol, 27. Kolam, 28. Koli Dhor, 29. Koli Mahadev, 30. Koli Malhar, 31. Kondh, 32. Korku, 33. Koya, 34. Nagesia, 35. Naikda, 36. Oraon, 37. Pardhan, 38. Pardhi, 39. Parja, 40. Patelia, 41. Pomla, 42. Rathawa, 43. Sawar, 44. Thakur, 45. Thoti, 46. Warli und 47. Vitolia, Kotwalia, Barodia. Die größten Stammesgemeinschaften sind die der Bhils, Mahadeo Kolis, Gonds und Warlis.

Von der Bevölkerung Maharashtras bekennen sich 80,4 % zum Hinduismus, 10,6 % zum Islam, 6,0 % zum Buddhismus, 1,3 % zum Jainismus, 1,1 % zum Christentum, zu Stammesreligionen, Judentum und Zoroastrismus bekennen sich 0,2 % und weitere 0,2 % sind Sikhs.

Das Gewölbe des monolithischen Chaityagrihas von Bhaja wurde in Anlehnung an die Freibau-Architektur vor etwa 2200 Jahren mit Holzspanten versehen und gleicht somit einem im Bau befindlichen Schiffsrumpf.

Am Ende des Mittelschiffes dieses monolithischen Chaityagriha (wörtlich: Haus mit einem Chaitya oder Stupa) in Bhaja aus dem Ende des 2. Jahrhunderts vor unserer Zeit, erhebt sich in einer Apsis der halbkugelförmigen Stupa auf einem runden Sockel. Die Holzspanten im Tonnengewölbe sind eine Reminiszenz der gewöhnlicheren Freibau-Architektur und statisch ohne Wirkung.

Aurangabad: In der Höhle 3 der buddhistischen Anlage des 6. Jahrhunderts gleicht kein Pfeiler dem anderen.

Marathi ist die Amtssprache von Maharashtra. Im Nordwesten des Bundesstaates ist daneben auch Gujarati verbreitet, in den kosmopolitischen Gegenden werden Hindi und Englisch gesprochen. In einigen Distrikten, wie Gadchiroli, werden auch Stammessprachen wie Dhami, Chhattisgarhi, Gondi, Madiya und Marthi gesprochen. Die im Distrikt Yavatmal gesprochenen Stammessprachen sind: Banjari, Gondi und Kolami.

In früherer Zeit, d. h. dem 3. Jahrhundert vor unserer Zeit, wurde im Raum des heutigen Maharashtra Maharashtri, angeblich eine Prakrit-Korrumpierung des Sanskrit gesprochen. Maharashtra war Teil des Maurya-Reiches unter Ashoka. Nach dem Verfall des Maurya-Reiches geriet Maharashtra unter die Kontrolle der Satavahanas (230 vor unserer Zeit bis 225 unserer Zeit).
Von etwa 250-525 wurde Maharashtra von den Vakatakas regiert, die im 6. Jahrhundert von den Chalukyas von Badami abgelöst wurden. 753 etablierten sich die Rashtrakutas, die wiederum 973 den Chalukyas unterlagen. Die Chalukyas waren im heutigen Maharashtra bis etwa 1189 an der Macht, als es von den Yadavas von Deogiri regiert wurde, die um 1310 dem ersten Sultan des Delhi-Sultanats weichen mussten. Mit dem Verfall des Sultanats von Delhi etablierten sich die Tughluqs, deren Reich in Zentralindien um 1347 von dem Bahmani Sultanat übernommen wurde, das etwa 150 Jahre regierungsfähig blieb, bevor es sich in fünf lokale islamische Reiche aufteilte, von denen insgesamt 13 aufeinander folgende Sultane das Sultanat der Nizam Shahis in Ahmednagar von 1490 bis 1633 existieren ließen. Ein weiteres lokales Sultanat auf dem Boden des heutigen Maharashtra war Berar, wo fünf Sultane der Imad Shahi Dynastie von 1490 bis 1572 an der Macht waren.

Im 16. Jahrhundert wurde die politischen Geschicke Maharashtra einerseits von den Nachfolgereichen des Bahmani Sultanats und andererseits von den Portugiesen bestimmt, die 1534 die Gegend von Mumbai besetzten. Gegen Ende des 17. Jahrhunderts begann der Einfluss der Marathas rapide zu wachsen. Am 6. Juni 1674 wurde der heute als Maharaja Chhatrapati Shivaji Raje Bhonsle (1630-1680) bekannte, in der Festung von Shivneri geborene Marathaherrscher zum König ernannt. Mit seiner Guerilla-Taktik kämpfte er erfolgreich gegen die Adilshahis und die Moghuln und war bei der Wahl der Mittel zur Beseitigung des Generals der Armee Bijapurs, Afzal Khan, vor den Mauern der Festung Pratapgarh nicht gerade pietätvoll. Es gibt seit 1995, dem Jahr, in dem eine konservativ hinduistische Partei an die Macht kam, kaum ein Dorf oder eine Stadt in Maharashtra, in dem nicht eine Plastik von Chhatrapati Shivaji Maharaj an exponierter Stelle aufgestellt ist. Nachdem die Moghuln im Gebiet des heutigen Maharashtra 1707 besiegt worden waren, entwickelten sich die Marathen zur treibenden und vorherrschenden Kraft in Indien. Erst 1761, als während der dritten Schlacht von Panipat (Haryana) die Konföderation der Marathen vernichtend geschlagen wurde, zerfiel das Reich der Marathen in Regionalreiche und zwar Gwalior, Pune, Nagpur, Indore und Vadodara (Baroda).

Die nach 1757 expandierenden Briten führten gegen die Marathen zwischen 1777 und 1818 drei Kriege, die die neue Kolonialmacht für sich entscheiden konnte. Die Maratha-Staaten von Nagpur, Satara, und Kolhapur wurden nach und nach von den Briten unter ihre Kontrolle als Teil der „Bombay Presidency" gebracht.

Zu den bekanntesten Widerstandskämpfern Maharashtras zur Zeit des Unabhängigkeitskampfes von 1857 zählt der in Nashik (Distrikt Nashik) geborene Ramachandra Pandurang (1814-1859), der in den englischen Geschichtsbüchern „Tatya (auch: Tantya) Tope" genannt wird. Die Engländer hängten ihn im April 1859. Die Freiheitskämpfer zu Beginn des 20. Jahrhunderts waren Anant Laxman Kanhere, Krishnaji Gopal Karve, Vinayak Narayan Deshpande, Shankar Ramchandra Soman, Waman Daji Narayan Joshi, Ganesh Vaidya

Bei Ebbe werden die Fischerboote vor Gharapuri, das dem westlichen Touristen als „Elephanta" bekannt ist, gereinigt.

und Dattatreya Pandurang Joshi. Die ersten drei Genannten ließen die Briten am 19. April 1910 hängen, die meisten übrigen wurden lebenslänglich in das berüchtigte „Cellular Jail“ auf den Andamanen geschickt.
Zu Beginn des 20. Jahrhunderts wurde der gewaltlose Widerstand gegen die Engländer ebenso von Lokamanya Bal Gangadhar Tilak geleitet. 1942 war der Höhepunkt der an die Adresse der Briten gerichteten „Verlasst Indien-Bewegung“ (Quit India Movement). Im selben Jahr wurden Mahatma Gandhi, seine an Bronchitis erkrankte Frau Kasturba Gandhi und Mahadeobhai Desai in Pune eingesperrt.
Nach Erlangung der Unabhängigkeit (1947) wurden die Maratha-Fürstentümer in den „Bombay State“ integriert, der 1950 aus der ehemaligen „Bombay Presidency“ erschaffen worden war. 1956, als die indischen Bundesstaaten nach sprachlichen Gesichtspunkten neu orientiert werden sollten, kamen zum „Bombay State“ Provinzen des Deccan hinzu.
Der heutige Bundesstaat Maharashtra entstand am 1. Mai 1960 durch Abtrennung des mehrheitlich Gujarati sprechenden Staates von Gujarat.

LINKE SEITE:
Ellura: Felsrelief des auch Gommateshwara genannten Jaina-Heiligen Bahubali, der so in Meditation versunken ist, dass er die um ihn herum wachsenden Pflanzen nicht bemerkt.

LINKS:
Kultbild des Narasimha in einem kleinen Tempel in Ramtek. Er gehört zu einer Gruppe von mehreren Bauten aus der Zeit der Vakatakas (5. Jahrhundert).

VERWALTUNG

Die 35 Distrikte Maharashtras werden auf 6 Verwaltungszonen (englisch: „divisions“) verteilt. Diese sind:
Amravati (Amraoti) Division: Distrikte: Akola, Amravati, Buldhana (Buldana), Washim und Yavatmal.
Aurangabad Division (Marathwada): Distrikte: Aurangabad, Beed (Bid), Hingoli, Jalna, Latur, Nanded, Osmanabad und Parbhani.
Konkan Division: Distrikte: Mumbai City, Mumbai Suburban, Raigad (Raigarh), Ratnagiri, Sindhudurg und Thane.
Nashik Division: Distrikte: Ahmednagar, Dhule, Jalgaon, Nandurbar und Nashik.
Nagpur Division: Distrikte: Bhandara, Chandrapur, Gadchiroli, Gondiya, Nagpur und Wardha.
Pune Division: Distrikte: Kolhapur, Pune (Poona), Sangli, Satara und Solapur.
Die politisch ranghöchsten Personen sind der „Governor“ mit seinen Repräsentationsaufgaben und der „Chief Minister“.

WIRTSCHAFT

64,14 % der Bevölkerung Maharashtras arbeitet direkt oder indirekt in der Landwirtschaft. Hauptsächlich angebaut werden Reis, die Hirsesorten Jowar und Bajra, Weizen, Hülsenfrüchte, Baumwolle, Zuckerrohr, Ölsaaten wie Erdnüsse, Sonnenblumen und Soyabohnen, Gelbwurz, Zwiebeln und andere Gemüsesorten.
Zu den begehrtesten Früchten gehören die „Nagpur-Orangen“, die „Alphonso-Mangos“, Bananen und Trauben. Kaffee wird in Chikhaldara, Distrikt Amravati, angebaut.
Maharashtra ist der führende Industriestaat Indiens, in dem 23 % aller industriellen Produkte hergestellt werden. Maharashtra ist vor allem bekannt für die Produktion von dreirädrigen Kleintaxen („three wheelers“), Jeeps, Personenwagen, Lastkraftwagen, Schwerindustrie und Pharmazeutika. Ein Zentrum der Textilpro-

Das Mausoleum Bibi-ka-Maqbara in Aurangabad ließ der Moghulkaiser Aurangzeb 1678/79 für seine Frau Rabia Daurani, wohl in Anlehnung an den Taj Mahal von Agra, errichten.

duktion ist mit Teppichwebereien, Hochleistungswebereien, Handwebstühlen, Textilfärbe- und Textildruckereien der Mumbai Distrikt. Ebenso gibt es in Maharashtra Brauereien, Nahrungsmittelkonservenfabriken und Papiermühlen.

Ein wirtschaftliches und industrielles Zentrum ist die Stadt Mumbai, in der fast alle Banken, Versicherungen und Finanzinstitutionen angesiedelt sind. Mumbai ist Sitz der indischen Börse und das Epizentrum der indischen Film- und Fernsehproduktion („Bollywood").

Maharashtra gilt mit dem aus 500 Windmühlen bestehenden Windpark zur Stromerzeugung in Chalkewadi (Distrikt Satara) als vorbildlicher Energieerzeuger.

BEDEUTENDE ORTE UND IHRE SEHENSWÜRDIGKEITEN

Maharashtra ist der indische Bundesstaat mit den meisten und spektakulärsten monolithischen Anlagen Indiens, wenn nicht der ganzen Welt. Kaum weniger spektakulär sind die zahlreichen Berg- und vor allem die Seefestungen. Daneben existiert eine Vielzahl islamischer, zum großen Teil noch wenig beachteter Monumente.

Die älteste größere buddhistische monolithische Klosteranlage mit einem Chaityagriha (wörtlich: Haus mit einem Chaitya oder Stupa) und mehreren monolithischen Votivstupas wurde am Südwesthang einer Bergkette nahe dem Dorf **Bhaja** (Distrikt Pune) ab dem Ende des 2. Jahrhunderts vor unserer Zeit ausgemeißelt. Die beiden Reihen der monolithischen Pfeiler, die das Hauptschiff vom äußeren Umwandlungspfad im Chaityagriha trennen, sind leicht schräg aufgestellt, als ob sie die Statik des Tonnengewölbes tatsächlich tragen müssen. Ebenso wurde das Tonnengewölbe mit der Apsis, in der der Stupa oder Chaitya steht, mit Holzspanten versehen, als ob sie das Gewölbe trügen. Diese beiden Beobachtungen lassen auf eine archaische, d. h. frühe Bauweise, die in strengster Anlehnung an die Freibau-Architektur geschah, folgern, die als Baumaterial Holz benutzte. Der Vihara Nr.19 zeigt eine der frühesten großformatigen Darstellungen der Erleuchtung (Bodhi) des Siddhartha Gautama, ein wenige Jahrhunderte später unendlich oft aufgegriffenes Thema der buddhistischen Kunst.
Dass die Pfeilerreihen innerhalb eines monolithischen Chaityagriha praktisch ohne statische Funktion sind, demonstriert am besten der malerisch versteckt im Dschungel gelegene Chaityagriha von **Kondane** (Distrikt Pune) aus dem ersten Jahrhundert vor unserer Zeit, wo die Basen sämtlicher schräg „hängenden" Pfeiler weg gebrochen sind. Auch im benachbarten, großflächigen monolithischen Vihara fehlen die Basen der meisten Pfeiler.
Ein Chaityagriha mit ebenso geneigten Pfeilern wie in Bhaja befindet sich in **Pitalkhora** (Distrikt Aurangabad), einer buddhistischen Anlage mit einem großen und zum Teil kleinformatigen Chaityagrihas neben mehreren Viharas auf beiden Seiten einer mitten im Dschungel gelegenen Schlucht. Die Wandmalereien wurden wahrscheinlich im 5. Jahrhundert aufgetragen, als der Chaityagriha bereits über 400 Jahre als Andachtsraum diente.
Von der Alterümlichkeit her zu urteilen ist der Chaityagriha des „Mahakali Caves" genannten Komplexes vom Bezirk „South Andheri" in **Mumbai** (Distrikt Mumbai) nach den frühen Chaityagrihas in den Barabar Bergen von Bihar wegen seines Chaityas, der in einer steinernen Kopie einer runden Lehmhütte mit Fenster untergebracht ist, der früheste buddhistische Kultbau in Maharashtra. Die anbei ausgemeißelten Viharas hingegen entstanden nicht vor dem 5. Jahrhundert. Ein tatsächlich kreisrunder Chaityagriha mit einer den Stupa umgebenen Pfeilerreihe ist die namenlose Ausmeißelung an der Tulja-Bhavani-Höhle in der Nähe von **Junnar** (Distrikt Pune), wo weitere Viharas aus dem 1. Jahrhundert zu sehen sind. Der flächenmäßig größte Felsvihara aus dem 1. oder 2. Jahrhundert ist ebenfalls in der Nähe von Junnar zu sehen und wurde in eine hinduistische Kultstätte umgewandelt, die „Ganesh Lena" (oder „cave 7") heißt. „Ganesh Lena" (Die Höhle des Ganesh) wird von mehreren Chaityagrihas umgeben. Der Chaityagriha („cave 40") der ebenfalls bei Junnar befindlichen, heute völlig im Dschungel versteckten „Manmodi-Gruppe" ist zwar unvollendet, fertig gestellt aber wurde die beeindruckende Eingangssituation mit einem Naga (Schlangengottheit) und einem gegenüberstehenden Garuda (der König der Vögel, Feind der Schlangen).
Mit Abstand die eindrucksvollste buddhistische Anlage wurde nach Ajintha oder **Ajanta Garh** (Distrikt Aurangabad), einer mit einem Festungsgraben umwallten islamischen Stadt benannt, die viele Kilometer vom eigentlichen Ort der 26 heute zugänglichen monolithischen Kultstätten und Klosterbauten entfernt ist. Die in einem hufeisenförmigen Tal spektakulär gelegenen Chaityagrihas und Viharas, heute zum Weltkulturerbe gehörend, wurden ab dem 1. Jahrhundert vor unserer Zeit aus dem Fels gemeißelt. Einzigartig wird der Ort durch die in einigen Felstempeln erhaltenen Wandmalereien, die zu den frühesten großformatigen Malereien Asiens zu rechnen sind. Ihr Stil strahlte bis in das Kloster von Horyuji bei Nara in Japan aus. Seit 1983 gehören die so genannten „Caves" von Ajanta zum Weltkulturerbe der UNESCO.
Die größte und beeindruckendste frühbuddhistische monolithische Halle befindet sich neben einigen Viharas in **Karle** (auch: Karla, Distrikt Pune), 120 Meter oberhalb der Ebene in den gewachsenen Fels eingeschnitten. In diesem, fast 38 Meter tiefen, 14 Meter weiten und 14 Meter hohen Chaityagriha wurden immer noch hölzerne Spanten in das Deckengewölbe eingelassen, die Pfeiler stehen allerdings lotrecht und

der Kultbau dürfte somit zusammen mit seiner vorgelagerten Kopie einer Ashoka-Säule um die Zeitenwende entstanden sein. Etwa zur selben Zeit wurde der am Steilhang liegende Chaityagriha von **Bedsa** (auch Bedse, Distrikt Pune) aus dem gewachsenen Fels gemeißelt. Während der Chaitya innerhalb des Chaityagrihas von Karle noch über seinen alten hölzernen Schirm verfügt, konnte sich im Chaityagriha von Bedsa nur der einem überdimensionalem Lotosstängel-gleiche, hölzerne Schaft des Schirmes über viele Jahrhunderte erhalten.

Im „Sanjay Gandhi National Park“ liegen die 101 buddhistischen, in den Fels geschlagenen Bauten von **Kanheri** (Distrikt Suburban Mumbai), die zwischen dem 1. und 6. Jahrhundert entstanden. Neben dem geräumigen Chaityagriha aus dem 1. Jahrhundert ist eine Kulthöhle mit der ältesten erhaltenen Skulptur eines 11-köpfigen Avalokiteshvara von großer Bedeutung für die Ausbreitung der buddhistischen Kunst.

Die 23 buddhistischen Kulthöhlen von **Pandu Lena** (Distrikt Nashik) wurden zwischen dem 1. und dem 7. Jahrhundert in einer früheren und einer späteren Gruppe aus dem 90 Meter oberhalb der Ebene liegenden Fels gemeißelt und umfasst einen frühen Chaityagriha. Die „Gautami Putra“ genannte Klosteranlage weist eindeutig auf den Einfluss der Kunst der Shatavahanas. Die späteren Höhlen vermitteln den Eindruck frühtantrischer Texte.

Aus vergleichbarer Zeit wie die buddhistischen Kultstätten bei Nashik stammen die in zwei getrennten Gruppen aus dem Fels geschlagenen Höhlentempel von **Aurangabad** (Distrikt Aurangabad) mit ebenfalls nur einem frühen Chaityagriha und neun weiteren Kultstätten.

Die im Stil der Vakatakas des 5. Jahrhunderts ausgeführten vier monolithischen Anlagen (Viharas) bei **Dharashiv** (Distrikt Osmanabad) waren zunächst buddhistisch, bevor sie zu einem späteren Zeitpunkt von der Religion der Jainas assimiliert wurden. Im 9. oder 10. Jahrhundert meißelten die Jainas dort zwei weitere Kultstätten aus dem Fels.

Die zwölf buddhistischen Anlagen von **Ellura** (auch: Ellora, Distrikt Aurangabad) bestehen aus Mönchsunterkünften, Schreinen und einem Chaityagriha, den zeitlich letzten erhaltenen Anlagen dieser Art in Maharashtra aus dem 7.-8. Jahrhundert. Zwei der Felsviharas mit Kultschreinen sind mehrstöckig.

Auch das 1435 erbaute Chand Minar, eine Art Siegesturm unmittelbar vor der Festung von Daulatabad, wurde teilweise aus Spolien hinduistischer Tempel erbaut.

Funde von skulpierten Pfeilern einer Vedika (Stupa-Einfriedung) in **Pauni** (Distrikt Bhandara), heute im Chhatrapati Shivaji Maharaj Vastu Sangrahalaya (vormals: Prince of Wales Museum) in Mumbai, belegen, dass auch die buddhistische Freibauarchitektur in Maharashtra spätestens im ersten Jahrhundert vor unserer Zeit einsetzte.

Der heiligste buddhistische Ort Maharashtras der Neuzeit ist „Dikshabhumi“ in **Nagpur** (Distrikt Nagpur), wo Dr. Bhimrao Ramji Ambedkar (1891–1956) am 14. Oktober 1956 mit Tausenden seiner Gefolgsleute zum Buddhismus übertrat. An dieser Stelle wurde 1968 ein Kloster gebaut, das 5000 Mönchen Platz bietet.

Gharapuri (Distrikt Raigad) ist der alte Name für Elephanta, einer tropischen, Mumbai vorgelagerten Insel, die nach einem monolithischen Elefanten „Elephanta“ genannt wurde. Die Skulptur dieses Elefanten befindet sich heute am Zoo von Mumbai. Gharapuri ist aber weniger wegen des Elefanten, als

wegen einer unterirdischen, shivaitischen Kultanlage bekannt, die wegen der Nähe zur indischen Metropole zur am häufigsten besuchten antiken Kultstätte Indiens gehört. In diesen gigantischen monolithischen Hallen feierten die Briten im 19. Jahrhundert ihre Galadinners, seit 1987 gehören sie zum Weltkulturerbe der UNESCO. Der Kern der Hallen wurde im 6. Jahrhundert aus dem gewachsenen Fels gemeißelt.

Eine nur um wenige Jahrzehnte spätere Kopie der Kultanlage von Elephanta ist die wegen eines nahen Wasserfalles „Bad der Sita" („Sita ki Nahani") genannte Höhle 29 von **Ellura** (auch: Ellora, Distrikt Aurangabad). Obwohl die monumentalen Darstellungen des Gottes Shiva und seiner Frau Parvati weniger gekonnt ausgeführt sind als in Elephanta, sind die Figuren dafür weniger den mutwilligen Zerstörungen ausgesetzt worden. Abgesehen von Höhle 29 gibt es in Ellura 16 weitere monolithische Anlagen der Hindus, von denen „Cave 16", der Kailasa-Tempel, alles an Größe und Möglichkeiten von Felsbautempeln übertrifft. Sowohl in Bezug auf seine Maße als auch in Bezug auf seine Ausarbeitung steht dieses Monument weltweit einzigartig da. Die gesamte Anlage von Ellura übertrifft mit seinen insgesamt 34 hinduistischen, buddhistischen und jinistischen Kultstätten jegliches Vorstellungsvermögen. Erwartungsgemäß gehört daher Ellura zum Weltkulurerbe der UNESCO.

Der Anlage von Elephanta nicht unähnlich, aber mit weniger zahlreichen monumentalen Felsreliefs ausgeführt ist die unterirdische shivaitische Anlage von **Jogeshwari** (Distrikt Urban Mumbai) inmitten eines stark besiedelten Viertels von Mumbai. Wie in Elephanta und in Ellura Nr.29 gibt es einen Schrein, der aber nur in Jogeshwari tatsächlich zentral angeordnet ist.

Aurangabad: In dem „Panchakki" (Wassermühle) genannten Komplex spiegelt sich die Moschee am Grab des Sufi-Heiligen Baba Shah Musavir (1624) wider.

FOLGENDE DOPPELSEITE:

Janjira war einst eine uneinnehmbare Festung und ihre aus dem heutigen Äthiopien stammenden Herren, gefürchtete Seeräuber. 1879 bauten sich die Nawabs von Janjira einen neuen Palast auf einer Klippe über Murud und überließen die Seefestung dem Verfall.

Ein weiterer, mitten in Mumbai befindlicher shivaitischer, aus dem gewachsenen Fels gemeißelter Kultbau des 7. Jahrhunderts ist **Mandapeshwar** (Distrikt Urban Mumbai). Hier wurden die zum Teil lebensgroßen shivaitischen Reliefs eindeutig von Europäern zerstört, die aus dem Kultbau durch Ausmeißelung von Kreuzen eine Kirche machten. Heute dient Mandapeshwar wieder dem Hinduismus.
Wenig beachtet werden die monolithischen Felstempel von **Kharosa** (Distrikt Latur) aus dem 6. oder 7. Jahrhundert, wo die Skulpturen von Narasimha, Shiva und Parvati und Karttikeya als Attraktionen zu werten sind.

Die aus mehreren großen Tempeln bestehende Anlage von Markanda Deo in **Markanda** (Distrikt Gadchiroli) dürfte im 12. Jahrhundert entstanden sein und lockt heute noch 60 000 Besucher beim jährlichen, einwöchigen Mahashivratri-Fest im Februar-März an. Ebenso aus dem 12. Jahrhundert stammen dürfte der Siddheshwar Mandir in **Hottal** (Distrikt Nanded), der stilistische Züge der Chalukyas von Kalyani aufweist. Angeblich um 1195 renoviert wurde eines der größten hinduistischen Heiligtümer Maharashtras, der Vitthal- bzw. Vithoba-Tempelkomplex von **Pandharpur** (Distrikt Solapur), der insgesamt über 23 einzelne Tempel umfasst. Der Vishnu geweihte Bhagwant Mandir von **Barshi** (Distrikt Solapur) wurde 1245 vollendet und ist nach Osten geöffnet, verfügt aber über drei Nebeneingänge, die nach den anderen Haupthimmelsrichtungen angelegt sind.
Die heute gebräuchlichen Tempel von **Ramtek** (Distrikt Nagpur) sind zwar nur 600 Jahre alt, an dem Ort soll aber der berühmte indische Dichter Kalidasa eines seiner Meisterwerke, „Meghaduta“ (der Wolkenbote) geschrieben haben. Eine eindrucksvolle Plastik der Vakataka-Zeit ist der Narasimha, ein Avatar des Gottes Vishnu, der halb aus einem Menschen (Nara-) und halb aus einem Löwen (-simha) besteht
Ein shivaitisches Zentrum von Maharashtra ist die Tempelanlage in **Aundh Nagnath** (Distrikt Hingoli), den Tempelstil der Marathen in der Mitte des 18. Jahrhunderts verkörpern exemplarisch der 1747 erbaute Naroshankar-Tempel und der 1756 gebaute Sundarnarayan-Tempel in **Nashik** (Distrikt Nashik). Alle zwölf Jahre ist Nashik am Tempel des Trimbakeshwar Schauplatz des „Kumbh-Mela-Festes“, des weltweit pilgerreichsten Festes der Neuzeit.
Die mit einer Höhe von 32 Metern weltgrößte Statue des affengestaltigen Gottes steht in **Nandura** (Distrikt Buldhana).

Der heute nach Mahatma Jyotiba Phule benannte Markt ist seit 1871 der zentrale Umschlagplatz von Mumbai für Obst, Gemüse, Blumen, Gewürze und Frischfleisch.

Frühe monolithische Darstellungen der Tirthankaras sind an der Gomai in „Pandava Leni“ in **Shahada** (Distrikt Nandurbar) zu sehen.
Zentren der Jaina-Religion in Maharashtra sind die Tempel in **Bhadravati** (Distrikt Chandrapur), der Mallinath Digambar-Tempel in **Shirad Shahapur** (Distrikt Hingoli) und **Kuntalgiri** („Shri Digambar Jain Sidhkshetra“, Distrikt Osmanabad).

Ein Glaubensmittelpunkt der Sikhs ist das „Sant Namdev Sansthan“ in **Narsi** (Distrikt Hingoli). Namdev Damaji Relekar, ein besonders von den Sikhs verehrter Heiliger, wurde hier 1270 geboren. Ein weiterer wichtiger Ort ist **Nanded** (Distrikt Nanded) mit dem „Takhat Sachkhand

Shri Hazur Abchalnagar Sahib", wo Shri Guru Gobind Singhji seinen letzten Atemzug tat. Der Gurudwara wurde von 1830-1839 unter Maharaja Ranjit Singh (1780-1839) erbaut.

Vor den Mauern der Stadt **Ahmednagar** (Distrikt Ahmednagar), nahe am Delhi-Tor liegt sein Gründer, Ahmed Nizam Shah I. (1490-1509) in einem Mausoleum aus schwarzem Stein, dem „Bagh Rauza" begraben, das von zwei weiteren Grabbauten flankiert wird. Ein steinernes Denkmal auf dem Gelände dieses Friedhofs markiert das Grab von Ghulam Ali, einem Elefanten, der hervorragende Dienste in der Schlacht von Talikot gegen den Raja von Vijayanagar (1465) leistete.
Der Nizam Shahi Sultan, Burhan Shah I. (1509-1553), ließ sich bei **Ahmednagar** einen oktogonalen, zweistöckigen Palast, den „Fariabagh", bauen, der mit seinem flachen Dach Aufmerksamkeit erregt.
Das dreistöckige, oktogonale Grab von Salabat Khan, des fähigen Ministers von Murtaza Nizam Shah (1565-1588), beherrscht unweit von **Ahmednagar** (Distrikt Ahmednagar) auf einem Hügel stehend die Landschaft. Von Sultan Ali Adil Shah (1558-1580) erbaut wurde die Moschee von **Karad** (Distrikt Satara), die schon von Weiten an ihren beiden 32,30 Meter hohen Minaretten zu erkennen ist.
Eine Hochburg islamischer Architektur in Maharashtra ist das umwallte, 1610 gegründete **Aurangabad** (Distrikt Aurangabad). Vor den Mauern der Stadt steht das letzte große moghulische Grabmal, das der Moghulkaiser Aurangzeb für seine Gemahlin Rabia Daurani zwischen 1657 und 1661 errichten ließ. Der heute „Bibi ka Maqbara" genannte Komplex umfasst neben dem eigentlichen Mausoleum auch einen Garten mitsamt der Grabmoschee. Der Kern der in der Altstadt gelegenen, „Panchakki" (Wassermühle) genannte Anlage ist eigentlich das 1624 errichtete Grab des Sufi-Heiligen Baba Shah Musavir mit einer dazugehörigen Moschee, Springbrunnen und Wasserbecken mit stets hungrigen Fischen. Die eigentliche Wassermühle nimmt den kleinsten Teil der Anlage ein.
Aurangzeb selbst, nach dem das ursprünglich „Khadke" genannte Aurangabad benannt wurde, liegt in **Khuldabad** (Distrikt Aurangabad) in einem schlichten Erdgrab begraben, dessen marmorne, kunstvoll durchbrochene Einfriedung erst zu späterer Zeit hinzugefügt wurde.
Das Alter der aus schwarzem Gestein erbauten Kali Masjid von **Jalna** (Distrikt Jalna) wird auf 400 Jahre geschätzt, das der mit vier Minaretten ausgestatteten Hazrat Nawab Sarfaraz Khan Sahid Masjid in **Biloli** (Distrikt Nanded) auf 330 Jahre.

Das von einem Wassergraben umgebene Fort von **Kandhar** (Distrikt Nanded) soll von dem Rashtrakuta-Herrscher Krishna III. (939-967) erbaut worden sein. Die auf dem Gipfel eines 914 Meter hohen Berges gelegene Festung von **Gagangarh** (auch Gagangad, Distrikt Sindhudurg) stammt aus dem 12. Jahrhundert.
Das von Raja Bhilam der Yadava-Dynastie 1187 aus dem Felsen gegrabene Deogiri (Götterberg), wurde von islamischen Dynastien übernommen, die aus den Spolien der hinduistischen Tempel Moscheen bauten. Die schier uneinnehmbare, an einem isoliert stehenden Minarett aus der Entfernung erkennbare Festung heißt seitdem **Daulatabad** (Distrikt Aurangabad).
Die mit Ruinen übersäte Festung von **Purandhar** (auch: Purandar, Distrikt Pune) war eine der militärisch uneinnehmbarsten Verteidigungsanlagen von Maharashtra, die unter den Engländern zum Sanatorium für ihre Soldaten umgewandelt worden war. Ebenso uneinnehmbar war **Pratapgarh** (auch: Pratapgad, Distrikt Satara), die spektakulär 1080 Meter hoch gelegene, von einer doppelten Mauer umgebene Hauptfestung des Maharaja Chhatrapati Shivaji Raje Bhonsle.
Die Festung von **Lohagarh** (auch: Lohgad, Distrikt Pune) heißt nicht umsonst „eiserne Festung", da derjenige, der sie zu erobern denkt, eisenharte Nerven haben muss, um im feindlichen Beschuss 1036 Meter hoch zu kommen. Wie Lohagarh liegt auch die atemberaubende in 1000 Metern Höhe erbaute Festung von **Vilaspur** bei Mahavali. Das Felsenfort von **Shivneri** (auch: Shivaneri, Distrikt Pune) ist der Geburtsort von Maharaja Chhatrapati Shivaji Raje Bhonsle.

FOLGENDE DOPPELSEITE:
Mumbai: Das alte Gebäude des 1903 gegründeten und direkt am Meer gelegenen Taj Mahal Hotels vermittelt auch heute noch etwas von dem damaligen Luxus.

MRO
4268

An Festungen existieren noch das Fort von **Ambagar** von etwa 1700, **Pawni** Killa und **Sangadi** Killa (alle drei im Distrikt Bhandara), das 1727 gebaute Fort von **Parola** (Distrikt Jalgaon), das von einem Festungsgraben umgebene Fort von **Udgir** (Distrikt Latur), das Fort von **Naldurg,** das Bahmani Fort von **Paranda** (beide im Distrikt Osmanabad), die Bergfestungen von **Sarjekot** und **Rangnagarh** (beide im Distrikt Sindhudurg), das 1680 erbaute Fort von **Bhagwatgarh** (auch Bhagwatgad, Distrikt Sindhudurg).
Die See-Festungen Maharashtras sind das völlig vom Meer umgebene, 1664 unter Maharaja Chhatrapati Shivaji Raje Bhonsle erbaute **Sindhudurg** (Distrikt Sindhudurg), die von den Siddis von Abessinien errichtete Festungsinsel **Janjira** (Distrikt Raigad) und das auf einer Landzunge im Meer erbaute **Vijaydurg** (Distrikt Satara).

Beispiele anglo-indischer Kolonialarchitektur des 19. und beginnenden 20. Jahrhunderts bietet vor allem **Mumbai** (Distrikt Mumbai City). Der 1888 erbaute Chhatrapati Shivaji Teminus (vormals: V.T. oder Victoria Terminus) hat auf der Kuppel eine Statue der Königin Viktoria und gilt als einer der ansprechendsten Eisenbahnhöfe Asiens. Er gehört seit 2004 zum Weltkulturerbe der UNESCO. Das Chhatrapati Shivaji Maharaj Vastu Sangrahalaya (vormals: Prince of Wales Museum of Western India) wurde anlässlich des Besuches König Georgs V. in Mumbai errichtet, als er zur Zeit des Besuches noch der Prince of Wales war. Der 1923 vollendete Bau mit seiner zentralen Kuppel rangiert unter den herrlichsten Museumsbauten Indiens. Den Mahatma Jyotiba Phule Market (vormals: Crawford Market) gründete der Stadtbeauftragte von 1865-1871, Arthur Travers Crawford und wurde 1871 von William Emerson gebaut. Das von dem Großindustriellen J.N.Tata 1903 erbaute „Taj Mahal Hotel" in Colaba gehört zu den bekanntesten Hotels der Stadt. Weitere sehenswerte Bauten sind der Brunnen „Flora Fountain", der „Mumbai Highcourt" und das „Old Secretariat", um nur einige zu nennen.

Im „Melghat Tiger Project" von **Chikhaldara** (Distrikt Amravati) sollen noch 100 Tiger leben. Weitere Tigerschutzgebiete und Nationalparks sind der **„Tadoba-Andhari** Tiger Reserve" (Distrikt Chandrapur), der **„Nawegaon** National Park", das **„Nazgira** Sanctuary" (beide im Distrikt Gondia) und der 257 Quadratkilometer große, teilweise im Seoni Distrikt von Madhya Pradesh gelegene **Pench** National Park. Zum Schutzgebiet für die akut vom Aussterben bedrohte „Große Indische Trappe" (lokal: Maldhok, Choriotis Nigriceps [Vigors]) wurde das 8496 Quadratkilometer große **„Maldhok** Wildlife Sanctuary Nannaj" (Distrikt Solapur) erklärt. Seitdem konnte sich der Bestand von 15 Exemplaren im Jahre 1994/95 auf 35 Exemplare im Jahre 1996/97 erhöhen.

Die beliebtesten so genannten „Hill Stations" (Höhenorte) von Maharashtra, wo der sommerlichen Hitze entkommen werden kann, sind: **Amboli** (Distrikt Sindhudurg, 690 Meter), **Bhandardara** (Distrikt Ahmednagar), **Chikhaldara** (Distrikt Amravati), **Jawhar** (Thane Distrikt), **Khandala** (Distrikt Pune), **Mahabaleshwar** (Distrikt Satara), **Matheran** (Distrikt Raigad), **Panhala,** (Distrikt Kolhapur, 977 Meter) und **Toranmal** (Distrikt Nandurbar, 1461 Meter).

Im „Vanvaibhav" von **Allapalli** (Distrikt Gadchiroli) werden die Baumstämme heute noch von Arbeitselefanten transportiert.

Mit einem Durchmesser von 1,6 Kilometern und einem Umfang von 7 Kilometern ist der Lonar Krater im Distrikt Buldhana einer der fünf großen Krater der Welt, dessen Alter auf 50 000 Jahre geschätzt wird. In seinem Inneren befindet sich ein Salzsee.

LINKE SEITE:
Das Verwaltungsgebäude der „Western Railway" (1890) ist ein markantes Beispiel für die anglo-indische Kolonialarchitektur in Mumbai.

CHINA
Tibet
(Xizang)
Himalaya
Lhasa
NEPAL
Mt. Everest (Qomolangma) 8872
Kathmandu
Thimbu
BHUTAN
Lakhnau (Lucknow)
Gorakhpur
Ghaghara
Faizabad
Muzaffarpur
Darjeeling
Gangtok
Siliguri
Jalpaiguri
Darbhanga
Purnea
Ganges
Chapra
Patna
Allahabad
Varanasi (Benares)
Mirzapur
Bhagalpur
Bihar Sharif
Satna
Son
Gaya
Daltonganj
Bokaro
Dhanbad
Berhampore
Rajshahi
Ranchi
Asansol
Durgapur
Purulia
Jamshedpur
Haora (Howrah)
Bhatpara
Kolkata (Calcutta)
Kulna
Rourkela
Kharagpur
Bilaspur
Sambalpur
Raipur
Balasore
Durg
Sonpur
Mahanadi
Cuttack
Bhubaneswar
Puri
Brahmapur
Indravati
Godavari
Vizianagaram
Visakhapatnam
Rajahmundry
Elur
Kakinada
Vijayavada
Machilipatnam
Gangesdelta
Golf von Bengalen
Dhubri
Guwahati (Gauhati)
Dispur
Brahmaputra
Rangpur
Shillong
Cherrapunji
BANGLA-DESH
Dhaka
Agartala
Chittagong
Itanagar
Kundil-Bazar
Sadiya
Dibrugarh
Jorhat
Kohima
Imphal
Silchar
Manipur
Aizawl
Mandalay
MYANMAR (BURMA)
Akyab
Rangun (Yangon)
0
200
400
600
km

MANIPUR

LAGE, GRÖSSE, EINWOHNERZAHL, SYMBOLE

FOLGENDE DOPPELSEITE:

Schwimmende Inseln im Loktak-See im Distrikt Bishnupur.

Die geographische Lage des im Osten Indiens gelegenen Bundesstaates ist zwischen 23,83° (entspricht 23°55') und 25,68° (entspricht 25°41') nördlicher Breite bzw. 93,03° und 94,78° (entspricht 94°47') östlicher Länge. Manipur wird von Myanmar und den indischen Bundesstaaten Mizoram, Assam und Nagaland (von Süden nach Norden, im Uhrzeigersinn) umgeben und gehört somit zu dem „Sieben Schwestern" (seven sisters) genannten Bundesstaatenverbund. Mit einer Größe von 22 327 Quadratkilometern und einer Bevölkerung von 2 388 634 Einwohnern liegt Manipur innerhalb Indiens jeweils auf Rang 23 (von 35). Die Bevölkerungsdichte beträgt 107 Einwohner pro Quadratkilometer.

Manipur heißt wörtlich Juwelenstadt (Mani- = Juwel, -pur = Stadt), wird aber allgemein als „juwelengeschmücktes Land" verstanden. Hauptstadt des Bundesstaates ist Imphal (217 275 Einwohner).

Die örtliche Bezeichnung des Bundesstaates ist Kangleipak oder Poirei Meitei Leipak.

„Kangla Shaa" (ein Wappen mit einem gehörnten, nach links gewandtem löwenartigen Tier mit geöffnetem Maul auf einem Spruchband) ist das Staatssymbol. Das „Staatstier" von Manipur ist der Sangai (Cervus eldi eldi McLelland), eine nur noch in Manipur vorkommende, massiv vom Aussterben bedrohte Hirschart, von der allenfalls noch 150 Exemplare existieren. Als „Staatsvogel" wird der Nongin oder Nongyeen (Syrmaticus humiae humiae) angegeben, eine Art Burmafasan (Englisch: Mrs. Hume's Barredback Pheasant oder Hume's Bar-tailed Pheasant). Die „Staatsblume" ist die Siroi-, Sirohi- oder Shiroi-Lilie (Lilium mackliniae Sealy), eine Pflanze extremster Seltenheit, da sie weltweit nur auf den Shiroi-Hügeln des Distriktes Ukhrul von Manipur gedeiht. Das „Manipuri Polo" ist das Staatsspiel. Von offizieller Seite als solcher nicht aufgeführt ist der „Staatstanz" von Manipur der nach dem Bundesstaat benannte Manipur-Tanz, einer der sechs klassischen indi-

Hütten auf dem Loktak-See sind oft auf schwimmenden Inseln gebaut ...

Thadou
Kuki Mann.

schen Tanzstile. Es ist ein erhabener, hochstilisierter religiöser Tanz, der sich wie die meisten indischen Tänze der Handgestensprache bedient. Die Frauen tanzen in einer Art tonnenförmigen Reifrock.

TOPOGRAPHIE UND KLIMA

1820 Quadratkilometer des Bundesstaates Manipur sind Teil einer Schwemmlandhochebene, die von einem 20 507 Quadratkilometer großen Hügel- bzw. Bergland umgeben ist, das zur so genannten „Unter-Himalaya-Gebirgskette" gehört. Im Westen des Bundesstaates sind dies die Nunjaibong-, Kala Naga-, Chakka Nungba-, Kanpum- und Kopru-Laimotol-, im Norden die Kkunho spurs-, Thumion-(Mayan Khang), Laison- und Sirohi farar-, im Osten die Surameti- oder Chinganguba-, Somrah-, Kassom-, Nupitel- oder Maphitel- und Zomadoung und im Süden schließlich die Hawbi-Berge. Mit 3827 Metern ist der Chinganguba oder Surameti-Gipfel die höchste Erhebung des Bundesstaates. 75,8 % der geographischen Fläche Manipurs sind mit Wäldern bedeckt, besonders artenreich ist der Bambus. Durch die Täler von Kongba, Eeril und Thobal bahnen sich die wichtigsten Flüsse, Sagnu, Ningthee und Bark ihren Weg. Der Imphal-Fluss ist mit seinem Nebenfluss Nambul der bedeutendste Fluss im Imphal-Tal. Weitere bedeutende Flüsse sind Iyei, Irang, Barak und Makru im Distrikt Tamenglong. Die Thoubal ist der Fluss des gleichnamigen Distriktes. Als Wasserreservoir gilt der 36 Meter tiefe, vom Nordwesten zum Südosten 12,87 Kilometer lange und von Osten nach Westen maximal 8 Kilometer breite, insgesamt 312 Quadratkilometer große Loktak-See im Distrikt Bishnupur.

Das Klima von Manipur gilt als gemäßigt. Die Monate von November bis Februar sind niederschlagsarm, die Monate von Mai bis Oktober sind die Monate der Regenzeit. Es fallen jährlich im Durchschnitt 1467,5 Millimeter Niederschlag. Januar ist der kälteste Monat, die Monate Mai und Juni markieren die wärmste Jahreszeit Manipurs. Die Höchsstemperatur im Distrikt Tamenglong beträgt zum Beispiel 31 Grad, die Tiefsttemperatur 4 Grad. Die höchsten gemessenen Temperaturen im Distrikt Thoubal übersteigen nicht 37 Grad. Die durchschnittliche Jahrestemperatur von Imphal bewegt sich um 20,4 Grad. Die jährliche Niederschlagsmenge schwankt in Imphal zwischen 108,5 und 143,4 Zentimetern.

BEVÖLKERUNG, SPRACHEN, GESCHICHTE

In Manipur werden offiziell 33 Stämme gezählt, von denen hier 29 aufgeführt werden können: 1. Aimol, 2. Anal, 3. Angami, 4. Chiru, 5. Chothe, 6. Gangte, 7. Hmar, 8. Kabui, 9. Kacha Naga, 10. Koirao, 11. Koireng(koren), 12. Kom, 13. Lamgang, 14. Mao, 15. Maram, 16. Maring, 17. alle Stämme der Mizo (Lushai),

18. Monsang, 19. Moyon, 20. Paite, 21. Purum, 22. Ralte, 23. Sema, 24. Simte, 25. Suhte, 26. Tangkhul, 27. Thadou, 28. Vaiphui und 29. Zou. Viele der Stämme gehören zu den Meiteis, Bishnupriya Manipuris, Naga, Kuki bzw. Kuki-Chin und Meitei Pangal, wobei die Meiteis in den Tälern zu wohnen pflegten und die Naga und Kuki in den Bergen. Zur Gruppe der Naga gehören die Völker mit den Nummern 8, 15, 19 und 26, zur Gruppe der Kuki die Stämme 1, 2, 4 – 7, 10, 11, 13, 18 – 20 und 27.

In Manipur sind 46 % der Bevölkerung Hindus, 34,0 % Christen, 8,8 % Moslems, 0,1 % Buddhisten, 0,1 % Jainas und 0,1 % Sikhs. 10,9 % der Bevölkerung vertrauen ihren alten Stammesreligionen. Bei dieser Übersicht konnten Teile des Senapati Distriktes (Mao-Maram, Paomata und Purul) nicht berücksichtigt werden.

Die Amtssprache von Manipur ist das auch als Manipuri, Meiteilon oder Meitei bekannte Meithei, das bis zum 18. Jahrhundert in einer eigenen Schrift geschrieben wurde, dem „Meetei-Mayek". Meithei ist die einzige indische Amtssprache mit Tibeto-Birmanischen Ursprung. Eine weitere für Manipur typische Sprache ist Bishnupriya.

Pung Cholom
Trommeltänze der Meitei.

FOLGENDE DOPPELSEITE:

Die Gopis in ihren charakteristischen Reifröcken beim Raslila-Tanz im Manipurstil.

RECHTE SEITE:
Shattra-Ritualgerüste in Moirang.

FOLGENDE DOPPELSEITE:
Straßenleben in Imphal.

Die Liste der Könige von Manipur in der königlichen Chronik, Cheitharol Kumbaba, umfasst 76 Namen mit Angabe der jeweiligen Regierungsdauer, und zwar von Nongda Lairen Pakhanba (33–154) bis Bhodhachandra (1941–1955).

Manipur war stets ein unabhängiger Staat, dessen Interessen in der Regel nach Südosten ausgerichtet waren, denn vom Südosten, d. h. Myanmar, kam die Gefahr: 1560 wurde Manipur von der Toungpoo Dynastie Burmas erobert, das Birmanische Joch konnte jedoch alsbald abgeschüttelt werden und unter Garibaniwaj wurde nunmehr Burma von Manipur mit 30 000 Kriegern überrannt. 1759 wurde Manipur wieder von Burma aus erobert, diesmal von der Konbaung Dynastie. Als Maha Bandola (auch: Maha Bandula), General von Bagyidaw (1819-1837) Manipur und Assam eroberte, entstand ein Interessenkonflikt mit den Briten, die sich mittlerweile längst in Indien festgesetzt hatten. Zwischen 1819 und 1825 war Manipur von birmanischen Truppen besetzt. Am 24. Februar 1826 erhielt Manipur durch den Vertrag von Yandaboo wieder die vollständige Staatshoheit über sich. Der Vertrag wurde vom Vertreter des birmanischen Königreichs von Ava und Archibald Campbell, Vertreter der „Ehrenwerten Ostindischen Kompanie“ unterzeichnet und besagt in Artikel 2 eindeutig, dass der König von Ava den König von Manipur, Gambhir Singh, als solchen anerkennt, wenn letzterer in sein Land zurückkehrt.

1891 kam Manipur endgültig unter britische Herrschaft, nachdem der als Thangal General bekannte Kangabam Chitananda Singh von den Briten gehängt wurde. Im 2. Weltkrieg wurde Manipur von den Japanern besetzt. Manipur blieb auch nach dem Erlangen der Unabhängigkeit Indiens selbstständig, zumal Manipur

Der Eingang zum Kriegsfriedhof in Imphal.

I am choosy about my washing
I have found
Nirmal
CAKE SOAP
Nirmal SOAP
SIMPLEX
Woollen blankets
BLAZERS
MUFFLERS
SHAWLS
SIMPLEX WOOLLEN MILLS, BOMBAY-400066
RAGHUBIR STORES
AGRAWAL CLOTH STORE
JK
জে কে ব্যাটারী

BSC
PRAKASH AGENCIES
Flavour comes to life again
CAPSTAN
FILTER KINGS
WILLS
CAPSTAN
FILTER KINGS
First in whiteness
501
Blue 501 Detergent Bar
INVEST
NATIONAL DEVELOPMENT BONDS

durch Assam von Westen abgeschottet war. 1949 wurde der Herrscher von Manipur jedoch unter indischen Hausarrest gestellt und Manipur dem Staat Indien am 15. Oktober „einverleibt". Zunächst wurde 1956 Manipur ein Unionsterritorium, bis es am 21. Januar 1972 zum Bundesstaat ernannt wurde.
Aus der Sicht von Manipur handelt es sich bei den über 90 000 im Bundesstaat stationierten indischen Truppen um eine fremde Kolonialarmee, die dabei hilft, das Land mit Drogen und Aids zu überziehen. Die „Revolutionäre Volksfront" von Manipur hat daher bei den Vereinten Nationen beantragt, Manipur in die Liste der „Non-Self-Governing-Territories" der Vereinten Nationen aufzunehmen.

VERWALTUNG

Der „Governor" und der „Chief Minister" sind die offiziell ranghöchsten Personen des Bundesstaates, der in neun Distrikte aufgeteilt ist: Bishnupur, Chandel, Churachandpur, Imphal East, Imphal West, Senapati, Tamenglong, Thoubal und Ukhrul.

WIRTSCHAFT

Die Landbevölkerung ist fast ausschließlich in der Landwirtschaft beschäftigt. Angebaut werden Reis, Weizen, Hülsenfrüchte und Mais. Gesät wird im Mai-Juni und die Erntezeit währt von Oktober bis Dezember. An Obst werden Ananas, Orangen, Guaven und Papaya angebaut, stellenweise auch Aprikosen, Bananen, Pflaumen, Zitronen und Mangos. Zu den angebauten Gemüsesorten gehören Weißkohl, Mohrrüben, Rettich, Rote Bete, Weißrüben, Okras, Kürbisse, Kartoffeln, Erbsen, Auberginen und Tomaten. Als Gewürze werden angebaut: Chillies, Ingwer, Gelbwurz und Koriander. Tee wird im Distrikt Ukhrul angebaut.
An Viehbestand hat Manipur Rindvieh, Büffel, Schafe, Ziegen und Schweine aufzuweisen. Hühner und Enten werden als Geflügel gehalten. Von etwas untergeordneter Bedeutung ist noch der Fischfang. Immerhin gibt es im Distrikt Thoubal zwei Fischzuchtanlagen.
Die Industrie von Manipur befindet sich im Aufbau. Produziert werden Zement, Sperrholz, Butterschmalzkonserven und Pharmazeutika.

BEDEUTENDE ORTE UND IHRE SEHENSWÜRDIGKEITEN

Wie die meisten Bundesstaaten der „Sieben Schwestern" verfügt auch Manipur kaum über spektakuläre antike Stätten, zumal das Erdbeben von 1868 viele Monumente zerstört hat. Dafür hat der Bundesstaat wunderbare Landschaften wie die malerischen Seen im Distrikt Tamenglong oder die Höhlen und salzhaltigen Quellen des Distrikts Ukhrul vorzuweisen.

Der Vishnu-Tempel in **Bishnupur** (Distrikt Bishnupur) wurde um 1469 unter Raja Kyamba gebaut und ist somit der älteste datierte Tempel des Bundesstaates.
Der um 1722 unter Raja Garibniwaj (1709–1748) gebaute Tempel des Shri Krishna in **Brahmapur** (Distrikt Imphal East) weist ein kurvilinear aufgewölbtes Dach im Stil der zeitgenössischen Tempel Bengalens auf.
Der Tempel von Shri Govindaji in **Imphal** (Distrikt Imphal East-West) wurde 1846 gebaut und gehört zum größten Tempel des Bundesstaates mit einer beachtenswerten, im Hof ausgestellten Glocke mit eingravierten Inschriften. Ebenso berühmt ist das Kangla Fort, das zum Teil noch von der indischen Armee (den „Assam Rifles") besetzt gehalten wird. Das am ältesten Polofeld der Welt gelegene „Manipur State Museum" in Imphal stellt Stammeskunst, Waffen und historische Dokumente aus. Auf dem „Ima Keithel" genannten Markt verkaufen ausschließlich Frauen ihre Waren: Gemüse, Fisch, Haushaltsartikel, Korbflechtarbeiten und Körbe.

Unweit der Stadt Imphal ist der nach dem Guiness Buch der Rekorde von 1999 der höchste Strauch der Welt (Englisch: Sky Flower, Duranta Repens Linn.) zu bewundern, der von einem Herrn Okendra Kumbi seit 1991 gezüchtet wird. Die Höhe des Strauches beträgt 18,59 Meter. 6 Kilometer von Imphal entfernt befinden sich in **Langthabal** die Ruinen des königlichen Palastes der Herrscher von Manipur.
Ein beachtlicher Tempel mit würfelförmigen Hauptbau und einer auf hohem Tambour aufgesetzten Kuppel im Distrikt Imphal East wird mit dem Widerstandskämpfer Kangabam Chitananda Singh, der 1891 von den Briten hingerichtet worden war, in Verbindung gebracht.

Als Zentrum der frühen Meitei-Kultur gilt **Moirang** (Distrikt Bishnupur) mit einem Tempel, der dem Gott „Thangjing" geweiht ist. Thangjing wird als prä-hinduistische Gottheit verstanden. Da in Moirang am 14. April 1944 zum ersten Mal die Fahne der Indischen Nationalarmee gehisst wurde, gibt es in der Stadt ein Museum über die Indische Nationalarmee und den Kämpfer für die Unabhängigkeit Indiens von der Kolonialmacht Großbritanniens, Subhash Chandra Bose.

Der nur 25 Quadratkilometer große „Keibul Lamjao National Park" (Distrikt Bishnupur) liegt am Loktak-See und ist der einzige „schwimmende" Nationalpark der Welt. Innerhalb dieses Schutzgebietes leben die letzten Tiere des „tanzenden Hirsches von Manipur", wie der Sangai, das akut vom Aussterben bedrohte „Staatstier" auch genannt wird.
Der seit 1897 von den Engländern unterhaltende Höhenkurort (englisch: Hill Station) von Manipur ist **Mao** (Distrikt Senapati), das 1756 Meter hoch liegt.

Wollgeschäft
auf dem Markt in der
Nähe von Imphal.

36

LINKE UND DIESE SEITE:

Ima-Markt auf dem Kwairamband-Basar in Imphal.

CHINA
Tibet
(Xizang)
Himalaya
Lhasa
NEPAL
Mt. Everest
(Qomolangma)
8872
Kathmandu
Thimbu
BHUTAN
Kundil-Bazar
Sadiya
Dibrugarh
Itanagar
Jorhat
Lakhnau
(Lucknow)
Ghaghara
Gorakhpur
Faizabad
Muzaffarpur
Darbhanga
Darjeeling
Siliguri
Gangtok
Jalpaiguri
Guwahati Dispur
(Gauhati)
Brahmaputra
Dhubri
Shillong
Kohima
Meghalaya
Cherrapunji
Rangpur
Purnea
Chapra
Ganges
Varanasi
(Benares)
Patna
Allahabad
Mirzapur
Bhagalpur
Bihar Sharif
Silchar
Imphal
BANGLA-
DESH
Satna
Son
Gaya
Berhampore
Rajshahi
Daltonganj
Dhanbad
Bokaro
Dhaka
Agartala
Ranchi
Asansol
Durgapur
Aizawl
Purulia
Bhatpara
Haora
(Howrah)
Kulna
Jamshedpur
Kolkata
(Calcutta)
Chittagong
Mandalay
Rourkela
Kharagpur
Bilaspur
Sambalpur
Gangesdelta
Balasore
MYANMAR
(BURMA)
Raipur
Durg
Sonpur
Mahanadi
Cuttak
Bhubaneswar
Akyab
Puri
Indravati
Brahmapur
Golf von
Bengalen
Godavari
Vizianagaram
Visakhapatnam
Rajahmundry
Elur
Kakinada
Rangun
(Yangon)
Vijayavada
Machilipatnam
0
200
400
600
km

MEGHALAYA

LAGE, GRÖSSE, EINWOHNERZAHL, SYMBOL

Der im östlichen Teil Indiens situierte Bundesstaat Meghalaya hat folgende Koordinaten: Von 24°58' bis 25°41' nördlicher Breite und von 89°40'bis 92°51' östlicher Länge (entsprechend 25,05° zu 26,41° Nord und 89,46° zu 94,36° Ost). Die Ost-West-Ausdehnung des Bundesstaates beträgt etwa 300 Kilometer, bei einer Weite von etwa 100 Kilometern. Im Süden grenzt der Bundesstaat an Bangladesh, der Rest von Meghalaya wird von dem indischen Bundesstaat Assam umrahmt. Auf der nach Größe sortierten Liste der Bundesstaaten und Unionsterritorien rangiert Meghalaya mit 22 429 Quadratkilometern auf Platz 22. Auf einer entsprechenden, nach Einwohneranzahl sortierten Aufstellung nimmt Meghalaya mit 2 318 822 Einwohnern den 24. Rang ein.
Meghalaya heißt „Wohnstatt der Wolken" (Megh- = Wolke, -alaya = Wohnstatt, Stätte).
Die Hauptstadt ist Shillong (Distrikt East Khasi Hills, 260.000 Einwohner). Meghalaya gehört zu den „Sieben Schwestern"-Staaten.
Der „Staatsvogel" von Meghalaya ist, genau wie von Chhattisgarh, der Beo (Gracula religiosa).

TOPOGRAPHIE UND KLIMA

Meghalaya ist im Wesentlichen ein Hochland mit sanft geschwungenem Weideland, Hügeln und Flusstälern mit einem zergliederten Gelände auf der West- und Nordseite. Auf der Südseite des Plateaus gibt es tiefe Schluchten und schroffe Abhänge, zu Füßen derer eine schmale Ebene entlang der internationalen Grenze mit Bangladesh verläuft. Die mittlere Höhe Meghalayas schwankt zwischen 150 und 1961 Metern über dem Meeresspiegel.

Eine Presbyterianer Kirche bei Cherrapunjee.

Der westliche Teil der Hochebene, die Garo Hills, hat eine mittlere Höhe von 600 Metern. Das Tura-Gebirge ragt in Nokrek bis zu einer Höhe von 1515 Metern auf. Der östliche und zentrale Teil des Plateaus, die Khasia und Jaintia Hills, zeichnet sich durch eine rumpfflächige Oberfläche, Hügeln mit flacher Oberseite und zahlreichen Flusstälern aus. Die zentrale Hochlandzone ist die wichtigste Geländekontur, die östlich der Garo Hills mehr als ein Drittel der Fläche ausmacht. Der höchstgelegene Ort dieses Teils der Hochfläche und des gesamten Bundesstaates ist der 1965 Meter hohe Shillong-Gipfel. Eine weitere wichtige Erhöhung ist mit 1412 Metern der Nokrek (Distrikt West Garo Hills).

Die wichtigsten Flüsse des nördlichen Systems der Garo Hills sind von Westen nach Osten die Kalu, Ringgi, Chagua, Ajagar, Didram, Krishnai und Dudnai, von denen sich nur die beiden erstgenannten zur Schifffahrt eignen. Die bedeutenden Flüsse der südlichen Anordnung sind die Daring, Sanda, Basndra, Bhogai, Dareng und Simsang (Someswari), mit letzterem als den größten Fluß der Garo Hills, der aber nur auf einer Strecke von 30 Kilometern schiffbar ist. Weitere schiffbare Flüsse sind die Nitai und die Bhupai.

Die wichtigen Flüsse des zentralen und östlichen Abschnitts des Plateaus sind die in nördliche Richtung fließenden Umkhri, Digaru und Umiam. In südliche Richtungen fließen die Kynchiang (Jadukata), Mawpa, Umiew oder Barapani, Myngot und Myntdu.

Meghalaya hat vier unterscheidbare Jahreszeiten: 1. Die Regenzeit von Mai bis Anfang Oktober, 2. die kühle Zeit von Anfang Oktober bis November, 3. die kalte Saison von Dezember bis Februar und 4. die warme bis heiße Jahreszeit von März bis April.

Das Klima hängt naturgemäß von der Höhe und der Geländekontur des jeweiligen Ortes ab. Die Khasia Hills und die Jaintia Hills haben wegen ihrer erhöhten Lage ein gemäßigtes Klima. Die jährliche Durchschnittstemperatur des Hochlandes beträgt daher 24 Grad.

Da die Südhänge des Plateaus an die Bengalische Tiefebene stoßen, erhalten sie den meisten Niederschlag, da sich hier an den senkrecht aus der Ebene aufsteigenden Hängen die Wolken des Süd-West-Monsuns abregnen. Das an diesen Südhängen gelegene Cherrapunji (auch: Cherrapunjee) und Mawsynram hat jährliche Durchschnittswerte von 12 670 Millimeter (!) und gehören somit zu den niederschlagsreichsten Orten der Welt.

Die im Regenschatten liegenden Gegenden der Khasi und Jaintia Hills erhalten immerhin noch durchschnittlich 7700 Millimeter Niederschlag.

Während der heißen Jahreszeit ist das gesamte Plateau wegen starker Luftströme in der Stratosphäre heftigen Winden ausgesetzt.

Terrassenfelder bei Cherrapunjee (dem feuchtesten Ort der Erde) in 1300 m Höhe, 56 km entfernt von Shillong.

BEVÖLKERUNG, SPRACHEN, GESCHICHTE

In Meghalaya leben hauptsächlich drei verschiedene Völker bzw. Stämme. Diese sind: 1. die Garos in den nach ihnen benannten „Hills", 2. die Khasi oder Khasi-Pnar in den Khasi Hills und 3. die Jaintia in den gleichnamigen „Hills".

1. Die Garos stellen 34 % der Bevölkerung Meghalayas, nennen sich selbst „Achiks" und wanderten aus Tibet hierher und teilen sich in drei exogame Hauptverwandtschaftsgruppen oder „Katchis", nämlich die Marak, Sangma und Momin, die wiederum weiter unterteilt werden in die Areng, Shirra und Ebang. Mitglieder einer Hauptverwandtschaftsgruppe dürfen untereinander nicht heiraten. Jede dieser „Katchis" wiederum wird in eine Anzahl von Abstammungslinien unterteilt, die „Machong" genannt werden.

Besitz wird nur innerhalb der weiblichen Linie vererbt, wobei jede Familie eine Erbin (Nok-ma) auswählt. Ein kinderloses Ehepaar kann die Tochter der Schwester der Frau als Erbin einsetzen. Gewöhnlich ist die Erbin mit dem Sohn der Schwester des Vaters über eine Heirat verbunden.

Die Einrichtung des „Junggesellenschlafhauses" (Nok-pante) gibt es nur bei den Garos. Alle Heranwachsenden und unverheirateten Männer müssen in diesem Haus wohnen und Aufgaben erfüllen, die ihnen von den Dorfältesten zugedacht wurden.

Die Stammesgruppen der Garos teilen sich in Untergruppen auf, die jeweils an einem anderen Ort leben. Diese sind: die Ambeng, Atong, Akawa, Matchi, Chibok, Ruga, Dual, Chisak, Kotchu, Koch, Megamo und Dikos.

2. Die Namen der Khasis, die um 49 % der Bevölkerung des Bundesstaates ausmachen, sind abhängig von der Gegend, in der sie wohnen. Die in den nördlichen Niederungen werden „Bhois" genannt, die der südlichen Gebiete „Wars", und die in den Gebieten wohnen, die an die Garo Hills stoßen, heißen Lyngngams oder Dkos. Die Khasis der Ebene nennen sich selbst „Dkhar", was gewöhnlich zu „Khar" zusammengezo-

Umiam-See
(Bada Pani) bei Shillong.

FOLGENDE DOPPELSEITE:
Der Nongkrem-Tanz, der immer im Oktober/November stattfindet, in Smit, der Hauptstadt der Khyrim Siemship bei Shillong.

Auf diesem Markt in Shillong dürfen nur Frauen ihre Waren verkaufen!

gen wird. Die exogamen Clans der Khasis werden „Kurs" genannt. Hochzeiten innerhalb eines Kurs sind für die Khasis unvorstellbar.
Die leichteste Form der Strafe unter den Khasis ist die Verbannung. Schwere Vergehen können mit dem Tode bestraft werden.
3. Die Stämme der Jaintia Hills sind ursprünglich mit den Khasis verwandt, die westlich von ihnen in den Khasi Hills leben. Beide Stammesgesellschaften befolgen dieselben Sitten und Gebräuche, wenn auch mit lokalen Abwandlungen. Von den Anthropologen werden die Jaintias auch Jayantias oder Syntengs genannt. Die Jaintias selbst nennen sich Pnars und sind matrilinear organisiert. Die Kinder nehmen den Namen der Mutter an.
Die Stammesgruppen der Khasis und Jaintias bestehen aus den Khynriam im zentralen Hochland, den Pnar, Jaintia oder Syntang der Jaintia Hills, den War der südlichen Landstriche und den Bhois in den nördlichen Regionen des Bundesstaates. Weitere Stammesgruppen sind die Hmass, Rabhas und die Ayongs oder Hajongs. Die Einwohner dieser Gegenden sind ursprünglich Austro-Asiatische Stämme aus Südostasien.

Zu den Hauptsprachen zählen Khasi, Jaintia, Garo und Englisch.

70,3 % der Bevölkerung von Meghalaya sind Christen, 13,3 % sind Hindus, 11,5 % gehören Stammesreligionen an, 4,3 % sind Moslems, 0,2 % Buddhisten und 0,1 % sind Sikhs.

Meghalaya verfügt kaum über eigene, frühe historische Quellen von einiger Verlässlichkeit. Der früheste historisch belegbare Herrscher der Gegend, ein Jaintia-Raja, soll um 1500 regiert haben.
Um bequemer nach Assam zu gelangen bauten die Briten eine Straße durch das Gebiet der ehemaligen

LINKE SEITE:
Khasi-Mädchen in Festtracht.

drei Reiche der Khasi, Garo und Jaintia und gliederten Meghalaya 1835 an Assam an. Das Reich der Jaintias wurde von den Briten 1862 nach fast zweijährigem Krieg gegen eine waffentechnisch weit unterlegene Armee von Stammeskriegern erobert. Dieser Krieg verzehrte fast die gesamte Energie der Jaintias, deren König, U Kiang Nangbah, durch eine arglistige Täuschung von den Engländern am 27. Dezember 1862 gefangen genommen wurde. Nach einem abgekürzten Gerichtsverfahren wurde U Kiang Nangbah zum Tode durch den Strang verurteilt. Als am 30. Dezember 1862 U Kiang Nangbah unter dem Strick des Galgens stand, rief er seinen Landsleuten laut und deutlich zu:
„Wenn mein Gesicht nach Osten gewendet ist, während ich am Strick sterbe, werden wir nach hundert Jahren frei sein. Wendet es sich nach Westen, werden wir für immer versklavt!" U Kiang Nangbah starb mit dem Gesicht nach Osten und es sollte weniger als ein Jahrhundert dauern, bis die Briten dem entschlossenen Widerstand der Inder unterschiedlichster Staaten und Religionen nachgeben und 1947 Indien verlassen mussten. Dem Märtyrer U Kiang Nangbah wurde auf dem Feld von Madiah Kmai Blai ein anerkennendes Denkmal errichtet.
Die Garo Hills wurden 1872 von den Briten besetzt und ein Jahr später annektiert. Auch nach Erlangung der Unabhängigkeit (1947) blieben Meghalaya und Assam zusammen, bis am 21. Januar 1972 Meghalaya den Status eines Bundesstaates erhielt.

VERWALTUNG

Der „Governor" und der „Chief Minister" nehmen die ranghöchsten politischen Positionen ein. Die sieben Distrikte des Bundesstaates sind: East Garo Hills, East Khasi Hills, Jaintia Hills, Ri Bhoi, South Garo Hills, West Garo Hills und West Khasi Hills.

WIRTSCHAFT

Meghalaya ist im Grunde genommen ein Agrarstaat, 80 % der Bevölkerung arbeiten direkt oder indirekt in der Landwirtschaft, obwohl nur 10 % der gesamten Fläche landwirtschaftlich genutzt werden. Neben Reis und Mais werden vor allem die berühmten „Khasi-Mandarinen", Ananas, Bananen, Papayas, Jackfrucht, Litschis, Guaven, Pflaumen, Birnen und Pfirsiche angebaut, ferner Kartoffeln, Zuckerrohr, Gelbwurz, Ingwer, schwarzer Pfeffer, Arekanuss, Lorbeerblätter, Betelpfeffer, Maniok, Baumwolle, Jute, Akkersenf, Maulbeeren (für die Seidenraupenzucht) und Raps. Zu den weniger traditionellen Anbausorten gehören Ölsaaten wie Erdnüsse, Sojabohnen, Sesam und Sonnenblumen, Akajonüsse, Rizinussamen, Tee, Kaffee (Sorten Arabica und Robusta), Speisepilze (vor allem Austernpilze), Tabak, medizinische Kräuter, Orchideen und andere handelsübliche Blumen. Hirse und Hülsenfrüchte werden kaum angebaut.
Die Industrie ist im Stadium nascendi. Dem Bundesstaat wird zwar ein Reichtum an Bodenschätzen, vor allem Kohle, Uran (im Distrikt West Khasi Hills), Kalkstein, Kaolin und Granit nachgesagt, die Betriebe sind aber bisher meist mittelständischer Natur. Einen gewissen Rang nimmt die Seidenherstellung ein. Produziert werden handgewebte Textilien aus Baumwolle und Seide. In der Liste der kleineren industriellen Betriebe (small-scale industries) wurden zum Beispiel aufgenommen: Bäckerei, Fahrradreparaturwerkstatt, Autoreifenvulkanisierungswerkstatt, Radioreparaturwerkstatt, Sägemühle, Schusterei, Buchbinderei, usw.

Synkhong Rympei Thymmai – eine männliche Emanzipationsbewegung in Shillong.

Haus des Stammes-oberhaupts mit Kima Ahnenfigur.

BEDEUTENDE ORTE UND IHRE SEHENSWÜRDIGKEITEN

Wie die meisten Bundesstaaten der „Sieben Schwestern" hat Meghalaya zahllose Schönheiten in unberührter Natur anzubieten, aber praktisch kaum antike Monumente, zumal die Hauptstadt, Shillong, 1897 durch ein schweres Erdbeben fast völlig zerstört wurde. Meghalaya ist das Land der Wasserfälle, Höhlen und Orchideen.

Sehr altertümlich erscheinen die innerhalb des Ortes **Nartiang** (Distrikt Jaintia Hills) aufgestellten Menhire, die vor Ort „Ki Moo Shynrang" genannt werden. Ebenso stehen an dem „Law Mulong" genannten Platz Dolmen, die lokal „Ki Moo Kynthai" genannt werden. Der größte Hinkelstein heißt „Moo long Syiem" und ist 6,10 Meter hoch. Aufrichten ließ ihn U mar Phalyngki, ein zuverlässiger Statthalter des Jaintia Königs. Die anderen Monolithen wurden von U Mar Phalyngki, U Luh Lyngskor LOamare und den Bewohnern von Nartiang zwischen 1500 und 1835 aufgestellt, um bestimmte glorreiche Ereignisse des Jaintia Königreiches zu feiern.

Die aus gewaltigen Steinblöcken konstruierte Brücke von **Thlumuwi** (Distrikt Jaintia Hills) ist Teil einer alten Straße, die die alte Sommerhauptstadt Nartiang mit Jaintiapur verband. Mit der Konstruktion der Straße wurden vor Jahrhunderten der zuverlässige Statthalter U Mar Phalyngki und U Luh Layngskor Lamare betraut, damit der jeweilige Umzug problemlos vonstatten gehen konnte. Jahrhunderte später lenkte ein Elefantenhändler seine Elefanten über die Brücke, anstatt sie durch den Fluss waten oder schwimmen zu lassen. Das Ergebnis ist, dass ein Steinsegment brach, der Rest der wie aus Dolmen errichteten Brücke aber heute noch intakt ist.

Der Tempel von **Nartiang** ist der Göttin Durga geweiht und somit eine der wenigen älteren hinduistischen Kultstätten in Meghalaya. Das Sanktum ist so errichtet worden, dass der Kopf des jährlich aus Anlass der „Durgapuja" (Verehrung der Durga) geopferten Ziegenbokkes die Stufen zum Fluss Myntang herab rollt.

Das **Sutiang** Fort (Distrikt Jaintia Hills) war die letzte Befestigung, die von den Briten 1862 genommen werden musste. Es wurde unter der Führung von U Kiang Nangbah verteidigt, der der Belagerung eine lange Zeit standhielt, bevor er im Kampf fiel.

Die Ruinen des Sommerpalastes der Herrscher von Jaintia befinden sich auf einem Hügel bei **Nartiang** (Distrikt Jaintia). Das Bemerkenswerte am Tempel von **Borghat** (Distrikt Jaintia) ist, dass die aus einem einzigen Felsen gemeißelte Kuppel des Tempels zwar während des Erdbebens von 1897 herab fiel, aber nicht zerbrach.

Bei **Mankachar** (Distrikt West Garo Hills) ist das Grab des berühmten Generals der Moghularmee und Statthalter von Bengalen, Mir Muhammad Said alias Mir Jumla (1591-1663) zu sehen. Bei dem Versuch, Assam zu erobern, starb Mir Jumla hier an Malaria.

Reisspeicher.

Ein jahrhundertealtes islamisches Heiligtum ist der Darga Sharif von Hazrat Shah Kamal Baba, allgemein bekannt als Pirsthan bei **Mahendraganj** (Distrikt West Garo Hills), nahe der Grenze zu Bangladesh.

Zu den einmaligen Waldschutzgebieten des Bundesstaates gehört der „Darugiri Reserve Forest" (Distrikt East Garo Hills).

Die „Rong'bang"-Wasserfälle in der Nähe von **Rombagre** (Distrikt East Garo Hills) sind nur während oder unmittelbar nach der Regenzeit sehenswert.

Die drittlängste Höhle des Subkontinentes wird lokal „Dobakkol", Fledermaushöhle, genannt. Sie liegt am Ufer der Simsang unterhalb des Dorfes **Siju** (Distrikt South Garo Hills). Die aus zahlreichen Kammern und Labyrinthen bestehende

RECHTS:

Blick über die Grenze nach Bangladesh von Cherrapunjee aus.

RECHTE SEITE:

Porträt der Hauptfrau des Chiefs von Chidaogre mit ihrem Kind.

Die „Ki Moo Shynrang“ genannten Menhire von Nartiang.

Mowsmai-Höhlen.

Höhle konnte bisher nicht völlig erforscht werden, da sie erst bis zu einer Tiefe von 2 Kilometern erkundet wurde. Eine Feslsformation der an Stalagmiten und Stalaktiten reichen Höhlenlandschaft wird „Prinzessin Dis Gelass“ (princess Di's chamber) genannt.

Die spektakulärsten natürlichen Felshöhlen bietet **Syndai** (Distrikt Jaintia Hills). Bisher wurden elf Höhlen entdeckt:

Die Amsohmahatang-Höhle oder Ka Krem Pubon Amsohmahatan, welche die größte dieser Höhlengruppe ist. Durch die zahllosen Kammern dieser Höhle fließt ein klarer Wasserstrom.

Die Rupasor-Höhle oder Ka Krem Pubon Rupasor ist die zweitgrößte Höhle, voll mit Stalagmiten und Stalaktiten. Die weiteren Höhlen sind:

- die Kriah-Höhle oder Ka Krem Pubon Kriah
- die Amkoi-Höhle oder Ka Krem Pubon Amkoi
- die Amkhloo-Höhle oder Ka Krem Pubon Amkhloo
- die Amlashriah-Höhle oder Ka Krem Pubon Amlashriah
- die Amthymme-Höhle oder Ka Krem Pubon Amthymme
- die Amkari-Höhle oder Ka Krem Pubon Amkari
- die Lyngngohnah-Höhle oder Ka Krem Pubon Lyngngohnah
- die Kynda-Höhle oder Ka Krem Pubon Kynda und
- die Chair-Höhle oder Ka Krem Pubon Chuki

Der heiligste See der Jaintias ist der See von Umhang, in der Nähe von **Bataw** (Distrikt Jaintia Hills), an der Bengalischen Tiefebene gelegen. Der See ist eine Schöpfung des Jaintia-Hauptmannes U Sajar Nangli, dessen Gefolgsleute auch den 6 Kilometer von **Shillong** entfernten Thadlaskein-See (Distrikt Jaintia Hills) geschaffen haben sollen. An beiden Seen werden jährlich Opfer dargebracht.

Die größte Konzentration an tosenden Wasserfällen befindet sich im Distrikt West Khasi Hills. Der Thum-Wasserfall des Kynshi-Flusses bei **Dilingam** liegt unweit von den Wenia-Fällen des selben Flusses. Die Langshiang-Fälle liegen bei **Sangriang.**

Der spektakulär zu beiden Seiten eines Canyons gelegene National Park von **Balpakram** (Distrikt South Garo Hills) hat eine Fläche von 220 Quadratkilometern.
Das Wildschutzgebiet von **Nongkhyllem** (Distrikt Ri Bhoi) ist nur 29 Quadratkilometer groß enthält aber Elefanten, Tiger, Leoparden und Bisons. Wenn die Stammesbewohner der umliegenden sieben Dörfer einmal jährlich in einer großen Gruppe durch das Gebiet streifen und alles schießen, was ihnen vor die Waffen kommt, ist die indische Zentralregierung machtlos. Ein weiteres Wildschutzgebiet ist das von **Balpakram** (Distrikt South Garo Hills).

Die Nohakalikai Wasserfälle bei Cherrapunjee.

CHINA
T i b e t
(X i z a n g)
H i m a l a y a
Lhasa
NEPAL
Mt. Everest
(Qomolangma)
8872
Kathmandu
Thimbu
BHUTAN
Kundil-
Bazar
Sadiya
Dibrugarh
Itanagar
Jorhat
Lakhnau
(Lucknow)
Ghaghara
Gorakhpur
Faizabad
Muzaffarpur
Darbhanga
Darjeeling
Gangtok
Siliguri
Jalpaiguri
Guwahati
(Gauhati)
Dispur
Brahmaputra
Dhubri
Kohima
Shillong
Purnea
Chapra
Ganges
Varanasi
(Benares)
Patna
Allahabad
Mirzapur
Rangpur
Cherrapunji
Imphal
Bhagalpur
Bihar Sharif
Silchar
BANGLA-
DESH
Satna
Gaya
Berhampore
Rajshahi
Son
Daltonganj
Dhanbad
Dhaka
Agartala
Aizawl
Bokaro
Mizoram
Ranchi
Asansol
Durgapur
Purulia
Bhatpara
Jamshedpur
Haora
(Howrah)
Kulna
Kolkata
(Calcutta)
Chittagong
Mandalay
Rourkela
Kharagpur
Bilaspur
Sambalpur
Balasore
Gangesdelta
Raipur
MYANMAR
(BURMA)
Durg
Sonpur
Mahanadi
Cuttack
Bhubaneswar
Akyab
Puri
Indravati
Brahmapur
Golf von
Bengalen
Godavari
Vizianagaram
Visakhapatnam
Rangun
(Yangon)
Rajahmundry
Elur
Kakinada
Vijayavada
Machilipatnam
0
200
400
600
km

MIZORAM

LAGE, GRÖSSE, EINWOHNERZAHL, SYMBOLE

Den ostindischen Bundesstaat Mizoram umgeben (von Süden nach Norden, im Uhrzeigersinn) die Länder Myanmar (auf einer Grenzlänge von 304 Kilometern), Bangladesh (auf einer Grenzlänge von 318 Kilometern) und die indischen Bundesstaaten Manipur (95 Kilometer), Assam (123 Kilometer) und Tripura (277 Kilometer). Von Norden nach Süden dehnt sich der Bundesstaat auf einer Länge von 277 Kilometern aus, die Ost-West-Ausdehnung beträgt 121 Kilometer. Mizoram liegt zwischen 21°68' und 24°35' nördlicher Breite und 92°15' und 93°29' östlicher Länge. Mit einer Fläche von 21 087 Quadratkilometern belegt Mizoram innerhalb Indiens Rang 23. Mit einer Bevölkerung von 891 058 Einwohnern liegt der Bundesstaat auf Platz 30. Mizoram gehört zum Bundesstaatenverbund der „7 Schwestern".

Mizoram heißt „Land der Mizos", wobei letzteres meist mit „Berg-" oder „Hochlandbewohner" (highlander) übersetzt wird (Mi = Bewohner, Leute; Zo = Hügel, Berg).

Die Hauptstadt von Mizoram ist Aizawl (Distrikt Aizawl, 160 000 Einwohner). Das „Staatstier" ist der Serau (Capricornis sumatrensis Bechstein) eine zu den Bovidae gehörende Tierart von der Größe eines Kalbes.

Der „Staatsvogel" ist der „Vavu" (Burmafasan, Syrmaticus humiae humiae), der auch der Staatsvogel von Manipur ist.

Die „Staatsblume" heißt „Aiting" (englisch: Dancing Girl, deutsch: „Dancing Girl", Globba schomburgkii, aus der Familie der Zingiberaceae, eine Ingwerart, die je nach Unterart gelbe oder rötliche Blüten hervorbringt).

Der „Staatsbaum" ist der Nagasbaum, „Herhse" (Mesual Ferrea, Newari: Nupasona, Sanskrit: Nagakeshara, ein Baum mit großen weißen, intensiv duftenden Blüten).

FOLGENDE DOPPELSEITE:
Aizwal, die Hügel-Hauptstadt.

Brandungsloch („Jhum") im sekundären Bambusforst.

TOPOGRAPHIE UND KLIMA

LINKE SEITE:
Landschaft im Osten Mizorams.

Mit zahlreichen Seen, Flüssen und 21 Gebirgszügen bzw. Hügelketten ist Mizoram das Land der geschwungenen Hügel, von denen die höchsten zehn Erhebungen folgende Namen und Höhen haben: Phawngpui (Blue Mountain) 2157 Meter, Lengteng 2141 Meter, Surtlang 1967 Meter, Lurhtlang 1935 Meter, V.Partlang 1929 Meter, Chalhfilh Tlang 1865 Meter, Hrangturzotlang 1854 Meter, Zopui Tlang 1850 Meter, Tan Tlang 1837 Meter, Tawizo 1837 Meter.
Die Erhebungen können besonders rau und abschüssig sein, mit verstreuten Ebenen zwischen ihnen. Unter den zahlreichen Flüssen sind die nützlichsten die Tlawng (185 Kilometer), die auch als Dhaleswari oder Katakhal bekannt ist, ferner die Flüsse Tut (Gutur), Tuirial (oder Sonal, 117 Kilometer) und Tuivawl (72 Kilometer) in den nördlichen Territorien. Alle drei Flüsse sind auf eine gewisse Entfernung schiffbar.
Zu den wichtigsten Flüssen im südlichen Teil des Bundesstaates gehört die aus Myanmar kommende Koldoyne (oder Chhimtuipui, 138 Kilometer) mit ihren Nebenflüssen. Der westliche Teil wird von der Karnaphuli (Khawthlang tuipui, 128 Kilometer) und ihren Nebenflüssen entwässert. Weitere wichtige Flüsse sind die Tlau (oder Tiak, 159 Kilometer), Tuichang (107 Kilometer), Mat (90 Kilometer), Tuipui (oder Khawchhak, 86 Kilometer), Teirei (70 Kilometer) Tuirini (59 Kilometer) und Serlui (56 Kilometer).
Zu den bedeutenderen Seen zählen der 200 Meter lange und 150 Meter breite Palak (Distrikt Chhimtuipui), Tamdil (Distrikt Aizawl), Rungdil (Distrikt Aizawl) und Rengdil (oder: Rungdil, Distrikt Aizawl).
Der Monsun des tropischen bis subtropischen Klimas sorgt für ausreichenden Niederschlag, aber auch hohe Luftfeuchtigkeit in den tieferen Lagen bei einem ansonsten gemäßigten Klima. Auf den Höhenlagen ist das Klima aber stets angenehm, selbst im Mai, wenn das Quecksilber auf 30 Grad steigen kann. Heftige Stürme durchziehen den Bundesstaat in den Monaten März bis April. Die durchschnittliche jährliche Niederschlagsmenge beträgt 3000 Millimeter, wobei in Aizawl 2380 Millimeter Niederschlag fallen und in Lunglei 3178 Millimeter.
Die durchschnittliche Temperatur während der kühleren Jahreszeit schwankt zwischen 11 und 21 Grad, in der warmen Jahreszeit zwischen 20 und 30 Grad Celsius.

Singende Lushai.

BEVÖLKERUNG, SPRACHEN, GESCHICHTE

Den überwiegenden Teil der Bevölkerung stellen die Mizo, zu denen die folgenden Stämme gehören: Ralte, Paite, Dulien, Poi, Sukte, Pankhup, Jahao, Fanai (Molienpui), Molbem, Taute, Lakher, Dalang, Mar, Khuangli, Falam (Tashous), Leillul und Tangur.
Die drei wichtigsten Untergruppen der Mizo sind die Lushai, Raltes, Pawi und Lakhers. Die Raltes waren ein Kuki-Stamm, der von den Lushai bezwungen wurde. Die Pawi und Lakhers kommen aus den Chin Hills (Myanmar).
Einige Stämme der Pawi nennen sich Lais, andere Shendus, wobei Verwechselungen auftreten können, wenn Stämme sich selber anders nennen, als die Bezeichnungen, mit denen sie von den Nachbarstämmen angesprochen werden. So nennen sich zum Beispiel die Lakhers „Mara", die Mara aber werden von den Lushai „Lakhers" genannt. Die Lakher gliedern sich in sechs Hauptgruppen, wobei jede Hauptgruppe aus einer Anzahl von Untersippen besteht: 1. Tlongsai, 2. Hawthai, 3. Zyhno, 4. Sabeu, 5. Heima und 6. Lialai. Die beiden letztgenannten Hauptgruppen kommen aus Arakan (Myanmar).

Tanz der Ralte.

Die Chakma kamen aus den „Chittagong Hill Tracts“ des heutigen Bangladesh, sie werden von den Lushai „Tui-Chek“ genannt. Die Chakma sind die einzigen mit einer eigenen Schrift. Den anderen Stämmen ist eine eigene Schrift unbekannt.
Kennzeichnend für die meisten dieser Stämme ist ein sehr schwacher Bartwuchs bei den Männern, die ihre Haare in der Regel wie die Frauen lang wachsen lassen und es in einer Art Knoten zusammenbinden.

Die Hauptsprachen von Mizoram sind Mizo und Englisch. Weitere gebräuchliche Sprachen sind Lushai und die Stammessprachen Zahao, Lakher, Hmar, Paite, Lai, Ralte, Tlasai und Chakma. Als Schrift führten Missionare die lateinischen Buchstaben ein.

Mizoram besteht zu 87,0 % aus Christen, 7,9 % sind Buddhisten, 3,6 % sind Hindus, 1,1 % Moslems und 0,3 % gehören zu Stammesreligionen.

In Ermangelung einer eigenen Schrift beginnt die belegbare Geschichte Mizorams kaum vor dem 19. Jahrhundert. Die Mizo sollen ihren Ursprung in China haben, die meisten Stämme der Lushai kamen wohl über das heutige Myanmar nach Mizoram, aber wenig scheint wirklich gesichert.
1891 gehörte zwar das heutige Gebiet von Mizoram sowohl zu dem von den Briten verwalteten Assam als auch zu Bengalen. 1898 wurden beide Teile des heutigen Gebietes von Mizoram zu dem „Lushai Hills District“ als Teil von Assam vereint. Die Briten mischten sich offiziell aber nicht in die inneren Angelegenheiten der Stämme ein. Umso aktiver waren die britischen Missionare, die einen großen Teil der Bevölkerung zum Christentum (Presbyterianer, Baptisten, römisch-katholische Christen, Heilsarmisten, Adventisten des 7. Tages, Vereinigte Pfingstgemeinde) bekehrten und die Lateinische Schrift einführten. Einige unter der Bezeichnung „Benei Menashe“ zusammengefassten Stämme identifizieren sich mit den „verlorenen Stämmen“ Israels, ein Anspruch, der sogar von dem Haupt-Rabbi der Sephardischen Juden, Shlomo Amar,

am 1. April 2005 anerkannt wurde. Dass die Missionare mit ihrer Tätigkeit die traditionelle Kultur der Stämme Mizorams weitgehend zerstörten bedarf kaum einer Erwähnung.
Eine Hungersnot, die 1959 durch eine plötzliche Rattenplage hervorgerufen wurde, die neben der Ernte sämtliche Nahrungsmittelvorräte auffraß, brachte die Mizo an den Rand ihrer Existenz.
1972 wurde Mizoram von Assam als Unionsterritorium ausgegliedert und am 20. Februar 1987 zum Status einen Bundesstaates erhoben.

OBEN:
Tanz der Lakher.

UNTEN:
Eine Hütte am Wegesrand.

VERWALTUNG

Der „Chief Minister" und der „Governor" sind die politisch ranghöchsten Personen des in acht Distrikte unterteilten Bundesstaates. Diese acht Distrikte sind: Aizawl, Champhai, Chhimtuipui (auch: Saiha), Kolasib, Lawngtlai, Lunglei, Mamit und Serchhip.

WIRTSCHAFT

Die Gesellschaft von Mizoram zeichnet sich seit jeher durch ihren Wanderfeldbau aus. Nachdem das Land durch Brand gerodet wurde, wird die Aussaat besorgt, wobei zuerst niemals Hülsenreis ausgesät wird. Erst gegen Ende April zur Zeit des nahenden Vollmonds wird Hülsenreis ausgesät. Es wird zweimal jährlich geerntet.
Neben Reis werden angebaut: Mais, Gurken, Bohnen, Aronstab, Ingwer, Ackersenf, Sesam und Baumwolle. Die wandernde Rodungskultur eignet sich auch zum Anbau von Kuh- und anderen Bohnenarten, sowie Ölsaaten wie Sesam, Senf und Sojabohnen. Da nur wenige Gegenden künstlich bewässert werden können, sind die Ernteerträge pro Hektar relativ gering.
Gefördert werden könnte die Produktion im Gartenbau. Mit zunehmenden Gewinn werden Orangen, Bananen und Ananas angebaut. Der Boden und das Klima eignen sich hervorragend für den Anbau von Gewürzen wie Ingwer, Kurkuma, Chilli, Pfeffer, Zimt, Kardamom und Zitronengras. Ebenso angebaut werden könnten Kaffee, Tee und Kautschuk.
Da Mizoram schon offiziell als „No Industry District" (kein Industriebezirk) geführt wird, können auch nur die Betriebe zur Herstellung von Obstkonserven erwähnt werden.

BEDEUTENDE ORTE UND IHRE SEHENSWÜRDIGKEITEN

Mizoram ist das Paradies der Orchideen und Rhododendronarten. Letztere sind vor allem am Phawngpui („große Wiese"), dem „Blauen Berg", nahe an der Grenze zu Myanmar (Distrikt Chhimtuipui) zu sehen. Mizoram ist ferner das Land unglücklicher Liebesgeschichten, an die in der Regel unspektakuläre Gräber erinnern, die in verschiedenen Landesteilen zu sehen sind.

Die größten Monolithen des Bundesstaates stehen in **Tulchang** (Distrikt Aizawl). Sie erreichen eine Höhe von 4,50 Meter bei einer Breite von 3 Metern.

Eine Art Gedenkstein mit einem Durchmesser von etwa 75 Zentimeter und einer Höhe von 3 Metern steht zwischen **Biate** und **Lungdat** (Distrikt Aizawl).
Die eingravierte Darstellung eines Buddhas ist 8 Kilometer vom Dorf **Mualchang** (Distrikt Lunglei) zu sehen, das Alter dieser Felsritzzeichnung, bei der auch Fußabdrücke zur Darstellung gelangten, ist jedoch unbekannt. Die seltene Inschrift eines auf einem 1 x 1 Meter messenden, in der Nähe eines Flusses liegenden Steines bei **Suangpuilawn** (Distrikt Aizawl) konnte bisher nicht entziffert werden.
Unter den Höhlen des Bundesstaates sind die folgenden einer Erwähnung Wert: In der Nähe von **Mamte** (Distrikt Lunglei) wurde eine „Milu Puk" genannte Höhle gefunden, die mit einem Haufen menschlicher Skelette angefüllt war. Die Skelette stammen von Menschen, die hoch gewachsener waren als die am Ort ansässigen Mizo. In der Nähe von **Pukzing** (Distrikt Aizawl) befindet sich die größte Höhle des Bundesstaates. Sie ist 25 Meter tief. Skelette als das Ergebnis der kriegerischen Auseinandersetzung zweier Dörfer birgt die Lamsial Puk (Puk = Höhle) in der Nähe von **Farkawn** (Distrikt Aizawl). Außer diesen Skeletten existiert von den beiden Dörfern keine Spur mehr. Kungawhri Puk in der Nähe von **Vaphai** (Distrikt Aizawl) ist die Höhle einer jungen Frau namens Kungawhri, die hier von Geistern, die ihr wegen ihrer Schönheit nachstellten, gefangen gehalten wurde, bis ihr Gatte, Pnathira, sie von dort befreite.

Kriegstanz der Hmar.

LINKE SEITE:
Ein Büffelkopf erinnert an die einst animistischen Vorstellungen der Mizo.

Mizoram ist reich an Wildschutzgebieten. Das **Ngenpui** Wildlife Sanctuary (Distrikt Lawngtlai) ist 110 Quadratkilometer groß und auf einer Höhe von 200 bis 1200 Metern gelegen. Es beherbergt Leoparden, Tiger, Elefanten, Eber und verschiedene Affenarten. Im Distrikt Lawngtlai liegt das **Khawnglung** Wildlife Sanctuary, das nur eine Fläche von 35 Quadratkilometern hat. Das **Lengteng** Wildlife Sanctuary (Champai Distrikt) hat eine Ausdehnung von 60 Quadratkilometern und Erhebungen von 400 bis zu 2141 Metern, da der zweithöchste Berg von Mizoram innerhalb des Geländes liegt. Hier sind neben Tiger und Leoparden alle „Staatstiere" von Mizoram zu finden. Ebenso finden die „Staatstiere" im 50 Quadratkilometer großen **Phawngpui** National Park (Distrikt Chhimtuipui) eine Wohnstatt. Innerhalb der Anlage befindet sich die höchste Erhebung des Bundesstaates. Das **Dampa** Wildlife Sanctuary liegt im Distrikt Kolasib.

Das 50 Quadratkilometer große **Thorangtlang** Wildlife Sanctuary (Lunglei Distrikt) bietet einen Korridor für herumziehende Elefanten aus Bangladesh.

Das im Zentrum der Stadt **Aizawl** (Distrikt Aizawl) befindliche „Mizoram State Museum" informiert Besucher über die wenigen historischen Relikte und alten Sitten und Gebräuche von Mizoram.

Cheraw-Bambustanz.

LINKS:

Ein Gedenkstein an einen machtvollen Clanchief in Ruantlang.

LINKE SEITE:

Ein durch christliche Missionare zerstörter Seelenleiter-Monolith im Osten Mizorams.

FOLGENDE DOPPELSEITE:

Champai im Osten Mizorams.

CHINA
Tibet
(Xizang)
Himalaya
Lhasa
NEPAL
Mt. Everest (Qomolangma) 8872
Kathmandu
Thimbu
BHUTAN
Itanagar
Kundil-Bazar
Sadiya
Dibrugarh
Jorhat
Nagaland
Kohima
Lakhnau (Lucknow)
Ghaghara
Gorakhpur
Faizabad
Muzaffarpur
Darbhanga
Darjeeling
Gangtok
Siliguri
Jalpaiguri
Guwahati (Gauhati)
Dispur
Brahmaputra
Dhubri
Shillong
Cherrapunji
Rangpur
Purnea
Ganges
Chapra
Patna
Allahabad
Varanasi (Benares)
Mirzapur
Bhagalpur
Bihar Sharif
Imphal
Silchar
BANGLA-DESH
Satna
Son
Gaya
Berhampore
Rajshahi
Daltonganj
Bokaro
Dhanbad
Dhaka
Agartala
Aizawl
Ranchi
Asansol
Durgapur
Purulia
Bhatpara
Haora (Howrah)
Kulna
Jamshedpur
Chittagong
Kolkata (Calcutta)
Rourkela
Kharagpur
Mandalay
Bilaspur
Sambalpur
Balasore
Gangesdelta
MYANMAR (BURMA)
Raipur
Durg
Sonpur
Mahanadi
Cuttack
Bhubaneswar
Akyab
Puri
Indravati
Brahmapur
Golf von Bengalen
Godavari
Vizianagaram
Visakhapatnam
Rajahmundry
Elur
Kakinada
Vijayavada
Machilipatnam
Rangun (Yangon)
0
200
400
600
km

NAGALAND

LAGE, GRÖSSE, EINWOHNERZAHL, SYMBOLE

Der mithin im äußersten Osten Indiens befindliche Bundesstaat Nagaland liegt zwischen 25°6' und 27°4' nördlicher Breite und 93°20' und 95°15' östlicher Länge. Den Bundesstaat umgeben (im Uhrzeigersinn, von Süden nach Norden) die indischen Bundesstaaten Manipur, Assam, Arunachal Pradesh und das Land Myanmar. Mit 16 579 Quadratkilometern belegt Nagaland flächenmäßig innerhalb Indiens Platz 25, ebenso einwohnermäßig (1 990 036 Einwohner).

Die Hauptstadt ist Kohima (Distrikt Kohima, 78 000 Einwohner). Etymologisch ist die Bedeutung von „Naga" nicht gesichert. Vom eher unwahrscheinlichen Falle einer Herkunft vom Sanskrit bedeutet „Naga" Schlange oder Berg. Neu-indisches „Nanga" bedeutet nackend. Im lokalen Dialekt bedeutet „Nok" soviel wie Leute, Volk. Nagaland ist daher, je nachdem, das Land der Bergbewohner, Nackten, oder einfach Land des Volkes, das von den Stämmen der Ebenen „Naga" genannt wird.

Das „Staatstier" ist wie in Arunachal Pradesh der Gayal (Bos Gaurus frontalis). Der „Staatsvogel" ist der Graubauch-Tragopan, der auch Blyth-Tragopan (Tragopan blythii) genannt wird und der Nashornvogel. Nagaland gehört zu den „Sieben Schwestern" genannten Bundesstaaten.

FOLGENDE DOPPELSEITE:

Der Friedhof von Kohima, wo die Japaner 1944 zurückgeschlagen wurden.

Verkehrsregelung in Kohima.

TOPOGRAPHIE UND KLIMA

Die Oberfläche Nagalands kann als hügelig, schroff und bergig charakterisiert werden. Die Erhebungen sind durchschnittlich zwischen 900 und 1200 Meter hoch. Der höchste Berg ist der im Distrikt Twensang gelegene Saramati mit 3840 Metern, der zweithöchste Berg der Japhu Gipfel im Distrikt Kohima (3048 Meter).
Die wichtigsten Flüsse sind die Dhansiri, Doyang, Dikhu, Tizu, Melak und Tsurang. Die einzigen Seen sind der Lacham (oder: Shilloi)-See und der Chida-See (beide im Distrikt Phek). 21 % der geographischen Fläche sind bewaldet.
Die Jahreszeiten sind: Winter, Vor-Monsun, Monsun, Abflauender Monsun.
Die Monsunzeit dauert von Mai bis August, zwischen September und Oktober fällt nur gelegentlich Niederschlag, die Monate November bis April sind fast niederschlagsfrei, in den Monaten Februar und März können heftige Nordwestwinde aufkommen. Die durchschnittliche jährliche Niederschlagsmenge schwankt zwischen 2000 und 2500 Millimeter. Die sommerlichen Höchsttemperaturen bewegen sich zwischen 16 und 31 Grad, während der kühlen Jahreszeit zwischen 4 und 24 Grad. Im Distrikt Kohima kann die Temperatur im Winter auf unter 0 Grad absinken im Distrikt Wokha sogar unter -2 Grad.

Kohima, Hauptstadt Nagalands und eine einzige Wellblechwüste!

LINKE SEITE:

Reisterrassen bei Khonoma.

BEVÖLKERUNG, SPRACHEN, GESCHICHTE

Die große Mehrheit der Bevölkerung von Nagaland besteht aus Mitgliedern der Hauptstämme der Nagas, einer indo-mongolischen Ethnie. Die Bezeichnung „Naga" für diese Bergstämme kommt von den Stämmen der Ebenen. Jeder der 16 Hauptstämme hat einen eigenen Festkalender und eine eigene Zeremonialkleidung, bei denen der Gruppentanz integraler Bestandteil der Festlichkeiten ist. Jedes Fest dauert in der Regel mehrere Tage.
Die 16 Hauptstämme sind (mit Angabe der wichtigsten Feste in Klammern): die Angami (Sekrenyi), Ao

FOLGENDE DOPPELSEITE:

Mitglieder des Phom-Stammes in Festtagstracht in Pongo (Longleng-Distrikt).

Ein Mann des Naga-Volkes mit traditionellem Kopfschmuck aus Bambusstreifen und Baumwollgarn.

(Maotsü Mong, Tsüngrem Mong), Chakhesang (Sühkrühnye, Ngunye, Tsakronye, Tükhanye/Tsükhenyie, Khuthonye, Thurinye/ Khiluvatü), Chang (Kundanglem, Naknyulem, Poang Lem, Jeinyu Lem, Muong Lem, Monyu Lem), Kachari (Bushu: Hangsho, Surem, Jidep Jiba), Khiamniungan (Miu, Tsoküm) Konyak (Aoleang Monyu), Kuki (Mimkuut), Lotha (Tokhü Emong), Pochury (Yemshe), Phom (Monyu, Moha, Bongvum, Paangmo), Rengma (Ngadah), Sangtam (Mongmong und 11 weitere Feste), Sumi (Ahuna, Tuluni), Yimchungrü (Metumniu, Tsungkamniü) und Zeliang (Hega, Chega Gadi).

Mit 90,0 % bekennt sich die Mehrheit der Bevölkerung von Nagaland zum Christentum, 7,7 % sind Hindus, 1,8 % Moslems, 0,3 % haben den Glauben ihrer Stammesreligion noch nicht verloren, 0,1 % schließlich sind jeweils Buddhisten, Jainas und Sikhs.
Neben der Amtssprache Englisch sind die Hauptsprachen Angami, Ao, Chakhesang, Chang, Khiamniungan, Konyak, Kuki, Lotha, Phom, Pochury, Rengma, Sangtam, Sema, Sumi, Yimchungru und Zeliang.

Nagaland hat keine eigene, schriftlich fixierte Geschichte; in Europa wurden die Naga-Stämme, die stets mit sich selbst beschäftigt waren, als Kopfjäger bekannt. Die Kopfjagd versprach eine erfolgreiche Ernte.
1881 begann die britische Administration mit der Verwaltung Nagalands. 1887 wurde Kohima zum Verwaltungszentrum. Zunächst unterband die Administration die Aktivitäten der Kopfjäger und sorgte für eine weniger kämpferische Austragung der Konflikte zwischen den Dörfern.
Etwa zu der Zeit begannen amerikanische Baptistenmissionare von Molung aus mit der Christianisierung des Ao-Stammes. Die Missionare setzten sich kaum mit der Mentalität und dem gesellschaftlichen System der Naga-Stämme auseinander, ihre Stärke war die Vermittlung von (westlich-christlicher) Bildung. Unter

dem Vorwand der Bildungsvermittlung zerstörten die Missionare die traditionellen Gebräuche: auf einmal war das, was die Naga-Stämme seit ungezählten Generationen taten, wie etwa das Schlafen der unverheirateten Männer in einem Männerhaus, das Trinken von Reisbier oder die Teilnahme am rituellen Gemeinschaftstanz, verderblich. Angeblich waren Missionare sogar aktiv an der Zerstörung von Kunst- und Ritualgegenständen der Naga-Stämme beteiligt.

Weit bedrohlicher für die Kultur der Nagas war die Einführung eines neuen, kapitalistisch orientierten Wirtschaftsystems, das die bisherige wirtschaftliche Unabhängigkeit der Nagas vernichtete. Das gesellschaftliche System der Nagas kannte weder Großgrundbesitzer, Landbesitzer oder landlose Bauern, denn innerhalb des Naga-Systems war für die Bedürfnisse eines jeden ausreichend gesorgt. Schon aus diesem Grunde mussten sich die Angehörigen der Naga-Stämme westliche Bildung aneignen, um zu überleben, denn nur diejenigen, die die Sprache der neuen Herren sprachen, und ihre Kleidung trugen, hatten Aussicht auf eine Anstellung.

Diese Entwicklung ging so weit, dass die Briten während des Ersten Weltkrieges in der Lage waren, Nagas für die Front in Frankreich zu rekrutieren. Die aus Frankreich 1918 zurückgekehrten Nagas sahen die Gefahr, in der ihr eigenes Volk sich befand, und gründeten den „Naga Club", der das Erwecken des Bewusstseins für eine bis dahin nicht bekannte Naga-Identität zum Ziel hatte.

Während des Zweiten Weltkrieges unterstützten die Nagas entschlossen die unter dem Kommando der Briten stehenden alliierten Kräfte, denn die japanische Armee drang, nachdem sie praktisch die gesamte Holzarchitektur Burmas unwiederbringlich zerstört hatte, unaufhaltsam bis Nagaland vor. Obwohl die Japaner die Dörfer der Nagas verbrannten, die Nagas selbst auf bestialischste Weise quälten und sie exekutierten, blieben die Nagas stets den Alliierten treu. In Kohima schließlich wendete sich das Blatt zu Gunsten der Nagas und der Alliierten und die Japaner mussten einen langen und qualvollen Rückzug antreten.

Männer vom Bergstamm der Konyak-Naga mit traditionellem Ohrschmuck nehmen an einer Versammlung in Kohima im indisch-birmanischen Grenzland teil.

Nach dem Ende des 2. Weltkrieges bildeten die Nagas das NNC (Naga National Council [Nationales Konzil der Nagas]), das sich zur Aufgabe machte, die Wunden des Krieges zu lindern und die Selbstbestimmung der Nagas zu befürworten, zumal die Nagas mit Indien an sich nie etwas gemeinsam hatten. Nach dem Erlangen der Unabhängigkeit (1947) jedoch, entließ die indische Zentralregierung Nagaland nicht in die Unabhängigkeit.

In einer 1950 von der NNC veranstalteten Volksabstimmung votierte die Mehrheit für die Unabhängigkeit Nagalands. Nach der Verhaftung einiger NNC-Führer kam es zum offenen Aufstand, und die NNC musste in den Untergrund gehen. 1956 proklamierte das NNC eine föderalistische Naga-Regierung mit einem Präsidenten und Ministern unter der Leitung von Z. A. Phizo, und die Fahne des neuen Staates wurde feierlich in Phensinyu entrollt, was zu einem nie offiziell erklärten Krieg zwischen den Nagas und der indischen Zentralregierung führte. Am meisten musste die

Junggesellenhaus der Chakhesang in Cheteba.

RECHTE SEITE:
Khiamniungan-Krieger spielen auf einer Baumstammtrommel in Noklak im Distrikt Tuensang.

FOLGENDE DOPPELSEITE:
Die monumentalen, so genannten „Schachfiguren" der Kachari-Kultur in Dimapur.

Stammesbevölkerung in den Dörfern leiden, wo die Menschen unter dem Vorwand gefoltert und ermordet wurden, dem NNC geholfen zu haben. Viele Dörfer wurden abgebrannt, einige ohne Vorwarnung gewaltsam umgesetzt.
Schließlich entschlossen sich die Nagas um des Friedens Willen, eine Bundesstaatsschaft zu beantragen. Am 1. Dezember 1963 wurde Nagaland zum 16. Staat der Indischen Union. Der Kampf um die Unabhängigkeit aber geht weiter.

VERWALTUNG

Nagaland besteht aus den Distrikten Dimapur, Kohima, Mokokchung, Mon, Phek, Tuensang, Wokha und Zunheboto. Die hochrangigen Politiker sind der den indische Präsidenten repräsentierende „Governor" und der das Ministerkonzil leitende „Chief minister".

WIRTSCHAFT

Nagaland ist ein Agrarstaat, 70 % der Bevölkerung arbeiten in der Landwirtschaft, 43,58 % der Fläche können für den Anbau genutzt werden. Auch die Nagas folgten dem „Jhum-System", das heißt in Abständen von 20 Jahren wurden die Felder durch Brand gerodet und die Saat gesät. Durch die Erhöhung der Einwohnerzahlen wird heute bereits alle 5-7 Jahre auf einem Feld angebaut, so dass ohne Hinzufügung von Dünger das Land schnell unfruchtbar wird. Einige Stämme wie die Angami befolgen heute auch den Terrassenanbau, in dem die einzelnen Felder über ein Bewässerungssystem entsprechend dem Gefälle bewässert werden. Bambusrohre werden dabei wie Wasserleitungen benutzt.

Wasserschlangen und andere Kreaturen zum Verkauf auf dem Markt von Kohima.

70 % der Anbaufläche entfallen heute für den Reisanbau. Weitere Ernten sind Mais, Hirse, Kautschuk, Zuckerrohr und Tee. An Obst werden neuerdings angebaut: Bananen, Ananas, Orangen, Passionsfrüchte, Birnen, Pflaumen und Jackfrucht. An Gemüse und Gewürzen werden Ingwer, Knoblauch, Chilli, Tomaten, Kartoffeln, Blattspinat, Zwiebeln, Mohrrüben, Auberginen und Kohl angebaut.

Nagaland war bekannt für die Heimarbeit, in der Stoffe gewebt und gefärbt und Gegenstände aus Rohr und Holz hergestellt wurden. Diese Form der Heimarbeit, die den jeweiligen familiären Bedarf an Textilien und Haushaltsutensilien deckte, ist im heutigen Wirtschaftssystem unrentabel geworden, und die traditionellen handwerklichen Fähigkeiten gerade der Frauen – Männern war weder das Färben noch das Weben von Textilien erlaubt – gerät mehr und mehr in Vergessenheit.
Noch vor der Unabhängigkeit genügte den Nagas der Austausch von Perlen und Muscheln mit anderen Stämmen. Heute muss Nagaland Bauholz produzieren und exportiert Textilien und Möbel.
Nagaland verfügt über folgende Bodenschätze, deren Abbau kaum begonnen hat: Kalkstein, Marmor, Erdöl, Erdgas, Nickel, Kobalt, Chrom, Kieselerde, Gabbro, Granodiorit, Serpentin und Quarz.

BEDEUTENDE ORTE UND IHRE SEHENSWÜRDIGKEITEN

Die ältesten und gleichzeitig ungewöhnlichsten antiken Monumente von Nagaland sind zweifelsfrei die so genannten „Schachfiguren“ von **Dimapur** (Distrikt Dimapur). Es handelt sich hier um eine Gruppe Monolithe mit pilzförmigen Köpfen, die bereits im 19. Jahrhundert für Aufmerksamkeit und Erstaunen sorgten. Die bearbeiteten Monolithe sind Monumente des Königreiches der Kacharis, die hier bis 1536 ihre Hauptstadt hatten, die aber im selben Jahr als Folge einer Invasion der Ahoms von Assam aufgegeben wurde. Die „Schachfiguren“ sind zwischen 2,44 und 4 Meter hoch.

Nach westlich-europäischer Sicht ist der berühmteste Ort von Nagaland der im 1444 Meter hoch gelegenen **Kohima** (Distrikt Kohima) zu sehende, von der „Commonwealth Kriegsgräber Fürsorge“ unterhaltene Friedhof. Hier wurde die Schlacht von Kohima geschlagen, die genau hier den Wendepunkt des 2. Weltkriegs unumkehrbar einläutete.
Lieutenant General Renya Mutaguchi, Kommandant der japanischen Streitkräfte in Burma, hatte vor, Britisch Indien zu erobern. Zu diesem Zwecke sollte die 31. japanische Division Kohima einnehmen, um somit Imphal von den Alliierten abzuschneiden. Der Kommandant dieser Division, Lieutenant General Kotoku Sato war gegen diesen Plan, da er das Unheil voraussah. Die Belagerung Kohimas begann am 6. April 1944 mit schwerem Artilleriebeschuss. Am heißesten umkämpft war der Tennisplatz des Distriktbeauftragten, Herrn Charles Pawsey. Aus diesem Grunde wird diese entscheidende Schlacht auch „Schlacht

des Tennisplatzes" (battle of the Tennis Court) genannt. Die 2. Britische Division, die aus Südindien eingeflogen wurde, erreichte Kohima erst ab dem 15. April, als der Ort schon mit Granattrichtern übersät war. Mittlerweile setzte der Monsun ein, der das Gelände teilweise unpassierbar machte. Die Briten konnten aber 38 Berg-Haubitzen und weitere Geschütze auffahren, und erhielten Luftunterstützung durch die Königliche Luftwaffe (Royal Air Force). Dieser Feuerkraft hatten die Japaner nur noch 17 leichtere Geschütze entgegen zu setzen, denen ohnehin die Munition mittlerweile fast ausgegangen war, denn die Japaner hatten Nachschubschwierigkeiten. Die japanischen Stellungen aber waren so hervorragend positioniert und tief eingegraben, dass ein Panzerangriff zunächst nicht in Frage kam. Schließlich konnte am 13. Mai ein „M3 Lee"-Panzer amerikanischer Bauart den besagten Tennisplatz erreichen und dort die japanischen Stellungen ausschalten. Der Kampf sollte noch Wochen dauern, aber der unaufhaltsam erscheinende Vormarsch der japanischen Streitkräfte war für immer gestoppt. 7000 Japaner und 4000 Alliierte, unter ihnen zahlreiche Inder, mussten bei dieser Schlacht ihr Leben lassen. Etliche von ihnen fanden auf dem ausgedehnten Friedhof ihre letzte Ruhe. Auf dem Friedhofsmonument von Kohima steht der eingravierte Vers:

"When you go home
Tell them of us and say
For their tomorrow
We gave our today"

(Wenn Du nach Hause zurückkehrst, erzähle ihnen von uns und sage: „Für Euer Morgen gaben wir unser Heute.")

Das Hornbill-Festival in Kohima, der Hauptstadt von Nagaland.

Das Staatsmuseum (State Museum) in Kohima hält für all diejenigen, die weniger am britischen oder japanischen Imperialismus interessiert sind mehrere Ausstellungen bereit, die anschaulich über die Kultur der Nagas informieren.
Die katholische Kathedrale auf dem „Aradura-Hügel" ist zwar neueren Datums, kann aber dafür für sich in Anspruch nehmen, die größte Kathedrale im gesamten Nordosten Indiens zu sein.

Das **Intangki** Wildlife Sanctuary (Distrikt Dimapur) ist für seine seltenen Vogelarten bekannt. Das nichtstaatliche, 1998 eröffnete und 70 Quadratkilometer große „Khonoma Nature Conservation and Tragopan Sanctuary" bei **Khonoma** (Distrikt Kohima) hat sich den Schutz des „Staatsvogels (der Graubauch-Tragopan) zur Aufgabe gemacht. Das **Ghosu** Bird Sanctuary (Ghosu Vogelschutzgebiet) befindet sich im Distrikt Zunheboto.

FOLGENDE DOPPELSEITE:
Im Intangki Wildlife Sanctuary.

Tibet
(Xizang)
Lhasa
NEPAL
Mt. Everest (Qomolangma) 8872
Kathmandu
Thimbu
BHUTAN
Gangtok
Darjeeling
Siliguri
Jalpaiguri
Patiala
Chandigarh
Dehra Dun
Ambala
Saharanpur
Karnal
Panipat
Hardwar
Hisar
Meerut
Moradabad
Delhi
New Delhi
Ghaziabad
Rampur
Faridabad
Aligarh
Bareilly
Shahjahanpur
Mathura
Jaipur
Firozabad
Agra
Farrukhabad
Lakhnau (Lucknow)
Gonda
Kanpur
Ghaghara
Gorakhpur
Faizabad
Muzaffarpur
Darbhanga
Chambal
Gwalior
Lashkar
Purnea
Chapra
Ganges
Betwa
Jhansi
Kota
Allahabad
Varanasi (Benares)
Patna
Mirzapur
Bhagalpur
Satna
Bihar Sharif
Gaya
Son
Daltonganj
Berhampore
Rajshahi
Dhanbad
Sagar
Asansol
Durgapur
Ujjain
Bhopal
Jabalpur
Ranchi
Purulia
Bhatpara
Indore
Narsimhapur
Hoshangabad
Haora (Howrah)
Kolkata (Calcutta)
Kulna
Khargapur
Khandwa
Bilaspur
Rourkela
Gondia
Amravati (Amraoti)
Raipur
Sambalpur
Balasore
Akola
Nagpur
Durg
Wardha
Sonpur
Mahanadi
Cuttak
Bhubaneswar
Orissa
Jalna
Parbhani
Chandrapur
Brahmapur
Puri
Nanded
Indravati
Nizamabad
Godavari
Warangal
Vizianagaram
Sholapur
Visakhapatnam
Gulbarga
Hyderabad
Rajahmundry
Elur
Kakinada
Vijayavada
Raichur
Kurnool
Krishna
Guntur
Machilipatnam
Bellary
Banganapalle
Guntakal
Anantapur
Cuddapari
Nellore
Chennai (Madras)
Bangalore
Vellore
Dhubri
Guwahati (Gauhati)
Dispur
Brahmaputra
Shillong
Rangpur
Cherrapunji
BANGLA-DESH
Silchar
Dhaka
Agartala
Aizawl
Chittagong
Gangesdelta
Akyab
Golf von Bengalen
0
200
400
600
km

ORISSA

LAGE, GRÖSSE, EINWOHNERZAHL, SYMBOL

Die Koordinaten des am Golf von Bengalen gelegenen Bundesstaates sind zwischen 17°49' und 22°34' nördlicher Breite und 81°27' und 87°29' östlicher Länge. Orissa grenzt an (von Süden nach Norden, im Uhrzeigersinn) Andhra Pradesh, Chhattisgarh, Jharkhand, West Bengal und den Golf von Bengalen. Die Küstenlänge beträgt 529 Kilometer. Zu dem Bundesstaat gehören auch zwei kleinere Inseln in Küstennähe.
Rang 11 innerhalb der Flächen der Bundesstaaten und Unionsterritorien Indiens werden durch die Ausdehnung von 155 707 Quadratkilometern garantiert. Mit 36 804 660 Einwohnern belegt Orissa innerhalb Indiens ebenfalls Rang 11. Pro Quadratkilometer leben demnach 236 Personen.
Orissa wird durch „Odra", einer Ethnie, und „desha", oder „vishaya", Land, erklärt.
Die Hauptstadt von Orissa ist Bhubaneshwar (Distrikt Khordha), die gleichzeitig größte Stadt des Bundesstaates (647 302 Einwohner).
Der „Staatsvogel" von Orissa ist der Pfau (Pavo Cristatus). Der weniger offizielle „Staatstanz" ist der Odissi-Tanz im Allgemeinen und der Chhau-Tanz von Mayurbhanj im Besonderen.

TOPOGRAPHIE UND KLIMA

Physiographisch kann Orissa in drei Regionen unterteilt werden:
1. die Küstenebenen
2. das mittlere Bergland und
3. das Hochland und die hügligen Hochlandregionen.

1. Die Küstenebene ist das Resultat von sechs Flussmündungen. Die Gestaltung der Küstenebene hängt von den Flüssen und deren Einzugsbereichen ab. Diese Flüsse sind, von Norden nach Süden: die Subarnarekha, die Burhabalanga, die Baitarani, die Brahmani, die Mahanadi und die Rushikulya. Wegen der starken, von Chennai und der Küste Andhra Pradeshs kommenden Strömung vor der Küste konnten nicht alle genannten Flüsse eine Deltamündung ausbilden.
Die Küstenebene wird in weitere drei Regionen unterteilt:
a. die nördlichen Küstenebenen mit den Flussmündungen der Subarnarekha, Burhabalanga bis zur Baitarani,
b. die mittleren Küstenebenen mit den vereinten Flussdeltas der Baitarani, Brahmani und Mahanadi und
c. die südlichen Küstenebenen an der Mündung der Rushikulya, die je nach Oberflächenbeschaffenheit in drei weitere Unterregionen geteilt werden kann.
Von diesen drei Unterregionen ist die Kultivierungsregion von größter Bedeutung, weil hier die meisten Ernten eingefahren werden können, ganz im Gegensatz zu einer weiteren Unterregion, dem Salzland, wo landwirtschaftlicher Anbau wegen einer Salzkruste und Brackwasser nicht möglich ist.

Orissa hat sowohl natürliche als auch künstliche Seen, letztere meist als Stauseen. Die wichtigsten sind bei Balimela an der Sileru, Rengali an der Brahmani, Mandira an der Sankh, einem Nebenfluss der Brahmani. Der größte natürliche See ist der Chilika-See an der Küste, dessen Größe je nach Jahreszeit von 891 bis 1165 Quadratkilometer schwankt.
Der einzige natürliche Hafen Orissas, der auch größeren Schiffen das Einlaufen erlaubt, ist Paradeep (Distrikt Jagatsinghpur).

2. Das mittlere Bergland bedeckt etwa 3/4 der geographischen Fläche des Bundesstaates und wird morphologisch in fünf Regionen unterteilt:

a. Die Similipal und Meghasani-Berge. Diese bis zu 1050 Meter aufragenden Berge sind Teil eines Gebirges von vulkanischem Ursprung.

b. Die Mankarnacha-Malayagiri und Gandhanadar Berge als Teil der „Eastern Ghats".

c. Die Wasserscheide zwischen der Brahmani und Mahanadi.

d. Die gemeinsamen Zwischenstromländer der Mahanadi: die Rushikulya und die Vamsadhara. Diese zerklüftete Wasserscheide ist durchschnittlich 600–1000 Meter hoch und weist einige Gipfel auf, die eine Höhe von 1200 Metern übertreffen.

e. Die Potangi und Chandragiri-Gebirge. Sie stellen die höchsten Erhebungen innerhalb von Orissa. Ihre mittlere Höhe bewegt sich zwischen 900–1350 Meter. Die höchste Erhebung Orissas ist der Deomali-Gipfel mit 1672 Metern. Wegen des Terrassenanbaus sind die Täler relativ stark zergliedert.

3. Das Hochland erreicht Höhen von 300–600 Meter. Die Erhebungen sind flach und werden nur von tief eingeschnittenen Tälern voneinander getrennt.

Die hügeligen Hochlandregionen erreichen eine geringere Höhe von 150–300 Metern. Der Boden dieser Regionen ist nährstoffreich und hervorragend für den Reisanbau geeignet. Diese Regionen können in fünf morphologische Einheiten unterteilt werden.

Die Flusstäler sind am jeweiligen Oberlauf tief geschnitten, im Mittellauf breiter und am Unterlauf beim Eintritt in die Küstenebenen weit. Die wichtigsten Flusstäler bilden die drei Flüsse Mahanadi, Brahmani und Vamsadhara.

Die vom Aussterben bedrohte „Olive Ridley"-Schildkröte bei Rambha, 150 km südlich von Bhubaneshwar.

Die Flüsse Orissas werden in vier Gruppen unterteilt:

1. Flüsse, deren Quelle außerhalb des Bundesstaates liegt (Subarnarekha, Brahmani und Mahanadi).

2. Flüsse, deren Quelle innerhalb des Bundesstaates liegt (Budhabalanga, Baitarini, Salandi und Rushikulya).

3. Flüsse, deren Ursprung zwar in Orissa liegt, die aber durch andere Bundesstaaten als Orissa fließen (Bahudu, Vamsadhara un Nagavali).

4. Flüsse, die in Orissa entspringen, aber Nebenflüsse von Flüssen anderer Bundesstaaten sind (Machkund, Sileru, Kolab und Indravati).

Die Mahanadi ist der bedeutendste Fluss Orissas. Von seiner Gesamtlänge von 857 Kilometern fließen 494 Kilometer durch den Bundesstaat. Sein Wassereinzugsgebiet in Orissa umfasst 65 580 Quadratkilometer.

Die Brahmani ist der in der Gesamtlänge zweitlängste Fluss Orissas. Von den 799 Kilometern dieses Flusses entfallen 541 Kilometer auf Orissa, wo sein Wassereinzugsgebiet 39 033 Quadratkilometer groß ist.

Die Baitarani hat eine Länge von 365 Kilometern und ein Einzugsgebiet von 12 790 Quadratkilometern.

Die 433 Kilometer lange Subarnarekha fließt auf einer Strecke von 70 Kilometern durch Orissa, wo sie ein Gebiet von 3200 Quadratkilometern entwässert.

Die 175 Kilometer lange Budhabalanga entwässert ein Gebiet von 4840 Quadratkilometern, die Rushikulya misst 165 Kilometer und entwässert 8900 Quadratkilometer. Das Einzugsgebiet der 73 Kilometer langen Bahuda ist 1290 Quadratkilometer groß. Weitere nennenswerte Flüsse sind die Bansadhara (150 Kilometer in Orissa, 11 500 Quadratkilometer), Nagabali (100 Kilometer in Orissa), Salandi (144 Kilometer, 1793 Quadratkilometer), Indirabati (auch: Indravati, 530 Kilometer Gesamtlänge) und die Kolab (20 400 Quadratkilometer).

37 % der geographischen Fläche sind mit Wald bedeckt. Diese Fläche nimmt durch die massive Abholzung, Waldbrände als Teil der „Jhum-Kultivierung“ und ein Überweiden, bei dem die Tiere alle Schösslinge auffressen, rapide immer mehr ab.

Orissa genießt ein tropisches Monsunklima, das einen jährlichen Niederschlag von durchschnittlich 200 Zentimetern beschert. Der Südwest-Monsun erreicht gewöhnlich um den 5. Juni die Küstenebenen und hat um den 1. Juli den gesamten Bundesstaat erfasst. Mitte Oktober hat sich der Südwest-Monsun von Orissa zurückgezogen. Durch die jährlichen, sich im Golf von Bengalen entwickelnden Wirbelstürme kann es im Oktober-November noch einmal zu Niederschlägen kommen. Ansonsten fällt in weiten Teilen Orissas kaum Niederschlag. Der Distrikt Baleswar erhält eine durchschnittliche jährliche Niederschlagsmenge von 1568,4 Millimetern, der von Bargarh 1527 Millimeter, der von Kalahandi 1378 Millimeter. Die Niederschlagsmengen können dabei pro Distrikt und Block sehr unterschiedlich ausfallen. Erhielt der Block Phulbani im Distrikt Kandhamal im Jahre 1994 3036 Millimeter Niederschlag, betrug die jährliche Menge 2002 lediglich 888 Millimeter.

Orissa hat eigentlich drei Jahreszeiten, die aber vor Ort gerne in sechs Jahreszeiten aufgeteilt werden:
1. Grishma (heiße Jahreszeit), im indischen Kalender die Monate Baisakha bis Jyeshtha (Mitte April bis Mitte Juni).
2. Barsa (auch: Varsha oder Barsha, Regenzeit) Ashadha bis Shravana (Mitte Juni bis Mitte August).
3. Sharad (Herbst), Bhadrapa (auch: Bhadon) bis Ashvina (auch: Aswina, Mitte August bis Mitte Oktober).

Ein Mädchen des Bonda-Stammes, der in den entlegenen Hügeln von Koraput lebt, trinkt einen destillierten Likör.

FOLGENDE DOPPELSEITE LINKS:
Die zahlreichen Ketten einer Frau des Bonda-Stammes auf dem Markt von Kudumuluguma (Distrikt Malkangiri) sind sehr kleidsam.

FOLGENDE DOPPELSEITE RECHTS:
Eine welkende Lotosblüte auf der Nordseite des Tempels von Amareshvara (Distrikt Puri) verdeckt, wie die untere linke Hand des Gottes Maheshvara die linke Brust seiner Frau Uma liebkost.

4. Hemanta (kühle Jahreszeit), Kartik und Margashirsha (auch: Margasira, Mitte Oktober bis Mitte Dezember).
5. Sisira (auch: Shishira, kalte Jahreszeit), Pausha (auch: Posh, Pausa) und Magha (Mitte Dezember bis Mitte Februar).
6. Basanta (auch: Vasanta, Frühling), Phalguna (auch: Falguna) und Chaitra (Mitte Februar bis Mitte April).
Die eigentlichen drei Jahreszeiten sind: Basanta und Grishma (Sommer), Barsha und Sharad (Monsun, Regenzeit), Hemanta und Shishira (Winter).
Die Temperaturen hängen neben der Jahreszeit von der Höhe des Territoriums ab. Die höchste, je gemessene Temperatur im Januar im Distrikt Angul betrug am 31. Januar 1931 33,9 Grad, die tiefste gemessene Januartemperatur betrug 6,7 Grad am 23. Januar 1923. Im Mai-Juni steigen die Temperaturen bis auf 46,1 Grad, mit Tiefstwerten von 26,3 Grad, was für Angul durchschnittliche Mai-Juni-Temperaturen von 39 Grad bedeutet. Die Höchsttemperatur im Distrikt Balangir beträgt 48,7 Grad im Mai.

BEVÖLKERUNG, SPRACHEN, GESCHICHTE

7 Millionen Menschen Orissas gehören offiziell zu 62 Stammesgemeinschaften:
1. Bagata, 2. Baiga 3. Banjara, Banjari; 4. Bathudi; 5. Bhottada, Dhotada; 6. Bhuiya, Bhuyan; 7. Bhumia; 8. Bhumij; 9. Bhunjia; 10. Binjhal; 11. Binjhia, Binjhoa; 12. Birhor; 13. Bonda, Bondo Poraja; 14. Chenchu; 15. Dal; 16. Desua Bhumji; 17. Dharua; 18. Didayi; 19. Gadaba; 20. Gandia; 21. Ghara; 22. Gond, Gondo; 23. Ho; 24. Holva; 25. Jatapu; 26. Juang; 27. Kandha Gauda; 28. Kawar; 29. Kharia, Kharian; 30. Kharwar; 31. Khond, Kond, Kandha, Nanguli Kandha, Sitha Kandha; 32. Kisan; 33. Kol; 34. Kolah Loharas, Kol Loharas; 35. Kolha; 36. Koli, Malhar; 37. Kondadora; 38. Kora; 39. Korua; 40. Kotia; 41. Koya; 42. Kulis; 43. Lodha; 44. Madia; 45. Mahali; 46. Mankidi; 47. Mankirdia; 48. Matya; 49. Mirdhas; 50. Munda, Munda Lohara, Munda Mahalis; 51. Mundari; 52. Omanatya; 53. Oraon; 54. Parenga; 55. Paroja; 56. Pentia; 57. Rajuar; 58. Santal; 59. Saora, Savar, Saura, Sahara; 60. Shabar, Lodha; 61. Sounti und 62. Tharua. Die Khonds (Nr. 31) sind mit etwa 900 000 die größte Stammesgemeinschaft. Die Juang (26), Bonda (13), Saora (59) und Bathudi (4) leben ausschließlich in Orissa, Mitglieder der meisten anderen Stämme sind auch in anderen Bundesstaaten anzutreffen. Alleine im Distrikt Keonjhar leben 46 verschiedene Stämme, deren Gesamtbevölkerung zwischen 1981 und 1991 um 11,90 % zunehmen konnte.

Ein Mädchen der Eingeborenen (Adivasis) aus dem südlichen Orissa.

36 804 660 Einwohner Orissas (94,4 % der Gesamtbevölkerung) bekennen sich zum Hinduismus, 897 861 Einwohner zum Christentum (2,4 %), 761 985 zum Islam (2,1 %) und 361 981 zu „anderen Religionen" (1,0 %).

Die Amtssprache Oriya wird von 84 % der Bevölkerung Orissas gesprochen und ist seit dem Jahr 1051 inschriftlich belegt, wobei die Sprache vereinzelt schon in Sanskrit-Inschriften des 5. und 6. Jahrhunderts auftaucht. Verkehrssprachen in Orissa sind auch Bengali, Telugu und Hindi. Daneben sind zahlreiche Stammessprachen Dravidischer, Mundaischer und Indo-Europäischer Sprachen in Gebrauch, die in etwa den aufgeführten Stämmen entsprechen.

Im Jahre 362 vor unserer Zeit wird Mahapadma Nanda der erste Herrscher der Nanda-Dynastie, die auch über Kalinga, wie die Gegend des heutigen Orissa zu der Zeit genannt wurde, herrschte. Der letzte der acht Söhne von Mahapadma Nanda unterlag dem Mauryaherrscher Chandragupta von Magadha (Bihar). Nach dessen Abzug wurde Kalinga wieder unabhängig und weder

Chandragupta noch sein Sohn Bindusara waren in der Lage, Kalinga wieder dem Magadha-Reich anzugliedern. Der bedeutendste aller frühen historischen Herrscher, Ashoka, Sohn des Bindusara, drang 261 vor unserer Zeit gewaltsam in Kalinga ein, nachdem über 100 000 Kämpfer der Kalingas gefallen waren. Ashoka konnte sich jedoch über diesen militärischen Erfolg nicht freuen: abgeschreckt von dem Gemetzel an 100 000 Menschen entsagte er der den viel später von einem Herrn Carl Philipp Gottfried von Clausewitz postulierten Prinzipien des Krieges und wurde zum Anhänger des Buddhismus und somit auch Kalinga, wie die Ashok' ischen Felsinschriften in Orissa zeigen. Die Maurya-Dynastie kam gegen 185 vor unserer Zeit zum Ende.

Während des ersten Jahrhunderts vor unserer Zeit wurde Kalinga wieder unabhängig, und zwar unter Mahameghavahana. Während der zweiten Hälfte des ersten Jahrhunderts vor unserer Zeit war Kharavela Herrscher von Kalinga, über den die Hathigumpha-Inschrift in Udayagiri ausführlich berichtet. Kharavela brachte ein wichtiges Kultbild, den „Kalinga Jina" aus Magadha zurück, das er mehrfach angriff. In seinem 13. Regierungsjahr ließ er für die Jainas mehrere Kulthöhlen ausmeißeln. Die Dynastie der Mahameghavahanas fand im 1. Jahrhundert unserer Zeit ein Ende.

Zu Beginn des 2. Jahrhunderts wurde Kalinga von dem Satavahana-Herrscher Gautamiputra Satakarni besetzt. Diese Besetzung dauerte wahrscheinlich bis zum Tod von Yajnashri Satakarni, der um 202 starb. Ab dem 3. Jahrhundert wurde Kalinga wahrscheinlich von den Murundas regiert, die aber wiederum von den Naga-Dynastien von Kaushambi, Ahicchattra und Padmavati besiegt worden waren. Die Naga-Dynastien wurden schließlich von den Guptas besiegt.

Ein Junge hat sich zu Ehren des Gottes Ganesh in den Regenbogenfarben geschminkt.

RECHTE SEITE:
Der Varahi-Tempel in Chaurasi aus dem 10. Jahrhundert.

FOLGENDE DOPPELSEITE:
Der Mukteswara-Tempel mit seinem reich verzierten, freistehenden Tor gilt als Meisterwerk der Bauhütte von Bhubaneswar. Er wird in das 9. Jahr hundert datiert.

Um 350 begann Samudragupta mit der Eroberung Süd- und Ostindiens. In der Gegend von Kalinga besiegte er einen Swamidatta von Kuttura und andere, über die aber kaum etwas bekannt ist.
Im 4. Jahrhundert begann die Herrschaft der Matharas. Raja Saktivarman, der fünfte Herrscher der Dynastie ab 400, vergrößerte sein Reich und verlagerte seine Hauptstadt von Singhapura nach Pishtapura. Sein Sohn Anantasaktivarman konnte aber das südliche Kalinga-Reich nicht gegen den Vishnukundinherrscher Madhavavarman halten und verlegte die Hauptstadt wieder nach Singhapura. Verschiedene Thronprätendenten schwächten das Reich der Matharas, deren Linie schließlich 498 erlosch, als die Dynastie der östlichen Gangas (Eastern Gangas) über die Gegend zu herrschen begann.
Der früheste bekannte Herrscher der Gangas war Indravarman I. der seine eigene Ära begründete. Sein Herrschertitel war „Trikalingadhipati“ (der erste Herrscher von Trikalinga). Der 20. Herrscher der Dynastie, Anantavarman, nannte sich im 9. Jahrhundert „Maharajadhiraja“ (König der Könige).
Noch vor dem Aufsteigen der Ganga-Dynastie entwickelte sich in den heutigen Distrikten von Bastar, Koraput und Kalahandi die Dynastie der Nalas um ihre Hauptstadt Pushkari. Die Nalas regierten etwa ab 400 wurden aber nach 480 vom Vakataka-König Harisena (480-510) geschlagen. Ihr Gebiet wurde von den Gangas übernommen.
Über weitere Reiche im Gebiet des heutigen Orissa regierten ab dem Ende des 4. Jahrhunderts über sechs Generationen die Suras, ab dem 6. Jahrhundert die sich bekriegenden Vigrahas und die Mudgalas, ab der Mitte des 6. Jahrhunderts die Durjayas, ab dem Ende des 6. Jahrhunderts die Sailodbhavas, deren Land „Kangoda Mandala“ genannt wurde.
Dieses Chaos der verschiedenen, sich bekriegenden Dynastien machte sich Shashanka (etwa 600-625) zu Nutze, der vom Norden her das Gebiet unter seine Gewalt brachte. Auch Harshavardhana von Thanesar (606-648) schickte sich an, Orissa zu erobern. Er besiegte Shashanka und es wäre für Harshavardhana auch alles gut gelaufen, wenn nicht der Chalukya-Herrscher Pulakesin II. (608-642) dieselbe Idee gehabt hätte. Den unvermeidlichen Konflikt konnte Letzterer zwar für sich im Jahre 615 entscheiden, aber mit seinem Ableben wurde das Reich der Chalukyas zunächst derartig geschwächt, dass Harshavardhana in den Besitz Kalingas gelangen konnte. Als aber Harshavardhana starb, wurde Kalinga wieder von den Sailodbhavas unter Madhavaraja als unabhängiger Staat regiert. Dem Madhavaraja folgte im Jahre 665 sein Sohn Madhyamaraja I. auf den Thron, der wiederum von seinem Sohn Dharmaraja II. abgelöst wurde. Mit dem Sohn von Dharmaraja II., Madhyamaraja II., wurde jedoch das Ende der Dynastie eingeleitet, die wahrscheinlich den Vorstößen einer weiteren Dynastie, den Bhaumakaras, unterlag.
Das Reich der Sailodbhavas wurde von Sivakaradeva I. der Bhaumas erobert, der seine Ära im Jahre 736 beginnen ließ. Die ersten Herrscher der Bhaumakaras waren allesamt Buddhisten. Unter den Herrschern der Dynastie befanden sich mehrere Frauen, Tribhuvana Mahadevi I., Tribhuvana Mahadevi II. und Tribhuvana Mahadevi III., Gauri Mahadevi, Dandi Mahadevi, Vakula Mahadevi und Dharma Mahadevi, nach deren Tod das Bhauma-Reich von König Dharmaratha (960-995) der Somavanshis besetzt wurde.
Neue Dynastien sollten über Teile von Kalinga herrschen. Unter ihnen die Bhanjas von Khinjali Mandala (heute: Balangir und Phulabani Distrikt), die Bhanjas von Khijjinga Mandala (heute: Mayurbhanj, mit dem heutigen Khiching als Hauptstadt), die Sulkis von Kodala Mandala (Distrikt Dhenkanal), die Tungas von Yamagartta Mandala, die Nandodbhavas von Airavatta Mandala, die Mayuras von Banei Mandala, die Gangas von Svetaka Mandala, die Sarabhapuriyas, die Somavamsis, bis um 1118 alles von den „Imperialen Gangas“ übernommen wurde.
Die östlichen Gangas regierten über Teile Kalingas ab dem 5. Jahrhundert, wurden aber erst unter Vajrahasta V. zur vorherrschenden Macht, als Letzterer 1038 den Thron bestieg. Vajrahasta schlug die Somavamsis, übernahm ganz Kalinga und nannte sich darauf „Maharajadhiraja“ und bald darauf „Trikalingadhipati“. Er begann eine Allianz mit den Kalachuris von Kosala. Diese „Politik mit dem Schwert in der Scheide“ wurde von seinem Sohn Rajarajdev I. fortgesetzt, der Rajasundari, die Tochter des mächtigem südindischen Herrschers

Kulothunga Chola (1070-1118) heiratete. Als Rajarajdev 1077 starb, war sein Sohn Chodagangadeva erst 2 Jahre alt. 1078 wurde Chodagangadeva gekrönt. Es kam zu Kriegen für und gegen die Kalachuris, die Cholas, die westlichen Chalukyas und all die anderen, die an Kalinga interessiert waren. Um 1135 war Kalinga unter Chodagangadeva, der 1147 starb, wieder vereint. Sein Enkel Rajraj III. vernichtete die 1205 von Bakhtiyar Khalji von Bengalen gesandte Invasionsarmee. Es war dies das erste Mal, dass Orissa sich gegen die islamischen Machthaber Indiens zur Wehr setzten musste.

Als Rajraj III. 1211 starb, versuchte der Sultan von Bengalen die Gunst der Stunde zu nutzen, in dem er eine neue Invasionsarmee gen Orissa schickte. Der Kalachuri-Herrscher wollte ebenso die Schwäche seines Erbfeindes nutzen und ließ gegen Kalinga marschieren. Der General des neuen Herrschers, Anangabhimadeva III., wehrte nicht nur die islamische Invasion erfolgreich ab, er vernichtete das Heer der Kalachuris am Ufer der Bhima. Da der islamischen Gefahr nur mit Verbündeten zu begegnen war, verheiratete Anangabhimadeva seine Tochter Chandrika mit dem Prinzen der Kalachuris. Als Anangabhimadeva III. 1238 starb, folgte ihm sein Sohn Narasimhadeva I. auf den Thron. Narasimhadeva I., der den Sonnentempel von Konarak bauen ließ, führte drei Kriege gegen die islamischen Herrscher Bengalens, die er alle gewann.

1324 wurde Bengalen von Ghiyath-ud-Din Tughluq überrannt, der sich daraufhin anschickte, Orissa zu erobern, dort aber von Bhanudeva II., dem Urenkel von Narasimhadeva I., zurückgeschlagen wurde. Erst Firuz Shah Tughluq sollte es gelingen, Orissa zu erobern. Wie gewohnt, wurden die heiligsten Tempel zerstört und entweiht, der Ganga-Herrscher Bhanudeva III. schloß mit Firuz Shah Tughluq einen Vertrag, nach dem Letzterer 20 Elefanten als einmalige Gabe und einen jährlichen Tribut bekommen sollte.

Die Gangas behaupteten sich danach noch gegen viele Feinde, allen voran die Reddys aus dem Süden, bis Bhanudeva IV. sich 1435 im Süden auf einem Marsch gegen die Reddys befand und Bhanudevas General, Kapilendradeva, die Macht an sich riss. Nach vier Jahrhunderten war die Dynastie der „Eastern Gangas" am Ende. Kapilendradeva war ein Suryavamsi, das heißt seine Dynastie stammt von der Sonne ab. Seine Vorfahren waren Lehnsmänner der Gangas. Als er den Thron usurpierte, hatte er eine Reihe weiterer Interessenten gegen sich. Sultan Ahmed Shah wollte die Lage ausnutzen, marschierte gegen Kalinga, wurde aber von Kapilendradevas Minister, Gopinath Mahapatra, erfolgreich abgewehrt. Gegen 1444 konnte Kapilendradeva seine Position konsolidieren, als sein Reich gleich von mehreren Armeen angegriffen wurde: der Armee der Reddys von Rajamundry, der Armee des König Devaraya II. von Vijayanagar und dem Heer des Sharqi Sultans von Jaunpur. Kapilendra wandte seine gesamte Aufmerksamkeit zunächst Richtung Norden, wo er die islamische Armee schlug, die sich daraufhin zurückziehen musste. Seinem Sohn Hamvira gelang es, die Reddys zu besiegen. Daraufhin wurde das Heer von Vijayanagar geschlagen. 1448 besiegte Hamvira den Bahmani Sultan Allah-ud-Din Ahmad Shah II. (1436-1458). Letzterer half 1457 Kapilendradeva beim Zurückschlagen des Angriffes von Sultan Mahmud Khalji (1436-1469) von Malwa. Der Nachfolger von Ahmad Shah II., Humayun Zalim Shah (1458-1461) wandte sich jedoch gegen Kapilendradeva, woraufhin seine Armee 1459 von Letzterem besiegt wurde.

Vor seinem Tode im Jahre 1468 bestimmte Kapilendradeva anstelle seines erfolgreichen ältesten Sohnes, Hamaviradeva („Hamirdev") einen jüngeren Sohn, Purushottama, zum Nachfolger. Der Bürgerkrieg war unvermeidlich, das Chaos vorauszusehen. Erst gegen Ende seins Lebens konnte er die Herrschaft über Orissa wieder herstellen, bevor er 1497 starb. Sein Sohn Prataprudradeva folgte ihm auf den Thron.

Prataprudradeva musste sogleich einen Krieg gegen zwei Fronten führen: gegen den Sultan von Bengalen im Norden, und Krishnadeva Raya von Vijayanagar im Süden. Die islamische Armee konnte vertrieben werden, währenddessen aber wurde der Süden des Reiches mühelos 1509 von Krishnadeva Raya erobert. Es gab weitere Schlachten gegen Krishnadeva Raya, die Letzterer stets für sich entscheiden konnte. 1519 kam es zwischen Vijayanagar und Orissa zum Vertrag, der die Krishna als die Südgrenze Orissas bestimmte. Krishnadeva Raya heiratete dann Jaganmohini, die Tochter von Prataprudradeva.

RECHTE SEITE:
Die meisterlich gearbeitete Statue des Sonnengottes aus grünem Chlorit stand einst (als eine von dreien) außen am eigentlichen Tempel von Konarak.

Kaum war der Krieg mit Vijayanagar beendet, als ein neuer Feind an den Toren Orissas klopfte. Diesmal Sultan Quli Qutb Mulk (1518-1543) von Golconda, dessen Angriff aber 1525 abgewehrt werden konnte. 1531 war Sultan Quli Qutb Mulk erfolgreicher und Kondapalli wurde besetzt. Prataprudradeva starb, seine beiden Söhne aber wurden zu Opfern der Verschwörung des Ministers Govinda Bidyadhar, der 1534 die Macht an sich reißen konnte. Er gründete die Dynastie der Bhoi.

Govinda Bidyadhar schloss einen Vertrag mit Sultan Quli Qutb Mulk, in dem die Godavari zum Grenzfluss zwischen Golconda und Orissa deklariert wurde. Govinda Bidyadhar starb 1549. Ihm folgte sein Sohn Chakrapratap, der 1557, wahrscheinlich durch die Hand seines eigenen Sohnes, Narasimha, aus dem Leben schied. Narasimha regierte nur ein Jahr, bevor er von Mukundadeva Harichandan ermordet wurde. Mukundadeva Harichandan krönte sich 1559 zum Herrscher von Orissa. Vieles von dem, was die letzten Jahrhunderte geschah, sollte sich wiederholen: Der Sultan von Bengalen drang 1560 in Orissa ein und wurde wieder zurückgeschlagen. Der Moghulkaiser Akbar (1556-1605) wollte Bengalen erobern und verbündete sich daher mit Mukundadeva. Es kam zu einer Revolte innerhalb Orissas und schließlich gelang es dem Sultan von Bengalen, Orissa zu erobern. Hier fand, später als in den meisten Teilen Indiens, die politische Unabhängigkeit eines nicht-islamischen Reiches ein Ende. Für Orissa begann, in heutigen offiziellen Verlautbarungen, eine „düstere" (gloomy) Zeit.

Sulaiman Karrani, der Eroberer Orissas, starb 1572. Kaum war sein Nachfolger und Sohn Bayazid auf dem Thron, wurde er umgebracht, so dass der jüngere Daud Karrani die Herrschaft antrat. Daud bestand auf der Unabhängigkeit seines Reiches, das Bihar, Bengalen und Orissa mit einschloss und provozierte dadurch erwartungsgemäß den Moghulkaiser Akbar, der seinen obersten Heerführer, Man Singh von Amer, mit der kaiserlichen Armee gegen Daud schickte. Man Singh Kacchwaha eroberte das gesamte Reich Daud Karranis zwischen 1590 und 1595 mit dem Ergebnis, dass Orissa zu einem Anhängsel der moghulischen Provinz Bengalen degradiert wurde. Erst unter Jahangir (1605-1627), dem Nachfolger Akbars, wurde Orissa zu einer eigenen Provinz mit Cuttack als Hauptstadt. Zwar genossen die lokalen Hindu-Herrscher Orissas eine gewisse Eigenständigkeit, es gab dafür aber keine dauerhafte höhere Instanz, die für die Einheit Orissas sorgte. Als Konsequenz begann die schleichende Zergliederung des Staates, ein Zerfall, an dem sowohl die machthungrigen lokalen Hindu-Herrscher als auch die moghulischen Provinzverwalter gleichermaßen Schuld waren.

Die Marathas beschleunigten ihrerseits den Zerfall des Moghul-Reiches, so dass Bengalen unter Nawab Alivardi Khan von Murshidabad wieder nach dem Besitz von Orissa trachten konnte. Die Marathen unter Raghuji Bhonsle I. von Nagpur (1738-1755) aber begannen 1751 mit der

Der Surya-Tempel in Konarak wurde unter Narashima Deva I. der östlichen Gangas im 13. Jahrhundert errichtet. Er stellt den Wagen dar, mit dem Surya (der Sonnengott) über den Himmel zieht. Hinter der heute dachlosen Opferhalle ist die 38 Meter hohe Vorhalle zu sehen.

Regierung über Orissa. Obwohl die Marathen im Wesentlichen die Bevölkerung Orissas unterstützten, begann ein wirtschaftlicher Niedergang, der durch die mittlerweile etablierte englische Vorherrschaft von Bengalen aus hervorgerufen wurde. Die Briten hatten das Seehandelsmonopol an sich gerissen, womit der Seehandel Orissas, der für den wirtschaftlichen Reichtum des Staates über Jahrhunderte gesorgt hatte, stark eingeschränkt wurde.

Bereits 1633 konnten die Briten in Hariharpur eine Handelsniederlassung errichten. Es folgten Niederlassungen in Baleshwar an der Budhabalanga und in Pipli an der Subarnarekha. Naturgemäß versuchten die Briten Orissa, das ja zwischen den beiden britischen Machtzentren in Indien – Calcutta und Madras – lag, zu „kaufen", hatten damit bei den Marathen aber keinen Erfolg. Ein Vorwand, Orissa militärisch zu besetzen ergab sich somit erst 1803, während des zweiten Marathenkrieges der Briten. Die Eroberung Orissas war nach einem Monat, vom 14. September bis zum 14. Oktober, getan. Mit dem am 17. Dezember 1803 geschlossenen Vertrag von Deogarh (Distrikt Deogarh) endete die Herrschaft der Marathen und die der Briten begann. Die mangelhafte britische Verwaltungspolitik, die althergebrachte Grundverwalter praktisch enteignete, sorgte jedoch schon 1817 für den ersten anti-britischen Aufstand, die „Paik Rebellion". Britische Verwaltungseinrichtungen wurden zerstört und einige ihrer Kommandanten, wie Lieutenant Farris, getötet. Durch energische Militäreinsätze hatten die Briten im Oktober 1817 die Lage wieder unter ihre Kontrolle gebracht, der Anführer des Aufstandes, der enteignete Bakshi Jagabandhu stellte sich den Briten erst 1825, um 1829 in britischer Gefangenschaft zu sterben.

Anti-britischen Widerstand gab es während der „Mutiny" von 1857 auch in Orissa, doch blieb er uneffektiv. Nachdem die britische Krone offiziell die Regierung Indiens übernommen hatte, kam es zu einer der größten Katastrophen Orissas, der Na'anka Hungersnot von 1865/66. Die Briten hatten es völlig versäumt, die Infrastruktur Orissas zu unterhalten, von Verbesserung gar nicht zu reden. Die einzige Straße nach Calcutta war chronisch überflutet, in den Häfen legten kaum noch Schiffe an, um Versorgungsgüter zu bringen. Als der Monsun 1865 praktisch ausfiel, wurden die ersten Anzeichen einer Hungersnot sichtbar, die Briten jedoch kümmerte das Schicksal der Landbevölkerung nicht im Geringsten. Dringend benötigte Nahrungsmittel konnten wegen der ungenügenden Straßenverhältnisse ohnehin kaum eingeführt werden. Dieser Politik des „Laissez Faire" fielen eine Million Menschen zum Opfer, fast ein Drittel der damaligen Bevölkerung von Orissa.

Die Na'anka Hungersnot von 1865/66 sorgte immerhin für eine Verbesserung des Bildungssystems, das auf dem untersten Niveau angelangt war. Das politische Bewusstsein Orissas wurde somit gestärkt mit dem Ergebnis, dass Orissa den Indischen Nationalkongress von 1885 uneingeschränkt unterstützte. Die Stimmen, die für eine nationale Vereinigung aller verstreuten Distrikte, in denen Oriya als Hauptsprache gesprochen wurde, votieren, wurden immer lauter. Endlich, im April 1936, wurde Orissa wieder zu einer eigenen Provinz.

Der Besuch Mahatma Gandhis in Orissa (März 1921) überzeugte die Bevölkerung endgültig von der Kampagne der „Nicht-Zusammenarbeit" mit den Engländern. Als Gandhi 1930 zum „zivilen Ungehorsam" (gegen die Briten) aufrief und den „Salzmarsch" beendet hatte, begann die Bevölkerung Orissas überall Salz an der Küste zu produzieren, was nach britischen Gesetzen verboten war, denn die Briten hatten das Monopol zur Salzherstellung. Als Reaktion darauf stopften die Briten die ihnen zur Verfügung stehenden Gefängnisse mit Menschen voll, die von ihren ureigensten Rechten Gebrauch machten. Als Folge der an die Briten gerichteten „Verlasst Indien-Bewegung" (Quit India Movement) ließen die Kolonialherren auch in Orissa zahlreiche Menschen zum Tode verurteilen.

Nach Erlangung der Unabhängigkeit traten alle Staaten Orissas, mit Ausnahme von Mayurbhanj, am 1. Jaunar 1948 der Indischen Union bei. Mayurbhanj folgte genau ein Jahr darauf. Bedauert wurde jedoch, dass die Distrikte von Seraikela und Kharsawan Bihar (beide jetzt in Jharkhand) zugesprochen wurden.

VERWALTUNG

Orissa besteht aus den Distrikten Angul, Bolangir, Balasore (Baleswar), Bargarh, Bhadrak, Boudh, Cuttack, Deogarh, Dhenkanal, Gajapati, Ganjam, Jagatsinghpur, Jajpur, Jharsuguda, Kalahandi, Kendrapara, Keonjhar (Kendujhar), Khurda (Khordha), Koraput, Malkangiri, Mayurbhanj, Nabarangapur, Nayagarh, Nuapara (Nuapada), Kandhamal, Puri, Rayagada, Sambalpur, Sonepur und Sundargarh. Die ranghöchsten Politiker sind der „Chief Minister“ und der „Governor“.

Die Fischer von Puri kehren vom Fang zurück. Ihr „Boote“ sind eigentlich aus Leichtholzbalken zusammengebundene Flöße in Bootsform.

WIRTSCHAFT

Über 76 % der Bevölkerung Orissas hängt von der Landwirtschaft ab. Orissa produziert 10 % des in Indien geernteten Reises. Angebaut werden ferner Hülsenfrüchte, Ölsaaten (Sesam, Erdnüsse, Leinsaaten, Rizinus) Jute, Zuckerrohr und Gelbwurz. Für den Verkauf bestimmt sind Tee, Kaffee, Baumwolle und Kautschuk. Als zweitrangig werden angebaut: Sesam, Fingerhirse, Ackersenf, Raps und Mais. Neuerdings werden auch Akojanüsse (englisch: Cashew) für den Export kultiviert.

Reis und Jute werden vor allem in den Küstenebenen angebaut, wo wegen des starken Salzgehaltes nur wenige Kokospalmen gedeihen können. In Orissa werden 31 verschiedene Anbauzonen unterschieden.

Durch die Küste und die zahlreichen Flüsse spielt die Fischerei erwartungsgemäß keine geringe Rolle. An der Küste operieren 1263 mit einem Antriebsmotor versehene Fischerboote neben etwa 3500 Booten, die von Wind und/oder Muskelkraft fortbewegt werden. Gezüchtet werden Garnelen und Krabben. Orissa verfügt über 80 000 Fischteiche. Alleine im Distrikt Cuttack existieren 493 Fischerdörfer mit insgesamt 16 257 Fischern und 6387 Fischerinnen.

Den Tierbestand verdeutlicht das Beispiel des Distriktes von Bargarh, wo nach offiziellen Angaben 486 377 Stück Rindvieh, 38 432 Wasserbüffel, 57 915 Schafe, 175 083 Ziegen, 8261 Schweine, 449 407 Hühner und 34 287 Enten zur Produktion von Milch, Eiern und Fleisch gehalten werden.

Die Bodenschätze Kohle, Eisenerz, Kalkstein, Bauxit und eine Menge Mineralien bieten die Voraussetzung für verschiedene Industriezweige. Die Großindustrie produziert daher Eisen, Stahl, Aluminium, Zement, galvanisierte Rohre, Ferrochrom, und Kunstdünger. Mittlere Betriebe liefern Papier, Chemikalien (vor allem Phosphate), schweres Wasser (für Schwerwasserreaktoren), Baumwolle, Seide, Zucker und Autoreifen. Kleinbetriebe stellen Lederwaren, Speise- und andere Öle, Messinggegenstände, Farben, Seifen und Holzprodukte her.

Der Exporthafen Orissas ist Paradeep (auch: Paradip, Distrikt Jagatsinghpur), einer der zwölf bedeutenden Häfen Indiens.

BEDEUTENDE ORTE UND IHRE SEHENSWÜRDIGKEITEN

FOLGENDE DOPPELSEITE:

Der Sonnentempel in Konarak.

Da Orissa größtenteils von islamischen Plünderungen verschont geblieben ist und gleichzeitig eine wichtige Kulturregion darstellt, sind zahllose Monumente archäologischen, historischen und kunsthistorischen Interesses vorhanden, deren reine Aufzählung einer Enzyklopädie bedarf. Von dieser gewaltigen Anzahl an Monumenten könnte ungefähr erahnt werden, wie viele Tempel und Klöster im restlichen Indien dem islamischen Bildersturm zum Opfer fielen. Alleine der nur 6232 Quadratkilometer große Distrikt von Angul verfügt über 17 Jagannath-Tempel, 46 Shiva-Tempel, 19 Radha-Krishna-Tempel, und 32 Devi-Tempel. Für den Distrikt Cuttack werden über 118 antike Orte aufgelistet, von denen etliche Stätten mehrere Monumente umfassen können, hier werden aus sachzwänglichen Gründen lediglich fünf Orte genannt. Alphabetisch seien daher hier nur einige wenige spektakuläre Orte mit hinduistischen, buddhistischen, jinistischen und islamischen Monumenten aufgeführt.

Der eine Fläche von 97 124 Quadratmeter einnehmende Tempelkomplex von Deulajhari in **Athamallick** (Distrikt Angul) wurde unter der Dynastie der Kadambas errichtet, die Lehnsmänner der Gangas waren.
Wahrscheinlich unter den Bhaumakaras wurde der an einer heißen (55 Grad) Quelle gelegene Tempel von Hatakeshwara in **Atri** (Distrikt Khordha) errichtet. Der Tempel enthält neben dem shivaitischen Kultbild noch eine Reihe von Kultbildern von sehenswerten Nebengottheiten, den so genannten „Parshva-devatas".
In **Ayodhya** (Distrikt Balasore) wurden eine Reihe von sehenswerten antiken buddhistischen (Marichi, Avalokiteshvara, Tara), jinistischen (Parshvanatha) und hinduistischen (Shiva, Ganesha) Skulpturen gefunden.
Hauptkultbild des Tempels von **Banpur** (Distrikt Khorda) ist eine achtarmige Durgamahishasuramardini („die den Büffeldämon tötende Göttin ‚Durga'"), die hier unter dem Namen „Bhagabati" verehrt wird.
Die archäologischen Monumente von **Belkhandi** (Distrikt Kalahandi) fielen bereits 1874 auf. 1946 unternommene Ausgrabungen brachten Funde zu Tage, die in einem eigens für sie errichteten Museum ausgestellt werden. Von großer Bedeutung sind die Fundamente eines den sieben Urmüttern geweihten, so genannten „Sapta Matrika"-Tempels, deren Kultbilder das Museum präsentiert.
Die größte Felsskulptur eines schlafenden Vishnu befindet sich in **Bhimakand** (Distrikt Angul). Mit einer Länge von 12,80 Meter ist dies die nach dem Gommateshwara von Shravanabelgola (Karnataka) die zweitgrößte antike Figur und die größte antike Felsskulptur eines schlafenden Vishnu (8.-9. Jahrhundert). **Bhubaneswar** (Distrikt Khordha) ist nicht nur verwaltungsmäßig die Hauptstadt von Orissa, Bhubaneswar ist die Hauptstadt der hinduistischen Architektur Orissas, an keinem Ort des Bundesstaates sind mehr Tempel konzentriert.
Der Lakshmaneswara- und der Shatrughneswara-Tempel werden dem Ende des 6. Jahrhunderts zugeschrieben. Die Dynastie der Sailodbhavas hinterließ den vorzüglich erhaltenen, nach Westen geöffneten Parasurameswara-Tempel (Mitte 7. Jahrhundert); aus derselben Zeit stammen der Bharateswara- und der Swarnajaleswara-Tempel. Die Tempel des 8. und 9. Jahrhunderts wurden größtenteils von den Bhaumakaras in Auftrag gegeben. Es sind dies vor allem der Vaital-Deul und der Sisireswara-Tempel. Weitere Tempel aus dieser Zeit sind der Markandeswara-, der Taleswara-, der Mohini- und der Uttareswara-Tempel. Der an einem

Der runde Yogini-Tempel in Hirapur wird in das 9. Jahrhundert datiert. Seine Skulpturen sind von hoher künstlerischer Qualität.

kleinen künstlichen See erbaute Mukteswara-Tempel (10. Jahrhundert) zählt mit seinem freistehenden Torana (Torbau) zu den ansprechendsten Tempeln Indiens. Dem Mukteswara-Tempel stilistisch vergleichbar sind der Sureswara- und der Gauri-Tempel. Der an der Außenwand mit attraktiven Frauenskulpturen versehene Rajarani-Tempel wird in das 11. Jahrhundert datiert. Leider sind mehrere Köpfe der steinernen Damen während der letzten Jahre von den Handlangern skrupelloser Kunsthändler abgeschlagen worden. Der Brahmeswara-Tempel wurde gegen 1060 von Kolavati Devi, Mutter des Somavamsi-Herrschers Udyota Kesari gebaut. Der bekannteste Tempel von Bhubaneswar ist zweifelsfrei der ebenfalls im 11. Jahrhundert erbaute Lingaraja-Tempel, der mit einer Höhe von 54 Metern die Silhouette der Altstadt dominiert. Er ist das Zentrum eines 158 x 141 Meter messenden, von einer hohen Mauer umgebenen Tempelbezirks.

Der Kedareswara-Tempel wurde vor 1142 gebaut und kann mit dem Rameswara-, Alayukeswara- und dem Siddheswara-Tempel stilistisch verglichen werden. Weitere datierte Tempel sind der Megheswara (1195) und der Ananta Basudeva (1278), zwei Produkte der Ganga-Epoche. Aus dieser Zeit sind der Bhaskareswara-, der Yameswara-, der Mitreswara, der Varuneswara-, der Chitreswara-, der Vakeswara-, und der etwas abseits gelegene Kapileswara-Tempel, um nur die größeren zu nennen.

Die Petroglyphen und Felsritzzeichnungen von **Bikramkhol** (Distrikt Jharsuguda) werden um 4000 vor unserer Zeit datiert, eine Datierung, die angesichts der Tatsache, dass heute noch steinzeitliche Kulturen in Indien existieren, noch diskutiert werden sollte.

Die Monumentalstatue des sitzenden Buddha von **Boudh** (auch: Baudh, Distrikt Boudh) besteht aus mehreren, zusammengesetzten Steinblöcken. Sie erreicht eine Höhe von 2,06 Metern. Weitere buddhistische Stelen vor Ort sind kleineren Formats. Die drei shivaitischen Ramanath-Tempel in Boudh wurden im 9. Jahrhundert erbaut.

Am Shivalingam des Tempels von Kuvareswar in **Buddhakhol** (Distrikt Ganjam) werden Schlangen mit Milch gefüttert. Mindestens ebenso interessant sind zahlreiche hinduistische Skulpturen und Reste buddhistischer Anlagen, vor allen in den zahlreichen Felshöhlen wie der „Siddha Gumpha".

Beim traditionellen Wagenfest werden Götterstatuen in fahrbaren Tempeln an Seilen durch Puri gezogen.

Bis zu einer Höhe von 13,72 Metern ragt der Ziegeltempel von **Buddhikomna** (auch: Budhikomna, Distrikt Nuapada) auf. Der Tempel ist dem Gott Shiva als „Pataleswara" (Herr der Hölle oder Unterwelt) geweiht und zählt zu den weniger bekannten Ziegeltempeln Indiens.

Der Viranchinarayana Tempel in **Buguda** (Distrikt Ganjam) wurde zwar erst 1790 unter Srikar Bhanja erbaut, enthält aber die bedeutendsten Wandmalereien des Bundesstaates. Das Kultbild, ein Surya (Sonnengott), ist wesentlich älteren Datums.

In **Dhauli** (Distrikt Khordha) ragt in der Nähe der Inschriften mit den Felsedikten des Kaisers Ashoka ein 1,21 Meter hoher Elefantenprotom aus dem Fels, der zu den frühesten indischen Felsskulpturen gerechnet wird.

Ein Juwel der indischen Tempelarchitektur ist der von der indischen Zentralregierung geschützte Varahi-Tempel von **Chaurasi** (Distrikt Puri). Der im 10. Jahrhundert erbaute Tempel erreicht zwar nur eine Höhe von 7,62 Metern, ist

dafür aber minutiös bearbeitet. Die sauköpfige Varahi, das heißt die weibliche Kraft des 3. Avataras (von 10) des Gottes Vishnu als Eber, hält in ihrer rechten Hand einen Fisch.
In **Cuttack** (Distrikt Cuttack) werden von Hindus und Moslems die von Mekka gebrachten Fußabdrücke des Propheten Mohamed im „Qadam-i-Rasool“ (auch: Kadam Rasul) verehrt. In Indien sind derartige Schreine selten, von dem in Lucknow verwittert dank der britischen Artillerie seit 1857 nur noch eine Ruine. In Cuttack steht auch das im 16. Jahrhundert erbaute Barabati Fort.
Der 27,50 Meter hohe Balarama-Tempel von **Dhenkanal** (Distrikt Dhenkanal) enthält ein Kultbild des Gottes Balarama aus dem 13. Jahrhundert, der eigentliche Tempel wurde aber erst um 1590 errichtet.
Auf der antiken Plinthe des Shiva-Tempels aus dem 11. Jahrhundert in **Dungi** (Distrikt Kandhamal) wurde kürzlich ein neuer Tempel errichtet.
Die Felshügel von **Gudahandi** (Distrikt Kalahandi) bergen zahlreiche Felshöhlen mit steinzeitlich aussehenden Malereien. Die Lage der Höhlen lässt darauf schließen, dass es sich hier um eine Verteidigungsanlage gehandelt haben muss.
Der im 9. Jahrhundert erbaute, runde Hypäthraltempel von **Hirapur** (Distrikt Khordha) wurde erst 1953 entdeckt. Er enthält im Prinzip 64 Skulpturen aus schwarzem, poliertem Chlorit, die die 64 Yoginis („Zauberinnen“) darstellen. Insgesamt existieren in ganz Indien nur vier Tempel dieses Typs, zwei davon in Orissa (der 2. im Distrikt Balangir).
In **Jagati** (Distrikt Boudh) errichteten die Bhanja-Herrscher vom Khinjala Mandala den Zwillingstempel für Nilamadhava und Siddheswar im 9. Jahrhundert.
Die 1858 wieder entdeckten Fels-Edikte Ashokas in **Jaugarh** (auch: Jaugada, Distrikt Ganjam) enthalten Passagen, die aus anderen Teilen Indiens unbekannt und direkt an die Einwohner dieses Teils von Orissa gerichtet sind.
Junagarh (Distrikt Kalahandi, nicht zu verwechseln mit gleichnamigen Ort in Gujarat) ist die Stadt mehrerer datierter Tempel aus dem 17. und 18. Jahrhundert. Wichtig ist die 1231 datierte Inschrift im „Narla-Shiva“-Tempel, die ersmals den Namen „Kalahandi“ erwähnt.
Der Schrein des islamischen Heiligen Bokhari Saheb, der im 18. Jahrhundert gewirkt haben soll, macht **Kaipadar** (Distrikt Khorda) zu einem der wenigen islamischen Pilgerorte des Bundesstaates. Unmittelbar neben dem Schrein steht die Grabmoschee.
Der auf einem 682 Meter hohen Berg situierte Kapilash-Tempel von **Kapilasa** (Distrikt Dhenkanal) wird nach 1352 hohen Stufen erreicht. Der Tempel wurde für „Shri Chandrashekhar“ im Jahre 1246 errichtet.
Kenduli (Distrikt Khordha) ist offiziell der Geburtsort von Jayadeva, dem Sanskritdichter des bekanntesten aller indischen Liebesgedichte, dem „Gita Govinda“ aus dem 12. Jahrhundert. Abgesehen einmal davon verfügt Kenduli über mehrere antike Tempelfundamente und zahlreiche, hochqualitative Skulpturen.
Obwohl die Höhe der beiden Felshügel von **Khandagiri** und **Udayagiri** (Distrikt Khordha) 37,50 Meter nicht übertrifft, gehören beide Hügel aufgrund ihrer frühen monolithischen Anlagen und jinistischen Skulpturen zu den kunsthistorisch bekanntesten Erhebungen Indiens. In den Felshügel von Khandagiri wurden 19, in den von Udayagiri 44 Höhlen geschlagen. Schon wegen ihrer Größe ist die Anlage Nr.1, genannt „Ranigumpha“ aus dem ersten Jahrhundert vor unserer Zeit überwältigend. Weitere monolithische Anlagen auf Udayagiri schließen die Bajadara- oder „Musikerhöhle“, Jayabijay-, Chhota-hathi-, Alakapuri- oder Svargapuri-, Panasa-, Patalapuri-. Thakurani-, Manchapuri-Höhle usw. mit ein. Die monolithischen Anlagen des Khandagiri-Hügels sind zwar weniger spektakulär, dafür steht auf der Spitze des Felsens ein neuerer Tempel mit einer Vielzahl an jinistischen Skulpturen und Stelen.
Das älteste stehende Bauwerk von **Khiching** (Distrikt Mayurbhanj) ist der Kutaitundi-Tempel aus dem 10. Jahrhundert. Etwa ein Jahrhundert später wurde der den Ort dominierende Kichakeswari-Tempel zusammen mit zahlreichen exzellenten Steinskulpturen errichtet. Von einstigen buddhistischen und jinistischen Glaubensgemeinschaften in Khiching zeugen zahlreiche Skulpturen, die heute in einem vor Ort errichteten Museum ausgestellt werden. Khiching war die Hauptstadt der Bhanjas von Khijjinga.

Der unter Narasimha Deva I. (1238-1264) von den östlichen Gangas erbaute Sonnentempel von **Konarak** (auch: Konark, Distrikt Puri) ist wahrscheinlich das berühmteste Baukwerk Orissas. Im 19. Jahrhundert die „schwarze Pagode" genannt (die „weiße Pagode" ist der Jagannath-Tempel von Puri) erregte der Tempel mit seinen unterschiedlichen Darstellungen des geschlechtlichen Genusses das Aufsehen der Briten im Viktorianischen England. Ein Teil des einst 61 Meter hohen Shikharas (Turmaufbau) über dem Sanktum stand bis zur Mitte des 19. Jahrhunderts, stürzte aber um 1848 ein, bevor er fotografiert werden konnte. Der Tempel steht als das Gefährt des Sonnengottes symbolisch auf 24 überdimensionalen, reich skulpierten Rädern, dem Gefährt waren sieben Pferde vorgespannt, von denen archäologisch aber nur wenige erhalten sind. Zu der gewaltigen Tempelanlage gehören neben einer „Tanzhalle" weitere Tempel und Gebäude. Der indische Literaturnobelpreisträger Rabindranath Tagore bemerkte zu der Anlage: Die Sprache des Menschen wird hier von der Sprache des Steins bezwungen.
Kualo (Distrikt Dhenkanal) war als „Kodalaka" einst die Hauptstadt des Reiches der Sulkis, von der heute noch acht Tempel in Form von eindrucksvollen Ruinen zeugen. Besondere Beachtung verdienen der Kanakeshwara- und der Svapneshwara-Tempel.
Kundesvar (Distrikt Jagatsinghpur) ist wegen seines kürzlich von der indischen Denkmalspflege restaurierten Trilochanesvara Mahadeva-Tempels berühmt. Zahlreiche Skulpturen mussten in einem eigens für sie errichteten Gebäude untergebracht werden.
Die buddhistische Hochburg von **Lalitgiri** (Distrikt Cuttack) sorgte weniger durch die mittlerweile zerstörten Stupas, als mit den hervorragenden Darstellungen des Bodhisattvas Avalokiteshvara und zahlreichen anderen Stelen aus dem 8. Jahrhundert für großes Aufsehen. Das Datum des Shiva-Tempels von **Langaleshwar** (Distrikt Balasore) ist unbekannt.
Das Kultbild des weiß getünchten Tempelkomplexes von **Mantridi** (Distrikt Ganjam) ist offiziell eine „Bhairavi", ikonographisch, d. h. tatsächlich, ein so genannter „Ajaikapada Bhairava", eine shivaitische Gottheit mit nur einem Bein.
Der Grundstein des eindrucksvollen Tempels von **Nrusinghanatha** (Distrikt Bargarh) wurde am 17. März 1413 gelegt.
Das deutsche Wort „Juggernaut" bedeutet „Moloch" oder „Werte verschlingendes Ungeheuer" und kommt aus dem Englischen. Das englische „Juggernauth" kommt vom Sanskrit „Jagannath", was „Herr der Welt" bedeutet und eine Form des Gottes Vishnus charakterisiert. Der berühmteste Tempel des Jagannath steht in **Puri** (Distrikt Puri). Zusammen mit den aus Holz jährlich neu gefertigten Kultbildern steht der großäugige Jagannath zusammen mit seinem älteren Bruder, Balabhadra, und der Schwester, Subhadra. Jährlich im Monat Juli machen die Kultbilder einen Ausflug, bei dem sie in drei riesigen Wagen an Oberschenkel-dicken Seilen von hunderten von Menschen über einen Kilometer weit gezogen werden: das größte indische Wagenfest, Rath Yatra, bei dem alle Hotels im weiten Umkreis schon jahrelang im Voraus ausgebucht sind. Das vom Fernsehen live übertragende Ereignis wird von all den Millionen Menschen verfolgt, die nicht persönlich dabei sein können. Vor über hundert Jahren ließen sich streng Gläubige Anhänger des Jagannath von den Wagen überrollen, die, wenn sie einmal in Bewegung sind, nicht sofort angehalten werden können. Und das machte Jagannath in der westlich-europäischen Vorstellung zu einem „Moloch". Der im 12. Jahrhundert erbaute Tempel mit seinem bienenkorbförmigen Aufbau über dem Sanktum darf von Nicht-Hindus nicht betreten werden. Das äußere Areal des Tempels misst 202,70 x 202,40 Meter und wird von einer hohen Mauer umgeben.
Der Kern der buddhistischen Anlagen von **Ratnagiri** (Distrikt Cuttack) stammt aus dem 5. Jahrhundert. Künstlerisch herausragend ist der Türrahmen des „Mahavihara" oder großen Klosters. Ebenso sind noch die Reste eines Ziegel-Stupas und zahlreiche buddhistische Stelen zu sehen.
In **Ranipur-Jharial** (Distrikt Balangir) standen 1874 noch 120 antike (ab dem 9. Jahrhundert erbaute) Tempel, heute nur noch etwa 50. Größtes Interesse zieht neben dem Indralatha-Ziegeltempel der runde Tempel der

Der „Fahrer“ des Hindu-Gottes Jagannath. Die Reise startet am 1. Juli. Wagen mit Jagannath selbst, seinem Bruder Balabhadra und seiner Schwester Subhadra werden vom Haupttempel zum Nebentempel gezogen, wo sie sieben Tage verbleiben, um dann wieder zum Haupttempel zurückzukehren.

64 Yoginis auf sich. Ersterer zählt zu den höchsten antiken Ziegeltempeln in Indien. Der Someshwara-Tempel weist Anzeichen der ausgehenden Gupta-Zeit auf.
In **Sajangarh** (Distrikt Balasore) steht der Tempel der Göttin Buddhar Chandi aus der Zeit der Virata-Könige.
Da in **Tara Tarini** (Distrikt Ganjam) die Brüste der Shakti auf die Erde fielen, gehört der Ort zu einem der heiligsten der 51 „Shaktipithas“ genannten Kultstätten. Die Vulva der Göttin landete in Guwahati (Assam), wo auch mehr über den Kult in Erfahrung zu bringen ist. Tara und Tarini sind Zwillingsgöttinnen, die diese Brüste symbolisieren. Zum Tempel führen nicht weniger als 999 steinerne Stufen.
Monumentale buddhistische Stelen begegnen dem Betrachter neben einer monolithischen Anlage in **Udayagiri** (Distrikt Cuttack, nicht mit dem gleichnamigen Felshügel im Distrikt Khordha zu verwechseln).

Das **Satakosia** Wildschutzgebiet (Distrikt Angul) beherbergt neben 38 Arten von Säugetieren 128 verschiedene Vogelarten, 27 Reptilienarten, vier Amphibienarten und 183 Fischarten. Das Wildschutzgebiet von **Ushakothi** (Distrikt Sambalpur) bietet Elefanten und Tigern Unterschlupf. Der an der Küste gelegene Nationalpark von **Bhitarakanika** (Distrikt Bhadrak) besteht mit einer Größe von 145 Quadratkilometern seit dem 16. September 1998. Das größte Wildschutzgebiet Orissas ist mit 845 Quadratkilometern der **Similipal** National Park (Distrikt Mayurbhanj), in dem es 1997 noch 449 Elefanten, 115 Leoparden und 98 Tiger gab.
Unter den zahlreichen Wasserfällen des Bundesstaates muss der Koilughar bei **Kushmelbahal** (Distrikt Jharsuguda) erwähnt werden, der in einer Höhe von 18,30 Metern herabstürzt und damit ebenso hoch ist wie der Wasserfall von Putudi, der 15 Kilometer von **Phulbani** (Distrikt Kandhamal) entfernt liegt. Im selben Distrikt befindet sich der 30 Meter hohe Wasserfall von **Pakadarah**. Weitere Wasserfälle dieser Höhe sind im Distrikt Nuapada zu sehen (Godhus- und Karadhus-Wasserfall, letzterer mit einer Höhe von 50 Metern). Das höchste Gefälle hat mit 175 Metern jedoch der Duduma-Wasserfall bei **Machkund** (Distrikt Koraput).

Ahmadabad
Jamnagar
Rajkot
Porbandar
Bhavnagar
Junagadh
Diu
Surat
Daman
Silvassa
Vadodara (Baroda)
Ujjain
Indore
Bhopal
Jabalpur
Narsimhapur
Hoshangabad
Narmada
Khandwa
Ranchi
Jamshedpur
Rourkela
Bilaspur
Sambalpur
Gondia
Amravati (Amraoti)
Raipur
Dhule
Jalgaon
Malegaon
Akola
Nagpur
Durg
Wardha
Sonpur
Mahanadi
Cuttak
Bhubaneswar
Nasik
Jalna
Aurangabad
Parbhani
Chandrapur
Mumbai (Bombay)
Kalyan
Godavari
Ahmadnagar
Nanded
Indravati
Brahmapur
Nizamabad
Pune
Krishna
Bhima
Warangal
Vizianagaram
Visakhapatnam
Sholapur
Ratnagiri
Sangli
Kolhapur
Gulbarga
Bijapur
Hyderabad
Rajahmundry
Elur
Kakinada
Yanam
zu Pondicherry
Vijayavada
Guntur
Machilipatnam
Belgaum
Raichur
Kurnool
Panaji
Marmagao
Hubli-Dharwad
Bellary
Banganapalle
Guntakal
Chitradurga
Anantapur
Shimoga
Bhadravati
Cuddapari
Nellore
Arabisches Meer
Mangalore
Bangalore
Chennai (Madras)
Vellore
Kanchipuram
zu Pondicherry
Mysore
Pondicherry
Pondicherry
Mahe
Kozhikode (Calicut)
Salem
Cuddalore
Lakkadiven (Indien)
Erode
Coimbatore
Tiruppur
Cauvery
Karaikal
zu Pondicherry
Nagapattinam
Kavaratti
Tiruchirapalli (Trichy)
Anai Mudi 2695
Palk Straße
Golf von Bengalen
Cochin
Madurai
Jaffna
Alleppey
Kollam (Quilon)
Tirunelveli
Tuticorin
Trincomalee
Thiruvananthapuram (Trivandrum)
Nagercoil
Golf von Mannar
Kap Comorin
SRI LANKA
MALEDIVEN
Negombo
Kandy
Colombo
Badulla
Galle
Matara
Kap Dondra
0
200
400
600
km

PONDICHERRY

LAGE, GRÖSSE, EINWOHNERZAHL

Pondicherry ist der Sammelbegriff für ein Unionsterritorium, das eigentlich aus vier verschiedenen, räumlich weit voneinander entfernt liegenden Enklaven besteht, von denen die an der Ostküste im Bundesstaat Tamil Nadu gelegene die größte Enklave ist: Pondicherry. Die anderen drei Enklaven sind das 140 Kilometer südlich von Pondicherry gelegene Karaikal, das ebenso an der Ostküste, aber im Bundesstaat Andhra Pradesh, etwa 840 Kilometer nördlich von Pondicherry gelegene Yaoan oder Yanam und das an der Westküste im Bundesstaat Kerala, 630 Kilometer westlich von Pondicherry gelegene Mahé.

Pondicherry liegt zwischen 11°46' und 12°30' nördlicher Breite und 79°36' und 79°52' östlicher Länge. Dem Territorium gehören weitere kleinere Enklaven in den Distrikten Cuddalore und Villupuram von Tamil Naduan. Pondicherry hat eine Größe von 293 Quadratkilometern.

Karaikal liegt zwischen 10°51' und 11° nördlicher Breite und 79°43' und 79°52' östlicher Länge. Innerhalb der Enklave von Karaikal gibt es Enklaven von Tamil Nadu (Distrikt Thanjavur). Karaikal hat eine Gesamtfläche von 160 Quadratkilometern.

Yanam liegt zwischen 16°42' und 16°46' nördlicher Breite und 82°11' und 82°19' östlicher Länge und hat eine Größe von 30 Quadratkilometern.

Mahé liegt zwischen 11°42' und 11°43' nördlicher Breite und 75°31' und 75°33' östlicher Länge. Zusammen mit den zu Mahé gehörenden Enklaven Kallayi und Naluthura ergibt sich eine Größe von 9 Quadratkilometern. Die Küstenlänge von Mahé beträgt 1 Kilometer.

Die Gesamtfläche des Unionsterritoriums beläuft sich somit auf 492 Quadratkilometer, womit Pondicherry innerhalb Indiens an 31ster Stelle liegt. Mit insgesamt 974 345 Einwohnern (2001) belegt das Unionsterritorium Rang 28 (Karaikal hat 170 640, Mahé hat 36 823 und Yanam hat 31 362 Einwohner).

Pondicherry kommt von dem Tamil-Wort „Pudu" + „cherri" und heißt „Neues Dorf". Die Franzosen schrieben zunächst „Poudichery", aber aufgrund eines missverstandenen „u", das wie ein „n" gelesen wurde, entstand „Pondichéry". Es gibt Bestrebungen, den Lesefehler auszumerzen, und das Territorium wieder in „Puduchery" umzubenennen.

Das Amphitheater in Auroville.

Die Hauptstadt des gesamten Unionsterritoriums ist Pondicherry (Distrikt Pondicherry, 220 749 Einwohner).

TOPOGRAPHIE UND KLIMA

Pondicherry liegt im Flachland am Golf von Bengalen und hat weder nennenswerte Erhebungen noch Wälder. Der Boden besteht entweder aus eisenhaltiger, roter Erde, schwarzem Lehm oder Küstenschwemmland. Die beiden großen Seen sind der Bahour- und Oussoudu-See.

Karaikal hat ebenso weder Berge noch Wälder und besteht in erster Linie aus Küstenschwemmland, das sich für den Anbau von Reis und Hülsenfrüchten eignet. Durch Karaikal fließen die folgenden Flüsse bzw. Kanäle, die zur Bewässerung genutzt werden (mit Angabe der Kilometer im fraglichen Gebiet in runden

RECHTE SEITE:

Eine französisch anmutende Straße in der „weißen Stadt".

FOLGENDE DOPPELSEITE:

Strand bei Auroville.

Klammern dahinter): Arasalar (11,97 Kilometer), Nattar (11,2 Kilometer), Vanjiar (9 Kilometer), Nular (13,77 Kilometer), Pravadayanar (5,3 Kilometer), Tirumalairajanar (5,13 Kilometer) und Nandalar (15,15 Kilometer). Yanam liegt an der Abzweigung der Gauthami von der Coringa (auch: Atreya) und besteht aus waldlosem Flachland. Durch die Stadt Yanam fließt die Coringa. Das Wasser zur Feldbewässerung wird vom Gauthami-Godavari-Kanal bezogen. Der aus Schwemmland bestehende Boden eignet sich zum Anbau von Reis, Tabak und Chilli.

In Mahé besteht der Boden aus Laterit. Es gibt einige kalkhaltige Hügel. Als Wasserressourcen stehen lediglich Niederschläge zur Verfügung.

Das heiße und feuchte Klima von Pondicherry hat eine von November bis Januar dauernde Hauptregenzeit. Die Nebenregenzeit währt von Juli bis September. Die Monate Mai und Juni kennzeichnen den Sommer, in dem die Temperaturen auf über 40 Grad steigen können. Der „Winter" beginnt im November und erfährt seine niedrigen Temperaturen durch den Nordost-Monsun. Die Temperaturen erreichen dann um die 30 Grad mit angenehmen Abenden. Die jährliche Durchschnittstemperatur beträgt zwischen 26 und 38 Grad.

Auroville ist eine Siedlung, wo insgesamt Mitglieder von 35 Nationen im Einklang miteinander leben. Die Idee hinter der Gründung im Jahre 1968 war, die Einheit der Menschheit in ihrer Unterschiedlichkeit zu zeigen.

Karaikal hat ein tropisches Seeklima mit geringem Wechsel der Tagestemperaturen und angemessenem Niederschlag, der im Jahresdurchschnitt 125 Zentimeter beträgt. Im Jahr gibt es durchschnittlich 55 Regentage, das heißt Tage mit mehr als 2,5 Millimeter Niederschlag. 68 % des Niederschlages fällt in den Monaten Oktober bis Dezember, im November fällt ein Drittel der jährlichen Regenmenge. Dezember und Januar sind die kühlsten Monate mit Temperaturen von 23 (Minimum) bis 28 (Maximum) Grad. Gelegentlich fällt die Temperatur auf 16 Grad ab. Die täglichen Temperaturunterschiede sind mit 10 Grad in den Monaten Mai und Juni am höchsten und mit 5 Grad in den Monaten November bis Februar am geringsten. Das Klima in Yanam ist tropisch mit heißen Sommern und milden Wintern. In den Sommermonaten von

RECHTE SEITE:
Die „Sacred Heart of Jesus"-Kirche auf dem South Boulevard in Pondicherry.

FOLGENDE DOPPELSEITE:
Der Gandhi-Platz in Pondicherry.

April bis Juni steigt die Temperatur auf 47 Grad an, die Durchschnittstemperatur in dieser Jahreszeit schwankt zwischen 28 und 37 Grad. Die Durchschnittstemperatur vom Juni, den Monat, in dem der Monsun einsetzt, bis September beträgt 32 Grad. Dezember und Januar sind die kühlsten Monate, mit durchschnittlichen nächtlichen Temperaturen von 19 Grad und Tagestemperaturen von 27 Grad. Im Extremfall kann die Temperatur während dieser Jahreszeit auf 14 Grad absinken. Die mittlere Luftfeuchtigkeit beträgt über das ganze Jahr zwischen 68 und 80 %. Den jährlichen Regen bringt der Südwest-Monsun. Die jährliche durchschnittliche Niederschlagsmenge beträgt 1226 Millimeter.

BEVÖLKERUNG, SPRACHEN, GESCHICHTE

Die Hauptsprachen von Pondicherry sind Tamil, Telugu und Malayalam. Einige Einwohner sprechen Englisch und Französich.

Gesamt-Pondicherry besteht zu 86,8 % aus Hindus; 6,9 % sind Christen, 6,1 % Moslems und 0,1 % Jainas.

Pondicherry: Bei Arikamedu unternommene Ausgrabungen sind Reste eines Hafens zum Vorschein gekommen, der auf einen Seehandel mit dem römischen Reich schließen lässt. Es könnte sich hier um die antike Hafenstadt Poduke gehandelt haben. Im 11. und 12. Jahrhundert wurde Pondicherry „Puthuvai" oder „Puducherry" von den Hindus und „Pulcheri" von den Moslems genannt. Die Portugiesen nannten den Ort „Puducheria" und die Dänen „Polesere". Puducheri unterstand dem Reich von Vijayanagar im 15. Jahrhundert, danach den Nayaks von Thanjavur und mit dem Beginn des 16. Jahrhunderts dem Sultanat von Bijapur. Im 16. Jahrhundert trieben bereits die Portugiesen und Dänen Handel in der Stadt, aber es sollte bis zum 4. Februar 1673 dauern, bis der erste Franzose in „Puduchery" an Land ging. Von 1693 bis 1699 unterstand Puduchery den Dänen. Im September kauften die Franzosen den Dänen Puduchery für 16 000 Pagodas, wie die Währung damals genannt wurde, ab und Puduchery wurde zu „Pondichéry". 1703 bekam Francois Martin von einem Gesandten des Moghulkaisers Aurangzeb das Dorf Kalapet als Austausch für Bauholz. 1706 kamen fünf weitere Dörfer dazu: Ozhukarai, Murungapakkam, Olandai, Pakkumudaiyanpet und Karuvadi-kuppam. Nachdem die Franzosen in Pondicherry im Jahre 1740 königlichen indischen Flüchtlingen Asyl gewährten und sie letztere gegen die Angriffe der Marathen verteidigten, kamen Ariankuppam, Theduvanatham und Villianur hinzu. Am 16. Januar 1761 wurde Pondicherry von Sir Hector Munro eingenommen, aber drei Jahre später durch den Vertrag von Paris den Franzosen zurückgegeben. 1779 fiel es wieder an die Engländer, die es 1785 wieder den Franzosen überließen, um es 1793 schon wieder zu erobern. Endlich wurde es 1814 den Franzosen zurückgegeben.

Die Statue des General Gouverneurs Dupleix, die von der Gandhis verdrängt wurde und jetzt an weniger prominenter Stelle an der Strandpromenade steht.

Die Geschichte läuft nach Erlangung der Unabhängigkeit (15.8.1947) für alle vier Gebiete in Bezug auf die offiziellen Etappen gleichermaßen ab. Im Juni 1948 wurde zwischen der Regierung Indiens und Frankreichs ein Abkommen unterzeichnet, nach dem die Bevölkerung der französischen Gebiete selbst über die politische Zukunft entscheiden sollte. Daraufhin wurden im Oktober 1948 Wahlen in Pondicherry, Karaikal und Yanam abgehalten. Fast alle Gemeinden entschieden sich für die pro-französische sozialistische Partei. Frankreich bot darauf diesen Gebieten die Autonomie an. Die indische Regierung jedoch bestand auf einer Eingliederung in die Indische Union. Am 18. März 1954 drangen mehrere, vor allem

RECHTE SEITE:
Der Leuchtturm von Pondicherry.

kommunistische Politiker auf eine Angliederung an Indien ohne eine vorherige Volksabstimmung. Es gab schließlich lediglich eine Abstimmung unter den Repräsentanten, von denen 170 (von 178) für den Anschluss an Indien votierten. Am 16. März wurde in Neu-Delhi zwischen Frankreich und Indien eine Übereinkunft unterzeichnet, die die Übertragung der Gebiete an Indien zum Inhalt hatte. Die französische Abtrittserklärung wurde im Mai 1956 von beiden Ländern unterzeichnet, das französische Parlament ratifizierte das Abkommen im Mai 1962. Am 16. August 1962 gab Frankreich alle unter seiner Regierung stehenden Gebiete auf indischem Boden an Indien ab. Am 1. Juli 1963 wurden Mahé, Karaikal, Yanam und Pondicherry zum Unionsterritorium Pondicherry erklärt.

Karaikal: Für die Bezeichnung „Karaikal“ werden unterschiedlichste Erklärungen angeboten. Wahrscheinlich ist, dass das Wort sich aus zwei Wörtern zusammensetzt, nämlich „Karai“ und „kal“. Das Problem ist nur, dass beide Wörter so viele unterschiedliche Bedeutungen haben, dass kaum eine von ihnen in der Kombination einen plausiblen Sinn ergibt. Der zum Nawab ernannte Gouverneur Benoist Dumas (1735-1741) erwarb von Sahuji von Thanjavur das Gebiet von Karaikal, die Festung Karakalcheri und fünf Dörfer für 40 000 „Chakras“, wie die lokale Währung zu der Zeit genannt wurde. Am 14. Februar 1749 nahmen die Franzosen das Land inklusive acht dazugehöriger Dörfer in ihren Besitz, als Sahuji von Thanjavur den Preis auf 50 000 „Chakras“ erhöhte. Ebenso verlangte er ein zinsloses Darlehen in Höhe von 150 000 „Chakras“, das in 3 Jahren zurückgezahlt werden sollte. Die Franzosen willigten ein, drückten aber die Summe für das Darlehen herunter. Pratap Singh, der Thronfolger, bestand dann wieder auf dem Darlehen, diesmal in Höhe von 100 000 „Chakras“. Diese Art der Handelsstrategien wurden fortgesetzt, bis am 12. Januar 1750 Pratap Singh einen Vertrag unterzeichnete, der den Franzosen 81 Dörfer um Karaikal für eine Jahresrente von 2000 „Pagodas“ wie die Währung dann genannt wurde, überließ. Den Briten mussten sich auch die Franzosen von Karaikal 1761 ergeben. Schließlich erhielten die Franzosen durch den Vertrag von Paris (1814) ihre Gebiete 1816/17 zurück. Die Franzosen regierten über Karaikal bis zum 31. Oktober 1954, der Tag, an dem die französische Trikolore auf dem Regierungsgebäude von Karaikal unter militärischen Ehrenzeremonien eingeholt wurde. Ab 1954 unterstand das Gebiet der indischen Zentralregierung, bevor es am 16. August 1962 auch de jure zu Indien gehörte.

Yanam: Das erste französische Warenlager wurde in Yanam 1723 errichtet, wurde aber wegen einer flauen Geschäftslage 1727 aufgegeben um 1731 wieder benutzt zu werden. Ein Erlassbrief von Haji Hassan Khan erlaubte dem französischen Gesandten Fouquet von der Französischen Ostindien-Kompanie von Machilipatnam im Jahre 1731 eine „loge“ in Yanam zu errichten. Die französische Oberhoheit über Yanam wurde durch den Nizam von Hyderabad, Muhyi ad-Din Muzaffar Jang Hidayat (1750-1751) im Jahre 1750 bestätigt.
Das Land hieß eigentlich „Inam“, was die Franzosen in „Yanam“ umwandelten. General Charles Joseph Patissier de Bussy-Castelnau (1718-1785) soll das Land aus Dankbarkeit für seinen Einsatz gegen den Herrscher von Bobbili von Salabat Khan erhalten haben. Ab 1790 wurde Yanam von dem berühmten Forscher Pierre Sonnerat (1748-1814) verwaltet. Sonnerat verfasste ein dreibändiges Werk über China und Indien und war der erste Europäer, der eine Litschi beschrieb. Yanam produzierte Salz, das die Franzosen gewinnbringend nach Bengalen verschifften.

Mahé hieß ursprünglich „Mayyazhi“ („schwarze Flussmündung“). Am 2. April 1721 wurde zwischen Monsieur Mollandin der Französischen Ostindien-Kompanie und Vazhunnavar, dem Herrscher von Badagara ein Abkommen geschlossen, das den Franzosen die Errichtung eines Warenlagers an der Flussmündung gestattete. 1724 errichteten die Franzosen dort eine Festung. Die Engländer veranlassten 1725 den Herrscher von Badagara, die Franzosen wieder zu vertreiben, was erwartungsgemäß das Verhältnis der Franzosen zu

Vazhunnavar belastete. Es kam zu einer Auseinandersetzung, bei der die Franzosen gezwungen waren, sich nach Calicut zurückzuziehen. Wenig später, im Dezember, wurde Mahé wieder von den Franzosen unter De Pardaillan eingenommen. Der Ort wurde dann nach Captain Bertrand-François Mahé, Comte de la Bourdonnais (1699-1753) benannt, der sich bei der Rückeroberung von 1725 als sehr nützlich erwiesen hatte und der 1747 Madras im Handstreich einnehmen sollte. 1761 wurde Mahé von den Briten besetzt, bald darauf, durch den Vertrag von Paris (1763), den Franzosen zurückgegeben, 1779 wieder von den Briten okkupiert, und 1785 den Franzosen zurückgegeben. Bis 1954 unterstand das Gebiet französischer Rechtssprechung.

LINKE SEITE:
Der Hauptplatz der Stadt an der Strandpromenade mit Nehru (vorn), Gandhi und den Säulen von Gingee.

VERWALTUNG

Die ranghöchsten Politiker sind der „Lt. Governor" und der „Chief Minister". Das Unionsterritorium besteht aus vier Distrikten, die mit den jeweiligen Gebieten identisch sind: Karaikal, Mahé, Pondicherry und Yanam.

WIRTSCHAFT

In Pondicherry wird hauptsächlich Reis, aber auch Zuckerrohr, Betelranken, Kokospalmen, Erdnüsse und Hirse angebaut. Ein Teil der landwirtschaftlichen Fläche wird für die Zucht von Jasmin, Rosen und Ringelblumen benutzt. Pondicherry exportiert Erdnüsse, Reis, Fisch und Rohleder.
In Karaikal werden Hülsenfrüchte, Baumwolle, Chillies, Kokospalmen, Erdnüsse, Sonnenblumen und verschiedene Gemüse angebaut. Es gibt in Karaikal zehn Fischerdörfer, so dass sowohl frischer als auch getrockneter Fisch exportiert werden kann. Die einzig nennenswerte größere Produktionsstätte ist eine Textilfabrik.
In Yanam werden ebenfalls Kokospalmen kultiviert und Reis, Hülsenfrüchte, Hirse und Koriander angebaut. Die beiden Flüsse ermöglichen Fischfang, der 1514 Fischer aktiv beschäftigt. Den Fischern stehen neben zahlreichen Kanus 37 Boote mit Außenbordmotor zur Verfügung, das Kühlhaus hat eine Kapazität von 2 Tonnen. Gefangen werden vor allem Meeräschen, Katzenfische und Garnelen.
In Mahé werden Kokosnüsse, Reis, Arekanüsse, schwarzer Pfeffer, Bananen und Maniok angebaut bzw. geerntet. An der Küste gibt es drei Fischerdörfer mit 1200 aktiven Fischern und 120 aktiven Fischerinnen, die zum Fang 40 Holzboote mit Motor, 50 Kanus und 350 Boote mit Außenbordmotor benutzen. Der Fang wird mit einem Lastwagen in ein Kühlhaus befördert, das über eine Kapazität von 10 Tonnen verfügt.

BEDEUTENDE ORTE UND IHRE SEHENSWÜRDIGKEITEN

Der Varadaraja-Tempel soll der älteste Tempel in **Pondicherry** sein. Er wird in das 12. Jahrhundert datiert und enthält ein Kultbild des Venkatachalapathy. Ein weiterer Tempel ist der Vedapureswarar-Tempel aus dem 18. Jahrhundert mit einem besonders farbigen Eingangstorbau (Gopuram). Das Alter des dem Ganesha geweihten Sri Manakula Vinayagar-Tempel ist ungewiss, er soll aber schon lange vor Ankunft der Franzosen bestanden haben. Insgesamt gibt es in Pondicherry 32 Tempel.
Die Monumente in Pondicherry sind ansonsten vor allem vier Kirchen: Die „Eglise de Sacre Coeur de Jesus" mit ihren farbig gefassten Glasfenstern im gotischen Stil des 19. Jahrhunderts, die 1692 gegründete und 1765 vollendete „Eglise de Notre Dame de la Conception Immaculate" und die „Eglise de Notre Dame des Lourdes" von 1876, die der Basilika von Lourdes ähnelt. Im Friedhof der „Eglise de Notre Dame des Anges" von 1855 liegt das Grab von General Charles Joseph Patissier de Bussy-Castelnau (1718-1785), der hier gestorben ist. Der Botanische Garten der Stadt wurde bereits 1826 eröffnet und verfügt über 1500 verschiedene Pflanzen-

arten. Der heute wahrscheinlich berühmteste Ort von Pondicherry ist der 1926 gegründete Sri Aurobindo Ashram. Das wichtigste Museum vor Ort ist das Pondicherry Museum mit Skulpturen der Pallava- und der Chola-Dynastien und altrömischer Töpferware.
Der Sri Gokilambal Thirukameswarar-Tempel in **Villianur** (Distrikt Pondicherry) gilt als der ansprechendste Tempel des Unionsterritoriums. Die beiden Eingangstorbauten (Gopurams) erreichen eine Höhe von 21,35 bzw. 27,45 Meter.
Im fünf Kilometer von Karaikal gelegenen **Thirunallar** steht der eigentlich dem Gott Shiva als Dharbaraneswara geweihte Tempel, der aber in erster Linie wegen eines Schreines Berühmtheit erlangte, in dem Shanaishcharam, d. h. der Planet Saturn verehrt wird. Von allen indischen Gottheiten ist die des Saturn die am meisten gefürchtete, da der Saturn sehr zornig werden kann. Dafür gilt sein Segen als überschwänglich. In **Karaikal** gibt es einen Dargah (islamischer Schrein) zu Ehren des hier im Alter von 120 Jahren am 24.2.1829 verstorbenen Syed Dawood von Bukhara, und die „Eglise de Notre Dame des Anges“ von 1891.
Von spektakulären modernen Brücken abgesehen verfügt das idyllisch gelegene **Yanam** über keine eigenen Monumente von Bedeutung.
Die Hauptattraktion von **Mahé** ist die Kirche der Heiligen Theresa, über deren Entstehung der Mythos existiert, das ein vor der Küste wohl auf eine Sandbank gelaufenes Schiff wieder flott gemacht werden konnte, nachdem der Kapitän der Heiligen Theresa, deren Statue er am Strand fand, ein Heiligtum baute. Ein 1855 datiertes Beispiel französischer Kolonialarchitektur ist das „Government House“, in dem heute die Verwaltung von Mahé untergebracht ist. Die Ruinen des französischen Forts von St. George befinden sich auf dem Hügel von Cherukallayi, 1 Kilometer von Mahé entfernt. Ein weiteres Fort ist das von Thatcholi Othenan, der in Mahé gerne mit Robin Hood verglichen wird. Das Fort von **Thalassery** wurde ab dem 20. August 1708 aus Laterit-Gestein erbaut. Es gibt 19 hinduistische Tempel in Mahé. Im so genannten, bei **Tellicherry**, das heißt in der Nähe von Mahé gelegenen „Gundert Bungalow“ lebte der deutsche Missionar Hermann Gundert (1814-1893), der erste Verfasser eines Wörterbuchs der Malayalam-Sprache ab 1839 20 Jahre lang. Hermann Gundert war mütterlicherseits der Großvater des Nobelpreisträgers für Literatur (1946), Hermann Hesse (1877-1962).

LINKE SEITE:
Die St.Theresa-Kirche in Mahé.

Sri Aurobindo Ashram.

0
200
400
600
km
AFGHANISTAN
PAKISTAN
CHINA
NEPAL
Tibet (Xizang)
Punjab
Kabul
Peshawar
Islamabad
Srinagar
Leh
Jammu
Hanle
Chamba
Dankhar
Gijranwala
Lahore
Faisalabad
Amritsar
Jullundur
Ludhiana
Simla
Chandigarh
Dehradun
Quetta
Multan
Patiala
Ambala
Saharanpur
Bhatinda
Karnal
Hardwar
Panipat
Hisar
Meerut
Moradabad
Delhi
New Delhi
Ghaziabad
Rampur
Faridabad
Bareilly
Aligarh
Shahjahanpur
Bikaner
Kathmandu
Jaisalmer
Nagaur
Mathura
Jaipur
Firozabad
Lakhnau (Lucknow)
Gonda
Agra
Farrukhabad
Gorakhpur
Jodhpur
Kanpur
Ghaghara
Faizabad
Muzaffarpur
Ajmer
Chambal
Gwalior
Lashkar
Hyderabad
Barmer
Chapra
Indus
Betwa
Ganges
Patna
Kota
Jhansi
Allahabad
Varanasi (Benares)
Mirzapur
Udaipur
Satna
Gaya
Palanpur
Son
Daltonganj
Gandhinagar
Sagar
Kandla
Ratlam
Ranchi
Jamnagar
Ahmadabad
Ujjain
Bhopal
Jabalpur
Rajkot
Vadodara (Baroda)
Indore
Narsimhapur
Hoshangabad
Porbandar
Narmada
Bhavnagar
Khandwa
Bilaspur
Rourkela
Junagadh
Gondia
Amravati (Amraoti)
Sambalpur
Diu
Surat
Dhule
Raipur
Daman
Jalgaon
Akola
Malegaon
Nagpur
Durg
Sonpur
Silvassa
Wardha
Mahanadi

PUNJAB

LAGE, GRÖSSE, EINWOHNERZAHL, SYMBOLE

Der im indischen Nordwesten gelegene Bundesstaat Punjab erstreckt sich von 29°30' bis 32°32' nördlicher Breite und 73°55' bis 76°50' östlicher Länge. Den Bundesstaat umgeben (von Süden nach Norden, im Uhrzeigersinn) die Bundesstaaten Haryana, Rajasthan, das Land Pakistan mit der Provinz Punjab, die Bundesstaaten Jammu & Kashmir und Himachal Pradesh. Die Fläche des Punjab nimmt 50 362 Quadratkilometer ein, womit dieser Bundesstaat innerhalb Indiens Rang 19 einnimmt. 24 358 999 Einwohner sorgen in dieser Hinsicht für Platz 15 innerhalb Indiens.

Punjab (sprich: Pandschab) bedeutet „fünf" (= Panch) „Gewässer" (=ab), was sich auf die fünf Flüsse Jhelum, Chenab (Chandrabhaga), Ravi, Beas und Sutlej bezieht, die durch diesen Bundesstaat fließen.

Die Hauptstadt des Punjab ist Chandigarh, ein Unionsterritorium, das gleichzeitig die Hauptstadt des Bundesstaates Haryana ist.

Das „Staatstier" ist die Hirschziegenantilope (Antilope cervicapra).

Der „Staatsvogel" des Punjab ist der Habicht (Accipiter gentilis).

Der „Staatsbaum" ist der Indische Rosenholzbaum (Dalbergia sissoo).

Der inoffizielle Tanz des Punjab ist der „Bhangra".

Der Volkstanz Bhangra.

Die Hirschziegenantilope ist das offizielle Staatstier Punjabs.

TOPOGRAPHIE UND KLIMA

Im Punjab sind zwei geographische Zonen unterscheidbar:
Parallel zum südlichen Himalaya bilden die „Shivaliks“ (auch: Siwaliks) ein 1600 Kilometer langes „Vorgebirge“. Auf einer Weite von 6-10 Kilometer berührt der Punjab diese Region der Shivaliks und ist dort zwischen 400 und 700 Meter hoch gelegen.
Die Ebene des Punjab ist Teil der muldenförmigen Ebene des Industals, die hier von dem Sutlej gebildet wird. Die Ebene steigt in Richtung der Shivaliks, das heißt von Westen nach Osten leicht an und liegt durchschnittlich zwischen 180 und 300 Meter über dem Meeresspiegel.
Der Punjab kennt drei Haupt- und zwei Übergangsjahreszeiten:
1. die Heiße Jahreszeit
2. die Regenzeit und
3. die Kühle Jahreszeit.

Die Übergangsjahreszeiten sind:
1. die Nach-Monsunzeit und
2. die Zeit der ansteigenden Hitze

Die Heiße Jahreszeit dauert von Mitte April bis Ende Juni, die Regenzeit vom Anfang Juli bis Ende September, die Kühle Jahreszeit von Anfang Dezember bis Ende Februar.
Die Nach-Monsunzeit währt vom September bis Ende November und die Zeit der ansteigenden Hitze von März bis Mitte April. Die Zeit der ansteigenden Hitze ist die Haupterntesaison.
Während der Heißen Jahreszeit kann die Temperatur auf 45 Grad steigen, im Durchschnitt werden um 40 Grad gemessen. Während der Kühlen Jahreszeit betragen die Temperaturen zwischen 5 und 12 Grad, je nach Tageszeit. Es können Tiefsttemperaturen zwischen 0,2 -0,5 Grad gemessen werden und es kann zu Bodenfrost kommen. Die Temperaturschwankungen von Tag- zu Nachttemperaturen sind am größten im Monat November, wo sie 18 Grad betragen und am niedrigsten im Monat Juli, wo sie nur 9 Grad betragen. Die jährliche Durchschnittstemperatur beträgt 21 Grad.
Die durchschnittliche Niederschlagsmenge des Punjab schwankt zwischen 250 und 1000 Millimeter. Den meisten Niederschlag erhält der in den Shivaliks gelegene Teil des Bundesstaates, den wenigsten bekommt der Südwesten im Bereich der Wüste Thar. 70-80 % des jährlichen Niederschlages fallen während der Zeit des Südwest-Monsuns, die verbleibenden 20-30 % erhält der Punjab während der Kühlen Jahreszeit.

BEVÖLKERUNG, SPRACHEN, GESCHICHTE

Die Bevölkerung des Punjab gliedert sich in eine Reihe von Berufsgenossenschaften oder Zünfte, die im indischen Gebrauch der Stellung indigener Stämme sehr nahe kommen. Die offiziell aufgezählten „Stämme" (tribes) umfassen die Jats, Khatris, Aroras, Brahmans, Vaishas, Sainis, Kambohs und Sansis. Die Jats werden in weitere Clans unterteilt, die jeweils innerhalb einer bestimmten Dorfansammlung leben, wie den Sindhus, Sindhu Brars und die von den Sindhus abstammenden Phulkian-Familien von Patiala, Nabha und Jind. Von den Brars stammt die Herrscherfamilie von Faridkot ab. Weitere Clans sind die der Dhillon, Randhawa, Bains, Sandhu und Gill.

Unter den „Stämmen" die keinen Ackerbau betreiben, sind die Khatris, Aroras und Vaishas am wichtigsten. Diese Bevölkerungsgruppen ernähren sich in erster Linie vom Handel, wobei die Khatris in eine Reihe von Untergruppen unterteilt werden wie den Dhaighares, Charzatis, Punjzatis, Chhezatis, Sarins, Bahris und Khakhrains. Diese Bevölkerungsgruppen können insofern mit den indigenen Stämmen verglichen werden, als ihre Sitten und Gebräuche jeweils voneinander stark abweichen können.

Volkstanz in einem Theater.

59,9 % der Bevölkerung des Punjabs sind Sikhs, 36,9 % Hindus, 1,6 % Moslems, 1,2 % Christen, 0,2 % Jainas und weitere 0,2 % sind Buddhisten.

Die Amtssprache des Punjab ist Punjabi. Hindi und Urdu gelten als Verkehrssprachen.

Die historischen Hauptereignisse des Punjab geschahen im Westen des ungeteilten Punjab, der einst sich bis an die Grenzen des heutigen Afghanistan erstreckte. Bereits ab dem 5. Jahrhundert vor unserer Zeit hatten die Griechen Kenntnis vom „mächtigsten Fluss der Welt", den Indus, den die Griechen Indos nannten. Die fünf Nebenflüsse nannten sie Hydaspes (Jhelum), Acesines (Chandrabhaga/Chenab), Hydraotis (Ravi), Hesidros (Sutlej) und Hyphasis (Beas).

Im Jahre 326 vor unserer Zeit kämpfte der Mazedonier Alexander der Große gegen Puru oder Purushottama, der in der griechischen Literatur Porus genannt wird. Das Reich des Porus erstreckte sich vom Hydaspes bis zum Acesines, womit er ein früh belegter Herrscher des Punjab war. Porus war ein Khatri (von Sanskrit: Kshatriya, der Krieger), verlor die Schlacht vom Hydaspes als Anführer von 200 Elefanten, 6000 Reitern und 30 000 Fußsoldaten gegen die zahlenmäßig überlegene Armee Alexanders, aber nicht seinen Stolz, was

Der „Takhat-i-Akbari“ (Thron Akbars) ist ein staatlich geschütztes Monument, Nr.10 des "Chandigarh Circle, Punjab". Die erhöhte Plattform markiert den Ort, an dem Akbar am 14. Februar 1556 zum Moghulkaiser gekrönt wurde.

Alexander so beeindruckte, dass er als Vasall seines eigenen Reiches unter Alexander weiterleben konnte.

Nach der Schlacht gegen Porus hatte die zwar siegreiche aber von den Kriegselefanten signifikant dezimierte Armee keine Lust auf eine weitere Schlacht gegen einen indischen Herrscher und verweigerte den Weitermarsch. Alexander der Große war gezwungen, nach der Schlacht vom Hydaspes umzukehren. Nach Alexanders Abzug wurde der Punjab Teil des Reiches des Mazedonischen Offiziers Seleucus I., genannt Seleucus Nicator (ca. 358 vor unserer Zeit bis 281 vor unserer Zeit). Seleucus Nicator versuchte sein Reich Richtung Osten zu erweitern, scheiterte aber an Chandragupta, den Herrscher der Maurya-Dynastie von Magadha (Bihar), der zum Herrscher des (ungeteilten) Punjab avancierte und dafür Seleucus Nicator im Jahre 302 vor unserer Zeit 500 Kriegselefanten vermachte. Die erste Frau des Seleucus, Apama, dürfte eine Inderin gewesen sein, mit der er zwei Töchter und zwei Söhne hatte.

Als das Reich der Mauryas unterging, wagte sich der Baktrische König Demetrius um 190 vor unserer Zeit nach Indien und eroberte den Punjab, womit er ein Indo-Griechisches Reich schuf. Demetrius unterstützte den Buddhismus, auf seinen Münzen erscheint ein Elefant. Demetrius wird in den altindischen Inschriften und Texten „Dharmamita“ (= Freund der [buddhistischen] Lehre) oder Dimita genannt. Von seinem Sohn(?) Agathocles von Baktrien (regierte etwa um 180 vor unserer Zeit) stammen die ältesten, im heutigen Afghanistan gefundenen Münzen mit eindeutig durch Beischrift identifizierten hinduistischen Gottheiten (Balarama und Vasudeva). Agathocles ließ auch Münzen mit buddhistischen Symbolen prägen.

Ab der Mitte des 2. Jahrhunderts vor unserer Zeit wurden die Indo-Griechen von den Skythen oder „Sakas“ vertrieben, die ihrerseits von den „Yuezhi“ aus Zentralasien vertrieben wurden. Die Sakas, Begründer des nach ihnen benannten indischen Kalenders, setzten sich im Punjab fest und wurden zu Buddhisten. Ihnen folgten später die in Indien als „Kushanas“ bekannten Yuezhi. Die Kushanas, die ebenfalls den Buddhismus unterstützten, gründeten ab dem 1. Jahrhundert unserer Zeit ein Großreich, von dem 15 Herrschernamen bekannt sind. Der erste einflussreiche Herrscher dieser Dynastie war Vima Kadphises, der bedeutendste Herrscher war sein Nachfolger, Kanishka I., einer der großen Unterstützer des Buddhismus. Obwohl die Abfolge der Herrscher der Kushanas als gesichert gelten kann, gibt es bisher keinen einwandfreien Beweis, wann welcher Herrscher gemäß unserer Zeitrechnung regiert hat. Die zahlreichen Datierungsangaben auf den Skulpturen der Kushanas sind zwar eindeutig, jedoch niemals mit einem

Äquivalent das erlaubt, die Datierung mit einer uns bekannten Zeitrechnung zweifelsfrei in Verbindung zu setzen. Kanishka I. regierte etwa zwei Jahrzehnte lang. Wann genau dies innerhalb der zweiten Hälfte des 1. Jahrhunderts und des gesamten 2. Jahrhunderts unserer Zeit geschah, ist bisher nicht widerspruchsfrei gesichert. Die Hauptstadt des Kushana-Reiches war das heutige Peshawar (vormals: Pushpapura), die bedeutendste Hauptstadt im Osten des Kushana-Reiches war Mathura (Uttar Pradesh).

Die nächsten erwähnenswerten Herrscher des Punjab waren die „Indo-Hephtaliten" oder „Weißen Hunnen", deren Hauptstadt ab der ersten Hälfte des 5. Jahrhunderts Bamiyan in Afghanistan war. Der Gupta-Herrscher Skandagupta (starb 467) brachte den Vormarsch der Hephtaliten um 455 zwar zum Stehen, konnte sie jedoch nicht verdrängen. Erst im Jahre 528 wurden die Hephtaliten von Yashovarman (auch: Yashodharma) von Malwa vernichtend geschlagen und somit zum Rückzug gezwungen. Anders als die Kushanas waren die Hephtaliten dem Buddhismus gegenüber, zumindest unter ihrem Herrscher Mihirakula, geradezu feindlich eingestellt. Hauptstadt der Hephtaliten war Sakala, das Sialkot im Pakistanischen Teil des Punjab.

Ab dem 6. Jahrhundert regierten die Shahis über den Punjab. Die Hindu-Shahis unterstützten sowohl den Buddhismus als auch den Hinduismus. Bis zum Jahre 1013 sollten sich die Hindu-Shahis im östlichen Punjab halten, bevor auch sie den islamischen Raubzügen unter Mahmud von Ghazni (971-1030) zum Opfer fielen. Seine Nachfolger, die Ghaznawiden, herrschten über den Punjab, dessen östlicher Teil, dem heutigen Bundesstaat ungefähr entsprechend, erst um 1160 von den hinduistischen Rajputen zurück erobert wurde.

Das Fundament des Stupas von Sanghol.

Muhammad Ghor, Statthalter von Ghazni, bemächtigte sich ab 1160 des Reiches der Ghaznawiden. 1186/87 eroberte er Lahore, die Hauptstadt der Ghaznawiden im Pakitanischen Teil des Punjab. Daraufhin begannen die Angriffe auf den zu der Zeit hinduistischen Teil Indiens. 1191 unterlag Muhammad Ghor dem Chauhan Rajputen Prithviraj (c.1168-1192). Letzterer beging den unverzeihlichen Fehler, den gefangenen Muhammad Ghor gegen den Rat seiner Generäle ziehen zu lassen, ein Fehler, der ihn ein Jahr später unter Missachtung dieser großzügigen Geste das Leben kostete. Muhammed Ghori kannte den rajputischen Ehrenkodex, der den Rajputen untersagt, nachts zu kämpfen, und metzelte die schlafenden Rajputen im Lager von Prithviraj vor Sonnenaufgang nieder. Bevor Muhammad Ghor im Jahre 1206 starb, machte er seinen „Sklaven", den General Qutb-ud-Din Aibak, zu seinem Nachfolger.

Danach wechselte sich eine islamische Dynastie nach der anderen ab. Der „Sklaven"-Dynastie folgte 1290 die Dynastie der Khiljis, die mehrfach die Mongolen abwehren mussten. Die Tughluqs lösten die Khiljis 1320 ab. Timur, Herrscher des Timuridischen Reiches (1336-1405) brandschatzte Delhi 1398/99 nachdem er durch den Punjab gezogen war. Von 1414 bis 1479 sollten die Sayyids über den Punjab herrschen, ihre Nachfolger, die Lodis, herrschten bis 1526.

Babur, der erste Moghulkaiser Indiens, schlug 1526 die Konföderation der Lodis in der ersten Schlacht von Panipat, das bis zum 1.6.1966 Teil des Punjab war, und gründete das Moghul-Reich. Lahore wurde auch unter den Moghuln zu einer bedeutenden Stadt, unweit der der Moghulkaiser Jahangir (1605-1627) begraben liegt.

Der in einem künstlichen See gelegene Hari Mandir Sahib, das mithin wichtigste Heiligtum der Sikhs in Amritsar, ist bei westlichen Touristen wegen des vergoldeten Daches als „Goldener Tempel" bekannt.

Ab dem 2. Viertel des 18. Jahrhunderts zeigte das Moghul-Reich unverkennbare Anzeichen des siechenden Zerfalls. Über den Punjab regierten verschiedene, vom Moghul-Reich weitgehend unabhängige Fraktionen. Seit 1757 war Ahmed Shah Abdali (c.1723-1773) der Herrscher über den Punjab, aber 1758 eroberten die Sikhs unter Sardar Jassa Singh Ahluwalia (1718-1738) Lahore. Dieser Eroberung sollten weitere folgen, bis es am 5. Februar 1762 zu einer erbitterten militärischen Auseinandersetzung mit Ahmed Shah kam, während Letzterer an den Sikhs ein Massaker verübte, dem 20 000 Männer, Frauen und Kinder zum Opfer fielen. Dieses Massaker nennen die Sikhs „Wadda Ghalughara" (großer Holocaust). Sardar Jassa Singh Ahluwalia musste sich nach Kangra zurückziehen, griff aber bald darauf Sirhind an und tötete den afghanischen Statthalter. Darauf begab sich Sardar Jassa Singh Ahluwalia zum Hari Mandir Sahib, den „Goldenen Tempel" in Amritsar, der zwischenzeitlich von Ahmed Shah durch das Schlachten von Kühen im Tempelbezirk entweiht worden war.

Unter Ranjit Singh (1780-1839), dem „Löwen des Punjab" („Sher-e-Punjab") kam es allmählich zur Einigung der verschiedenen Gruppen der Sikhs. Ranjit Singh gelang die Aufstellung einer schlagkräftigen Armee, die nach und nach die afghanischen Herrscher bezwingen sollte, bis letztere aus Frustration über ihre von den Sikhs erlittenen Niederlagen ihre Wut am wehrlosen Volk ausließen. Die Sikhs und Hindus flohen in die Berge und die Moslems dachten, dass ihre Glaubensbrüder sie verschonten, aber diese Annahme erwies sich als falsch. In Ermangelung von Hindus und Sikhs reagierten die Afghanen sich am islamischen Volk des Punjab ab.

Am 7. Juli 1799 wurde Lahore von einer 25 000 Mann starken Armee unter Ranjit Singh angegriffen und befreit. Lahore wurde zur Hauptstadt des Reiches der Sikhs, am 12. April 1801 ließ sich Ranjit Singh zum Maharaja krönen. Die ethnischen Säuberungen, die die afghanischen Herrscher vor ihm unternahmen, unterstützte Ranjit Singh nicht; er gewährte Religionsfreiheit, hob die islamische, von Hindus und Sikhs erhobene Kopfsteuer auf und besuchte die große Moschee in Lahore. Nach und nach eroberte Ranjit Singh den gesamten Punjab und restaurierte den „Goldenen Tempel" in Amritsar neben vielen anderen, auch hinduistischen Tempeln, deren Dächer er vergolden ließ. Ranjit Singh brachte es fertig, den nunmehr vorrückenden Briten die Stirn zu bieten. International bekannt wurde Ranjit Singh als Besitzer des „Berg des Lichts" („Koh-i-Nur"), des größten Diamanten der Welt, der heute in mehrfach zersägter Form Teil der britischen Kronjuwelen ist. Auf seinem Sterbebett vermachte Ranjit Singh den aus Indien stammenden Diamanten dem Tempel des Jagannath in Puri (Distrikt Puri, Orissa), doch aufgrund nie völlig geklärter Umstände gelangte der berühmteste aller Edelsteine 1851 in den Besitz von Königin Viktoria.

Nach dem Ableben Ranjit Singhs kam es zu erbitterten Thronfolgekämpfen, in die die Briten 1845 mit einer 32 000 Mann starken Armee eingriffen. Es kam zum ersten so genannten „Anglo-Sikh"-Krieg und zur Schlacht von Ferozepur (21.12.1845), die von dem Preußischen Prinzen Friedrich Wilhelm Waldemar (1817-1849) aus nächster Nähe beobachtet wurde, wobei dessen Leibarzt, Dr. W. Hoffmeister, durch eine Kartätschenkugel während des Gefechtes getötet wurde.

Die Engländer gewannen und verlangten im Vertrag von Lahore 1846 die Überlassung Kashmirs und die die Herausgabe des „Koh-i-Nur" als Kriegsbeute. Englische Beobachter verblieben zwecks Überwachung des Maharaja Dalip Singh. Gegen diese Briten revoltierten Truppenteile der Sikhs, eine Revolte, die den gesamten Punjab ergriff. Es kam zum zweiten „Anglo-Sikh"-Krieg, den die Engländer wieder für sich entscheiden konnten. Diesmal (1849) annektierten die Briten gleich den ganzen Punjab; der junge Prinz wurde in Rente geschickt.

Ein unvergessliches Ereignis für die Bewohner des Bundesstaates Punjab geschah am 13. April 1919 in Amritsar. Etwa 5000 Menschen, Kinder, Frauen und Männer, versammelten sich auf einem umwallten „Jallianwala Bagh" genannten Platz anlässlich eines jährlichen Festes, um Redner zu hören, die zu den „Rowlatt Acts" Stellung nehmen wollten. Die „Rowlatt Acts" ermöglichten willkürliche Festnahmen der Polizei. Zwar wurde am Tag zuvor eine Ausgangssperre erlassen, was jedoch nur auf Englisch erfolgte; das Volk verstand lediglich die eigenen Sprachen: Punjabi und Hindi.

Brigade-General Reginald Edward Harry Dyer (1864-1927) ließ eine Einheit von 90 Soldaten mit Gewehren und automatischen Waffen aufmarschieren und sie um den Platz herum positionieren. Dyer ließ alle Zugänge und Tore schließen und gab ohne ein Zeichen einer Warnung den Befehl zum Feuern. Die von Panik ergriffenen Menschen eilten zu den fünf verschlossenen Toren, wo sie von Salven der Soldaten niedergemäht wurden. Einige Mütter sprangen mit ihren Kindern in einen Brunnen, wo sie den Tod fanden. Als dem Massaker endlich Einhalt geboten wurde, wälzten sich hunderte Menschen in ihrem Blut (etwa 530 starben sofort, 1000 wurden verletzt). Das Unbegreifliche aber kam danach: Dyer wurde in England zum Helden ausgerufen, und erhielt dort eine Dankadresse des „House of Lords" (das britische Oberhaus) neben der für damalige Verhältnisse königlichen Summe von 18 000 Pfund Sterling.
Dieses Ereignis machte auch dem letzten Sympathisanten englischer Kolonialpolitik klar, dass England unfähig war, Indien zu verwalten. Die brutaler werdende Britische Herrschaft über Indien im Allgemeinen und den Punjab im Besonderen brachte im Punjab eine Reihe von indischen Widerstandskämpfern hervor, die mit Flugblättern und Knallkörpern (in englischer Diktion: Bomben) auf die ungerechten Methoden anglo-indscher Regierung aufmerksam machen wollten. Friedliche Demonstrationen ließen die Briten brutal zusammenknüppeln und es kam zu weiteren Todesopfern unter der Zivilbevölkerung. Unter den vielen Freiheitskämpfern im Punjab muss Bhagat Singh (1907-1931) erwähnt werden, den die Engländer am 23. März in Lahore zusammen mit zwei weiteren Freiheitskämpfern hängen ließen. Bhagat Singh erhielt danach den Titel „Shaheed" (auch: Shahid, Märtyrer). Noch heute werden in jedem nordindischen Devotionalienladen Posterdrucke von Shahid Singh zusammen mit Porträts von Mahatma Gandhi, Jawaharlal Nehru und Subhas Chandra Bose verkauft. Sein Denkmal befindet sich in Hussainiwala (Distrikt Ferozepur), sein ihm gewidmetes Museum in seinem Geburtsort, Khatkal Kalan (Distrikt Nawan Shahr).
1946 entstanden erste ernste Spannungen unter den Religionsgemeinschaften, den Muslims, die im Punjab in der Überzahl waren, auf der einen und den Hindus und Sikhs auf der anderen Seite. 1947 kam es anlässlich der Pakistanischen und Indischen Unabhängigkeit zur Teilung des Punjab, mit verheerenden Auswirkungen für alle Religionsgemeinschaften. Der Punjab sollte nach religiösen Gesichtspunkten geteilt werden, mit dem Ergebnis, das etwa 70 % des ungeteilten Punjab Pakistan zugesprochen wurde. Schon vorher attackierte die Moslem-Liga die Hindus und Sikhs, doch nach der Teilung kam es zu unvorstellbaren Progromen. 10 Millionen Hindus und Sikhs wurden gezwungen, den Pakistanischen Teil des Punjab zu verlassen. Über eine Million Menschen wurden auf grausamste Weise ermordet. Lahore, die Hauptstadt des Punjab, in der Ranjit Singh begraben liegt, wurde den Sikhs entrissen.
Der ohnehin schon kleinere, in Indien verbliebene Teil des Punjab sollte noch weiter geteilt werden: zunächst wurde Himachal Pradesh, die „Punjab Hills" im englischen Sprachgebrauch, zum Unionsterritorium am 1. November 1956 erklärt, bevor es am 25. Januar 1971 in den Rang eines Bundesstaates erhoben wurde. Am 1. November 1966 wurde der Hindi-sprechende Teil des Punjab vom Mutterstaat losgelöst und als Haryana zu einem eigenen Bundesstaat. Hauptstadt beider Staaten, Punjab und Haryana, ist Chandigarh, ein extra für den Punjab erschaffenes Unionsterritorium.

VERWALTUNG

Die politisch wichtigsten Funktionen des Bundesstaates liegen in den Händen des „Chief Ministers" und des „Governors". Punjab besteht aus den folgenden 18 Distrikten: Amritsar, Bathinda, Faridkot, Fatehgarh Sahib, Firozpur, Gurudaspur, Hoshiarpur, Jalandhar (Jullunder), Kapurthala, Ludhiana, Mansa, Moga, Muktsar, Nawan Shahr, Patiala, Rupnagar, Sahibjada Ajit Singh Nagar (Mohali) und Sangrur.

Das Museum bei Sanghol.

WIRTSCHAFT

Die landwirtschaftliche Produktion des Punjab, dessen geographische Fläche kaum 1,5 % der indischen Gesamtfläche ausmacht, ist sensationell: im Punjab werden 21 % des in Indien angebauten Weizen, 10 % des in Indien angebauten Reises und 12 % der in Indien angebauten Baumwolle geerntet. Der Punjab erntet 1 % der weltweiten Reisproduktion, und nach offiziellen Angaben 2 % der weltweiten Weizenproduktion neben 2 % der weltweiten Baumwollproduktion. Dafür verbraucht der Bundesstaat pro Hektar Ackerland durchschnittlich 177 Kilogramm Kunstdünger.

Die im Punjab produzierte Milch ist Büffelmilch. In der Industrie werden Fahrräder, Autoteile, Traktoren, Nähmaschinen, Werkzeuge, Sportartikel, elektronische Artikel, Lederwaren, Trikotagen, Textilien und dgl. hergestellt. Die Baumwollspinnereien produzieren 70 % der besten Baumwolle Indiens. Eine Zuckerraffinerie in Morinda verarbeitet täglich 4000 Tonnen Zuckerrohr.

BEDEUTENDE ORTE UND IHRE SEHENSWÜRDIGKEITEN

Von den zahlreichen Monumenten des geschichtsträchtigen Punjab stehen 30 unter dem Schutz der Zentralregierung und 56 unter dem Schutz der Regierung des Punjab. Erwartungsgemäß gibt es in dem Bundesstaat sehr viele Gurudwaras, die jedoch meist späteren Datums sind. Kaum minder zahlreich sind in manchen Distrikten die Dargahs oder islamischen Schreine.

Die wichtigste bisher im Punjab entdeckte Kultstätte der Buddhisten befindet sich in **Sanghol** (Distrikt Fatehgarh Sahib), wo die Fundamente eines Stupas zusammen mit 117 hervorragend erhaltenen Teilen einer Vedika (Stupa-Umzäunung) im Stil der Kushana Kunst von Mathura gefunden wurden. Der Ort wurde als so bedeutend erachtet, dass für die Fundstücke, die auch frühe Münzen und Töpferware umfassen, ein eigenes, zweistöckiges Museum, das „Sanghol Archaeological Museum" unweit des Ausgrabungsortes am 10. April 1990 eröffnet wurde.

Der bedeutendste religiöse Komplex des Punjab ist zweifelsfrei der „Hari Mandir" oder „Harmander Sahib", der Bereich des Goldenen Tempels, des Hauptheiligtums der Sikhs in der Stadt des Ozeans des Nektars der Unsterblichkeit (**Amritsar** = Amrita [Unsterblichkeitsnektar] + sar = sagara [Ozean], Distrikt Amritsar). In der Tat liegt das doppelstöckige Heiligtum inmitten eines 155 x 155 Meter messenden künstlichen Sees. Das obere Stockwerk wurde unter Maharaja Ranjit Singh mit 400 Kilogramm Blattgold vergoldet, daher die

im Westen gebräuchliche Bezeichnung „Goldener Tempel“. Neben dem Hari Mandi, in dem jeden Tag ein großformatiges Exemplar des „Guru Granth Sahib“ (das „Heilige Buch der Sikhs“) ausliegt, gehören zu dem Komplex eine Reihe weiterer Monumente: Der Akal Takht (zeitlose Thron, auch Akal Bunga genannt, Aufbewahrungsort des „Guru Granth Sahib“ während der Nacht), Har ki Pauri, Dukh Bhanjani Ber (ein Baum, deutsch: Brustbeere, Ziziphus jujuba Miller), Thara Sahib, Ber Baba Budha Ji, Gurudwara Ilachi Ber, Ath Sath Tirath und Bunga Baba Deep Singh.

Der „Jallian Wala Bagh“, in dem Brigadegeneral Dyer am 13. April 1919 5000 wehrlose Menschen zusammenschießen ließ, ist heute ein Mahnmal in Amritsar.

Dera Baba Nanak (Distrikt Gurdaspur) ist eng mit Sri Guru Nanak Devji (1469-1539), dem Gründer der Sikh-Bewegung, verbunden. Die beiden Gurudwaras vor Ort sind der Sri Darbar Sahib und der Sri Chola Sahib.

Die Festung „Qila-i-Mubarak“ in **Bathinda** (Distrikt Bathinda) ist neben der gleichnamigen Anlage in **Patiala** (Distrikt Patiala) die eindrucksvollste Festungsanlage des Punjab. Die gleichnamige Anlage in **Faridkot** (Distrikt Faridkot) entstand zu einem späteren Zeitpunkt und enthält noch den königlichen Palast. Qila Androon bezeichnet die innere Festung innerhalb des „Qila-i-Mubarak“-Komplexes in Patiala und enthält 16 ausgemalte Räumlichkeiten mit Wänden, die zum Teil mit Blindspiegeln verkleidet sind.

Zu den archäologisch bedeutenderen islamischen Monumenten gehört die aus Ziegeln erbaute Moschee des Sadhana Kasai bei **Sirhind** (Distrikt Fatehgarhsahib). Von größter Bedeutung ist der „Takhat-i-Akbari“ (Thron Akbars), der Ort, an dem der Moghulkaiser Akbar (1556-1605) am 14. Februar 1556 gekrönt wurde. Der unter Denkmalsschutz stehende Ort liegt 2 Kilometer von **Kalanau** (Distrikt Gurdaspur) entfernt.

Bei **Nakoda** (Distrikt Jalandhar) stehen nebeneinander die beiden typischsten Grabbauten der Moghul-Zeit: Das Grab des Ustad Momin alias Ustad Muhammad Hussaini aus dem Jahre 1612 und das Grab von Haji Jaimal, einem Schüler von Ustad Muhammad Hussaini, von 1657. Beide sollen Tanpura-Spieler (ein gezupftes Bordun-Instrument) am Moghulhof gewesen sein. Der Ort und Moghul Karavan-Serail von **Nurmahal** (Distrikt Jalandhar) wurde zwischen 1619 und 1621 unter der Finanzierung von Nur Jahan, Gattin des Moghulkaisers Jahangir, erbaut. Der Architekt und Bauleiter war Nawab Zakaria Khan, Regent des Doab. Das wichtigste Heiligtum der Sunniten ist im Punjab der Rauza oder Dargah des Shaikh Ahmad Faruqi Sirhindi (1563-1624) im Distrikt Fatehgarh Sahib. Neben dem Heiligtum liegt der Afghanen-Herrscher Shah Zaman begraben. In **Manakpur Sharif** (Distrikt Rupnagar) steht der Dargah des Hafiz Mussa Sahib, eines islamischen Heiligen. Das Grab wurde um 1800 erbaut. Die Anguran Wali Masjid in **Muktsar** (Distrikt Muktsar) wurde im Stile einer klassischen Moschee der Moghulzeit nach empfunden und ist entsprechend späteren Datums.

Der von dem Franzosen M. Marcel nach Art der Paläste von Versailles erbaute Palast von **Kapurthala** (Distrikt Kapurthala) erinnert an die Möglichkeiten, die den ehemaligen Maharajas im Ausleben ihrer persönlichen Individualität zur Verfügung standen. Otto Mayer stand jahrelang bei Maharaja Sir Jagatjit Singh (1877-1949) von Kapurthala als eine Art Leibdiener in Diensten und verfasste darüber ein Buch. Mayer begleitete Seine Hoheit Jagatjit, der zu der Zeit mit vier Frauen verheiratet war, 1905 nach Paris, wo sich Letzterer in eine spanische Tänzerin, Anita Delgado, anlässlich einer Aufführung hemmungslos verliebte und Mayer beauftragte, Anita Delgado ihren Eltern abzukaufen. Die veröffentlichte Kaufurkunde ist auf den 16. Juni 1906 datiert, Anita Delgada wurde zur 5. Frau des Maharaja, der später noch eine weitere Europäerin, Eugenia Grosupova, ehelichte, die danach durch einen Sprung vom Qutb Minar in Delhi den Freitod wählte.

Im 188 Quadratkilometer großen Wildschutzgebiet von **Abohar** (Distrikt Ferozepur) tummeln sich zahlreiche Herden von Hirschziegenantilopen, dem „Nationaltier“ des Bundesstaates.

LINKE SEITE:
Shri Guru Nanak Devji, der erste Guru der Sikhs, wohnte an dem heute als Dera Baba Nanak bekannten Ort, der damit zu den heiligsten Pilgerstätten der Sikhs wurde. In jedem der beiden Haupttempel liegt an exponierter Stelle das „Adi Granth“, das Heilige Buch der Sikhs und die Verkörperung des Gurus, aus.

0
200
400
600
km
Jammu
Indus
Hanle
Chamba
Gijranwala
Amritsar
Dankhar
Faisalabad
Lahore
Jullundur
T i b e t
(X i z a n g)
Quetta
Ludhiana
Simla
Chandigarh
PAKISTAN
Multan
Patiala
Dehradun
Ambala
Saharanpur
Bhatinda
Karnal
Hardwar
Panipat
Indus
Meerut
Hisar
Moradabad
Delhi
NEPAL
New Delhi
Rampur
Ghaziabad
Faridabad
Bareilly
Bikaner
Aligarh
Shahjahanpur
Kathmandu
Jaisalmer
Nagaur
Mathura
Jaipur
Firozabad
Lakhnau
(Lucknow)
Rajasthan
Gonda
Agra
Farrukhabad
Jodhpur
Gorakhpur
Ghaghara
Kanpur
Faizabad
Chambal
Ajmer
Gwalior
Muzaffarpur
Lashkar
Hyderabad
Barmer
Chapra
Ganges
Betwa
Kota
Jhansi
Allahabad
Varanasi
(Benares)
Patna
Udaipur
Mirzapur
Satna
Palanpur
Gaya
Son
Gandhinagar
Sagar
Daltonganj
Kandla
Ratlam
Ahmadabad
Jabalpur
Ujjain
Bhopal
Ranchi
Jamnagar
Narsimhapur
Vadodara
(Baroda)
Rajkot
Indore
Hoshangabad
Porbandar
Narmada
Khandwa
Bilaspur
Rourkela
Bhavnagar
Junagadh
Gondia
Amravati
(Amraoti)
Diu
Surat
Dhule
Raipur
Sambalpur
Daman
Jalgaon
Akola
Malegaon
Durg
Sonpur
Nagpur
Wardha
Mahanadi
Silvassa
Nasik
Jalna
Chandrapur
Aurangabad
Parbhani
Brahmapur
Godavari
Mumbai
(Bombay)
Kalyan
Nanded
Indravati
Ahmadnagar
Nizamabad
Pune
Godavari
Krishna
Bhima
Warangal
Vizianagaram
Sholapur
Vishakhapatnam
Ratnagiri
Sangli
Rajahmundry
Kolhapur
Gulbarga
Hyderabad
Eluru
Kakinada
Bijapur
Vijayavada
Krishna
Belgaum
Raichur
Kurnool
Guntur
Panaji
Machilipatnam

RAJASTHAN

LAGE, GRÖSSE, EINWOHNERZAHL, SYMBOL

Der flächenmäßig größte indische Bundesstaat (342 236 Quadratkilometer) liegt zwischen 23°2' und 30°12' nördlicher Breite bzw. 69°30' und 78°17' östlicher Länge. Rajasthan wird umgeben von (im Uhrzeigersinn, von Süden nach Norden): dem indischen Bundesstaat Gujarat, Pakistan und den Bundesstaaten Punjab, Haryana, Uttar Pradesh und Madhya Pradesh. Mit 56 507 188 Einwohnern belegt Rajasthan innerhalb Indiens den achten Rang. Die Bevölkerungsdichte beträgt 165 Personen pro Quadratkilometer.
Rajasthan heißt Land der Könige (Raja = König, -sthan = Land). Die im gleichnamigen Distrikt gelegene Hauptstadt ist Jaipur (2 324 319 Einwohner).
Der „Staatsvogel" ist die Hindutrappe (auch: Indische Trappe, Ardeotis nigriceps), ein Kranichvogel, dessen Bestand als „gefährdet" eingeschätzt wird.

TOPOGRAPHIE UND KLIMA

Den Bundesstaat durchzieht diagonal, das heißt von Südwesten nach Nordosten, die Gebirgskette der Aravallis. Drei Fünftel des Bundesstaates liegen nordwestlich und zwei Fünftel liegen südöstlich der Aravallis, deren höchste Erhebung in Rajasthan mit 1722 Metern der „Guru Shikhar" genannte Gipfel von Mount Abu ist. Der nordwestliche Teil Rajasthans gehört zur Thar-Wüste und ist sandig und trocken, weil die Aravallis zum Teil den Niederschlag des Südwest-Monsuns abfangen. Der südöstliche Teil erhält entsprechend mehr Niederschläge und war im 18. Jahrhundert noch so humid, dass sich Populationen von Panzernashörnern in dem Gebiet ernähren konnten. Heute wird dieser Teil Rajasthans durch Monsunregenwälder charakterisiert, die während der Vor-Monsunzeit ihr Laub verlieren. Der Boden ist fruchtbar und liefert bei ausreichenden Niederschlägen gute Erträge.

Kurz nach Sonnenaufgang lädt der Tempelteich vor den Stadtmauern Bijoliyas zu einem morgendlichen Bade ein.

Der wichtigste Fluss im nordwestlichen Teil heißt Luni und versickert im „Rann of Kutch“ in Gujarat. Der „Ghaggar“ genannte Fluss kommt aus Haryana und versickert bereits in der Wüste des nördlichen Teils des Bundesstaates. Den südöstlichen Teil Rajasthans entwässern, beziehungsweise bewässern, zwei Nebenflüsse der Ganga (Ganges): Chambal und Banas. Weitere wichtige Flüsse sind Kali Sindh, Parvan, Parvati, Andheri und Ban-Ganga.

Einer der wenigen natürlichen Seen des Bundesstaates ist der Sambhar-Lake (Distrikt Jaipur), der wegen seines hohen Salzgehaltes seit Jahrhunderten als Saline genutzt wird.

Die vier Jahreszeiten Rajasthans sind: Vor-Monsun, Monsun, Nach-Monsun und Winter.

Der Vor-Monsun ist die heißeste Jahreszeit mit Temperaturen bis zu 50 Grad im Westen des Bundesstaates. Sie dauert von April bis Juni. Die von Juli bis September dauernde Jahreszeit des Monsun bringt 90 % des jährlichen Niederschlags, die Temperaturen sinken leicht (auf 35-40 Grad), die erhöhte Luftfeuchtigkeit erschwert jedoch die Lebensbedingungen beträchtlich. Die Nach-Monsun Jahreszeit dauert von Oktober bis Dezember und wird als angenehm empfunden. Die durchschnittlichen Höchsttemperaturen betragen nur noch zwischen 33 und 38 Grad, die durchschnittlichen Niedrigwerte zwischen 18 und 20 Grad. Im Winter (Januar–März) schwanken die durchschnittlichen Höchsttemperaturen zwischen 8 und 28 Grad, nachts kann es zu Bodenfrost kommen, und es kann sich eine dünne Eisschicht auf einigen Seen bilden, an deren Ufer die Krokodile umgeben von Raureif liegen.

Die größten Unterschiede bei den Tag- und Nachttemperaturen gibt es in der Vor-Monsun-Zeit. Die durchschnittliche Luftfeuchtigkeit ist morgens erwartungsgemäß am höchsten, 50-60 % und fällt tagsüber auf 25-35 % ab.

Im Oktober sind auch die letzten Lotosse des „Gaib Sagar“, wie der See am Udai Vilas-Palast von Dungarpur genannt wird, vor dem auf einer Halbinsel errichteten Shiva-Tempel verschwunden.

Die Niederschlagsmengen in Rajasthan fallen je nach Distrikt aus den erwähnten Gründen sehr unterschiedlich aus. Der Distrikt von Banswara erhält einen jährlichen Niederschlag von durchschnittlich 825,9 Millimetern, der von Baran 854,5 Millimeter, Barmer: 277 Millimeter, Bharatpur: 675 Millimeter, Bhilwara: 585 Millimeter, Churu: 552,5 Millimeter, Jaisalmer: 150 Millimeter, Jhalawar: 943 Millimeter, Jodhpur: 302 Millimeter, Karauli: 689,2 Millimeter, Nagaur: 361,6 Millimeter, Pali: 300 Millimeter, Sawai Madhopur: 873,4 Millimeter, Sikar: 459,8 Millimeter, Sirohi: 735 Millimeter, Tonk: 613,6 Millimeter und Udaipur: 634,5 Millimeter.

BEVÖLKERUNG, SPRACHEN, GESCHICHTE

3 125 506 Einwohner sind Angehörige verschiedener Stammesbevölkerungen Rajasthans, bei denen zwölf Haupt-Ethnien unterschieden werden (mit Namensvariationen und Untergruppen):
1. Bhil, Bhil Garasia, Dholi Bhil, Dungri Bhil, Dungri Garasia, Mewasi Bhil, Rawal Bhil, Tadvi Bhil, Bhagalia, Bhilala, Pawra, Vasava, Vasave; 2. Bhil Mina; 3. Damor, Damaria; 4. Dhanka, Tadvi, Tetaria, Valvi; 5. Garasia (ausschließlich der rajputischen Garasia); 6. Kathodi, Katkari, Dhor Kathodi, Dhor Katkari, Son Kathodi, Son Katkari; 7. Kokna, Kokni, Kukna; 8. Koli Dhor, Tokre koli, Kolcha, Kolgha; 9. Mina; 10. Naikda, Nayaka, Cholivala Nayaka, Kapadia Nayaka, Mota Nayaka, Nana Nayaka; 11. Patelia und 12. Seharia, Sehria, Sahariya.
Die für Rajasthan typischen Stämme sind die Bhils und die Minas. Die Bhils leben hauptsächlich in den Distrikten Udaipur, Dungarpur und Banswara, die Minas in den Distrikten Jaipur, Sawai Madhopur und Tonk.

Bei Hochzeiten von Mitgliedern des rajputischen Adels wie hier in Jodhpur werden die Frauen von den Männern getrennt bewirtet.

Die Amtssprachen Rajasthans sind Hindi und Rajasthani. Rajasthani existiert in fünf Hauptdialekten, die mehr sind als lokale Idiome und zum Teil den Anspruch einer eigenen Sprache vertreten könnten. Diese fünf Hauptdialekte sind: Marwari, Dhundhari, Mewari, Mewati und Hadauti (auch: Harauti oder Hadoti). In letzterer Sprache wurde das National-Epos der Haras (auch: Hadas) von Bundi und Kota, das achtbändige „Vamsh Bhaskar" (deutsch: das Sonnengeschlecht) geschrieben.

Die Verteilung der Religionsgemeinschaften in Rajasthan ist wie folgt: Hindus 88,8 %, Moslems 8,5 %, Sikhs 1,4 %, Jainas 1,2 % und Christen 0,1 %.

Die frühe Geschichte Rajasthans erwies sich hier als weniger prägend als in anderen Bundesstaaten und kann daher zusammengefasst werden. Die Ausgrabungen von Kalibangan (Distrikt Bikaner, das Museum befindet sich im Distrikt Hanumangarh) brachten Siegel und andere Funde der Industalkultur zum Vorschein.
Wie die Monumente und Inschriften von Viratnagar (heute: Bairat, Distrikt Alwar) belegen, war die Gegend des heutigen Rajasthan ein Teil des Maurya-Reiches von Magadha und wurde einige Jahrhunderte später von den Kushanas regiert bevor es ab dem 4. Jahrhundert unter den Einfluss der Guptas geriet. Verbreitet war in der Zeit die Religion des Buddhismus, wie die Felsheiligtümer von Kolvi (Distrikt Jhalawar) und die Funde von Vitratnagar (heute: Bairat, Distrikt Alwar) zeigen.

Etwa im 6.-7. Jahrhundert entstanden die Clans der Rajputen. Jeder Rajputenclan brachte eine eigene Herrscherdynastie hervor und einige Dynastien können ihre Vorfahren lückenlos bis in das 7. Jahrhundert zurückverfolgen. Die Stadt Ajmer wurde im 7. Jahrhundert von Ajay Pal Chauhan gegründet und bestand als Machtzentrum bis 1193, als Muhammad Ghor diesen Teil Indiens unter seine Gewalt nahm. Ajmer sollte mithin die einzige Gegend Rajasthans bleiben, die unter ständiger islamischer Präsenz existieren musste. Die meisten anderen Königreiche arrangierten sich mit den islamischen Herrschern insoweit, dass sie ihre Unabhängigkeit zu einem gewissen Grade bewahren konnten. Besonders schwer hatten es diejenigen Herrscher, die ihre Töchter in die Harems der Herrscher geben mussten, und somit „die Ehre der Rajputen besudelten" wie es in den Annalen Rajasthans heißt. Nur die stolzesten Herrscherhäuser, wie etwa das von Bundi oder Udaipur, entgingen dieser erniedrigenden Geste der Unterwürfigkeit. Zur Zeit der Moghuln mussten viele Herrscher in den moghulischen Staatsdienst treten, was so manchem lieber war als der Ehrverlust über das eigene Blut. Der Clan der Kachchhwahas von Amer/Jaipur hatte mit dem Vergeben von königlichen Töchtern kein Problem, was soweit führte, dass in den Adern mancher Moghulkaiser zur Hälfte rajputisches Blut floss. Man Singh von Amer (r.1590-1614) zum Beispiel avancierte somit zum ersten General unter Akbar und Jahangir.

Ein vierjähriger „Bhanwarji", das heißt der Sohn eines Maharajkumar oder Prinzen, wohnt der Hochzeit der Schwester seines Vaters in Jodhpur bei.

Praktisch jeder der 32 Distrikte Rajasthans bildete zwischen dem 17. und dem 19. Jahrhundert einen Staat für sich, mit zum Teil eigener Sprache, eigenen Gesetzen, Mythen, Staatsgottheiten, Uniformen, Zollbestimmungen, Münzen und später sogar Briefmarken. Um 1818 schlossen die meisten Staaten mit den Briten Verträge „in ewiger Freundschaft", was natürlich nur hieß, dass diese Kleinstaaten nunmehr den Engländern statt wie bisher den Moghuln oder Marathen Tribut entrichten mussten.
An dem „Aufstand" von 1857 gegen die Briten beteiligten sich mehrere Staaten, andere Staaten unterstützten die Kolonialmacht. Nach Erlangung der Unabhängigkeit zögerten einige Staaten, wie z. B. Jaipur, den Beitritt zur Indischen Union hinaus. Am 1. November 1956 wurde Rajasthan schließlich zum Bundesstaat erklärt. Die Titel der ehemaligen Herrscher (Maharaja, Maharana, Maharawal, Nawab, etc.) wurden 1972 unter der Regierung von Ministerpräsidentin Indira Gandhi offiziell abgeschafft. Das öffentliche Vorzeigen der Jahrhunderte alten Herrschaftsinsignien wurde unter Strafe gestellt.

VERWALTUNG

Der „Chief Minister" und der „Governor" sind die politisch wichtigsten Personen des in sieben Abteilungen oder Bezirkseinheiten (englisch: Divisions) bzw. 32 Distrikte geteilten Bundesstaates. Die sieben Abteilungen setzen sich wie folgt zusammen:
Ajmer: Distrikte: Ajmer, Bhilwara, Nagaur, Tonk.
Bharatpur: Distrikte: Bharatpur, Dholpur, Karauli, Sawai Madhopur.
Bikaner: Distrikte: Bikaner, Churu, Sri Ganganagar, Hanumangarh.
Jaipur: Distrikte: Jaipur, Alwar, Jhunjhunu, Sikar, Dausa.
Jodhpur: Distrikte: Barmer, Jaisalmer, Jalore, Jodhpur, Pali, Sirohi.
Kota: Distrikte: Baran, Bundi, Jhalawar, Kota.
Udaipur: Distrikte: Banswara, Chittorgarh, Dungarpur, Udaipur, Rajsamand.

RECHTE SEITE:
Die Ursprünge des Juna Mahals oder alten Palastes von Dungarpur reichen bis in das 14. Jahrhundert zurück. Seit etwa 50 Jahren blieb die architektonisch interessante Anlage unbewohnt.

VORHERIGE DOPPELSEITE:
Der „Jag Niwas“ im Pichola-See von Udaipur, hier nach Sonnenuntergang, war noch vor 100 Jahren eine Garteninsel, bevor die Anlage in ein Luxushotel umgewandelt wurde.

WIRTSCHAFT

Die eingefahrenen Haupternten bestehen aus Gerste, Hirse, Reis, Mais, Weizen, Ölsaaten, Hülsenfrüchten, Baumwolle und Tabak. Angebaut werden auch Chillies, Koriander, Kreuzkümmel, Bockshornklee, Ackersenf und Teufelsdreck (Asafoetida). Obstplantagen bringen Orangen, Zitronen, Guaven, Mangos und Granatäpfel hervor. Der Census des Distriktes von Baran in Bezug auf den Bestand derjenigen Tiere, die von Menschen als Milchproduzenten, Arbeitstiere oder Schlachtvieh gehalten werden, brachte hier stellvertretend für die anderen 31 Distrikte folgendes Ergebnis: 329 006 Stück Rindvieh, 190 154 Büffel, 12 471 Schafe, 239 512 Ziegen, 431 Pferde/Ponys/Maultiere, 2044 Esel, 984 Kamele, 11 781 Schweine, 36 440 Hunde, 67 105 Stück Geflügel, 92 Kaninchen und 6 Elefanten.

Auch in Rajasthan ist die Industrie ein Produkt der vorhandenen Bodenschätze, die aus Zink- und Kupfererzen bestehen. Ebenso abgebaut wird Gips, Braunkohle, Feldspat, Kalkstein, Granit, Marmor und Glimmer. Ein Zinkhüttenwerk in Devari (Distrikt Udaipur) und ein Kupferwerk in Khetri Nagar (Distrikt Jhunjhunu) sind in diesem Zusammenhang erwähnenswert. Die Marmorvorkommen von Makarana (Distrikt Nagaur) sind das Carrara Indiens.

Die Industrie produziert Präzisionsinstrumente, Textilien, Zement, Glas, Natrium, Sauerstoff, vegetabile Farben, Pestizide, Dünger, Eisenbahnwaggons, Instrumente der Funkpeilung, Wasser- und Strommessgeräte, Schwefelsäure, Fernsehgeräte, Haushaltsgeräte (Kühlschränke, Geschirrspüler, Waschmaschinen), Nylon und Autoreifen. Zwei Bierbrauereien werden im Distrikt Alwar verzeichnet.

BEDEUTENDE ORTE UND IHRE SEHENSWÜRDIGKEITEN

Uttar Pradesh und Rajasthan sind die beiden Bundesstaaten mit den meisten Monumenten, was nicht unbedingt daran liegt, dass beide Staaten tatsächlich über die meisten Monumente verfügen. Zumindest Rajasthan ist der touristisch am besten erschlossene Bundesstaat Indiens, und daraus resultiert die verhältnismäßig große Bekanntheit der Tempel, Festungen und Schlösser dieses Bundesstaates. Der Auflistung der wichtigeren Monumente in der Reihenfolge der Distrikte, in denen sie zu finden sind, folgt eine geraffte Aufstellung der größeren Festungsanlagen, sofern diese noch nicht bei den Monumenten verlistet worden waren und eine Zusammenstellung der National Parks und Tigerreservate.

In der Schule am Dargah des Sufi-Heiligen Khwaja Moin-ud-Din Chisthi werden Mädchen und Jungen gemeinsam unterrichtet.

Eine der ältesten monumentalen Moscheen Indiens ist die zwischen 1211 und 1235 fertig gestellte „Adhai-din-ka-Jhonpra“ (auch: Arhai-din-ka-Jhoonpra, deutsch: „2 ½-Tage Hütte“) von **Ajmer** (Distrikt Ajmer). Die Moschee besteht aus einem 80 x 53 Meter messenden, von Galerien umgebenen Geviert auf einer Anhöhe. Die 78 x 17 Meter messende Gebetshalle wird von fünf größeren und fünf kleineren Kragsteinkuppeln abgedeckt, die auf 124 hohen schlanken hohen Pfeilern ruhen. Von erhabener, wenn auch kühler Schönheit ist die zum Hof weisende Fassade mit sieben Arkaden, zwischen die kunstvolle Tughra-Inschriften in relieffierter Form gesetzt worden sind. Wie die Quwwatu'l-Islam Masjid (Moschee der Macht des Islam) in Delhi wurde auch die Adhai-din-ka-Jhonpra aus den Spolien und Trümmern von Tempeln erbaut, die die Invasoren in gewohnter Weise niedergerissen hatten.

Mit den Eroberern Ajmers kam der Sufi-Heilige Khwaja Moin-ud-Din Chisthi (1143-1236) aus Ghor um 1191 hierher. Ihm zu Ehren wurde bereits unter Sultan Iltutmish (1211-1236) ein Dargah errichtet, der Ajmer zu dem heiligsten islamischen Pilgerort in Indien macht. Die heute benutzten Hauptbauten der weitflächigen Anlage sind meist, wie der eigentliche Schrein, mit weißem Marmor verkleidet und wurden, wie die am Schrein befindliche Moschee, in der Regierungszeit des Moghulkaisers Shah Jahan (1628-1658) errichtet. Aufmerksamkeit erregen zwei riesige Kochtöpfe die schon zur Zeit des Moghulkaisers Jahangir (1605-1627) vorhanden waren. Den älteren stiftete der Moghulkaiser Akbar (1556-1605) im Jahre 1596. Es können in ihm 4500 Kilogramm Reis auf einmal gekocht werden.

Akbar erbaute auch das strenge, aus rotem Sandstein bestehende Fort („Magazin") in der Stadt, das heute das Archäologische Museum beherbergt.

Das älteste Monument aus vor-islamischer Zeit ist der unter dem Chauhan-Herrscher Anaji oder Arnoraja zwischen 1135 und 1150 angelegte „Ana Sagar", der die Moghulkaiser so beeindruckte, dass Jahangir an seinem Ufer einen Garten, den Daulat Bagh anlegen ließ, der von seinem Nachfolger Shah Jahan am Ufer des Sees mit fünf aus reinstem weißen Marmor errichteten Pavillons (Barahdaris) verschönt wurde. Diese Pavillons wurden während der britischen Vorherrschaft teilweise zu Bungalows umfunktioniert, die erst nach Erlangung der Unabhängigkeit abgerissen werden konnten, damit die ursprüngliche Reinheit der Formen wieder zu Tage treten konnte.

Bevor die verwegenen Attacken der Kavallerie Jodhpurs, die im Ersten Weltkrieg auf englischer Seite in Europa zum Einsatz kam, der Armee jenes Staates zur Berühmtheit verhalfen, saßen die Lanzenreiter auf Dromedaren, wie hier vor der Festung von Mehrangarh.

Den Staat von **Alwar** (Distrikt Alwar) gibt es eigentlich erst seit dem 25. November 1775, die auf dem Grund dieses ehemaligen Fürstenstaates gelegenen Monumente sind jedoch zum Teil früheren Datums. Zu ihnen gehört das um 1600 erbaute, „Mughal Gumbad" genannte Grabmal von **Bairat** (Distrikt Alwar) mit seinen zahlreichen Intarsien und Wandmalereien. Zwei in der Nähe entdeckte Inschriften Ashokas belegen die Vorherrschaft der Mauryas von Magadha über diesen Landstrich. Bis zum 3. Jahrhundert befand sich hier ein buddhistisches Kloster.

Alljährlich verehrt aus Anlass des „Dusserah"-Festes der Maharaja von Jaipur, in Bildmitte Seine Hoheit Sri Sawai Maharaja Bhawani Singhji Bahadur, Pferde, einen Elefanten und weitere Fortbewegungsmittel innerhalb seines Palastes, der an diesem Tage der Öffentlichkeit verschlossen bleibt. Die Zeremonie heißt: Ashvapuja.

Ein Teil der ausgedehnten Palastanlage Alwars beherbergt staatliche Verwaltungsbüros, ein anderer Teil das Government Museum mit einer hervorragenden Sammlung illustrierter Handschriften, einzelner Miniaturmalereien, Waffen und antiken Skulpturen. Hauptanziehungspunkt der Anlage ist das an einem künstlichen See gelegene Kenotaph (Chhattri) der Rani von Raja Bakhtawar Singh (lebte 1779-1815), das von 1804 bis 1813 erbaut wurde. Den See umgeben zwölf Zier-Chhattris. Der zwischen 1892-1900 erbaute Palast von **Sariska** dient seit einigen Jahren als Hotel mit geräumigen Zimmern.

Die Tempel von **Arthuna** (Distrikt Banswara) entstanden zwischen dem 11. und 12. Jahrhundert.

Der so genannte „Bhand Devra"-Tempel ist ein dem Shiva geweihter Bau aus dem 10. Jahrhundert, der malerisch auf einer Insel inmitten eines Kratersees bei **Ramgarh** (Distrikt Baran) steht. Die erotischen Skulpturen werden gerne mit denen von Khajuraho verglichen, was aber nur im Hinblick auf die Thematik zutrifft. Die Shahi Jama Masjid von **Shahabad** (Distrikt Baran) wurde auf Befehl des Moghulkaisers Aurangzeb gebaut.

Der wahrscheinlich unter den Paramaras von Kiradu erbaute Surya-Tempel (Sonnentempel) des Distrikts **Barmer** gehört mit den zahlreichen Tempeln in **Kiradu** (Distrikt Barmer) zu den großartigen Tempelstädten des 10. und 11. Jahrhunderts in Rajasthan. Der bedeutendste Tempel in Kiradu ist der Someshwara-Tempel.

Das 1733 von Maharaja Sural Mal (lebte 1707-1763) gegründete Lohagarh (Eiserne Festung) von **Bharatpur** (Distrikt Bharatpur) war lange Zeit selbst für die Elite-Einheiten der Briten uneinnehmbar, bis es 1804 General Lord Lake gelang. Innerhalb der äußerlich trutzigen, von einem Wassergraben umgebenen Anlage stehen noch mehrere Palastgebäude und das einen Besuch werte Government Museum. Das mit seinen Gärten und Palästen an einem künstlichen See gelegene **Deeg** (auch: Dig, Distrikt Bharatpur) gehört mit dem Gopal Bhawan, dem Suraj Bhawan, dem Nand Bhawan und weiteren Palästen zu den weniger bekannten Attraktionen des Bundesstaates.

Bijoliya (Distrikt Bhilwara) hat mehrere hervorragend erhaltene, an einem künstlichen See gelegene mittelalterliche Tempel wie den Hajareshwara Mahadeva oder die Tempel von Mahakala und Baijanatha vor den Mauern der befestigten Stadt. An einem tief stürzenden Wasserfall liegt **Menal** (Distrikt Bhilwara; von „Mahanal" = großer Graben oder große Furche) mit einer umwallten Tempelanlage, die über ein separates Eingangstor verfügt. Der größte Bau der weit gestreuten Anlage zu beiden Seiten des im Sommer dürftigen Flusses ist der 1253 begonnene Mahanal-Tempel, der dem islamischen Bildersturm wegen des einst dichten Dschungels entgangen sein dürfte.

Die unter Rai Singh von Bikaner (1571-1611) 1593 erbaute Palastanlage des Junagarh in **Bikaner** (Distrikt Bikaner) ist von einer 986 Meter langen Mauer mit 37 Bastionen umgeben. Die zahlreichen Tempel und vor allem Paläste im Inneren sind mit hervorragend erhaltenen Wandmalereien versehen. Der ebenfalls in Bikaner gelegene Lallgarh-Palast wurde von Colonell Swinton Jacob entworfen und 1902 unter Maharaja Ganga Singh (1881-1942) erbaut. Die Anlage enthält heute ein Museum in 22 Räumen. Eine weiteres Museum ist das „Ganga Golden Jubilee Museum“ von 1937, das über die beste Sammlung der Stadt verfügt. Die Kenotaphe (Chhattris) der Herrscher von Bikaner befinden sich außerhalb der Stadtmauern in Devikund. Viele der Kuppeln sind mit ansprechenden Wandmalereien versehen.

Der Karni Mata-Tempel in **Deshnok** (Distrikt Bikaner) verdankt seine Berühmtheit im Westen einzig den im Tempel genährten Ratten. Einen Besuch lohnt dafür der an einem See gelegene Sommerpalast von **Gajner** (Distrikt Bikaner), der aber zu gewissen Jahreszeiten wegen der unendlichen Mückenschwärme gemieden werden sollte. Der nahe gelegene Wildpark enthält Herden von rasch davon hüpfenden Hirschziegenantilopen und Rudel von grunzenden Wildschweinen.

Der selbst für den erfahrenen Globetrotter unglaublichste Ort Rajasthans ist **Bundi** (Distrikt Bundi), eine mittelalterliche Stadt mit einem Palast, „bei dessen Anblick man sich ohne Schwierigkeiten die Hängenden Gärten von Semiramis“ vorstellen kann, wie es der Literaturnobelpreisträger Rudyard Kipling (1865-1936) 1904 formulierte. Der Kern der von dem „Taragarh“ („Sternenfort“) geschützten Palastanlage entstand zwischen dem 16. und dem 19. Jahrhundert. Die Haras von Bundi waren neben den Sisodiyas von Mewar die stolzesten Rajputen, die ihre Töchter nicht in den moghulischen Harem gaben. Neben der mit figürlichen, hoch expressiven Wandmalereien aus dem 17., 18. und 19. Jahrhundert geschmückten Anlage besticht Bundi noch durch eine Reihe von Brunnenanlagen in Form von tiefen Stufenbrunnen.

FOLGENDE DOPPELSEITE:

Unter Maharawal Udai Singh II. von Dungarpur (lebte 1838-1898) wurde in den „Aam Khass“ genannten Räumlichkeiten des „Juna Mahal“ der „Spiegelsaal“ angelegt, in dem der nach links gewandte Udai Singh in Lebensgröße sich darstellen ließ.

Wie von Titanen erbaut erscheint Kumbhalgarh, die unter Maharana Kumbha (1433-1468) konstruierte und nach ihm benannte Festung im ehemaligen Staat von Mewar.

Kaum weniger sehenswert als die Palastanlagen Bundis ist der Palast von **Hindoli** (Distrikt Bundi) innerhalb einer absolut beeindruckenden Festungsanlage.
Die Stadtmauer der von Indar Sal im 17. Jahrhundert gegründeten Stadt **Indargarh** (Distrikt Bundi) ist noch weitgehend erhalten. Die über der Stadt thronende Palastanlage ähnelt sehr den Palästen Bundis, war doch der ältere Bruder Indar Sals der Herrscher dieses Königreichs. Manche Räumlichkeiten wurden im 17. Jahrhundert mit Wandmalereien ausgemalt, die qualitativ den auf Papier gemalten Miniaturen nicht nachstehen.
Historisch und architektonisch kaum zu überbieten ist **Chittaurgarh** (auch: Chittorgarh, Distrikt Chittorgarh), eine auf einem 408 Meter hohen Tafelberg gelegene Festungsanlage, deren Ursprünge bis in das 7. Jahrhundert zurückreichen. Chittaurgarh ist das nationale Symbol des Widerstandes gegen fremde Kolonialmächte. Drei Mal wurde die Stadt von islamischen Aggressoren erobert: 1303, 1533 und 1567. Diese drei Mal endete das Schicksal der Bevölkerung Chittaurs auf ähnliche Weise: Die Männer machten einen letzten Ausfall, der ihnen den sicheren Tod brachte, da sie keine Rüstung mehr anlegten, während die Frauen den Freitod in einem riesigen Scheiterhaufen der Schändung durch die islamische Soldateska vorzogen. Der letzte Eroberer, Akbar (1556-1605) war darüber so erbost, dass er die gesamte Zivilbevölkerung, die in der Festung Schutz gesucht hatte, (etwa 30 000 Personen) ermorden ließ. Die Beschreibungen der zahlreichen Paläste, Tempel, Tore, Stambhas (Siegestürme) und Wasserreservoirs dieser geschichtsträchtigen Festung sind Bände füllend.

Die hier am Jal Mahal („Wasserpalast") von Jaipur entlang laufenden Elefanten kamen für einen Dokumentarfilm über den Taj Mahal in Betracht.

Die im Churu Distrikt liegenden älteren Städte sind bekannt für ihre Wandmalereien in den Kuppeln der Kenotaphe (Chhattris) und den Hausfassaden der Bürgerhäuser (Havelis).
20 oktogonale Kenotaphe (Chhattris) säumen den Rand des künstlichen Sees „Shahi Talab" („königliche See") in **Dholpur** (Distrikt Dholpur), dem Ort zweier moghulischer Thronfolgekriege.
Der spätestens ab dem 14. Jahrhundert immer wieder erweiterte alte Palast (Juna Mahal) von **Dungarpur** (Distrikt Dungarpur) ist einer der am längsten im Gebrauch gewesenen Paläste Rajasthans. Erst 1951 wurde er verlassen und bietet heute dem staunenden Besucher auf über fünf überirdischen Stockwerken zahlreiche, ab dem 17. Jahrhundert mit Wandmalereien geschmückte Räumlichkeiten. Der malerisch, an einem von mehreren Wasservögelarten bevölkerten See („Gaib Sagar") liegende Udai Vilas wurde ab der Mitte des 19. Jahrhunderts erbaut und dient heute zum Teil als Hotel, wo der Besucher beim Abendessen wie im Brijraj Bhawan Palast von Kota von zahlreichen Augen der an den Wänden hängenden Jagdtrophäen beobachtet wird. Das Government Museum in Dungarpur enthält zahlreiche Skulpturen des 7. Jahrhunderts. Die herausragenden Tempel des ehemaligen Staates von Dungarpur sind der Deo Somnath in **Deo Gaon** aus dem 12. Jahrhundert und der 1179 datierte Boreshwar Mahadeo bei **Solaj**.
Die von Maharaja Sawai Jai Singh 1727 gegründete, und nach ihm benannte, Stadt **Jaipur** (Distrikt Jaipur) ist an sich auch ohne die zahlreichen Paläste des Stadtpalastes und der beiden großen Museen sehenswert. Durch einen vor Ort gedrehten Film wurde der gleichnamige „Palast der Winde" sehr bekannt, ein 1799 errichtetes, „Hawa Mahal" genanntes Gebäude, das eigentlich wie ein Potemkin'sches Dorf nur aus einer

Das zwischen 1728 und 1734 im Auftrag des Stadtgründers Sawai Jai Singh in Jaipur gebaute „Jantar Mantar" dient mit seinen verschiedenen Gnomen der vergleichenden Beobachtung der Gestirne.

rosa-getünchten Fassade besteht. Der Gründer der Stadt ließ unweit des Stadtpalastes ein futuristisch anmutendes Gestirnsobservatorium, Jantar Mantar, errichten, das in ähnlicher Form heute noch in Varanasi, Delhi und Ujjain existiert.

Die ältere Hauptstadt des „Dhundhar" genannten Reiches des Clans der Kachchhwahas war das von der Festung Jaigarh geschützte **Amer** (Distrikt Jaipur) mit Palastanlagen und Tempeln des 16. bis 18. Jahrhunderts. Die Stadt Jaipur hingegen schützte die Festung von Nahargarh. Mehrere Jaina-Tempel vereint das unweit von Jaipur gelegene **Sanganer** (Distrikt Jaipur), das im 19. Jahrhundert für seine Blockdrucke berühmt war. Der 40 Kilometer nordwestlich von Jaipur gelegene Palast von Samod hat zahlreiche, mit sehr feinen Wandmalereien ausgemalte Räumlichkeiten. Wie in Jaipur wurden auch die in **Samod** vereinzelt noch vorhandenen Straßenlaternen mit Gasbeleuchtung im 19. Jahrhundert aus Deutschland importiert.

Ab dem Jahre 1156 wurde die ausgedehnte Wüstenfestung **Jaisalmer** (Distrikt Jaisalmer) erbaut. Die mit 99 Bastionen versehenen Mauern der durch vier Tore betretbaren Festung sind über 10 Meter hoch. Der Tafelberg, auf dem die Festung errichtet wurde, ist 80 Meter hoch, 500 Meter lang und etwa 250 Meter breit. Jinistische Bibliotheken, sogenannte „Jnan Bhandars" (etwa: Wissenshäuser) enthalten illustrierte Palmblattmanuskripte des 12. Jahrhunderts und jinistische, moghulische und rajputische Malereien auf Papier vom 16. bis zum 19. Jahrhundert. Die acht Jaina-Tempel im Fort sind wie die Paläste mit sorgsam ausgemeißelten Steinmetzarbeiten versehen.

Eine der gewaltigsten Verteidigungsanlagen Rajasthans ist die sich in den Flüssen Ahi und Kali Sindh widerspiegelnde Festung von **Gagron** (Distrikt Jhalawar), die einst den Herrschern von Kota unterstand, bevor Jhalawar aufgrund einer Geheimklausel von den Briten dem Minister Jhala Zalim Singh zugesprochen wurde, der im Staate Kota der Richelieu oder Machiavelli seiner Zeit war. Das eigentliche Fort von **Jhalawar** entstand erst zwischen 1840 und 1845 unter Maharaja Madan Singh (lebte 1808-1845). Das bereits 1915 eröffnete Museum der Stadt Jhalawar zählt zu den ältesten derartigen Institutionen Rajasthans. Noch im 19. Jahrhundert wurden in der Tempelstadt **Jhalara Patan** (Distrikt Jhalawar) 108 Tempel gezählt. Die Tempel innerhalb der umwallten Anlage entstanden zwischen dem 7. und dem 18. Jahrhundert. Der über 30 Meter hohe, dem Sonnengott Surya geweihte Tempel stammt aus dem 10. Jahrhundert.

Die monolithischen Anlagen der Buddhisten in **Kolvi** (Distrikt Jhalawar) sind mit einer großen Buddhafigur und Votivstupas in Rajasthan einzigartig.

Die meisten älteren Gebäude, d. h. Havelis (Bürgerhäuser), Brunnen und Chhattris (überkuppelte Kenotaphe) der Orte **Ajitgarh, Bissau, Dundlod, Jhunjhunu, Mahansar, Mandawa, Nawalgarh** und **Parasrampura** (alle im Bezirk Jhunjhunu) sind mit volkstümlichen Wandmalereien des 18. bis 20. Jahrhunderts ausgemalt.

Auf der schroff aufsteigenden Festung von Mehrangarh in **Jodhpur** (Distrikt Jodhpur) geht es stellenweise 125 Meter senkrecht in die Tiefe. Die uneinnehmbar erscheinende Anlage wurde ab 1459 erbaut und enthält eine Reihe mit figürlichen Wandmalereien geschmückter Räumlichkeiten. Ein Museum innerhalb der Festung unterrichtet mit authentischen Exponaten über die Vergangenheit der Rajputen von Marwar. Der unweit der Festung gelegene imposante Kenotaph von Maharaja Jaswant Singh (lebte 1838-1895) erweckt den Eindruck eines Tempelpalastes aus weißem Marmor. Ein tatsächlicher Palast ist der heute teilweise als Hotel genutzte Umaid Bhawan Palace aus den 30er Jahren des 20. Jahrhunderts. Die Kenotaphe (Chhattris) der meisten Herrscher Jodhpurs befinden sich in **Mandor** (Distrikt Jodhpur) und sehen aus wie Tempel. Etwas abseits gelegen ist der **Balsamand**, ein künstlicher See am Rande eines Palastes, der von Maharaja Sur Singh (1595-1619) gebaut worden war.

Die ältesten Tempelanlagen des Distrikts Jodhpur hat **Osian** anzubieten. Die 16 zum Teil jinistischen Tempel entstanden zwischen dem 8. und 11. Jahrhundert und sind mit ansprechenden Skulpturen versehen.

Der Tempel der **Kaila Devi** (Distrikt Karauli) soll um 1100 gegründet worden sein, die erhaltenen Bauten aber sind kaum vor dem 19. Jahrhundert entstanden; dennoch wird der Tempel jährlich von über 6 Millionen Pilgern aufgesucht. Weit weniger Besucher erhält der alte Stadtpalast von **Karauli**, der unter

FOLGENDE DOPPELSEITE:
Zum Überstehen längerer Belagerungen wurden schon vor Jahrhunderten auf der Festung von Chittaurgarh Wasserreservoirs angelegt, die hier von Tempeln, Palästen und dem 9-stöckigem Jaya Stambha (Siegesturm) des Maharana Kumbha von 1440-1458 überragt werden.

Maharaja Gopal Singh (1724-1760) seine heutige, ansprechende Form erhielt. Die weitläufige, mit mehreren figürlich ausgemalten Räumlichkeiten versehene Anlage, zählt neben dem Palast von Akhay Raj in Sirohi zu den großen „Unbekannten" Rajasthans. Unweit des Palastes gehört der Tempel des Madanmohanji, der eigentlich drei Kultbilder enthält, anlässlich der recht laut werdenden Andachtszeiten (Darshans) zu den viel besuchten Tempeln des Ortes. **Shri Mahavirji** (Distrikt Karauli) wurde nach dem gleichnamigen Jaina-Tempel benannt, der zu den bedeutenden Jaina-Tempeln des Distriktes gehört.

Obwohl als Staat erst 1631 unabhängig geworden, hat **Kota** (Distrikt Kota) eine ausgedehnte Palastanlage innerhalb einer großen umwallten Stadt. Der über den Hawa Mahal betretbare Palast enthält neben dem Naqqarkhana-Darwaza (wörtlich: Trommelhaustor) mehrere Paläste und unter anderem die Staatsgottheit, Shri Brijnathji. Das Maharao Madho Singh Museum stellt als Teil der Palastanlage die für Kota berühmten Malereien mit Jagdszenen und Porträts aus. Der Raj Mahal, Chhattar Mahal, Bada Mahal, Arjun Mahal, Lakshmi Vilas usw. sind mit exquisiten Wandmalereien dekorierte Räumlichkeiten des 17.-19. Jahrhunderts. Die Chhattris der Herrscher Kotas befinden sich innerhalb einer gepflegten Anlage unweit der ehemaligen Residenz des britischen „politischen Agenten" (political Agent). Diese am Chambal gelegene Residenz, das Brijraj Bhawan, ist Wohnstatt des heutigen Maharao von Kota. Ein Teil des Palastes wird als Hotel vermietet. Über den „Chambal Garden" können Boote gemietet werden, die bei der Ortung der scheuen Ghariale im Chambal-Fluss nützlich sind.

Die ausgedehnte antike Tempelanlage von Menal (= Maha-nal, „großer Graben") liegt an einem der wenigen, besonders zur Regenzeit spektakulären Wasserfälle Rajasthans.

Die ältesten bekannteren archäologischen Monumente des Distriktes sind die Ruinen des Gupta-Tempels von **Darra** (Distrikt Kota), in dessen Nähe sich ein 266 Quadratkilometer großes Wildschutzreservat befindet. Eine kleine Tempelstadt im Dschungel, etwa 40 Kilometer südlich von Kota ist **Baroli** (auch: Badoli, Distrikt Kota) mit Tempeln des 9. Jahrhunderts. Der malerischste Tempel steht inmitten eines künstlichen Sees, der größte Tempel ist der Ghateshwara, ein Shiva-Tempel.

Die erst kürzlich aus Mitteln des Getty-Konzerns restaurierte Festung von **Nagaur** (Distrikt Nagaur) enthält mehrere Palastbauten des 16.–19. Jahrhunderts, die mit Wandmalereien versehen worden sind. Der „Tarkeen Dargah" in der Stadt ist nach nach dem Dargah von Ajmer einer der meistbesuchten islamischen Schreine Rajasthans.

Das Fort von **Khinsvar** (auch: Khimsar, Distrikt Nagaur) beansprucht zwar ein hohes Alter, ist aber in den letzten Jahren derart zu einem Hotel westlichen Standards umgebaut worden, dass die alte Bausubstanz nur noch an den Festungsmauern erkennbar ist. In **Phalodi** (auch: Phalvardhika, Distrikt Nagaur) ist ein mittelalterlicher Tempel der Pratihara-Zeit zu bewundern, der Brahmani Mata geweiht ist.

Überall in den ländlichen Gegenden Rajasthans werden anlässlich des „Dashahara" oder „Dusserah"-Festes Ziegen zu Ehren der großen Göttin geopfert. In der Nähe des Opfertieres sind in der Regel nur Männer anwesend wie hier unter einem heiligen Baum im Distrikt Sirohi.

Baubeginn der heute bestaunenswerten jinistischen Tempelanlage von **Ranakpur** (Distrikt Pali) war im Jahre 1389, die erste Einweihung der Kultbilder fand 1439 statt. Die Angabe der Gesamtanzahl der individuell wie Elfenbein geschnitzten bzw. ausgemeißelten Pfeiler schwankt zwischen 1400 und 1444, die sich auf 29 Hallen verteilen. Die Gesamtfläche des Tempels beträgt 3600 Quadratmeter, was diese Tempelagglomeration zu einem der größten derartigen Tempel in Indien macht. Der zentrale Schrein ist dem Tirthankara Adinath gewidmet.
Das am 19. Juli 1991 eröffnete Shri Bangarh Museum (auch: Bangur Museum) in **Pali** (Distrikt Pali) enthält unerwartet die herausragendsten Steinskulpturen Rajasthans. Unter ihnen befindet sich zum Beispiel eine Vishnu-Statue der klassischen Gupta-Zeit (ausgehendes 5. Jahrhundert), eine frühe jinistische Bronze des Jivantaswami und ein Ganesha aus Jalore.
Der Rajsamand (von Raj + Samudra = königlicher Ozean, bzw. See) von Rajsamand ist ein in der Nähe von **Kankroli** (Distrikt Rajsamand) gelegener, zwischen 1662 und 1676 angelegter Stausee, der eine Länge von 6,5 Kilometern, eine Breite von 3 Kilometern und eine Tiefe von 18 Metern aufweist. Am befestigten Ufer stehen Pavillons mit hinduistischen Figuren, die aus einer Entfernung an die so genannten Barahdaris (wörtlich: 12 Pfeiler-Pavillon) des Ana Sagar von Ajmer erinnern. Die Stadt von Kankroli ist die Heimat von Dwarkadhish, einem so genannten Svarupa („eigene Form") des vishnuitischen Gottes Shri Nathji von Nathdwara.
Die neben Chittaurgarh beeindruckendste Festung Rajasthans – wenn nicht ganz Indiens – ist schon wegen der Größe und Länge der Ringe der Verteidigungsmauern das unter Maharana Kumbha ab 1458 gebaute **Kumbhalgarh** (Distrikt Rajsamand). Innerhalb der Anlage befinden sich mehrere Tempel und auf dem höchsten Punkt der Festung der Badal Mahal oder Wolkenpalast.
Die Festung von **Ranthambor** (Distrikt Sawai Madhopur) wurde spätestens unter Rao Hamir um 1296 erbaut und erlebte mehrere Belagerungen, von denen die berühmteste die von 1569 war, als der Moghulkaiser persönlich seine Truppen zum Angriff auf die schier uneinnehmbare Festung anfeuerte. Die Festung liegt so hoch, dass sie außerhalb der Reichweite der damaligen Belagerungskanonen war. Akbar musste einen Berg errichten lassen, auf den die Kanonen von einer Vielzahl von Ochsen gezogen werden mussten. All das geschah unter dem unausgesetzten Beschuss der Belagerten. Es kam aber schließlich sogar zu einem Friedensvertrag zwischen Akbar und dem Kommandanten der Festung, dem König von Bundi, der Sonderrechte erhielt und nicht das „Blut seiner Familie zu besudeln brauchte", das heißt er war nicht dazu gezwungen worden, eine seiner Töchter oder Schwestern in den moghulischen Harem zu geben. Die weitläufige Festungsanlage hat viele Paläste, Chhattris, Moscheen und Tempel.
Die im Herzen des so genannten „Shekhawati"-Gebietes liegenden Städte von **Sikar**, **Laxmangarh** (auch: Lakshmangarh), **Fatehpur** und **Ramgarh** (alle im Distrikt Sikar) haben Tempel, Brunnenanlagen, Havelis (Bürgerhäuser) und Kenotaphe (Chhattris) die meist großflächig mit naiv-volkstümlichen Wandmalereien des 19. und 20. Jahrhunderts dekoriert sind. Obwohl der Harshnath-Tempel aus dem 10. Jahrhundert von **Harsh** (Distrikt Sikar) teilweise in Ruinen liegt, ist der Ort wegen der ästhetischen Qualität der Skulpturen einen Besuch Wert.
Die Tempel von **Delwara** (Distrikt Sirohi) sind mit ihren wie aus Wachs geformten Skulpturen, Decken und Pfeilern das Nonplusultra der jinistischen Tempelarchitektur. Die Gruppe der mit unglaublicher Feinheit ausgemeißelten Haupttempel besteht aus dem Vimala Vasahi-Tempel von 1021 und dem Luna Vasahi-Tempel von 1231. Naturgemäß wurde ein Teil der Tempel im Jahre 1311 zerstört, aber bald nach Abzug der islamischen Truppen im Jahre 1321 wiederhergestellt worden.
Der Sonnentempel von **Varman** (Distrikt Sirohi) wurde um 1042 erbaut und ist ein gutes Beispiel für einen Tempel, dessen Bestandteile nur wenige Jahrzehnte später zum Bau von Moscheen benutzt wurden, nachdem der Tempel niedergerissen worden war.

Der Tempel von Sarneshwarji in **Sirohi** (Distrikt Sirohi) liegt inmitten einer kleinen, umwallten Tempelstadt am Hang eines Berges gegenüber den Chhattris der Herrscher von Sirohi. Der Tempel wurde häufiger restauriert, das letzte Mal von Maharao Akhayraj (1620-1673) im Jahre 1628. Derselbe Akhayraj ließ auch den alten Palast von Sirohi mit Fresken verschönern, die Werke der klassischen Sanskritliteratur illustrieren.

Die jinistischen Tempel von **Mirpur** (Distrikt Sirohi) aus dem 9. Jahrhundert sind die ältesten Tempel aus weißem Marmor in Rajasthan, die jedoch im 13. Jahrhundert der islamischen Zerstörungswelle nicht völlig entgehen konnten und im 15. Jahrhundert restauriert werden mussten.

Der mythologisch/historisch bedeutendste Ort Rajasthans ist zweifelsfrei die Einsiedelei von **Agni Kund** (Distrikt Sirohi) am Fuße des Abu Parvat (englisch: Mount Abu) inmitten eines Dschungels. Hier wird der Ort des Feuers gezeigt, aus dem während einer Opferzeremonie unter Anwendung von Mantras (hier: reaktionsstarke Zaubersprüche) die Urväter der „Agni-Vanshis" oder rajputischen Feuerclans (Chalukya/Solanki, Parihara, Chauhan) entsprangen. Vor Ort wurden hunderte von Skulpturen gefunden, von denen einige inschriftlich in das 11. und 12. Jahrhundert datiert sind.

Entgegen seiner sehr zahlreichen Monumente gehört **Toda Rai Singh** (Distrikt Tonk) zu den am wenigsten bekannten Orten Rajasthans. Der alte, zyklopenhaft zwischen Felsen gesetzte Stadtpalast aus dem 17. Jahrhundert enthält zeitgenössische Wandmalereien auf dem Gelände einer heute als Schule genutzten Räumlichkeit. Der nicht weniger gigantische Stufenbrunnen unweit des Palastes wurde vor wenigen Jahren restauriert und dient mitunter als Filmkulisse.

Auf einem „Hathi Bhata" genannten Felsen steht einige Kilometer von **Uniara** (Distrikt Tonk) entfernt ein monolithischer Elefant in Lebensgröße. Das eigentliche Uniara ist eine Festung mit mehreren, zum Teil figürlich ausgemalten Tempeln und einem Palast des 18. Jahrhunderts mit zeitgenössischen Wandmalereien im Stil der Miniaturmalereien von Uniara. Weitere hochqualitative Wandmalereien befinden sich in dem an einem See gelegenen Sommerpalast von **Nagar** (Distrikt Tonk).

Die Rabari, Halbnomaden in Gujarat und Rajasthan, auf dem Umzug mit ihren mit Küchengerät und Betten beladenen Kamelen und Eseln im Distrikt Sirohi.

Der Ambika Mata-Tempel von **Jagat** (Distrikt Udaipur) gilt als der schönste Tempel Rajasthans. Er wurde im Jahre 961 unter den Pratiharas erbaut. Kaum weniger ansprechend sind die auf einer hohen Plinthe errichteten Sas-Bahu-Tempel von **Nagda** (Distrikt Udaipur), die ebenfalls in das 10. Jahrhundert datiert werden.
Die Stadt **Udaipur** (Distrikt Udaipur) wurde nach Rana Udai Singh II. (lebte 1522-1572) benannt, der sie nach dem Verlust der Festung von Chittaurgarh an die Moghuln im Jahre 1567 gründete. Die heute gerne als „Venedig Indiens" bezeichnete Stadt liegt am Rande des Pichola-Sees, in dem es zwei Palastinseln gibt: Jag Mandir und Jag Niwas. Der Gartenpalast der letzteren Insel wurde im 20. Jahrhundert zu einem der malerischsten indischen Palasthotels umgebaut. Weltweit bekannt wurden Jag Niwas und weitere Paläste und Tempel Udaipurs durch die Fritz-Lang-Verfilmung von „Der Tiger von Eschnapur"(1958) und „Das indische Grabmal"(1958) nach dem Roman von Thea von Harbou, der ersten Frau von Fritz Lang. In neuerer Zeit erschienen die Paläste Udaipurs in „Octopussy" (1983), einem der aufwendigen „James Bond 007"-Filme.
Als Ende des 17. Jahrhunderts unter der Regierung des als „bigott" geltenden Moghulkaisers Aurangzeb das vishnuitische Kultbild des Shri Nathji in Mathura bedroht war, retteten es die Gläubigen, in dem sie es auf einem Wagen nach Rajasthan verfrachteten, wo es nach einer langen Odyssee schließlich selbst entschied, wo es bleiben wollte. An der Stelle nämlich wollte der Wagen sich nicht mehr fortbewegen lassen. Der Haveli des Shri Nathji in **Nathdwara** (Distrikt Udaipur) ist seitdem einer der viel besuchten Orte Rajasthans; Shri Nathji wurde zur vishnuitischen Staatsgottheit von Udaipur. Die shivaitische und viele Jahrhunderte ältere Staatsgottheit ist **Eklingji**, eine shivaitische Tempelanlage im gleichnamigen Ort (Distrikt Udaipur).

Rajasthan ist das Land unendlich vieler Festungen, von denen hier nur einige der imposanteren aufgezählt werden sollen: **Shergarh** (Distrikt Baran mit einer Inschrift von 790), **Shahabad** (Distrikt Baran, aus dem Jahre 1521), **Nahargarh** (Distrikt Baran), **Deeg** (Distrikt Bharatpur), **Benera** (Distrikt Bhilwara), **Mandalgarh** (Distrikt Bhilwara), **Shergarh** (Distrikt Dholpur), **Bhatner Durg** (Distrikt Hanumangarh, angeblich im Jahre 295 gegründet), **Mahansar** (Distrikt Jhunjhunu), **Lakshmangarh** (Distrikt Sikar, erbaut 1864), **Raghunathgarh** (Distrikt Sikar, 1791 erbaut), **Devgarh** (Distrikt Sikar, 1787 erbaut), **Dantaramgarh** (Distrikt Sikar, 1733 erbaut).

Im 1979 zum Tigerreservat erklärten, 866 Quadratkilometer großen Wildreservat von **Sariska** (Distrikt Alwar) leben zwar seit 2005 keine Tiger mehr, dafür aber Leoparden, Hyänen und zahlreiche Nilgais (Blaustiere). Auch im 1334 Quadratkilometer großen Tigerreservat von **Ranthambor** (Distrikt Madhopur) nimmt die Zahl der Tiger kontinuierlich ab.
Spätestens derjenige, der morgens von Schwärmen exotischster Vögel geweckt wird erkennt, dass der zum Weltkulturerbe der UNESCO gezählte Vogelschutzpark **Keoladeo Ghana National Park** (Distrikt Bharatpur), innerhalb dessen übernachtet werden kann, zu den aufregendsten National Parks Indiens gehört. Obwohl nur 29 Quadratkilometer groß, leben in ihm über 375 verschiedene Vogelarten. Im Hirschziegenantilopenschutzgebiet (Black Buck Sanctuary) von **Talchhapar** (Distrikt Churu) leben neben 1680 Hirschziegenantilopen auch 197„Chinkaras" und sieben Füchse. Das Kela Devi Sanctuary (Distrikt Karauli) verfügt über 674 Quadratkilometer, in dem Lippenbären, Schakale, Hyänen und Wölfe leben. Es gehört zum Tigerreservat von Ranthambor.
Das Wildschutzgebiet von **Kumbhalgarh** (Distrikt Rajsamand) verfügt über eine Fläche von 578 Quadratkilometern. Das 1960 gegründete Wildschutzgebiet von **Mount Abu** (Distrikt Sirohi) misst 289 Quadratkilometer. Das Wildschutzgebiet **Jaisamand** (Distrikt Jaisamand) wurde 1957 gegründet und dehnt sich auf einer Fläche von 160 Quadratkilometern aus.

CHINA
Tibet
(Xizang)
Himalaya
NEPAL
Mt. Everest (Qomolangma) 8872
Sikkim
BHUTAN
BANGLA DESH
MYANMAR (BURMA)
Golf von Bengalen
Gangesdelta
Indus
Ghaghara
Ganges
Betwa
Son
Mahanadi
Indravati
Godavari
Krishna
Brahmaputra
Hanle
Dankhar
Dehradun
Hardwar
Meerut
Moradabad
Rampur
Bareilly
Aligarh
Shahjahanpur
Firozabad
Lakhnau (Lucknow)
Agra
Farrukhabad
Kanpur
Gonda
Faizabad
Gorakhpur
Kathmandu
Gwalior
Lashkar
Jhansi
Allahabad
Mirzapur
Varanasi (Benares)
Muzaffarpur
Chapra
Patna
Darbhanga
Purnea
Bhagalpur
Bihar Sharif
Gaya
Satna
Sagar
Daltonganj
Bokaro
Dhanbad
Asansol
Durgapur
Berhampore
Rajshahi
Darjeeling
Gangtok
Siliguri
Jalpaiguri
Thimbu
Lhasa
Dhubri
Guwahati (Gauhati)
Dispur
Shillong
Cherrapunji
Rangpur
Itanagar
Dibrugarh
Jorhat
Kundil-Bazar
Kohima
Imphal
Silchar
Dhaka
Agartala
Aizawl
Bhatpara
Kulna
Chittagong
Haora (Howrah)
Kolkata (Calcutta)
Ranchi
Purulia
Jamshedpur
Jabalpur
Narsamhapur
Bilaspur
Rourkela
Kharagpur
Sambalpur
Gondia
Raipur
Nagpur
Durg
Wardha
Balasore
Sonpur
Cuttak
Bhubaneswar
Puri
Chandrapur
Brahmapur
Akyab
Nizamabad
Warangal
Vizianagaram
Visakhapatnam
Hyderabad
Rajahmundry
Elur
Kakinada
Vijayavada
Guntur
Kurnool
Machilipatnam
0
200
400
600
km

SIKKIM

LAGE, GRÖSSE, EINWOHNERZAHL, SYMBOLE

Die Koordinaten des im Nordosten Indiens gelegenen Bundesstaates Sikkim sind zwischen 27°04'46" und 28°07'48" nördlicher Breite und 88°00'58" und 88°55'25" östlicher Länge. Von Norden nach Süden erstreckt sich der Bundesstaat auf einer Länge von 112 Kilometern, von Osten nach Westen sind es 64 Kilometer. Sikkim liegt eingebettet zwischen (von Süden nach Norden, im Uhrzeigersinn) dem Bundesstaat West Bengal, Nepal, Tibet (Volksrepublik China) und dem Königreich Bhutan. Mit einer Fläche von 7096 Quadratkilometern liegt das ehemalige Königreich innerhalb Indiens auf Platz 28. In Bezug auf die Anzahl der Einwohner (594 056 [2005]) belegt Sikkim Platz 31.

Die Erklärung der Bezeichnung des Bundesstaates lässt mehrere Deutungen zu. Auf Nepali bedeutet es etwa „erklommenes Land" oder „kammartiges Land". In der Limbu-Sprache kann es „Neuer Palast" (Su = neu; Khyim = Palast) bedeuten. Im Tibetischen wird der Bundesstaat „Bras mo ljongs" genannt, was „Reistal" bedeutet.

Das „Staatstier" Sikkims ist der Kleine Panda, der auch „Roter Panda" oder Katzenbär (Ailurus fulgens) genannt wird.

Als „Staatsvogel" wird der Blutfasan (Ithaginis cruentus) angegeben, wobei wahrscheinlich die Unterart des Nepal-Blutfasans (Ithaginis cruentus cruentus) gemeint sein dürfte.

Die „Staatsblume" ist eine Orchidee, Dendrobium nobile, als „Staatsbaum" fungiert der Rhododendron (Rhododendron niveum).

Die Hauptstadt von Sikkim ist Gangtok (Distrikt East Sikkim, 29 162 Einwohner).

TOPOGRAPHIE UND KLIMA

Sikkim ist ein Gebirgsland, das vom Himalaya an der westlichen, nördlichen und östlichen Grenze wie eine Mondsichel umgeben wird. Die Höhen schwanken von 280 bis 8586 Meter, die höchste Erhebung des Bundesstaates ist der Kanchenjunga (auch: Khang Chendzonga oder: Gangs chen mDsod lnga), der dritthöchste Berg der Welt und die höchste Erhebung Indiens. Ein weiterer Gipfel ist der Kabru (7381 Meter). Insgesamt gibt es in Sikkim 28 Berggipfel, 21 Gletscher, 227 Höhenseen (einschließlich des Tsomgo- (oder: Changu-), Gurudongmar-, Khecheopalri-, Gurudongmar- und Menmecho-Sees), fünf heiße Quellen und 100 Flüsse und Bäche. Acht Gebirgspässe verbinden den Bundesstaat mit Tibet, Bhutan und Nepal.

Die beiden wichtigsten Flüsse Sikkims heißen Teesta (auch: Tista) und Rangit. Ersterer Fluss ist die Lebensader Sikkims, da an ihm die meisten bewohnten Ort zu finden sind.

Sikkim hat drei Klimazonen, die jeweils von der Höhe abhängen. Das tropische Klima ist bis zu einer Höhe von etwa 1500 Metern vorherrschend. Die Zone des gemäßigten Klimas bewegt sich zwischen 1500 und etwa 3950 Metern. Das Alpine Klima herrscht in Höhen oberhalb von etwa 3950 Metern vor.

In der gemäßigten Klimazone betragen die Höchsttemperaturen selten mehr als 28 und die Tiefsttemperaturen selten weniger als 0 Grad. In der Zone des Alpinen Klimas kann die Temperatur im Winter auf unter -40 Grad absinken. Die Schneefallgrenze liegt bei einer Höhe von 6000 Metern. Die in der Regel ausreichende Niederschlagsmenge variiert wegen der Berge stark von Ort zu Ort und beträgt durchschnittlich 125 Zentimeter pro Jahr.

Ein Schulmädchen in Gangtok.

BEVÖLKERUNG, SPRACHEN, GESCHICHTE

Die Bevölkerung Sikkims besteht hauptsächlich aus drei ethnischen Gruppen: den Lepchas, den Bhutias und den Nepalis.
Die Rongs oder Lepchas kamen über Assam in das Land und gelten als die ältesten eingesessenen Bewohner des Bundesstaates. Die als Bhutias bekannten Khampas kamen aus der Provinz Khampa in Tibet. Die Limbus kamen ebenfalls aus Tibet, wahrscheinlich aus der Gegend von Lhasa oder Shigatse. Mit den Limbus artverwandt sein sollen die Magar, Rai, Gurung (auch: Gurang), Tamang, Mewar, Gurkhas und Murmi.

Nach offizieller Darstellung sind 60,9 % der Bevölkerung Sikkims Hindus, 28,1 % sind Buddhisten, 6,7 % sind Christen, 2,4 % bekennen sich zu in den Volksbefragungen nicht weiter spezifizierten Religionen, 1,4 % sind Moslems und 0,2 % Sikhs.

Entgegen ihrer vergleichsweise geringen Verbreitung ist die Amtssprache Englisch. Die tatsächlich verbreiteten Verkehrs- und Schulsprachen sind Nepali, Bhutia, Lepcha, Limbu (auch: Limbu Kara), Magar (auch: Magar Kura), Rai, Gurung, Sherpa, Tamang, Newari und Hindi.

Der Buddhismus soll in Sikkim bereits im 9. Jahrhundert von Guru Rinpoche eingeführt worden sein. Im 13. oder 14. Jahrhundert, so die Legende, kam Khye Bumsa (auch: Guru Tashi) aus Kham in Ost-Tibet nach Sikkim, wo ihn ein Traum hingeführt hatte. Seine Nachfolger wurden in der 5. Generation zum Herrscherhaus Sikkims. Im Jahre 1642 ließ sich der 1604 geborene Phuntsog Namgyal (Phun-tshogs rNam-rgyal) zum ersten Chogyal (König) von drei ehrwürdigen buddhistischen Lamas, und zwar Lhatsun Chempo, Sempa Chempo und Rigzing Chempo, die aus dem Norden, Westen und Süden nach Yuksom, Norbugang, gekommen waren, zum König salben. Damit begann die Monarchie Sikkims. Zu der Zeit gehörte die Gegend des heutigen Darjeeling und Teile Ost-Nepals zu Sikkim.
Phuntsog Namgyal folgte 1670 sein 1644 geborener Sohn Tensung Namgyal (bsTan- bSrung rNam-rgyal) auf den Thron. Während seiner Regierungszeit wurde die Hauptstadt von Yuksom nach Rabdentse verlegt. Als 1700 der 1686 geborene Chadok Namgyal (Phyag-rDor rNam-rgyal), der Sohn der 2. Gemahlin des Königs, die Herrschaft übernahm, erregte dies den Zorn der älteren Halbschwester Pendiongmu (auch: Pendi Wangmo), die mit Hilfe der Bhutanesen Chadok Namgyal des Amtes enthob. Chadok Namgyal musste nach Tibet fliehen, von wo er nach 10 Jahren mit Hilfe der Tibeter zurückkehrte und sein Territorium beanspruchte. 1717 ließ Pendiongmu (auch: Pendi Wangmo) ihn bei den heißen Quellen von Ralang mit der Hilfe eines Arztes umbringen. Sie wurde dafür danach mit einem seidenen Schal erdrosselt. Gyurmed Namgyal (rGyur-Med rNam-gyal), der 1707 geborene Sohn des Chadok Namgyal, folgte 1717 auf den Thron und verstarb 1733.
1733 wurde der außereheliche, mit einer Nonne aus dem Kloster von Cholling gezeugte und nach dem Tode seines Vaters Gyurmed Namgyals geborene Sohn, Phuntsog Namgyal II. (Phun-tshogs rNam-rgyal II.) zum König ernannt. Da der König noch sehr jung war, wurden die Regierungsgeschäfte von Rabden Sharpa aus

Im Enchey-Kloster bei Gangtok werden Begriffe in tibetischer Schrift von Schülern des Klosters im Chor rezitiert.

Tibet übernommen. Während seiner Regierungszeit sah sich das Reich Angriffen der Bhutanesen und der Nepalis ausgesetzt. Letztere nahmen die Hauptstadt Rabdentse ein. Phuntsog Namgyal II. heiratete dreimal, seine erste Frau war die Tochter des Regenten, Rabden Sharpa. Er starb 1780 und hinterließ den 1769 geborenen Tenzing Namgyal (bsTan-'dzin rNam-rgyal), der im selben Jahr die Regierung übernahm. Als Folge einer Nepalischen Invasion musste Tenzing Namgyal nach Tibet fliehen, wo 1785 sein Sohn Tsugphud Namgyal (gTsug-phud rNam-rgyal) geboren wurde. Als Tenzing Namgyal 1793 starb, wurde Tsugphud Namgyal zum König ernannt, der im selben Jahr nach Sikkim zurückkehrte und die Hauptstadt nach Tumlong verlegte. Auch Tsugphud Namgyal musste vor den Nepalis, die große Teile Sikkims sich einverleibten, nach Tibet fliehen. Durch den Vertrag von Titaliya (10. Februar 1817) erhielt er durch Vermittlung der Briten Sikkim zwar zurück, musste aber an Letztere gegen eine Pachtzahlung Darjeeling abtreten. Das Verhältnis zwischen den Briten und Tsugphud Namgyal erreichte aber einen Tiefpunkt, als zwei britische Wissenschaftler, Sir Joseph Hooker und Dr. Campbell in Sikkim gefangen genommen wurden. Sie wurden nach einem Monat wieder auf freien Fuß gesetzt. Darauf dürften die Briten nur gewartet haben, da sie nunmehr nach zwei militärischen Strafexpeditionen (1850 und 1861) das Sikkim-Terail annektierten. In dem diesbezüglichen Vertrag vom 28. März 1861 wird Tsugphud Namgyal mit „His Highness“ (Seine Hoheit) und „Maharaja“ angesprochen und die Zahlung der Pacht für Darjeeling offiziell eingestellt. Die Hauptstadt war wieder in Sikkim, wo sich Tsugphud Namgyal jeweils 9 Monate aufhielt bevor er, 1862 abgedankt habend, 1863 starb.

Den Höhepunkt der rituellen Tänze anlässlich des Tibetischen Neujahrsfestes (Losar) bildet der Tanz der Lamas wie hier am Kloster von Pemayangtse.

FOLGENDE DOPPELSEITE:
In der Nähe des Klosters von Rumtek offenbart sich dem Betrachter nur eine halbe Stunde nach Sonnenaufgang der Himalaya mit seinen Schnee bedeckten Gipfeln.

Detail der Dachanlage des Klosters Rumtek in Sikkim.

Im Jahre 1862 trat sein zweiter, 1819 in Gangtok geborener Sohn Maharaja Sidkeong Namgyal (Srid-skyong rNam-rgyal) die Nachfolge an. Er erwirkte, dass die Briten für Darjeeling wieder eine Pacht entrichteten. Im April 1874 verstarb er.

Maharaja Sidkeong Namgyals Nachfolger wurde sein 1850 geborener fünfter Sohn Maharaja Sir Thutob Namgyal (mThu-stobs rNam-rgya). Die Tibeter drangen 1886 wieder in Sikkim ein, wurden aber 1888 von den Briten wieder vertrieben. Auf dem Tibet-Sikkim Kongress vom 17. März 1890 wurde schließlich der Verlauf der Grenze zwischen beiden Ländern festgelegt. 1892 floh Thutob Namgyal wegen des in Sikkim stationierten „British Resident" nach Tibet, worauf er 1893-1895 in das Exil in Britisch-Indien geschickt wurde. Erst 1895 kehrte er nach Sikkim zurück, wo er Gangtok zur Hauptstadt erklärte und dort am 11. Februar 1914 starb.

Ihm folgte im selben Jahr sein dritter Sohn, Maharaja Sidkeong Tulku Namgyal (Srid-skyong Sprul-sku rNam-gyal), der aber schon am 5. Dezember 1914 in Gangtok eine Herzattacke nicht überlebte.

Der nächste Maharaja von Sikkim wurde der am 26. Oktober 1893 geborene 4. Sohn von der 3. Frau seines Vorgängers Thutob Namgyal, Maharaja Tashi Namgyal (bKra-shis rNam-gyal). 1950 unterzeichnete er nach jahrelangen Verhandlungen einen Vertrag, in dem Sikkim einerseits Selbstständigkeit garantiert wird, Indien aber den militärischen Schutz und die Verantwortung für die Außenpolitik des Königreiches übernimmt. Er starb in Calcutta am 2. Dezember 1963.

Am 3. Dezember 1963 wurde Major-General H.H. Muwong Chogyal Sri Sri Sri Sri Sri Chempo Palden Thondup Namgyal (dPal-ldan Don-grub rNamgyal) als Maharaja und Chogyal von Sikkim ausgerufen. Er ging zwei eheliche und eine uneheliche Verbindung ein. Aus letzterer resultierten zwei Kinder. Mit seiner 2. Frau, der 1940 in San Francisco geborenen Hope Cooke Namgyal, hatte er einen Sohn und eine

Tochter, die heute beide in den U.S.A. leben. Mit der ersten Frau, Samyo Kushoe Sangideki, sorgte er für den am 14. März 1952 geborenen Kronprinzen, der aber bei einem Autounfall bei Gangtok am 11. März 1978 ums Leben kam. Seinen zweiten Sohn mit seiner ersten Frau, den am 1. April 1953 in Calcutta geborenen H.H. Muwong Chogyal Sri Sri Sri Sri Sri Tobgyal Wangchuk Tenzing Namgyal, Chogyal von Sikkim, erkennt die Regierung Indiens nicht an, da sie mittlerweile die Monarchie in Sikkim abgeschafft hat.

1947 lehnten die Einwohner Sikkims eine Angliederung an das mittlerweile unabhängig gewordene Indien ab. Ab 1970 kam es zu Spannungen zwischen Befürwortern eines mehr demokratisch verwalteten Sikkim und dem Königshaus. Bei einem Volksentscheid sollen im Frühjahr 1975 97,5 % für den Anschluss an Indien votiert haben, worauf am 9. April 1975 Palden Thondup Namgyal und sein Sohn und designierter Thronfolger, Sri Sri Sri Sri Sri Maharajkumar Tenzing Kunzang Jiqui Namgyal, Denzong Chogyal von indischen Truppen verhaftet wurden um einen Tag später abgesetzt zu werden. Am 16. Mai 1975 wurde Sikkim zum indischen Bundesstaat erklärt.

Major-General H.H. Muwong Chogyal Sri Sri Sri Sri Sri Chempo Palden Thondup Namgyal, der letzte offizielle Herrscher Sikkims, starb am 29. Januar 1982 in New York an Kehlkopfkrebs.

Ende 1999 floh Urgyen Trinley Dorje (U-rgyan Phrin-las Rdo-rje), der 17. Karmapa, das religiöse Oberhaupt einer buddhistischen Gemeinschaft (Karma Kagyu), vom chinesisch besetzten Tibet über Nepal und Dharamsala, dem Sitz des Dalai Lama, schließlich in das Kloster von Rumtek in Sikkim, was die chinesische Regierung in große Verlegenheit versetzte, da sie bis dahin Sikkim nicht als indisches Territorium anerkannt hatte. 2003 kam es zwischen der Volksrepublik China und der Republik Indien zu Verträgen, in denen die Chinesen Sikkim als Teil Indiens, und die Inder Tibet als Teil Chinas anerkannten.

Das Hauptgebäude des tibetischen Klosterkomplexes von Enchey bei Gangtok darf, um die Andacht der Mönche nicht unnötig zu stören, nur von außen fotografiert werden.

FOLGENDE DOPPELSEITE:

Auch im Winter wird der Tsomgo- oder Tsomgu-See von zahlreichen einheimischen Touristen besucht, denen ein Ritt auf einem Yak Vergnügen zu bereiten scheint.

RATE BOARD FOR
YAK RIDE
AT
TSOMGU
DISTANCE
RATE
1 TOURIST SPOT TO VIEW POINT 80
2 UPTO BRIDGE POINT 40
3 PHOTOGRAPH 10
4 UPTO TSOMGU VILLAGE 100
5 UPTO TURNING ABOVE TSOMGU LAKE 20
6 ONE ROUND AT THE TOURIST SPOT 25
BY ORDER

VERWALTUNG

Wie bei jedem Bundesstaat liegt die oberste politische Verantwortung beim „Chief Minister“ und beim „Governor“. Sikkim wird in vier Distrikte geteilt: East Sikkim, North Sikkim, South Sikkim und West Sikkim.

WIRTSCHAFT

In Sikkim sind 64 % der Bevölkerung von der Landwirtschaft als einziger Einnahmequelle abhängig. Da Sikkim ein Gebirgsland ist, fällt die Anbauzone relativ klein aus. Angebaut wird meist in Terrassen an den Hängen, und zwar: Mais, Reis, Weizen, Gerste, Hirse, Kartoffeln, Kardamom, Ingwer, Tee (nur im Distrikt South Sikkim), Orangen, Bananen und Ananas. Sikkim ist der größte indische Kardamomproduzent.
Zu den am häufigsten gehaltenen Haustieren gehören Rindvieh, Yaks, Büffel, Schafe, Ziegen und Schweine.
Die Industrie befindet sich noch im Aufbau. In traditionellen Betrieben werden Teppiche gewebt und Silberwaren hergestellt. Der bedeudendste Industriezweig stellt Präzisionsmessgeräte her. Weitere Produkte sind: Streichhölzer, Seife, Stromkabel, Stacheldraht, Plastik, Lederartikel und Industriejuwelen.
Da Sikkim historisch gesehen ein buddhistisches Land ist, spekuliert die Tourismusökonomie unverhohlen mit Devisen bringenden Reisenden aus Japan und Südostasien. Das Motto heißt „Sikkim – ‚The Last Shangrila'“ („Sikkim, das letzte Shangri La“, nach dem Ort der tibetischen Legende, wo die Geheimen Lehren des Buddha bewahrt werden, eine Art Paradies).

Der Tanz der Tiermasken als Teil des Tibetischen Neujahrsfestes (Losar) geht im Kloster von Pemayangtse dem Ritualtanz der Lamas voran.

BEDEUTENDE ORTE UND IHRE SEHENSWÜRDIGKEITEN

Sikkim ist das irdische Paradies des Naturliebhabers. 144 verschiedene Arten von Säugetieren, 550 verschiedene Vögel und 650 verschiedene Schmetterlinge sind in diesem Bundesstaat zu finden. Die Flora wartet mit 550 verschiedenen Orchideenarten, 300 verschiedenen Farnen, 36 Arten Rhododendron und neun verschiedenen Koniferen auf.
In Sikkim sind die meisten Richtungen des Tibetischen Buddhismus mit fast 200 Klöstern vertreten, die hier naturgemäß nur neben weiteren Sehenswürdigkeiten in einer beschränkten Auswahl aufgelistet werden können.
In **Gangtok** (Distrikt East Sikkim) steht der Königliche Palast mit dem Tsuk-La-Khang Kloster, in dem Eide geschworen und Ehen geschlossen wurden.
Das Enchey-Kloster nahe bei Gangtok wurde von Lama Druptob Karpo gegründet. Der heutige Bau des Nyingmapa-Mönchsordens (deutsch: „Rotmützen“) entstand während der Regierungszeit von Thutob Namgyal, zwischen 1909 und 1910. Hier werden, wie in den meisten Klöstern, junge Mönche in die tibetischen Sprachen und Schriften eingeweiht.

Der Do-Drul Chorten, auch Phurba Chorten (Chorten = Stupa) genannt, wurde 1945 von dem 1962 verstorbenen Trul Shik Rinpoche, einem Vertreter des Nyingmapa-Mönchsordens gebaut. Der große, weiß getünchte Stupa steht in einem Quadrat aus 113 Gebetsmühlen, die tagsüber beständig von zahlreichen Pilgern in Bewegung gehalten werden. Unweit dieser Anlage befindet sich das „Sikkim Research Institute of Tibetology", das vormals nach dem Gründer, Palden Thondup Namgyal, „Namgyal Institute of Tibetology" hieß, im Rahmen der indischen Politik der Auslöschung an die Erinnerung der Monarchie aber entsprechend umbenannt wurde. Das äußerlich wie ein Kloster aussehende Institut beherbergt eine Manuskriptsammlung, deren älteste Handschrift ein Palmblatt-Manuskript der Pala-Zeit ist. Ein ebenfalls im Institut untergebrachtes Museum zeigt Exponate (Bronzen und Thangkas) der buddhistischen Vergangenheit. Das 5 Kilometer von Gangtok entfernte Sa-Ngor-Chotshog-Centre (Distrikt East Sikkim) wurde von Flüchtlingen aus Tibet unter Luding Khen Rimpoche 1961 gebaut. Es ist das einzige Kloster des Sakya-Mönchsordens in Sikkim.

24 Kilometer von Gangtok entfernt liegt das „Dharmachakra-Zentrum" und das Kloster von **Rumtek** (Distrikt East Sikkim). Das alte Kloster wurde vom 9. Karmapa Wangchuk Dorje (dbang phzug rdo rje, 1556-1603) erbaut, lag aber in Ruinen, als 1959 der 16. Karmapa, Rangjung Rigpe Dorje (Rang 'byung rig pa'i rdo rje) aus Tibet fliehen musste, dessen Klöster gerade von den Chinesen gebrandschatzt wurden. Mit Hilfe europäischer Architekten ließ er das Rumtek-Kloster in enger Anlehnung an das Kagyupa-Kloster in Tsurphu, Tibet, aufbauen. Auf dem Klostergelände halten sich neben den Mönchen des Kagyugpa-Ordens (deutsch: „Schwarzhüte") zahlreiche, mit automatischen Schusswaffen behängte Soldaten auf, die für die Sicherheit des Karmapa sorgen sollen. Unweit von dem gigantischen Klosterkomplex mit seinen verschiedenen Instituten und dem Stupa des 16. Karmapa steht in der Bergeinsamkeit das tatsächlich ältere Kagyupa-Kloster von Rumtek, das Sang-Kloster von 1912.

Das schlichte Äußere des Klosters von Labrang lässt kaum den inneren Bilderreichtum des mehrstöckigen Gebäudes vermuten.

Im Erdgeschoß des Klosters von Labrang werden auf beiden Seiten des Altars die heiligen buddhistischen Texte aufbewahrt.

Der 1 Kilometer lange Changu oder Tsomgo-See (auch: Tso-Mgo, Distrikt East Sikkim) liegt 3753 Meter hoch und ist mehrere Monate im Jahr zugefroren. Er liegt an der alten Handelsstraße zwischen Indien und Tibet. Auch während des Winters kommen indische Touristen in Scharen, um auf den Yaks zu reiten.

Das im 18. Jahrhundert gebaute Kloster von Pemayangtse bei Pelling (Distrikt West Sikkim) ist das bedeutendste Kloster Sikkims. Es untersteht dem Nyingmapa-Orden, und ist innen mit zahlreichen Fresken dekoriert. Die meisten der 108 Mönche sind Angehörige angesehener Familien der Bhutias. Während des „Losar"-Festes im Februar finden die Tänze der Mönche und Lamas statt, die zahlreiche Zuschauer aus allen Teilen des Landes anlocken.

Als das wahrscheinlich älteste Kloster Sikkims gilt das 1642 von Gyalwa Lhatsun Chinpo gegründete, 1697 erbaute und 1965 renovierte Kloster von Sangh-gak Choling (auch: Choeling, Cholling, Chelling, deutsch: Insel der esoterischen Lehre [des Buddhismus]), das ebenfalls bei **Pelling** (Distrikt West Sikkim) gelegen ist. Es untersteht dem Nyingmapa-Orden und wird auf dem Kamm eines Hügels von zahlreichen, weiß getünchten Stupas umgeben.

Yuksam (Distrikt West Sikkim) war die alte Hauptstadt Sikkims. Der Norbugang Chorten markiert einen Fußabdruck im Fels, der von dem obersten Lama stammen soll. Unmittelbar neben dem Fußabdruck befindet sich unter einem riesigen, 300 Jahre alten, mit Moos und Orchideen bewachsenen Baum (eine Art Fichte) ein steinernes Podest, wo die Krönung des ersten Königs stattgefunden haben soll.

Etwas mehr ist von der zweiten Hauptstadt des Königreiches, **Rabdentse** (Distrikt West Sikkim) erhalten. Die eindrucksvollen, aus Zyklopenmauern bestehenden Ruinen, liegen innerhalb eines geschützten Geländes, von dem aus eine grandiose Aussicht auf umliegende Berge mit den Klosterbauten genossen werden kann. Besonders monumental wirken die Ruinen einer großformatigen Anlage, die einem Palastbau ähnelt. Rabdentse war seit 1814 nicht mehr die Hauptstadt Sikkims.

Das 16 Kilometer von Yuksam entfernte Kloster von **Tashiding** (Distrikt West Sikkim) untersteht dem

Nyingmapa-Orden. Es wurde im 17. Jahrhundert gegründet, erhielt die heutige Form aber erst unter Chadok Namgyal.
Das **Phodong**-Kloster (Distrikt North Sikkim) wird vom Kagyupa-Mönchsorden unterhalten und wurde unter Gyurmed Namgyal erbaut. Es enthält in besonderer Feinheit ausgeführte Wandmalereien. In ihm lernen etwa 260 Mönche. Nur einen Kilometer entfernt liegt das 1814 erbaute **Labrang**-Kloster, das von Gyalshe Rigzing Chempa in Auftrag gegeben wurde, der zum Mönchsorden der Nyingmapa gehörte, der auch der Förderer des 1721 erbauten, 1947 abgebrannten und 1948 wieder aufgebauten Klosters von **Phensang** (Distrikt North Sikkim) ist. Im Phensang-Kloster lernen 300 Mönche.
Bei **Kewzing** (Distrikt South Sikkim), in der Nähe von Rabongla (auch: Ravangla) steht das einzige Kloster Sikkims, das Mönche der Bon-Religion, eines buddhistischen Mönchsordens, der Elemente der vorbuddhistischen Religion Tibets enthält, ausbildet. Es ist das Kloster „Yung Drung Kundrak Ling Bon Monastery".
Ebenfalls unweit von Rabongla befindet sich das Kloster von **Ralong** (Distrikt South Sikkim), das vom Orden der Karma-Kagyu verwaltet wird und 100 Mönche ausbildet. Das Gebäude wurde zwischen 1975 und 1981 von der indischen Regierung restauriert.

Die Naturschutzgebiete Sikkims sind das Fambong La Wildlife Sanctuary, das Kyongnosla Alpine Sanctuary, das Shingba Rhododendron Sanctuary, das Barshay Rhododendron Sanctuary und das Meanam Wildlife Sanctuary.

Das „Yung Drung Kundrak Ling Bon"-Kloster bei Rabongla ist das einzige Kloster der Bon-Religion in Sikkim.

Ahmadabad
Jamnagar
Rajkot
Porbandar
Junagadh
Bhavnagar
Diu
Vadodara (Baroda)
Surat
Daman
Silvassa
Ujjain
Indore
Bhopal
Jabalpur
Narsimhapur
Hoshangabad
Narmada
Khandwa
Ranchi
Jamshedpur
Rourkela
Bilaspur
Sambalpur
Gondia
Raipur
Amravati (Amraoti)
Dhule
Jalgaon
Malegaon
Akola
Nagpur
Wardha
Durg
Sonpur
Mahanadi
Cuttak
Bhubaneswar
Nasik
Jalna
Aurangabad
Chandrapur
Mumbai (Bombay)
Kalyan
Godavari
Parbhani
Nanded
Ahmadnagar
Indravati
Brahmapur
Pune
Nizamabad
Krishna
Bhima
Warangal
Vizianagaram
Visakhapatnam
Sholapur
Ratnagiri
Sangli
Kolhapur
Bijapur
Gulbarga
Hyderabad
Rajahmundry
Elur
Kakinada
Vijayavada
Guntur
Machilipatnam
Belgaum
Raichur
Kurnool
Panaji
Marmagao
Hubli-Dharwad
Bellary
Banganapalle
Guntakal
Chitradurga
Anantapur
Shimoga
Bhadravati
Cuddapari
Nellore
Arabisches Meer
Chennai (Madras)
Mangalore
Bangalore
Vellore
Kanchipuram
Mysore
Mahe
Pondicherry
Salem
Kozhikode (Calicut)
Cuddalore
Erode
Lakkadiven (Indien)
Coimbatore
Tiruppur
Cauvery
Nagapattinam
Kavaratti
Tiruchirapalli (Trichy)
Golf von Bengalen
Tamil Nadu
Anai Mudi 2695
Palk Straße
Cochin
Jaffna
Alleppey
Madurai
Kollam (Quilon)
Tirunelveli
Tuticorin
Trincomalee
Thiruvananthapuram (Trivandrum)
Nagercoil
Kap Comorin
Golf von Mannar
SRI LANKA
Negombo
Kandy
Colombo
Badulla
MALEDIVEN
Galle
Matara
Kap Dondra
0
200
400
600
km

TAMIL NADU

LAGE, GRÖSSE, EINWOHNERZAHL, SYMBOL

Tamil Nadu, Bundesstaat an der östlichen Südspitze Indiens, liegt zwischen 8°5' und 13°35' nördlicher Breite bzw. 76°15' und 80°20' östlicher Länge. Von Süden nach Norden und im Uhrzeigersinn umgeben den Bundesstaat der Golf von Mannar, die Bundesstaaten Kerala, Karnataka und Andhra Pradesh, der Golf von Bengalen als Teil des Indischen Ozeans und das Unionsterritorium Pondicherry mit dem dazugehörigen Territorium von Karaikal. Mit einer Größe von 130 058 Quadratkilometern belegt der Bundesstaat innerhalb Indiens flächenmäßig Platz 11. Die Küstenlänge beträgt fast 1000 Kilometer. In Bezug auf die Bevölkerungsanzahl liegt Tamil Nadu mit 62 405 679 Einwohnern auf Rang 6.
Tamil Nadu heißt „Tamil-Land" oder „Land der Tamilen".
Die Hauptstadt von Tamil Nadu ist Chennai (bis 1996: Madras, 4 216 268 Einwohner [2001]).
Der „Staatsvogel" von Tamil Nadu ist die auch Glanzkäfertaube genannte Grünflügeltaube (Chalcophaps indica indica). Das offizielle Emblem der Regierung von Tamil Nadu ist ein Gopuram (Tempeltor) des Sri Andal Tempels (Vadabadrasayi Koil, auch: Vatapatrasayi) in Srivilliputur (Distrikt Virudhunagar). Der (inoffizielle) Tanz des Bundesstaates ist der Bharat Natyam.

TOPOGRAPHIE UND KLIMA

In der vereinfachten Darstellung kann das Land in zwei Zonen aufgeteilt werden: die östliche Küstenebene und die westliche Bergregion. Den Westen des Bundesstaates begrenzen die durchschnittlich 1200 Meter hohen West-Ghats, die bis zu einer Höhe von 2440 Metern ansteigen können. Die einzige Lücke in dieser Bergkette bildet die 25 Kilometer breite, so genannte „Palghat-Lücke" (nach der Stadt Palghat in Kerala). Der Gebirgszug südlich dieser Lücke heißt Anamalai (Elefantenhügel). Weitere überdurchschnittlich hohe Bergregionen sind die Palani- oder Palni-Hills und die Nilgiris mit dem am höchsten gelegenen Höhenkurort Udagamandalam (vormals Ootacamund, abgekürzt „Ooty"). Die höchste Erhebung der Nilgiris ist mit 2640 Metern der Doddabetta.
Eine einheimische Aufteilung teilt das Land in fünf Zonen: Die Kurinji oder Bergregion, die Mullai oder Waldregion, die Palai oder Trockenregion (nur im Distrikt Tirunelveli), die Marudham oder Region der fruchtbaren Ebenen und die Neidhal oder Küstenregion.
Der wichtigste Fluss Tamil Nadus ist die 760 Kilometer lange Kaveri, die den Staat gleichermaßen in eine nördliche und eine südliche Hälfte teilt. Alle Flüsse fließen mehr oder weniger von den West Ghats in eine östliche Richtung. Die das ganze Jahr hindurch Wasser führenden Flüsse sind: Palar, Cheyyar, Ponnaiyar Kaveri, Meyar, Bhawan, Amarawati, Vaigai, Chittar und Tamaraparni. Die mehr jahreszeitlich bedingten Flüsse sind: Vellur, Noyal, Suruli, Gundar, Vaipar, Valparai und Varshali.

Tamil Nadu hat ein ausgeprägtes Tropenklima. Während der von April bis Juni dauernden heißen Jahreszeit können die Temperaturen auf durchschnittlich 40 Grad ansteigen, wobei in den Küstenebenen 42,8 und in den Höhenkurorten nur 33,5 Grad gemessen werden. Die kühlere Jahreszeit, „Winter" genannt, schließt die Monate November bis Februar ein, wenn die Temperaturen um 20 Grad betragen. Die Tiefstwerte liegen in der Ebene bei 12,0 und in den Höhenlagen bei 4,6 Grad.

Shivaitische Sadhus (heilige Männer) beim Murugan-Heiligtum von Tirupparankundram

Anders als in den meisten Gegenden Indiens dauert die Regenzeit in Tamil Nadu von Oktober bis Dezember. Die Niederschläge bringt hier fast ausschließlich der Nordost-Monsun. Die durchschnittliche Niederschlagsmenge schwankt zwischen 635 und 1.905 Millimeter pro Jahr. In der Regenzeit 2004-5 fielen 1078,9 Millimeter Niederschlag.

LINKE SEITE:
Eine indische Tänzerin führt den klassischen indischen Bharat Natyam vor.

BEVÖLKERUNG, SPRACHEN, GESCHICHTE

Obwohl ein beträchtlicher Teil der Bevölkerung in den Städten lebt, konnten sich auf dem Land 36 Ethnien erhalten. Diese sind die: 1. Adiyan, 2. Aranadan, 3. Eravallan, 4. Irular 5. Kadar, 6. Kammara (ausgenommen der Distrikt Kanyakumari und der Taluk von Shenkottah im Distrikt Tirunelveli), 7. Kanikaran, Kanikkar (im Distrikt Kanyakumari und Taluk von Shekottah des Tirunelveli Distriktes), 8. Kaniyan, Kanyan, 9. Kattunayakan, 10. Kochu Velan, 11. Konda Kapus, 12. Kondareddis, 13. Koraga, 14. Kota (ausgenommen der Distrikt Kanyakumari und der Taluk von Shenkottah des Tirunelveli Distriktes), 15. Kudiya, Melakudi; 16. Kurichchan, 17. Kurumbas, (im Nilgiris Distrikt), 18. Kurumans 19. Maha Malasar, 20. Malai Arayan, 21. Malai Pandaram, 22. Malai Vedan, 23. Malakkuravan, 24. Malasar, 25. Malayali, (in den Distrikten Dharmapuri, North Arcot, Pudukottai, Salem, South Arcot und Tiruchirapali), 26. Malayekandi, 27. Mannan, 28. Mudugar, Muduvan; 29. Muthuvan, 30. Palleyan, 31. Palliyan, 32. Palliyar, 33. Paniyan, 34. Sholaga, 35. Toda (ausgenommen der Kanyakumari Distrikt und der Taluk von Shenkottah des Tirunelveli Distriktes), und 36. Uraly. Am berühmtesten sind die Todas, die sich bereits im 19. Jahrhundert gegen Entgelt fotografieren ließen. Die Stämme sind unterschiedlich verteilt. Von den 710 214 im Jahre 1991 gezählten Einwohnern des Nilgiri Distriktes gehörten 25 048 Einwohner mindestens sechs verschiedenen Stämmen an.

Die Religionsverteilung sieht wie folgt aus: Hindus: 88,1 %, Christen: 6,1 %, Moslems: 5,6 % und Jainas 0,1 %.

Die Amtssprache ist Tamil. In einigen Gegenden wird auch Telugu gesprochen.

Den Mythen nach zu urteilen existieren die Völker Tamil Nadus seit 6000 Jahren, aber die Reiche der Cholas, Pandyas und Cheras betreten erst im 3. Jahrhundert vor unserer Zeit durch die Inschriften des Maurya-Kaisers Ashoka die Bühne der Weltgeschichte im Allgemeinen und die von Indien im Besonderen. In ihrer wechselseitigen Geschichte sollten die Cholas, Pandyas und Cheras ihre Unabhängigkeit bis in das 16. Jahrhundert bewahren können.

Die meisten frühen archäologischen und monumentalen Hinterlassenschaften stammen von den Pallavas, die das erste Mal im 4. Jahrhundert erwähnt werden. Ihre Hauptstadt war Kanchipuram, von wo aus der erste bedeutende Herrscher dieser Dynastie, Simha Vishnu (etwa 537-570 oder 575-600) das Gebiet kontinuierlich zu einem Großreich erweiterte. Unter Simha Vishnus Nachfolger und Sohn Mahendra Varman I. (etwa 571-630) begannen die ständigen Auseinandersetzungen mit den Chalukyas von Badami, die mit der Eroberung Badamis durch die Pallavas unter Narasimha Varman Mamalla (630-668) einen Höhepunkt und vorläufigen Abschluss fanden. Im Jahre 642 unterlagen die Pallavas den Chalukyas unter ihrem Herrscher Pulakesi II. (609-642). Kanchipuram wurde von den Chalukyas unter Vikramaditya II. (733-746) eingenommen, aber nicht zerstört.

LINKS:
Die rot bemalten Fußsohlen und Zehen einer Bharat Natyam-Tänzerin mit Glöckchenbändern (Hindi: Ghungharu).

Die Pallavas hielten sich als stärkste Macht des Südens bis in die Mitte des 9. Jahrhunderts, als ihre Vasallen, die Cholas, sich von ihrer Hauptstadt Thanjavur auszubreiten begannen. Nachdem der letzte Pallava-König Aparajithan (882-901) von den Cholas geschlagen war, begann unter Rajaraja Chola I. (985-1014) der unaufhaltsame Aufstieg der Dynastie zur größten Land- und Seemacht in Südostasien. Die Cholas eroberten die Gebiete der Ostküste Indiens bis hinauf nach Bengalen, ferner die Insel Ceylon (Sri Lanka) und Teile Burmas neben Sumatra, Malaysia und Java. Mit Rajendra Chola IV. (1246-1279) endete das Reich der Cholas.

Etwa gleichzeitig mit dem Reich der Pallavas entwickelte sich das Reich der Pandyas, einer weit zurück reichenden Dynastie. Die Pandyas beherrschten mit ihrer Hauptstadt Madurai das Gebiet südlich der Kaveri, bis sie im 9. Jahrhundert von den Pallavas überrannt wurden. Erst als auch die Macht der Cholas im Schwinden war, konnte unter Maravarman Sundara Pandya (1216-1238) ein Großreich geschaffen werden, das schließlich unter Jatavarman Sundara Pandya (1251-1283) den Norden Ceylons und das heutige Kerala und Andhra Pradesh mit einschloss. Thronfolgestreitigkeiten bereiteten neben der islamischen Invasionsarmee des Khilji-Sultanates von Delhi, die 1316 Madurai brandschatzte, dem Reich ein Ende.

Die altehrwürdige Dynastie der Cheras gehört zu den alten dravidischen Dynastien Indiens. Die Cheras herrschten ab etwa 925 über das Gebiet des heutigen Kerala und pflegten wenig Kontakt mit den anderen beiden Herrscherhäusern des Südens, den Pandyas und den Cholas.

Nachdem das Khilji-Sultanat den südindischen Reichen den Todestoß versetzt hatte, kam es zur Gründung des Reiches von Vijayanagar, das den zerstörerischen Moslems die Stirn bieten konnte. Mit Hampi als Hauptstadt wurde das Reich von Vijayanagar zum wichtigsten Großreich Indiens der Zeit. Das Reich aber unterlag 1564 den Deccan Sultanen in der Schlacht von Talikota und was vom Reich noch übrig blieb, wurde von den Nayaks von Madurai, Chitradurga, Keladi und Thanjavur verwaltet. Die Nayaks waren keine Dynastie, sondern führende Regierungsbeamte unterschiedlicher ethnischer Herkunft, die nach dem Zusammenbruch des Reiches von Vijayanagar die jeweiligen Regierungsgeschäfte vor Ort übernahmen und Familien gründeten, um den Titel „Nayak" zu vererben. Die Nayaks herrschten bis zum 18. Jahrhundert.

Um 1609 siedelten sich die Dänen in Pulicat (Distrikt Tiruvallur) an. Die Briten der „East India Company" setzten sich in Madras fest, die Franzosen in Pondicherry, die Holländer in Nagapattinam. Alle diese Länder führten mit Indien einen schwunghaften Handel, der im Laufe der Zeit die portugiesische Vormachtstellung des europäischen Indienhandels aufhob. Die Inder erhofften sich aus diesen Beziehungen Unterstützung bei ihren eigenen Problemen. Am rücksichtslosesten erwiesen sich die Briten, die die indischen Lokalherrscher gegeneinander ausspielten und im Laufe der Zeit eine europäische Macht nach der anderen militärisch ausschalteten. Den Franzosen blieb schließlich nur noch Pondicherry. Nach den Kriegen gegen das Reich von Mysore unter Hyder Ali und Tipu Sultan wurde Indiens Süden zur „Madras Presidency" der Briten.

Dieser Prozess der Einverleibung des heutigen Tamil Nadu in das Britische Kolonialreich erfolgte erwartungsgemäß gegen den Widerstand der Südinder, die von den Briten dafür in der Regel durch den Strang exekutiert wurden. Zu den berühmteren Widerstandskämpfern gehören Veerapandian Kattabomman (1760-1799), Maruthu Pandiyar (gehängt am 24. Oktober 1801) und Dheeran Chinnamalai (1756-1805).

Am 22. September 1914 geriet Tamil Nadu, die „Madras Presidency" in den Strudel des Ersten Weltkrieges. Der am 10. Juli 1909 in Dienst gestellte „kleine Kreuzer Emden" beschießt zwischen 21:42 und 21:52 Uhr mit 130 Granaten die Shell-Öltanks und die Küstenbatterie von Madras. Eine von den Franzosen kurz darauf veröffentliche Postkarte (betitelt: „Guerre de la Civilisation contre la Barbarie [1914]: La jolie Ville des Madras bombardée par les Allemands") soll die Einschläge in der „Esplanade Road, Madras" zeigen.

Nach Erlangung der Unabhängigkeit 1947 wurde die „Madras Presidency" zunächst zum „Madras State". Die territorialen Neuordnungen innerhalb Indiens in den Jahren 1953-1956 sorgten für eine Aufspaltung des „Madras State" auf Grund linguistischer Überlegungen. Das heutige Tamil Nadu wurde 1968 erschaffen.

Traditionelle Häuser der Todas in den Nilgiri-Bergen.

VERWALTUNG

Die politische Verantwortung des Bundesstaates obliegt dem „Chief Minister" und, im Hinblick auf die mehr repräsentativen Funktionen, dem „Governor".
Tamil Nadu wird in 30 Distrikte unterteilt: Chennai, Coimbatore, Cuddalore, Dharmapuri, Dindigul, Erode, Kanchipuram, Kanyakumari, Karur, Krishnagiri, Madurai, Nagapattinam, Namakkal, Nilgiris, Perambalur, Pudukkottai, Ramanathapuram, Salem, Sivaganga, Thanjavur, Theni, Thoothukudi, Tiruchirapalli, Tirunelveli, Tiruvallur, Tiruvannamalai, Tiruvarur, Vellore, Viluppuram und Virudhunagar.

FOLGENDE DOPPELSEITE:

Fischerboote vor Pamban (Distrikt Ramanathapuram).

RECHTE SEITE:
Kultplatz für Ayyanar, der von Alters her im Land der Tamilen Feld und Flur beschützt.

WIRTSCHAFT

Hauptsächlich für den täglichen Bedarf angebaut werden Reis, Hirse und Hülsenfrüchte. Aus wirtschaftlichen Gründen angebaut werden Zuckerrohr, Baumwolle, Sonnenblumen, Kokosnüsse, Akajonüsse, (englisch: Cashew), Chillies, Sesam, Arekanuss (zur Herstellung von Betel) und Erdnüsse, aber auch Tamarinde, Tee, Kaffee, Kardamom und Kautschuk. In Obstgärten werden Bananen und Mangos angebaut. In den höher gelegenen Distrikten, wie zum Beispiel den Nilgiris, werden auch Kartoffeln, Weizen, Kohlsorten, Karotten und Ingwer angebaut. Von der Forstwirtschaft werden Sandelholz, Faserholz, Bauholz und Feuerholz geliefert.

Durch die lange Küste spielt die Seefischerei eine herausragende Rolle. Alleine im Distrikt Cuddalore arbeiten 13 769 Fischer, 124 387 Fischer sind es im Distrikt Ramanathapuram, dessen Küste 271 Kilometer lang ist, und wo eine Reihe von Fischern, genau wie im Distrikt Thoothukudi, Perlenfischer sind. Es handelt sich hier um Zuchtperlen.

Die bekannteste Industrie von Tamil Nadu ist die Auto-Industrie, in der Schwerlastwagen, Personenkraftwagen und Autoteile hergestellt werden. Chennai wird daher gerne das „indische Detroit“ genannt. An der Kraftfahrzeugproduktion sind auch englische und japanische Firmen beteiligt. Ebenso produziert wird Kunstdünger.

In der Informations- und Biotechnologie ist der Staat neben Karnataka und Andhra Pradesh führend. Chennai ist der größte Konkurrent von Bangalore.

An Bodenschätzen sind Braunkohle, Granit und Kalkstein zu nennen.

Der Bundesstaat exportiert 60 % des in Indien gegerbten Leders und Lederartikel, Garne, Tee, Kaffee, Gewürze, Tabak, Handwerkskunst (vor allem Seidensaris) und schwarzen Granit. Innerhalb Indiens ist Tamil Nadu für die Produktion von Feuerwerk und Streichhölzern bekannt. Alleine in der Stadt Sivakasi (Distrikt Virudhunagar) werden 90 % des in Indien produzierten Feuerwerks hergestellt. Wegen der Textilindustrie wird Coimbatore (Distrikt Coimbatore) das „Manchester Indiens“ genannt.

BEDEUTENDE ORTE UND IHRE SEHENSWÜRDIGKEITEN

Eine chronologische Übersicht der überaus zahlreichen Monumente erweist sich auf Grund der Tatsache, dass viele der Tempel seit fast 1500 Jahren „im Betrieb“ sind und den damit verbundenen Anbauten späterer Zeit als schwierig. In der alphabetischen Reihenfolge der Distrikte kann daher nur eine stark begrenzte Auswahl erfasst werden, zumal in einer offiziellen Aufstellung des Jahres 2003 insgesamt 36 356 (!) hinduistische Tempel aufgeführt werden, wobei hier 17 Jaina-Tempel und über 53 „Klöster“ nicht mitgerechnet wurden. Die Finanzierung, Instandhaltung und Restaurierung dieser gewaltigen Tempelanzahl ist sehr genauen Regelungen unterworfen. Jeder Tempel soll im Abstand von 12 Jahren vollständig renoviert werden, um anlässlich eines alle 12 Jahre gefeierten Festes, dem „Kumbha-Abhishekam“, im neuen Glanz zu erstrahlen. Die 36 356 Tempel verfügen über 515 hölzerne, zumeist antike Tempelwagen zur Prozession der Gottheiten. In so genannten „Kultbildschutzzentren“ (Icon Protection Centres) werden 3327 Kultbilder aufbewahrt. Über 1000 Polzisten sind in einer Spezialeinheit zum Schutz der Tempel angestellt, die „Temple Protection Force“. In über 360 Tempeln wird Nahrung kostenfrei an Bedürftige verteilt („Annathanam“). Von den 36 356 Tempeln werden über 1000 als „ehrwürdig und antik“ aufgelistet. „Ehrwürdig“ heißt, dass der jeweilige Tempel bereits zwischen dem 7. und 9. Jahrhundert in Hymnen besungen wurde. Die hier aufgeführten Tempelanlagen sind in erster Linie diejenigen, deren Besuch vom nationalen Informationszentrum des jeweiligen Distriktes empfohlen wird. Archäologisch gesehen müssen sie nicht aus der Zeit stammen, in der sie in den Tamil-Hymnen der bedeutenden Heiligen des Landes besungen wurden.

Blick über den Fischerhafen von Kanyakumari, dem südlichsten Ort Indiens, zu den beiden kleinen Inseln mit dem „Vivekananda Rock Memorial“ und der Statue des tamilischen Dichters Thiruvalluvar auf einer Aussichtsplattform.

Die ältesten Tempel des Distrikts Chennai sind demnach: Der Kapaleeswarar-Tempel in **Tirumayilai** (Mylapore), der Pathasarathy-Tempel in **Chennai-Triplicane**, der Marundesswarar in **Tiruvanmayur** und der Maanikatyagar in **Tiruvotriyur**.
In der 1936 von Rukmini Devi Arundale gegründeten, „Kalakshetra“ genannten Einrichtung von Chennai (Distrikt Chennai) werden die verschiedenen darstellenden Künste von Tamil Nadu, besonders der „Bharat Natyam“, der mithin klassischste indische Tanz, gepflegt und unterrichtet. Das „Government Museum & Art Gallery“, von dem ein Gebäude aussieht, als wäre es unter dem Moghulkaiser Akbar (1556-1605) und seinem Enkel Shah Jahan (1628-1658) zusammen erbaut worden, geht auf eine Gründung der Institution im Jahre 1851 zurück. Ansonsten ist die Stadt Chennai voll mit unter englischer Herrschaft entstandener Kolonialbauten wie der „Central Railway Station“, der „Egmore Railway Station“, dem „High Court“ und dem „Fort St. George“. Alle Gebäude wurden zur Zeit der vorletzten Jahrhundertwende von dem „deutschen“ Fotostudio „Wiele und Klein“ in der damaligen Mount Road fotografiert; die größte zusammenhängende Foto-Sammlung dieses von Theodor Klein geleiteten Studios außerhalb Indiens befindet sich in der von Portheim-Stiftung in Heidelberg.

Die bedeutendsten hinduistischen Schreine des Distrikts Coimbatore sind der Thirumurthy-, der Perur-, der Maruthamalai- und der Anamalai-Tempel.
Der wichtigste Tempelanlage des Distriktes Cuddalore im Besonderen und ganz Indiens im Allgemeinen ist der ab dem 11. Jahrhundert erbaute Natarajar-Tempel von **Chidambaram**, einer der Haupttempel des Tanzenden Shiva. Weitere altehrwürdige Tempelanlagen des Distriktes sind der Pataleeswar-Tempel in

Thirupathiripuliyur, der Devanatha Swami-Tempel von **Thiruvaheendripuram** und der Bhuvaraha Swami-Tempel in **Srimusham**.
Der Chenraya-Perumal-Tempel in **Adhiyamankottam** (Distrikt Dharmapuri) hat mythologische Deckenmalereien aus dem 13. Jahrhundert.
Unter Hallen Tempeln in Tamil Nadu zieht keiner mehr Pilger und Gläubige an als der Arulmigu Dandayudapani Swamy Thirukoil in **Palani** (Distrikt Dindigul). Zu dem nach Westen ausgerichteten, auf einem Hügel gelegenen Haupttempel führen 693 Stufen. Die bedeutenden Monumente der Stadt **Dindigul** (Distrikt Dindigul) umfassen die unter Hyder Ali gebaute Moschee im Bezirk Begampur und die zwischen 1866 und 1872 erbaute St. Josephs Kirche (Römisch-katholisch).
Von den 487 Tempeln des Distrikts Erode ist der auf einer Flussinsel am Zusammenfluss dreier Flüsse (Kaveri, Bhavani und Amudha, letzterer für Ungläubige nicht sichtbar) gelegene Sangameshwar-Tempel in **Mukkoodal** vielleicht der bedeutendste. Die wichtigen Hügeltempel des Gottes Murugan liegen in **Sivanmalai**, **Chennimalai**, **Thindalmalai** und **Vattamallai**. Der Bannari Amman-Tempel liegt 10 Kilometer von Sathyamangalam entfernt. Das 1987 eröffnete Government Museum von Erode (Distrikt Erode) vermittelt den besten Überblick über die darstellenden Künste des Distriktes.
Der Distrikt Kanchipuram verfügt in der Stadt **Kanchipuram** über die mithin höchste Konzentration von archäologisch, d. h. tatsächlich alten Tempeln. Zu nennen sind vor allem: der unter Rajasimha Pallava begonnene und unter seinem Sohn Mahendra Varma Pallava vollendete Sri Kailasanathar-Tempel, der Vaikunda (auch: Vaikuntha) Perumal-Tempel von Nandivarman Pallava, der Ekambareswara Tempel mit einem 58 Meter hohen Gopuram (Tempeleingangsturm), der Sri Varadaraja Perumal-Tempel auf dem Hastigiri, der Sri Kamakshiamman Tempel aus dem 14. Jahrhundert, der Sri Ulagalander-Tempel aus der Chola-Zeit und der ursprünglich unter den Pallavas erbaute Kacchapeswara-Tempel, um nur einige zu erwähnen. In **Tirupparuthikundram** (Distrikt Kanchipuram) stehen mehrere Jaina-Tempel aus dem 9. Jahrhundert.
Ein weiterer wichtiger Ort der frühen Architektur Tamil Nadus ist die nach Narasimha Varman I. Mamalla benannte Ort **Mamallapuram** (auch: Mahabalipuram), die Hafenstadt der Pallavas. Zu den aus Granit gemeißelten monolithischen Höhlenanlagen zählen der Krishna Mandapam, der Mahishasuramardini Mandapam und der Varaha Mandapam, die „Buße Arjunas“, eines der größten antiken Felsreliefs Indiens (32 Meter lang und 14 Meter hoch), die so genannten, ebenfalls monolithischen, aber äußerlich im Stil der Freibautempel ausgemeißelten, fünf Rathas (eigentlich Tempel) mit der Darstellung eines überdimensionalen Löwen vor dem Schrein der Durga und einem lebensgroßen Elefanten. Der in Freibauarchitektur errichtete Küstentempel war dem Gott Vishnu geweiht. Unweit der Hauptattraktionen stehen weitere monolithische Tempel im Stil der Freibauarchitektur sowie die „Tigerhöhle“.
Der Arulmigu Thanumaliya Perumal-Tempel von **Suchindram** (Distrikt Kanyakumari) ist den Göttern Shiva, Vishnu und Brahma in einer Form gewidmet. **Kanyakumari** (Distrikt Kanyakumari), die Südspitze Indiens, markiert das auf einer Felsinsel errichtete „Vivekananda Rock Memorial“, das anlässlich des Besuches von Swami Vivekananda, der zwischen dem 24. und dem 26. Dezember 1892 in Kanyakumari weilte, gebaut wurde. Noch weniger alt ist die fast 29 Meter hohe Statue des Dichters Thiruvalluvar, die auf einem etwa 11,50 Meter hohen, gigantischen Sockel steht. Die von Dr. V. Ganapathy Sthapathi errichtete Statue wiegt 2000 Tonnen und setzt sich aus 672 skulpierten Gesteinsbrocken zusammen.
Der Kalyana Venkattaramaswami-Tempel von **Thanthoni** (Distrikt Karur), der Pasupathieswarer-Tempel von **Karur** (Distrikt Karur) und der Subrahmanya-Tempel in **Pugalur** (Distrikt Karur) sind die bemerkenswertesten Tempel des im Zentrum von Tamil Nadu gelegenen Distriktes.
Das 1993 eröffnete Museum von **Krishnagiri** (Distrikt Krishnagiri) verschafft einen Überblick über die Geschichte des Staates. Der am häufigsten besuchte Tempel des Distriktes ist der Arulmigu Maragathambigai Chandra Choodeswara-Tempel in **Hosur**.

FOLGENDE DOPPELSEITE:
Der Arunachaleswarar-Tempel von Tiruvannamalai vor Sonnenaufgang. Der Tempelkomplex ist im Laufe der Zeit von innen nach außen gewachsen – und die dazukommenden Tortürme wurden entsprechend immer höher.

RECHTE SEITE:
Im Ramanathaswamy-Tempel von Rameswaram sind die äußeren Hallen als überdimensional hohe (10 Meter), breite (5-7 Meter) und vor allem lange (bis zu 230 Meter) Korridore angelegt.

Der zweifelsfrei bedeutendste Tempel **Madurais** (Distrikt Madurai) ist der Meenakshi-Sundareswar-Tempel, der auf einer Fläche von 65 000 Quadratmetern eine Stadt für sich bildet. Jedem Besucher wird der „Teich der goldenen Lilien" oder die „1000-Säulen-Halle" für immer in Erinnerung bleiben. Nach lokaler Tradition existiert der Tempel seit 2000 Jahren, vergrößern ließ ihn Thirumalai Nayak (1623-1655), der auch den nach ihm benannten Palast 1636 errichten ließ. Auf dem 5 Kilometer vom Meenakshi-Sundareswar-Tempel entfernt liegenden künstlichen See, dem Mariamman Teppakulam, werden die beiden Gottheiten Meenakshi und Sundareswar auf einem Floß („Teppam") zur Spazierfahrt eingeladen. Der Thirupparankundran-Tempel liegt 8 Kilometer vom Bahnhof Madurais entfernt. Der vor Ort berühmte Vishnu-Tempel von Alagar Koil liegt am Hügel von **Solaimalai** (Distrikt Madurai).

Der Sri Mayuranathaswamy-Tempel in **Mayuram** (Distrikt Nagapattinam) hat ein 9-stöckiges, 50 Meter hohes Gopuram (Tempeleingangsturmbau). Auf Grund der Erwähnung in den Hymnen des heiligen Sambandar wird der Sri Swaminathaswamy-Tempel von **Swaminalai** (Distrikt Nagapattinam) in das 7. Jahrhundert datiert.

Als die Dänen 1620 in **Tharangambadi** (vormals: Tranquebar, Distrikt Nagapattinam) landeten, soll dort bereits ein Ort existiert haben. Die Dänen errichteten um ihre Faktorei eine Festung, deren Grundmauern zusammen mit dem Stadttor und der Kirche Zions heute noch stehen. **Tranquebar** war das wichtigste Handelszentrum der Dänen in Indien, bis es 1845 den Engländern ausgehändigt werden musste. Die Festung wurde zusammen mit den wichtigeren Gebäuden von der indischen Denkmalspflege, dem Archaeological Survey of India, restauriert.

Die Geschichte der Basilika der „Our Lady of Health" in **Vailankani** (Distrikt Nagapattinam) lässt sich bis in die Mitte des 17. Jahrhunderts zurückverfolgen, verdankt ihr heutiges Aussehen aber Pater Sebastiao Xavier de Noronha von 1920.

Im Shri Naganatha Swamy-Tempel von **Keelaperumpallam** (Distrikt Nagapattinam) wird der „9. Planet", Kedhu (auch: Ketu) verehrt. Den Planeten Budha (Merkur) verehrt man im Tempel des Arulmigu Swetharanya Sawmi von **Thiruvengadu** (Distrikt Nagapattinam).

Die beiden monolithischen Tempel von **Namakkal** (Distrikt Namakkal) entstanden im 8. Jahrhundert und sind beide dem Gott Vishnu geweiht: in dem einen Felstempel unter dem Aspekt des Ranganatha, in der anderen in seiner Erscheinung als Lakshminarasimha.

Udhagamandalam (vormals: Ootacamund, Distrikt Nilgiris) hat kaum Monumente aus der Frühzeit aufzuweisen. Am ältesten ist der von Mr. McIvor zwischen 1857 und 1867 angelegte, 22 Hektar große Botanische Garten, als der Ort noch „Ooty" hieß. Der See von Udhagamandalam wurde auf Betreiben von John Sullivan zwischen 1823 und 1825 mit Hilfe eines Staudammes erschaffen und ist zwischen 100 und 140 Meter breit und etwa 2,75 Kilometer lang. Das in Udhagamandalam im September 1989 eröffnete Museum zeigt Objekte der Todas, die bis vor wenigen Jahren vor den Toren des Ortes in ihren markanten Hütten mit tonnenförmiger Abdeckung lebten. In den Nilgiris fährt die einzige, von 1845-1899 erbaute Zahnradbahn Indiens, die heute zum Weltkulturerbe der UNESCO gehört.

Ein wichtiges islamisches Heiligtum verkörpert der Dargah (Schrein) des „Meeran Sahib Abdul Qadir Shahul Hamid Badshah" von **Nagore** (Distrikt Nagapattinam). Der Schrein wurde 1760, 200 Jahre nach dem Ableben des Heiligen, errichtet. Meeran Sahib wurde in Manikapur bei Ayodhyapuri zwischen 1490 und 1500 geboren, seine Eltern waren Nachkommen des Propheten Mohamed (Friede sei mit ihm). Als Meeran Sahib von einer Pilgerfahrt nach Mekka zurückkehrte, erreichte er Kayalpattinam (Tirunelveli Distrikt) das damals Teil des Königreiches von Thanjavur war. Der „König" von Thanjavur, Achutappa Nayak, litt an einer unheilbaren Krankeit und bat Meeran Sahib um Heilung. Der Nayak wurde geheilt und gab aus Dankbarkeit dem Meeran Shah dasjenige Grundstück, auf dem heute der Schrein von Nagore steht.

Der Gangaikondacholeswara-Tempel von **Gangaikondacholapuram** (Distrikt Perambulur) wurde unter Rajendra Chola (1012-1044) aus Anlass der Tatsache, dass das Chola-Reich zu der Zeit bis hinauf zur

Ganga (Ganges) reichte, mit einem fast 55 Meter hohen Aufbau über dem Sanktum erbaut. Zahlreiche Besucher erhält der Siruvachur Mathura Kaliaman-Tempel von **Siruvachur** (Distrikt Perambulur). Unter Maaravarambhan Kulasekara Pandyan I. (1268-1311) wurden die Arulmigu Ekambareswar und Thandayuthapani Swami-Tempel von **Chettikulam** (Distrikt Perambulur) erbaut.
Die Staatsgottheit der Thondaiman-Herrscher von Pudukkottai befindet sich in der unter den Pandyas im 9. Jahrhundert ausgemeißelten, monolithischen Anlage des Sri Gokarneswara-Brahadambal in **Thirugokarnam** (Distrikt Pudukkottai). Das Museum des Distriktes Pudukkottai kann ebenfalls in Thirugokarnam besucht werden. Die jinistische Felshöhle, Arivarkoil, von **Sittanavasal** (Distrikt Pudukkottai) ist mit ihren Wand- und Deckenmalereien des 8.-9. Jahrhunderts das „Ajanta Südindiens“ und ebenfalls ein Produkt der Kunst unter den Pandyas. Inschriften aus dem 2. Jahrhundert vor unserer Zeit deuten an, dass hier schon zu dieser Zeit jinistische Mönche in einer natürlichen Felshöhle wahrscheinlich während der Regenzeit gewohnt haben.
Der Kern des Sikhagiriswarar-Tempels in **Kudumianmalai** (Distrikt Pudukkottai) ist eine unter den Pandyas im 8.-9. Jahrhundert ausgemeißelte Felshöhle. Der davor gesetzte Freibautempel wurde später hinzugefügt.
Zur Entwicklungszeit der frühen Architektur unter den Cholas gehören die beiden (von einstmals drei) „Moovarkoil“ (auch: Muvarkoil) genannten Freibautempel von **Kodumbalur** (Distrikt Pudukkkottai). Die im 10. Jahrhundert errichteten Tempel zeigen den stilistischen Übergang von den Pallava- zu den Chola-Tempeln. Ebenso bedeutend für die frühe Architektur der Cholas ist der Vijayalaya-Cholishvara-Tempel von **Narttamalai** (Distrikt Pudukkottai), der, wie der Name schon sagt, inschriftlich unter Vijalalaya Chola (848-871) gebaut worden sein soll. Eine kurze Distanz von diesem Freibautempel entfernt befinden sich monolithische Felstempel der Pallava-Zeit.
Das 1687 errichtete Felsenfort von **Thirumayam** (Distrikt Pudukkottai) enthält zwei Höhlentempel, von denen einer dem Shiva als „Satyagiriswar“ und der andere dem Vishnu als „Satyamurti“ geweiht ist.
Eine der ältesten Kirchen Tamil Nadus ist die 1547 unter Pater John Venantius Bouchet gebaute Kapelle von **Avur** (Distrikt Pudukkottai). Die neuere römisch-katholische Kirche wurde 1747 konstruiert. Ein islamisches Pilgerzentrum befindet sich in **Pallivasal** (Distrikt Pudukkottai), wo „Bava Fakruddin“, bekannt als „Kattubava“, der Enkel des „Nagore Shahul Hameed“ begraben liegt.
Die längsten, von Pfeilern getragenen und gesäumten Tempelkorridore Indiens durchläuft der Besucher im Ramanathaswamy-Tempel von **Rameswaram** (Distrikt Ramanathapuram). Der am südöstlichsten Zipfel Indiens, beinahe in Sichtweite von Sri Lanka gelegene Tempel, wurde ab dem 12. Jahrhundert erbaut. Alleine die 197 Meter lange Pfeilerhalle des Ost-West-Korridors ist das längste Bauwerk dieser Art in Asien.
Der Kailasanathar Kovil, ein Shiva-Tempel, in **Tharamangalam** (Distrikt Salem) wurde ab dem 10. Jahrhundert erbaut, erhielt aber seine heutige Form wahrscheinlich erst ein halbes Jahrtausend später. Die geplante „1000-Pfeiler-Halle“ wurde nicht vollendet, da der Bauherr, Vanangamudi, 1667 starb.
12 Kilometer von **Karaikudi** (Distrikt Sivaganga) entfernt lädt der Pillaiyarpatti-Tempel die Pilger zu einem Besuch ein. Die zahlreichen Tamil-Inschriften vor Ort belegen, dass der Tempel unter den früheren Pandya-Herrschern aus dem Fels gemeißelt wurde, angeblich im 5. Jahrhundert. Der alte Name der mit einem Tempelteich und Tortürmen verschönerten Anlage war Ekkattur Thiruveengaikudi Maruthankudi Raja Narayanapuram. Weitere bedeutende Tempelanlagen in der Nähe von Karaikudi sind der Nagarasivan-, der Kovilur-Tempel und der 1000 Jahre alte Kundrakudi-Tempel.
Den Höhepunkt der Architektur unter den Cholas markiert der unter Rajaraja I. (985-1014) erbaute Brahadesswarar-Tempel (auch: Brihadishvara) von **Thanjavur** (Distrikt Thanjavur). Der in einer umwallten, von Osten zu betretenden Anlage errichtete Tempel ist 66 Meter hoch. Auf der Spitze des Tempels liegt eine 81,28 Tonnen schwere monolithische Kuppel, die mit Hilfe einer über 6 Kilometer langen schiefen Ebene auf diese Höhe gebracht worden war. Der „Kalasa“ (wörtlich: Topf) genannte Abschluss auf der

Kuppel besteht auds 339,5 Kilogramm Kupfer mit vergoldeter Außenfläche. Das Reittier des Gottes Shiva, dem der Tempel geweiht ist, wurde aus einem einzigen Stein gemeißelt, ist 2 Meter hoch, 6 Meter lang und 2,50 Meter breit, wiegt 20 Tonnen und ruht in einem eigenen Pavillon. Der Tempelhof der Anlage misst etwa 150 x 75 Meter. Die „Art Gallery" von Thanjavur ist für ihre Sammlung von Chola-Bronzen bekannt.

In **Kumbakonam** (auch: Kumbhakonam, Thanjavur Distrikt) konzentrieren sich die alten Tempel um einen künstlichen Teich herum, dessen Umgebungsstraßen für die jährlichen Umzüge der wichtigsten Kultbilder genutzt werden. Die meisten Tempel entstanden unter der Chola-Dynastie, deren Hauptstadt hier im 7. Jahrhundert war. Erwähnt zu werden verdient der Sri Adhikumbeswaraswamy-Tempel, dessen Tempelfest mehrere Tage und vor allem Nächte dauert, der Sarangapani-, der Nageswara Swamy- und der Ramaswamy-Tempel.

Im Sri Naganathaswamy-Tempel in **Thirunageswaram** (Distrikt Thanjavur) wird der „8. Planet", Rahu, verehrt. Rahu wird dort von zwei weiteren Personen umrahmt und genießt einen Kult, weil Rahu selbst hier einst den Gott Shiva verehrt haben soll.

Ein weiteres architektonisches Meisterwerk der Cholas ist der unter Rajaraja II. (1146-1173) erbaute Airavateshvara-Tempel (auch: Ayaravatheeswarar) in **Darasuram** (Distrikt Thanjavur). Besonderes

Das innere Fort von Gingee und der Palastbereich mit dem achtstöckigen Kalyana Mahal vor dem 243 Meter hohen Rajagiri (Königsberg) mit Zitadelle.

Augenmerk verdienen die Aufgänge zur Tempelhalle mit den seitlichen Elefantenskulpturen. Der unter Kulottunga III. (1178-1218) erbaute Kampahareshvara-Tempel in **Tribhuvanam** (auch: Thirubuvanam, Distrikt Thanjavur) ist der letzte der großen Chola-Tempel.

Der Arulmigu Balasubrahmanya-Tempel von **Periyakulam** (Distrikt Theni) ist Murugan geweiht und wurde unter Rajendra Chola erbaut. Im selben Distrikt befindet sich der dem Planetengott Saturn geweihte Saneeswarar-Tempel von **Kuchanur**.

Wie die monolithische Kopie eines Freibautempels wirkt der unvollendet gebliebene Vattuvankoil in **Kalugumalai** (auch: Kazhugu Malai, Distrikt Thoothukudi). Dieser hinduistische Pandya-Tempel des 9. Jahrhunderts steht unweit einer Reihe von jinistischen Felsreliefs, die Darstellungen verschiedener Tirthankaras zeigen, die von so genannten Yakshas (Genien) begleitet werden können.

Das Wahrzeichen von **Tiruchirappalli** (Distrikt Tiruchirappalli) ist die Felsenfestung auf dem steil aufragenden Granitfelsen. Die ältesten, in den mächtigen Felsen eingegrabenen monolithischen Monumente sind zwei Höhlentempel der Pallavas, von denen einer inschriftlich unter Mahendravarman I. ausgemeißelt wurde. Von der Spitze des Felsens lässt sich die Tempelstadt von **Srirangam** (Distrikt Tiruchirappalli) überblicken. Die auf einer Insel der Kaveri gelegene Anlage konstituiert mit dem Ranganatha-Tempel die größte vishnuitische Tempelformation Südindiens. Der im 10. Jahrhundert gegründete Haupttempel erhielt seine heutige Form mit den vier ineinander verschachtelten Tempelhöfen vor allem unter den Pandyas des 13. Jahrhunderts. Die 21 verschiedenen Gopurams markieren die Eingänge und Durchgänge von einem Hof zum anderen. Der letzte dieser Tempeleingangstürme wurde 1987 mit einer Höhe von 72 Metern errichtet. Der Dargah (Schrein) des „Hazrath Nathervali" im Herzen der eigentlichen Stadt Tiruchirappalli ist das Grab des Sufi Shaikh Nathar Shah, der bereits im Jahre 1020 sich hier niederließ.

Der Koranganatha-Tempel von **Srinivasanallur** (Distrikt Tiruchirappalli) ist unter den frühen Tempeln der Cholas der Markanteste. Als Monument der indischen Denkmalspflege finden in ihm heute keine Gottesdienste mehr statt.

Die viel gepriesenen Skulpturen des Venkatachalapathy-Tempels in **Krishnapuram** (Distrikt Tirunelveli) sind wahrscheinlich kaum älter als 300 Jahre, aber dafür von exquisiter Qualität.

Eine der großflächigsten Tempelanlagen Südindiens ist neben Srirangam der Arunachaleswarar Thirukoil von **Tiruvannamalai** (Distrikt Tiruvannamalai). Der Kern des bereits im 7. Jahrhundert gepriesenen Tempels entstand archäologisch und epigraphisch gesehen nicht vor dem 9. Jahrhundert. Im 14. Jahrhundert diente Tiruvannamalai sogar den Hoyshalas als Hauptstadt. Die südliche Umfassungsmauer ist 450 Meter, die nördliche 484 Meter und die östliche und westliche Umfassungsmauer sind jeweils 213 Meter lang. Der wie ein Heiliger verehrte Bhagavan Sri Ramana Maharshi (1879-1950), der 1950 die Erlösung (Mukti) erlangte, lebte auf dem Arunachala-Hügel von Tiruvannamalai.

Die einst von einem mit 10 000 Krokodilen gefüllten Wassergraben umgebene Festung von **Vellore** (Distrikt Vellore) gehört zu den besser erhaltenen und imposanten Festungsanlagen Südindiens. Die im Wesentlichen um 1500 errichtete Festung enthält den Jalakanteswaraswami-Tempel (auch: Jalakanteswarar-Tempel) aus dem 16. Jahrhundert. Der bekannteste und sehenswerteste Teil des Tempels ist die Kalyanamandapam genannte Pfeilerhalle, die häufig mit einer ähnlichen Halle innerhalb des Ranganatha-Tempels von Srirangam verwechselt wird. Die Pfeiler der Halle bestehen zum Teil aus aufspringenden, berittenen Pferden oder mythischen Wesen, den so genannten „Vyalas". Von der wechselseitigen geschichtlichen Vergangenheit der Festung zeugen unter anderem eine Moschee und die Sankt Johannis-Kirche innerhalb der Festungsmauern.

Die uneinnehmbarste Verteidigungsanlage Südindiens ist die 800 Jahre alte Festung von **Gingee** (Distrikt Viluppuram). Die auf einem 243 Meter hohen, schroff aufsteigenden, Rajagiri (Königsberg) genannten Felsen gelegene Hauptfestung sah sich mehreren Belagerungen, unter anderem durch die Moghuln und die Briten, ausgesetzt. 20 Meter dicke Mauern sorgen für die Verbindung der drei Teile der Festungsanlage

LINKE SEITE:
Auf einem Höhenweg in den Palani-Bergen.

untereinander. Diese drei Teile sind drei verschiedenen, schroffen Felsen aufgesetzt, dem Rajagiri, dem Krishnagiri und dem Chakkilidurg. Innerhalb der Festung befinden sich mehrere Tempel, Paläste und eine Moschee.
Ein unter Rajendra Chola I. gebauter Tempel, der Sri Ramanatha Eswarar (auch: Ishvara), überdauerte die Zeiten in **Esalam** (Distrikt Viluppuran). Rajaraja Chola I. ließ in **Ennairam** (Distrikt Viluppuram) den Narasimha Swamy Koil errichten. Aus der Zeit des Pallava-Königs Mahendra Varman I. stammt der Shatru Malleswaralayam, ein monolithischer Tempel in **Thalavanur** (Distrikt Viluppuram).
2 Kilometer von der Stadt Gingee (Distrikt Gingee) entfernt wurden im 5. oder 6. Jahrhundert auf eine senkrechte Felswand 24 (jinistische) Tirthankaras gemeißelt. Der Ort heißt daher „24 Theertangarargul".
Der 58 Meter hohe Gopuram (Tempeltorturm) des Vadabadrasayi Koils (etwa: der Tempel des auf dem Pipal-Blatt liegenden Krishna) in **Srivilliputur** (Distrikt Virudhunagar) entstand im 17. Jahrhundert und bildet die Vorlage für das Regierungsemblem des Bundesstaates Tamil Nadu.

LINKE SEITE:
Einer der großen Tortürme (Gopurams) des Minakshi-Tempels in Madurai, die in der Außenmauer des Tempelkomplexes die vier Tore markieren. Er ist allseitig mit zahllosen bunt bemalten Stuckfiguren der vielfältigen Welt der Götter bestückt.

Die bemerkenswertesten Verteidigungsanlagen von Tamil Nadu sind **Rayakottah** (Distrikt Krishnagiri), das ab 1605 errichtete Fort von **Dindigul** (Distrikt Dindigul), das unter der Aufsicht des belgischen Generals de Lannoy zwischen 1741 und 1744 erbaute Fort von **Udayagiri** (Distrikt Kanyakumari), das unter Aufsicht desselben Generals erbaute Fort von **Vattakottai** (Distrikt Kanyakumari), das auf dem Namagiri gelegene Fort von **Namakkal** (Distrikt Namakkal), das Fort von **Ranjankudi** (Distrikt Perambulur) aus dem 17. Jahrhundert und das Manora Fort bei **Pattukottai** (Distrikt Thanjavur) von 1814.
Zu den ebenfalls sehr zahlreichen Naturschönheiten zählen die Mangrovenwälder von **Pichavaram** (Distrikt Cuddalore), die Wasserfälle von **Hogenakal** (Distrikt Dharmapuri) und **Papanasam** (Distrikt Tirunelveli).
Auch Naturschutzgebiete sind in Tamil Nadu vorhanden. Genannt werden muss das 958 Quadratkilometer große Wildreservat von **Anamalai** (Distrikt Coimbatore), das Vogelschutzgebiet von **Vellode** (Distrikt Erode), das Vogelschutzgebiet von **Vedantangal** (Distrikt Kanchipuram), das 55 Quadratkilometer große Wildschutzgebiet von **Kodiakkarai** (Distrikt Nagapattinam), das insgesamt 321 Quadratkilometer große Wildschutzgebiet von **Mudumalai** (Distrikt Nilgiris), das Vogelschutzgebiet von **Kairavetti** (Distrikt Perambulur), das insgesamt 817 Quadratkilometer große Tigerreservat von **Mundanthurai-Kalakad** (Distrikt Tirunelveli), das Vogelschutzgebiet von **Koonthankulam** (Distrikt Tirunelveli), das Vogelschutzgebiet von **Udayamarthandapuram** (Distrikt Tiruvarur) und das Vogelschutzgebiet von **Vaduvoor** (Distrikt Tiruvarur).

Swamimalai (Distrikt Thanjavur) ist für seine Bronzegießereien bekannt. Die „Sthapathis" genannten Künstler arbeiten mit dem Wachsausschmelzverfahren wie zu Zeiten der Cholas und halten sich dabei an berühmte Vorbilder, wie zum Beispiel dem tanzenden Gott Shiva im Flammenkreis.

Zu den beliebtesten, auch im Sommer wohltemperierten Höhenorten Tamil Nadus gehören das 2133 Meter hoch gelegene **Kodaikkanal** (Distrikt Dindigul), das bis zu 2636 Meter hoch gelegene **Udhagamandalam** (vormals Ootacamund, Distrikt Nilgiris) und das 1162 Meter hoch gelegene **Manjolai** (Distrikt Tirunelveli).

CHINA
T i b e t
(X i z a n g)
H i m a l a y a
Lhasa
NEPAL
Mt. Everest
(Qomolangma)
8872
Kathmandu
Thimbu
BHUTAN
Itanagar
Kundil-
Bazar
Sadiya
Dibrugarh
Jorhat
Lakhnau
(Lucknow)
Ghaghara
Gorakhpur
Faizabad
Muzaffarpur
Darjeeling
Gangtok
Jalpaiguri
Siliguri
Darbhanga
Purnea
Dispur
Guwahati
(Gauhati)
Brahmaputra
Dhubri
Shillong
Kohima
Ganges
Chapra
Patna
Allahabad
Varanasi
(Benares)
Rangpur
Cherrapunji
Imphal
Bhagalpur
Mirzapur
Bihar Sharif
Silchar
Satna
Gaya
BANGLA-
DESH
Son
Berhampore
Rajshahi
Dhaka
Daltonganj
Bokaro
Dhanbad
Agartala
Aizawl
Tripura
Ranchi
Asansol
Durgapur
Purulia
Bhatpara
Haora
(Howrah)
Kulna
Jamshedpur
Kolkata
(Calcutta)
Chittagong
Rourkela
Kharagpur
Mandalay
Bilaspur
Sambalpur
Balasore
Gangesdelta
MYANMAR
(BURMA)
Raipur
Durg
Sonpur
Mahanadi
Akyab
Cuttak
Bhubaneswar
Puri
Indravati
Brahmapur
G o l f v o n
B e n g a l e n
Godavari
Vizianagaram
Visakhapatnam
Rajahmundry
Elur
Kakinada
Vijayavada
Machilipatnam
Rangun
(Yangon)
0
200
400
600
km

TRIPURA

LAGE, GRÖSSE, EINWOHNERZAHL

Der im Osten Indiens gelegene Bundesstaat Tripura befindet sich zwischen 22°56' und 24°32' nördlicher Breite und 91°10' und 92°21' östlicher Länge. Den Bundesstaat umgeben (von Süden nach Norden im Uhrzeigersinn) Bangladesh und die indischen Bundesstaaten Assam und Mizoram. Die gemeinsame Grenze mit Bangladesh ist 839 Kilometer lang. Mit einer Ausdehnung von 10 491,69 Quadratkilometern belegt Tripura flächenmäßig Platz 26 innerhalb Indiens. Die 3 199 203 Einwohner bescheren diesem Bundesstaat Rang 22, wobei statistisch gesehen auf jedem Quadratkilometer 304 Personen leben.
Die Bezeichnung Tripura lässt sich hier nicht von „Tri-" (= Drei) + „pura" (Stadt) = „Dreistadt" ableiten. Eine „Dreistadt" gibt es zwar sowohl in der klassischen indischen Literatur als auch in der darstellenden Kunst, hat aber inhaltlich mit der Bezeichnung dieses Bundesstaates offenbar wenig gemeinsam. Ebenso soll sich der Name des Bundesstaates auch nicht von „Tripura-Sundari", einer Gottheit, die fast als Staatsgottheit Tripuras bezeichnet werden könnte, herleiten lassen. „Tripura" leitet sich wahrscheinlich von „tuipra" ab, was soviel wie „Land am Wasser" bedeutet. Tripura gehört zu den „7 Schwestern"-Staaten Indiens. Die Hauptstadt von Tripura ist Agartala (189 327 Einwohner).

TOPOGRAPHIE UND KLIMA

Tripura ist ein von Hügelketten durchzogenes Land. Zu den wichtigeren Hügelketten gehören, von Osten nach Westen, die Jampoi, Sakham Tlang (auch: Sakhantang), Langtarai (auch: Longtharai), Athara Mura und Bara Mura. Die höchste Erhebung des Bundesstaates ist mit 975 Metern der Be-Talang-Shiv (auch: Betalongcchip) in der Jampoi-Kette. Zwischen den Hügelketten liegen breite, ausgedehnte Täler, in denen die größten Orte wie Agartala, Udaipur, Amarpur usw. zu finden sind. Die Täler liegen mitunter nur 15 Meter über dem Meeresspiegel.
Die bedeutenden Flüsse des Bundesstaates fließen entweder in nördliche oder westliche Richtungen. Der heiligste und größte Fluss ist die nach Westen fließende Gomati. In dieselbe Richtung fließen auch die Muhuri und Feni. Nach Norden fließen Khowai, Doloi (auch: Dhalai), Manu, Juri und Langai.
54,5 % der Fläche sind bewaldet.

Das Klima Tripuras ist in der Regel von warmer hoher Luftfeuchtigkeit gekennzeichnet. Während der wärmeren Jahreszeit zwischen März und Juni steigt die durchschnittliche Höchsttemperatur auf 35 Grad an. Die Regenzeit beginnt oft im April und dauert bis September. Die als angenehm empfundene Jahreszeit reicht vom September bis zum Oktober. Dieser Jahreszeit schließt sich der „Winter" an, wenn die durchschnittlichen Temperaturen auf 10,5 Grad absinken können. Diese kühlere Jahreszeit dauert bis einschließlich Februar.
Die durchschnittliche jährliche Niederschlagsmenge schwankt von 2100 bis 2300 Millimeter. Die niedrigste jährliche Niederschlagsmenge wurde mit 1811 Millimetern in Sonamura gemessen, die höchste mit 2855 Millimetern in Kamalpur.

H. G. Basak-Straße in Agartala.

Drei der vierzehn verehrten Götterköpfe in Agartalas Haupttempel.

BEVÖLKERUNG, SPRACHEN, GESCHICHTE

Ein bedeutender Anteil der Bevölkerung (31 %) Tripuras setzt sich aus 19 offiziell anerkannten und registrierten „scheduled tribes", also Stämmen, zusammen. Diese sind (mit Angabe der Untergruppen): 1. Bhil, 2. Bhutia, 3. Chaimal, 4. Chakma, 5. Garoo, 6. Halam, 7. Jamatia, 8. Khasia, 9. Kuki, einschließlich der folgenen Unter-Stämme: (i) Balte, (ii) Belalhut, (iii) Chhalya, (iv) Fun, (v) Hajango, (vi) Jangtei, (vii) Khareng, (viii) Khephong, (ix) Kuntei, (x) Laifang, (xi) Lentei, (xii)Mizel, (xiii) Namte, (xiv) Paitu, Paite; (xv) Rangchan, (xvi) Rangkhole und (xvii) Thangluya; 10. Lepcha, 11. Lushai, 12. Mag, 13. Munda, Kaur; 14. Noatia, 15. Orang, 16. Riang, Reang; 17. Santal, 18. Tripura, Tripuri, Tippera und 19. Uchai.

Die Ureinwohner des Bundesstaates sind die Tripura oder Tripuri, die mehr als 16 % der Stammesbevölkerung ausmachen. Unter den Tripura gibt es zwei Gruppen. Die „Natun Tripura" gelten als aufgschlossen und, aus westlicher Sicht, „fortschrittsfreudig". Die „Puram Tripura" sind traditionell, bebauen ihr Land im so genannten „Jhoom"-Anbau, bauen ihre Häuser auf Stelzen mit Bambusrohren und gelten daher als „rückständig".

Ein Mädchen tanzt im Manipurstil den Rasa-Tanz anlässlich des Maha Raas-Festes in Agartala.

Die Reang stellen 14 % der Stammesbevölkerung und 4 % der Gesamtbevölkerung Tripuras. Die Reang teilen sich in die Meksha oder Mechka und die Marchai oder Malchai. Die ersteren werden weiter unterteilt in die Masha und Raichak, die letzteren in die Apet und Champung. Die Reang sind besonders bei den Streitkräften beschäftigt und als Hindus verehren sie die Shakti.

Die Jamatia bilden einen weiteren Teil der Streitkräfte und bebauen ihr Land in als fortschrittlicher geltenden Anbaumethoden.

Die Chakma wanderten aus den „Chittagong Hill Tracts" in Bangladesh ein und sind größtenteils Buddhisten, die Elemente des Hinduismus und selbst des Islam integrierten.

Aus 16 unterschiedlichen Clans bestehen die Halam, die dem Kult der Shakti angehören.

Die Religionszugehörigkeiten Tripuras sind wie folgt: Hindus: 85,6 %, Moslems: 8,0 %, Christen: 3,2 % und Buddhisten: 3,1 %.

Die Amtssprache ist Bengali (Bangla) und Kakborak (auch: Kakbarak, Kokborok, Kokborak). Verkehrsprache ist daneben auch Manipuri.

Die frühe Geschichte Tripuras existiert nur in historisch nicht belegbaren Mythen, nach denen die königliche Dynastie der Herrscher von Tripura bereits ab dem Jahr 100 unserer Zeit existieren soll. Raja Ratna soll der 99. König im Jahre 1352 gewesen sein, der als erster den Namen „Manikya“ trägt, den die Dynastie fortan behalten sollte. Wahrscheinlich unter Maharaja Dharma Manikya, dessen Regierungszeit von 1431-1462 angesetzt wird, schrieben die Hofgelehrten die „Rajamala“ (deutsch: Girlande der Könige), eine in Versform (Sprache: Bengali) verfasste Abfolge der bis dahin regiert habenden Könige von Tripura. Andere Gelehrte setzten Maha Manikya (1400-1430) als den ersten wichtigen Herrscher der Dynastie an. Das genaue Datum der Abfassung der „Rajamala“ scheint daher nicht gesichert, aber immerhin wird eine lange Folge von Königsnamen angeboten, denen zum Teil auch Regierungsdaten folgen.

Nach der „Rajamala“ und anderen Quellen ergibt sich für die Geschichte Tripuras folgendes, einigermaßen historisches Bild: Gegen 1280 erfolgte der erste Angriff einer islamischen Invasionsarmee. Daraufhin kamen Siedler aus dem heutigen Bangladesh und Myanmar nach Tripura. Das Sultanat von Bengalen dominierte bis 1515. Angeblich wurde 1586 (historisch korrekt wäre 1584) der Herrscher von Tripura, entweder Amar Manikya oder Yashodhara Manikya (der allerdings erst der 3. Herrscher nach Amar Manikya war) von der Moghularmee geschlagen und musste ein Teil seines Gebietes an die Moghuln abtreten.

Bereits 1761 wurde Tripura von den Briten erobert, als das Land Raja Krishna Manikya (1760-1783) unterstand. Der erste „Political Agent“ der Briten, W.A. Power, wurde aber erst 1871 nach Tripura entsandt, als Maharaja Birchandra Manikya Dev Varman (auch: Burman, geboren 1837, regierte von 1862 bis 1896, wurde aber erst 1870 offiziell gekrönt) an der Macht war. Tripura blieb trotz des britischen Aufpassers politisch weitgehend unabhängig.

Als 1877 der britischen Administration 125 Goldmünzen übergeben worden waren, wurde der Begriff „Independent Tripura“ durch „Parbatya Tripura“ ersetzt.

Ein kleiner Junge sitzt vor dem 9 m hohen Kopf des in Stein gemeißelten Shiva, der zwischen dem 7. und 9. Jahrhundert aus dem Fels bei Unakoti in Kailasahor gehauen wurde.

Das Unakoti Felsmonument.

1905 wurde Tripura der neu geschaffenen Provinz von „Eastern Bengal and Assam“ als „Hill Tippera“ (der englischen Übersetzung von „Parbatya Tripura“) angegliedert.

Der letzte offiziell anerkannte Herrscher Tripuras war Capt. HH Bisam-Samar-Bijayi Mahamahodhyaya Pancha-Srijukta Maharaja Manikya Sir Bir Bikram Kishore Dev Varman Bahadur (geboren am 19. August 1908, Maharaja seit August 1923, starb am 17. Mai 1947). Als Inden am 15. August 1947 die Unabhängigkeit erlangte, war sein Sohn und Nachfolger, HH Maharaja Kirit Bikram Kishore Dev Varman Manikya noch zu jung, so dass seines Vaters 2. Frau, Maharani Kanchan Prabha Devi, die Regierungsgeschäfte übernahm. Am 9. September 1947 wurde die Monarchie von Tripura von indischer Seite für beendet erklärt, und Tripura wurde mit Indien am 15. Oktober 1949 vereint und unter die Führung eines Hauptregierungsbeauftragten gestellt. Am 1. November 1956 wurde Tripura zum Unionsterritorium erklärt, die Ernennung zum Bundesstaat erfolgte am 21. Januar 1972.

Zur Familie Tripuras, die sich nicht mehr königlich nennen darf, gehören einige der berühmtesten Schauspieler und Musiker Indiens, unter anderem der Komponist und Sänger Sachin Dev Burman (1906-1975) und Rahul Dev Burman (1939-1994), Ehemann von Asha Bhonsle, Sängerin und Schwester der lebenden indischen Legende, Lata Mangeshkar.

RECHTE SEITE:
Ein Turmaufgang im Neermahal („Wasserpalast“).

VERWALTUNG

Die politische Hauptlast liegt in den Händen des „Chief Ministers“ und des „Governors. Der Bundesstaat besteht aus vier Distrikten: Dhalai, North Tripura, South Tripura und West Tripura.

WIRTSCHAFT

Etwa 3/4 der Bevölkerung arbeitet in der Landwirtschaft, der 24,3 % der geographischen kultivierbaren Fläche zur Verfügung steht. Die Haupternten bestehen aus Reis, Weizen, Jute, Mais, Zuckerrohr, Kartoffeln, Gurken, Bohnen, Ackersenf, Gelbwurz, Ingwer, Ölsaaten (Sesam und Sojabohnen), Tapioca und Maulbeeren (für die Seidenraupenzucht). An Obst werden geerntet: Ananas (Sorten: Queen und Kew), Bananen, Orangen, Jackfrüchte, Litchies, Mangos und Limonen. An Nüssen: Cashewnüsse, Kokosnüsse und Arekanüsse (zur Betelzubereitung). In Tripura gibt es 57 Tee-Plantagen, Tripura ist nach Assam, West Bengal, Tamil Nadu und Kerala der fünftgrößte Teeproduzent Indiens. Seit wenigen Jahrzehnten wird im Distrikt West Tripura auch Kaffee angebaut.
Die Waldwirtschaft liefert Teakholz und andere Bauhölzer.
Bis 1950 gab es in Tripura praktisch keine Industrie. Der größte Industriezweig ist bis heute die Handwebstuhlindustrie, die Herstellung von Artikeln aus Rohr und Bambus und die Jute-Produktion. In der Entwicklung befindet sich die Seidenraupenzucht und Seidenherstellung.
Tripura ist reich an Erdgas und Erdöl, aber auch hier befindet sich die Förderung noch im Entwicklungsstadium.

Im Bau befindliche Bambushütten am Kamalasagar („Lotossee“).

VORHERIGE DOPPELSEITE:
Ujjayanta Palast von Radha Kishor Manikya.

RECHTE SEITE:
Ein Tor des Neermahal Palast bei Agartala.

BEDEUTENDE ORTE UND IHRE SEHENSWÜRDIGKEITEN

Wie bei den meisten „7 Schwester"-Staaten überwiegen auch in Tripura die Naturschönheiten. Der Staat verfügt über eine ganze Reihe von viel besuchten, buddhistischen Tempeln, die aber alle erst im 20. Jahrhundert zum Teil in Anlehnung an frühe hinduistische Tempel gebaut worden sind. Der überwiegende Teil der religiösen Monumente ist hinduistisch.

Der **Longtharai** Mandir ist ein Shiva-Tempel (Shiva = Longtharai in Kokborok) im Distrikt Dhalai. Im Zentrum von **Kamalpur** (Distrikt Dhalai) steht der Kamaleswari Mandir (Tempel der Kamaleshvari), der dem Ort den Namen gab.

Die monumentalen und etwas klobig wirkenden Felsreliefs von **Unakoti** (Distrikt North Tripura) entstanden im 11.-12. Jahrhundert. Auf einer Fläche von 45 Metern sind hier die Darstellungen hinduistischer Gottheiten wie Shiva, Vishnu, Hara-Gauri, Ganesh usw. bemerkenswert.

Der Tempel der Tripura Sundari bei **Udaipur** (Distrikt South Tripura) ist einer der wichtigsten Tempel des Bundesstaates. Da hier der rechte Fuß der Shakti (oder Sati) auf die Erde fiel, gehört der Ort zu den 51 „Shaktipithas". Der mithin wichtigste Shaktipith liegt in Guwahati, Assam, wo das Zeugungsorgan der Shakti genannten Göttin landete. Den Tempel der Tripura Sundari ließ Maharaja Dhanya Manikya von Tripura (1463-1497) erbauen, die Einweihung erfolgte 1501. Das Kultbild besteht aus einem rötlich-schwarzem Gestein, das „Kastik Pathar" genannt wird. Die ersten beiden Priester des Tempels kamen aus Kannauj (heute in Uttar Pradesh, Distrikt Kannauj). Diese beiden Priester, Sri Lakshminarayan Pandey und Sri Gadadhar Pandey sind die Vorfahren der heutigen 18 Priesterfamilien des Tripura Sundari-Tempels. Der künstliche Teich vor dem Tempel wird nach seinem Erbauer, Raja Kalyan Manikya (1625-1660) „Kalyan Sagar" genannt.

Den ebenfalls in **Udaipur** (Distrikt South Tripura) stehenden Tripuresh Bhairav-Tempel hatte auch Maharaja Dhanya Manikya von Tripura (1463-1497) konstruiert. Er wurde 1651 unter Maharaja Kalyan Manikya (1625-1660) repariert und verdankt seine heutige Form in erster Linie Maharaja Radha Kishor Manikya (regierte 1896-1909).

Den am Nordufer der Gumati (auch: Gumti) gelegenen Bhuvaneshvari-Tempel ließ Maharaja Govinda Manikya zwischen 1667 und 1676 im Stil der bengalischen Terrakotta-Tempel erbauen. Vor dem Hintergrund dieses Tempels spielen zwei berühmte Novellen des Literaturnobelpreisträgers Rabindranath Tagore (1861-1941): „Bisharjan" und „Rajarshi".

Mitten im Dschungel überraschen an einem Gewässer die zahlreichen, in einer Reihe angeordneten hinduistischen Felsreliefs von **Debatamura** (auch: Deotamura, Distrikt South Tripura). Die überdimensionalen Darstellungen zeigen Shiva, Vishnu, Durga-Mahishasuramardini und andere Göttinnen des hinduistischen Pantheons.

In **Pillak** (auch: Pilak, Distrikt South Tripura) wurden mehrere Stelen des 9.-10. Jahrhunderts gefunden, die auf die buddhistische Vergangenheit dieses Teils von Tripura hinweisen. Der Erdhügel von Pillak, der weiteres Material zu Tage bringen dürfte, wurde bisher nicht archäologisch untersucht.

Der malerisch an einem See gelegene, im europäischen Stil zwischen 1899 und 1901 erbaute Ujjayanta Palast von **Agartala** (Distrikt West Tripura) wurde von Maharaja Radha Kishor Manikya (regierte 1896-1909) in Auftrag gegeben. Der zweigeschossige Gebäudekomplex hat drei Kuppeln, von denen die Zentralkuppel 26,21 Meter hoch ist. Dem Palast ist ein Garten im Moghulstil angegliedert. Der Ujjayanta-Palast ist der flächenmäßig größte Gebäudekomplex des Bundesstaates; er umfasst einen Quadratkilometer.

Ebenfalls in Agartala ließ Maharaja Birendra Kishor Dev (regierte 1909-1923) auf einer Anhöhe namens Kunjaban im Jahre 1917 einen Palast erbauen, der „Pushbanta Palast" heißt. Der Maharaja soll selbst den Entwurf für diesen Komplex geliefert haben. Rabindranath Tagore hat hier während sieben Aufenthal-

FOLGENDE DOPPELSEITE:
Der im „Rudrasagar" (Name eines Sees) gelegene Neermahal („Wasserpalast").

RECHTE SEITE:
Jagannath-Tempel in Agartala.

ten in dem Palast mehrere Lieder geschrieben und komponiert. Heute residiert in diesem Palast der „Governor" von Tripura.

Das am 22. Juni 1970 eröffnete staatliche Museum von Agartala (Tripura Government Museum) hat neben einer Sammlung alter Steinskulpturen eine bedeutende Münz- und Inschriftenkollektion und herausragende buddhistische und hinduistische Bronzen des 8.-11. Jahrhunderts im Stil von Bengalen. Von großer stilistischer Eigenheit sind die buddhistischen Stelen aus **Pillak** (10. Jahrhundert). Das Tribal Museum gibt den besten Überblick über die Stammeskunst des Bundesstaates.

Der spektakulärste Palast von Tripura ist der auf einer natürlichen Insel im „Rudrasagar" genannten See gelegene **Neermahal** (Distrikt West Tripura). Er wurde als Sommerpalast für Maharaja Bir Bikram Kishor Varman Dev Bahadur (regierte 1923-1947) im Jahre 1930 von der Firma Martin Burn & Co. gebaut, derselben Firma, die auch den Auftrag für den Ujjayanta Palast bekam. Der Rudrasagar hat eine Fläche von 5,35 Quadratkilometern.

An der Grenze zu Bangladesh liegt der **Kamalasagar** (wörtlich: Lotossee, Distrikt West Tripura) der unter Maharaja Dhanya Manikya (r.1463-1497) ausgegraben wurde. Am Rande des Sees steht ein der Göttin Kali geweihter Tempel aus dem 16. Jahrhundert.

Das **Trishna** Wildlife Sanctuary (Distrikt South Tripura) liegt an der Grenze zu Bangladesh und beherbergt vor allem Bisons. Das 18,53 Quadratkilometer große Naturschutzgebiet von **Sepahijala** (Distrikt West Tripura) ist für seine Brillenaffen bekannt. Weitere Schutzgebiete sind das **Rowa** Wildlife Sanctuary (Distrikt North Tripura) und das **Gumti** Wildlife Sanctuary (Distrikt South Tripura).

Der Sepahijala-Wildlife-Park bei Agartala bietet hauptsächlich Wasservögeln, Enten und Affen Schutz.

CHINA
Tibet (Xizang)
Himalaya
PAKISTAN
NEPAL
Uttar Pradesh
Peshawar
Islamabad
Rawalpindi
Srinagar
Leh
Jammu
Hanle
Chamba
Dankhar
Gijranwala
Amritsar
Faisalabad
Lahore
Jullundur
Ludhiana
Simla
Multan
Chandigarh
Patiala
Ambala
Dehradun
Bhatinda
Saharanpur
Hardwar
Karnal
Panipat
Hisar
Meerut
Moradabad
Delhi
Rampur
New Delhi
Ghaziabad
Bareilly
Bikaner
Faridabad
Aligarh
Shahjahanpur
Kathmandu
Mt. Everest (Qomolangma) 8872
Gangtok
Nagaur
Mathura
Lakhnau (Lucknow)
Jaipur
Firozabad
Gonda
Agra
Farrukhabad
Gorakhpur
Darjeeling
Jodhpur
Kanpur
Siliguri
Faizabad
Muzaffarpur
Darbhanga
Jalpaiguri
Ajmer
Gwalior
Lashkar
Chapra
Purnea
Kota
Jhansi
Allahabad
Varanasi (Benares)
Patna
Bhagalpur
Mirzapur
Satna
Bihar Sharif
Udaipur
Gaya
Rajshahi
Palanpur
Daltonganj
Dhanbad
Berhampore
Sagar
Bokaro
Gandhinagar
Durgapur
Ratlam
Ranchi
Asansol
Ujjain
Bhatpara
Ahmadabad
Bhopal
Jabalpur
Purulia
Haora (Howrah)
Jamshedpur
Vadodara (Baroda)
Indore
Narsimhapur
Kolkata (Calcutta)
Bhavnagar
Hoshangabad
Kharagpur
Bilaspur
Rourkela
Khandwa
Surat
Gondia
Amravati (Amraoti)
Sambalpur
Balasore
Dhule
Jalgaon
Raipur
Daman
Nagpur
Malegaon
Akola
Durg
Sonpur
Cuttak
Wardha
Silvassa
Nasik
Aurangabad
Bhubaneswar
Mumbai (Bombay)
Chandrapur
Jalna
Parbhani
Puri
Nanded
Kalyan
Ahmadnagar
Brahmapur
Nizamabad
Pune
Warangal
Vizianagaram
Indus
Chambal
Ghaghara
Ganges
Betwa
Son
Narmada
Mahanadi
Godavari
Indravati
0
200
400
600
km

UTTAR PRADESH

LAGE, GRÖSSE, EINWOHNERZAHL, SYMBOL

Der nordindische Bundesstaat Uttar Pradesh liegt zwischen 23°52' und 31°28' nördlicher Breite und 77°3' und 84°39' östlicher Länge. Uttar Pradesh wird umgeben (von Süden nach Norden im Uhrzeigersinn) von den Bundesstaaten Chhattisgarh, Madhya Pradesh, Rajasthan, Haryana, Himachal Pradesh, dem Unions- bzw. nationalen Hauptstadtterritorium Delhi, dem Bundesstaat Uttaranchal, dem Königreich Nepal und den Bundesstaaten Bihar und Jharkhand. Die Größenangaben des Bundesstaates schwanken in den offiziellen Quellen, das heißt den Angaben der indischen Zentralregierung und den Angaben der Regierung von Uttar Pradesh, zwischen 238 566 und 236 286 Quadratkilometern, was aber auf jeden Fall bedeutet, dass Uttar Pradesh flächenmäßig Platz 5 innerhalb Indiens einnimmt. Wäre Uttar Pradesh ein eigener Staat, so nähme er mit einer Bevölkerung von 166 197 921 Einwohnern weltweit Rang 6 ein, was ihm innerhalb Indiens Platz 1 garantiert.

Uttar Pradesh wird in Indien generell zu „U.P." abgekürzt und heißt „nördliches" (Uttar) „Land" (Pradesh). Die Hauptstadt des Bundesstaates ist Lucknow (Distrikt Lucknow, 2 207 340 Einwohner).

Der „Staatsvogel" ist der Sarus- oder Antigonekranich (Grus antigone) einer der größten flugfähigen Vögel der Welt.

TOPOGRAPHIE UND KLIMA

In Uttar Pradesh sind zwei Arten von Landschaften unterscheidbar: die aus den Flüssen Ganga, Yamuna und ihren Nebenflüssen entstandene „Gangesebene", die etwa 7/8 des Gebietes ausmacht und den gesamten Bundesstaat durchzieht, und die Vindhya-Berge bzw. die Vindhya-Hochebene im Süden des Bundesstaates, das heißt die Gebiete südlich von Jhansi, Allahabad und Varanasi. Die „Gangesebene" besteht aus fruchtbarem Schwemmland, ist aber vielerorts sowohl Dürren als auch Überschwemmungen ausgesetzt.

Die wichtigsten Flüsse sind neben der Ganga und der Yamuna die jeweiligen Nebenflüsse wie die Ramganga, Gomati (auch: Goomtee, Gomti, Gumti), Ghagara (auch: Ghagra), Rapti, Sarda, Saryu, Suheli, Kaudiyala, Chandraprabha und Gandak.

Das Land ist nur zu 12,8 % bewaldet.

Das tropische Monsunklima beschert dem Bundesstaat durchschnittliche Tiefsttemperaturen von 3-4 Grad (0,4 Grad im Distrikt Meerut) im Januar und durchschnittliche Höchsttemperaturen von 43-45 Grad in den Monaten Mai-Juni. Die Monate Oktober bis Februar markieren die kühle Jahreszeit, Mai bis Juni die heiße Jahreszeit, von Juli bis September dauert die Regenzeit. Am meisten Niederschläge erhalten die östlichen Distrikte. Richtung Westen nimmt die Niederschlagsmenge ab.

Durchschnittliche jährliche Niederschlagsmengen (Auswahl, in Millimeter): Agra: 751; Bahraich: 1125; Ballia: 1050 (am 3.10.1884 fielen in Rasras 320 Millimeter Niederschlag innerhalb von 24 Stunden); Banda: 902; Barabanki: 1050; Bareilly: 1096; Basti: 1166; Bijnor: 1122; Budaun: 861; Chitrakoot: 902; Etah: 722; Etawah: 752,4; Faizabad: 1035; Gautam Buddha Nagar: 1035; Ghaziabad: 732; Ghazipur: 1000; Gorakhpur: 1221; Hamirpur: 864; Hathras: 710; Kanpur Dehat: 824; Lakhimpur-Kheri: 1093; Kushinagar: 182[?]; Lalitpur: 1044; Mainpuri: 738; Mau: 1021; Meerut: 768; Mirzapur: 1034; Moradabad: 967; Muzaffarnagar: 753; Raebareli: 923; Saharanpur: 901; Sant Kabir Nagar: 1166; Siddhartnagar: 1376; Sonbhadra: 1036; Sultanpur: 1005 und Varanasi: 1019.

BEVÖLKERUNG, SPRACHEN, GESCHICHTE

Sowohl die Hindus als auch die Moslems unterhalten in Uttar Pradesh ihr eigenes, auf dem „Kastensystem" beruhendes System sozialer Einteilung. Da das „Kastensystem" das mithin komplizierteste, nicht widerspruchfreiste Sozialsystem Asiens darstellt, muss an dieser Stelle von einer auch nur rudimentären Erklärung desselben abgesehen werden.

Die religiöse Zusammensetzung der Bevölkerung von Uttar Pradesh ergibt folgendes Bild: 80,6 % bekennen sich zum Hinduismus, 18,5 % zum Islam, 0,4 % sind Sikhs, 0,2 % bekennen sich zum Buddhismus, 0,1 % sind Jainas und weitere 0,1 % sind Christen.

Die Amtssprachen sind Hindi und Urdu. Zu den lokalen Verkehrssprachen zählen Awadhi, Koshali, Braj, Koeli, Bagheli, Bundeli und Bhojpuri. Im Distrikt Sonbhadra wird stellenweise noch Dhangari, eine dravidische Sprache, gesprochen.

Die frühe Geschichte von Uttar Pradesh wird gerne mit Hinweis auf die indischen Epen erklärt. Historisch fassbar ist hingegen erst das Reich der Nandas von 343 bis 321 vor unserer Zeit. Danach unterstand das Reich den Mauryas von Magadha. Acht der Ediktsäulen des Kaisers Ashoka (272-232 vor unserer Zeit) sind in Uttar Pradesh gefunden worden. Zu ihnen gehört die Ediktsäule von Sarnath mit dem Löwenkapitell Ashokas, dem heutigen Staatswappen Indiens.

Die fast völlig aus rotem Sandstein unter dem Moghulkaiser Akbar erbaute Stadt Fatehpur Sikri wurde bereits gegen Ende des 16. Jahrhunderts wieder verlassen. Heute widerhallt die Stadt vom Lärm der indischen und internationalen Touristen.

Zwischen 150-130 vor unserer Zeit stand das im Westen von Uttar Pradesh liegende Mathura wahrscheinlich unter der Herrschaft der Indo-Griechen. König Menander I., in den indischen Schriften als Milinda bekannt, herrschte über den östlichen Teil des Reiches von Baktrien. Hauptstadt war das heutige Sialkot im Punjab (Pakistan). Archäologische, von Professor Herbert Härtel vom Museum für Indische Kunst Berlin zwischen 1966 und 1974 geleitete Ausgrabungen in Sonkh (Saunkh) bei Mathura zeigen, dass der kulturellen Phase der Shungas die Dynaste der Mitras von Mathura folgte. Den Mitras folgte die Dynastie der Kshatrapas und Ramadatta, denen sich etwa im ersten Jahrhundert unserer Zeit die Dynastie der Kushanas anschloss. Mathura wurde zur bedeutendsten Stadt im Osten des Kushana-Reiches. Ab dem Ende des 3. Jahrhunderts begann die Macht der Kushanas jedoch zu bröckeln und ab dem Jahr 320, dem Jahr 1 der Gupta-Zeitrechnung, wurden weite Teile des heutigen Uttar Pradesh von der Dynastie der Guptas regiert. Ein weiteres Reich auf dem Gebiet des heutigen Uttar Pradesh war zu der Zeit das der Panchalas von Ahichhattra.

Die Guptas vermochten mit den Vakatakas ein Teil des indischen Nordens politisch zu einen, überließen im 6. Jahrhundert aber unter anderem den Maukharis von Kannauj das Feld.

Harshavardhana (606-648) vereinigte die Reiche von Thanesar (auch: Thaneshvar) und Kannauj, womit letzterer Ort zu einer der antiken Hauptstädte des heutigen Uttar Pradesh avancierte.

Die zweite Blüte erfuhr Kannauj unter Yashovarman, der aber um 740 Lalitaditya von Kashmir weichen musste. Gegen Ende des 8. Jahrhunderts stritten sich die Palas von Bengalen, die Rashtrakutas vom Deccan und die Gurjara-Pratiharas von Malwa um Kannauj, über das schließlich die Gurjara-Pratiharas die Oberhand gewannen. 916 wurde Kannauj von dem Rashtrakuta-Herrscher Indra III. (914-929) eingenommen, und das Reich der Gurjara-Pratiharas erfuhr eine Schmälerung.

Yamin ad-Dawlah Mahmud, besser bekannt als Mahmud von Ghazni (971-1030) besiegte 1018/19 die Gurjara-Pratiharas, deren weiteres Vordringen von dem Chandela-Herrscher Vidhyadhara (1017-1029) von Jejaka-Bhukti, dem heutigen Bundelkhand, verhindert wurde.

Den Gurjara-Pratiharas folgten die Gaharwars (auch: Gahadvalas), besonders unter ihren beiden Herrschern Govind Chandra (1104-1154) und Jai Chandra (1170-1193). Ersterer verlegte die Hauptstadt von Kannauj nach Varanasi.

Jai Chandra aber wurde 1193 von Muhammad Ghori in Chhandwar bei Etawah geschlagen, und Meerut, das heutige Aligarh, Asani, Kannauj und Varanasi wurden eine leichte Beute der islamischen Eroberungsarmee. Im Jahre 1203 wurde Paramardi Dev Chauhan von der Armee Qutb-ud-Din Aibaks geschlagen, die Chandelas aber konnten, auf kleinerer Flamme, zwei Jahrhunderte lang weiter regieren.

Nach und nach wurde das heutige Uttar Pradesh unter islamische Vorherrschaft gebracht, bis ab dem Ende des 14. Jahrhunderts das Unvermeidliche eintrat und eine islamische Provinz nach der anderen sich von Delhi unabhängig machte. 1388 setzte Firuz Shah Tughluq (1351-1388) in Jaunpur den Eunuchen Malik Sanwar (auch: Sarwar) Khwajajahan zum Statthalter ein. Als Delhi 1398 von den Mongolen unter Timur (auch: Tamerlane) gebrandschatzt und das Sultanat der Tughluqs entsprechend geschwächt war, erklärte sich der Statthalter von Jaunpur als von Delhi unabhängig. Malik Sanwar (auch: Sarwar) Khwajajahan gründete mit seinem Adoptivsohn die Sharqi-Dynastie von Jaunpur. Von nun an machten die Herrscher dieser Dynastie den islamischen Sultanaten von Delhi das Gebiet von Kannauj und Jaunpur streitig. Die Mongolen begnügten sich aber nicht mit der Plünderung Delhis und dehnten ihre Brandschatzungen auf Gebiete des heutigen Uttar Pradeshs aus, besonders stark betroffen wurde das Gebiet des heutigen Meerut.

1412 war die Dynastie der Tughluqs am Ende, ihr folgte bis 1444 die Sayyid Dynastie, die spätestens 1451 von der Lodi Dynastie abgelöst wurde. Die Lodi Dynastie ist insofern für das heutige Uttar Pradesh von Bedeutung, da die Stadt Agra unter Sikandar Lodi (1488-1517) zur zweiten Hauptstadt des Reiches erklärt wurde.

Nach der Schlacht von Panipat (1526) eroberten die Moghuln unter Babur das heutige Uttar Pradesh. Babur starb 1530 in Agra. Baburs Sohn und Nachfolger Humayun aber verlor um 1540 auf den Schlachtfeldern von Chunar und Chausa gegen Sher Shah Suri. Letzterer verlor sein Leben 1545 bei dem Versuch die Chandela-Festung von Kalinjar einzunehmen.
Der zwischenzeitlich nach Persien ins Exil gegangene Humayun konnte Indien daraufhin zwar zurückerobern, starb aber beim Sturz von einer Treppe bereits im Januar des Jahres 1556 in Delhi. Unter seinem Nachfolger Akbar (1556-1605) war Agra die Hauptstadt des Moghulreiches. Eine Zeit lang wurde die Hauptstadtrolle auch von Fatehpur Sikri übernommen, das ebenfalls im Gebiet des heutigen Uttar Pradesh liegt. Erst der Moghulkaiser Shah Jahan (1628-1658) verlegte den Sitz der Hauptstadt von Agra in das von ihm neu gegründete Shahjahanabad, das damalige „New-Delhi" im Jahre 1638.
Die nicht gerade hindufreundliche Politik des letzten der „großen" Moghulkaiser, Aurangzeb (1658-1707), sorgte auch für nachhaltigen Zündstoff im heutigen Uttar Pradesh. Maharaja Chhatrasal Bundela (1649-1732) begann mit einer Rebellion gegen die Moghuln 1671. Er eroberte Orte im heutigen Chhattarpur Distrikt, und wenige Jahre später Mahoba und Panna. Schließlich verbündete er sich mit Maratha Peshwa Baji Rao I., der 1729 Chhatrasal Bundela eine Armee zur Unterstützung im Kampf gegen die Moghuln entsandte. Die Nachkommen von Chhatrasal Bundela regierten über Panna, das 1765 gegründete Ajaigarh, Charkhari, Chhattarpur und Jaso. Chhatarpur erhielten 1785 die Ponwar-Rajputen.
Bis etwa 1722 war Avadh (auch: Oudh) eine moghulische Provinz, als der persische Abenteurer Muhammad Amin Saadat Khan, Burhan ul Mulk (1722-1739), sich mit der Hauptstadt Faizabad selbstständig machte und bis zum „Nawab Wazir" aufstieg. Avadh ist höchstwahrscheinlich das alte Ayodhya, gewissermaßen die Hauptstadt Indiens unter Rama, dem Held des indischen Epos, Ramayana. Saadat Khans Nachfolger wurde sein Neffe und Schwiegersohn, Mirza Muqim Abu'l Mansur Khan, alias Safdar Jung (1739-1754), dessen Grabanlage in Delhi bewundert werden kann. Wohlhabende Länder Indiens weckten stets den Appetit der Engländer, deren grausames Ränkespiel auch hier Erfolg zeigte. 1801 wurde Avadh durch einen Vertrag zum Vasallen der Britischen Ostindienkompanie, die nun beginnen konnte, den Reichtum Avadhs auszubeuten. Die Briten gingen schließlich so weit, dass sie Avadh 1856 annektierten. Der letzte Nawab, Wajid Ali Shah (1847-1856) wurde als Gefangener von den Briten in die Verbannung geschickt.
Lucknow, seit 1775 Hauptstadt des Reiches von Avadh, war 1857 Brennpunkt der so genannten „Meuterei", dem 1. Unabhängigkeitskrieg Indiens der Neuzeit. Die Briten brauchten fast 18 Monate, um das Gebiet von Avadh wieder unter ihre Kontrolle zu bringen. Dieselben Menschen, die in den englischen Geschichtsbüchern als „Verbrecher" gebrandmarkt wurden, werden in den indischen Schul- und Geschichtsbüchern heute „Freiheitskämpfer" genannt. Das von einem Marathengeneral gegründete Jhansi wurde durch Rani Lakshmibai von Jhansi zum Sinnbild des antibritischen Kampfes. Da die Briten die Adoption ihres Sohnes nicht akzeptierten, weil sie somit, wie üblich, sich das Recht nehmen konnten, Jhansi zu annektieren, führte die Königin persönlich ihre Truppen in den Kampf gegen die Kolonialherren und starb, tödlich in der Schlacht verletzt, am 18. Juni 1858.
Weitere Freiheitskämpfer sind Nana Sahib (1824–1859[?]), Begum Hazrat Mahal (starb 1879 in Nepal), Raja Beni Madhav Singh, Bakhat Khan, Kanwar Singh von Ballia, der im Kampf gegen die Briten einen Arm verlor, Rao Ram Bux Singh von Biaswara (Distrikt Unnao), Raja Balbhadra Singh Chehlari und viele andere. Der zweifelsfrei berühmteste Freiheitskämpfer von Uttar Pradesh ist der wahrscheinlich in Nagwa, Distrikt Ballia geborene Mangal Pandey (1827-1857), den die Briten in aller Heimlichkeit am 8. April 1857 exekutierten. Mangal Pandey wurde zum ersten Märtyrer des Freiheitskampfes von 1857, sein Porträt erscheint auf einer indischen Briefmarke im Wert von 50 Paisa. Sogar den vier Hunden und seiner Mutter, die 1857 das Dorf Kairada (Distrikt Banda) gegen die Briten verteidigen wollten, um dafür erwartungsgemäß von Letzteren erschossen zu werden, wurde ein Denkmal in Form von vier steinernen Säulen gesetzt.

In Bawani Imali bei Khajuha (Distrikt Fatehpur) wird ein Imali-Baum in Ehren gehalten, an dem am 28. April 1858 die Briten 52 Freiheitskämpfer erhängen ließen.
Die Besitztümer der Britischen Ostindienkompanie wurden nach Niederschlagung des Unabhängigkeitskrieges 1858 der britischen Krone unterstellt und Delhi wurde von den „North-Western Provinces", wie die Gegend von Uttar Pradesh zu der Zeit genannt wurde, ausgegliedert, und Allahabad anstatt Agra zur Hauptstadt dieses Gebietes erklärt. 1877 wurde das Gebiet in „North Western Provinces of Agra and Oudh" umbenannt. Die nächste Umbenennung erfolgte 1902, als das Gebiet nunmehr „United Provinces of Agra and Avadh" genannt wurde. 1921 wurde Lucknow zur Hauptstadt der „United Provinces of Agra and Avadh" erklärt. 1937 wurde die Bezeichnung in „United Provinces" offiziell abgekürzt.
Ganz besonders gnadenlos waren die britischen Besatzungstruppen ab 1942 im Distrikt Ballia, wo selbst das Tragen der „Gandhi cap" lebensgefährlich gewesen sein soll. Der Blutzoll der indischen Bevölkerung war immens, zahlreiche junge Männer, ja selbst Kinder im Alter von zwölf Jahren, ließ die Polizei bei dem Versuch, die indische Trikolore zu hissen, erschießen. Die Anzahl der Verurteilten und Gefolterten geht in die Tausende.
Die Bezeichnung „Uttar Pradesh" wurde am 12. Januar 1950, also wenige Jahre nach Erlangung der Unabhängigkeit, eingeführt. 25 Jahre nach Erlangung der Unabhängigkeit (1972) erhielten 616 Personen, die am antibritischen Unabhängigkeitskampf im Distrikt Ballia teilgenommen hatten, eine Auszeichnung.
Am 9. November 2000 wurde aus dem Gebiet von Uttar Pradesh der Bundesstaat Uttaranchal abgespalten.

FOLGENDE DOPPELSEITE:
Die Moschee Aurangzebs überragt die Stadt Lucknow jenseits der Goomti, während auf dem diesseitigen Ufer Färber und Wäscher ihre Textilien zum Trocknen aufhängen.

Der Gulab Bari genannte Garten in Fyzabad birgt in seinem Zentrum das wenig besuchte Grab des Nawab Shuja ud Daula von Avadh (1754-1775).

VERWALTUNG

Der "Chief Minister" und der "Governor" haben das politische Sagen. Die 70 Distrikte von Uttar Pradesh werden auf 17 Verwaltungsbezirke (englisch: Divisions) verteilt. Nach Nennung des Verwaltungsbezirks erfolgt die Nennung der jeweiligen Distrikte.

Agra: Distrikte: Agra, Aligarh, Etah, Firozabad, Mainpuri, Mahamaya Nagar (Hathras), Mathura.

Allahabad: Distrikte: Allahabad, Kaushambi, Fatehpur, Pratapgarh.

Azamgarh: Distrikte: Azamgarh, Ballia, Mau.

Bareilly: Distrikte: Bareilly, Badaun, Pilibhit, Shahjahanpur.

Basti: Distrikte: Basti, Siddharthnagar, Sant Kabir Nagar.

Chitrakoot: Distrikte: Banda, Chitrakoot (auch: Chitrakut), Hamirpur, Mahoba.

Devipatan: Distrikte: Gonda, Bahraich (auch: Behraich), Shravasti, Balrampur.

Faizabad: Distrikte: Faizabad, Ambedkar Nagar, Barabanki, Sultanpur.

Gorakhpur: Distrikte: Gorakhpur, Kushinagar (Padrauna), Devaria, Maharajganj.

Jhansi : Distrikte: Jalaun, Jhansi, Lalitpur.

Kanpur (bis 1948: Cawnpore): Distrikte: Kanpur Nagar, Kanpur, Dehat (Akbarpur), Etawah (auch : Itawa), Farrukhabad, Kannauj, Auraiya.

Lucknow: Distrikte: Lucknow, Hardoi, Lakhimpur Kheri (auch: Khiri), Raebareli, Sitapur, Unnao.

Meerut: Distrikte: Meerut, Bulandshahr, Gautam Buddha Nagar, Ghaziabad, Baghpat (auch: Bagpat).

Mirzapur : Distrikte : Mirzapur, Sant Ravidas Nagar (Bhadohi), Sonbhadra.

Moradabad: Distrikte: Moradabad, Bijnor, Rampur, Jyotiba Phule Nagar.

Saharanpur: Distrikte: Saharanpur, Muzaffarnagar.

Varanasi: Distrikte: Varanasi, Chandauli, Ghazipur, Jaunpur.

Lucknow: Blick auf den Eingang zur Huseinabad Imambara mit dem Grab der Zinat Algiya (vom Betrachter aus links) und der architektonischen „Antwort" (Jawab), rechts im Bild.

WIRTSCHAFT

73 % der Bevölkerung von Uttar Pradesh arbeiten in der Landwirtschaft. Angebaut werden Weizen, Reis, Zuckerrohr, Hülsenfrüchte, Ölsaaten und Kartoffeln. Die Obstwirtschaft produziert Mangos.

Uttar Pradesh verfügt über durchschnittlich 15 % des gesamtindischen Viehbestands. Durch die zahlreichen Flüsse kommt der Fischerei eine große Bedeutung zu.

In Uttar Pradesh gibt es kaum nennenswerte Bodenschätze. Erwähnenswert sind lediglich Kalkstein, Smektit, Magneteisenstein, Dolomit, Diaspor, Calciumphosphat, Bauxit, Kupfererz und Kohle.

Die Industrie stellt Motorräder, Druckereierzeugnisse, Waagen, Schlösser, Briefkästen, Möbel, Gürtel, Lederwaren, Scheren und dgl. her. Bekannt ist Kannauj für die Parfümherstellung, Moradabad für die Herstellung von Messingwaren, Sant Ravidas Nagar für die Teppichwebereien.

BEDEUTENDE ORTE UND IHRE SEHENSWÜRDIGKEITEN

Uttar Pradesh enthält nicht nur einige der bedeutendsten Sehenswürdigkeiten Indiens, sondern mit dem Taj Mahal von Agra den Inbegriff des westlich-europäischen „Fernwehs“. Die sehr zahlreichen bedeutenden Monumente des Bundesstaates können hier nur stenogrammartig in höchst unvollständiger Weise aufgelistet werden.

Schon im Distrikt **Agra** gibt es so viele Monumente (alleine drei Anlagen, die zum Weltkulturerbe der UNESCO erklärt wurden), dass sich eine Reise hierher für jeden lohnte. Das zweifelsfrei berühmteste Bauwerk Indiens, wenn nicht der ganzen Welt, ist der Taj Mahal in Agra (Distrikt Agra), das für Arjumand Banu Begum, der zweiten Frau des Moghulkaisers Shah Jahan errichtete Grabmal. Shah Jahan, der an der Seite von Mumtaz Mahal, wie Arjumand Banu Begum genannt wurde, beigesetzt wurde, war das zweite Kind der zweiten Frau seines Vaters, des Moghulkaisers Jahangir. Er wurde am 5. Januar 1592 in Lahore geboren und starb am 31. Januar 1666 in Agra, wo sein Sohn Aurangzeb ihn seit 1658 gefangen gesetzt hatte. Arjumand Banu Begum war die Tochter von Abdul Hasan Asaf Khan. Sie wurde am 15. April 1593 in Agra geboren und starb, kurz nach der Geburt ihres 14. Kindes, am 17. Juni 1631 in Burhanpur (Madhya Pradesh, Distrikt Burhanpur). Die Aufbewahrung des Leichnams ebendort, die feierliche Prozession nach Agra und die einstweilige Beisetzung ebendort bis zur Erbauung des prächtigen Grabmonumentes, wo ihre sterbliche Hülle ihre letzte Ruhe findet, gehören zur Geschichte dieser „Träne auf der Wange der Zeit“, wie es der Literaturnobelpreisträger Rabindranath Tagore ausdrückte. Der Maler und Dichter Edward Lear (1812-1888) schrieb in Agra am 16. Februar 1874 in sein Tagebuch: „Kam zum Taj Mahal. Beschreibungen dieses wundervollen, großartigen Ortes sind einfach albern, da überhaupt keine Worte ihn beschreiben können. Was für ein Garten! Was für Blumen! ... Von nun an lasst uns die Bewohner dieser Welt in zwei Klassen teilen: die, die den Taj Mahal gesehen hat und die, die ihn nicht gesehen hat.“ (Came to Taj Mahal; descriptions of this wonderfully lovely place are simply silly, as no words can describe it at all. What a garden! What flowers! ... Henceforth, let the inhabitants of the world be divided into two classes – them as has seen the Taj Mahal; and them as hasn't). Die Äußerungen zahlloser Schriftsteller und Philosophen zum zwischen 1631 und 1654 gebauten Taj Mahal füllen ein eigenes Buch.

Es war kein Historiker dabei, als Shah Jahan seiner Mumtaz Mahal auf dem Sterbelager versprochen haben soll, ihr das schönste Grabmal der Welt zu bauen. Unbestrittene Tatsache aber ist, dass Shah Jahans gepflegter Vollbart über Nacht, zumindest aber innerhalb sehr kurzer Zeit, vollständig ergraute und schlohweiß wurde, wie etliche Porträts des Kaisers eindrucksvoll demonstrieren.

Zur 567 x 305 Meter messenden Hauptanlage gehört nicht nur das mit Makrana-Marmor verkleidete, eigentliche Grabmal, sondern mehrere Grabmäler aus rotem Sandstein, Moscheen, Quartiere, großartige

FOLGENDE DOPPELSEITEN:

Die Gartenansicht des Taj Mahal in Agra wurde in Europa zum Inbegriff der Fernreisen.

Wer abends von der gewaltigen Plattform des Taj Mahal zur Festung Agras blickt, kann die Sonne hinter dem nördlichen Pavillon der Grabmoschee untergehen sehen.

Zahlreiche gläserne Lampen des ausgehenden 19. Jahrhunderts hängen im Vorraum des zentralen Gebäudes der Hussainabad Imambara, der letzten Ruhestätte des Nawab Mohammad Ali Shah (1837-1842) von Lucknow.

Torbauten, Gärten und dergleichen mehr. Es ist heutzutage kaum fassbar, dass zu Beginn des 19. Jahrhunderts der ernsthafte britische Plan bestand, den Marmor des Taj Mahal zur Herstellung von Briefbeschwerern zu zersägen! Dieser Plan scheiterte tatsächlich nur daran, dass in der Festung von Agra bereits ein ganzer marmorner Palast von den Briten abgerissen wurde, für das eigentliche Material in England aber glücklicherweise sich niemand begeistern konnte.

Aus ersichtlichen Gründen können hier die weiteren eindrucksvollen Monumente der Stadt Agra nur summarisch aufgelistet werden. Die wie der Taj Mahal am Ufer der Yamuna gelegene Palastfestung von Agra wurde unter Akbar ab 1556 erbaut und enthält zahlreiche Höhepunkte der Moghul-Architektur. Erwähnt werden muss vor allem die zwischen 1648 und 1655 von Shah Jahan in Auftrag gegebene, vollständig mit weißem Marmor verkleidete Moti Masjid (Perlmoschee), von der es in Baedekers „Indien“ von 1914 schon heißt: „Sie [das ist die Perlmoschee] darf als eines der edelsten Gotteshäuser der mohammedanischen Welt gelten.“

Die außerhalb der Festung gelegene Jama Masjid (Freitagsmoschee) wurde 1648 fertig gestellt. 1857 ließen die Engländer das Hauptportal und die gesamte Ostwand der Moschee niederreißen. Einige Jahre später zerstörten die Briten den „Chowk“, den großartigen, oktogonalen Marktplatz der Stadt. Ebenso am Ufer der Yamuna liegt der so genannte „Baby Taj“, das zwischen 1622 und 1628 aus weißem, mit Halbedelsteinen inkrustierten Marmor errichtete Mausoleum des Mirza Ghiyas Beg, das seine Tochter Nur Jahan, Ehefrau des Moghulkaisers Jahangir, in mitten eines klassischen Moghulgartens errichten ließ. Auf derselben Flussseite zu besichtigen sind der „Bagh-i-Nur Afshan“, vor Ort „Ram Bagh“ genannt, zwei Pavillons am ausgedehnten Garten mit einzigartigen Wandmalerien aus der Zeit des Moghulkaisers Jahangir und das mit glasierten Kacheln verkleidete „Chini ka Rauza.“

Der römisch-katholische Friedhof von Agra ist einer der ältesten christlichen Friedhöfe im Norden Indiens. Neben dem Grab des einzigen deutschen Herrschers eines indischen Reiches (das Reich von Sardhana), Walther Reinhardt (starb 1778), genannt „Samru“ (auch: Sombre) enthält er eine verkleinerte Kopie des Taj

Mahal aus rotem Sandstein, das Grab des Holländers Colonnel John William Hessing (starb 1803), einst Kommandant der Festung von Agra im Dienste der Marathen.

Unweit von Agra befindet sich in **Sikandra** (Distrikt Agra) die 1613 vollendete, majestätisch-gigantische Grabanlage des Moghulkaisers Akbar inmitten eines ausgedehnten, von einer hohen Mauer geschützten Moghulgartens.

39 Kilometer von Agra entfernt liegt **Fatehpur Sikri** (Distrikt Agra), die weit ausgedehnte Verteidigungs- und Palastanlage, die Akbar ab 1564 errichten ließ. Eines der höchsten Torbauten (53,63 Meter hoch) der antiken Welt, das „Buland Darwaza", ist das Tor zur Freitagsmoschee von Fatehpur Sikri, auf derem Gelände sich das aus weißem Marmor errichtete Grab des Sheikh Salim Chisti befindet, der dem lang kinderlosen Akbar die Geburt eines Sohnes voraussagte. Von 1571 bis 1585 fungierte Fatehpur Sikri als Hauptstadt des Moghulreiches.

Die von Sir Syed 1875 gegründete Aligarh Muslim University in **Aligarh** (Distrikt Aligarh) ist die erste Universität Indiens nach dem Vorbild der „Colleges" und heute eine der angesehensten islamischen Universitäten des Landes.

Allahabad (Distrikt Allahabad) ist aufgrund des „Sangam", wie der Zusammenfluss der drei heiligen Flüsse Ganga, Yamuna und Saraswati (letzterer Fluss ist unsichtbar) heißt, für die Hindus einer der heiligsten Orte Indiens, in dem sogar die Moghuln eine 10,60 Meter hohe Ediktsäule des Kaisers Ashoka aufstellten. Der alte Name der heiligen Stadt ist Prayaga, die heute noch während des „Maha Kumbh Mela" genannten Festes alle 12 Jahre mehrere Millionen Pilger anzieht. Wegen ihrer strategischen Bedeutung bemächtigten sich die islamischen Eroberer der Stadt, die sie in Allahabad (Wohnstatt Allahs) umbenannten. 1583 ließ der Moghulkaiser Akbar am Ort des Zusammenflusses eine heute noch beeindruckende Festung erbauen. Der Khusrau Bagh in der Nähe des Bahnhofs enthält das Mausoleum von Prinz Khusro, einem Sohn des Moghulkaisers Jahangir. Das Allahabad Museum enthält die bedeutendste archäologische Sammlung früher indischer Kunst. Das 1886 gegründete Muir Central College der Universität von Allahabad enthält den größten Teil der Funde von Kaushambi, dem Ort, wo vorher die Ashoka-Säule der Akbar-Festung von Allahabad stand.

Die Stadt **Azamgarh** (Distrikt Azamgarh) verdankt ihren Namen ihrem Gründer, Azam Shah, dessen Fort von 1665 heute noch das Monument des Ortes ist.

Der „Lakh Mandap" genannte Erdhügel von **Lakshagrah** (Distrikt Baghpat) soll die Reste des Palastes bergen, in dem die Pandavas, Helden des indischen Nationalepos Mahabharata, von den Kauravas verbrannt werden sollten. Die am Ort vorhandenen, das heißt nicht extra ausgegrabenen Monumente hingegen sind moghulzeitlich. Die Idole des jinistischen Tempels von **Badagao** (Distrikt Baghpat) sind inschriftlich in das 11. und 12. Jahrhundert datiert.

Der Dargah Sharif von „Syed Salar Masood Gazhi" bei **Bahraich** (Distrikt Bahraich) wurde unter Firoz Shah Tughluq (1351-1388) erbaut. Das Eingangstor zum Gelände dieses islamischen Schreins ist neueren Datums und wurde dem „Rumi Darwaza" von Lucknow entlehnt.

Die schicksalsträchtige Festung von **Kalinjar** (auch: Kalanjar, Distrikt Banda) wurde vor über einem Jahrtausend erbaut. Auch für denjenigen, der sich weniger für Verteidigungsanlagen interessiert, bieten die zahlreichen hinduistischen Reliefs eine Augenweide. Das von sechs Toren beschützte Fort wird von einer 7,5 Kilometer langen Mauer umgeben. Vergleichsweise jung ist dagegen die am Fluss Ken errichtete Festung von **Bhuragarh** (Distrikt Banda) aus dem 17. Jahrhundert.

Die islamische Pilgerstadt **Dewa** (Distrikt Barabanki) enthält den Schrein von Haji Waris Ali Shah, einem Sufiheiligen, der hier 1905 im hohen Alter starb. Sein viel besuchtes Mausoleum ist einem Grabmonument in Lucknow nachempfunden worden.

Ahichhatra (Distrikt Bareilly) war vor etwa 2500 Jahren die Hauptstadt der nördlichen Panchalas. Hier wurden einige der wichtigsten frühindischen Terrakotten gefunden. Unter den Guptas war Ahichhatra

Provinzhauptstadt und blieb es auch unter den nachfolgenden Dynastien, bis Mahmud von Ghazni dieser Stadt den Todesstoß versetzte.
Die aus Spolien hinduistischer Tempel erbaute Jama Masjid von **Etawah** (Distrikt Etawah) hat keine Minarette und dürfte eine Schöpfung der Sharqi-Dynastie von Jaunpur sein. Acht Kilometer östlich von Etawah steht **Sarai Ekdil** (Distrikt Etawah), so benannt nach dem Eunuchen Ekdil Khan, der hier 1632 von einem Architekten namens Bhikam Khan eine Moschee und ein Karawansarai erbauen ließ.
Das inmitten eines gepflegten, „Gulab Bari“ genannten, Gartens gebaute Mausoleum des Nawab Shuja-ud-Daula von Avadh (oder: Oudh, 1754-1775) liegt bei der alten Hauptstadt der Nawabs von Avadh in **Faizabad** (auch: Fyzabad, Distrikt Faizabad). Die geschmackvolle Anlage macht diesen Grabbau zu den anspruchsvollsten derartigen Anlagen des 18. Jahrhunderts in Indien. Die Frau von Shuja-ud-Daula, Bahu Begum, starb 1816. Ihr Mausoleum steht ebenfalls in einem, wenn auch etwas verwilderten, Garten, dessen hoch gewachsene Bäume ein wenig von der Sicht auf den eindrucksvollen Grabbau nehmen.
Für **Ayodhya** (Distrikt Faizabad) werden offiziell über 52 Tempel und 10 verschiedene „Ghats“ oder Treppenanlagen, die zur Ghaghra herabführen, aufgelistet, allerdings ist keiner der Tempel wirklich älteren Datums. Ayodhya war die Stadt Ramas aus dem indischen Epos Ramayana und der Geburtsort des ersten der 24 Tirthankaras der Jaina-Religion.
In **Sankisa** (Distrikt Farrukhabad) kam der Buddha in Begleitung der Götter Brahma und Indra von einem Ausflug in den Götterhimmel zurück. An diesem Ort ließ Ashoka eine Ediktsäule errichten, die von einem Elefanten bekrönt wird. Das Kapitell ist heute noch vor Ort zu sehen. In **Kampil** (Distrikt Farrukhabad) fanden alle wichtigen Ereignisse im Leben des 13. Tirthankara Bhagawan Vimalnathji statt. Zwei Tempel vor Ort sind ihm gewidmet.
Nawab Mohammad Khan Bangash gründete 1714 die Stadt **Farrukhabad** (Distrikt Farrukhabad), die er nach dem Moghulherrsher Farrukh Siyar (1712-1719) benannte. Das Grab des Nawab Mohammad Khan Bangash folgt dem Stil der Akbar-zeitlichen Grabbauten aus rotem Sandstein in Lucknow, verfügt jedoch über ausgeprägtere Zierminarette.
Ein wenig bekannter Tempel der Spät-Gupta-Zeit steht in **Sarhan Bujurg** (Distrikt Fatehpur).
Chandrawar (Distrikt Firozabad) ist der Fundort einer etwas überlebensgroßen, rundplastischen, aus rötlichem Sikri-Sandstein gemeißelten Statue aus der Kushana-Zeit (etwa 3. Jahrhundert). Die bärtige Figur mit einem Fell auf der linken Schulter stellt offenbar einen Asketen dar und wird im Mathura Museum aufbewahrt.
Bei der 6 Meter hohen und 0,50 Meter im Durchmesser messenden, leicht geneigten monolithischen Säule von „Lathiya“, 3 Kilometer südöstlich von **Zamania** (Distrikt Ghazipur) gelegen, handelt es sich wahrscheinlich um eine Gupta-zeitliche Kopie einer Ediktsäule der Ashoka-Zeit. Das Glockenkapitell wird von acht Löwenprotomen bekrönt.
Die Imambara (Versammlungshalle für Schiitische Zeremonien) von **Gorakhpur** (Distrikt Gorakhpur) wurde unter Hazrat Roshan Ali Shah im Jahre 1717 errichtet.
Dem Moghul-Stil unter Shah Jahan angepasst wurde die Jama Masjid von **Shahabad** (Distrikt Hardoi), die weiß getünchte Freitagsmoschee dürfte aber erst im 18. Jahrhundert gebaut worden sein. Die Firoz Shah Tughlaq Moschee in **Sandila** (Distrikt Hardoi) wurde tatsächlich im 14. Jahrhundert erbaut und erscheint jetzt weiß getüncht.
Obwohl die Stadt **Jaunpur** (Distrikt Jaunpur) 1480 von Sikandar Lodi zerstört wurde, konnten sich eine Reihe von Moscheen der Sharqi-Dynastie erhalten. Die älteste und größte ist die 1408 errichtete Atali Masjid, in der Spolien des Tempels der Atala Devi verarbeitet wurden. Ihr folgte die etwa um 1430 erbaute Khalis Mukhlis Masjid. Die bescheidenere „Lal Darwaza Masjid“ (Rot-Tor-Moschee) entstand um 1450. Die letzte und größte unter den Sharqis gebaute Moschee ist die Jama Masjid von Sultan Husain Sharqi (1458-1480). Das spektakulärste Monument von Jaunpur ist jedoch die zwischen 1546 und 1568 konstruierte

In diesem Teil der uralten Festung von Chunargarh lebt eine Familie, die meisten anderen antiken Gebäude der Festung sind Soldaten der indischen Armee vorbehalten.

Brücke Akbars, die „Shahi Pul" über der Goomti (auch: Gumti). Sie wurde unter dem Regierungsbeauftragten Akbars, Munim Khan, erbaut, hat 15 Spannbögen und ist 200 Meter lang.

Die Festung von **Jhansi** (Distrikt Jhansi) die durch die tapfere Königin von Jhansi den meisten indischen Schülerinnen und Schülern ein Begriff ist, wurde unter Bir Singh Deo von Orchha (1605-1627) erbaut. Sie verfügt über 10 Tore, die Mauern sind zwischen 5,50 und 9,10 Meter hoch. Der Rani Mahal innerhalb der Festung wurde in ein Museum des „Archaeological Survey of India", der indischen Denkmalspflege, umgewandelt und enthält eine Sammlung von Skulpturen aus dem 9.-12. Jahrhundert.

Die Stadt **Kannauj** (Distrikt Kannauj) war zwar die Hauptstadt mehrerer Reiche, wurde aber ab 1018 von islamischen Invasionsarmeen so gründlich zerstört, dass lediglich in einem Umkreis von 7 Kilometern ein riesiges Ruinenfeld übrig blieb. Die „Jama Masjid" wird heute noch „Sitas Küche" (nach Sita, der Frau des Helden Rama im Nationalepos, dem Ramayana) genannt, da sie aus Teilen hinduistischer Tempel besteht. Ibrahim Shah von Jaunpur soll um 1400 diese Moschee gebaut, bzw. den hinduistischen Bau in eine Moschee umgewandelt haben.

Kanpur (Distrikt Kanpur Nagar) war einer der Brennpunkte des ersten indischen Unabhängigkeitskrieges von 1857-58. Nana Sahib belagerte hier eine Stellung von 900 Briten, die sich nach 22 Tagen gegen das Versprechen freien Abzugs ergaben. Boote sollten sie vom „Sati Chaura Ghat" an der Ganga nach Allahabad bringen. Als die Engländer die Boote bestiegen, wurden sie jedoch auf heimtückischste Weise mit Kanonen beschossen. Nur 200 Menschen überlebten dieses erste Massaker. Die Überlebenden wurden in ein Gebäude namens „Bibighar" eingepfercht. Drei Tage bevor Kanpur von den Briten besetzt werden konnte, wurden die letzten Überlebenden, zum Teil Frauen und Kleinkinder, buchstäblich abgeschlachtet. Die Leichen wurden in einen tiefen Brunnen geworfen. Das von den Briten errichtete Denkmal am Ort des grausigen Geschehens wurde nach der Unabhängigkeit Indiens entfernt. Heute ist hier eine Büste Tatiya (auch: Tantiya) Topes, des Generals von Nana Sahib, der die Massaker befahl, aufgestellt. Der Ort heißt jetzt: Nana Rao Park.

Südlich der Stadt Kanpur liegt der Tempel von **Bhitargaon** (Distrikt Kanpur-Nagar). Es ist einer der sehr wenigen -und in seiner Größe der einzige- noch stehenden Ziegeltempel der Gupta-Zeit. Der in das 5. Jahrhundert datierte Tempel ist mit zahlreichen, hochqualitativen Terrakottareliefs geschmückt, die verschiedene hinduistische Gottheiten zeigen.

In der Basilika der Begum Sumroo von Sardhana wurde der Altar mit Einlegearbeiten in Pietradura-Technik versehen, wie sie in Indien sonst zunächst nur von moghulischen Bauten her bekannt war.

Kaushambi (Distrikt Kaushambi) war vor 2500 Jahren eine der wichtigsten Städte Indiens. Die Ruinen der befestigten Stadt haben einen Durchmesser von 6,45 Kilometern, der Wall erreicht eine Höhe von 9-10 Metern, die Bastionen sind bis zu 21 Meter hoch, die Tore wurden zum Teil durch eine Ringmauer geschützt. Der hohe monolithische Schaft einer Editksäule des Maurya-Herrschers Ashoka überragt heute noch das nur teilweise archäologisch ausgegrabene Gelände.

In **Oel** (Distrikt Lakhimpur-Kheri) gibt es den einzigen Froschtempel Indiens. Die auf dem „Manduk Tantra“ basierende Anlage wurde zwischen 1860 und 1870 errichtet. Der Tempel ist eigentlich Shiva gewidmet und nach Osten geöffnet. Die Fläche des Frosches umfasst etwa 25 Quadratmeter, das 2 Meter große Froschgesicht schaut nach Norden.

In **Kushinagar** (vormals Kasia, Distrikt Kushinagar) ging Buddha in das Nirvana ein. Seine sterbliche Hülle wurde daraufhin dort kremiert. Den Ort der Kremierung markiert der aus Ziegeln errichtete „Ramabhar Stupa“, der heute auch „Mukutbandhan Chaitya“ genannt wird und ursprünglich im Auftrag von Ashoka erbaut wurde. Den Ort, an dem Buddha in das Nirvana einging markiert der heute so genannte Mahaparinirvana-Tempel in unmittelbarer Nähe des Nirvana Chaitya. Im Tempel selbst liegt eine 6,10 Meter lange Darstellung des Buddha, wie er in das Parinirvana eingeht. Die mit einer Inschrift versehene Statue wurde im 5. Jahrhundert von „Dina“ aus Mathura geschaffen und von Haribala in Auftrag gegeben. Der Nirvana-Tempel wurde 1927 in engster Anlehnung an die ursprüngliche Form mit Geldern birmanischer Gläubigen restauriert. Aus diesem Grunde ist die aus rötlichem Sandstein gearbeitete Plastik mit Schichten von Blattgold bedeckt. Von der einstigen Klosteranlage zeugen die aus Ziegeln bestehenden Grundmauern der Wohnstätten der Mönche. Während des 20. Jahrhunderts entstanden um das Gelände der antiken Anlage herum mehrere Tempel und Stupas, die von Gläubigen aus Myanmar, China, Japan, Korea, Thailand und Indien finanziert wurden.

Der wahrscheinlich berühmteste Tempel der klassischen Ära der Guptas, der wohl auf Grund seiner eher bescheidenen Maße den Brandschatzungen der islamischen Eroberer Indiens entging, ist der so genannte Dashavatara Tempel von **Deogarh** (Distrikt Lalitpur) aus dem 6. Jahrhundert. Den auf einer weiten, einst mit Skulpturen geschmückten Plinthe errichteten, nach Westen geöffneten Tempel umgeben großformatige, teils narrative Reliefs, die zu den bekanntesten Erzeugnissen der Gupta-Kunst gehören. Auf der Anhöhe unweit des Tempels wurden zahlreiche jinistische Skulpturen gesammelt, die innerhalb einer von einer Mauer umschlossenen Anlage präsentiert werden.

Lucknow (eigentlich: Lakhnao, Distrikt Lucknow), das „Dresden Indiens" und Hauptstadt von Uttar Pradesh, wurde 1775 Hauptstadt des Reiches der Nawabs von Avadh (auch: Oudh), war aber vorher schon unter dem Moghulkaiser Akbar (1556-1605) ein bedeutender Ort, wie die moghulischen Monumente aus der Zeit Akbars eindrucksvoll zeigen. Da Lucknow Brennpunkt des ersten indischen Unabhängigkeitskampfes von 1857/58 war, wurde Lucknow über die englische Berichterstattung des Krieges zur bekanntesten indischen Stadt in Europa und wahrscheinlich wurden im 19. Jahrhundert über keine andere indische Stadt mehr, auch mit Originalfotos illustrierte Reiseführer veröffentlicht als über diese Stadt. Lucknow ist die Stadt der berühmten „Lucknow-Alben", die unter Billigung des Kronprinzen Friedrich Wilhelm von Preußen 1882 in London vom Kupferstichkabinett in Berlin erworben wurden. Die Alben befinden sich heute sowohl im Museum für Indische Kunst Berlin als auch im Museum für Islamische Kunst Berlin.

Lucknow hat weit über 50 Monumente, von denen jedes eine eigene, gut dokumentierte Geschichte hat. Es muss daher eine Aufzählung einiger weniger genügen. Die Bara Imambara oder Asfi Imambara wurde unter Nawab Asaf-ud-Daula 1784 erbaut und gilt, da ohne Deckenbalken errichtet, als einer der größten Ziegelbauten der Welt. Dicht anbei steht die elegante Moschee und in einigem Abstand dahinter das „Rumi Darwaza" oder „Türkische Tor". Die unwiderstehlichste Anlage ist die Hussainabad Imambara, die zwischen 1837 und 1842 unter Mohammad Ali Shah gebaut wurde. In den beiden verkleinerten Replikaten des Taj Mahal sind die sterblichen Reste von Mohammad Ali Shahs Tochter und ihrem Gatten aufgebahrt. Der eigentliche Hauptraum ist mit Standarten und gläsernen Artikeln des 19. Jahrhunderts gefüllt. Beinahe ebenso viele Standarten und Glasartikel befinden sich im Shah Najaf, dem von einer Mauer umgebenen Mausoleum des Ghazee-ood-Deen Hyder (auch: Ghazi-ud-Din Haidar, 1814-1827). Die „Martiniere" hieß eigentlich „Constantia" und wurde von Major General Claude Martin (1735-1800) erbaut, der sich auch darin begraben ließ, damit sich keiner der Nawabs das Gebäude als Palast aneignen konnte. Die Martiniere ist heute eine berühmte Schule. Weitere spektakuläre und/oder historisch bedeutende Anlagen und Monumente sind: die „Residency", in der sich die Briten 1857/58 monatelang vor den „Aufständischen" verschanzen mussten, das Grab von Saadat Ali Khan (1798-1814) und Khurshid Zadi, der „Kuddum Rasool" (auch Qadam Rasul), ein auf einem Hügel situierter, unter Ghazi-ud-Din Haidar (1814-1827) gebauter Schrein mit den Fußabdrücken des Propheten, der Sikandar Bagh, in dem am 16. November 1857 über 2000 indische Widerstandskämpfer im Kampf gegen die „Königlichen 93. Highlanders" ihr Leben lassen mussten, der 1914 gebaute „Charbagh"-Hauptbahnhof in einem Mischstil aus moghulisch-rajasthanischer Architektur, das „State Museum" von Lucknow mit einer unglaublichen Sammlung frühindischer Plastik, um nur einige zu erwähnen.

Mahoba (Distrikt Mahoba) war seit Vijaypal Chandela (1035-1045) die Hauptstadt der Chandelas. Aus dieser Zeit stammen einige der ausdrucksstärksten, spät-buddhistischen, mit einer Künstlerzuschreibung versehenen Skulpturen, die heute im State Museum Lucknow aufbewahrt werden und zu den ersten Briefmarkenmotiven des unabhängigen Indien gehören. Die Invasion Qutb-ud-din Aibaks im Jahre 1203 ließ nur wenige Tempel stehen. Zu ihnen gehören der Sonnentempel von **Rahelia** (Distrikt Mahoba) und der im **Madan Sagar** (Distrikt Mahoba) auf einer Halbinsel gelegene „Khakraha Math", der unter Madana Varman (1129-1162) erbaut wurde. Auf der Südostseite des „**Gokhar Hill**" (Distrikt Mahoba) wurden laut Inschrift im Jahre 1149 24 Skulpturen verschiedener Tirthankaras der Jainas aus dem Fels gemeißelt.

Eines der ältesten stehenden Monumente **Mathuras** (Distrikt Mathura) ist die 1661 gebaute Jama Masjid mit ihren vier Minaretten. Mathura als der Geburtsort Krishnas war und ist eine der wichtigsten religiösen Stätten Indiens. Allerdings mussten alle Skulpturen, für die Mathura heute weltweit bekannt ist, erst ausgegraben werden, da die islamischen Herrscher hier im Laufe der Jahrhunderte ganze Arbeit geleistet hatten. Aus den ausgegrabenen, frühindischen Skulpturen, die vor allem im Government Museum aufbewahrt werden, ergibt sich, dass Mathura die Wiege der indischen, das heißt buddhistischen, jinistischen und hinduistischen Ikonographie genannt werden kann. Mathura war unter den Kushanas (1.-3. Jahrhundert) neben Peshawar (Pakistan) eine der Hauptstädte des Reiches.

Vrindavan (Distrikt Mathura) ist der Ort, wo Krishna seine viel besungene Kindheit verbrachte. Erwartungsgemäß sind keine antiken Tempel mehr vorhanden. Der älteste erhaltene datierte Bau ist der „Govinda Dev"-Tempel, den Raja Man Singh von Amer hier erbauen ließ, als er im Dienste des für islamische Verhältnisse toleranten Moghulkaisers Akbar (1556-1605) stand. Der Moghulkaiser Aurangzeb (1658-1707) ließ dann auch die vier oberen Stockwerke des aus sieben Stockwerken bestehenden Tempels zerstören. Das Kultbild des Krishna konnte rechtzeitig in Sicherheit gebracht werden. Das Kultbild von Madanmohanji (auch: Madan Mohan) musste ebenfalls vor dem Zugriff Aurangzebs in Sicherheit gebracht werden und befindet sich heute in Karauli (Rajasthan, Distrikt Karauli).

In **Govardhan** (Distrikt Mathura) soll Krishna den gleichnamigen Berg empor gestemmt haben, um die Leute seines Volkes vor einem Wolkenbruch zu schützen. Hier steht der Chhattri (Kenotaph) des Raja Suraj Mal von Bharatpur (1707-1763) am „Kusum Sarovar" (Blütensee) genannten, künstlichen See äußerst malerisch zusammen mit anderen Monumenten.

Sardhana (Distrikt Meerut) war die Länderei, die der deutsche Söldner Walther Reinhardt alias Walterus Somer alias „Sumroo" (Samru) 1778 als Lehen erhielt. Reinhardt jedoch starb im selben Jahr, so dass seine Frau, die „Begum Sumroo" (auch: Begam Samru, 1751-1836), über deren sagenhaften Reichtum Jules Verne (1828-1905) einen Roman schrieb (*Les cinq cents millions de la Begum,* englisch: *The Begum's Fortune,* 1879), die Ländereien übernahm und über sie herrschte. Im ersten Viertel des 19. Jahrhunderts war die Begum Sumroo zweifelsfrei die berühmteste Frau in Indien. Sie finanzierte 1822 den Bau der „Kirche der heiligen Maria", die mittlerweile von Rom zur Basilika ernannt worden ist und wurde unter dem Namen „Iohanna Nobilis" Katholikin. Der marmorne Altar ist wie die Kenotaphe im Taj Mahal zu Agra mit Edel- und Halbedelsteinen in der so genannten Pietradura-Technik inkrustiert. Nach ihrem Tode beauftragte ihr Urenkel David Dyce Sumroo den Bildhauer Adamo Tadolini von Bologna mit der Herstellung eines aus Carrara-Marmor gefertigten Monumentes, das aus elf lebensgroßen Personen besteht, von denen die Begum zu oberst auf einem Stuhl sitzt. Das Monument wurde 1842 vollendet und musste dann nach Indien verschifft werden, wo es dann endlich 1848 am heutigen Ort innerhalb der Basilika aufgestellt werden konnte.

Chunar oder **Chunargarh** (Distrikt Mirzapur) ist eine an Palästen reiche, viel gemalte Festung auf einer steil aufragenden Halbinsel in der Ganga, die in ihrer heutigen Form vor allem von Sher Shah Suri (1540-1545) angelegt wurde. Eine zeitlang stand die Festung unter dem Kommando von Rao Bhoj von Bundi (1568-1608), für den hier eine berühmte Bildsequenz 1591 gemalt wurde. Unter britischer Herrschaft wurde die Insel als Gefängnis für Staatsgefangene genutzt. Aus Chunar kam der Sandstein, aus dem der Mauryaherscher Ashoka seine monolithischen Ediktsäulen fertigen ließ.

Die Jama Masjid von **Pilibhit** (Distrikt Pilibhit) ist eine verkleinerte Nachbildung der gleichnamigen Moschee in Delhi, die Hafiz Rahmat Khan von Rampur (1749-1774) um 1768 aufbauen ließ. Etwa ein Jahrzehnt früher wurde der Gauri-Shankar-Tempel mit seinem sehr eigenwilligen, aber hochinteressantem Tempeltor gebaut, dem beidseitig zwei hohe Minarette angeschlossen sind.

Die bedeutenden Sehenswürdigkeiten von **Dalmau** (Distrikt Raebareli) sind die an der Ganga gelegenen Paläste der Nawabs von Avadh.

Das 1719 gegründete **Rampur** (Distrikt Rampur) hat viele Monumente (Imambara Kila, Rang Mahal Kila, Jama Masjid, Naubat Khana, Mori Darwaza etc.) von denen aber die 1774 unter Nawab Faizullah Khan (1774-1783) gegründete „Rampur Raza Library" das berühmteste ist. Die Berühmtheit verdankt diese Bibliothek nicht nur dem exotisch wirkendem Gebäude, sondern der einzigartigen Handschriftensammlung dieser indischen Einrichtung von „nationaler Bedeutung".

Am Ufer der Ganga in Varanasi, hier am Manikarnika Ghat, werden wie vor Jahrtausenden die sterblichen Hüllen gläubiger Hindus kremiert.

In **Maghar** (Distrikt Sant Kabir Nagar) befindet sich der 1567 von Nawab Fidai Khan restaurierte Schrein des indischen Mystikers Kabir (1440-1518). Der stets als Weber dargestellte Heilige verband Glaubensvorstellungen der vishnuitischen „Bhakti"-Bewegung mit Glaubensvorstellungen islamischer Sufis.
Shravasti (Distrikt Shravasti) ist das „Sahet-Mahet" der englischen Ausgrabungsberichte. Hier wirkte Buddha Wunder, z. B. das von zahlreichen Skulpturen her bekannte „Wunder von Shravasti" und hier soll sich auch der Garten und das Kloster des „Jetavana Vihara" befunden haben, den der Kaufmann Anathapindika für den Erhabenen stiftete. Das Ruinenfeld zeigt heute vor allem Plinthen und Grundrisse der Klosteranlagen. Die während der Ausgrabungen gefundenen Stelen wurden in die Museen von Mathura und Lucknow gebracht.
Der Ort **Piprahwa** (Distrikt Siddharthnagar) wird seit den von Shri K.M. Srivastava ab 1972 geleiteten Ausgrabungen ebendort mit Kapilavastu, der Vaterstadt Buddhas, identifiziert, wo der – bis dahin noch unerleuchtete – Siddhartha 29 Jahre seines Lebens verbrachte. Ein großer Ziegelstupa zeugt heute noch von dem Kloster, das in der heutigen Form nicht vor der Kushana-Zeit an dem Ort errichtet worden war. Andere Fundstücke reichen bis in das 2. Jahrhundert vor unserer Zeit zurück.
Im Distrikt Sonbhadra gibt es mehrere Felshöhlen mit prähistorischen Malereien. Diese sind: das bei Churk gelegene **Panchmukhi**, das bei Mahuria-Shahganj gelegene **Lekhania** und das bei Ghorawal situierte **Mukhafall**. Zu den historischen Monumenten des Distriktes Sonbhadra zählen die Festungen von **Vijaygarh, Aghorigarh** und **Sodharigarh**.
Neben Bodh Gaya in Bihar ist **Sarnath** (Distrikt Varanasi) einer der wichtigsten Orte der buddhistischen Welt, da der Erhabene hier im so genannten „Wildpark" seine erste Predigt vor fünf Zuhörern hielt und damit das (buddhistische) Rad der Lehre in Bewegung setzte. An dieses Ereignis erinnert eine Ediktsäule des Mauryaherrschers Ashoka, deren Kapitell heute das Staatswappen Indiens ist. Dieses Kapitell ist das Prunkstück des Museums vor Sarnath, das über sehr viele wichtige Beispiele buddhistischer Kunst verfügt. Ein weiteres bedeutendes Kunstwerk wurde von Bildhauern zur Zeit der Guptas erschaffen. Es zeigt den lebensgroßen Buddha bei seiner Predigt vor den fünf Zuhörern zusammen mit einer Darstellung des Rades der Lehre. Zu den noch stehenden Strukturen des bedeutenden Klosters zählt der Dhamekh-Stupa mit Reliefs aus der Gupta-Zeit neben den Grundmauern etlicher Klosteranlagen und Stupas.
Die Stadt **Varanasi** (vormals: Benares, auch: Banaras, Kashi, Distrikt Varanasi) erstreckt sich auf über drei Kilometer auf dem Westufer der Ganga. Varanasi ist das Rom der Hindus, die „ewige Stadt", die bereits von Buddha erwähnt worden ist und die trotz zahlreicher Beseitigungs- und Demütigungsversuche der Moslems immer noch besteht. Varanasi könnte archäologisch eine der ältesten bewohnten Städte der Menschheit sein, obwohl in der Stadt selbst, Dank der Anstrengungen einer Religion, die ausschließlich ihre eigene als solche anerkannt hatte, kaum ein stehendes Gebäude aus der Zeit vor 1600 existiert. Der letzte bekanntere Vollstrecker von Varanasi ist der Moghulkaiser Aurangzeb (1658-1707), der, abgesehen einmal davon, dass er seinen Vater acht Jahre lang bis zu dessen Tod unter Hausarrest stellte und seine älteren Brüder und deren männliche Nachkommen zum Teil auf zynische Art und Weise umbringen ließ, auch noch versuchte, die bedeutenderen hinduistischen Heiligtümer des Landes zu zerstören. Einer der heiligsten Tempel wurde daher im Auftrag selbigen Herrschers zum Teil in eine Moschee umgewandelt, ein heute von starken Sicherheitskräften abgeriegelter Ort, da sich hier mehrere religiöse Ausschreitungen entzündet hatten. Damit nicht genug ließ Aurangzeb an der höchsten Stelle der Stadt um Ufer der Ganga eine Moschee errichten, die heute „Dharhara Masjid" genannt wird. Bis 1947 hatte diese Moschee zwei alles überragende Minarette, die dieses islamische Gebäude zum Wahrzeichen des hinduistischen Varanasi

machten und entsprechend die vordere Umschlagseite der Reiseführer zierte. Diese Begebenheit zeigt die Toleranz und das Anpassungsvermögen der Hindus. Als aber nach Erlangung der Unabhängigkeit die religiösen Mehrheitsverhältnisse eindeutig zu Gunsten der Hindus geklärt waren, wurden die Minarette der Moschee Aurangzebs nacheinander abgenommen.

Varanasi oder Benares, Thema zahlreicher Bücher, kann nicht beschrieben, es muss erlebt werden. Zur Ganga führen Stufenanlagen oder Treppen, so genannte „Ghats", von denen heute offiziell 84 aufgelistet werden. Die ältesten dieser Anlagen sind mit Palästen meist rajputischer Herrscher versehen, wie etwa die Ghats des Man Singh von Amer (Man Mandir Ghat), Rao Surjan von Bundi (Bundi par Kota Ghat) oder des Maharana von Mewar (Rana Mahal Ghat). Auf dem Dach des Palastes am Man Mandir Ghat ließ Maharaja Sawai Jai Singh (1699-1743) eines seiner Gestirnsobservatorien, „Jantar Mantar", anbringen.

Der mithin heiligste Ort der Stadt ist der Vishwanath-Tempel, der von einem chinesischen Pilger bereits im 7. Jahrhundert erwähnt wird. Der mehrfach von Anhängern einer weniger toleranten Religion nieder gerissene Tempel wurde zwischen 1776 und 1785 im Auftrag von Rani Ahilyabai Holkar von Indore wieder aufgebaut. Die Vergoldung des Daches finanzierte Maharaja Ranjit Singh von Lahore (1780-1839). Größte Geschäftigkeit herrscht von Sonnenauf- bis zum Sonnenuntergang am Dashashvamedha Ghat, schon da sich hier das Ende einer berühmten Straße befindet. Die meisten von westlichen Touristen gesammelten Eindrücke der Stadt entstehen hier.

Von den Ghats abgesehen muß der „Bharat Mata Tempel" erwähnt werden, in dem Indien als relieffierte Landkarte gleichsam als „Mutter Indien" das Idol des Tempels ist. Ein weiterer „Bharat Mata Mandir"

Das Grabmal des Moghulkaisers Akbar (1556-1605) wurde auf ausdrückliche Anordnung seines Sohnes Jahangir (1605-1627) angelegt und im Jahre 1613/14 inmitten eines weiträumigen Gartens vollendet.

existiert in Haridwar (Uttaranchal). Die berühmte Universität (Bharat Hindu University) enthält das „Bharat Kala Bhavan", eine der herausragendsten, vormals privaten Sammlungen indischer Plastik, Malerei und Schmuck.
Gegenüber der Stadt befindet sich Ramnagar, die Palastanlage des Maharaja von Benares mit einer sehenswerten Sammlung.
Varanasi gehört mit seinen Ghats zu der von westlichen Besuchern seit dem 18. Jahrhundert am häufigsten skizzierten, gemalten, gestochenen, radierten, lithographierten, fotografierten und entsprechend reproduzierten Orte Indiens.

Das einzige Tigerreservat von Uttar Pradesh ist das insgesamt 884 Quadratkilometer große „Dudhwa (auch: Dudwa) Tiger Reserve" (Distrikt Lakhimpur-Kheri). In ihm leben neben Tigern auch Panzernashörner, die 1984 dort ausgesetzt wurden.
Ein Teil des „National Chambal Sanctuary", das bereits unter Rajasthan aufgeführt wurde, befindet sich im Distrikt Auraya. Zu den Naturschutzgebieten von Uttar Pradesh gehört das „Chandraprabha Wildlife Sanctuary" (Distrikt Chandauli) mit seinen spektakulären Wasserfällen, das selten besuchte, da abgelegene „Ranipur Sanctuary" (Distrikt Chitrakoot), das 1990 gegründete **Patna** Vogelschutzgebiet (Patna Bird Sanctuary, Distrikt Etah) mit fast 200 verschiedenen Vogelarten, das **Samaspur** Vogelschutzgebiet (Distrikt Raebareli) mit 250 verschiedenen Vogelarten und das 2246 Quadratkilometer große Vogelschutzgebiet von **Nawabganj** (Distrikt Unnao).

Das einst „Constantia" genannte Gebäude in Lucknow wird jetzt nach seinem Erbauer, Major General Claude Martin (1735-1800), der sich darin begraben ließ, „Martiniere" genannt und beherbergt heute das 1845 gegründete „Martiniere College".

0
200
400
600
km
Peshawar
Islamabad
Rawalpindi
Srinagar
Leh
Indus
Jammu
Hanle
CHINA
Gijranwala
Chamba
Faisalabad
Lahore
Amritsar
Jullundur
Dankhar
H i m a l a y a
T i b e t
(X i z a n g)
Ludhiana
Simla
Multan
Chandigarh
Patiala
Ambala
Dehradun
Bhatinda
Saharanpur
Uttar-
anchal
Hardwar
Karnal
Panipat
Meerut
Hisar
Delhi
Moradabad
New Delhi
Rampur
Ghaziabad
NEPAL
Faridabad
Bareilly
Mt. Everest
(Qomolangma)
8872
Bikaner
Aligarh
Shahjahanpur
Kathmandu
Nagaur
Mathura
Gangtok
Jaipur
Firozabad
Lakhnau
(Lucknow)
Gonda
Agra
Darjeeling
Jodhpur
Farrukhabad
Ghaghara
Gorakhpur
Siliguri
Kanpur
Faizabad
Muzaffarpur
Jalpaiguri
Ajmer
Chambal
Gwalior
Lashkar
Darbhanga
Purnea
Chapra
Ganges
Kota
Jhansi
Betwa
Allahabad
Varanasi
(Benares)
Patna
Bhagalpur
Mirzapur
Satna
Udaipur
Bihar Sharif
Palanpur
Gaya
Rajshahi
Son
Sagar
Daltonganj
Bokaro
Dhanbad
Berhampore
Gandhinagar
Durgapur
Ratlam
Ranchi
Asansol
Ujjain
Bhatpara
Ahmadabad
Bhopal
Jabalpur
Purulia
Haora
(Howrah)
Jamshedpur
Indore
Narsimhapur
Vadodara
(Baroda)
Hoshangabad
Kolkata
(Calcutta)
Bhavnagar
Narmada
Bilaspur
Rourkela
Kharagpur
Khandwa
Gondia
Amravati
(Amraoti)
Sambalpur
Raipur
Balasore
Surat
Dhule
Jalgaon
Daman
Nagpur
Malegaon
Akola
Durg
Sonpur
Wardha
Mahanadi
Cuttak
Silvassa
Nasik
Aurangabad
Bhubaneswar
Mumbai
(Bombay)
Jalna
Chandrapur
Parbhani
Puri
Godavari
Nanded
Indravati
Brahmapur
Kalyan
Ahmadnagar
Nizamabad
Pune
Warangal
Vizianagaram

UTTARANCHAL

LAGE, GRÖSSE, EINWOHNERZAHL, SYMBOLE

Der in Indiens Norden gelegene Bundesstaat Uttaranchal erstreckt sich von 28°53'24" bis 31°27'50" nördlicher Breite und von 77°34'27" bis 81°02'22" östlicher Länge. Den Bundesstaat umgeben (im Uhrzeigersinn, von Süden nach Norden): Uttar Pradesh, Haryana, Himachal Pradesh, Tibet (Volksrepublik China) und das Königreich Nepal. Wie bei Uttar Pradesh, zu dem Uttaranchal bis vor wenigen Jahren gehörte, unterscheidet sich die Größenangabe der indischen Zentralregierung (53 484 Quadratkilometer) von der Angabe des Bundesstaates (55 845 Quadratkilometer). Sollte sich die Angabe der Regierung des Bundesstaates als korrekt erweisen, dann liegt Uttaranchal flächenmäßig innerhalb Indiens vor Himachal Pradesh auf Platz 17 (Himachal Pradesh nähme dann Platz 18 ein). Stimmt die Angabe der Zentralregierung, dann liegt Uttaranchal flächenmäßig auf Rang 18, und Himachal Pradesh befände sich auf Rang 17.

8 479 562 Einwohner sichern dem Bundesstaat Rang 20, aber auch hier differieren die offiziellen Angaben leicht, da wahrscheinlich die Zeit für die Volksbefragung (Census of India) zu knapp bemessen war.

Uttaranchal heißt: Nördliche (Uttara-) Berge (wörtlich: unbeweglich, -anchal).

Die Hauptstadt von Uttaranchal ist Dehradun (auch: Dehra Dun oder Dehradoon, 447 808 Einwohner).

Das „Staatstier" ist das Moschustier.

Der „Staatsvogel" von Uttaranchal ist wie in Himachal Pradesh der Gelbschwänzige Glanzfasan, der auch Königs-Glanzfasan oder Himalaya Glanzfasan genannt wird (Lophophorus impejanus [auch: impeyanus]).

Der „Staatsbaum" ist der Rhododendron, die „Staatsblume" der Brahma Kamal (womit ausschließlich Saussurea obvallata gemeint ist, da in Indien auch Epiphyllum cactus „Brahma Kamal" [wörtlich: der Lotos des Indra] genannt wird).

TOPOGRAPHIE UND KLIMA

Uttaranchal erstreckt sich von der Ebene der Ganga im Süden über die Vorgebirge des Himalaya, die Sivaliks, bis in das Hochgebirge des Himalaya. Die höchste Erhebung ist mit 7816 Metern der Gipfel „Nanda Devi" (Distrikt Almora), der höchste, vollständig innerhalb Indiens gelegene Berg. Weitere Erhebungen sind: Kamet (7758 Meter), Nanda Devi East (7430 Meter), Chaukhamba (7140 Meter), Trishul (7120 Meter), Trishuli North West (7036 Meter) usw.

In Uttaranchal entspringen die beiden wichtigsten Flüsse Indiens, die Ganga und die Yamuna.

63 % der geographischen Fläche sind bewaldet. Nur 7,43 % der Fläche des Bundesstaates entfallen auf eine Ebene, der Rest (92,57 %) ist hügelig bis bergig.

Der Ort Badrinath.

An Vegetationszonen werden unterschieden: der subtropische Wald in Höhen von 300 bis 1500 Metern; der sub-gemäßigte Wald in Höhen von 1800 bis 2800 Metern, der sub-alpine Wald in Höhen von 2800 bis 3800 Meter und der alpine Wald in Höhen von 3800 bis 5000 Metern. Oberhalb dieser Höhe sind lediglich Gletscher, Schnee oder unbewachsene Felsen anzutreffen.

Die Monsunzeit dauert von Mitte Juni bis Anfang September. Der erste Schnee fällt im Oktober und schmilzt erst im Mai völlig ab.

Da der Bundesstaat erst im Jahre 2000 gegründet wurde, fehlen bisher flächendeckende verlässliche Angaben über durchschnittliche Niederschlagsmengen und Temperaturen. Die Niederschlagsmengen für den entsprechenden Bereich des Bundesstaates von Uttar Pradesh, zu dem Uttaranchal gehörte, werden mit 100 bis 200 Zentimeter pro Jahr pauschal angegeben. 2004 fielen durchschnittlich 1397 Millimeter Niederschlag. In der Regel wird nicht angegeben, in welcher Höhe die Wetterstation sich befindet; wahrscheinlich meist in den niederen Lagen. Für den Ort Kausani (Distrikt Bageshwar) stehen folgende Daten zur Verfügung: Höhe: 1890 Meter, Höchsttemperatur im Sommer: 26 Grad; Tiefsttemperatur im Sommer: 10 Grad. Höchsttemperatur im Winter: 15 Grad; Tiefsttemperatur: 2 Grad. Niederschlagsmaximum: 3048 Millimeter; Niederschlagsminimum: 1777 Millimeter. Die höchste gemessene Temperatur im Distrikt Chamoli betrug 30 Grad, die tiefste 0 Grad. Dehradun erhält im jährlichen Durchschnitt zwischen 2051 und 2073 Millimeter Niederschlag. In Haridwar betrug die Höchsttemperatur im Jahre 2003 40,1 Grad, die Tiefsttemperatur lag im selben Jahr bei 1,8 Grad, die durchschnittliche Regenmenge beträgt 2315,4 Millimeter. 2001 wurde in Nainital eine Höchsttemperatur von 42 Grad gemessen, die Tiefsttemperatur im selben Jahr betrug 0 Grad, die Niederschlagsmenge 2525 Millimeter. Pauri Garhwal verzeichnet im Juni einen Temperaturanstieg auf 45 Grad, wobei im höher gelegenen Dudhatoli (auch: Doodhatoli, 3116 Meter) innerhalb desselben Distriktes die Höchsttemperatur 25 Grad nicht übersteigt. Pauri Garhwal erhält durchschnittlich 2180 Millimeter Niederschlag pro Jahr.

Ein Gavial im Ramganga Fluss im Corbett Nationalpark.

BEVÖLKERUNG, SPRACHEN, GESCHICHTE

Die Ethnien Uttaranchals sind die Bhotia, Buksa, Jannsari, Raji und Tharu.

Von der Religionszugehörigkeit her sind 85 % der Bevölkerung von Uttaranchal Hindus, 11,9 % sind Moslems, 2,5 % Sikhs, 0,3 % Christen 0,1 % Buddhisten und 0,1 % Jains.

Die Amtssprachen sind Hindi, Garhwali und Kumaoni.

Die Frühgeschichte des Bundesstaates liegt im Dunkeln, da Inschriften erst vereinzelt ab dem 6. Jahrhundert in Erscheinung treten. Die Dynastie der Chand-Naresh, die über das Gebiet von Kumaon herrschten, soll von Raja Som Chand gegründet worden sein, jedoch ist das Datum der Gründung nicht gesichert. Kumaon ist eigentlich die Geschichte der Dynastie der Katyuri-Herrscher, die vom 7.-11. Jahrhundert existiert haben soll.
Adi Shankaracharya soll von Südindien, der Gegend von Malabar, nach Uttara Khand (wörtlich: das nördliche Land) gekommen sein, wo er in Jyotirmath, dem heutigen Joshimath, eine Art Schule über den Atharva Veda gründete. In Badrinath soll er an der Quelle der Alakananda das Kultbild eines Vishnu und in Kedarnath das Kultbild eines Shiva aufgestellt haben. Adi Shankaracharya starb 820 in Kedarnath.
Neben dem Gebiet von Kumaon gab es das Gebiet von Garhwal, das von 1393-1455 von Jagat Pal regiert wurde und danach unter Ajai Pal geeint worden sein soll, indem Letzterer 52 Kleinstaaten, von denen jeder eine eigene Festung befehligte, beherrschte. Die Hauptstädte dieses Reiches waren zunächst Chandpurgarh, bis 1506 Devalgarh und von 1505 bis 1519 war es Srinagar (Distrikt Pauri Garhwal), das nicht mit der gleichnamigen Stadt in Jammu & Kashmir verwechselt werden sollte.

FOLGENDE DOPPELSEITE:
Eine hinduistische Kultstätte bei der Gangesquelle Gaumukh (Kuhmund).

Auf dem Harki-Pauri-Gelände in der Stadt Haridwar versammeln sich Hunderte von Kavars, Heilige Männer, um Wasser aus dem heiligen Fluss Ganga zu schöpfen.

Almora (Distrikt Almora) wurde 1560 von Kalyan Chand gegründet und war die Hauptstadt des Reiches der Chand. Das Königreich der Chand wurde aber unter ihren Anführern Chautariya Bahadur Shah, Kazi Jagjit Pandey, Amar Singh Thapa und Sur Singh Thapa 1790 von den Gurkhas (auch: Gorkhas) aus Nepal erobert.

1803 wurde auch Garhwal von den Gurkhas, diesmal unter der Anführerschaft von Subba Amar Singh, Hastidal Chautariya, Bamshah Chautariya und Ranjor Thapa, besiegt. Die Verteidiger in der Schlacht bei Khurhbure waren Pradyumna Shah, sein Sohn Kunwar Parakrama Shah und Kunwar Pritam Shah. Dehradun wurde von den Gurkhas eingenommen.

Die Gurkhas versuchten aus den eroberten Gebieten durch rigorose Steuererhebungen ein Maximum an Profit herauszuholen. Abgesehen einmal davon verkauften sie Menschen, die die Steuer nicht entrichten konnten, wie Sklaven, ein Mann bis zum Alter von 30 Jahren kostete 30 Rupien, für eine Frau bis zum Alter von 30 Jahren wurden 10 Rupien verlangt.

Auch das System der Rechtsprechung der Gurkhas galt als nicht sehr beliebt. Verhaftungen erfolgten willkürlich. Der Nachweis der Unschuld erfolgte auf verschiedene Arten. So musste die beschuldigte Person eine Strecke mit rot glühendem Eisen in der Hand gehen. Trug die Person Verbrennungen davon, war sie schuldig. Oder die beschuldigte Person wurde zweimal im Abstand von 24 Stunden gewogen. War die Person beim zweiten Wiegen leichter – wir gehen davon aus, dass sie zwischenzeitlich keine Nahrung

Der Tempel der Flussgöttin Ganga in Gangotri.

erhielt – dann war sie schuldig. Oder die angeklagte Person musste die Hände in kochendes Öl stecken und blieb in dem unwahrscheinlichen Falle unschuldig, in dem die Person weder Verbrühungen noch Verbrennungen davon trug.
Schließlich fühlten die Briten ihre Interessen von den Gurkhas bedroht. 1814 wurde unter Major General Marley Kathmandu angegriffen, etwa zeitgleich erfolgte der Angriff auf Dehradun, wo sich die Gurkhas unter Balbhadra Thapa zäh verteidigten, so dass die Briten Verstärkung anfordern mussten. Am 30. November 1814 aber konnte Dehradun von den Briten genommen werden. Der Angriff auf Kumaon erfolgte am 11. Februar 1815, als mittlerweile mehrere Gurkhas zu den Briten übergelaufen waren. Am 28. Februar wurde Katarmal erreicht. Wenige Wochen später waren die Gurkhas überall besiegt und ihre militärischen Anführer getötet worden.
Die Briten führten erwartungsgemäß ihr eigenes Regierungssystem ein, sorgten aber für die Verbesserung der Infrastruktur und des Bildungswesens, so dass einige Verwaltungsbeamte, wie zum Beispiel Major General Sir Henry Ramsey, der Regierungsbeauftragte von Kumaon zwischen 1856 und 1884 bei der Bevölkerung sehr beliebt war.
Am 9. November 2000 wurde Uttaranchal aus Uttar Pradesh herausgeschält und zum eigenen Bundesstaat erklärt.

FOLGENDE DOPPELSEITE:
Die Gebirgslandschaft des Himalaya an der Gangesquelle Gaumukh, wo der Fluss aus dem Gletscher entspringt. Der Fluss heißt an dieser Stelle noch Bhagirathi und wird erst beim Passieren des Tempels der Flussgöttin Ganga in Gangotri zum Ganges.

Blick auf den Aschram und einen Tempel in Rishikesh.

RECHTE SEITE:
Indische Elefanten zeichnen sich im Vergleich zu afrikanischen Elefanten durch kleinere Ohren aus.

VERWALTUNG

Uttaranchal wird in zwei große Verwaltungsbereiche (englisch: Divisions) aufgeteilt, wobei jeder Verwaltungsbereich aus einer Anzahl von Distrikten besteht. Die Verwaltungsbereiche sind:

1. Garhwal, mit den Distrikten Chamoli, Dehradun, Haridwar, Pauri Garhwal, Rudraprayag, Tehri und Uttarkashi und

2. Kumaon, mit den Distrikten Almora, Bageshwar, Champawat, Nainital, Pithoragarh und Udham Singh Nagar. Die politische Verantwortung liegt beim „Chief Minister" und beim „Governor".

WIRTSCHAFT

Von der Bevölkerung dieses Bundesstaates arbeiten fast 90 % direkt oder indirekt in der Landwirtschaft. Angebaut werden Reis, Mais, Weizen, Gerste, Erbsen, Linsen, Soyabohnen, Erdnüsse, Zuckerrohr und Kartoffeln. Eine bedeutende Rolle spielt die Forstwirtschaft.

Der Bundesstaat ist reich an Bodenschätzen wie Kalkstein, Marmor, Phosphorit, Dolomit, Magnesit, Kohle, Schwefel und Gips. Die besonders in der Ebene angesiedelte Industrie produziert Papier, Textilien, Polyester, Zement, Dünger, PVC, Erzeugnisse der Pharma-Industrie, Generatoren, Pumpen, Autoreifen und Ersatzteile.

Der hinduistische Tempel in Badrinath.

BEDEUTENDE ORTE UND IHRE SEHENSWÜRDIGKEITEN

LINKE SEITE:
Gorsam Top in der Nähe des Ski-Paradieses Auli.

Uttaranchal verfügt als die „Schweiz Indiens" über einzigartige Naturschönheiten in Form von Bergen, reißenden Bächen und Flüssen, Wäldern mit seltenen Farnen und engen Tälern. Hinzu kommen zahlreiche antike Monumente, meist in der Form von Tempeln.

Die Mehrzahl der Tempel von **Almora** (Distrikt Almora) dürfte zwischen 1688 und 1760 entstanden sein. Acht der Tempel sind dem Gott Shiva als Bhairava in entsprechend acht unterschiedlichen Formen geweiht. Neun der Tempel sind verschiedenen Formen der Göttin Durga geweiht. Die vishnuitischen Tempel sind folgenden Formen Vishnus geweiht: Siddha Narasimha, Raghunath (erbaut 1788) und Murli Manohar. Ebenso gibt es Tempel für Ganesh und Hanuman.
Der Sonntentempel von **Katarmal** (Distrikt Almora) wird dem 12. Jahrhundert zugeschrieben.
Der in einem engen, von Zedern bewachsenen Tal gelegene Tempelkomplex von **Jageshwer** (Distrikt Almora) umfasst, einschließlich der Votivtempel, 124 Tempel und eine ebenso große Anzahl von antiken Statuen.
Am linken Ufer der Gomti in **Baijnath** (Distrikt Bageshwar) steht eine Gruppe antiker Tempel aus dem 12.-13. Jahrhundert, von denen einer die berühmte Stele der Göttin Parvati enthält. Der Ort wurde von den Herrschern der Katyur-Dynastie errichtet, deren Hauptstadt Baijnath unter dem Namen „Kartikyapura" bekannt war. Am Zusammenfluss der Gomti und Saryu wurde in **Bagnath** (Distrikt Bageshwar) unter Lakshmi Chand von Kumaon (auch: Kumaun) um 1450 der Bageshwar-Tempel errichtet, der dem Gott Shiva geweiht ist.
Der Tempel von **Badrinath** (Distrikt Chamoli) liegt in einer Höhe von 3133 Metern am rechten Ufer der Alakananda und wird während der Wintermonate von November bis April oder Mai geschlossen. Der traditionelle Tempel entstand in seiner heutigen Erscheinungsform nicht vor dem 17. Jahrhundert, wurde aber bereits im 8. Jahrhundert gegründet.
Die landschaftlich schön gelegene Tempelanlage von **Adbadri** (Distrikt Chamoli) umfasst in einem nur 12,50 x 25 Meter messendem Terrain 16 Tempel, von denen sieben der Form nach den Tempeln der Spät-Gupta-Zeit (8.-9. Jahrhundert) abgeschaut wurden. Der Haupttempel ist Vishnu als Narayan gewidmet.
Der Narasimha-Tempel von **Joshimath** (Distrikt Chamoli) soll unter Lalitaditya Muktapida (724-761) der Karkota Dyanstie gebaut worden sein.
Der Shiva-Tempel von **Gopeshwar** (Distrikt Chamoli) wird über einen 5 Meter hohen, aus acht unterschiedlichen Metallen gefertigten Dreizack inschriftlich in das 12. Jahrhundert datiert.
Auch auf ein ziemliches Alter herabblicken kann der Yogdhyan Badri-Tempel von **Pandukeshwar** (Distrikt Chamoli), der wahrscheinlich seine Entstehung den Katyuri Königen verdankt.
Der Tempel von **Baleshwar** (Distrikt Champawat) entstand unter den Herrschern der Chand-Dynastie, wahrscheinlich im 11. oder 12. Jahrhundert. Im Gegensatz zu den meisten anderen Tempeln des Bundesstaates weist dieser Tempel an den Außenwänden eine aufwendige Dekoration auf. Der Aufbau über dem Sanctum, eine runde Kuppel, ist späteren Datums.
Bei klarem Wetter bietet die 1859 Meter hoch gelegene, mittelalterliche Festung von Vanasur („Vanasur ka Kila"), 7 Kilometer von **Lohaghat** (Distrikt Champawat) gelegen, einen einmaligen Panoramarundblick.
Die altertümlichen Tempel von **Lakhamandal** (Distrikt Dehradun) sind u. a. den fünf Pandava-Brüdern aus dem umfangreichen indischen Nationalepos, dem „Mahabharata" gewidmet. Ebenso altertümlich erscheinen mit ihren hölzernen Aufbauten die Tempel von am Ostufer der Tons gelegenen **Hanol** (Distrikt Dehradun). Die 1429 Meter hoch gelegene Anlage besteht aus drei Tempeln mit jeweils pyramidal abgestuften Dächern.
Spätestens seit das berühmteste Musikerquartett des 20. Jahrhunderts, die „Beatles" hier im Winter 1968/69 zusammen mit ihren Frauen unter Maharishi Mahesh Yogi (geboren 1917) die Meditation erlernte,

RECHTE SEITE:
Einem Gebirgsbach gleich fließt die Ganga rund 24 km von seiner Quelle entfernt in 3582 m Höhe über Felsbrocken Richtung Tal. Im Hintergrund der Wallfahrtsort Gangotri.

wurde **Rishikesh** (auch: Hrishikesh, Distrikt Dehradun) zu einem der berühmtesten Orte Indiens. Der an der Ganga gelegene Pilgerort enthält eine große Anzahl heiliger, aber architektonisch weniger anziehender Tempel.

Nainital (Distrikt Nainital) wurde 1841 von den Briten gegründet und fungierte während des indischen Unabhängigkeitskrieges von 1857/58 als britisches Refugium. Der Tempel der Naini Devi, der dem Ort den Namen gab, wurde 1880 bei einem Erdrutsch, dem 151 Menschen zum Opfer fielen, zerstört. Ein neuer, der Göttin Naini Devi geweihter Tempel wurde einige Jahre später errichtet.

Der in einer Höhe von 2480 Metern gelegene, dem Gott Shiva geweihte Bindeshwar-Tempel von **Binsar** (Distrikt Pauri Garhwal) kann nur nach einer Wanderung von 22 Kilometern erreicht werden und könnte aus dem 8. Jahrhundert stammen. In seinem Sanctum befinden sich auch Kultbilder von Hara-Gauri, Ganesha und Durga als Mahishasuramardini, das heißt die den Büffeldämon tötende Göttin Durga. Der Kyunkaleshwar-Tempel bei **Pauri** (Distrikt Pauri-Garhwal) soll von Adi Shankaracharya im 8. Jahrhundert gegründet worden sein, das heutige äußere Erscheinungsbild lässt aber mehr auf das 19. Jahrhundert schließen.

Der zweistöckige Tempel der Rajarajeshwari, einer Form der Durga, in **Dewalgarh** (Distrikt Pauri Garhwal) stammt aus dem 16. Jahrhundert.

Etwa 6 Kilometer von **Pitharogarh** (Distrikt Pitharogarh) entfernt steht der Nakuleshwar-Tempel. Sehenswert vor allem sind die im Tempel befindlichen 38 hochqualitativen Skulpturen des 8. und 9. Jahrhunderts mit Darstellungen der vierarmigen Durgamahishasuramardini (die den Büffeldämon tötende Durga), eine Stele mit Lakshmi-Narayan (Vishnu und Lakshmi), eine weitere mit Uma-Maheshwara (Shiva und Parvati) nebst Darstellungen der Navagrahas (9 Planeten), Narasimha (Vishnu als Mannlöwe) und so weiter.

Ein altertümliches Erscheinungsbild bieten die Tempel von **Gangolighat** (Distrikt Pitharogarh), wo Adi Shankaracharya selbst einen Tempel gegründet haben soll.

Von Pitharogarh (Distrikt Pitharogarh) aus kann seit 1981 wieder der in Tibet (Volksrepublik China) gelegene Berg Kailash (6675 Meter) und der Manasarovar-See über den Lipulekh-Pass besucht werden. Der Kailash ist die Wohnstatt Shivas, ein von den Buddhisten und Hindus gleichermaßen verehrter Berg.

Der Vishwanath- und der Ardhanarishwar-Tempel von **Guptkashi** (Distrikt Rudraprayag), das 1319 Meter hoch gelegen ist, machen einen sehr altertümlichen Eindruck. Der sowohl berühmteste als auch beeindruckendste Tempel von Uttaranchal ist der von landschaftlicher Schönheit umlagerte **Kedarnath** (Distrikt Rudraprayag). Der etwa 1000 Jahre alte Tempel liegt auf einer Höhe von 3581 Metern über dem Meere und hat auf den Innenwänden sehr detaillierte Reliefs.

In **Ukhimath** (Distrikt Rudraprayag) lädt der altertümliche Omkareshwar-Tempel zu einem Besuch ein. Innerhalb des Tempels befindet sich eine wohl erhaltene Darstellung des Gottes Shiva.

Der Shiva-Tempel von **Tungnath** (Distrikt Rudraprayag) liegt in 3680 Meter Höhe auf dem Chandranath-Berg. Der nur nach einer durch einen dichten Wald führenden Klettertour erreichbare Tempel beherbergt neben der anikonischen Darstellung Shivas in Form seines „Lingams“ ein etwa 80 Zentimeter großes Kultbild des Adi Shankaracharya.

In beinahe unerreichbarer Einsamkeit liegt der **Madmaheshwar**-Tempel (Distrikt Rudraprayag) in der Nähe der Quelle des gleichnamigen Flusses. Über 6 Monate pro Jahr ist der Tempel wegen der Schneemassen nicht zugänglich und die silbernen Kultbilder werden in der Zeit nach Ukhimath gebracht.

Der Tempel von **Triyuginarayan** (Distrikt Rudraprayag) ist dem Gott Vishnu geweiht und dürfte auf ein Alter von 1000 Jahren zurückblicken können.

Wie viele altertümlich erscheinende Tempel wird auch der Indrasani Manasa Devi-Tempel von **Kandali Patti** (Distrikt Rudraprayag) der Gründung durch Adi Shankaracharya zugeschrieben.

Am Zusammenfluss der Alakananda und der Bhagirathi gelegen, wurde **Devprayag** (Distrikt Tehri

Garhwal) um den Raghunathji-Tempel herum gebaut. Der als sehr alt geltende Tempel des Raghunathji wurde durch das starke Erdbeben von 1803 zerstört, aber unter Maharaja Daulat Rao Scindia (1794-1827) wieder aufgebaut.
Der am Ufer der Bhagirathi gelegene, landesweit berühmte Tempel von **Gangotri** (Distrikt Uttarkashi) wurde erst unter dem Gurkha-General Amar Singh Thapa gegen Ende des 18. Jahrhunderts errichtet. Der 1 Kilometer von der Quelle der Yamuna entfernt gelegene Tempel von **Yamunotri** (Distrikt Uttar Kashi) liegt in einer Höhe von 4421 Metern und wurde zu einem noch späterem Zeitpunkt, nämlich unter Maharaja Pratap Shah (1871-1887) von Tehri Garhwal erbaut. Diese Tempel gelten aber als sehr verehrungswürdig, weil in deren Nähe die beiden heiligsten indischen Flüsse, die Ganga und die Yamuna, ihren Ursprung haben.

Die Wild- und Naturschutzgebiete von Uttaranchal sind wegen ihrer Lage am Rande des höchsten Gebirges der Welt einzigartig. Der 1957 nach Jim Corbett (1875-1955) benannte Corbett National Park oder Corbett Tiger Reserve (Distrikte Nainital und Pauri Garhwal) umfasst eine Fläche von 520 Quadratkilometern und gehört, da schon 1936 gegründet, zu den ältesten Tierschutzgebieten dieser Art in Indien. 1997 lebten in ihm 138 Tiger, 109 Panther und 746 Elefanten neben zahlreichen anderen Säugetierarten. Der Nanda Devi National Park (Distrikt Chamoli) liegt in einer durchschnittlichen Höhe von 4500 Metern, ist aber momentan für den Publikumsverkehr geschlossen. Der 820 Quadratkilometer umfassende Rajaji National Park (Distrikte Dehradun, Haridwar und Pauri Garhwal) wurde 1966 gegründet, nach Chakravarthi Rajagopalachari (1878-1972) benannt und beherbergt 23 Arten von Säugetieren, unter ihnen Elefanten, Tiger und Leoparden.

LINKE SEITE:
Drei Wanderer überqueren einen kleinen Fluss auf dem Weg durch die Berge von Gangotri nach Gaumukh.

Touristen auf Pirsch mit einem Reitelefanten im Corbett Nationalpark.

CHINA
Tibet
(Xizang)
Himalaya
NEPAL
BHUTAN
BANGLA-
DESH
MYANMAR
(BURMA)
West
Bengal
Golf von
Bengalen
Gangesdelta
Mt. Everest
(Qomolangma)
8872
Hanle
Dankhar
Dehradun
Hardwar
Meerut
Moradabad
Rampur
Bareilly
Shahjahanpur
Aligarh
Firozabad
Agra
Farrukhabad
Lakhnau
(Lucknow)
Kanpur
Gonda
Faizabad
Gwalior
Lashkar
Jhansi
Allahabad
Satna
Mirzapur
Varanasi
(Benares)
Kathmandu
Gorakhpur
Muzaffarpur
Chapra
Patna
Darbhanga
Purnea
Bhagalpur
Bihar Sharif
Gaya
Daltonganj
Bokaro
Dhanbad
Asansol
Durgapur
Ranchi
Purulia
Jamshedpur
Rourkela
Haora
(Howrah)
Kolkata
(Calcutta)
Bhatpara
Kulna
Berhampore
Rajshahi
Dhaka
Agartala
Chittagong
Aizawl
Lhasa
Thimbu
Gangtok
Darjeeling
Siliguri
Jalpaiguri
Dhubri
Guwahati
(Gauhati)
Dispur
Shillong
Cherrapunji
Rangpur
Silchar
Imphal
Kohima
Itanagar
Jorhat
Dibrugarh
Kundil-
Bazar
Sagar
Jabalpur
Narsamhapur
Gondia
Bilaspur
Raipur
Durg
Nagpur
Wardha
Chandrapur
Sambalpur
Sonpur
Balasore
Cuttack
Bhubaneswar
Puri
Brahmapur
Akyab
Nizamabad
Warangal
Vizianagaram
Visakhapatnam
Hyderabad
Rajahmundry
Elur
Kakinada
Vijayavada
Guntur
Kurnool
Machilipatnam
Indus
Ghaghara
Ganges
Betwa
Son
Mahanadi
Indravati
Godavari
Krishna
Brahmaputra
0
200
400
600
km

WEST BENGAL (WEST BENGALEN)

LAGE, GRÖSSE, EINWOHNERZAHL, SYMBOL

Der ostindische Bundesstaat West Bengal liegt zwischen 27°13'15" und 21°25'24" nördlicher Breite beziehungsweise 85°48'20" und 89°53'04" östlicher Länge. Den Bundesstaat umgeben (von Süden nach Norden, im Uhrzeigersinn): Der Golf von Bengalen, die Bundesstaaten Orissa, Jharkhand und Bihar, das Königreich Nepal, der Bundesstaat Sikkim, das Königreich Bhutan, der Bundesstaat Assam und Bangladesh. Mit einer Fläche von 88 752 Quadratkilometern belegt West Bengal innerhalb Indiens Platz 13. Indiens Rang 4 belegt der Bundesstaat im Hinblick auf die Einwohneranzahl: 80 176 197.
Die Hauptstadt ist Kolkata (bis 2001: Calcutta, 4 638 350 Einwohner [2006]).
Der „Staatsvogel" von West Bengal ist der Braunliest (Halcyon smyrnensis), eine Art Eisvogel.
West Bengal (pas-chima bangla) leitet sich von „West" (pas-chim = Westen) und Bangla ab, womit letzteres sich auf einen antiken Volksnamen bezieht.

TOPOGRAPHIE UND KLIMA

Im Prinzip besteht West Bengal aus zwei Landschaften:
1. Die Bergregion um Darjeeling als Teil des Singalila Gebirges mit den höchsten Erhebungen des Bundesstaates, dem Sandakfu (3630 Meter), dem Falut (3595 Meter), dem Sabargram (3543 Meter) und dem Tonglu (3036 Meter).
2. Die Schwemmlandebene südlich der Bergregion bis zum Golf von Bengalen. Lediglich im westlichsten Teil des Bundesstaates, um Purulia, kommt es zu einigen Erhebungen, von denen die höchste mit 677 Metern der Goraburu Parvat ist. Diese Hochebene, ein Teil des Plateaus von Orissa und Chhattisgarh, macht nur 6 % der Gesamtfläche des Bundesstaates aus.

Vom 2550 Meter hohen „Tiger Hill" bei Darjeeling kann kurz nach Sonnenaufgang, wenn die Wolken erst aus der Ebene aufzusteigen beginnen, das majestätische Massiv des dritthöchsten Berges der Welt, dem Kanchenjunga, beobachtet werden.

Die Schwemmlandebene ist Teil des so genannten Gangesdeltas, des größten Flussdeltas der Erde. Ein Teil dieses Deltas ist mit Mangroven bewachsen und bildet zusammen mit Bangladesh den größten Mangrovenwald der Welt: die Sundarbans, Heimat und Rückzugsgebiet des Bengalischen Tigers, das „Staatstier" von Indien und Bangladesh.
Zu den bedeutenden Flüssen von West Bengal gehören die beiden Flussarme des Deltas, die Bhagirathi und die Hooghly. Die Flüsse der nördlichen Bergregion sind: Teesta, Jaldhaka, Balason, Mechi, Lis, Ghis, Raidak und Mahananda. Die Flüsse des westlichen Plateaus sind: Damodar, Ajay, Mayurakshi, Dwarakeshwar, Shilai und Kansai.
Das tropische Klima von West Bengal kennt sechs traditionelle Jahreszeiten, die sich aber auf fünf ausgeprägte Jahreszeiten reduzieren lassen: Sommer, Regenzeit, Nach-Regenzeit („Herbst"), die kühle Jahreszeit und der kurze Frühling.
Während der heißen Jahreszeit, dem „Sommer", steigen die Temperaturen auf Werte zwischen 38 und 45 Grad an. Lediglich im Hochgebirge bleiben die Temperaturen darunter, aber dafür bilden sich dort dichte Nebel, die nur selten aufreißen und einen Blick auf den Hoch-Himalaya freigeben. Die hohen Temperaturen verursachen oft plötzliche Gewitter mit heftigen Böen und Wolkenbrüchen. Der Monsun setzt meist ab der 2. Juniwoche ein und bringt eine gewisse Kühlung, wofür aber die Luftfeuchtigkeit auf ein kaum erträgliches Maß ansteigt.
Mitte September hören die Regenfälle auf. Ab Mitte November beginnt die kühle Jahreszeit, wobei in der Ebene die Temperaturen aber kaum unter 15 Grad sinken. Ein kühler, trockener Wind sorgt für ein Absinken der hohen Luftfeuchtigkeit. Ab Mitte Februar beginnt der kurze Frühling, einen Monat später setzt die heiße Jahreszeit ein.
Der Distrikt Bardhaman erhält zum Beispiel jährlich im Durchschnitt 1500 Millimeter Niederschlag, Malda 1381 Millimeter, North 24 Parganas 1579, South 24 Parganas 1750-1770 und South Dinajpur 1671 Millimeter.

BEVÖLKERUNG, SPRACHEN, GESCHICHTE

In West Bengal werden offiziell 38 Ethnien gezählt: 1. Asur, 2. Baiga, 3. Badia, Bediya, 4. Bhumji, 5. Bhutia, Sherpa, Toto, Dukpa, Kagatay, Tibetan, Yolmo; 6. Birhor, 7. Birjia, 8. Chakma, 9. Chero, 10. Chik Baraik, 11. Garo, 12. Gond, 13. Gorait, 14. Hajang, 15. Ho, 16. Karmali, 17. Kharwar, 18. Khond, 19. Kisan, 20. Kora, 21. Korwa, 22. Lepcha, 23. Lodha, Kheria, Kharia 24. Lohara, Lohra; 25. Magh, 26. Mahali, 27. Mahli, 28. Mal Pahariya, 29. Mech, 30. Mru, 31. Munda, 32. Nagesia, 33. Oraon, 34. Parhaiya, 35. Rabha, 36. Santal, 37. Sauria Paharia und 38. Savar.

Die jährliche Andacht der Wohlstand und Fruchtbarkeit spendenden Göttin Lakshmi wird hier in privater Atmosphäre in Dankuni, Distrikt Hughli, vom Familien-Priester geleitet.

In West Bengal bekennen sich 72,5 % der Bevölkerung zum Brahmanismus, 25,2 % zum Islam, 0,6 % sind Christen, 0,3 % Buddhisten, 0,1 % sind Jainas und weitere 0,1 % sind Sikhs. 1,1 % bekennen sich zu hier nicht genannten Glaubensformen.

Die Amtssprache von West Bengal ist Bengali (Bangla Bhasha), als Verkehrssprachen werden Hindi und Englisch aufgeführt.

Obwohl davon ausgegangen werden kann, dass das ungeteilte Bengalen mit seinem fruchtbaren Schwemmland als Kornkammer Indiens Teil des Reiches von Magadha unter den Mauryas gewesen sein könnte, gibt es dafür letztendlich keinen eindeutigen archäologischen Beleg, etwa in Form einer Ediktsäule des Ashoka oder dergleichen. Die während archäologischer Ausgrabungen gefundenen, hochqualitativen Terrakotten im Stil von Chandraketugarh (Distrikt North 24 Parganas), einem antiken Ort in der Nähe von Kolkata, belegen aber eine

Hochkultur jenseits buddhistischer Ikonographien. Die vom 2.-1. Jahrhundert vor unserer Zeit datierbaren Terrakottafiguren stellen panindische Gottheiten (den Reichtumsgott Kubera, die Glücks- und Fruchtbarkeitsgöttin Lakshmi, den Liebesgott Kama alias Mara usw.) dar, die um die Zeitenwende sowohl vom Buddhismus als auch dem Jinismus und dem Brahmanismus (Hinduismus) absorbiert wurden. Den sehr detaillierten Terrakotten lässt sich weiterhin entnehmen, dass die Architektur in Bengalen genauso aussah wie im restlichen Indien, in Ermangelung entsprechender Gebirge oder Felsformationen innerhalb des Schwemmlandes gibt es aber, im Unterschied zu den meisten anderen Bundesstaaten des indischen Kernlandes, naturgemäß keine monolithischen Heiligtümer.

Der erste namentlich bekannte Herrscher Bengalens ist Shashanka Gauda, dessen Regierungszeit von 602 bis 625 angenommen wird. Seine Hauptstadt soll das mit Rangmati im Murshidabad Distrikt identifizierte Karnasuvarna gewesen sein, andere Quellen verlegen die Hauptstadt nach Gaur (Gour) im Malda Distrikt, jedoch ist sehr wenig über Shashanka Gaudas Vorfahren und Nachfolger bekannt.

In der Mitte des 8. Jahrhunderts erwählte im Norden Bengalens, dem damaligen Varendra, das Volk einen König, Gopala I., den ersten von 20 bekannten Herrschern seiner Dynastie, der Pala-Dynastie. Es ist die erste belegte demokratische Wahl in der Geschichte Bengalens. Der letzte Herrscher der Dynastie war Madanapala, der im Jahre 1165 starb. Zwischenzeitlich wurde Mahipala I. zwischen 1021 und 1024 von Rajendra Chola (1012-1044) besiegt, aber nicht vernichtet. Die Palas taten sich als große Förderer religiöser Institutionen hervor. Unter ihnen florierte eine Kunstschule, die sehr zahlreiche buddhistische, hinduistische und jinistische Stelen hervorgebracht hat. Eine der umfangreichsten Pala-Sammlungen außerhalb Südasiens befindet sich neben dem British Museum in London im Museum für Indische Kunst Berlin. Die Palas hatten keine feste Hauptstadt.

Wie Schildkröten wirken die mit Reed gedeckten Dächer der aus Stampflehm errichteten Häuser eines Dorfes abseits der asphaltierten Strassen im Distrikt Bankura.

Die Dynastie der Palas wurde ab 1070 durch die der ursprünglich aus dem heutigen Karnataka/Andhra Pradesh kommenden Dynastie der Senas abgelöst. Es gab maximal sechs Herrscher dieser Dynastie, die Daten sind nicht absolut: 1. Hemanta Sena (1070),
2. Vijaya Sena (1096-1159),
3. Ballala Sena (1179-1206),
4. Lakshmana Sena (1179-1206),
5. Vishvarupa Sena (1206-1225),
6. Keshab Sena (1225-1230).
Hauptstadt der Senas unter Lakshmana Sena war Vikrampur (Bangladesh).
Ikhtiyaruddin Muhammad Bakhtiyar Khalji aus Afghanistan versetzte 1204 der letzten großen hinduistischen Dynastie Bengalens den ersten Todesstoß. Unter Bakhtiyar Khalji wurde Gaur (Lakhnauti) 1205 die Hauptstadt des islamischen Reiches von Bengalen. 1206 wollte Bakhtiyar Khalji mit einer Armee von 10 000 Reitern Tibet erobern, scheiterte aber bereits nach Überquerung der Bagmati kläglich und kam mit nur 100 Reitern kränkelnd im selben Jahr zurück. Als er im Fieber lag, erdolchte ihn Ali Mardan Khalji, Leutnant unter Bakhtiyar Khalji und Statthalter von Lakhnauti. Ali Mardan Khalji usurpierte den Thron, wurde aber von Shiran Khalji verhaftet, so dass Ali Mardan Khalji nach Delhi floh, wo er von Qutbu'd-Din Aibak zum Verwalter Bengalens ernannt wurde. Ali Mardan Khalji kehrte nach Bengalen zurück, wo er zunächst alle Sympathisanten von Shiran Khalji beseitigen ließ. Als Qutbu'd-Din Aibak starb, ließ sich Ali Mardan Khalji zum „Sultan Alauddin" ausrufen. Seine tyrannische Politik stieß auf wenig Gegenliebe, Hasumuddin Iwaz Khalji brachte ihn im Jahre 1212 um. Sultan Ghiyasuddin Iwaz Khalji, vormals Eseltreiber, herrschte nunmehr über weite Gebiete Bengalens von 1212-1227. Er fiel bei Lakhnauti in der

Abgesehen von den mittlerweile mit Ziegeln gedeckten Häusern sahen vor 200 Jahren die Dörfer der bengalischen Schwemmlandebene, hier ein Beispiel des Distriktes Hughli, genauso aus wie auf diesem Foto.

Schlacht gegen Nasiruddin Mahmud, dem ältesten Sohn von Iltutmish (1211-1236), der Nachfolger von Qutbu'd-Din Aibak. Auf diese Art und Weise kamen und gingen zahlreiche Herrscher im Chaos der Anarchie Bengalens, bis Sultan Mahmud Shah von Bengalen von Sher Khan Suri besiegt wurde. Nachdem Sher Khan 1539 auch die kaiserliche Moghularmee bezwungen hatte, nannte er sich Sher Shah. Sher Shah, der den Norden Indiens nur von 1540-1545 regieren sollte, führte ein vorbildliches Verwaltungssystem ein und ließ eine von Bäumen beschattete, 4828 Kilometer lange Straße von Sonargaon in Bengalen bis Multan (Pakistan) über Agra, Delhi und Lahore anlegen. Diese „Badshahi Sadak" („Via Regia", vom 18. bis 20. Jahrhundert die „Grand Trunk Road") sollte mehrere Jahrhunderte lang existieren und wird in der Regel auf europäischen Indienkarten ab der ersten Hälfte des 17. Jahrhunderts verzeichnet. Anders als die meisten islamischen Herrscher vor ihm zeigte sich Sher Shah den Hindus gegenüber vielleicht nicht verständnisvoll, aber doch tolerant.

Als 1576 Daud Khan Karrani von Bengalen 1576 die Schlacht bei Rajmahal verlor, wurde Bengalen zur moghulischen Provinz, die aber unter Isa Khan eine gewisse Eigenständigkeit fortführte, so dass der Moghulkaiser Akbar einige seiner besten Leute wie Wazir Khan (1586-1587) und Man Singh von Amer (1594-1604) als Vizekönige nach Bengalen entsenden musste, bis schließlich Isa Khan die Oberhoheit der Moghuln vertraglich anerkannte.

1608 wurde Dhaka (vormals: Dacca) Hauptstadt der moghulischen Provinz Bengalen.

Murshid Quli Khan, Diwan Bengalens unter Aurangzeb (1658-1707), verlegte 1702 die Hauptstadt Bengalens von Dhaka nach Murshidabad. 1716 wurde Murshid Quli Khan zum Nawab Bengalens ernannt. Etwa 70 Jahre lang sollte Murshidabad die Hauptstadt Bengalens bleiben.

Im 17. Jahrhundert wurde das heutige West Bengal für einige europäische Nationen zur Basis des Handels mit Ostindien.

Die Franzosen erhielten 1673 vom Nawab von Bengalen die Erlaubnis, in Chandannagar (Chandernagore in der französischen Literatur) eine Handelsniederlassung zu gründen, die 1688 in französischen Besitz überging. Unter der Regierung von Joseph François Dupleix (1697-1763) wurden ab 1730 über 2000 Häuser aus gebrannten Ziegeln errichtet und Chandannagar wurde zum Zentrum des europäischen Handels mit Bengalen. Im März 1757 wurde die Niederlassung u. a. als Folge des englisch-französischen Krieges von den Briten beschossen und erobert. 1763 erhielten die Franzosen den Ort zurück, mussten ihn aber 1794 als Folge der Napoleonischen Kriege an die Engländer abgeben. 1816 kam Chandannagar wieder in französischen Besitz, hatte aber die immense Bedeutung als Handelsstadt längst eingebüßt. Bis 1950 wurde dann die Enklave Chandannagar von Pondicherry aus regiert. Am 2. Februar 1952 wurde das Gebiet offiziell von Indien übernommen, um am 2. Oktober 1955 vollends in den Bundesstaat von West Bengal integriert zu werden.

Die Holländer ereichten Hughli (auch: Hooghly) 1632, nachdem ihre Rivalen, die Portugiesen, von den Moghuln vertrieben worden waren. In den Jahren 1632, 1650 und 1662 erhielten sie von den Moghuln Dokumente, die es ihnen ermöglichten, in Chinsura eine Faktorei zu eröffnen. Ab 1653 wurde Chinsura von dem Marinekommandanten Van Der Broucke verwaltet und aufgebaut. Die folgenden 57 Jahre handelten die Holländer mit Opium, Salpeter, Rohseide, Baumwolle, Reis, Zucker, Butter usw., wobei die Waren aus Malda, Kasimbazar und Patna bezogen wurden. Chinsura galt als vorbildlich ausgebaute, angenehme Stadt. Nach der Schlacht von Palashi (Plassey), 1757, kritisierten sowohl die Engländer als auch der Nawab von Bengalen die Holländer ob ihrer Neutralität in dem Konflikt. Am entscheidendsten aber war der Neid der Engländer, die die Holländer in der Schlacht von Biderra im November 1759 schlugen, so dass Letztere den Engländern 1765 den Vortritt im Handel mit Bengalen überlassen mussten. Die Engländer besetzten Chinsura 1795 und gaben es den Holländern 1817 zurück. Daraufhin sollen die Angestellten der „V.O.C", der Holländischen

In den Gehöften der abseits der Hauptstraßen gelegenen Dörfern wie hier im Distrikt Hughli, wird heute noch der ungeschälte Reis in derartigen, vor Wasser und Nagetieren gesicherten Speichern aufbewahrt.

Ostindienkompanie, so korrupt geworden sein, dass sie in ihre eigene Tasche wirtschafteten. Das missfiel dem holländischen König, der am 7. Mai 1825 Chinsura für die Insel Sumatra verschacherte. Dies bedeutete das Ende für diese einst blühende holländische Niederlassung. Die Engländer zerstörten 1829 das holländische Fort, um darauf ihre eigenen Militärbaracken zu errichten.

Die Dänische Ostindienkompanie beauftragte in der Mitte des 18. Jahrhunderts Herrn Soetman von Tranquebar aus nach Bengalen zu reisen, um dort Boden für eine Faktorei zu erwerben. 1755 erhielt Soetman von Nawab Alivardi Khan für etliche Geschenke und die stolze Summe von 50 000 Rupien in bar Land in Sripur und Akna für den Aufbau einer Faktorei. Gegen eine jährliche Pacht von 1601 „Sicca Rupien" erhielten die Dänen Serampore, Akna und Pearapur. Das neue Land wurde von einer Lehmmauer umgeben und „Frederiknagar" nach König Frederick V. (1723-1766) von Dänemark genannt. Der dänische Handel blühte und zog neben vielen indischen Händlern auch den Neid der Engländer auf sich. Ab 1803 erschwerten die Briten den Dänen die Arbeit, wo sie nur konnten. Wurden 1803 noch 113 europäische Schiffe in Serampore abgefertigt, war es 1815 nur noch ein einziges. Die Repressalien der Briten wirkten so stark, dass der dänische Verwalter Pater Hansen den gesamten dänischen Besitz an die Briten für die dafür im Vergleich lächerliche Summe 1 200 000 Rupien am 11. Oktober 1835 verkaufte.

Die Belgier oder genauer genommen, eine Interessengemeinschaft von Geldinvestoren aus Antwerpen und Gent, gründeten unter der Schirmherrschaft des Österreichischen Königshauses im Dezember 1722 die Ostindienkompanie von Oostende („Keijserliche-Indische Compagnie"). Das Investitionskapital dieser „Belgischen" Ostindienkompanie belief sich auf 6 Millionen Gulden. Die Hauptniederlassung in Indien war neben dem zwischen Madras (Chennai) und Pondicherry gelegenen Cabelon die Faktorei in Banquibazar an der Hughli (auch: Hooghly), gegenüber der Niederlassung der Dänen. Zwischen 1724 und 1732 legten in Banquibazar und in Canton 21 Schiffe dieser Kompanie an und die belgischen Kaufleute erwirtschafteten unter anderem durch gestiegene Teepreise immense Gewinne. Dies erweckte erwartungsgemäß den Neid der anderen, am selben Fluss Handel treibenden Nationen, so dass sich die österreichische Führung starkem politischen Druck ausgesetzt sah, als deren Folge der Handelsfreibrief der Belgier 1727 aufgehoben wurde. 1731 wurde die Faktorei dann endgültig geschlossen.

Die Briten konnten sich 1690 in Calcutta (dem heutigen Kolkata) festsetzen und bauten 1698 dort eine starke Festung, Fort William. Die stärksten Rivalen der Engländer in Indien waren, wenn man es aus englischer Sicht sieht, die Franzosen. Die Festung von Fort William war jedoch nicht nur für die Franzosen eine Bedrohung, so dass Nawab Siraj-ud-Daulah (1756-1757) den Briten Einhalt gebot. Die Briten kümmerte das jedoch wenig und die Festung Fort William wurde weiter ausgebaut. Daraufhin wurde im Juni 1756 Calcutta von Nawab Siraj-ud-Daulah eingenommen, wobei angeblich 123 von 146 britischen Gefangenen in einem Verließ, das die Engländer „Black Hole" nennen, vor Hitze und Erschöpfung umkamen. Dieser Vorfall, sofern er überhaupt den Tatsachen entspricht, gab den Briten später die willkommene moralische Rechtfertigung zur Ausführung und Veranlassung eigener Gräueltaten im damaligen Indien.

Wie ein Tempel wurde das Grab des 1828 verstorbenen „Hindu Stewart" im South Park Street Cemetery (Friedhof), Kolkata, gestaltet. Charles Stuart war ein Ire, der sich weitgehend dem lokalen Lebensstil anpasste.

Robert Clive, der spätere „1st Baron Clive of Plassey“ (1725-1774), schlug am 4. Februar 1757 die Armee des Nawabs, nahm Calcutta ein und erhielt vom Nawab einen Vertrag, der den Engländern Calcutta garantierte. Schließlich kam es am 23. Juni 1757, 40 Kilometer südlich von Murshidabad zur alles entscheidenden Schlacht von Palashi (auch: Plassey, Distrikt Nadia), mit 800 europäischen Offizieren, 2200 indischen Soldaten und neun Kanonen unter Colonel Robert Clive auf der einen, und 15 000 Reitern, 35 000 Infanteristen, 53 Kanonen unter Mir Jafar Ali Khan, dem von einem kleinen französischem Kontingent unterstützten Hauptkommandanten des Nawabs von Bengalen, auf der anderen Seite.
Die Schlacht begann um 7:00 Uhr morgens. Gegen 12:00 Uhr kam es zu einem Kriegs entscheidenden Wolkenbruch: die Engländer schützten ihre Musketen und Kanonen mit Decken vor dem das Schießpulver unwirksam machendem Wasser, was die Artilleristen und Musketiere der Gegenseite versäumten. Das Ergebnis war, dass die zum Teil von Franzosen kommandierten Kanoniere ab 14:00 Uhr keinen einzigen Schuss mehr abfeuern konnten: der Augenblick des britischen Gegenangriffs war gekommen, zumal der Kommandant Mir Jafar Khan seinen Dienstherren längst verraten hatte, und den entscheidenden Angriff seiner Kavallerie in der Nähe des britischen Lagers unterließ. Um 17:00 Uhr waren die Briten uneingeschränkt die Herren des Feldes. Als Belohnung für den Verrat wurde Mir Jafar Khan bis zu seinem Tode im Jahr 1765 der praktisch letzte Nawab von Bengalen, dessen Macht aber längst in den Händen der Engländer lag.
Zwischen 1769 und 1773 kam es in Bengalen unter britischer Vorherrschaft zur vielleicht folgenschwersten Hungersnot der Neuzeit, die 10 Millionen Menschen das Leben kostete, fast ein Drittel der Bevölkerung der betroffenen Gebiete. Dem Ernteausfall von 1768 folgte 1769 ein weiterer Ausfall der Ernte gefolgt von einer Dürre. All diese Tatsachen wurden aber von den Verantwortlichen der ehrenwerten Ostindischen

Die Schmalspurbahn in Ghoom.

Kompanie der Engländer bequemst übersehen, zumindest aber nicht vor dem Hintergrund unwillkürlich eintretender Konsequenzen wahrgenommen. Anfang 1770 begann die Hungersnot, der Mitte des Jahres zahlreiche Menschen zum Opfer fielen; der Ausbruch der Pocken verstärkte die Misere nur noch mehr. Erst 1770 konnten wegen ausreichender Niederschläge wieder Ernten eingefahren werden, jedoch geschah dies in einem viel kleineren Maßstab als vor Ausbruch der Hungersnot, da viele Landstriche entvölkert waren. Da die Briten der örtlichen Bevölkerung das Anlegen von Reislagern verboten hatten, zusätzlich die Landbesteuerung 1770 um 10 % erhöhten und über das absolute Handelsmonopol verfügten, könnte die Behauptung gewagt werden, dass 30 Millionen Menschen der kolonialistischen Politik der Briten geopfert worden sind.

In der Mitte des 19. Jahrhunderts wurde Bengalen zum Zentrum der Jute-Produktion, deren wichtigste Verarbeitungsstätten sich in Calcutta befanden. Im Jahre 1877 erklärte sich Königin Viktoria zur „Kaiserin von Indien" (Empress of India) und Calcutta wurde offiziell zur Hauptstadt Britisch-Indiens erklärt.

Am 16. Oktober 1905 kam es zur ersten Teilung Bengalens, woraus die neue Provinz „Eastern Bengal and Assam" resultierte. Nach heftigsten Protesten der Bevölkerung wurde die Teilung 1911 wieder rückgängig gemacht. Im selben Jahr kündete König Georg V. in Delhi den Hauptstadtumzug von Calcutta nach Delhi an. 1943 ist die Politik der Briten für eine weitere Katastrophe in Bengalen verantwortlich zu machen, bei der 3 Millionen Menschen den Tod fanden. Obwohl in dem Jahr die Reisernten erträglich waren, kam es zu einer verheerenden Hungersnot, weil die Engländer den Reis an die alliierten Truppen verkauften und der Preis für Reis somit auf ein Niveau anstieg, das der größte Teil der indischen Bevölkerung nicht mehr bezahlen konnte. An dieser Stelle muss bemerkt werden, dass es in Indien fast 60 Jahre nach Erlangung der Unabhängigkeit von der britischen Kolonialherrschaft nicht zu einer einzigen Hungersnot kam.

Mit der Unabhängigkeit Indiens kam es zur bis jetzt andauernden Spaltung Bengalens in West Bengal auf der westlichen, indischen Seite und Ost Pakistan auf der östlichen Seite und den damit verbundenen, von Gewalt gezeichneten Bewegungen der Hindus nach Indien und der Moslems nach Ost-Pakistan. West Bengal wurde am 1. Mai 1960 zum Bundesstaat.

Der „Befreiungskrieg von Bangladesh" löste den Indo-Pakistanischen Krieg vom Dezember 1971 aus. Da Ost-Pakistan 1970 auf demokratischem Wege war, von (West) Pakistan unabhängig zu werden, versuchte 1971 (West) Pakistan durch unvorstellbare Massaker, besonders an Hindus und Intellektuellen in Ost-Pakistan, die Unabhängigkeitsbewegung mit brutalster Gewalt zu unterdrücken. Die Angaben über die Anzahl der Opfer schwanken zwischen 300 000 und 3 Millionen Menschen die von pakistanischen Milizen umgebracht worden waren. Alleine 200 000 Frauen wurden von Pakistanis vergewaltigt, diesbezügliche Angaben von Frauenrechtlerinnen liegen weitaus höher. Pakistan unterlag in der militärischen Auseinandersetzung mit Indien eindeutig, und selbst nur zwei Tage, bevor sich die Armee Pakistans den indischen Truppen ergab, ließ das pakistanische Militär in Dacca (Dhaka) noch 200 Intellektuelle zusammentreiben und erschießen. Während des pakistanischen Terrors in Ost-Pakistan flohen etwa 10 Millionen Menschen in die Bundesstaaten des umliegenden Indien. Am 16. Dezember ergaben sich die Streitkräfte Pakistans, einen Tag später war Bangladesh von Pakistan unabhängig. Am 11. Januar 1972 wurde Bangladesh eine parlamentarische Demokratie mit eigener Verfassung.

VERWALTUNG

West Bengal wird in 19 Distrikte eingeteilt: Bankura, Bardhaman (Burdwan), Birbhum, Cooch Bihar (Koch Bihar), Darjeeling (Darjiling), East Midnapore (Midanapur), Hooghly (Hughli), Howrah (Haora), Jalpaiguri, Kolkata, Malda, Murshidabad, Nadia (Nadiya), North 24 Parganas, North Dinajpur (Uttar Dinajpur), Purulia (Puruliya), South 24 Parganas, South Dinajpur (Dakshin Dinajpur) und West Midnapore (Midanapur). Die ranghöchsten Politiker sind der „Chief Minister" und der „Governor".

WIRTSCHAFT

Die Haupternten des in erster Linie agrarwirtschaftlichen Bundesstaates sind überwiegend Reis. Daneben werden auch Mais, Hülsenfrüchte, Ölsaaten, Weizen, Gerste, Kartoffeln, Raps, Leinsamen, Chillies, Ingwer, Gelbwurz und Gemüse (Blumenkohl, Auberginen, Tomaten) vereinzelt auch Betelranken, Zuckerrohr und Tabak (sowohl Kautabak als auch Rauchtabak) angebaut. Die in den Obstgärten, besonders in North Dinajpur, geernteten Früchte sind: Mango, Jackfrucht, Litschi, Guava, Zitrusfrüchte, Bananen, Papaya und Ananas. Es werden außerdem mehr Areka- als Kokosnüsse geerntet.

66 % der in Indien verarbeiteten Jute kommt aus West Bengal. Außerdem ist er der zweitgrößte indische Tee-Produzent. Das Gebiet Darjeeling produziert außerdem den exquisitesten „schwarzen" Tee der Welt.

Eine beträchtliche Rolle spielt die Fischerei im Binnenland.

Bodenschätze: Kohle und Kaolin.

West Bengal ist für seine Stahlwerke und Jutemühlen bekannt. Kolkata ist einer der Hauptumschlagplätze für Tee. Weitere Produkte von West Bengal sind: Moskitonetze, Fischernetze, Textilien Pharmazeutika, Papier, Lederwaren.

Ein nicht zu unterschätzender Anteil der Bevölkerung arbeitet in der Bidi-Industrie, das heißt in der Herstellung indischer, papierfreier Zigaretten aus unfermentiertem Tabak. Alleine im Distrikt Murshidabad arbeiten 300 000 Menschen in der Heimherstellung der Bidis, 2846 Personen sind dauerhaft in der Industrie angestellt. Murshidabad war auch für die Elfenbeinschnitzereien bekannt, heute werden vor allem Gegenstände aus einer Art Baummark, Sola (auch: Shola, Aeschynomene Indica oder Aeschynomene Aspera) hergestellt. Eine weitere Einkommensquelle bildet die Herstellung von Seidensaris, vor allem in Baluchar.

FOLGENDE DOPPELSEITE:
In Ermangelung von Steinbrüchen in der Schwemmlandebene Bengalens bestehen die meisten Tempel aus gebrannten Ziegeln. Der Shyam Ray-Tempel von Bishnupur wurde 1643 gebaut.

Seitenansicht des Victoria Memorial in Kolkata.

BEDEUTENDE ORTE UND IHRE SEHENSWÜRDIGKEITEN

Die indische Denkmalspflege (Archaeological Survey of India) verzeichnet für West Bengal offiziell über 133 Orte, die als „Monumente Nationaler Wichtigkeit" (monuments of national importance) von der indischen Zentralregierung unter besonderen Schutz gestellt worden sind. Hinzu kommt eine nicht näher genannte Anzahl von archäologischen Stätten, die der Regierung von West Bengal unterstehen. Die hier genannten Stätten, besonders die buddhistischen Klöster im Norden des Landes, sind zum Teil in diesen Listen (noch) nicht enthalten und wurden hier in erster Linie für denjenigen ausgewählt, der eher an spektakulären und/oder malerisch gelegenen Monumenten interessiert ist.

Obwohl von offizieller Seite nur sieben Monumente in **Kolkata** (Distrikt Kolkata) unter dem Schutz der Zentralregierung stehen, hält die „Stadt der Paläste", wie sie im 19. Jahrhundert von vielen Reisenden genannt wurde, für denjenigen, der sich für Kolonialarchitektur begeistern kann, eine Vielzahl von Verwaltungsgebäuden, Repräsentationsbauten und Palästen bereit. Kolkata wurde nicht nach dem 1809 neu erbauten Kali-Tempel am Kalighat benannt, sondern nach einem von drei Dörfern auf dem Gebiet der heutigen Stadt. Im 19. Jahrhundert erregte der Tempel wegen seiner täglichen Tieropfer in Europa großes Aufsehen.

Das 1878 im italienischen Stil gebaute „Indian Museum" ist das mithin größte Museum des Landes und lässt im Hinblick auf die bedeutenden archäologischen, anthropologischen, geologischen und zoologischen Sammlungen kaum Wünsche offen. Der Museumsgründung voraus ging die Gründung der „Asiatic Society"

Der Siddheshwara Mahadev-Tempel in Bahulara ist der älteste stehende Ziegeltempel in West Bengal. Vieles deutet auf einen buddhistischen Ursprung der Anlage hin.

am 15. Januar 1784 durch Sir Willam Jones (1746-1794). Das Gebäude der Asiatic Society in der Park Street untersteht dem Schutz der indischen Zentralregierung und beherbergt eine wichtige Handschriftensammlung neben einer alten Bibliothek. Sir William Jones liegt im 1767 gegründeten South Park Street Cemetery begraben, wo auch „Hindu Stewart" (Major-General Charles Stuart, 1758-1828) unter einem mit altindischen Skulpturen der Pala-Zeit verzierten Grabtempel die ewige Ruhe gefunden hat. Charles Stuart war einer der wenigen Iren, der den indischen Lebensstil übernahm und die Arbeit der christlichen Missionare offen kritisierte. Auf dem alten Friedhof der erst 1787 erbauten Kirche von St. John ruht Job Charnock, der 1693 verstorbene, mutmaßliche Gründer von Calcutta (Kolkata).

Der für den Aufbau des Victoria Memorial verwendete Marmor kommt aus denselben Steinbrüchen von Makrana wie der Marmor des Taj Mahal in Agra. Der unter dem Vizekönig Lord Curzon 1905 begonnene Bau konnte erst 1921 vollendet werden und beherbergt heute ein eigenes Museum mit einzigartigen, frühen europäischen Darstellungen der Stadt Kolkata und ihrer Umgebung.

Die größte Sehenswürdigkeit des 1786 gegründeten Botanischen Gartens von Kolkata ist zweifelsohne der flächenmäßig größte Baum der Welt. Der 200 Jahre alte Banyanbaum (auch: Banyan-Feige, Bengalische Feige, Ficus benghalensis) verbreitet sich durch Luftwurzeln die, sobald sie den Boden erreichen, neue Stämme bilden. Der Banyanbaum ist der indische Nationalbaum, er ist unsterblich, da er weiter wächst, auch wenn der Mutterstamm verdorren sollte.

Die stählerne Howrah-Brücke von 1943 hat eine Spannweite von 450 Metern. Keine andere Brücke der Welt erträgt, im wahrsten Sinne des Wortes, mehr Verkehr als diese.

FOLGENDE DOPPELSEITE:
Teepflückerinnen in Darjeeling.

Bengalischer Tiger in einem Tempel.

LINKE SEITE OBEN:
Im Innenhof des 1878 erbauten Indian Museum in Kolkata versammeln sich an Wochentagen zur Mittagszeit mehrere Schulklassen.

LINKE SEITE UNTEN:
Der pyramidale, „Rasamancha" genannte Bau in Bishnupur erweckt in seiner Schlichtheit den Eindruck eines islamischen Ursprungs, wurde aber unter Bir Hambir, einem Hindu, wohl zu Beginn des 17. Jahrhunderts erbaut.

Ausgrabungen in **Jagjibanpur** (Distrikt Malada) zeigten, das der Ort im 9. Jahrhundert mit einer Klosteranlage (Nandadirghi Vihara) und einem Tempel ein Zentrum des buddhistischen Glaubens war.
Einer der ältesten noch stehenden Tempel im Osten Indiens ist der Siddheshwara-Tempel in **Bahulara** (Distrikt Bishnupur). Der etwas abseits gelegene Ziegeltempel dürfte im 10. oder 11. Jahrhundert erbaut worden sein und könnte als Prototyp der zahlreichen Ziegelmonumente von Bagan (Pagan, Myanmar) gelten. Die Stuckverzierungen sind die besten noch in situ befindlichen Arbeiten dieser Art in Bengalen. Der Deulia-Tempel von **Memari** (Distrikt Bardhaman) kann im Vergleich zu sehr ähnlichen Tempeln Orissas im 10. Jahrhundert gebaut worden sein. Der über 60 Meter hohe Tempel von Ichai Ghosh von **Kanksa** (Distrikt Bardhaman) wurde im Stil der antiken hohen Backsteintempel gebaut, stammt aber aus späterer Zeit.
Im gesamten Bundesstaat sind die mit Terrakotten verkleideten Ziegeltempel von **Bishnupur** (Distrikt Bankura) bekannt. Der pyramidale Ras-Mancha-Tempel von etwa 1600 ruht auf einer hohen Basis aus Lateritgestein. Der äußere Umgang wurde mit den typischen, kurvilinear aufgewölbten Dächern versehen. Der inschriftlich 1643 errichtete Shyam-Ray-Tempel gehört mit den fünf turmartigen Aufbauten in Würfelstellung zu den typischsten Vertretern seiner Art. Der Keshta Ray-Tempel wird wegen seiner beiden Gebäudeteile, die Reed gedeckten bengalischen Stampflehmhäusern abgeschaut sind, „Jor Bangla"-Tempel (etwa: Zwillings-Bungalow) genannt. Er wurde 1655 erbaut und ist mit sehr zahlreichen, gut erhaltenen Terrakotta Reliefplatten auf einer Plinthe aus Laterit verziert. Bemerkenswert ist das typisch bengalische Dach mit aufgewölbtem First und Traufe. Der Madan-Mohan-Tempel wurde inschriftlich 1694 fertig gestellt. Der Radha-Shyam-Tempel wurde erst 1758 erbaut und ist mit Laterit-Panelen verziert, die mit Stuck überzogen wurden.
Auf dem gepflegten Geländes des Palastes des Maharaja von Bardhaman in **Kalna** (Distrikt Bardhaman) stehen mehrere herausragende Tempel wie der Rasa-Mancha oder der Pratapeshwar Tempel des 17. Jahrhunderts, der Jor-Bangla und der Gopalji Mandir.
Der Baranagar Tempelkomplex von **Azimganj** (Distrikt Murshidabad) entstand unter Rani Bhabani von Natore (1714-1793) und enthält einige der attraktivsten Terrakottatempel im bengalischen Stil. Die Haupttempel sind der Bhabanishwara-, Char Bangla-, Jor Bangla- und Rajrajeshwari-Tempel.
Jiaganj (Distrikt Murshidabad) war mit seinen zahlreichen Jaina-Tempeln ein bengalisches Jain-Zentrum.
Von den 34 Terrakottatempeln des 18. Jahrhunderts in **Pathra** (Distrikt West Midnapore) unterstehen vier Tempelkomplexe der Denkmalspflege der Zentralregierung.
Den Dakshineshwar Kali Tempel von **Dakshineshwar** (North 24 Parganas) finanzierte Rani Rashmoni 1847. Der mit neun Türmchen versehene hohe Bau wird von acht Shiva-Tempeln umgeben. In dem Tempel diente Ramakrishna Paramahansa als Priester, bevor er eine entscheidende religiöse Erweiterung seines Bewusstseins erfuhr.
Unter Maharaja Nripendra Narayan von Koch wurde 1887 der mehrstöckige Rajbari oder Palast von **Cooch Bihar** (Distrikt Cooch Bihar) im Stil der italienischen Renaissance ausgeführt. Die Nord-Süd-Ausdehnung des Gebäudes beträgt 120 Meter, die Ost-West-Ausdehnung 90 Meter. Unter demselben Herrscher wurde der Madan Mohan-Tempel, der Ma Bhavani-, der Ma Kali- und der Ma Tara-Tempel gebaut, wobei mit „Tara" hier die Durga als die den Büffeldämon tötende Göttin gemeint ist (Durga Mahishasuramardini). Der Rajbari oder Palast von **Krishnanagar** (Distrikt Nadia) vedankt sowohl seine Entstehung als auch seinen Namen Raja Krishna Chandra Rai (1728-1782).

Archäologisch der vielleicht lohnendste Ort in West Bengal ist das zweigeteilte **Gaur** (auch: Gour, Gawr; Distrikt Malda), das alte Lakhnauti (auch: Lakhnawti). Der östliche Teil befindet sich mit über 57 Monumenten in Bangladesh, hier aufgezählt werden jedoch nur die wichtigsten Monumente in West Bengal. Die buddhistischen und hinduistischen Monumente und Skulpturen, von denen einige im

19. Jahrhundert noch verstreut herum lagen, bevor sie in Museen gebracht worden waren, wurden erwartungsgemäß von den Machthabern zerstört, um als Baumaterial für die islamischen Monumente herhalten zu können. Der Ziegelstein war das wichtigste Baumaterial. Das Dakhil Darwaza von 1425 war das Haupttor der Festung von Gaur. Das Gumti Darwaza, ein weiteres Tor, wurde unter Allauddin Hussein Shah (1493-1519) im Jahre 1512 errichtet. Das fünfstöckige, 26 Meter hohe Firoz Minar wurde zwischen 1485 und 1489 unter Sultan Saifuddin Firoz Shah errichtet. Sultan Shamsuddin Zusuf Shah dürfte um 1475 die Lattan Masjid erbaut haben, eines der am besten erhaltenen Monumente von Gaur. Die Bara Sona Masjid (Große Goldene Moschee) wurde 1526 unter Nasir-ud-Din Nusrat Shah (1519-1532) vollendet. Das 12 Meter hohe Gebäude misst 50,4 x 22,8 Meter im rechteckigen Grundplan. Die 1530 unter Nasir-ud-Din Nusrat Shah (1519-1532) gebaute Qadam Rasul Masjid (Moschee der Fußabdrucke Mohammeds) steht unweit des Grabes von Fateh Khan (17. Jahrhundert).

Zahlreiche, zum Teil stukkierte Terrakotten mit mythologischen Darstellungen verzieren den auf einem Sockel aus Laterit errichteten Madan Mohan-Tempel in Bishnupur.

Pandua (Distrikt Malda) überrascht den Besucher mit der größten antiken Moschee Bengalens. Die 1369 unter Sultan Sikandar Shah erbaute Adina Masjid misst 150 x 90 Meter. Die Gebetshalle decken 378 gleichgroße Kuppeln ab. Das so genannte „Eklakhi Mausoleum“ (Eklakhi = 100 000) gilt als der eleganteste Ziegelbau des Distriktes, wobei nicht gesichert erscheint, ob es sich hier um eine Moschee des 15. Jahrhunderts oder ein Grabgebäude handelt.

Das Grab des 1608 verstorbenen Sher Afghan von **Pirbaharam Sikka** (Distrikt Bardhaman) ist ein typisches Beispiel islamischer Backsteingräber in Bengalen. Sher Afghan war der erste Ehemann der Nur Jahan, Gattin des Moghulkaisers Jahangir (1605-1627).

Die Jama Masjid von **Bardhaman** (Distrikt Bardhaman) wurde unter Azim-us-Shan, einem Enkel Aurangzebs, Ende des 17. Jahrhunderts erbaut. Azim-us-Shan wurde von Aurangzeb 1697 zum Vizekönig der Provinzen von Bengalen, Bihar und Orissa ernannt. In den Außenbezirken von Bardhaman (Distrikt Bardhaman) lohnt der 1698 errichtete Grabkomplex des Khwaja Anwar-i-Shahid einen Besuch. Innerhalb eines ruhigen Parks liegt das über eine Brücke zugängliche Grab inmitten eines künstlichen Sees.

Beim Ritual im Tharpa Choling-Kloster von Kalimpong nehmen auch die jüngeren Mönche teil.

Der 1837 von Duncan McLeod für Nawab Najim Humayun Jah (1824-1838) entworfene Palast heißt wegen seiner 900 (real existierenden) Türen „Hazarduari“-Palast (1000-Türen Palast) und gehört zu den Hauptanziehungspunkten von **Murshidabad** (Distrikt Murshidabad). Die Anlage wird jetzt als „Hazarduara Palace Museum“ genutzt und zeigt neben zahlreichen Ölgemälden eine Kanone, die in der Schlacht von Palashi (Plassey) zum Einsatz kam. Von gigantischen Ausmaßen ist die 1847 unter Nawab Nazim Mansoor (auch: Mansur) Ali Khan Feradun Jah (1838-1881) erbaute Nizamat Imambara, die mit Sicherheit die größte Imambara Bengalens ist. Älteren Datums ist die Katra-Moschee, die zwischen 1723 und 1724 unter Nawab Murshid Quli Khan errichtet wurde. Nawab Alivardi Khan liegt im Kosh Bagh begraben. Nawab Sarafraz Khan (1740-1756) baute die Footi-Moschee, angeblich in einer Nacht was wohl erklären soll, warum sie unvollendet blieb.

Obwohl erst 1922 gegründet, vermittelt das Tharpa Choling Kloster der Gelugpas von **Kalimpong** (Distrikt Darjeeling) den Eindruck, als sei es um Jahrhunderte älter. Das bhutanische Thongsa Kloster wurde 1692 gegründet, wurde aber im 19. Jahrhundert von den Gurkhas zerstört und danach wieder aufgebaut. Das jetzt inmitten eines Militärgebietes auf dem Durpin Dara-Hügel gelegene Zong Dog Palri Fo-Brang Kloster, auf traditionelle Weise in den siebziger Jahren des 20. Jahrhunderts gebaut, lohnt eine Besichtigung. Es ist innen mit Wandmalereien versehen, die neben den zahlreichen Heiligen Tibets das Leben des Buddha darstellen.

Das von den Gelugpas verwaltete Yiga Choling Kloster in **Ghoom** (Distrikt Darjeeling) wurde 1875 vollendet. Die Weihe der 5 Meter hohen Statue des Maitreya (der Buddha der Zukunft) geschah 1918. 1879 erfolgte die Gründung des Nyingmapa-Klosters von Bhutia Busty in **Darjeeling** (Distrikt Darjeeling).

Das „Zong Dog Palri Fo-Brang"-Kloster von Kalimpong liegt in einer Höhe von 1402 Metern und vermittelt mit sorgfältig ausgeführten Wandmalereien in den oberen Etagen dem Betrachter Einblicke in das Leben des historischen Buddha.

Die seit 1999 zum Weltkulturerbe gezählte Himalaya Mountain Railway ist eine teilweise heute noch von alten Dampflokomotiven betriebene Bahnlinie von New Jalpaiguri beziehungsweise Siliguri nach **Darjeeling** (Distrikt Darjeeling). Die 1881 eröffnete, über 88 Kilometer lange, schmalspurige Bahnlinie war damals mit ihren 919 Kurven und 556 Brücken die höchste Eisenbahnlinie der Welt.

In **Cossimbazar** (auch: Kashim Bazar, Qasim Basar, Distrikt Murshidabad) liegt die erste Frau von Warren Hastings (1732-1818), Mary, in der Nähe des holländischen Friedhofs begraben.

Das bei **Parmadan** (Distrikt North 24 Parganas) an der Ichamati gelegene Wildschutzgebiet „Bibhuti Bhusan Wildlife Sanctuary" ist einer von 17 Wildschutzparks des Bundesstaates. Im „Rajganj Bird Sanctuary" (Distrikt North Dinajpur) wurden im Jahre 2004 76 208 Zugvögel gezählt, das Vogelschutzgebiet von **Rajganj** gehört in Bengalen zu den größten Einrichtungen dieser Art.
Die **Sundarbans** (Distrikt South 24 Parganas) bilden mit ihren Mangrovenwäldern eine in dieser Ausdehnung einzigartige Biosphäre und gehören wohl auch deshalb zum Weltkulturerbe der UNESCO.

Wie kaum ein anderer Bundesstaat Indiens ist West Bengal für seine Feste bekannt. Das wichtigste bengalische Fest ist die zehntägige „Durga-Puja", die Verehrung der Göttin Durga, das mithin bekannteste indische Fest, da es auch von Exil-Bengalen auf der ganzen Welt gefeiert wird. Die Durga-Puja findet in der Regel im Monat Oktober statt. Eine Woche darauf wird die Göttin der Fruchtbarkeit und des Reichtums während der „Lakshmi-Puja" verehrt. Meist in den Monat November fällt die „Kali-Puja" mit anhaltendem Feuerwerk. Die Göttin der Musik und Gelehrsamkeit wird während der Saraswati-Puja, meist im Februar, verehrt, die wegen des Frühlings auch „Vasanta-Panchami" genannt wird. Alle diese Festlichkeiten finden sowohl im privaten Rahmen als auch in der breiten Öffentlichkeit statt.

Anläßlich des jährlichen Festes der Göttin Durga halten die Süßigkeitenverkäufer wie hier in Dankuni, Distrikt Hughli, besonders viel Konfekt bereit.

Bildnachweis:

Titelbild: © picture alliance

Einleitung: alle Fotos © Joachim K. Bautze, Berlin, außer S. 12 © Gertrud & Helmut Denzau

Andamanen und Nikobaren: alle Fotos © picture alliance, außer S. 25 © The Stirn-van Ham Archives, Frankfurt am Main; S. 29 © Joachim K. Bautze, Berlin

Andhra Pradesh: alle Fotos © Günter Heil, Berlin, außer S. 42/43, S. 44, S. 55 oben, S. 57, S. 58, S. 59 © picture alliance

Arunachal Pradesh: alle Fotos © picture alliance, außer S. 61 © Gertrud & Helmut Denzau; S. 62, S. 65 © The Stirn-van Ham Archives, Frankfurt am Main

Assam: alle Fotos © picture alliance, außer S. 75 © Gertrud & Helmut Denzau; S. 78 © The Stirn-van Ham Archives; S. 81 © Günter Heil, Berlin

Bihar: alle Fotos © Joachim K. Bautze, Berlin, außer S. 92, S. 98, S. 110 © picture alliance; S. 89, S. 99, S. 104 © Günter Heil, Berlin

Chandigarh: alle Fotos © Günter Heil, Berlin, außer S. 118, S. 121 © Joachim K. Bautze

Chhattisgarh: alle Fotos © Günter Heil, Berlin

Dadra und Nagar Haveli: alle Fotos © picture alliance

Daman und Diu: alle Fotos © picture alliance, außer S. 145, S. 152 rechts, S. 156 © Fawzan Husain, Bombay, Indien

Delhi: alle Fotos © Joachim K. Bautze, außer S. 161 links, S. 163, S. 177 unten © Günter Heil, Berlin; S. 162, S. 164, S. 178/179 © picture alliance

Goa: alle Fotos © Günter Heil, Berlin

Gujarat: alle Fotos © Günter Heil, Berlin, außer S. 204, S. 20 © Joachim K. Bautze, Berlin; S. 219 oben © Gertrud & Helmut Denzau; S. 218, S. 219 unten © picture alliance

Haryana: alle Fotos © Joachim K. Bautze, Berlin, außer S. 223, S. 224/225, S. 228/229 © picture alliance

Himachal Pradesh: alle Fotos © Joachim K. Bautze, Berlin, außer S. 233, S. 240, S. 241 oben und unten, S. 242/243 © picture alliance; S. 235, S. 239, S. 245, S. 249, S. 251 oben, S. 251 unten links © Günter Heil, Berlin

Jammu und Kashmir: alle Fotos © Günter Heil, Berlin, außer S. 253, S. 255 links und rechts, S. 256 oben, S. 258 oben und unten, S. 259 unten, S. 268 © picture alliance; S. 264 unten, S. 270/271 © Joachim K. Bautze, Berlin

Jharkhand: alle Fotos © Gertrud & Helmut Denzau, außer S. 281 © Joachim K. Bautze, Berlin

Karnataka: alle Fotos © Günter Heil, Berlin, außer S. 297, S. 298, S. 299 © picture alliance

Kerala: alle Fotos © Günter Heil, Berlin

Lakshadweep: alle Fotos © picture alliance

Madhya Pradesh: alle Fotos © Günter Heil, Berlin, außer S. 340, S. 342/343, S. 349 © Joachim K. Bautze, Berlin

Maharashtra: alle Fotos © Joachim K. Bautze, Berlin, außer S. 361, S. 369, S. 370, S. 374/375, S. 376, S. 380 © Günter Heil, Berlin

Manipur: alle Fotos © The Stirn-van Ham Archives, Frankfurt am Main, außer S. 383, S. 390, S. 392/393, S. 395 © picture alliance

Meghalaya: alle Fotos © picture alliance, außer S. 404, S. 405, S. 406, S. 407, S. 408 oben, S. 409 © The Stirn-van Ham Archives, Frankfurt am Main; S. 410/411 © Günter Heil, Berlin

Mizoram: alle Fotos © The Stirn-van Ham Archives, Frankfurt am Main, außer S. 416/417, 421 unten © picture alliance

Nagaland: alle Fotos © The Stirn-van Ham Archives, Frankfurt am Main, außer S. 429, S. 430/431, S. 436, S. 437, S. 442, S. 443 © picture alliance

Orissa: alle Fotos © Günter Heil, Berlin, außer S. 448, S. 449, S. 453, S. 464/465, S. 466, S. 469 © picture alliance

Pondicherry: alle Fotos © picture alliance, außer S. 473, S. 476, S. 482, S. 484 © Günter Heil, Berlin

Punjab: S. 487, S. 489 © picture alliance; S. 490, S. 492, S. 497 © Günter Heil, Berlin; S. 488 © Gertrud & Helmut Denzau; S. 491, S. 495 © Joachim K. Bautze, Berlin

Rajasthan: alle Fotos © Joachim K. Bautze, Berlin

Sikkim: alle Fotos © Joachim K. Bautze, Berlin, außer S. 523, S. 528 © The Stirn-van Ham Archives, Frankfurt am Main

Tamil Nadu: alle Fotos © Günter Heil, Berlin, außer S. 538, S. 539 © picture alliance

Tripura: alle Fotos © picture alliance, außer S. 560 oben, S. 562, S. 563, S. 565, S. 570/571 © The Stirn-van Ham Archives, Frankfurt am Main

Uttar Pradesh: alle Fotos © Joachim K. Bautze, Berlin

Uttaranchal: alle Fotos © picture alliance, außer S. 600, S. 609, S. 615 © Gertrud & Helmut Denzau

West Bengal: alle Fotos © Joachim K. Bautze, Berlin, außer S. 625, S. 629 © picture alliance; S. 630/631, S. 623 © The Stirn-van Ham Archives, Frankfurt am Main

Rückseite: Oben links, oben rechts, Mitte links © picture alliance; Mitte links, unten links, unten rechts © Joachim K. Bautze, Berlin

Vordere Klappe: © Günter Heil, Berlin